신학 독일어 – 라틴어 사전

독일어, 라틴어, 헬라어, 히브리어, 아람어 등 신학 전문용어 사전

프리드리히 하우크
게르하르트 슈빙에
조병하 옮김

크리스챤
다이제스트

제 1 판 1950
제 2 판 에른스트 회네 (Ernst Höhne)에 의하여 새롭게 보충 집필한 판 1959
제 3 판 에버하르트 헤르디커호프(Eberhard Herdieckerhoff)에 의하여 새롭게
        편성된 판 1967, 9
제 4 판 검열된 판 1968, 1
제 5 판 게르하르트 슈빙에에 의하여 새롭게 보충 집필한 판 1982
제 6 판 검열 보충한 판 1987

제 1 판 서문으로부터

신학 외래어 사전을 위한 하나의 자극이 슈미트 (D. K. D. Schmidt)로부터 주어졌다; 그리고 동일한 일의 실행이 나에게 달려 있었다. 표제어의 범위는 넓게 펼쳐졌다. 그것은 외래어 사전, 외래어적인 개념들과 성서적이고 역사적이며 조직적이고 그리고 실천적인 신학으로부터, 교회법 그리고 교회 예술로부터의 전문용어들을 취할 뿐만 아니라 더욱이 철학과 어문학, 종교사 그리고 심리학의 서로 인접한 영역으로부터도 취하여졌다. 뿐만 아니라 로마 카톨릭 교회와 그리스 카톨릭 교회의 귀중한 개념 단어들이 고려되었다.

프리드리히 하우크

(F. Hauck)

제 5 판 서문으로부터

1950년 그의 첫 번째 출판 이래로 프리드리히 하우크 (Friedrich Hauck)의 원고에서 신학 전문사전과 외래어 사전이 다양하게 호의적인 수용을 발견하였을 뿐만 아니라 역시 여러 형태의 변경을 무엇보다도 에버하르트 헤르디커호프에 의하여 1967년 근본적인 개정판에서 경험하였다. 그러나 다시 현저한 변화들이 그 외에 신학과 교회 안에서 발생하였던 여러 해가 그 동안에 지나갔다. 그로부터 독일에서 오래 전부터 절판되었던 책의 새로운 판에 앞서 하나의 수정 보완이 절실하게 요구되었다.

1978년 동독에서는 이미 루돌프 마우 (Rudolf Mau)의 지도 아래 하나의 원고가 출판되어진 후에 여기에서 하나의 근본적인 개정판을 이제 내놓게 되었다. 그것은 한 측면에서 지금까지의 사전의 특성을 보존하려고 시도한다. 그것은 또한 여전히 신학과 그것의 부분 영역들을 위한 백과 사전외 많은 수로 대체하지 말아야 만하고 오히려 오지 처음에 천명한 지침들을 사전으로서 제공하여야 한다. 역시 범위는 본질적인 것 안에서 변하지 않고 머물러야 한다. 다른 측면에서 다수의 원하는 보충들을 삽입할 수 있었고 그리고 지난번 판의 본문에 많은 수정들을 가할 수 있었다. 그와 함께 감사하게 가능하다면 비평적인 사용자들의 지적들이 다루어졌다.

지금까지보다 더욱 무엇보다도 먼저 마치 목회 심리학, 전례학(典禮學), 조형 미술품 연구(성상학), 그리고 현재의 교회학처럼 전문 분야들이 함께 포함되었다. 그것에 반하여 예를 들자면 계획된 범위가 절대적으로 제공되어졌던 것보다 더욱 포괄적으로 교회의 제도들과 종교적인 단체들에 대한 명칭들을 수용한 것처럼 보였다. 그러나 대체로 보충을 위한 장소를 마련하기 위하여 우선적으로 거의 온전히 특히 신학적인 외래어들이 각가지의 좋은 보편적인 외래어 사전에서 발견할 수 있을 때 신학적인 외래어들을 그것들이 신학과의 연관성 속에서 매우 중요하다 할지라도 포기해야만 했다.

약 350개 정도의 표제어가 삭제되었으나 동시에 750개 정도의 표제어들이 새롭게 추가되었다. 그와 함께 6000의 표제어의 총체적인 수가 약 6400개 정도로 증가되었다. 솔직한 감사가 나의 동료 알베르트 라펠트 (Abert Raffelt) (프라이부르크) 박사에게 돌아간다. 그는 카톨릭 신학자로서 원고를 검토하였으며 그리고 물론 유감스럽게도 더 이상 모든 것으로서 고려되어질 수 없는 그러한 유용한 많은 개선 제안들을 제시하였다.

사전이 보조 도구로서 널리 유포되어 실증되기를 원한다. 이러한 목적에서 역시 문고판으로서 새로운 형태를 사용해야만 했다.

제 6 판을 위한 서문

거의 5년 뒤에 우리의 작은 사전의 계속되는 판이 필요하게 되었다. 이러한 필요와 함께 그것이 널리 유포되어 실증되기를 원했던 소망이 충족되었다. 유용한 지적들과 제안들을 통하여 이러한 보조 도구의 새로운 개정에 관련하여 모든 이들에게 진심으로 감사한다. 하나의 오류를 점검하는 측면에서 보완된 것들이 표제어의 알파벳에서, 약어의 알파벳에서 그리고 부록 (성서적인 책들의 불가타 성경 - 명칭들, 음성 표기법 안에서 히브리어와 헬라어의 알파벳)에서 이루어졌다. 마지막 부분의 백과사전들의 선별은 1986년 여름의 현황에서 제시된 것이었다.

사용자를 위한 지침

1. 알파벳의 순서에서 j는 i 처럼 그리고 ä, ö, ü 마치 ae, oe, ue 처럼 다루어진다.

2. 하나의 표제어 모음 아래서 하나의 선이나 혹은 하나의 점은 개념의 강조를 모음의 길고 짧은 발음으로서 표시한다. 강세를 위한 도움들은 단지 그것이 불가피하게 보였던 곳에 주어졌다. 〈번역 과정에서는 거의 무시되었다〉

3. 경우에 따라서 마치 C, K, Z, Q 처럼 교환할 수 있는 철자들을 포함했거나 혹은 오늘날 그것의 철자법이 바뀌었던(Thora → Tora) 그같은 실종된 단어들은 아마도 한 다른 철자법 아래서 발견할 수 있다.

4. 「성서적 책들의 약어들」과 「히브리 성서에 따른 성서적 책들」은 마치 「신학과 교회로부터 약어들」처럼 그렇게 마지막 부분에 고유의 표 안에서 함께 편성되었다.

본문 약어들

(단지 끝 음절 -isch 혹은 -lich가 약어로 표기되는 단어들은 열거되지 않는다.)

Abk.	약어		혁교회를 의미한다〉
ä.	비슷한	f.	-을 위하여; 뒤따르는
ahdt.	고고 (古高) 독어의/ 고대 표준	ff.	계속되는, 그 다음의
	독일어의	frz.	프랑스(인)의
allg.	일반적인	geg. , gg.	-에 대항하여
aram.	아람(어)의	gegr.	기초가되는
atl.	구약성서의	germ.	게르만(인[민족])의
begr.	진술된	Ges.	찬송/시가; 사회/협회
Begr.	개념	gesch.	역사적(인)
bes.	특별히	Ggs.	대립/반대
Bez. , bez.	명칭, 명명된/ 묘사, 묘사된	gr.	그리스(어. 인)의
bibl.	성서의, 성경에 관련된	gramm.	문법(상)의
cf.(=vgl.)	참조, 비교하라!	hbr. , hebr.	히브리인의
chin.	중국(어)의	hist.	역사적인/역사(상)의
chr.	그리스도교의/ 그리스도교적	hrsg.	출판되어진
	인	int.	국제적인
dass.	동일한	jap.	일본(인)어
dogm.	교의학적인/ 교리적인	Jh.	백년/세기
dt. , dtsch.	독일(어)의	kath.	세계 보편적인/(로마) 카톨릭의
dtspr.	독일어를 (말)하는/ 독일어로	Kel.	켈트(인/어/풍)의
	된	kl.	작은
engl.	영어의	Komm.	주석(註釋)/논평
entw.	-이 아니면	lat.	라틴어의
erg.	보충하라!	luth.	루터파의/루터교의
ev.	복음(서)의/신교의/복음주의의	MA	중세
	〈복음교회의 (독일의 개신교	mgr.	중세 그리스(어. 인)의
	회, 일반적으로 루터교회 + 개	mhdt(sch)	중고(中高)(중세고지) 독일어

의 (약 11세기 중엽 ~ 15세기 말)

mlat.	중세 라틴어의
milit.	군대의, 군사의
mod.	현대의 [근대의]
moham.	회교의/회교도의
mtl.	중세의
mus.	음악의/음악적인
ntl.	신약성서의
o. , od.	혹은
orth.	정교를 신봉하는/정통파의
par.	평행의/병렬의, 평행선/대비
pers.	페르시아의
Plr.	복수
pol.	정치(상)의
pp.	평행선/유사(점)
prot.	신교(도)의
ref.	개혁된/개혁파의
Rel. , rel.	종교/신앙심, 종교(상)의/종교적인
röm.	(고대) 로마의/고대 로마 사람의
s.	보라!
sanskr.	산스크리트/범어(梵語) (고대 인도어)
sd.	오히려
Sg.	단수
sog.	소위/자칭(自稱)의
term. techn.	=terminus technicus 술어/전문어
thcol.	신학(싱)의, 신학적인
überh.	총괄적으로/결코
urspr.	처음의/최초의

v.	-으로부터; -의 앞에
v. a.	무엇보다도/특히
verg.	지나간/과거의
Verkl.	축소하기
versch.	서로 다른/차이가 나는
Verz.	표/목록
vgl.	비교하라!
zw.	사이에/-중간쯤에

* 번역자의 주

- 본문대로 번역하면서 이해를 돕는 최소한의 설명을 보충한다.
- <>의 내에 담은 말은 단어의 뜻을 사전등에 근거하여 추가 혹은 번역자가 규정한 것이다.
- 단어 사이의 /의 표시는 단어 중 선택하여 활용할 수 있음을 의미한다.
- 번역 내용중 고딕체로 된 단어는 각 제시된 단어의 본래의 의미나 혹은 현재의 신학적 의미를 나타낸다.

A

A와 O→ Alpha

aaronitischer Segen, 민수기 6:24-26에 따른 재래의 축복 의례 [법식, 형식]

ab, hbr. 달의 이름(7/8월)

abaddon *hbr.* , 심연; 저승(의 천사)/무저갱의 사자(계 9:11)

Abaton *gr.* , 마치→ adyton 과 같이

abba *aram.* , 아버지; 어린이의 호칭의 형태, 예수에 의하여서 처음으로 하나님을 위하여 활용되었다

Abbate *ital.* , 마치 Abbé처럼

Abbé *frz.* , 교구성직자의 칭호, → abba

Abbruchsfasten, 로마 카톨릭 교회에서 사순절 계율, 그에 따라서 성도들은 사순절 날에 단지 하나의 배부르게 하는 식사를 들어야만 한다

Abendmahl→ communio, → Eucharistie, → Spendeformel; **A. s-gemeinschaft,** ≪완전한 성만찬 공동체≫, engl. ≪완전한 성만찬≫ 상호의 미사(→Interzelebration)를 포함하여,(그것은) 동일한 신앙고백(→Konfession)의 교회들 사이에 있어왔다; ≪(기독교 여러 종파간의) 합동성찬식≫상호의 미사와 함께 혹은 상호의 미사가 없이 고백의 다양한 교회들의 일치/합의/협정에 따라(<성만찬>을) 받기 위한 쌍방간의 허용; ≪열린 성찬≫engl. ≪open c.≫: 예배에 참여한 다른 교회들의 회원에게 허용; ≪쌍방간의 열린 성찬≫: 다른 교회들의 성만찬 축제 초청에 대하여 수령을 동의; ≪한정된 열린 성찬≫: 위급시에 다른 교회들의 회원들에게 허가; ≪닫혀진 성찬≫: 다른 교회들의 회원들에 대하여(성찬을) 허용치 않음

abjuratio *lat.* , 교회 공동체로 또는 회심과 관련된 그릇된 교리로부터 재입회와 함께 이단들의 **맹세코 끊기**

abkanzeln→ Nominalelenchus

Ablaß, *lat. indulgentia*; kath. : 교회의 성자들(→Heiligen)이 모았던 ≪선행의 보물≫ 고려하여 연옥(purgatorium)으로부터 한정된 구제를 성취하는 시한부의 교회규정의 참회; 중세에서 자주 속죄 대용으로서 오해되었다<대사/사면/사죄/면죄>; 오늘날: ≪이미 죄와 관련하여 말소되어졌던 죄악들을 위한 하나님 앞에서의 하나의 시간적인 형벌의 사면을 위하여 교회의 하나의 특별한 죄인을 위한 기도의 승낙≫(Rahner /Vorgrimler), 즉, 죄 자체가 아니라 죄의 **결과들**은 사면의 대상이다; ev. : 하나님의 행하심과 참회의 진지함에서 긴섭으로시의 사면의 거부

Ablutionskelch *lat.* , 동일한 종류의(형태) 아래서 성찬(→communio sub una)과 관련

하여 성체(聖體)(→Hostie)의 씻어내림을 위하여 성별되지 아니한 포도주(→konsekrierter Wein) 를 가지고 세척 성배(聖杯)

abolitio substantiae *lat.*, 본질(→Substanz)의 파괴/폐기; **Abolitionismus** *lat.*, 노예상태, 규제되어졌던 상황과 죽음의 형벌의 폐지를 위하여 노력/지향

Abrahamiten, 보헤미아 [뵈멘]의 자연신론적 이단(18세기)

Abrahams Schoß, (눅 16:22-에 따른) 하나님께 가까이 나아감/하나님과의 친숙함을 위한 표상<아브라함의 품>

Abrakadabra, 질병으로부터의 치료를 위한 고대의 주문(呪文)

Abrasax, Abraxas, 이집트의 마법의 문헌(수치 365)에서 나타난 이름, 365 영계(靈界)의 권능들의 통합/요약(Basilides)

abrenuntiatio diaboli *lat.*, (세례에서) 사탄에게 절교의 선언; **a. in**→**infernum,** 하나님의 유죄 판결(→Mystik, Luther)을 위한 인간의 긍정/체념

Abrogation *lat.*, 한 온전한 법의 폐기; 그러나→ Derogation

Abschiedsreden Jesu: 요 13:31 - 16: <예수의 고별사>

absconditas *lat.*, 잠복/잠재/은밀성

Abside, Absis→Apsis

Absolute, 네가지 A., 도덕적 무장의 윤리적인 원리들; **Absolutheit,** 절대적인(, 무제한의) 진리<절대성>; **A. sanspruch,** (홀로) 진리를 유용하게 대변하도록 요구<절대성 요구>; **Absolution** *lat.*, 죄들로부터의 분리, 무죄를 선고하기

(→potestas clavium)<면죄, 사죄>; **absolutio ad tumbam,** kath. :(장례 미사용) 모형관(관(棺))(→Tumba) 앞에서 장례 미사에 따른 의식(→Ritus); **absolutio privata,** 개인- 이거나 단독 고해/참회; **absolvo te** *lat.*, 내가 당신에게 무죄를 선언 하노라!, 고해(→Beichte)에서 무죄를 선고하는 관용어의 부분

abstersorium *lat.*, 젖은 것을 닦기 위한 천, 성배를 닦는 천; 손씻는 의식에 쓰는 천(→Lavabotüchlein)

Abstinenz *lat.*, 절제/금욕; **Abstinenztage**(금식과 금욕), 고기요리에 대한 절제<육류 금식일>

Abt, Äbtissin(아람어)→ abba로부터, 오래된 수도회, bes. 베네딕트 교단과 그와 유사한 류와 함께한 수도원의 책임자<수도원 원장>; **infulierter A.** → Inful-ierung; **Abtei,** 수도원 원장이 함께한 대 수도원; **Abtei nullius (dioecesis),** 감독(→Bischof) 아래 놓이지 않는 수도원, 그때에 수도원장이 지역의 교회 재치(栽治)권자(→Ordinarius)로서 bes. 전권을 갖는다.

Abuna, 우리들의 아버지, 콥트교도의 총주교 칭호(→Patriarch)의 공식적인 명칭

abyssos *gr.*, 심연, 저승/지옥, 죽은 자들과 마귀들과 사탄의 처소(롬 10:7, 계 20:3)

accentus *lat.*, 악센트/강조, 특별히 강력히 단어의 강세에 의존하는 멜로디를 지닌 예배 의식적인 부분/작품(→Epistel, → Evangelium, → Paternoster u. a.)

acceptatio *lat.*, 수령/ 수락 예, 하나님에 의하여 그리스도의 화해의 제물의 수락; **a. libera,** 자유로운 그리고 강요되지 않

은 수락; → Akzeptationstheorie

acedia *lat.* , 하나님에 의하여 명령된 선을 행하기를 혐오, 불쾌(Thomas von Aquin 에게는; 대죄(大罪)/죽을 죄)

acerra *lat.* , 향 저장용기

Acharya *sanskr.* , 거룩한 영의 선언/고시, 그 자신의 예를 통하여 가르치는 영적인 스승

A'ch(e)iropoëten *gr.* , (성인전(聖人傳)에 따르면) 비잔틴 형(型)의 십자가에 못박힌 그리스도의 상(像)들의 손으로 만들어지지 아니한 것들

acheron *gr.* , 저승, 지옥

a. Chr. → ante Christum (natum)

Achtzehngebet → Tefilla

acta *lat.* , 행위/실행, 사건

Acta Apostolicae Sedis (AAS) *lat.* , 교황의 관보(官報), 교황의 법의 선포를 위하여 공식적인 조직/기관(1909 ff.), 이전에는 → A. Sanctae Sedis; **A. apostolorum** (Acta, Apg), 사도행전, 사도들의 행적; **Acta martyrum** → Märtyrerakten; **A. Sanctae Sedis** (ASS), 교황의 관보(1865-1908); **A. sanctorum**, 모든 성자들의 사료에 의한 전기(傳記)들의 달력상의 수집(→Bollandisten)

acta facientes *lat.* , 그릇된 진술들을 통하여 박해를 모면했던 그리스도인들

actio catholica *lat.* → Kath. Aktion

actuosa participatio *lat.* , 능동적인 참여, 미사 전례(›Liturgic)에 백성들의 활동적이고 활기 찬 관여를 위하여 피우스 10세에 의하여 만들어졌던, 제 2차 바티칸 공의회(→Vatikanum II)의 미사 전례(典

禮)에 대한 약관(→Konstitution)에 의하여 받아들여졌던 표/명칭

actus *lat.* , scholast. /스콜라 철학의/신학의: 현실(성)(Ggs. →potentia); **a. fidei** → Autodafé; **a. forensis,** 재판상의 절차; **a. purus,** scholast.: 모든 가능성이 없이(Potentialität/실현 가능성/잠재성/가능성)순수한 현실(성)(Aktualität/목하(目下)의 현실/현실성), 즉 a. p. 는 하나님이다. 왜냐하면 그는 한 방법에서 제한되지 않기 때문이다. 그러니까 실현 가능성을 통하여 확실히 존재할 수 있기 때문이다; **a. salutaris,** Kath. ; 구원의 의미 심장한/중요한 인간적인 행위

Adam-Christus-Typologie, 마치 옛 인간과 새 인간의 시작으로서 모형과 원형 처럼 아담과 그리스도의 대조; 롬 5:12-21; 고전 15:21f. 45-49

Adamiten, 낙원의 상태를 회복하기를 원하였던 집단(옷을 입지 않은 상태, 부부 파기)<아담파(신도)>

Adapa, 전설적인 바빌로니아의 영웅, 그는 독(毒)에 대한 두려움으로부터 제공되었던 생명의 양식을 거절하고 그로 인하여 죽게 되었다

adar, *hbr.* 달의 이름(2월/3월)

ad complendum *lat.* , 보충을 위하여; kath. : 미사가 성스러운 변화에 따라 더 이상 진보시킬 수 없을 때에 기도

Adept *lat.* , 목적을 성취 했던 자; 신비 (→Mysterien)를 털어 놓있딘 자

a'despota *gr.* , 주인이 없는 것들, 알려지지 않은 집필자들의 약 20,000 찬송가들

adessentia *lat.* , 하나님의 가까이 계심

Adesto-Epiklese *lat.-gr.*, ≪Adesto Jesu≫(오 소서, 오 예수여!)와 함께 시작하는 간청 (→Epiklesen), bes. 모자랍 사람(이슬람 지배하의 스페인의 기독교도)의 예전 (mozarabische Liturgie)의 [* Epiklese -(그 리스 정교회에서) 성령 강림을 비는 기 도(의식)]

adiaphora *gr.*, 좋지도 나쁘지도 않은/무관 심한/상관이 없는, 도적적-종교적인 판 단에 의하여 자유롭게 주어진 ≪중간적 인 것≫, 부분적으로 ≪동의되어졌던 것≫을 가지고 일치하는; **adiaphoristis-cher Streit,** 1548-52: 라이프치히의 임시 조치(→Interim)를 통하여 루터교회의 헌법과 제식(祭式) 내에서 로마카톨릭 형태들의 허용에 대한 멜란히톤 신학의 추종자들(→Philippisten)과 그네시오 루 터주의자들(→Gnesiolutheraner) 사이에 야기되었던 논쟁; 그네시오 루터주의자 들을 위하여 결정되어졌다(FCX: ≪in→ casu confessionis≫에서 아무것도 동일하 지 않다); 1681 ff.: 함부르크에서 세상적 인 향락/유흥에 대하여 루터주의 자들 과 경건주의적인 칼빈주의자들 (→pietistische Calvinisten)과의 사이에서

Adi-(Brahma-)Samadsch 인도의, 원시적인 브라마의 공동체, BrahmaSamadsch (1866)의 분열로부터 기인한 집단

adjutorium gratiae *lat.*, 은혜의 보조수단; kath.: 인간의 의지에 대한 하나님의 은 총의 후원

adjuvante Deo *lat.*, 하나님의 도움으로

Ad-limina-Besuch→visitatio ad limina Apos-tolorum

ad majorem Dei gloriam (AMDG) *lat.*, 하나 님의 더욱 큰 영광을 위하여, 예수회 (→Societas Jesu)의 표어/좌우명

Administrator *lat.*, 한 공석의 교구/목사관/ 주임 신부관의 관리자/지배인/위탁 경 영자; **a. apostolicus,** kath.: 특별한 상황들 중에 한 주교구의 행정과 함께 교황에 의하여 위임되었던 한 고위 성직자; 16 세기에 이전의 주교구의 복음적 교회(= 개신 교회)의 관리자에 대한 칭호

admonitor *lat.*, 예수회(→Jesuitenorden) 내 에서 수도원장의 경고자/권고자

adonai *hbr.*, 주, 하나님의 이름; →Jahve

Adoption *lat.*, 양자로 받아들임; **adoptia-nische Christologie,** 인간 예수가 하나님 에 의하여 아들로 천명된다, 이미 신약 성서의 공명 안에서(행 2:32, 36 부활시 키시는 것을 통하여; 눅 3:22 세례를 통 하여); **Adoptianismus,** 2 - 3세기: 단일 신 론(→Monarchianismus)적인 견해, 예수 는 한 평범한 인간 이었다. 그를 하나님 이 세례(→Taufe)에서 양자로 삼았다 (→trinitarischer A.)

ad'oratio *lat.*, 숭배하는 존경, 경배; 스콜라 철학에서: 봉사(→latreia)의 단계로 부분 으로 나뉘는, 성모 마리아 숭배(→Hy-perdulie)와 성인 숭경(聖人 崇敬→Dulie); 새로 선택된 교황 앞에서 추기경들이 무릎을 꿇고 그리고 발에 키스

Advaita *sanskr.*, 비-이원론(非 二元論), 힌 두교(→Hinduismus)에서 샹카라(Shan-kara)의 가르침, 초월적인/초자연적인 (→transzendental) 명상의 종교철학적인 배경

Adveniat *lat.*, (당신의 나라가) 임하소서!(주기도문의 두 번째 간청), 1961년 독일 로마 카톨릭 교회 감독들에 의하여 기초되었던, 라틴 아메리카 교회의 목회적 사명의 후원을 위하여 성탄시기에 해마다 모이는 구조활동의 이름

Advent *lat.*, 예수의 탄생; 역시 최종 심판을 위한 그리스도의 재림(마지막 강림); 예전적으로: 성탄절(→Weihnachten) 전 4주간(참회시간/대강절); **Adventisten,** (가까운) 그리스도의 재림을 기다리는 공동체, 제 7일 재림파 신도들(→Siebententagsadventisten)

advocatia ecclesiae *lat.*, 기독교 황제의 교회에 대한 보호 직책; **advocatio (-tia),** 하나의 교회 건물의(수도원의) 설립자의(소유권자의) 교회 관리의 직책; **advocatus Dei, postulator** *lat.*, 카톨릭의 하늘의 복을 받은 그리고 성인다움의 재판에서 하나님의 변호사, 요구자, 대변인; **advocatus diaboli,** 사탄의 변호사, 그같은 재판들에서 반증들 이끄는 《믿음의 증식자(promotor Fidei)》 (신앙의 변호사)를 위하여 해학스럽게(일컷는 말); **a. ecclesiae,** 교회의 보호자(Vogt - 제국영토 또는 제국교회 영토의 수호와 재판을 관장하는 관리)(황제); 교회의 대리인(변호사, 법률고문등) 그리고 재산 관리인

adyton *gr.*, 발을 들여 놓을 수 없는; (교회의) 지성소/거룩한 곳; 성전; gr. -orth.: 제단실(祭壇室) 그리고 사제실; →sacrarium; →Sanctuarium

Äbtissin→Abt

aedicula *lat.*, 작은 집; 성찬대나 혹은 확장부 위에 원주 장식대

aedificatio *lat.*, 영적인 경건/신앙심 고양; 하나의 교회의 건축/건립 등

ägyptisches Kreuz→crux commissa

Ältester→Presbyter

äolisch, 아홉번째(중세의 높임, 낮춤이 없는) 교회음계(音階)(→Kirchentonart)(A-e-a)

Äon, Aion *gr.*, 오랜 시간, 우주의 연대, 영원; 신으로 만들어졌던 시간; 영지(靈知)(→Gnosis): 모든 시간 이전에 하나님으로부터 흘러나온 영적 권세들(유출, →Emanation); pers. Rel : 원시 신으로서 경외되어졌던, 무한정의 시간, →Zervan; →aeternitas, aevum

Äqualismus *lat.*, 동일한 지속의 음정 안에서 노래/찬양

äquilibrismus *lat.*, 스콜라 철학적으로: 자유로운 의지의 결정은 단지 이유와 반대 이유의 균형과 함께 가능하다<균형설>

äquiprobabilismus *lat.*, 양심/도덕 의식이 단지 두가지 동일하게 좋게 드러나는 길들과 함께 자유롭게 결정하는 일이 허용된다는 윤리적인 견해/해석

äquivalent *lat.*, 가치가 같은/등가(등가)의, 적절한/알맞은

äquivok *lat.*, 모호한/다의적(다의적)인, 두 가지로 해석되는/애매한; **Äquivokation** *lat.*, 청중을 불명료하게 만드는 애매한 이법/어투/, 예수회의 도덕 신학/윤리신학(→Moraltheologie)에 따라 그리고 경우에 따라서는 비밀들을 지키기 위하여 허용된(애매한 어법)(→reservatio mentalis)

Ära *lat.* , 시기/시대, 정해진 시간/시기/시대; 연대(계산)/기원/연호: 유대적인 연대: 기원전 3761년 천지 창조; röm. : ab urbe condita(로마의 설립 이래로) 기원전 753년; gr. : 기원전 776년 이래로 4년의 ≪올림피아(紀)≫/4년기; moham. : 기원 후 622년 이슬람교의 기원(→Hidschra, 헤지라)

Aêshma Daêva, pers. : 욕망과 분노의 악령, 그는 세상 시간의 경과 후에 정복된다 (유대적으로: Asmodi, Tob 3, 8)

Aeterni patris *lat.* , 영원한 아버지의, 아퀴나스의 토마스를 신학에서 규범적으로 설명하였던 레오 13세 교황의 교서 (→Enzyklika)(1879)의 시작; **aeternitas, sempiternitas** *lat.* , 영원; **aeternus,** 시간의 형태가 없이, 시작과 마침과 변화가 없이; →aevum<오랜 지속/영원>

Äther *gr.* , 고대의: 최상의 그리고 가장 정교한 정기(정기), 모든 생성되어진 것의 (근원적인) 원소(原素)(세계 영혼/세계 원리); 고대 물리학: 전기공학적 현상들의 우주를 채우는 물질(에테르 - 전자파의 매질(媒質)이라고 여겨 지는 가상 물질); **Ätherleib,** 인지학(人智學)(→Anthroposophie): 육체를 침투하는 그리고 그의 무기질의 성분/질료(質料)를 결속하는 생명의 신체<영기체(靈氣體)>

Äthiop(ian)ismus, 백인 교회들로부터 독자적으로(그들의 교회를) 창설하고자 하는 아프리카인들의 노력

Aëtianer, 아에티우스 영향 아래 있는 극단적 아리우스 주의 자들(→Arianer)

Ätiologie *gr.* , 원인에 대한 가르침(→Hermeneutik)<원인론>; 하나의 신비적이거나 혹은 영적인 사건에서 한 상태의 환원/복귀(復歸); **ätiologisch,** 원인을 규명하는, 출처를 규명하는

Äußere Mission→Mission

aevum *lat.* , 나이/연령, (역사구분의) 시대/연대; 시간과 영원 사이에 무제한의 시간/시기/시대; →Äon, →aeternitas

affectio Papae, a. papalis *lat.* , 교회적으로 결정한 사안(사안)들을 전적으로 자신에게로 잡아끄는 교황의 권리

Affiliierte *lat.* , 양자로, 카톨릭적인 교회 법: 한 수도원으로부터 한 다른 동일한 수도원의 일원으로 적이 옮겨졌던 한 신앙심이 깊은 자/수사(修士); 그 외에 또 계속하여 신앙적인 조직에 대한 교황의 한 특권에 의거하여 병합되어졌거나 혹은 편입되어졌고 그래서 그들의 선한 일들과 업적에 참여하는 개별적 자들이거나 혹은 공동체들

Afterglaube(≪Hinterglaube≫), 마치 미신 (Aberglaube) 처럼

Agamas, 힌두교(→Hinduismus)의 거룩한 문서/경전

Agamie *gr.* , 미혼/독신; →Zölibat

agape *gr.* , 사랑(NT: 인간들에 대한 하나님의 그리고 그리스도의(사랑), 하나님에 대한 그리고 이웃(→Nächste)에 대한 인간들의(사랑)); **Agape,** 고대 기독교적으로: 믿는자들의 일체에 그리고 가난한 자들의 지원에 유용했던 형제적인 공동체의 음식/애 찬(愛餐); 성 찬 식(→Eucharistie, →missa)을 독립시킨 후에 6세

기까지도 아직 행하여졌다

Agathodämon *gr.*, 선한 영

Agende *lat.*, 행하기 위한 것; 예배 의식에 쓰이는 책<예배식서/신자용 편람/예배 순서>; **Agendenstreit,** 1822-1829; 프러위쎈에서 한 일치하는 복음교회적인 예식서의 강제 도입과 함께 교회적인 결정을 보고 실행하기 위하여 프리드리히 빌헬름 3세를 통하여 발생한 군주의 권리에 대한 논쟁, (예배식서에 대한 논쟁은) 타협으로 끝났다; →Staatskirche, →Summepiskopat, Ev. Kirche der→Union

Agenesie *gr.*, 낳아지지 않음, 홀로 하나님 아버지에게 속하는 기원이 없으심의 특성/본성/부가어(→Attribut)

Ag(g)ada→Haggada

aggiornamento *ital. aggiornare*, 오늘의 상태로 가져오다<(체제, 교리등의) 현대화>; 교회가 현시점에 맞추어 고려해야만 할 것을 교황 요한 23세에 의한 요청 (1962)(제 2차 바티칸 공의회를 위한 임무로서)

Agni *ind.*, 불, 베다(→Veda)의 불의 신(神)/화신(火神), 그는 화덕의 불로서 인간의 존재를 그리고 제단(祭壇)의 불로서 제물(祭物)의 집행을 가능하게 한다

Agnoeten, Themistianer, 단성론적인 이단(6세기), 알렉산드리아의 집사(→Diakon) 테미스티오스(Themistios)에 의하여 특징 지어졌다(그는 그리스도의 두 본성이 히니의 세로운 신 인긴적 본성과 결합되어졌다고 주장한다)

Agnostizismus *gr.*, 관조(觀照)/직관, 세계의 기초와 사물의 본질의 인식은 불가능하다고 주장<불가지론>(→Positi- vismus, →Pragmatismus); **Agnostiker**<불가지(不可知)론자>

agnostos theos *gr.*, 알지 못하는 신(행 17:23, →Areopagrede)

Agnus Dei *lat.*, 하나님의 어린양; 그리스도 (요 1:29); 카톨릭 미사의 부분(7세기 이래로); 독일 복음교회의 성찬식에서 떡을 떼는 동안 찬양; 음악적인 미사의 마지막 문장; kath.: 어린양의 이름과 교황의 이름을 지닌 가지진 뿔이 있는 납판

agrapha *gr.*, 쓰여 있지 않은 것; 4 복음서 이외의 예수의 말씀들(예, 살전 4:15) 혹은 카논의 예수의 말씀(예, 도마복음서 안에서)

Agrypnie *gr.*, 방심하지 않고 감시함; 축제 전 밤에(행해지는) 동방교회의 예배식의 성대한 거행; →Pannychis

Ahasver, 영원한 유태인의 전설의 인물(16세기 이래로)<골고다 언덕으로 가는 그리스도를 쉬지 못하게 하였음으로 최후의 심판 때까지 방랑의 운명을 지닌 가죽 수선공 아하수에로에게서 유래했다>

Ahimsa *ind.*, 죽이지 못함, 불교(→Bud- dhismus)에서 그리고 더욱 강력하게 자이나 교(→Dschinismus =강력히 금욕적이고 부타의 시기까지 거슬러 올라가는 인도의 종교)(→Karman)에서 생명체의 살해의 금지

Ahl al-Kitab *arab.*, 문헌 소유자, moham. 다른 종교들, 특히 오래되고 모하메드에 의하여 인정받은 계시문헌들의 소유자로서 유대교와 그리스도 인들

Ahra Manyu, Ahriman *pers.*, 악령, 조로 아스터 [배화]교(→Parsismus)에서 아후라 마쯔다(→Ahura Mazda)의 반대 신

Ahura Mazda, Ormazd *pers.*, 현명한 주, 조로 아스터 [배화]교에서 선하고 최상의 신, 아라 마니우(→Ahra Manyu)의 적대자

aion→Äon

Akascha *ind.*, 자이나교에서 생명이 없는 우주 물질/본질. 모든 우주에서 작용하는 것이 그것에 의존한다; **Akaschachronik,** 신지(神智)학자/접신론자(接神論者)(→Theosoph) <신지학 - 자연의 비밀을 간파하면 신에 접근할 수 있고, 신의 모습을 볼 수 있다는 학설> 그리고 인지학자(人智學者)(→Anthroposoph) <인지학- R. Steiner가 일으킨 정신 운동, 1861-1925>: 전문가들을 위하여 ≪현실(성)의 정신적인 원본≫

akathistos (hymnos) *gr.*, 앉아 있는; ostkirchl.: 서서 불리워졌던 찬양(→Hymnus); 마리아를 향한 찬미[찬송]가

Akatholiken, akatholisch, 비(非) 카톨릭 교도

Akazianisches→S'chisma, 동서방 사이의 35년간의 분열(484-519). 그에 따라 단성론적인(→monophysitisch) 싸움 동안 로마의 감독 펠릭스 3세(Felix III)가 두 본성 추종자(→Dyophysit) 알렉산드리아의 아카키우스(Akacius von Kon- stantinopel)에 대하여 파문(출교)을/저주(→Kirchenbann)를 포고하였다

Akklamation *lat.*, 법률 효력과 함께 추대식을 위한 동의/갈채/박수; 통치자의 인사; 신앙고백자의, 기도하는 자의 혹은 찬양하는 자의, 합창하는 자의 말에서 반복된 하나님 이심에로 부름; 교회법에 맞는(→kanonisch) 선거의 형태; liturg.: 전례(전례) 지도자/사회자와 공동체 간의 상호의 부름/화창("주가 여러분과 함께" - "그리고 당신의 영혼과 함께"); →Antiphon

Akkommodation *lat.*, 적응/적합/순응; 본문에 따라서(문맥의 고려가 없이) 묘사할 수 있을 때에 하나의 성경 구절을 그것이 묘사하지 않는 대상에 적용(bibl. A.; →exeget. fragwürdig/해석학적인 질문할 가치가 있는); 교훈적 진술에서 청중의 영적인 세계의 고려/고찰(dogmat. A.); 설교에서 선교의 적용, 예배의 형식과 현존하는 생활 습관에 정당함(missionar. A.); 연결/관계(→Ankn- üpfung)

Akkord *lat.*, 산발적으로 카톨릭 교회법에서 국가와 교회간의 조약(→Konkordat)을 위하여<협정/화해>

Akkulturation *lat.*, 역시 하나의 낯선(서구적이 아닌) 문화와 종교적인 환경에 기독교 문화의 침투와 적응<(개인 및 집단의) 외래 문화 수용, (다른 문화와의 접촉을 통한) 문화적 동화>; 종교적이고 식민주의 안에서, 사회 문학적인 방법 안에서 제설(諸說) 혼합주의로서 변조되었던; 비교, →Kontextualität

Akoimeten *gr.*, 쉬지 않는 이들/자지 않는 이들; 중단되지 않는 기도 예배를 위하여 교대했던 동방교회의 수도사들(5세기 이후); **akoimetos (lychnia),** 동방교회의: 성체(聖體) 등

Akoluth, Akolyth *gr.*, 동반자/호송인, 종/공복/봉사자; 감독의 사자(使者)/메신저, 네 번째 낮은 서품(敍品) 등급(→Weihegrad)<복사(服事)>

Akosmismus *gr.*, 하나님이 유일하고, 필연적이고, 그리고 영원한 존재/본질(→Substanz) 이신 동안에 모든 물질이 하나님 이심의 적나라한 형태/형식이다라는 견해(스피노자 † 1677)<무우주론, 무세계론>

akroamatisch *gr.*, 강연하는 학습방법의<강의식 수업의>; Ggs. → erotomatisch (문답형식의), →katechetisch(교리문답의)

akroomenoi *gr.*, 경청하는 이들, kath.: 설교를 위하여, 그러나 성찬 예식을 위한 것은 아닌 허용된 속죄자들; →audientes

akro'teleution *gr.*, 시행(詩行)의 결말/끝; gr. orth. :→Hymnusrefrain<찬양의 후렴>; →Hypopsalma

aktual, aktuell *lat.*, 활동적인, 유효한, 실제의(Ges. →potentiell<가능한/잠재하는>); **Aktualsünde**→peccatum actuale<활동적인 죄>; **Aktuosität,** 칼 바르트(K. Barth † 1968)와 함께 하나님의 마음대로 할 수 없음을 위하여 표시/알맞는 단어

Akzeptationstheorie (→acceptatio), →Scotismus: 하나님이 인간적인 업적/공로/공적(→merita de congruo<정당성에 따른 공적>)을, 그것들을 통한 강요됨이 없이, →merita de condigno<진정한 가치에 따른 강력한 의미로의 공적> 로서 수봉한다.

Akzeß *lat.*, 접근/출입, 사제들의 미사를 준비하기 위한 시들과 기도들에 대한 중세의 모음

Akzidens, akzidentiell *lat.*, 부가된/추가된; 본질(→Substanz (Wesen))의 주체에 속하는 것이 필요치 않은 것으로서 평가되어지는 그 한 주체의 고유한 성질(그러나→Attribut, →essentiell)<우연적인 것/우연성>; **Akzidentien,** 정신적인 것들의 부(副)수입(예,(세례, 혼례, 장례 때에 사제에게 주는) 성식사례(聖式謝禮)(→Stolgebühren)); 음악: 조표

alae *lat.*, 날개/편성된 진용(陣容)의 외곽 부분, 제단의 내려드리운 커튼

Alapa *lat.*, 중세 이래로:(상징적으로) 견진성사(→Firmung) 때에 주교의 가벼운 뺨을 치기(두 손가락으로 견진성사를 받는 사람의 뺨을 가볍게 치는 것)

alba(Albe) *lat.*, 카톨릭 사제의 가운/공적인 의복 중 흰 아래 의복<알바(카톨릭 및 영국 국교회의 사제가 미사 때에 입는 백색의 제의)>

Alben, *germ.*: 반 신적인 난쟁이들/(게르만 신화에서 땅 밑에 사는) 정령

Albigenser, 남 프랑스의 도시 알비(albi)에 따라 명명되었던 순결파 신자들(→Katharer)의 집단<알비파(반 교황을 표방하여 반역한 12 - 13세기 그리스도교의 한 분파)>: **A. kriegen**<알비 전쟁들>(1209-29)에서 거의 멸절되었다

Alchemie *arab.*, 메조틴토(동판화 조각법의 일종); 화학에 대한 사이비 학문적인 선구자(황금과 연금술의 목적(→homunculus)을 만들기 위하여); 애굽의 신전 작업장에서 기원/발단<연금술(鍊金術), 속임수>

Alexandrinische (Katecheten-) Schule(2-5세기), 가장 잘 알려진 대표/대변자 오리게네스(†254), 알렉산드리아에서 기독교 철학의 수업 장소, 헬라적(신플라톤 주의, →Neuplatonismus)이고 후기 유대적(→Spätjudentum) 학문 전통, bes. 어문학/문헌학(→Philologie)(→Hexapla)과 우의(寓意)적 해석(→Hermeneutik), 그들은 교리를 진흥시켰고 단성론(→Monophysitismus)을 준비하였다

Alexansdrinus, 거의 온전한 그리스어 구약성서(→Septuaginta)와 신약성서의 중요한 대문자-필사본, 5세기 초 이집트에서 기록되었다; →Sinaiticus, →Vaticanus

alienatio *lat.*, 소외/소원(疎遠); **a. mentis**, 황홀케 함/황홀/광희

A'liturgische Tage, *kath.*, 미사의 제물 [희생]/미사 성제(聖祭)(→Meßopfer)가 개최되지 않는 날들(예, 그리스도 수난의 날)

Allah *arab.*, al(관사)과 *ilah* 로부터 신(神); *moham.*: 유일한 신<알라>; **inschallah**, 알라가 원할 때/만약 알라가 원한다면

Allegat *neulat.*; 인용된 구절; 성서나 혹은 교부들의 글의 부분을 인증(引證)/예증<인용구[문]/; 인용출처>; **Allegation**<인용/인증>

Allegorese→Hermeneutik; **Allegorie** *gr.*, 말을 달리하기; 비유적으로 말하는 형태<알레고리/하나의 상 안에서 추상적인 개념을 이성적으로 파악할 수 있는 묘사/표현>

Alleluja→Halleluja

Allelujajubilus, 장식음을 넣은 종지(終止)<화음의 차이에 따라서, 완전 종지, 불완전 종지, 반종지등의 구별이 있음>를 지닌 할렐루야-찬양(→Halleluja-Gesang)

Allerheiligen→commemoratio omnium sanctorum<모든 성인 대 축일>

Allerseelen→commemoratio omnium fidelium defunctorum<고인 추모일/모든 신실한 죽은 자들의 추모일>

Allgemeines Kirchengebet, 예배에서 타인을 위한 기도(→Fürbittengebet)

Allianz *frz.*, 동맹/연합; **Evangelische A.**, 1846년 스코틀랜드 사람 토머스 찰머스(Th. Chalmers)의 자극에 의하여 추론되었던 서로 다른 복음적 교파(→Denomination)들의 연합, 복음적 신조주의(→Konfessionalismus)에 대항하여 싸웠다; 오늘날에 독일 각 주의 교회와 자유교회(→Freikirche) 사람들로 부터의(교육, 학술의) 연구회/사업 공동체

Allöosis *gr.*, 교환 사용/적용; 츠빙글리의 표현, 그는→communicatio idiomatum <고유한 성질의 전달>을 순전한 수사학적 표현으로서 판단했다: 우리들은 다른 것(/본성)의 개념에서 그리스도의 하나의 본성에 대하여 말한다

Allokution *lat.*, 교황의 연설/훈시

Almemor *arab.*, 설교단, 유대교 회당(→Synagoge)에서 율법(→Tora)의 낭독을 위하여 구분되고, 높이어진 장소, →Ambo

Almosen, *das, gr.*, (동정/연민); 자비로운 선물/자선 품, 기부금<동냥/자선>

almutia, armutia *lat.*, *kath.*: 사제의 모피로 안감을 댄 두건이 달린 어깨 외투/망토 ((일과 예배 중의) 성무일과(성무일과)

기도(여럿이 합창으로 함)(→Chorge-bet))<합창 기도>

A'loger *gr.*, 신약의 요한 문헌들과 그리고 그와 함께 로고스 그리스도론(요 1:1)(→Logoschristologie)을 거부하였던 2세기의 이단

Alpha, 그리스어 알파벳의 첫 번째 문자; 세상의 종말(완성)을 위하여 마지막 문자인 *Ω*(오메가) 옆에 자주 창조자와 피조물(시작)을 위하여, 둘다 함께 영원을 위하여; 하나님은 ≪A와 *Ω*≫이시다(계 1:8)

Alpirsbach, 이전의/옛적의 베네딕트 수녀원; **Alpirsbacher Kreis,** 고교회파(高教會派)(영국교회의 하나의 분파)의 운동 (→Hochkirchliche Bewegung)

Altapostolische→Irwingianer<어빙파>

alt'are *lat.* (*alta ara* 로부터(유래한 말), 높은 성찬대/제단), 제물의 화덕, 제단(후면 장식 벽); **a. majus, summum, princi-pale,** 장엄 미사/대 미사(→Hochamt)를 위하여 대제단(大祭壇)/본제단/중앙제단; **a. crucis, laicorum,** (중세교회의) 개선문(모양) 아래 십자가를 봉헌한 제단 혹은 평신도 제단(성가대와 성당의 중랑 사이의 제단으로 평신도를 위하여 예배가 개최되는 곳); **Altarblatt,** (12세기부터 15세기 말까지의 유럽의) 고딕 양식 시대, (14-16세기의) 르네상스 그리고(17-18세기의) 바로크 시대에 성찬대 위에 세워진 제단의 그림<제단화(畵)>; →Retabel; **Altarist,** 미사 집전 사제 (→Missa); **Altarsakrament,** →Abendmahl; **Altarschelle,** →tintinnabulum

Alte Kirche, 교회사의 시대, 약 100 - 600(대 그레고르까지 †604)

Alter Adam, 인간의 시험받을 속성과 죄있음을 위하여 표현(창 3장에 따라)

alter ego *lat.*, 제 2의 나; 종교사적으로: 각각의 인간의 운명이 한 최상의 짐승이나 혹은 그의 영혼의 거처로서 통하는 하나의 식물에 결합된다는 생각

Alternatimpraxis, 공동체, 성가대 혹은 독창(부)와 (파이프) 오르간 혹은 악기들 사이의 교환으로 성가의 음절로부터 노래나 혹은 연주

Alternative Service Book→Common Prayer Book

Altkatholiken, ≪우트레히트 (네덜란드의 중부의 주와 도시)의 교회≫(1723년 이래) 그리고 1870년 교황의 무오류성(無誤謬性)(→Infallibilität)에 대항하여 반항했던 카톨릭 교회의 다른 분열된 일부분들

Altlutheraner, Separiete Lutheraner, luth. Renitenz, 19세기에 교회 연합(→Union)의 강제적인 도입에 반항했던 루터파의 공동체(헤센(Hessen), 슐레지엔(Schlesien) 등); →Agendenstreit

Altpreußische Union→Union

Altprotestantismus, 루터 교회의 정통파 (→Orthodoxie)를 위한 묘사

Alumbrados *span.* (*lat. Illuminaten,* 그러나 →Illuminatenorden), 15 - 16세기의 조명하는, 신비석인(→Mystik, →Quietismus) 스페인의 이단, 1530년 이래 종교재판소 (→Inquisition)에 의하여 박해를 받았다<조명파(照明派) 이단>

Amalrikaner, 베 나의 아 말 리 히 (Amalrich von Bena)(† 1205/07)에게로 올라가는, 13세기의 범신론적-신비적 이단; 가르침: 신적인 것과 인간의 신비적이고 열광적인 합일/연합을 근거로 무죄성, 성례전(→Sakramente)을 거부

Amarnatafeln, 1887년 텔-엘-아마르나(tell-el-amarna)(카이로 남쪽 300Km)에서, 아메노피스 4세 에히나톤의 관저의 폐허에서 발견된 문서들, 기원 전 1420 - 1350 년, 거기에서 ≪아마르나 시대≫로부터 국가 문서보관소로부터의 대부분 편지들

Amb'arvalien, *röm.* 아르발렌(→Arvalen)의 희생 제물과 풍년 기원 행렬을 지닌 선언; →amburbale

ambitus *lat.* , 회랑, 수도원에서(안뜰을 둘러싸는) 회랑(回廊); 교회음악: 한 멜로디의 음역, (중세의 높임, 낮춤이 없는) 교회 음계(音階)(→Kirchentonarten)

ambo(n) gr. 올라가다, 솟아오르다; 성서의 낭독을 위하여 경우에 따라서는 설교를 위하여 교회에 높이어진 장소

Ambrosia→Nektar<그리스 신화: 암브로시아(신들의 식사)>

Ambrosianischer Lobgesang, 부정확하게 암브로시우스(† 397)에게 돌려진 찬송가 ≪Te Deum≫("우리들은 당신이 하나님 이심을 찬양합니다 … ")(독일 개신교 찬송가 137장)

Ambrosiaster, 바울을 위한 주석가(360-80 년 경에), 부정확하게 암브로시우스 († 397)에게 돌렸다

amb'urbale *lat.* , 시내 기도 행렬; 옛 로마에

서 속죄의 예배행렬, 마리아 성촉절(聖燭節)의 전형(2월 2일 성모 마리아의 순결을 기념하여 촛불들고 행렬함)(→Mariä Lichtmeß)

amen *hbr.* , 참으로, 그래 그대로야; 청중들을 통하여 하나의 축복의 말, 맹세, 기도의 확언/확증; 자신의 발언들에 앞서서 오직 예수와 함께

Amesha Spenta, Amrta Spenta *pers.* , 거룩한 불멸의 것들; 아후라 마쯔다(→Ahura Mazda)에 복종/추종하고, 그에게 조언하고 그리고 그를 섬기는 최상의 영들

am-ha'arez *hbr.* , 농촌 사람들(토지로부터의 백성, 땅으로부터의 백성); 구약: 군사적이고 정치적인 권리들을 지닌 자유로운 토지 소유자/지주(특히, 유대에서); 포로(→Exil) 후: 사마리아인들(→Samaritaner) 등등의 특권을 가진 계층들; 더욱 후에 ≪이방인≫을 위한 묘사; 마카베어 시대(→Makkabäer-Zeit); 헬라적인 유대인들; 예수 시대에 이방인들에 호의적인 자들을 위하여 모욕적인 언사, 자주 권리가 없는 최하위의 백성 계층에 속한 유대인들; 바리새인들(→Pharisäer)은 그들을 특별히 그들 자신들과 대조적으로 ≪교양이 없는 자들/무식한 자들≫이라고 조소했다; 탈무드(→Talmud)에서 《교양이 없는 자들/무식한 자들》의 무리들과 함께 각각의 교제가 금지되었다(특별히 주후 70년 이후 격차의 악화가 이루어짐); 마 5:3은 당연히 am-ha'arez을 언급하는 것이 아니라(그러나→Ebjoniten), 확실히 그와 반대로 요 7:49

a minori ad maius *lat.* 보다 작은 것으로부터 보다 큰 것에로(종료/결말)

Amikt, Humerale *lat.* , 미사와 더불어 사제의 덮는, 사각형의 아마포의 목과 어깨 (이전에 "어깨에 걸치기"(anabolagium!)

Ammas *aram.* , 어머니, 고대교회의 한 수녀원의 대표자/원장

amnesty international *engl.* , 모든 종류의 양심수들을 위한 국제적인 구조 기구, 1961년 결성되었다

Amoräer *hbr.* , 주석자; 미쉬나(→Mischna) 기록후 시대의 탈무드의(→talmudisch) 율법학자; →Gemara

amor Dei *lat.* , 그의 피조물을 위하여 창조적이고 구원하는 하나님의 사랑; 하나님을 향한 인간의 사랑; **a. D. intellec- tualis,** 하나님을 향한 인간적인 영의 사랑; **a. fati,** 운명의 긍정/시인; **a. sui(ipsius),** 자기 사랑

A'mortisation (*lat. mors*로부터, 죽음), 말살/근절; mtl. : 교회에 재산의 양도(→manus mortua); **A. sgesetze** 교회의 생계/취업 능력을 제한하는 법

amovibel *lat.* , 법률상의 소송 절차 없이 관청에 의하여 세액 공제가 되는(Ggs. in- amovibel)

Amphi'ktyonie *gr.* , 문화적인 초점/중심으로 하여 이웃 종족들의 정치적이고 종교적인 연합/동맹(예, 이스라엘의 12지파)

Amphithyra, *gr. -orth.* : 공동체 앞에서 미사와 함께 일시적으로 제단과 사제를 가리는/숨기는 커튼/장막

amplexus *lat.* , 평화의 입맞춤(→osculum pacis)과 함께 예전적 포옹

Ampulle, 고대 그리스의 두 개의 손잡이가 양쪽으로 달린, 배가 불룩한 그릇/단지/병의 축소, 음식잔; *liturg.* : 포도주와 물과 기름을 위하여<성유 또는 성수를 담는 병/성체기(聖體器)>

Amrta Spenta→Amesha Spenta

Amt Christi→munus

Amt, kirchl. , →luth. Begriff; →ref. : 직제들, kath. : 성직계급

Amtshandlungen→Kasualien

Amulett, *lat. amuletum*<부적/질병과 주술에 대항한 영적인 교감을 불러 일으키는 보호 수단, 목걸이로서 가지고 다녔다>, *amolimentum*<예방도구/부적>, 적대적이고 악마적인 힘의 방어를 위하여 상, 모양, 글자; →Phylakterien

Amyraldismus, 하나님이 모든 믿는 죄인들을 그리스도의 공로를 고려하여 구원하기를 원하시지만 그러나 단지 선택된 자들에게 믿음을 선물하신다는 아뮈라우트(Amyraut)(✝1664)의 온건한 칼빈적 예정론(→Prädestinationslehre)

Anabaptisten *gr.* , 재세례파 교인 [도]; 유아세례의 반대자들

anabolagium→Amikt

Anachoret *gr.* →Eremit

Ana'gnorismos *gr.* , 재 인식; 고대와 고대 기독교 문헌에서 빈번한/거듭되는 동기/모티브

Ana'gnost *gr.* , *lat.* , 강사/목사대신 성서를 낭독하는 평신도(→Lektor), 낭독자; kath. : 두 번째 낮은 서품을 소지한 사람 (서품의 등급→Weihegrad); 대학의 교직

등등

an'agoge→Hermeneutik

ana'kephalaiosis *gr.* , (*lat. recapitulatio*) 개괄적인/간추린 반복/되풀이, 완료/완성; 아담의 타락에 의하여 파괴되었던 발전을 하나님이 그리스도 안에서 완성에로 이끈다(엡 1:10; 이레나이오스(Irenäus), 2세기)

ana'klisis *gr.* , (머리, 상반신을) 뒤로 기대기, 버티기; 종교 현상학적(→religionsphänomenologisch): 본래의/실제의 현재 및 종말적 미래의 확정을 위하여 하나의 신비적 원초의 새로운 수용<그리스어 의미: 문의/조사/이의>

An'akoluth *gr.* , *gramm.*: 중단된 문장 구성

ana'lecta *gr.* , 저술가로부터 모아진 것; 모음집

analogia *gr.* , 상응/유사(한 것), 비교할 수 있는 관계(→Hermeneutik)<유비>; **a. entis,** 창조되어진 존재와 하나님의 존재의 상응(Thomas v. Aquin † 1274); **a. fidei,** 믿음 안에서 상응; 기독교 신앙의 총체와 함께 단독적인 믿음의 진술들의 일치/조화(롬 12:6); K. Barth(† 1968): a. entis는 단지 믿음 안에서 식별할 수 있다. 왜냐하면 그것은 은혜이지, 피조물의 소유가 아니기 때문이다; **a. opera-tionis,** Barth: 피조물과 하나님으로부터 **실행하기**의 상응(하나님의 주권에 근거를 두고 있는); **a. proportionis,** 관계 안에서 상응; Barth: 세례의 시행이 영적으로 죽음에 일치/상응한다. 마치 하나님의 말씀이 인간의 말에, 성만찬이 예수의 삶/생명 등등에 상응하는 것 처럼; **a. relationis,** (하나님의) 관계의 상응; Barth: 단지 그리스도 만이 하나님과 동일한 모습/동일성을 갖는다. 그러나 인간은 믿음으로 일치 안에서 그것(=하나님과의 동일성)을 경험한다; **ex analogia scripturae,** 총체적인 것으로부터 성서의 모든 개별 진술들을 이해하기 위한 기본 원칙/원리; **Analogiezauber,** 하나의 모방하는 혹은 희망 목표에 비슷한 행동을 통하여 효과/힘을 겨냥한다<모방 주술(呪術)>

Analyse *gr.* , 그것의 구성요소들로 하나의 관계/맥락을 분해하기 (→Psychoanalyse); **analytische Methode**는 하나의 사실의 내용/상황을 분석하기를 통하여 말하기를 원한다<분석적인 연구 방법>; 아리스토텔레스의 논리학에 따라 신학의 목적(최종원인)(내적인 목적: 믿음; 외적인 목적: 복)으로부터 나왔던 17세기의 교리적인 방법(Calixt). 그것은 (다음과 같이) 정리한다: de fine(종말에 대하여:영원한 복), de subjecto(신학의 주체를 대하여: 인간; 구원의 주체에 대하여: 하나님); de mediis salutis(구원의 수단/방법에 대하여: 그리스도, 성례전); 그러나 →synthetische Methode; **Analyt. Philosophie/Ethik,** 약 1900년 이래로 오늘의 앵글로 색슨족의 신학에 강력한 영향과 함께한 앵글로 색슨족의 사고 방향: 윤리 철학적인 근본 현상들이 언어 분석적으로 탐지된다. 직접적으로 각각의 실천적이고, 규범적인 윤리(→Ethik); 초 윤리적으로 (→metaethisch<Metaethik>); **Analyt. →Psychologie; a. e. Urteile, U.→a priori** (예, ≪공≫

은 둥글다: 그러나 종합/통합적인 판단들, 마치 ≪공은 무겁다≫처럼 [Kant])

Anamnese *gr.*, 기념/회상; 커다란 성만찬식 기도의 결론(그리스도의 구세행위의 기념/회상); orth.: 성령을 청함과 함께; kath.:(≪거기에서 그리고 기억하는 것들≫, 왜냐하면 당신이 추모해야만 하기 때문이다.) 제물(→Opfer)-반복의 생각을 포함하고 있는; ev.: 그의 신구교 공동 주체(→ökumenisch)의 공동체의 모임/연합을 위한 간청과 함께(자유로운 활용)

Ananda Marga *sanskr.*, 행복의/행복을 위한 길; 힌두교의 새로운 개혁 운동

ananke *gr.*, 강요, 필연성/필요

anaphora *gr.*, 헌납하기; liturg.: 고대교회의 기도, 그 안에서 빵과 잔이 하나님에게 바쳐진다; gr.-orth.: 미사의 중심부분, 대체로 미사 축제; 병행으로 구성된 문장들 안에서 첫 단어의 수사학적인 재 수용(예, 히 11:3-31); 공적인 보도

ana'stasis *gr.*, 부활

anathema, Plr. **anathemata** *gr.*, 신에게 바쳐진 것/신성한 것, 그러나 역시 근절/폐기를 위하여 신성/하나님이심에 넘겨지고, 저주받은 것(비, 갈 1:8-; 고전 16:22), 특히 신앙의 오류에 관련하여; →damnamus, →Exkommunikation

anawim, anijjim *hebr.*, 눌린자들, 낮은 자들, 굴종하는 자들; 고대(교회) 후기 시대의 성실한 신앙심 깊은 자들의 스스로의 명칭

ancilla Domini *lat.*, 주의 하녀/계집종(마리아, 눅 1:38); **a. theologiae** *lat.*, 신학의 시녀; mtl.: 계시의 내용을 통하여 상위에 둔 신학에 대하여 철학

Andragogik *gr.*, 성인 교육

Angelo'latrie *gr.*, 천사 숭배; **Angelo'logie**, 천사론; **Angelophanie**, 천사현현; **Angelus-, Ave-, Vesperläuten**(아침에, 정오에, 저녁에), *kath.*: 그리스도의 인간되심의 경배/숭배를 위하여<(Angelus 라는 말로 시작하는 기도시간을 알리는) 종소리, 아베마리아 기도의(시간을 알리는) 종소리, 일과 끝을 알리는 종소리/저녁 예배 시작 종소리>; **Angelus Domini,** 주의 천사, 마리아의 고지/예고를 기억/회상하기 위하여 카톨릭 교회의 하나의 기도의 시작(→annuntiatio); **angelus interpres,** 설명하는 천사(막 16:5)

Anglikanische Kirche, Anglikanismus, Church of England (CE), **Established Church** (EC), 지교회를 지닌 영국 국교회(→Staatskirche), 루터교회(→Luthertum)와 칼빈주의(→Calvinismus)와 나란히 종교개혁 교회의 세 번째 종파; →Broad Church, →High Church, →Low Church

Anglokatholizismus→High Church

An'(h)omöer, 극단적 아리우스 주의자(4세기)(→Arianer), 그들의 가르침에 따라 그리스도(→Hypostase 로서)는 아버지와 비슷하지 않다(*gr. anhomoios*); 그러나 →Homöer

Anhypostasie *gr.*, 고유의(사람과 같은) 본질이 없이(그리스도의 인간적 본성의) 존재의 형식; →Hypostase, →Enhypostasie anijjim→anawim

anima Christi *lat.*, 그리스도의 영혼, 한 중세의 그리스도의 기도의 시작; **a. naturaliter Christiana,** 영혼이 본성으로부터 그리스도교적 이다(테르툴리아누스, 2세기); **Animatismus,** 우주 혼을 불어 넣는다는 생각/사상, 게다가 인간화/의인화가 없이<모든 자연물에도 생명과 의식이 있다는 정령 숭배 이전의 원시적인 신앙>; **Animismus,** 모든 자연이 영들에 의하여 충족되었다는 믿음

animal rationale *lat.*, 이성을 갖추고 있는 생물<동물>, 인간; **Animalismus,** 동물숭배

Anknüpfung, 선포/설교에서 조건들과 관련; 변증법적(→Dialektik) 신학에 의하여 신학적으로 인정할 수 없는 것으로서 반박되어졌다(K. Barth와 E. Brunner의 논쟁)<연결/관계>

Anna Selbdritt, (마리아의 어머니) 안나, 마리아와 어린 예수의 묘사와 함께 후기 중세 이래로 널리 퍼졌던 성상(聖像)/성화<이 그림에는 성모 마리아와 아기 예수를 안은 성 안나의 상이 그려져 있다>

Annate, *lat.*, 연 금(年 金), **servitia communia,** 일반적인 복무 의무; 교황청(→Kurie)에 하나의 성직록(聖職祿)(→Pfründe)의 첫 번째 연 수입의 최초의 공과금

anni cleri *lat.*, 목사관들을 위하여 차입된 하나의 차입금의 반환을 위한 목사나 혹은 그의 후임자를 위한 기간

annihilatio *lat.*, 내용 없음을 선언/무효 선언/얕보기/경시하기; →Konversions- theorie, →Transsubstantiation

anniversarium (defunctorum), *lat.*, (죽은 사람들의)(연례) 기념일; *kath.*: 가족이나 교구의 신도들에 의하여, 역시 감독이나 혹은 교황의 고양에 의하여 거행되어졌던 죽음과 매장의 기념일의 장례 미사/추도 미사와 함께; 성자 기념일; 교회당 헌당식의 연례 기념 예배

annuntiatio, *lat.*, 마리아에 대한 ≪고지(告知)≫[수태고지], 하나님의 아들의 인간 되심을 알림(눅 1:26-38); **Annunziaten,** 다양한 수도회(修道會)(→Orden) 등등… ≪마리아에 대한 고지에 대하여≫

annus *lat.*, 해/년; **anno Domini**(AD), 주의 해에(즉, 주후/서기 …년); **anno mundi,** 세상의 해에(즉, 천지 창조 이래로; →Ära); **anno salutis,** 구원의 해에(즉, 주후/서기 … 년); **annus discretionis,** 식별/인지/능력의 해, 교회의 권리 능력위한 연령(참회, 성찬, 견진 성사[예], 대부(代父) 직분)

an'oignesis *gr.*, 개시/개최; 동방 교회의: 교회당 헌당 기념일

An'omöer→Anhomöer

Anonymer Christ, 카톨릭 교회 가르침을 위하여 칼 라너(K.Rahner)의 조어(造語)(특히, 제 2 차 바티칸 공의회(→Vatikanum II)에 따라), 한 사람이 사회적으로 교회에 속함이 없이 그의 구원을 발견할 수 있다<익명의 그리스도인>

ante Christum natum *lat.*, 그리스도의 탄생 전에

Antelapsarier→Supralapsarismus

antependium *lat.*, 커튼/장막; 천, 나무 혹은

금속으로부터(≪**Frontale**≫<안면의/정면의>: 온전한) 제단의 전면/정면의 장식/치장; 역시 설교단과 독서대에 내려 드리운 것; 그러나→Paramente

Anthem 고대 영국의, 성서 본문으로 부터 하나의 예배식이 아닌 성가집<성가/찬송가>

anthologium *gr.*, *lat.florilegium*, 명시선/명구집; gr. -orth.: 예전서/기도서; 일상의: 원문 모음

anthropos *gr.*, 인간; **Anthropogonie** 인류 발생(에 대한 신화/설화(→Mythos)); **Anthropologie**, 인류학/인간론; theol.: 비, →imago dei; **anthropomorph**, 인간의 모습을 한, 인간과 비슷한; **Anthropomorphismus**, 하나님 혹은 신들에게 인간적인 특징/형질의 전용<(특히 신의) 인간화/인격화/신인 동형동성설(神人 同形 同性說)>; **anthroponom**, 인간의 한도에 따라; **Anthropo-pathismus**, 하나님에게 인간적인 감정의 움직임/감동/흥분을 전용<인간적인 특성과 함께 한 존재로서 하나님에 대한 소개>; **Anthro- posophie**, 인간의 지혜<인지학(人智學)>; 인도철학으로부터 루돌프 스타이너(R. Steiner)(1861 - 1925)에 의하여 발전된 가르침, 더 높은 세계에로 잃어버린 영적인 결합/관계를 회복시키기 원하고 그리고 새롭게 개조한 삶에로 이끌기를 원한다(→Christengemeinschaft); **Anthropothcismus**, 인간적인 이상상(理想像)에 따른 하나님의 상의 형태(포이에르바흐(L.Feuerbach)의 이론)<인간의 신격화>; **anthropozentrisch**, 인간을 중심에 놓는(Ggs. →theozentrisch)

Antichrist *gr.*, 구세주(→*messias*)에 대항하여; 세계의 종말과 그리스도의 재림에 선행하는 커다란 적그리스도(요일 2:18)

Anti'doron *gr.*, 답례로 주는 선물; altchr.: 성별되지(→konsekrieren)않은 성찬 빵. 그 빵은 미사 끝에(본래는 단지 성찬에 참여하지 않는 사람들에게) 분배된다; →Eulogie

Antijudaismus, 종교적으로 동기 유발이 된 유대교와의 적대관계, 특히 고대 교회(→Alte Kirche)에서 기독교적이고 이데올로기적인 유대교와의 적대관계, 반유태주의(→Antisemitismus)의 변형 및 선구자

anti'legomena *gr.*, 반대하는 것들/모순된 것들; 고대 교회의: 사람들이 그것을 경전에 받아들이는 것을 부분적으로 거절했던 문헌들, Ggs. →homologumena; **Antilogie** *gr.*, 반대/이론(異論)

anti'mensium *lat. mensa*, 책상/식탁; gr. -orth.: 꿰매어진 성유물(→Reliquien)을 지닌(미사 때 쓰는) 성체포(聖體布)(→Corporale)에 알맞은 봉헌되어진 천 조각

Antimodernisteneid, 1910년 이래로 근대주의(→Modernismus)에 대항하여 교황의 모든 조치들을 위하여 모든 카톨릭 사제들에게 부과되었던 맹세[서약]한 동의/찬성; 1967년에 폐지되었다

Antinomie *gr.*, 대립성/모순성, 법률의 모순<이율배반/보순/자가당착>; **Antinomismus**, 한 다른 종교적 원리(은혜, 영, 자유)와 관련하여(옛) 법(→Gesetz)의 구속력의 논쟁; 한 도덕적인 법의 근본적

인 거부/거절(→Libertinismus); 온갖 율법적 설교를 거부(≪**Antinomer**≫혹은 ≪**Antinomisten**≫, 루터의 적대자들)<구약적 도덕률에의 속박/결합을 부정하고 그리고 인간적인 믿음의 자유와 신적인 은혜를 강조하는 신학적인 가르침>

Antiochener, Antiochenische Schule, 아리스토텔레스 주의/철학(→Aristotelismus)의 전통에 서고 그리고 하나의 알렉산드리아 학파(→Alexandrinische Schule)를 위하여 대조적으로 놓이는 해석(→Exegese(→Hermeneutik))방법을 교육했다. 그 방법은 공론(空論)/사변(思辯)(→Spekulation)들에 대한 삼가/회피 아래서 단어의 뜻을 이해하기를 원했다; ≪**ältere**≫**A.** (순교자 루키아누스(Lucianus) † 312, 등등)는 아리우스주의(→Arianismus)를 준비했다. ≪**jügere**≫ **A.** (타르수스의 디오도르(Diodor v. Tarsus) † 394, 등등)는 네스토리우스 주의자(→Nestorianer)들에게 길을 예비했다 <안디옥인들, 안디옥 학파>

Antipascha *gr.* , 유월절(→*Passa*) 후, ostk. : 부활절 후 주일

Antiphon *gr.* , 반대의견/대성음(對聲音), 대창(對唱); 시편들에 앞서 놓여졌던, 말미에 반복되었던 기본 시행 혹은 선도 시구 <교창(交唱)>; **Antiphonale,** 시간(→hora)을 위한 찬송가를 지닌 예배식의 책<교창과 정시과(定時課)/성무일과의 본문을 지닌 예배식서>; **Antiphonar(ium),** 미사와 성무일과를 위하여 합창곡들을 지닌 예배식서<교창 성가집>; **Antiphonie,** 교대합창의 노래

Antirassismus, 인종 차별 주의적인(→rassistisch) 억압에 대항한 원칙/주의와 행동/조처; 교회적으로→ökumenisch: **A. - Programm**

Antisemitismus, 중세-근대/현대적으로, 본래적으로(유사/사이비) 종교적으로 동기유발이 된 유대교와의 적대 관계를 통하여 준비되었던, (면목상의 열등한) 인종으로서 유대교에 대항하여 집중되었던 생각/태도; (그것은) 독일의 파시즘<나치즘/국가 사회주의>에서 600만 유대인에 대한 박해와 섬멸로 이끌었다; **antisemitisch**<반 유대주의의/유대인을 적대시하는>; →Rassismus

Antistes *gr.* , 대표/책임자, 감독자/관리인/보호자, *kath.* : 교회적인 고위직에 있는 사람의 존칭; Schweiz: 주임 목사(최상의 도시 성직자)<주교와 수도원장에 붙이는 호칭>

Antithese *gr.* , 반 명제/반 정립; **antithetisch**<상반되는/대립적인>; →Dialektik ; **Antithesen der Bergpredigt:** 마 5:21-48

Antitrinitarier, 삼위일체 교리의 반대자들(→Sozinianer)

Antitypus *gr.* , 반대되는 [상응하는] 그림/대조물(對照物)(예, 아담-그리스도: 롬 5:12-; 고전 15:22)

Antizipation *lat.* , 전날의 오후에 야과경(夜課經)(→Matutin)과 조과(早課)(→Laudes)에 대하여 선취/앞당김; 하나의 아직 자리가 비어 있지(→erledigt) 않은 녹을 받는 성직 자리(→Pfründe)에 하나의 계승권 수여/공포/허용; →Expektanz

Antlaß, 해고/해방; →Ablaß

Antoniuskreuz→crux commissa

Ant'onomasie (*gr. onoma,* 이름), 교환 명칭; 하나의 고유명사를 위하여 하나의 형용사 등등(아쿠이노의 토마스를 위하여 (Thomas v. Aquino) 아쿠인 사람)의 혹은 유(類) 개념을 위하여 한 고유명사(연설자/웅변가를 위하여 키케로(Cicero))의 배열하기/기입하기/대체하기

Antwortpsalm, 예배에서 첫 번째 성경봉독에 따른 시편 구절(들), 이것에 내용적으로 관련되어졌다; →Graduale

anulus *lat.*, 주교의-, 대 수도원장의 반지; **a. piscatoris,** 교황의 반지(성 베드로가 어망을 끄는 모습을 담은); 교황의 인장 반지

Anu, 수메르가 원천인 바빌론의 하늘의 신, 엔릴(→Enlil)과 에아(→Ea)와 함께 셋을 형성한다

A-O→Alpha

ap'agogischer gr., 반대 되는 것의 오류로부터 하나의 주장의 정당성을 위하여 떼어 놓는(간접적인) 증명<간접 환원 법의>

Apartheid *afrikaans*, 분리/구분/절단; 흑인 주민의 차별/배척과 함께 남 아프리카에서 인종의 차별적 격리의 진행된 정책을 위한 묘사<(남아프리카 공화국의) 인종 차별/흑백 분리>; →Rassismus

Apeiron *gr.*, 끝없는/무한한/무궁한 것, 우주 물질/소재를 위한 묘사, 시작/원리 (›archc)(미치 생성되지 않음, 불멸/영원함, 무한 함과 파괴할 수 없음/확고함 처럼)의 특징에 본질적으로 갖춰져야만 한다(아낙시만데르(Anaximander, †

기원전 547년)에 따라)

Apersonalismus *lat.*, 불교의: 인간이 단지 하나의 보편적이고 비 인격적인 존재의 하나의 기만적인 개체화/개성화(→Individuation)이다

apertio aurium *lat.*, *kath.*: 세례에서 성유(聖油)를 통하여 귀의 상징적인 열림(막 7:33-), →traditio symboli; →effata

apex mentis→scintilla animae

Aphtharto'doketen (*gr. aphthartos,* 변함 없는/불멸의, 고통이 가능치 않은; *dokein,* 생각하다), 단성론의 경향/성향(6세기), 그것은 그리스도의 몸을 인간적인 욕구/필요들에 굴복시키지 않았다고 믿었다. 동일 하게 →Julianismus; **Aphthar- tolatren,** 공통이 가능치 않은 이를 숭배/경배하는 자들; →Phthartolatren

apodeipnon→completorium

apodiktisch *gr. -lat.*, 반박할 수 없는/반론의 여지가 없는, 논리적으로 필연적인; →assertorisch, →hypothetisch, →kategorisch

Apokalypse (Apc., Apk., Offb.) *gr.*, 계시/묵시; 수 많은, 기원 후 1세기에 집필된 묵시문헌들(예, 베드로의 묵시록)로부터 단지 요한계시록 만이 신약성서의 경전(→Kanon)에 받아들여졌다. 하나의 묵시록의 저자(**Apokalyptiker**)는 대부분 익명으로 머문다. 그는 특별한 계시로부터 그에 의하여 묘사되어진 세계의 종말의 비밀들을 안 나고 빈는다; **Apokalyptik,** 세계의 종말과 내세에 대한 견해(특히, 후기 유대교에서(→Spätju-dentum)); 묵시 문학적인 글들의 장르<

27

묵시록적 예언서/세계종말론>

apokatastasis (panton) *gr.* , (모든 것의) 영원한 행복/축복을 위하여 세계의 종말에 피조물의 완전한 회복/복구/치유

Apokrisiar *gr.* , 그는 결정을 내린다, 중재 재판관; 교황의 사절들과 감독의 공사/사절, 역시 한 수도원의 사절의 조금 오래된 칭호

apokryph *gr.* , 숨겨진/위작(僞作)의; **Apokryphen** *gr.*, 고대 교회가 공식적으로 사용치 않았던 글들인 위작 들; 오늘날: 규범적이지 않은/성서 경전이 아닌(→Kanon) 성서에 인접한 문헌(구약을 위한 성서외전의 구획, 종파적으로 상이하게)<성서 외전/경전외 성서>; → deuterokanonisch, →Pseudepigraphen; **A. streit,** 구약 경외경의(한정된) 긍정적인 평가를 근거로 루터를 통하여 발생한 논쟁, 유럽 종교개혁 교회들 내부에서 그것들의 사용에 대하여, 1618년 도르트레히트 회의(→Dordrechter Synode)에서 조정되었다

Apollinaristen→Synusiasten

apollinisch, 그리스의 빛의 신인 아폴로 신에 따라, (그는) 그리스 문화의 정도, 질서 그리고 조화를 얻기 위하여 노력하는 영; Ggs.→dionysisch(쉘링(→Schelling, † 1854)에 따라)

Apologeten *gr.* , 방어자/변호하는 사람<변증가>; 2세기와 3세기에 등장한 문헌들의 저작자들. 그들은 그 글들에서 비방/모략에 대항하여 기독교를 방어했고, (그것은) 이교도적인 주위 세계의 철학적 사고 형식들의 수용을 통하여 가르쳐져야만 했다(예, 유스티누스(Justinus), 테루툴리아누스(Tertullianus)); **Apologetik,** 기독교적인 진리의 신학적인 방어<변호/호교론/호교학>(→Immanenzapologetik); **Apologie,** →Confutatio에 대항하여 멜란히톤(Melan-chthon)의 변명 [옹호] 서(→Confessio Augustana)

apo'lysis *gr.* , 그리스 정교회의 예배에서 떠나게 하기/출옥을 위한 기도

apo'lytrosis *gr.* , 구원/속죄

apophantisch *gr.* , (덮게를 벗겨서) 공개하는 말을하는 방법/어투<진술하는/주장하는>

apophatische Theologie (*gr. apophatizo*로부터) 아레오파기타의 디오니시오스(Dionysius→Areopagita)의 거부하는 신학. 그것은 피조된 것들의 다수로부터 부정/거절 [최후의 것은 없다]을 통하여 완전한 이로서의 하나님에게로 오른다/나아간다; →Kataphatische Theologie

apo'phthegma *gr.* , (현명한, 슬기로운) 명언/발언; 공관복음서(→Synoptiker)의 저자들과 함께 자주(예, 눅 14:1-) 부차적인/간접적인(→sekundär) 범위/윤곽과 함께 하나의 그리스도의 말(→Logion) (불트만(Bultmann)); **Apophthegmata patrum,** 초기 이집트의 은둔자들의 영역의 자기 증언 기록들

apopompe *gr.* , 계속된 사명/임무, 하나의 악(惡)의 전향을 위한 기도; →epipompe

Aporie *gr.* , 어찌할 바를 모름/어리둥절함

Apo'siopese, *gr.* , 비밀로하기/침묵하기; 청강자/방청자가 그것을 보충할 수 있도록 한 문장의 수사학적인 단절/중단; 생

략법(→Ellipse)의 특수 형태/형식(요 6:62; 행 23:9)

Apo'stasie *gr.*, 쓰레기/배반/탈퇴; **Apostat,** 배반자/배교자

Apostel *gr.*, 사절/사자(使者)/사도(使徒); 예수의 제자; 부활하신 그리스도로부터 복음(→Evangelium)의 선포(→Verkündigung)를 위하여 초청된/증거[증인]으로 내세워진(눅: 목격자들) 증인들; **A. brüder:** 그들은 사도들의 가난한 삶을 모방하기를 원했다(gegr. 1260년); 새 사도 공동체의 스스로의 칭호/묘사; **A. dekret,** 본래적으로 사도회의(→A. konzil)에 속하지 않는 결정.그것은 이방인 기독교인들(→Heidenchristen)에게 순수 명령/규정을 부과(賦課)한다(우상제물고기, 피를 먹음/마심, 질식시킨 짐승의 먹음, 음탕/간음; →Noachi-tische Gebote); **Apostelgemeinden,** 다시 채택된 사도의 직과 함께 공동체를 위한 집합명사: 카톨릭 교회의 사도적 공동체들(19세기에 자유교회); 새 사도적 공동체(→Neuapostolische Gemeinde); 사도 공동체(최근에 분열); **A. konvent =Apostelkonzil**(48/49); 이교도에 대한 그리스도인의 선교에 대하여 조언하기 위하여 예루살렘 공동체의 대변자들과 함께 바울과 바나바의 모임/회합(행 15:; 갈 2:); **Apostellehre**→Didache

Apostolat, 사도들과 역시 예수의 보냄을 받은, 그리고 증인의 직<사도의 職>; **Apostoliker,** 혼인/결혼과 개인의 소유물/사유재산을 포기했던 집단(4세기)<사도 추종자>; **Apostolikum,** 부정확하게 예수의 사도들의 원천에 소급하는 소위 ≪신경(信經)≫(5세기 이래로 입증되었다), 그것은 ≪Credo…≫=≪내가 믿는다…≫로 시작한다, 하나의 고대 로마의 세례식에서의 신앙고백의 재교육, 서방에서 가장 오래된 신앙고백으로서 사용에, →ökumenisches Symbol; **Apostolikumsstreit,** 1892년 오늘날을 위하여 사도신경 진술의 의미에 대한, 아돌프 하르낙(A. Harnack)을 통하여 유발되어졌던 논쟁; **apostolisch,** 예수의 사도들로부터 유래하는, 그들에게 속하는<사도의, 사도의 가르침에 의한>; **a. e Delegatur,** 교황의 사절의 직; **Apostolische Gemeinde**→Neuaposto-lische Gemeinde; **A. e Kammer,** 로마 교황청(→Kurie)의 관직/직무, 경제 업무를 위하여 권한이 있는; **A. e Kanzlei,** 로마 교황청의 관직, 전체의 교황의 문서들의 작성과 발송을 위하여 권한이 있는; **A. e Konstitutionen,** 고대 교회의 가장 광대한 합법적이고-예배식의 교회의 규율/전례(典禮), 그것은 사도들의 저작으로서 말한다. 그것은 그러나 시리아로부터(380년 경에) 아마도 하나의 아리우스주의의 저작자의 모음/수집이다; **A. er Administrator**→administrator apostolicus; **a. er Gruß,** ≪우리 주 예수 그리스도의 은혜…. ≫(고후 13:13); **A. er Stuhl** (=Sancta Sedes), 가장 높은 로마 카톨릭 교회의 관청(교황, 추기경단(團) (→Kardinalskollegium), 행정 관직들, 재판관들), →Kurie; **A. e Signatur,** 로마 교황청의 재판소(법정)로서 로마 카톨릭 교회의 가장 높은 상소 법

원<사도적인 서명>; **A. e→Sukzession**<사도적 계승>; **A. e Väter,** 사도들 후기 세대로부터 2세기의 교회 저술가들(이 점에 있어서 그 묘사가 혼돈되게/오도한다): Barnabas, Clemens, Diognet, Hermas, Ignatius, Papias, Polykarp, →Didache; **Apostolizität,** 사도들의 공동체와 함께 오늘날/현존하는 교회들의 본질적 일치<사도성>

a posteriori *lat.*, 나중 것으로 부터; scholast.: 효과/활동으로부터 유래한 앎/인지(認知)<경험적인/경험에 의한>; Ggs. →a priori

Apotaktiten *gr.*, 확고하게 경계가 설정되지 않은, 무엇보다도 평신도들로부터 구성된 4세기의 금욕주의자들의 단체(소아시아)

Apotheose *gr.*, 헤롯이나 혹은 탁월한 인간들(로마 황제)에 대하여 신으로 인정하여 모심

apo'tropäisch *gr.*, 마력이 있는/환상적이고 비현실적인 저항력의/방어력의

Apparat, 학문적인 책에서 (권말의) 주/주해/논평, 증거 등등, 대부분 쪽 아래에<보조[참고] 자료>; →**textkritischer A.,** 원 문헌들에서 주어진 본문의 다른 원고(原稿)/판(版)의(중요한) 차이점을 열거한다<고증 자료가 수록된 판>

Appellation *lat.*, 하나의 보다 상급 기관에 간청/탄원; 한 공동의 회의, 법에 항소(抗訴), 하나의 교황의 결정에 대항하여 한 공동의 회의 소집을 위한 항소(그와 같이 제2의 갈리칸(→gallikanisch)의 항목, 1870년 제1차 바티칸 공의회(→Vat-icanum)에 의하여 기각/포기되었다)

applicatio *lat.*, 원조/기부, 사용/적용/응용(→Hermeneutik); kath.: 하나의 확실한 목적을 위하여 미사의 제물의 바침/드림[예, 공동체의]<특별미사>; **a. materiae,** 수령자에게 성찬 재료의 가까이 가져오기(기름, 물 등등); **Applik-ationspflicht,** 그의 공동체를 위하여 주일과 축제일에 미사를 드리기 위한 로마 카톨릭 교회 사제의 의무

Apport *lat.*, 심령론/강심술에서: 물체/사물들로부터 가져오기<염력(念力)에 의한) 위치 변동>, →Telekinese

Approbation *lat.*, 시인/동의/인정/찬성; 감독을 통한 한 사제의(인가/비준), 교황을 통한 하나의 회의(→Konzil)의 혹은 하나의 교단/수도회의(→Orden)(인가/비준), 결정권이 있는 주무관청을 통한 하나의 결의/결정의 인가/비준

Appropriation *lat.*, 전유/착복<점유/점취(占取)>; 스콜라 철학의: 삼위일체(→Trinität)의 삼위(三位)의 공통의 특성/부가어들(→Attribut)과 내용의 전개들이 하나의 개별적인 위(位)에 전유될 수 있다

a priori *lat.*, 옛날부터/이전부터; 스콜라 철학의: 원인/동기로부터 유래한 앎/인지들<선험적으로/처음부터/근본적으로>; Kant: 경험에 매이지 않는 보편 타당한, 피할 수 없는/불가결의 앎/인지들, Ggs. →a posteriori; **Apriorismus,** 확실한 앎/인식들이 선험적으로 주어졌다는 이론<선험주의>

Apsis (*gr. haptein* 으로부터, 덧 붙이다/추가

하다), **exedra** *gr.*, 떨어져 있는 것/독특한 것; 성당(→Basilika)에 동으로 첨가된 둥근 모양, 앞시스<성당의 반원형의 벽감(壁龕)>; **Abside,** 감독의 의자(→cathedra)와 제단(→Altar)을 위한 장소

Apsu, *babylon.* : 티아맡(→Tiamat) 옆에 신화적인 존재로서 원시 홍수<담수(淡水) 대양의> 신, hbr. Tehom, Luther: ≪깊음≫(창 1:2), 뭄무(→Mummu/장인 신(匠人神)/그는 물의 신 Ea와 Apsu의 고관을 위해 시중드는 자이다)의 거처/본거지

aquamanile *lat.*, 주발/대접, 중세에 미사와 함께 사제의 손을 씻기위한 주물 용기, 자주 상상의 동물들의 형태 안에서

Aquarier *lat.*, *gr.* **Hydroparastaten,** 물 운반자; 성만찬의 포도주를 물로 대체했던 고대 교회의 이단들, 예, →*Ebjoniten*, →*Enkratiten*, →*Manichäer*, →*Marcioniten*

Aquinate, 아쿠이노의 토마스(✝ 1274); →Thomismus

Aramaismen(신약성서의 그리스어나 혹은 구약성서의 히브리어에) 아람어의 감화/영향

Arbeitsgemeinschaft christlicher Kirchen, ACK는 독일의 복음교회(→EKD), 자유교회(→Freikirchen), 구 카톨릭 파(→Altkathlische Kirche)의 독일 내 교회일치의 제휴/연합이다. gegr. 1948; 1973년 이래 역시 독일 로마 카톨릭 교회와 독일 그리스 정교회가 정규회원들이다.

arbitrium *lat.*, 판결/평가, 결성, 선택(자유); →liberum a., →servum a.; **arbitrium liberatum,** 자유롭게 된 의지

archarios *gr.*, 초보자/개시자/창시자; 동방

의 수도원제도 안에서 예비수녀(→Novize)

arche *gr.*, 발생/기원/태초, 근원, 원칙/규범/원리

Arche(Noahs), *lat. arca*, 상자<(노아의) 방주>; →Sintflut

Archetyp *gr.*, 원형(原形), 원상(原像)/전형; **Archetypenlehre,** 칼 융(→C. G. Jung)의 분석적 심리학(→Psychologie)에서 집단무의식에서 영혼의 신화적인 원형에 대한 가르침/학설<칼 융의 집합 무의식에 있는) 원형(元型)>

Archidiakon(us), *gr.*, (고대, 중세 교회의) 부주교/(특히 중세의) 대 교구장/(개신교에서의 명예 칭호) 대집사; 본래적으로 카톨릭 교회의 감독적인 교회들의 집사들에게 그리고 하급의 성직자들에게 대표하는 그리고 행정관청의 임무에 앉혀진(자); 오늘날 단지 또한 존경의 칭호

archijerej *russ.*, *gr. archiereus* 로부터, (감독 교회의) 수석 사제; *russ. -orth.* →Metropoliten과→Erzbischöfe

Archimandrit *gr. -orth.* : 하나의 혹은 여러 수도원들의 수도원 장(→Abt)<(동방교회의) 대 수도원장/(동방교회의 공로 신부에 대한 명예 칭호) 대 수도사; 역시 존경의 칭호>

Archipresbyter *gr.*, 수석 사제; 감독의 대리자/대 행자; 주교자 성당의 참사회(→Domkapitel)에서 으뜸 사제

Archisynagog, *gr.*, 유대인 회당의 책임자/장(長), 예배와 그의 외적인 질서에 대하여 책임이 있는(자)

Archon(t) Plr. **Archonten** *gr.*, 공무원/관리

<(고대 그리스 도시 국가의) 집정관>; 구약: 하나님의 궁정/조신(朝臣) 혹은 하나님과 인간 사이의(중재하는) 존재; 신약:(죄 없는 자들 위에가 아니라: 요 14:30) 죄인들 위에 죽음을 판결한, 그러나 하나님의 구원 계획을 알지 못하는 이 오랜 세상(→Äon)의 주(들)(고전 2:6, 8); →Gnosis: 우주적이고 의인화(擬人化)되었던 태고의 힘들, (전) 지구상의 악마들(→Dämonen); 고대 아텐에서 아르혼텐으로서 최상의 국가 공무원들이 묘사되었다. 그와 함께 기원전 683년 이래로 **A. Basileus**가(특별히 제식(祭式)의 지휘/관리와 함께) 단지 종교 의식(→sakral)의 영역에서 ≪왕≫으로서, **A. Eponymos**가 아르혼텐 동료 전체의 지도자로서(그런한 이유에서 직무 수행의 해는 그의 이름을 활용한다), **A. Polemarchos**가 군사령관/군대 통수자로서 권력을 행사하였다; →Thesmo- theten< 고대 아텐에서 아홉명의 아르혼텐 아래 여섯의 사법관(리)들>

Areopag *gr.*, 아테네에서 아크로폴리스 맞은 편에 자리한 아레스 언덕; 거기에서 회의가 열리는 최상의 법정; **areopagitisch, Areopagita**의 디오니시오스(Dionysios, 기원 후 500년경)의 견해에 적합한, 그는 신 플라톤주의(→Neuplatonismus)와 기독교를 한 기독교적 신비주의(→Mystik)를 위하여 융합하기를 원하였다(거부하는(→apophatisch), 확언하는 신학(→kataphatisch)); **A. rede,** 알지 못하는 신(→agnostos theos)에게 대한 바울의 연설(행 17:)

Argument *lat.*, 입증 근거/이유; 라틴어 성서 필사본에서 성서적인 책들의 저자, 특색/특징 그리고 생성/형성에 대한 머리말/서론; **argumentum e silentio,** 한 일/사건의 **침묵하기**로부터 결과적으로 나타나는 간접적인 증명/증거/논증/논거

Arianismus, 아리우스(Arius, †336)의 가르침. 그는 홀로 영원하시고 그리고 낳아지지 않으신 분으로서 하나님의 존엄성/직위의 흥미 안에서 그리스도의 아버지와 함께한 본질(→usia)의 동일성을 반박한다; **Arianer,** 아리우스주의의 추종자들

Aristeasbrief, 유대 묵시록(→apokalyptisch)의 글(약 130년), 칠십인 역(→Septuaginta)의 놀라운 발생/생성을 묘사한다

Aristotelismus, aristotelisch, 아리스토텔레스(Aristoteles, † 기원전 322)와 관련 안에서 철학적인 방향, 형상(→forma)과 질료/재료/소재(→materia)의 관계(→Relation)안에서 목적론적 생각/사고(→Entelechie), 플라톤주의(→Platonismus)(→Ideenlehre<관념론/이데아론>)에 대항하여 물질/사물(→Universalien<보편[일반] 개념>) 안에서 존재를 찾는; 고대(→Antike)(→Peripatetiker<아리스토텔레스 학파의 사람>)이래로 아리스토텔레스적인 논리학(→Logik)이, 중세에서(→Scholastik) 역시 아리스토텔레스적인 형이상학(→Metaphysik)(우주론적 신이 존재한다는 증명(→Gottesbeweis))과 윤리(→Ethik)가 영향력이 컸다. 최종적인 것이 루터에 의하여 날카롭게 공격되었다(→Tugend)

Arkan'disziplin lat., (예배 축제로부터; 4세기와 5세기에 교회에서) 비밀지키기[유지] 위한 의무/책무

arkosolium lat., 카타콤배(→Katakombe)에서 하나의 아치를 지닌 둥근 천정을 만든 벽 무덤

arma Christi lat., 그리스도의 무기, 성 화상학(聖 畵像學)(→Ikonographie)에서 그리스도 수난(→Passion)의 도구

Armaggedon→Harmaggedon

armarium lat., 성찬식(→Eucharistie)의 보존/보관을 위한 장

Armenbibel→Biblia pauperum<가난한 자들의 성서>

Arminianer, 칼빈의 예정론(→Prädestinationslehre)을 반박했던 라이덴(Leyden)에서의 야콥 아르미니우스(Jakob Arminius, † 1609)의 추종자들; 아르미니우스 주의자들은 1630년 네덜란드에서 하나의 자신들의 종교개혁 교회를 설립하였다; →Infralapsarianer, →Remonstranten, →Dordrechter Synode

armutia→almutia

Arnoldshainer Abendmahlsthesen, 루터교회와 개혁교회의 성만찬 이해에 대하여 독일 복음교회(→EKD)의 공식적인 교리 대화의 합의-결과(1957); **A. Konferenz**, 독일 복음교회 내부에 지배적으로 12의 종파가 통합[합병]된 그리고 개혁적인 지 교회들의 교회 지도부들의 회원들의 제휴/연합

ars antiqua lat., 고대 예술, 13세기 후기의 음악(→Motette, Notre-Dame-Epoche)<13세기 프랑스의 정량 음악의 전성기 양식 ↔ ars nova>; **a. moriendi**, 죽음을 위한 예술에 대한 중세후기 책<죽음의 예술/중세의 작은 죽음과 위로의 책>

artes (septem) liberales lat., 고대 판단/평가에 따라 홀로 자유로운 남자와 관련하여 기품이 있었던 일곱 자유 예술들:→Artistenfakultät<(중세 대학의) 자유 7과[7 학예] 학부>, →Quadrivium, →Trivium

articuli fidei fundamentales lat., 근본적인/기초적인 논문/교리/강령/신앙 항목<믿음의 기초적인 교리/항목들>. 그것에 대한 앎이 축복을 위하여 필요하고 그리고 그것을 넘어서 다른 의견/견해가 허용되지 않는다; **a. f. mixti**, 사람들이 일부는 자연적인 하나님 인식으로부터 다른 일부는 계시로부터 아는/분별하는 그 혼합된 믿음의 교리/항목들; **a. f. puri**, 사람들이 단지 계시를 통하여 알 수 있는 그 순수한 믿음의 교리/항목들; **a. secundarii**, 제 2급의 믿음의 교리/항목들; **articulus stantis et cadentis ecclesiae**, 그와 함께 교회가 서기도하고 넘어지기도하는 믿음의 교리/항목(복음교회의 예: 홀로 은총으로부터 및 믿음으로부터 죄인의 의롭다함; 로마 카톨릭의 예: 거룩한 법/권리를 통한 교황의 우위권/수위권(首位權))

Artistenfakultät, 7학예 학부들(→artes liberales)을 위하여 중세 대학(→Universität)에서 네 학과들의 가장 낮은 학과<문법, 수사, 논리, 산술, 기하, 음악, 천문>

Artolatrie gr., 빵의 신적인 숭배(루터의 성만찬에 대한 가르침에 대항하여 개혁주

의자들의 비난/질책, →Spendeformel)

artophorion *gr.*, 빵 저장 용기/상자; ostk.:(병상 성찬(→Krankenkommunionen)을 위한) 성 만찬식을 위하여

Arvalen *lat. arvum*, 파종할/파종된 경작지 *[밭]*, 파종의 신들의 로마 제사장들; →Ambarvalien

arya, *arisch*<아리아인 [어족]의/비 유대인의>; 이란과 북 인도에서 인도-게르만족의 계통/혈통을 위한 묘사; →Brahmanismus: 귀족(계급)과 카스트(인도의 엄격한 세속 계급)의 순수(성)/순결/청결; →Buddhismus: ≪거룩한/신성한≫, **Arya-Samadsch** *ind.*, 아리아어족의 공동체, 1875년→Brahma-Samadsch에 대응하는 사항/짝을 이루는 한쪽으로서 토착(土着)의 종교와 종족의/인종에 특유한 문화/문명의 순수성을 원상으로 회복[복구] 시키기를 원하는 베다경(옛 인도의 바라문교 성전)(→Veda)의 토대 위에 세워졌던 공동체

As→Heller

Asasel, 황야의 악령/악마. 유대인의 속죄의 날(→Versöhnugstag)에 속죄 제물 양(→Sündenopferbock)이 레위기 16:8에 따라 그에게 내보내어졌다

ascensio(Domini) *lat.*, (주님의) 승천(→Himmelfahrt)

ascham *hbr.*, 죄/과오의 제물

aschera *hbr.*, 거룩한 말뚝/기둥, 특별히 가나안의 종교에서, 자주 높은 거룩한 장소의 설치, 창조하는(여성적인) 자연력/자연의 힘의 상징/표상, 여신으로서 경배되었다

Aschermittwoch, 사순절(→Fastenzeit)의 첫날, 참회의 생각/심정의 징표/표로서 머리 위에 재를 뿌리는 옛 관습에 따른 묘사

aschkenasim *hbr.*, 창 10:3로부터 유대적 해석/설명에 따른 독일 인들; 그 밖에: 동유럽의 유대인들(특별히 독일과 폴란드의 유대인들); Ggs.→Sephardim

Asebie *gr.*, 신을 인정하지 않음/신을 모독함, 모독행위/불법 행위; 그러나→Atheismus

Ase'ität *lat. a se*, 스스로로부터/그것으로부터, 다른 것에 메이지 않는 것/독자적인 것, 자신 스스로로부터 존재하는(하나님의) 현존/존재<절대적인 독립/독자성>; **ase'itarisch**

Asen, 북구 종교의 빛나는, 하늘의 신족(神族)(전쟁의 신/군신(軍神) 북구 전설의 신 토르(Thor/Ase신 중 우레의 신), 오딘(Odin/게르만 민족의 최고의 신) 등등)<아제(게르만 족의 신화에서 가장 폭력적인 신족의 대표신)>, 바넨(→Vanen)과 대립하고 있는

Asgard, 게르만 족의 신들의 주거지/궁전; →Mitgard, →Utgard

asha *pers.*, 법/권리; 우주 안에서 선하고, 견고한 질서/순서/법

Ashram, 인도의 양식으로부터 본래의 은둔자의 암자<인도의 한 금욕주의 자의 은둔 암자>, 학생들이 그것의 주변으로 모아졌음, 오늘날 비슷한 그리스도교적인 시도들, 무엇 보다도 인도에서; →Retraite

Asia, 133년 이래 서쪽의 소 아시아(뮈지엔

/Mysien, 뤼디엔/Lydien, 카리엔/Karien, 프리기엔/Phrygien)에서 로마의 프로빈키아/속주(屬州); **Asiarch,** 프로빈키아 아시아르히의 에베소에서 함께 회동하는 신분 의회의 위원/대표의 명칭

Asidäer→Chasidäer

asinarii *lat.* , 당나귀 숭배자들; 유대인들을 위한 별명, 그리고 나서 그리스도인들을 위하여

Askese, Aszese *gr.* , 경기 참가자의 연습/훈련; 철학자의 영적인 자기 교육/훈련; 체념/단념/포기; *kath.* : 경건한 생활 태도/처신, 대부분 육체적이고 영적인 극기(克己)를 위한 하나의 종교적인 연습/훈련의 의미에서(활용)<금욕생활/참회/고행>; **Asket, asketisch; Asketismus,** 생활 원칙으로서의 금욕생활/고행<금욕자/고행자, 금욕의/절제의/고행하는, 금욕주의>; **Aszetik,** 금욕생활에 대한 가르침, *kath.* : 도덕설<완전한 복음 정신을 추구하는 교리>

Asmodi 악마의 왕들<Asmodeus의 복수형>(→Aeshma Daeva<고대 이란의 악마인 분노의 악마>)<Asmodaios, 토빗서 3:8, 6:8, 8:2-에서 악한 영>

a'somatisch *gr.* , 육체가 수반되지 않는, 비육체적인

Aspergill(*lat. aspergo*, 물을 뿌리다) 성수를 뿌려주는 종려나무잎/관수기(灌水器); **aspersio,** 성수(聖水)를 가지고 관수/물뿌리기; **aspersorium,** 성수 반(盤)

Assassinen *arab.* , 살인자/살인범; 지배하는/통치하는 계급/계층의 대변자/주창자에 대항하여 마음을 품은, 정치적-종교적인 이스마엘 추종자들(→Ismailiten)의 비밀 기사단/결사가 1090년 설립되었다. 특별히 다양하게 저질러진 암살 때문에 무서워/두려워 했다

Assembleias de Deus no Brasil *portug.* , 브라질에서 하나님의 (성)회들, 오순절 운동/성령 강림운동의 오늘의 중심 지역에서 가장 큰 라틴 아메리카의 오순절/성령 강림절 교회(→Pfingstkirche); ***Assembly of God*** *engl.,* 하나님의 (성)회, 오순절 운동/성령 강림 운동의 공동체

assertio *spätlat.* , 명확한/명시적인 설명/해석, 주장; **assertorisch,** 확약하는/보증하는, 확신을 가지고 이야기 할 수 있는<단정하는/확언적>(→apodiktisch, →hypothetisch, →kategorisch); **a. er Eid,** 다음으로 이어지는 맹세/선서/서약(그러나 →promissorischer Eid)

Assistent *lat.* , *kirchl.* : 도움는 정신적인 자들의 한 직무상의 행위와 함께<조수/보좌관/조교>; 수도회의 법(→Ordensrecht)에서 수도원장들의 고문단/자문 기관; **Assistenz,** (법적인) 결혼 동의/허락의 수령(受領)을 위한 결혼과 함께 로마 카톨릭 사제의 관여<(카톨릭 신부의 결혼식) 입회(立會)>

Assoziation *lat.* , (*kath.*)(하나님 앞에서의) 서약/서원(誓願)이 없이 이 세상의/세속적인 통합/연합(→Tertiarier, 신도 단체/교단, 협회/단체들, 동료/동배)<연합/조합/결사>; **Ideen-A. ,** 원치 않게/의도성이 없이 가입하는 사상의 결속/결합

assumptio *lat.* , 수용(收容)/받아들임, 승천; **a. B. M. V.** (Beatae Mariae Virginis), 하늘로

복된 동정녀 마리아의 육체적인 받아들임, 로마 카톨릭 교리(→Dogma), 피우스 12세를 통하여 1950년 11월 1일에 교황의 무오류성(無誤謬性)(→Unfehlbarkeit)에 근거하여 확정되었다; **Assumptionisten,** 1845년 설립된 마리아 승천에 대한 아우구스티누스회의 수도원 연합회<승천 교단(로마 카톨릭의 한 교단)>; **Assumptus-Homo-Theologie,** 하늘로 받아들여진 인간의 신학, 하나의 인간의 높임으로서 성육신(→Inkarnation)을 해석/풀이하는 카톨릭 교회의 새로운 기독론(→Christologie)(아퀴나스의 토마스: 하나님의 낮추심/내려오심), 그는 ≪하나님의 아들≫에 대하여 그리스도안에서 인격의 일치에도 불구하고 구별을 허용한다; →Adoptianismus, →Christologie

Asteriskus *gr.*, 작은 별; 그리스 정교회 예배에서 축성(祝聖)된 빵 위에 보호하는 덮게를 운반하는 별을 지닌 구부러진 십자가; 시편을 낭송하기(→Psalmo- dieren)와 함께 시의 반구(半句)/반행의 분리/구분을 위하여 시편 인쇄에서 높이 표시된 별<(서적과 문헌에서) 별표(기호: *)

Astralleib, 영기체(靈氣體)(→Ätherleib)를 능가하는 감각의 육체/몸(정신적 몸)의 소유자/보유자의 인지학(人智學)(→Anthroposophie)에서<인체 내의 정령(精靈)/영체(靈體)/사멸하지 아니하는 불가사의한 인간의 육체>; **Astralreligion,** 별을 숭배하는 신앙/종교<천체 숭배>

Astrologie *gr.*, 천체학/천문학, 점성술, 인간의 운명에 천체/별자리의 영향을 믿음

과 그것의 설명/해석과 예언

Astronomie *gr.*, 천체/별자리의 법칙, 천체학/천문학

Asyl *gr.*, 건드릴 수 없는/범할 수 없는/불가침의, 피난처/은신처(거룩한 처소/장소); **A. recht,** 박해 앞에서 지키다/보장하다<망명자의 피보호권/망명자에 대한 비호권(庇護權)>

Aszetik→Askese

A'taraxie *gr.*, 확고함/흔들리지 않음[의 스토아 학파의 이상상(理想像)], 태연자약/안심입명(安心立命)/침착한 마음

Athanasianum, 6세기 경(?)에 유래한, 중세에 아타나시오스(Athanasios, †373)에게 소급하였던 삼위일체와 양성론에 대한 40 문장으로 구성된(보편적인/→ ökumenisches) 신앙고백서(→Symbol), ≪Quicunque…≫함께 시작한다

Athanasie *gr.*, 불멸/불사/영생

Atharvaveda *ind.* 주문(呪文), 베다(→*Veda*)의 네 번째 그리고 가장 최근편

Atheismus *gr.*, 이론적이거나 혹은 실제적인 무신론; →**buddhistischer A.,** →Hinayana: 신들은 세상의 조물주도 세상의 구원자도 아니라 오히려 단지 사람들처럼 윤회(→Samsara)와 업보(→Karman)의 법/법칙의 지배를 받고 있는 더욱 높은 존재들이다; **A. streit,** 1798/ 99: 그 논쟁은 소나무에 대항하여 행했던 무신론에 대한 비난/질책을 통하여 불러일으켰다

a'thetieren *gr.*, 통용되지 않는/효력이 없는 것으로서 표시하다; **Athetese,** 본문의 한 구절의 무효선언

Athos, 북부 그리스의 반도 할키디케 (→Chalkidike)에 있는 정교회 수도원의 백년묵은 수도원(행정) 구역, 거룩한 산 이라고 불리워진다

Atman *ind.*, 호흡/입김; 인간의 수동적이고, 무의식적인 자아(自我)/자신, 그것은 죽음을 넘어 계속된다(→Re'inkar-na-tion); 그것의 브라만(→Brahman)과의 동일시는 바라문교의 토대이다<(인도 철학의)·아트만/불멸의 영혼>

atricum→pronaos

atrium *lat.*, 로마인들의 집에서 가장 크고 주된 공간; 중세 *mlat.*: 고대 교회의 교회 당(→Basilika)의 **주랑현관(柱廊玄關)**(=vestibulum), 세례 준비 교육/교리[신앙] 교육 문서/서류(→Katechumen-atsakte)와 속죄자들을 위한 장소/공간<(고대 로마나 현대 주택의) 아트리움/대청/안마당/(고대 기독교나 로마네스코식 교회의) 기둥으로 애워싸인 전당(前堂)>

Attribut *lat.*, 특성/특징/표지; *philos.*: 본질적이고, 영속적인 고유한 성질/특성, 그러나→Akzidens; **attributa quiescentia,** 정지하고 있는 고유한 성질/특성 (Ggs. →operativ<실제로 효과가 있는/실효성 있는>); **A. e. der Heiligen,** 예술에서 전형적인, 신학적으로 동기[관심]을 가진 성자들의 부장품(副葬品)(예, 사도 베드로와 함께한 열쇠)

attritio *mlat.*, 죄를 깊이 뉘우침/회한/통회(痛悔), scholast.: 단지 형벌에 대한 공포/두려움 혹은 보상에 대한 소망으로부터 생겨난/일어난 참회≪교수형/교수

대 참회≫; →contritio); **a. servilis,** 노예같은/비굴한, 불완전한/불충분한 참회; **a. serviliter servilis,** 비도덕적인/천한 참회; **Attritionismus,** 면죄/사죄(→Absolution)을 위하여 단지 형벌에 대한 두려움으로부터 느끼는 참회(→attritio)가 충분하다는 로마 카톨릭적인 교리/가르침 (Ggs. →Kontritionismus)

auctoritas, Autorität, *lat.* 존경/명망/명성, 품위/존엄성/기품/위엄; 개인적인 것을 초과하여 믿음을 결합하는 위대함/중요성들로서 성서는 신앙고백들과 신학적인 경향들에 다양하게 적용된다(루터: 그것이/성서가 그리스도를 증언/입증하는 한). (성서, 그리고) 가르침/교리 (→Dogma), 노년의 글들/<장로들의 글들>, →Kirchenväter, →Symbole(신조(信條)들), →Papst, →Kirche, 그리고 특정의 신학자들 [예, 아크빈의 토마스, 루터]

Auctuarium, 완화되어졌던 임시 조치 (1548년 안스바흐(Ansbach)에서)

Audianer, 근동에서 4세기 그리고 5세기의 그노시스파-이원론(→gnostisch-→dual-istisch)의 이단들, 아우디오스(Audios)에 의하여 기초되었다

audientes *lat.*, 경청하는 이들/듣는 이들; 고대 교회에서 세 참회의 단계의 가장 아래 단계(성서 낭독과 특별한 장소에서 설교); →akroomenoi

Audition *lat.*, 듣는 경험, (→Vision)<계시의 말씀을 들음>; **audltlv**<청각의/청취력이 있는>; **auditores,** 듣는 사람/청취자, 마니교도들(→Manichäer)의 낮은 단계/등급(비교, →electi); 정신적인 주교구의 법

원/법정(→Diözesangericht)과 함께 예비
판사; (로마 교황청의) 공소원(控訴
院)(카톨릭교회의 최고 법정)(→Rota
Romana)에서 재판관/심판관/판사<교회
재판의 심문판사/로마 교황청의 관리>

aufer a nobis *lat.*, 우리로부터 취하십시오
(우리들의 죄들 ….),(카톨릭 교회의) 예
배의 시작을 위한 이른 기원 기도

Auferstehung Christi, 초기/원시 기독교의
(복음의) 선포(→Kerygma)의 중심된 진
술/증언(행 1:22; 2:24. 32 등등; 고전 15
장),그리스도 교회의 생성을 위하여 기
초/근본적 이다. 역사적으로 일어난 일/
사건으로서 이론이 분분하다(→Heil-
statsache); **A. des Fleisches, des Leibes, des**
Toten, 육체의 부활, 몸의 부활,죽은 자
의 부활은 이미 구약성서에서 증언되었
고, 중심된 신약성서의 진술/증언들이
고, 헬라적인 몸 이해의 변화/수식에서
바울에 의하여 신학적으로 진술 되었다
(몸 =영혼의 무덤 혹은 형무소/교도소/
감옥)

Aufklärung, 세상과 인간에 대하여 이성적
임/합리성에 마지막 신뢰/확신을 규정
하였던, 그리고 인류의 고상함을 얻으
려고 노력했던 18 세기의 지배하는/ 압
도했던 정신 사조<계몽주의>; →natür-
liche Religion

Augsburger Interim→Interim; **Augsburger**
Religionsfriede(1555)→cuius regio, eius re-
ligio; **Augsburgisches Bekenntnis**→Con-
fessio Augustana

Augustana, →Confessio Augustana

Augustiner, 아우구스티누스회 규범(→A. -

regel)에 발판[기반]을 둔 다양한/서로 다
른 교단(敎團)/수도회<아우구스티누스
회 수도사>: **A.-Chorherren** (OSA), 성 아
우구스티누스의 수도회/성 아우구스티
누스 교단의 수도사(=Ordo Sancti Augus-
tini)<아우구스티누스 수도 참사회 회원
>, 1059년 이래 하나의 규정되어진 삶을
위하여, 더욱 후기에 하나의 수도회
(→Orden)를 위하여 결합되어졌던 교단
/종교재단 그리고 대성당의 참사회원
(→Kanoniker); **A. -Chorfrauen,** 817년 이
후에<아우구스티누스 수도 참사회 부
인 회원>; **A. -Eremiten** (OESA), 성 아우
구스티누스 은둔자 수도원/의 수도사
(=Ordo Eremitarum Sancti Augustini) (신을
신 은 그리고 신 을 신 지 않은,
→Kalzeaten), 13세기에 설립된 성직자
수도 원; **A. -regel,** 아 우 구 스 티 누 스
(✝430)까지 거슬러 올라가는: 규칙을
세웠던 하루의 경과/일과, 하나님의 그
리고 이웃의 사랑; →Assumptionisten;
Augustinismus, augustinisch, 로마 카톨
릭 교회에서 신학적인 경향/성향/주의
(부분적으로 역시 루터; →Jansenismus),
그것은 아우구스티누스(✝430)의 반 펠
라기우스적(→pelagianisch)인 은총론(등
등→gratia irresistibilis) 지지했고, 인식/앎
의 신 플라톤적인 단계의 길을 가르쳤
고, 그리고 교회의 정신적-이 세상/현세
의 권위를 강조했다; 중세에 아리스토
텔레스적인 스콜라 철학[신 학](→
Scholastik)에 대립/반대

Aula *gr.*, (집회/회합의) 장소/강당/회당(會
堂)<(학교의) 대강당>, 접견실/응접실,

고대 교회의 중앙 통로/중랑(中廊)<(기독교 바실리카의) 앞뜰>

Aura→Aureole

Aureole *lat.* 금빛의, (그리스도, 성인의 머리 주위에 있는) 후광(後光)/원광(圓光)/배광(背光), →Nimbus; →Mandorla

aurifrisium *lat.*<=aurum phrygium> 사제의 미사복[예배복]의 황금으로 제련하여 만듦<사제의 미사복의 가장자리 황금 장식>

aurum coronarium *lat.* , *18*금<관 모양의 황금/황금 관>, 충성의 맹세/경의의 금, 성화상학(聖畵像學)에서(→Ikonographie), 예, 거룩한 세 왕들의(아기 예수에 대한) 경배와 함께

Auspfarrung<교구에서 추방하기/전출시키기>→dismembratio

Aussetzung, 성체 현시대(聖體顯示臺)(→Monstranz)에 축성된/성별된(→konsekriert)성체(聖體)(→Hostie)의 놓음; →Exposition

Autarkie *gr.* , 자기 만족하기, 스토아 학파[철학]의 현인의 목적; 독립/자주<자립(심)>

Authentie *gr.* , 참됨/순정(純正)/순수; **Authentik,** *lat. authenticum* [*instrumen- tum*]<원본/원문/원작 [독자적인/원본의 증거/(효력이 있는) 문서/증명 수단>, *kath.* : 성 유물(성자의 유해, 유골, 유품 따위)(→Reliquie)에 대한 확실성을 위한 증거 서류/문서; **Authentizität** der Hl. Schrift, 영감(→Inspiration)과 교회법에 맞음(→Kanonizität)에 기인[의존]하는 표준[규준]이 되(→normativ)는 성서의 의미/

의의(kath. :→Vulgata); 성서적인 책들의 원래 의/원본의 저작자임/저작권(→Literarkritik)

Auto'chirotoniten *gr.* , 그들은 스스로 손을 얹었다. 스스로 서품을 수여했던/스스로 성직에 임명되었던 자들, 우크라이나의(특정 기독교 정교에서) 독자적인 대표를 갖는(→autokephal) 정교회(→orthodoxe Kirche), 그들의 사제들은 하나의 감독을 스스로 임명해야만 했었다 (1921년)

Autodafé *r. span. Autos da Fe*(*lat. actus fidei*), 신앙 행위들/동작들, 축제 다운/장엄한 공공연한/공식적인 전도/설교/선언/선포 그리고 종교 재판소(→Inquisition)-판단/재판/결정들의 집행

autokephal, *gr. autos*, 스스로 그리고 주요한, 머리, 자립적인/독립한; 다른 어떤 외국의 총주교(→Patriarch) 아래 놓이지 않는 동유럽 국민교회들(그 활동이 국내에 한정되어 교회법상 국외의 종교 단체들로부터 독립되어 있음)

Autonomie *gr.* , 고유의 법칙에 따름/자율(성); →*ethisch*: 자결(自決)/자치(自治)/자율(自律)<자치/자율/자치권/자치제>; Ggs.→Heteronomie, Theonomie

Autorität→auctoritas

Avatara *ind.* , 현세의 육체가 되는 일을 위하여 신(→Vischnu)의 내려옴, 그 안에서 그가 세상을 유지/보존한다<인도종교에서 땅 위에 하나의 신이 육체가 되는 것을 위한 묘사>; **Avatar,** 신적인 영의 운반자

Ave Maria *lat.* , 인사/문안 받으소서, 마리

아!<평안 하소서, 마리아!>, 로마 카톨
릭 기도:(≪천사의/천사와 같은 인사//
카톨릭의 성모송/아베마리아/천사 축
사≫) 마리아에게 천사(눅 1:28)와 그리
고 엘리자 (눅 1:42)의 문안/인사, 예수
의 이름과 기원 기도가 덧붙여진다/추
가된다

Averroismus, 아랍의 철학자 아베로에스
(Averroes)(1126 - †1198)를 통하여 아리
스토텔레스의 범신론화하는 해석의 변
경/신해석 그리고 개개의 영혼의 불멸
에 대한 그의 부정/부인<중세의 철학적
인 경향/주의/견해, 그것은 세상과 하나
의, 그리고 모든 인간의 영원성을 공통
의/공동의 이성으로서 회복했다>

averruncus deus *lat.*, (악한 것과 위험들을)
물리치는/격퇴하는/거부하는 하나님

Avesta, 조로아스터 [배 화]교/파르시교
(→**Parsismus**)의 거룩한 책들

Axiom *gr.*, 증명/입증/할 수 없는 원칙/기
본 원칙/원리, 기본 가치(윤리 영역에
서)<자명한 이치/공리>; **Axiologie,** 가치

론/(마르크스 주의의) 가치설

Ayattolah, Ajattolah, *pers.*, 신의 징표/징조;
시아파(→schiitisch) 이슬람교(→Islam)
에서 고위 성직자를 위한(전형적인) 경
칭/존칭<아야톨라(이슬람 시아파의 최
고 성직자 칭호)>

azyma<효모를 넣지 않은 빵/유대인의 유
월절 명절이름>→**Passa**

Azymiten *gr.*, 로마 카톨릭 교회에 대한 그
리스 정교회의 묘사, 왜냐하면 그들이
성만찬(→**Passa**)을 위하여 **효모를 넣지**
않은 빵을 규정하였기 때문이다(11세
기)<효모를 넣지 않은 빵을 성만찬에 사
용하는 자들>; Ggs. →**Fermentarii**

Baal *hbr.*, **Bel** *babylon.*, 주, 소유(권)자/소유
주; *kanaan.* /*semit.* 신의 명칭; 많은 수확
의/다산의 그리고 자연의 신; 지역 명칭
들과 연관/관계에서 지역/향토 신으로
서(예, Baal-Peor); **Baal schem tob,** 선한 이
름의 주, 하시디즘(18세기 동 유럽에서
일어난 유대교의 종교 운동)(→ Chas-
sidismus)의 창설자/창립자의 경칭/존칭

B

Baba *sanskr.* , 사랑하는(정신적인) 아버지

Babismus(*arab. bab,* 하나님을 향한 문), 19
세기의 이슬람교의 운동, 그것은 하나
의 영화(靈化)시켜(→spiritualisiert)진 코
란경 해설/해석(→Koranauslegung)과 연
관/관련 안에서 하나의 진행/전진/진보
하는 계시의 생각/사상을 대변/대표했
고 그리고 사회적-윤리적인 요구/요청
을 했다

Babylonische Gefangenschaft→Exil; **B. G.
der Kirche,** 루터가 그의 글 ≪De captivi-
tate Babylonica ecclesiae<교회의 바벨론
포로/유수/감금 상태에 대하여>≫(1520
년)에서 그의 시대의 교황직/교황권/교
황제도에 의하여 감금되어진/억류되어
진 교회를 위하여 루터에 의하여 사용
되었던 특색을 나타내기/특징 지우기;
B. Sprach(en)verwirrung, 창 11:1-9 에 따
라<바벨론의 언어 혼란/분규>

Baccala(u)r(eus), *frz. bachelier,* 근소한 것들/
빠듯한 것들, 가장 낮은 중세 대학의/아
카데믹한 칭호,(대학의) 신입생들에 대
한 교육(상)의/학설 상의 돌봄/안내(성
경지식/성서학, 등등)를 위하여 의무를
지웠다/요구하였다(약어/요.약-부록에
서→AB,→BD,→BTh,→STB)

Bacchanten, 바쿠스제(祭)/진탕 퍼마시는
소란한 술 잔치에, 바쿠스(→Dionysos)

의 야생의 축제에 참여자

baculus pastoralis *lat.* , 목자[목동]의 지팡
이, 주교장(主敎杖)

Baha'i-Religion, 인간들과 세계평화 그리
고 마지막 신의 계시의 일치에 대한 미
르짜 훗세인 알리(Mirza Hussein Ali (Ba-
ha'ullah; † 1892))의 이슬람교의 가르침/
교리

Bahnlesung<연속/궤도 낭독(회)>→lectio
continua

Bajaderen *portug.* , 춤추는 여인들; 인도의
신전 매춘부

Bajanismus, 뢰벤(Löwen)에서 아우구스티
누스적 경향/주의가 바이우스(Bajus,
† 1589)에 의하여 창설/기초되었고, 그
것이 얀센교(→Jansenismus)를 준비하였
다

Baitylion, *hbr. bet-el,* 하나님의 집, 하나님의
거처로서 유효했던 거룩한 돌들(창
28:17-)

Baldachin, Baldach=Bagdad 에서 만든 금난
(金欄); 처마; 제단 위 상부 돌출부;(옥좌
의) 천개(天蓋)/닫집;(카톨릭, 정교회에
서 축제나 의식 따위의) 행렬/행진
(Prozession)과 함께(사용뇌는) 가리개
[천개]

Balintgruppe, 정신요법의 그리고 목회 심
리학의 양성/교육 그리고 연수/재 교육

에서 사례/증례(症例) 논의/상담 집단 (약 1970년 경부터 방법의 창설자/창립자 바린트(Balint)에 따라(붙여진 용어))

Balken im Augen, 예수의 비유의 말씀: 마 7:3; 눅 6:41<눈 속의 들보>

Ballei, Balley *mlat.*, (중세의) 기사단(→Ritterorden)의 관할 구역/행정 구역, (독일 수도회와 함께) 기사 수도회의 관할 구역(→Komturei) 혹은(요한 기사 수도회의 수도사들과 함께) 수도원의 분원 (→Priorat)에서 분류되어졌다

balteus→subcinctorium

Bambino *ital.*, 아기(예수)/어린 아이/소년

bancale *lat.*, 교회 제단실(祭壇室)의 성직자 석(→Chorgestühl)의 방석

Banezianismus, (중세의 신학자 아크뷘의) 토마스의 설[주의]의(→thomistisch), ([스페인 예수회의 수도사 L. de Molina (16세기 경)에 의거해서]) 몰리니즘(신의 은총과 인간의 의지의 자유가 함께 작용한다는 신학 이론)에 대항하여 비판이 향했던 도미니크회 수도사(→Dominikaner) 바네쯔(Banez, † 1608)의 이론/가르침/교리

Bann→Exkommunikation

baptisma *gr.*, 세례/침례/영세

baptismus flaminis (*gr.* -) *lat.*, 열망/갈망의 세례, kath.: 세례가 불가능할 때에 완전한/결점이 없는 사랑과 참회 안에서 세례 갈망/열망이 세례로서 계산 되다/평가[참작]되다<성령 세례/화세(火洗)>; **b. sanguinis,** 피의 세례, →Martyrium; **Baptisten,** 재세례론자(再洗禮論者), 개신교 자유교회(→Freikirche)<침례교 교인(유아 세례를 배척하고 세례를 성인에게만 주는 기독교의 일파)>, 대부분 개혁파 교회의 특징, 성인 세례와 함께; 오늘날에 특별히 미 합중국에서 널리 퍼져 있고, 독일에서 1941년 이후 다음의 이름하에: 복음적- 자유 교회의 공동체 연합(Bund Ev. -Freikirchl. Gemeinden);

Baptisterium, 세례반(洗禮盤), 세례 성당, 세례 당(堂)

Barbelo *syr.*, 4(의 수) 안에 신이 있다; **B.** →**gnosis,** 여성적인 최상의 에온(=무한한 시간/영원/영겁)(→Äon), (그가) 그 자신으로부터 남성적이고 그리고 여성적인 근원 원리가 발생하도록 허용한다(→Emanation), (그 근원 원리는) 4 쌍으로의 결합 안에서 발달/발전/발육 한다(제 2세기; 개별적인 정황/세세한 것이 아직 해명되지 않았다; →Sophia)

Barett (*frz.*, *ital.*, *spätlat.*), **biretum,** (Birett), pileus, (챙이 없는 편편한) 모자, 15세기에 유행하기 시작했던, 차양이 없는 머리에 쓰는 것, 로마 카톨릭과 개신교의 성직자들의 가운에 속하는

Barfüßer→Diskalzeaten

Barmen, 정통교회 간의 투쟁 동안에 고백교회(→Bekennende Kirche)의 가장 중요한 회의 장소(1934년 5월 29-31일); 바르멘으로부터 ≪신학적인 선언/진술≫(오늘날 부분적으로 복음 교회의 신앙고백서로서(→Bekenntnisschrift) 간주 되었다; →Ordinationsvorhalt)은(나치의) 총통 전권주의와 자연신학(→natürliche Theologie)과 함께한, 특히 독일 그리스도인들(→Deutsche Christen)을 통하여,

교회 내로의 국가 사회주의자의 세계관의 침투/침입에 여섯 논제들로 대항했다

Barmherziger Samariter, 눅 10:25-37 비유에 따른<자비로운/인정 많은 사마리아인>

Bar Mizwa/ Bat Mitzwar *hebr.* , 의무/책무의 아들과 딸, 유대의 12-13세의 소년 그리고 소녀들의 성년식<13세가 가득찬 유대 소년들/유대인의 신앙공동체로 유대인 소년을 안내하는 의식(儀式)>

Barnabiten, 율수(律修) 주교좌 성당 참사회 원들, 1530년 밀라노에서 창립되었다: 강의/교육, (교회 밖에서의) 복음전도([독일 사학자 L. V. Ranke가 처음 사용했던] 반 종교 개혁), 영세민[빈민] 구제

bar-nascha *aram.* , 인자(人子)/사람의 아들 (→Menschensohn)

Barock(*portug. -frz.* ,<경사진 원형의>), 17 그리고 18 세기의 예술양식/스타일; 교회 건물: 평면도에서 굽이굽이 이어나가는 선, 건립과(대개 기하학적 모티브나 식물 모티브로 조각, 상감하거나 또는 그린) 장식/치례, 형식의 다양함과 현란/(색채의) 화려함; **B. dichtung,** 정신적인 서정시에서 특히 덧없음/무상함, 죽음 그리고 영원함을 강조한다<바로크 문학>; **B. musik**<바로크 시대의 음악>, 등등→Oratorien

Basileia *gr.* , 왕의 통치(권)/주권/권력, (하나님의) 나라/왕국

Basilianer, 바실리우스(✝379)의 규율/규칙의 전통 안에서 사는 수도사들

Basilika *gr.* , 왕의 것들/왕에게 합당한 것들; 바실리우스(왕)로서(고대 그리스 도시국가의) 집정관[아르콘]의 자리를 지닌 아덴에 있는 공회당/강당; 고대, 일반적으로: 법의 집행/사법과 교역/상거래를 위한 공회당/강당; 고대 기독교적인 교회의 유형(조금 긴(너비에 비해) 길쭉한 직사각형, 3 혹은 5(교회의) 한가운데 길다란 부분/본당, (교회의) 중앙 통로/중랑(中廊)이 높게 지어졌다, →Apsis)

Basiliusliturgie, 11 세기까지 비잔틴(→Byzanz)의 성 만찬식 축제(→Eucharistiefeier)의 통상적인 형태, 오늘날 아직도 단지 몇일 동안만 행해지는<(그리스 교회의 스승인 대 바실리우스(330-379)에 따라 그리고 예배식을 위하여)/바실리우스 예배식: 동방 교회에서 예배식의 두 기본 형태중 하나의 예배식>

Basis, Pariser→Young Men's…

Basisgemeinden, 교회의 저변에서 그리고 교회의 지도부로부터 요구되어진 독립/자주/자유 안에서 특히 라틴 아메리카와 중부 유럽 안에서 일정한 목적을 지닌 교회와 사회적인 능동성/활동<저변/민중 공동체>; **Basisgruppen,** 저변 공동체들에 유사하게; ≪사제/성직자와 연대 집단/그룹들≫은 스스로를 기초/저변 집단으로서 이해한다

bath→epha

bath-kol *hbr.* , 한 목소리/음성의 딸, 규범의/정경(正經)(→kanonisch)의 유대적 교훈에 따른 게시의 특성을 지닌 하늘의 음성에 따라, 자주 성령에 대등하게 놓여졌다; 반향/산울림/메아리

Battologie *gr.* , 요설/다변/수다스러움(마 6:7

에서 기도와 함께)<말더듬이에 유사한 말로 표현/중언부언>

beatitudo *lat.* , (천국의) 지복(至福)/행복/축복; **beatus**, 축복을 받은; **Beata(Maria) Virgo**(BMV), 축복받은 동정녀 마리아; **Beatifizierung,** *kath.* : 시복식(諡福式)(교황이 죽은자를 성인에 버금가는 복자(福者)라하여 사람들이 숭경/숭배/공경해야 할 것임을 성언하는 일)

Be'elzebub, Beelzebul *hbr.* , 파리들의 주, 대략 ≪쓸데 없는 주≫라는 의미 안에서 (이교도적인 제물 [=쓰레기/두엄]이 그에게 제격이다) ; 악마/바알세불 (마 10:25, 12:24. 27pp.)

Beffchen *mlat.* , *biffa*, 옷깃/칼라; 성직자의 가운의 흰색(제복의) 목깃받침/넥타이<특히 목사의 드리운 띠 같은 깃 장식>

Beg(h)arden (남성의), *niederländ. beggaert*, 걸인/거지, **Beg(h)inen** (여성의), 간호/간병(看病)과(죽은자의) 매장을 위하여 종교상의/신앙심이 있는/경건한, 수녀원과 비슷하게 사는 공동체, 특별히 네덜란드에서 그리고 라인(→Niederrhein)강 아래 연안에서

Begierdetaufe→baptismus flaminis

Begleitfest, Folgefest, *kath.* : 하나의 더욱 큰 축제를 수반하거나 이 큰 축제에 따르는 예배식의/전례의 축제

Behaismus *arab.* , 신의 광채/영광, (19세기 이슬람교의 운동인) 밥 주의(→Babismus)로부터 유래한 하나의 우주적인/총괄적인 종교의 묘사:→Baha'i-Religion

Behemot *hebr.* 하마(욥 40:15-)

Beichte, *lat.* →*confessio*, 죄의 고백<참회/고해/자백>; *kath.* : 회개의 성례(→Sakrament)의 절정/정점, 사죄/면죄(→Absolution)의 기초/토대; *ev.* : 성만찬의 준비로서 공동체의 참회; **Beichtge-heimnis,** 고해나 혹은 목회 대화에서 그에게 털어놓은 것에 대한 성직자의 묵비(默秘)의 의무(그리고 법정 앞에서 묵비/진술[증언] 거부의 권리); **Beichtiger,** 고해를 듣는 신부<고해 신부>; →clavis conditionalis, →Devotionsbeichte

Bekennende Kirche (BK), 교회 논쟁(→Kirchenkampf)에서 독일 그리스도인(→Deutschen Christen)(1934)의 적대자들의 복음 교회적인 결합/연맹/동맹<고백 교회(독일 개신교회의 반 나치운동)>; →Barmen, →Pfarrernotbund

Bekenntnisbewegung ≪다른 복음이 아님/없음≫, 1966년 창설되었다, 신약의 절대 권위를 신봉하는(→evangelikal) 신앙운동<신앙 고백 운동/복음주의 운동>, 이 운동은 복음 교회/개신교회의 명목상의 좌경의 정치(의식)화에 대항하여 그리고 현대 신학에 대항하여, 특별히 성서비판에 대항하여 항의[항변] 한다; 고백하는 공동체의 회의/협의(→Konferenz)

Bekenntnisschriften, 교회적으로 표준이 되는(→norma normata, norma normans) 상징/표징/신앙 고백(→Symbol)(→confessio)과 신학적인 교리서들(ev. : 대부분 16세기의 것들)의 모음/수집<신앙고백서>; **Bekenntnisschule,** 교회 단체[기관] 내에서 그리고 종파적인/특정 종파(→konfessionell) 의 특징을 가진 학교(대부분

(독일의) 기초 학교(초등학교 4년 과정))<교단(敎團)이 설립한 학교>; Ggs. 종파 혼합 학교; **Bekenntnissy- noden,** 1934년과 1943년 사이의 고백하는 교회 (→Bekennende Kirche)의 지방[지역]의 그리고 총괄적인 ≪자유로운 회의 (→Synode)≫; →Barmen; **Beken-nt-nisunion**→Union

Bektaschi, 14세기에 발생했던 터키의 회교 수도 단체의 승려단(→Derwischor-den), 그 승려단은 그것의 비밀 교의에서 이슬람교(→Islamisch)-신비적(→mys-tisch)인 그리고 기독교-영지주의(→gnostisch)적인 요소들을 결합한다

Belial, Beliar *hbr.* , 악의/음흉/분노/악의에 찬 언행, 타락/불행/비운; 사탄, 적 그리스도

bellum justum *lat.* , 정의의/정당한 전쟁

bema *gr.* , 계단, 연단; 회당에서 성서 낭독과 연설을 위하여 높이어진 장소; *gr. -orth.* : 성직자 전체를 위한 격자로 둘러싼 공간, 특별히 감독(→Bischof)을 위하여 그 속에 정해진 좌석

ben *hbr.* , 아들; 아버지의 이름 앞에 고유명사와 함께

benedeien *lat. benedicere,* 신의 축복을 빌어주다/(로마 카톨릭:)(교황이) 누구를 복자위(福者位)에 올리다, 축복하다, 신성하게 하다/성직에 임명하다, 칭찬/찬양하다; **Benedicamus (Domino),** 우리들이 주를 찬양합시다/; 마치 성무(聖務)일과(→Hora)에서 처럼 직접적으로 하나의 성례의 행렬/행진이 따를 때에 축복 대신으로 미사에서 종료의 부름/요청; 답

변: Deo gratias, 하나님께 감사!; **benedic-tio,** 축복/축복기도; *kath.* : 축성(祝聖)/서품(敍品) 행위 (Ggs. →Exorzismus); **b. apostolica,** 교황의 축복; **Benedictionale,** 축복을 위한 예배식/전례(典禮)의 책; **Benedictus,** 축복되어진, 찬양되어진. 사가랴의 송가의 첫 단어/베네딕투스(눅 1:68-79에서 따온 사가랴의 송가/미사에서 부르는 찬가의 두 번째 부분)

Benediktinerorden(OSB), Ordo Sancti Bene-dicti, 누르사의 베네딕투스의 수도원 창립/설립(몬테 카씨노(Monte Cassino), 529)과 그의 규칙(가난/빈곤, 순결, 순종, 그의 가입의 수도원에 수도회 일원의 유대감/결속감(→stabilitas loci), 규칙적인 금욕 생활, 수공(手工)/손노동/육체노동, 날마다 7 성무일과(→Hora))으로부터 연원했던 수도사와 수녀들의 총회(→Konvent)<베네딕투스파 수도회>, 10세기에 클루니 수도회(→Cluniazenser)에 의하여 갱신되었고, 14세기에 수도원에 적당하게 통합되었다

beneficium *lat.* , 착한 일/선행/자선; *mlat.* 봉토; (보수가) 지급되어지는 교회의 직책; 성직록(聖職祿)(→Pfründe); **b. euratum,** 목회(牧會) 의무를 지닌 교회의 직책; **b. majus,** 더욱 큰 직책/직분/성직(聖職), 고위 성직/감독직(→Prälatur); **b. saeculare,** 교구 성직자/재속(在俗) 사제(→Welt-geistliche)를 위하여; **Benefiziat,** 성직록의 소유자/수령자

Bensberger Kreis, 정치적으로 참여적인 로마 카톨릭 신도의 작업 공동체/연구회, 그것은 사회와 교회에 대하여 시대에

맞는 질문을 위하여 공적인 메모/비망
록/각서/진정서에서 입장을 취하고
1966년 창립되었다<벤스베르크 회
(會)>

Bergisches Buch<베르크(=서부독일 공작
령의 일부)의 책>→Konkordienformel

Bergpredigt: 마 5: - 7:; 비교, 눅 6:20-49≪들
판의 말씀/담화 =평지 설교≫)<산상 설
교>

berith *hbr.*, 언약/약속(이스라엘(→Israel)과
함께한 야훼(→Javes) =구약성서(→Tes-
tament))

Berneuchener (Bewegung =운동), 고교회파
(高敎會派)(=영국 교회의 한 분파)의 예
배식의 개혁운동(1923년 이래로, 노이
마르크(Neumark)에서 정신적 자산에 따
라 베르노이헨 개혁운동), 그 운동은 베
르노이헨의 봉사/돌봄(**B. Dienst**)에서 조
직/체계화되었고 개신교/복음교회 미
카엘 신도단체와 특성이 비슷하다

Berufung→vocatio

Beschneidung, *gr.* **peritome,** (음경의) 포피
(包皮)(및 처녀막)의 제거, 자주 종교적
인 성년식(→Initiationsritus)(창 17:11; 그
러나 렘 9:25)<절단/할례>

Besessenheit, 악마들(→Dämonen)와 영들을
통하여 소유자/소유주를 사로잡음<미
침/신들린 상태>

Beth-din *hbr.*, 예루살렘의 파괴/멸망(기원
후 70년) 후에 야브네(Jabne)에 의하여
법정이 기초되었다<최소한 세명의 랍
비들이 배석한 법정, 그 법정은 종교적
인 논쟁의 문제나 자유로운 재판권의
행사 안에서 유대 공동체 일원의 사법

[소송] 사건을 결정했다>

Beth'el *hbr.*, 하나님의 집(창 28:19); 빌레펠
트에서 디아코니(=구제 사업/구제 사업
부)(→Diakonie)를 위하여 보델슈빙의
기관에 의하여 1867년에 설립된 기관의
이름

beth-ha'midrasch *hbr.*, 유대의 율법학자
(→Schriftgelehrten)들의 교육- 그리고 모
임의 집/장소(항상 그렇지는 않다
=→Synagoge)

Bettelorden (*lat.*: *ordines mendicantium*) 자신
의 재산이 없이 자유로운 기부 금품에
의하여 경우에 따라서는 걸식/구걸에
의하여 생존[생활]하는 수도회<(시주로
생활하는) 탁발 수도회>(→Fran-
ziskaner, →Dominikaner, →Karmeliter,
→Augustiner-Eremiten)

Bez'popowcy *russ.*, 사제가 없음, 사제를 갖
지 않았던 스타로베르 (→Starowerzen -
본래 "러시아의 정교도"란 의미/라스콜
니키(- 다수의 러시아의 이단 종파들 중
의 하나의 러시아 정교도)의 가장 중요
한 집단)

Bhagavadgita *sanskr.*, 탁월한 이의 노래, 본
래 마합하라타(→Mahabharata)의 독자
적인 부분, (불교의) 업보(→Karma)에 대
하여 하나의 바뀌어진 견해/해석를 가
지고 구원의 길로서 박티(→Bhakti)를 강
조/주장한다; 인도의 대부분 읽혀지는
기도서들 중에 하나< 18 시작(詩作)들
안에서 고대 인도의 종교 철학적인 교
훈 문학/교훈 시>

Bhakti(marga) *ind.*, 헌신/귀의(의 길); 세 번
째 힌두교의(→hinduistisch) 구원의 길,

그 길은 신비적(→mystisch) 인식(**Inana-marga**)의 길을 위한 반대에서 그리고 그 것에 침몰/몰두(**Dhyanamarga**)과 관련하여 구원/해방이 유일하게 신성(神性)에 하나의 감정에 의존하는 헌신/귀의 안에서 찾는다<힌두교의 가장 중요한 구원의 길>; →Karmamarga

Bhikku, 불교(→buddhistisch)의 금욕적(→asketisch)인 수도승, 그는 동냥/구걸하며 배회하고 불타(佛陀)/석가의 가르침을 전한다

Bibel *gr. biblos,* 책, ≪거룩한 책(=성서)≫, 구약과 신약(→Kanon)을 포괄한다; **Bibelkonkordanz,** 성서를 위하여 표제어들에 따라 알파벳 순으로 정돈된 찾는 위치의 일람표/리스트<성서 색인>; (알파벳 순의) 용어색인(索引)(특히 성서의)(→Konkordanz); **Bibelkritik** *gr. krinein,* 훑어보다/일람하다, 비판/비평J하다; 기원/유래(→ipsissima vox, →Gemeindebildung), 형태 그리고 진술에 따라, 그리고 역사적인 배경(→hist. -krit. Methode, →Sitz im Leben), 저작자, 본래적인 독자권/독자층, 확고한 전문용어(→terminus)(예, →Prädikationen), 시간의 제약을 받는 심상/생각들(→Entmythologisierung), 언어적인 장르(→formgeschichtliche Methode, →traditionsgeschichtliche Forschung), 통일성/일치성(→Quellenscheidung), 손상이 없음 등등의 아래서 성서 본문의 학문적인 연구(→Textkritik). 본문들이 인간들에 대한 증거들로서 그리고 역사적(→historisch) 사건들/과정들의 데이터 베이스로서 취급되었

다(그러나→dogmat. Interpretation, →existentielle Interpretation, →Hermeneutik)<성서비평>. 확실한 역사적이고 신학적인 결론/결과들은 부분적으로(다음과 같은) 반대에 부딪힌다: 성서 비평은 위해를 가하고, 기적(→Wunder)과 부활을 신화(→Mythen)로서 가치를 절하 하고, 주지설(主知說)/주지적 태도(→Intellektualismus)를 통하여 성서를 공동체로부터 멀리두고, 전통(→Tradition)과 신앙 고백(→confessio, →Symbol)들 그리고 영적인 직제와 교회에 대하여 권위(→auctoritas)를 파괴한다고(반박한다); **B. forscher**(≪Ernste B. Forscher(진지한 성서 탐구자들)≫), 여호와 증인(→Zeugen Jehovas)의 제2의 자기 명칭; **B. revision,** 하나의 성서 번역의 개정판; **Bible moralisée,** 13세기 프랑스: 평신도를 위하여 해석/주석(註釋)들을 지닌 유형학(상)의(→typologisch) 일치/부합 안에서 성서적 상들의 총괄/통합하기; **biblia pauperum** *lat.* , 가난한 자들의 성서, 혹은 **biblia picta,** *spätmtl.* 평신도들을 위한 그림 성서

Bibliodrama *gr.* , 성서 본문에 대한 연기/연극 작품, 목회 심리학적(→pastoral-psychologisch)인 교육/훈련과 연수/재 교육 안에서 그리고 종교 교육(→Religionspädagogik)안에서 상호 작용의 방법

Bibliolatrie *gr.* , ≪성서 숭배/경배≫, 문자신앙적 경건/경선한 신뢰/활자화된 것에 대한 맹신/편협한 신앙; **Bibliomantie** *gr.* , 펼쳐진 책으로부터의 예언, 특별히 성경 구절들; **Bibliotherapie** *gr.* , 책을 통

한 치료, 즉, 책을 읽음을 통하여, 단지 병원의 도서관의 관심사를 통하여서 만 아니라: **Biblist**, *mtl.* 성서 주석자/성경학자/성경 본위자/성경의 가르침을 굳게 지키는 사람; **Biblistik**, 성경 지식/성서학; **Biblizismus**, 삶과 생각을 위하여 직접적이고 명백한/명확한 규준/지침/표준/규범, (그것은) 역사 비평적 탐구/연구를 지닌 많은 이들을 위하여(예, M. Kähler 1912, A. Schlatter 1938) 일치할 수 있다/모순되지 않는다.(그러나) 다른 이들을 위하여 그렇지 않다(→Verbalinspiration; Ggs. →Bibelkritik)<(성서를 글자 그대로 해석하는) 성서(절대)주의>

bigott *frz.*, 완고한/편협한 신앙심을 가진, 맹신적인/광신의, 위선적인/경건한 체 하는/신앙이 독실한 체 하는

Bilderstürmer<성상[우상] 파괴 주의자/인습타파 주의자>→Ikonoklast

Bildhälfte, 비유들에 대한 그림 의/회화[영상]적 내용; →Sachhälfte; →tertium comparationis

Bima *hebr.*, 연단/관람석/청중; →Almemor

Bination *mlat.*, 허가/동의, (경우[사정]에 따라서는) 하루에 두 번 규칙에 관련하여 미사를 집전하는 사제의 의무; **binieren** 하루에 두차례 미사를 집전하다/드리다

Bindeschlüssel→potestas clavium

Biretum→Barett, Birett(비레트(성직자용 사각 모자))

Bischof→episcopus

Bischofskonferenz, *kath.*: 동료중의 제1인자(=primus inter pares)로서 하나의 의장/회장을 지닌 하나의(국내의) 영역의 모든 주교들(역시 보좌 주교들)의 규칙적으로 회의를 위한 모임/회의 <주교 회의>; 독일의 주교 회의

Bistum, 주교구(→Diözese)

Blasphemie *gr.*, 독신(瀆神)/신성 모독/신을 모독함/불경스러운 언사/욕설

Blaues Kreuz, 음주벽/알코올 중독 퇴치 위한 복음 교회(=독일 개신교) 협회; →Kreuzbund

Bluttaufe→Martyrium

Bodhi-Baum *ind.*, 깨달음의 나무, (무화과)나무<보리수 나무>의 불교(→Buddhismus)에서, 그 나무 아래에서 불타(佛陀)/석가/부처가 그의 깨달음을 경험했고 그것의 성유물(→Reliquie)들이 제식적으로 숭배되었다; **Bodhisattva** *ind.*, 정해진/확실한 존재의 깨달음을 위하여; 소승(小乘)(→Hynayana)에서: 그의 더 이른 환생 안에서 역사적 불타/석가(→Buddha)를 위한 묘사; (불교의) 대승(大乘)(→Mahayana)에서: 다른 이들에게 구원/극락 왕생을 가능케하기 위하여 구원을 포기하고 고통의 세상에 머무는 각자를 위한 묘사<보살(菩薩)>

Böhmische (Böhmisch-Mährische) Brüder, 후스(체코의 종교 개혁가 J. Hus(1369 - 1415)에 따라)파 교도(→Hussiten)의 민족 교회의 개혁 운동으로부터 1457년 생성된 종교 단체, 그것은 역시 발도 파(프랑스인 P. Waldus에 의하여 12-13세기 경에 창시된 평신도 운동의 추종자)(→Waldenser), 타보르 파(派)(타보르 시를 세운 급진 후스 교도)(→Taborit), 양형색론(兩形色論)/우트라크비스트 파

(<이종배찬파>:온건한 후스파로서 빵
과 포도주의 두 형식에 의하여 영성체
를 주장함)(→Utraquisten)들이 스스로 연
합되었고 그리고 1467년부터 스스로 형
제들의 단결/통합<형제단>(→Unitas
fratrum)이라 칭해졌다; →Brüdergemeine

bog *slaw.*, 하나님; **Bogomilen** *slaw.*, 하나님
의 친구들, 이원론적 이단(→dualistische
Sekte)(11세기, 소아시아, 발칸반도), 그
들의 가르침에 따른다면 하나님은 정신
적 눈에 보이지 않는 세상을, 사단은 보
이는 세상을 창조했다

Bollandisten, 예수회 회원인 얀 볼란드(J.
Bolland SJ)에 의하여 기초된 모음집/총
서(叢書)/전집의 발행인들/편집자들
→Acta Sanctorum<모든 성인들의 자료
들의 출판을 위하여 예수회 연구회/사
업 공동체의 회원들>

bona fide *lat.*, 선한 신앙 안에서/선의로/신
용하여

Bonifatius-Verein, 오늘날 **B. werk,** 카톨릭
의 소수 이교도[이민족] 공동체의 보조/
후원을 위한 구호 사업회, 1849년에 설
립되었다; 비교, →Gustav-Adolf-Werk
(ev.) 그리고→Martin-Luther-Bund(luth.)

Bon-Religion, 티베트의 불교 이전의 종교,
샤머니즘(→schamanistisch)의 정령 숭배
의 하나의 종류

bonum *lat.*, 재보(財寶)/재산; **bonum Com-
mune,** 공공복지/공익/공안; **bona eccle-
siastica,** 교회재산; **b. beneficii,** 성직의 재
산; **b. mensae,** (현재의) 직책 수행자/재
직자/직위 소유자의 생활[생계]비(≪책
상/식탁≫)를 위하여 헌신하는/근무하

는; **b. piarum causarum,** 경건한 목적들
을 위하여 특별 기부 재산

Bonze 불교의 중[승려](→buddhistischer
Priester)

Book of Common Prayer 공동 기도서(→
Common Prayer Book)

bracchium saeculare *lat.*, 이 세상의/현세적
인 팔/힘/세력; 국가적인 권세/힘

Brahma *ind.*, 힌두교(→Hinduismus)의 높은
신(→Hochgott)<브라마/범천(梵天)>, 그
는(힌두교의 3주신(主神) 중의 하나인)
시바신(→Schiva)과(그의 반대 신인) 비
쉬누(→Vischnu)의 뒤로 세계령(世界
靈)/범(梵)(인도의 바라문교에 있어서의
우주의 최고의 원리)(→Brahman)의 인
격화/의인화/화신(化身)으로서 물러서
고, 그것들의 도구로서 나타난다; **Brah-
man,** 마법의/마력의 힘, 특별히 사제의
신탁(神託)의 말씀/주문(呪文) 포함[포
괄] 하고, 그리고서는 세상의 존재의 토
대/원인(→Brahmanas) 그리고 단독의/독
점적인 우주 원리/법칙(→Up- anis-
chaden); **Brahmanas,** *ind.* 베다((인도의 가
장 오래된 종교 성전(聖典)으로)바라문
교의 경전→Veda)를 위한 사제 [성직자]
의 주석(註釋); **Brahmanen,** *ind.* 바라문
(인도의 최고 계급인 승려)/사제 계급
(가장 높은 카스트(인도의 엄격한 세습
적 계급)); **Brahmanismus,** *ind.* 종교형태
<바라문교>, 그것은 마치 희생에서 성
취하는 힘(→Brahman)의 절대화를 통하
여서 처럼(엄격한) 카스트[계급] 제도
(→Kastenwesen)의, 그리고 업(業)/업보
(→Karman)에 대한 그리고 윤회(→See-

lenwanderung)에 대한 교리의 형성/생성을 통하여 정해진다; 더욱 궁극적인 것이 모든 형상들 안에서 존재하는 그리고 모든 이유[원인]을 나타내는 우주 원리/법칙을 위하여(인도 철학의) 아트만/불멸의 영혼과 그것의 동일시에 근거한다; **Brahma-Samadsch,** 브라마 숭배자/신봉자의 공동체, 혼합주의적(→synkretistisch)인 공동체,(그 공동체는) 힌두교(→Hinduismus)를 기독교와 이슬람교(→Isram)와 함께 결합을 추구하였다; 1866년 아디 브라마 샤마드쉬(→Adi-(Brahma-)Samadsch)와 기독교에 강하게 접근하였던(새로운) 브라마 샤마드쉬로 분열

Brautamt, *kath.* 미사가 동반된 결혼(식)/혼례(식)(→missa)

Brethren Church *engl.*, 형제 교회, 무엇보다도 미 합중국의 자유 교회(→Freikirche), 18세기 독일 경건주의적 신앙 부흥운동으로부터 이주/이민을 통하여 생성/발생하였다; 오늘날 선교활동을 위하여 역시 다른 대륙에도; 강력하게 세계교회 운동(→Ökumene)과 저개발국 원조(아프리카, 아시아, 중남미, 남구 및 동구의 저 개발굴들에 대한 서구 산업 국가들의 원조) 계획에 진력한다

Breve *lat.*, 짧은/간단한, 소량의 격식을 갖춘 형태 안에서 서면/문서에 의한 교황의 칙서<교황의 소교서(小敎書))(그러나→Bulle); **Brevier,** *kath.* : 성서, 교부들, 성도들의 전설로부터의 단편(斷片)과 정시과(定時課)(→Hore)를 지닌 그리고

성직자들과(수도 서원(식)(→Profeß)에 따른) 수사(修士)/수도자(修道者)들을 위한 기도서<성무일과서(聖務日課書)>

Broad Church *engl.* : 폭이 넓은 교회; 영국 국교회의 아량이 있는/인색하지 않은, 일반적인 문화생활에 열려 있는 경향/주의/견해(→Latitudinarier)<광(廣) 교회파>

Brotbrechen, 각(공동의) 식사의 시작을 위하여 이스라엘 집의 호주/가장의 기도와 축복의 행위들; 행 2:42, 그리고 다른 관련 구절들, 성만찬(→Abendmahl)을 위한 묘사

Brot für die Welt, 저 개발국 원조와 대 참사 도움을 위하여 디아코니스 베르크(/구제사업을 총괄하는 상부조직)와 함께 복음교회의 구조 활동, 그것을 위하여 1959년 이래로 해마다 대강절과 성탄절 시기에 모여진다

Brotherhood-Bewegung, *engl.* 막역한 사이/형제애, 1919년에 설립되었고, 영국 그리스도교-사회적 노동자 운동

Bruderräte, 일시적인/임시적인 교회의 지도부를 위한 고백 교회(→Bekennende Kirche)의 위원회, 1933. 10. 30 이래로 목사 위기/고난/빈곤 연합(→Pfarrernotbund)에 대하여, 바르멘 이래로(→Barmen) 독일 복음 교회(→Deutsche Ev. Kirche)의 심의회/자문회/위원회(≪제국(형제) 위원회≫); 1945. 8. 22 이래로 교회의 지도적인 기능들이 없이 독일에서 복음교회의(형제) 위원회;→Darmstädter Wort

Bruderschaften→kirchl. Br.

Brüdergemeine, 새롭게된/갱신된 형제 일
치/유일성(→Unitas fratrum)<형제 단/형
제 공동체>, ≪헤른후튼 파≫, 1722년 보
헤미아의 이주민들과 경건주의 자들
(→Pietisten)에 의하여 설립되어졌던 정
착지 헤른후트(Herrnhut)로부터 유래했
던(형제 공동체), 백작인 친첸 도르프
(Ludwig Graf von Zinzendorf)(✝ 1760)와
스 팡 엔 베 르 크 (A. G. Spangen-
berg)(✝ 1792)에 의하여 특징지어졌던
복음 교회의 공동체

Brüderhaus, (로마 카톨릭 교회의) 부제(副
祭)(→Diakon)들을 위한 교육 장소<(그
리스도의) 형제의 집>

Brüderkirche→Brethren Chruch

Brüder-Unität→Unitas fratrum

Brüder vom gemeinsamen Leben→devotio
moderna

Buchreligion, 문서에 기초되어졌던 종교들
을 위한 묘사(유대교, 기독교, 이슬람교
(→Isram)); →Schriftbesitzer

Buddha *ind.* , 깨우쳐졌던 자, 불교(**Budd-
hismus**)의 창시자인 싯타르타 가우타마
왕자(기원 전 560-480년)의 존칭, 이 불
교는 환생(→Nirvana)의<윤회>/순환으
로부터 해방/구제/<해탈의 경지>에 이
르기 위하여 노력한다; 주요 성향/견
해 :→Hinayana, →Mahayana, →Vadsch-
rayana; **Buddhi,** 깨달음/계몽, 영적인 자
각/통찰, 인간 안에서 최상의 원리

Bulle *lat.* , 한 봉인(封印)의 상자/케이스<봉
인된 문서/칙서>; 한 증서/문서에 한 끈
을 가지고 고정시켜진 봉인; 증서/문서
자체; 교황(→Papst)의 장엄한 공개장<
교황의 교서>; **Bullarium,** 교황의 교서
들과 교황의 소교서(→Breve)들의 모음

Bund→Testament; **Bund der Ev. Kirchen in
der DDR**(BEK), 1969 년에 창립되었고,
마치 사회적인 단체 안에서 그리고 게
다가 개신교 안에 종파적인/신앙적인
차단기의 하나의 미래적인 철거/해체의
의미 안에서 인간들을 위하여 복음/복
음서에 기초한 ≪증언- 그리고 봉사/헌
신 공동체≫되는 목적을 지닌 복음교회
의 형제 단/공동체(관할) 구역 헤른후트
처럼 세 개의 루터교(지역) 교회(멕크렌
부르크(Mecklenburg), 작센(Sachsen), 튀
링엔(Thüringen)) 그리고 다섯 개의 통합
/합병된(지역) 교회(안할트(Anhalt), 베
를린-브란덴부르크(Berlin-Brandenburg),
괴르쯔(Görlitz), 그라이프스발트(Greifs-
wald), 프로빈쯔 작센(Prov. Sachsen))의
통합/결합/합병. 해마다의 교회의 회의;
전문 위원회들과(상임/운영등의) 위원
회들에 의한 일; 상임(공적 조직으로서
의) 기관: 교회의 지도부의 회의; **Bund
Ev. Pfarrer in der DDR** (e. V.), 1958 - 1974,
사회주의 단체의 내부에서 그들의 봉사
/헌신의 대리/대표를 위하여 복음 교회
의 목사들과 그리고 교회의 직원들에
의한 자발적인 협회/연맹; **Bund Ev. -
Freikirchl. Gemeinden**→Baptisten

Bundeslade, 옛 이스라엘(→Israel)의 가장
중요한 예배식의 사물/물품, 그 안에 옛
언약의 율법 기록 석판(→Dekalog)이 보
존 되었었고, 우선적으로 12 지파의 광
야 유랑에서, 그리고는 예루살렘에 솔

로몬의 성전의 지성소(至聖所)에서<율법을 모셔 넣는 궤(유대인의 십계명을 새긴 돌이 들어 있음)/법궤/언약궤>

Buße(구약 *hebr.*: *schub*, [하나님께로] 되 돌 아 가 다 /개 심 [개 전]하 다 ; 신 약 *gr.* : →*meta*noia; lat. →*poenitentia*), kath. : **Buß**→**sakrament**<고해 성사>, 마음의 통회(→contritio cordis), 사제/성직자의(-사법의/재판관의 사죄/면죄(→Absolution(→potestas clavium))와 함께 구두의 죄의 고백(→confessio oris)과 일/행위를 통한(잘 못 된 일 에 대 한) 속 죄 [배 상](→satisfactio operis); 그와 반대로 마르틴 루터(95개 사죄(社罪)/면죄-논제(→Ablaß-Thesen)의 첫 번째 것/1517년): 믿는 자들의 모든 생애는 참회 이어야 만 한다; **Bußredemption**→Redemption; **Buß- u. Bettag,** 복음 교회의 축제일, 1950년 이래로 일치하여 교회력(→Kirchenjahr)의 마지막 주일 전 수요일<참회 기도일>; **Bußzeiten,** 교회력(→Kirchenjahr)에서 참회의 시기들로서 강림절(시기)(→Adventszeit)와 무엇보다도 사순절(성회 수요일부터 부활전 전날까지 일요일을 뺀 40일간)(→Fastenzeit)이 유효하다; 폐 쇄 되 어 졌던/닫 혀 졌던 시 기 (→gesch- lossene Zeit), 예 전 적 인/예 배 식 의 색깔들(→liturgische Farben)

bythos *gr.*, 심연/절벽, 세상의 근원/기반/기초; →Gnosis

Byzanz,<비 잔 틴 (훗 날 의 콘 스 탄 티 노 플)> 오늘날 이스탄불(Istanbul), 동 로마 제국의 수도/중심 도시, 1589년까지 그리스-동방 교회의 중심/중심점; **Byzantinismus** <비잔틴의 정신[예술 양식]> 지배하는 이들/통치하는 이들이 무절제하게/중용을 잃고 영광을 돌리는 자세/처신인 이 하나의(품위 없는-) 굴종하는/비열한 것을 위한 묘사, 마치 그들이 소유자들로서 비굴한 황제들에 비하여 통례적으로 이 세상의 그리고 성직의 권위(→Cäsaropapismus)를 가졌었던 것처럼<아첨/비굴/추종>

C

Cäcilianismus,<성녀인 체치리아(Cäcilia)에 따라서, 15세기 이래로 음악의 수호 성인, 이에서 유래> 로마 카톨릭 음악의 개혁/갱신을 위하여 1868년에 창립되었던 ≪Allgemeiner Deutscher Caecilien-verein(일반적인 독일 체치리아 협회)≫ 라 이름이 붙여진 운동<여러/다양하게 조화된 성악을 위한(운동)>; **Jung-C.,** 새로운 음악을 위하여 열려진 체치리아 운동의 지부/지국

Cäsaropapismus, 국교회의 교회법의 체제/제도/조직, 그 안에서 세상의 지배자/통치자가 교회의 수령/수장이다(→Byzantinismus),〈정교일치/황제교황주의

calami spiritus sancti *lat.*, 성령의 석판용 석필/펜의 촉들, 성서의 집필자들(→Verbalinspiration); **calamus,** 성만찬식의 잔으로부터 마시기 위한 흡액기(吸液器)/(소량의 액체를 빨아올리는) 이액관(移液管)

calix ministerialis *lat.*, 성합(聖盒)/(성별된 성체(聖體)를 담은) 성체기(聖體器)

Calixtiner, 루터교 신학자 게오르크 칼릭스트(G. Calixt, † 1656)의 신봉자/추종자들; 그들은(처음) 5세기의(명목상의) 교리적인 일치(→consensus quinquesaecularis)의 기초 위에서 서로 다른/다양한 기독교적인 신앙 고백(→Konfession)들의 통일을 위하여 노력하였다(그러나 →Kalixtiner)

Calotte→Pileolus

Calvinismus, 요한 칼빈/칼뱅에서 연원하는 개신교의 형태<칼빈교/칼빈주의>; 루터교(→Luthertum)와는 달리:(신약 성서의) 직제 규약/정관(목사들, 교사들, 장로들, 집사들), 이중 예정(→Prädestination), 성만찬의 영화(靈化)(→Spiritualisierung); 개혁파 교회의 신도(→Reformierte)

Camauro *lat.*, 챙이 없는 편편한 모자(→Barett) 대신에 교황의 머리에 쓰는 것

Camera apostolica *lat.*, 교황의 재무 행정; **camerarius,** 시(市)의 회계[출납]관:재무관; 재산 행정에서 종교재단의 교구장(→Stiftspropst)의 돕는 사람/보조원; 한 대교구 수석사제직(Dekanat)의 주교좌 성당 참사회-회계[경리] 창구(→Kapitels-Kasse)의 관리인; **Camerlengo** *ital. v. dtsch.*:시종/종자(從者), 교황청(→Kurie)에서 경리 책임/재무 담당 추기경(→Kardinalschatzmeister)<추기경 단의 재무 담당>

camisia *lat.*, →alba; →Rochett; *mtl.*→Evangeliarhülle; 제단 장식보/제단보

campana *lat.*, 종 [방울]

Campanile *ital.*, 종탑/종루

campo sancto *ital.* , 거룩한 들판, ≪묘지≫, 묘지 공원; **C. S. Teutonico**, 독일인의 묘지, 로마에서 성 베드로<성당>과 함께<성당 남쪽에> 무덤

Cancellaria apostolica *lat.* , 사도적인 관청, (국가, 지방 또는 교회의) 관청, 그 곳에서 교황의 증서/문서(→Bullen)를 발행/작성 한다

cancelli *lat.* , 성소격자(聖所格子)(→Chor-Schranken), 그 곳에 접하여(카톨릭 교회는) 성체(聖體)(그리스도의 몸으로 간주되는 미사 성찬용 빵)의 베풂이 행하여진다. ≪양식 격자≫; 그로부터 ≪설교단≫

candelabrum *lat.* , 촛대<(초나 등을 올려 놓는) 팔이 여러개 달린 스텐드>; →cere-ostatum; **Candelaria**, 촛 (불)의 축제, **Mariä Lichtmeß** (=*lat.* **Luminaria**)<성촉절(聖燭節)(2월 2일, 성모 마리아의 순결을 기념해 촛불을 들고 행진>, **Purificatio Mariae**(마리아의 깨끗하게 함/세정), 2월에 촛불 행렬이 함께한 로마 카톨릭 교회의 축제

Canossa→Gregorianer

canticum *lat.* , 노래/가곡/서사시, (중세의 높임, 낮춤이 없는) 교회 음계(音階) 안에서 성서적 찬미[찬송]가/송가; **C. canticorum**, 노래 중의 노래, 아가서(das Hohelied(Cant. , Hhld. , Hl. , HL); **cantica majora** 더욱 중요한 찬미[찬송]가<신약성서적인 찬송가들 >:→Magnificat, →Benedictus, →Nunc dimittis; **c. minora,** 덜 중요한 찬미[찬송]가<구약성서적인 찬송가들>, 구약성서적인 것들:출 15:1, 삼상 2:등등; **Cantiga,** (중세) 스페인의 성모 마리아 찬가; **Cantilene,** 알려진 멜로디/선율에 따른 노래, 시편 찬가, 찬송가/회중(會衆)의 성가 합창; **cantio,** *Plr.* **cantiones,** 노래하기/가창(歌唱)/노래/가곡; 대중적인/민중의 묵상/기도와 축제를 위한 더욱 자유로운 그레고리우스의 노래들<중세의 단음/같은 소리의 영적인 동일 곡의 가절들로 이루어져 있는 노래>; **Cantionale,** 예배식의/전례의, 영적인 찬송가 책[집]; **cantus choralis,** 단음의/같은 소리의 찬송가/송가<단음의 그레고리우스 성가>; **c. figuralis,** 다성의 노래/가창<15세기에서 17세기까지의 다성의 음악>; **c. firmus,** 그것의 주요 선율/멜로디<하나의 다성의/다음의 합창 문장들이나 혹은 기악 악장들 문장들의 주요 멜로디>; **c. planus,** 짧고 긴 음절(音節)의 차이가 없는 노래/송가<그레고리우스 음악에서 음향의 지속 시간의 묘사가 없는 합창 악보>; **c. responsorius,** 화답 송/노래(→Antiphon)

Cantillation *lat.* , 예배식의(성서) 낭독과 기도들과 함께 강조된/역점이 주어진 노래부르는 법/선율 및 이야기의 투/말투/연주방식

Cao-Dai *vietnam.* , 최상의 궁전, 베트남에서 1926 창립된 혼합주의적 (→synkretistisch)인 종교, 그것은(동방<아시아>적인 것들에 따라:불타/석가(→Buddha)와 노자(老子)(→Laotse), 그리고 서방적인 것들에 따라:모세와 그리스도(→Christus) 세 번째 계시의 소유자로서 이해한다; 심령론의/강신술의(→spiritistisch), 엄

격한 계급 조직(→hierarchisch)의 기구/
편제를 가짐

capitilavium *lat.* , *altchr.* :종려주일(→Pal-
marum)에 [부활절에 세례 받는 사람들
의] 세발(洗髮)의 날<머리 씻기>

capitulare evangeliorum *lat.* , 복 음 서 (→
Evangelium)-(예배시 낭독이나 설교에
쓰이는) 성경 구절(→Perikopen)의 표/명
세서/목록; capitularia episcoporum, mtl. ,
감독의 지침/명령들

capitulum *lat.* , 장(章)/절(節), 성무일과
(→Hora)에서 성서의 낭독; 성직자들의
단체의 모임; 수도원의 회의실

cappa *mlat.* , 두건/모자를 지닌 성직자들을
위한 외투; **c. choralis,** 합창단/성가대 모
자; 겨울에 합창/성가 기도(→Chord-
enst<성무일과/공송(共誦) 기도>)와 함
께 주교좌 성당의 참사 회원들(→Kanon-
iker) 의 외투/덧옷; **c. magna,** 긴 옷자락
을 지닌 외투(추기경들, 감독/주교들 그
리고 고위 성직자들(주교, 수도원장, 교
황청의 고관 따위)); →Pluviale

capsa *lat.* , 성유물(성자의 유해, 유골, 유품
따위)(→Reliquien) 보관함

Cargo-Kulte, *cargo engl.* 화물/선적물, 멜라
네시아(Melanesia)에서 이교도적이고 기
독교적인 제식(祭式)/숭배, 그 곳에서 백
인들의 물품인 적하(積荷)로부터 하나
의 새로운 생명이 기대되어진다<(멜라
네시아 특유의) 적하(積荷) 숭배(현대
문명의 이기(利器)를 만재한 배 또는 비
행기를 타고 조상들이 돌아와서 백인의
지배로부터 해방시켜 준다는 신앙)>

caritas *lat.* , 사랑<(특히) 기독교적인 이웃

사랑>; **c. affectiva,** (하나님과 이웃에의)
내적인 헌신, **c. effectiva,** 행동과 행위로
서 이웃 사랑; **Caritas,** 조직적인/체계적
인 교회의 사회 봉사활동/사회 사업,
kath. 자유로운 복지 사업단체(→Wohl-
fahrtsverband) (독일 카톨릭 사회복지 사
업단(Dt. Caritasverband, DCV)<독일 카
리타스 회/박애회>; **C. (catholica),** 국내
적인 카리타스회들의 국제적인 결합/연
합/동맹(1924); **Caritas romana,** 중세 기
독교의 성화상학(聖畵像學)(→Ikono-
graphie)에서 그리고 문예 부흥/르네상
스(14-16세기)의 세속적인 화상학에서
한 늙은 남자에게 그녀의 가슴을 제공
한 젊은 여성상

Cartesianismus, 데 카 르 트 (Descartes/lat.
Cartesius, † 1650)에 기원을 갖는 공간
(res extensa)과 의식(res cogitans) 사이의
사색적인/철학자의 구별<데카르트파
의 철학>; →cogito ergo sum<내가 생각한
다. 그래서/따라서/고로 내가 존재한다>

casa santa *ital.* , 거룩한 집, 명목상으로 천
사들에 의하여 로레토(Loreto)로 옮겨졌
던 마리아의 집<성인전에 따라 나사렛
의 거룩한 집이 1291.5.9/10 밤에 천사에
의하여 달마치아(Dalmatia)로 옮겨졌다>

casus confessionis *lat.* , 신앙 고백 사건/사례,
→status confessionis

casus reservati→Reservatfälle

cataracta *lat.* , 수문(水門)/갑문(閘門); (고대
기독교에서) 세내 밑에 있는 순교자 묘
앞의 공간(→Confessio)과 성자의 유해
무덤(→Reliquiengrab)사이에 통로, 폐쇄
창살/울타리에 따른 이름

Catechismus Romanus *lat.*, 로마 교리[신앙] 문답서(→Katechismus), 설교(→Predigt) 와 교리문답(→Katechese)을 위하여 트렌트 종교회(1545-1563)(→Tridentium)의 토대 위에서 집필되었던 지도원리(指導原理)(1566), 로마 카톨릭 교회의 구원론의 가장 포괄적인 교직(→ Lehramt)의 서술/설명

cathedra *gr.*, (정규) 교수직, (카톨릭 감독의) 주빈석(主賓席)/상석(上席); **c. Petri,** (베드로의 후계자) 교황의 보좌(寶座); **ex c.** <결정적인/표준이 되는 쪽으로부터>→Infallibilität<과오가 없음/무오류성(無誤謬性)>

causa *lat.*, (사법[소송]) 사건; *kath.*: 시성(諡聖)/(성인들의 열에 들어가게 함)/시성식, *philos. -dogm.*: 원인/동기/구실(→Kausalprinzip<인과율>); **c. efficiens,** 초래하는/실현/성취하는 원인/동기(창조자로서의 하나님); **c. finalis,** 목적/의향 혹은 행동하기의 원인으로서 목적/의도<마지막이고 최종적인 원인>; **c. formalis,** 본질을 결정하는 원인/동기; **c. instrumentalis,** 그것에 실현하는 원인(c. efficiens)이 사용하는 수단/방법 - 원인(예, *kath.*: 정당함을 보여주는/확증하는 은혜/은총을 성사시키는 성례(→Sakrament)들); **c. major,** 더욱 큰, 그리고 교황을 혹은 최상의 감독(→summus episcopus)을 위하여 간직되어 있었던 법률 사건/소송 사건; **c. materialis,** 내용(상)으로 결정하는 원인; **c. minor,** 더욱 작은, 그리고 결정적인 법률사건/소송 사건을 위하여 지역의 교회 재치(裁治) 권자(교황, 주교, 수도원장 등)(→Ordinarius loci)를 통하여(Ggs. →c. major); **c. prima,** (세상의) 첫 번째 원인(:하나님); **c. principalis,** 중심/주요 원인; 창조자로서의 하나님; **c. secunda,** 두 번째 원인((신에 의하여) 창조된 원인); **c. sui,** 그 자신의 원인(으로서 하나님)

Caux-Bewegung→Moralische Aufrüstung

celebrans (Zelebrant) (*lat. celebrare*, 축제답게/장엄하게 개최하다[거행하다]), 미사를 거행하는 사제; **celebratio versus populum,** 예배식(→Liturgie)의 기념 축제/찬치, 그와 함께 사제는 백성/청중을 향한 주시방향을 가지고, 즉 공동체를 향하여 제단(→Altar) 뒤에 선다; 제 2차 바티칸 공의회(1962-1965)(→Vatikanum) 후에 통례가 되었다; **Celebret,** 그가 미사를 드리도록 권한이 주어지는 한 여행하는 사제의 증명서

cella *lat.*, 저장실; 하나님 이심/신성(神性)의 상을 지닌 성전의 내부(공간); 땀 닦는 수건(→Orarium)을 지닌 순교자들과 성자들의 묘지(墓地); 수사의 독방/승방(僧房); **cellerarius,** 행정직에 앉혀진 수도사/승려<수도원의 경제적인 관리인>

Celler Konferenzen, 1967 이래, 교회 혁신[개혁]을 추구하는 그룹/집단의 연합/동맹(ev.)

census *lat.*, 평가하기/어림잡기, 시민-세금 명부/일람표, 세금 계산

Central-Ausschuß der Inneren Mission, 1848 년에 설립된 대내 선교(→missio)의 지역 교회 협회들과 기관들의 연합/연맹<대내 선교 중앙 위원회>

centurio *lat.*, *100*인대(隊)(고대 로마 군단의 최소 단위)의 중대장<백부장>(마 27:54)

C(a)eremoniale Romanum, 교황의 예전서; C. episcoporum, 감독의 예식서

cereo'statum *lat.*, 밀초 촛대들, →candelabrum

certitudo *lat.*, 복음교회의 이해에 따라 믿음(→Glauben)에 적합한(구원의) 확실한 지식/감정/(그러나→securitas)

cessatio a divinis *lat.*, 슬픔의 징표로서 부분적으로 교회의 축제 행사의 차단/제거(오르간, 종들 등등)

Chaber, Plr. Chaberim, *hbr.*, 동무/동료/동지, 바리새인들(→Pharisäer)의 자기 묘사/자칭; Chabura, 동업/협동/ 조합/동료 관계, 회식자 일동/만찬회에 모인 사람들; Chawer(im), neuhbr. 키부츠(이스라엘의 집단 농장)(→Kibbuz)의 주민/거주자들의 자기 묘사/자칭

Chaliza *hbr.*, 과부와 그 시(媤) 형제와의 결혼(유대의 관습)(→Schwagerehe)의 거부/거절과 함께 신발 벗기의 의식(신 25:9)

Chalkedonense, 네 번째 교회 공의회(→ökumenisches→Konzil)(칼케돈에서)(451년); 그곳에서 공동토론을 통하여 완성하였던 신앙고백/회의 상징(→Symbol)

Chanson-Messe, 세상적인 음율을 지닌 미사(예, 레소의 오를란도(Orlando di Lasso, †1594))<샹송 미사>; →Parodie-Messe

Chanting, *engl*, 영국 국교회(→Anglikanische Kirche)의 예배에서 시편교송

Chanukka *hbr.*, 봉헌/헌당, 유대교의 성전 봉헌 축제(첫번째 마카베어서 4:59)

Chaos *gr.*, 형식을 갖추지 않은 물질/질량, 그것으로부터 우주(→Kosmos)가 생성되었다<혼돈/혼란>

Charakter *gr.*, 특징, 개인적인 특색/고유함/개성/독자성; 칭호/존칭, 품위/존엄성; c. indelebilis, *gr.-lat.*, 지울 수 없는/잊혀지지 않는 특징/표지; *kath.*: 세례(→Taufe), 견진성사(→Firmung)와 서품식(序品式)(→Ordination)의 세가지 반복할 수 없는 성례들(→Sakramente)을 통하여 수령자에게 각인되어졌다

Charidschiten *arab.*, 벗은 자들, 모하메드가 죽은 후 657년 카리파트(→Kalifat/후계자) 싸움에서 조각내어진 이슬람교(→Islam)의 강력한 성향/유파(流派)/견해

charis *gr.*, 은혜/은총/호의; Charisma, Plr. Charismata, *gr.*, 시물(施物)/은혜의 선물(고전 12장); Ch. veritatis 진리의 은혜(kath.: 특별히 감독들의); Charismatiker<카라스마적인 자/카리스마를 가진 자>, charismatisch<카리스마적인/카리스마를 가진>; Charismatische Bewegungen, 교회 내부에서 영적인 천부적 재능과 경험들에 의하여 감명되어진/특징 지어진 경향/사조(思潮); →Pfingstbewegung; Charismat. Gemeinde-Erneuerung (CGE), *kath.*, 기도와 공동체들의 모임에서 평신도들(→Laien)과 사제들에 의하여 1980년 독일에서 시작된 운동; Chariten, *gr.*, 기품/매력의 여신들<(그리스 신화의) 우미(優美)의(세) 여신>

Charitas→caritas; Charité *frz.*, 무상의 치료를 하는 순수한 극빈자 병원<자선 병원>

Chas(s)idäer, Chasidim *hbr.*, 독실한/경건한 이들, 유대교의 보수적-신앙심이 깊은 막카베오 시대(→Makkabäerzeit)의 정파, 그 정파는 그리스화의 노력/수고들 (→Hellenisierungsbestrebungen)에 대하여 율법(→Tora)의 강력한 주의/고려를 요구하였다(첫번째 막카베오서 2:42)<하시딤(유대교의 일파)/하시디즘의 신봉자>; **Chassidismus,** 유대교의 운동(18세기 이후), 그것은 메시야의 시대를 준비하기 위하여 하나님과 함께 신비적(→mystisch-)-열광적인/황홀경(→ekstatisch)의 통일/결합을 통해서 악한 것들로부터 해결/해방을 추구한다<하시디즘(18세기 동 유럽에서 일어난 유태교의 종교운동)>

Cheder *hebr.*, (교육-) 장소/방, 유대의 기초학교

Cheiro'nomie *gr.*, 손으로 멜로디/선율의 진행의 모사/본뜸을 통하여 노래하는 자들을 선도하기<손의 움직임을 통한 합창단 지휘>

Cherem *hbr.*, 파문/추방

Cherub, Plr. **Cherubim** *hbr.* (*akkad. karibu*, 위대한 신들의 배석자라는 말에서), 신화적인(→mythologisch) 혼합 모양/형태(인간의 얼굴, 짐승의 몸, 날개), 천사들의 존재들, 거룩한 처소에 파수꾼들(창 3:24), 하나님의 왕좌의 운반자들(삼상 4:4)<게루빔/그룹(성경에 나오는, 동물의 발과 날개가 있는 천사)>; →Seraphim; **Cherubikon, Cherubslied,** 6세기 이래로 비잔틴(→byzantinisch)의 예배식(→Liturgie)에서 축제의 입장시 찬송가;

→eisodos

Children of God *engl.*, 하나님의 자녀들, 지금은:≪사랑의 가족≫, 캘리포니아의 예수-백성-운동(→Jesus-People-Bewegung)으로부터 기인했던 성(性) 선교로서 매춘(제도)와 함께한 하나의 청소년 분파/섹트

Chiliasmus (*gr. chilioi,* 천/1000), 최후 심판 이전에 그리스도와 의로운 사람들의 땅 위에서 천년동안의 하나의 중간 지배/통치의 고대/대망(계 20:4)<천년 왕국설/천년기설(千年期說)/천복년설(千福年說)>

Chi rho→XP

Chiro'mantie, *gr.*, 손으로부터 점을 침/예언을 함<수상술(手相術)/손금보기>; **chiro'thekae,** 사제의 장갑; **Chiro'tonie** 손을 쭉 뻗기, 서품식(敍品式)/성직 수여(→Priesterweihe)의 성례(→Sakrament)

Chlysten *russ.*, 채찍질하는 사람/고행자 (→Geißler), ≪하나님의 사람들≫, 러시아의 열광적인/맹신적인 신비한(→mystisch)종파/이단의 추종자들(17세기)

chokmah *hbr.*, 지혜

Chor *gr.*, 노래와 결합된 윤무(輪舞)/원무; 합창단 및 그의 노래<합창곡/합창>; 중세 이후에 성직자(→Kleriker)의 처소/장소로서 제단실<(교회당의) 본제단(本祭壇)이 있는 곳/성가대석>; **Choral** *mlat.*, 공동체/성도들의 찬양<찬송가/성가/찬미가/영가(靈歌)>; →cantus choralis; **Choralen,** 예배식의 찬송을 위한 소년 합창단; **Chorassistenz,** 본 제단에 그들을 위하여 예정된 장소에서 예배에 성직자

(→Kleriker)들의 참여 ; **Chorbischof,** *al-tkirchl.* : 도시 감독에 종속된/하위의 지역 감독 ; fränk. Kirche(8/9 세기):감독/주교의 보조자 ; →Weih- bischof<보좌 주교>; **Chordienst,** 수도원- 그리고 한 종교 재단에 소속된 교회(→Stiftskirche)에 제단실(→Chor)에서 예배<(성직자 수사 모두가 참석하는) 일과(日課) 예배/성무일과/미사의 공송 기도>(→Horen, Messen,→Prozessionen,→Weihen); **Choreuten**<(고대 그리스의) 합창 윤무(輪舞)의 무용수>→Euchiten; **Chorgebet** 합창에서 성무일과(→Hora)<(일과 예배 중의) 성무일과(聖務日課) 기도(여럿이 합창으로 함)>; **Chorherren** 주교좌(主教座) 성당 참사회원/수도(修道) 참사회원 (→Kanoniker), 주교좌 성당의 참사회 (→Domkapitel) 등등의 성무일과 기도의 공동/공통의 실행/수행을 위하여 의무를 지고 있는 회원들→Kollegiatsstifte; 규정되어졌던(→reguliert) 주교좌 성당 참사회원의 종교재단(→Kanonikatsstifte)의 회원들 ; **Chorhemd**<(성직자나 성가대원이 입는) 교회 의식용 겉옷 [가운]>→superpelliceum; **Chorknabe**<(교회의) 소년 성가대원/(카톨릭 교회의) 미사 후창(後唱)/복사(服事)>→Ministrant; **Chormantel**→Pluviale; **Chorpflicht,** 성무일과 (→Chordienst)를 위한 책임/의무 ; **Chor'regent,** 의식/전례(典禮)(→Ritus)와 위임된 주교좌 성당의 참사회원 (→Domkapitular)의 예배식(→Liturgie)을 위한 임무와 함께<성가대장/주교의 의전 담당>; 카톨릭 교회 성가대의 지휘

자 ; **Chorschranken**<성소격자(聖所格子)(제단실과 신자석을 가로 지른)>→cancelli; **Chorstühle** 성무일과(→Chordienst)와 함께 성직자들(→Kleriker)을 위한 제단실(→Chor)의 양쪽 측면을 위하여<교회 제단실의 성직자석>

Chrisam→Chrisma

Chrischona, 성지의 교회/순례지의 성당 성 크리스티아나 남부 바젤 ; 거기에 있는 순례의 선교 본부/선교 학교(1841)

Chrisma, Chrisam, *gr.* , 올리브 기름과 향유로부터 연고[기름]을 바름<카톨릭과 그리스 정교회의 의식에 쓰는) 성유(聖油); **Chrismale,** 견진 성사를 받는 사람들의 이마를 묶었던 띠 ; 성유를 위한 그릇(→Chrisma); **chrismatio,** 연고[기름]을 바름

Chrismon, 중세의 많은 증서/문서/원본의 시작에(그리스도의 상징적 간청/간구/탄원으로서, 골 3:17)그리스도를 위한 서로 다르게 형성되어졌던 표/표지[표식]

Christen für den Sozialismus, 기독교와 사회주의를 상호간에 화해 시키기를 원하는 하나의 운동, 무엇 보다도 라틴 아메리카와 유럽에서(약 1968-)

Christengemeinschaft, 1922년(그것의 첫 번째 고위의 상위 지도자로서 《에프 리텔 마이에르(F. Rittelmeyer)》 본래적으로 교회의 하나의 새로운 개혁을 위하여 인지학(상)의/인지학적(인)(→anthroposophisch) 초서/토대에 되어 창설되었던 공동체

Christenlehre, 특별히 남부독일에서 견진 성사가 행해진 청소년들에 교회적인 가

르침 및 일을 위한 묘사<(견진 성사 후의) 청소년의 종교교육>; 동독에서 교회적인 종교 교육을 위하여 전체적으로 <그리스도교 강의>

Christentumsgesellschaft, Dt. CG., 1780 년 창설된 복음교회의 각성되어진 자들의 연합, 무엇보다도 앞서 독일과 스위스에서, 바젤에 본부가 있음, 그리고 신앙 부흥 운동에/각성 운동에(→Erweckungsbewegung) 커다란 영향 미침, 복음전도의 문헌/저작을 유포하였고 그리고 대내외 선교의 다양한 일들을 만들었다. 특히 바젤의 선교(회)(1815)

Christianitas-Vorstellung→sacerdotium

Christian Science *engl.*, 기독교적인 학문/과학, 과학주의/과학 만능 주의, ≪기도 치료자≫; 1874년 보스턴에서 메리 베이커에 의하여 죄와 질병 그리고 죽음으로부터 구원을 위하여 창설된 운동, 모든 물질적인 것으로부터 예방을 통하여, 그리고 사람이 아닌 신과 함께 신비적인 일치(→mystisch)를 통하여<크리스찬 사이언스(기독교의 한 종파; 신앙의 힘으로 질병을 고치는 것을 특색으로함)>

Christianus sine nomine *lat.*, 이름 없는 그리스도인<익명의 그리스도인>, 루터에 따르면, 기독교적으로 사는 그러나 그 같은 자로서 확인되지 않는 상태에 있는, 그리고 증거를 거부하는 그리스도인

Christkatholisch, 구 카톨릭파(1870년경 로마 교황의 무오류설에 반대하여 설립된종단) 교단(→Altkatholik)과 독일 카톨릭 교회 (→Deutschkatholik)의 이전의 자기 묘사

Christkönigsfest, *kath.* : 10월 마지막 주일에

기념 축전의 해(→Jubeljahr) 1925년을 기억하기 위한 예배식(→liturgisch)의 축제 <그리스도 왕 축일>

Christliche Friedenskonferenz→ Friedenskonferenz

Christliche Fachkräfte International(CFI), 독일의 복음주의적/복음서 절대주의 (→evangelikal)의 발달 보조 임무/봉사, 1984 년 설립되었다

Christlicher Studentenweltbund→World's Student Christian Federation

Christlicher Verein Junger Männer→Young Men's Christian Association

Christliches Jugenddorfwerk Deutschlands (CJD), 1947 년에 설립되었고, 오늘날 독일의 가장 큰 자유로운 교육 기구(교육 작업장)

Christliche Wissenschaft→Christian Science

Christus *gr.*, 기름부음을 받은자/기름이 발라진 자 (*hbr.*, *Maschiach*, =→Messias); **Christolatrie,** 하나님의 존경의 원위치에 놓는 일 아래서 그리스도 존경<하나님으로서 그리스도의 존경/숭배>; **Christologie,** 그리스도의 인격과 직무 (→munus)에 대한 가르침/교리(→Soteriologie); **christologisch; Christo'monismus,** 첫 번째 믿음의 항목 위에 두 번째(믿음의 항목)의 상위에 놓기<두 위격이 삼위의 다른 위격을 거의 의미 없이 나타낸다는 것 처럼 예수 그리스도의 인격을 강력히 강조하는 신학을 위한 묘사>; **Christophanie,** 그리스도 현현/나타나기 <특별히, 부활하신 그리스도의 현현>; **Christo'tokos,** 그리스도를 낳은 여인, 구

세주의 어머니(Ggs. →Theotokos); **christozentrisch,** 그리스도를 중심으로 취하는(Ggs. →theozentrisch), **Christus praedicatus,** 설교되어진 그리스도; **Christus praesens,** 현재의 그리스도; **Christusherrschaft,** *gr.*, **Christokratie,** 신약:그것은 악마의 축출(→Dämonenaustreibung) (특히, 마가복음) 및 그의 죽음(롬 6:9) 그리고 우리의 죄(롬 6:11)에 대한, 모든 피조물에 대한(골 1:15-; →Pantokrator) 통치/주권으로서 십자가와 부활과 함께 시작했다. 그것은 세상 끝에 모든 피조물에 대하여 명확하게 된다(고전 15:24-); *mod.*:(특히 바르멘(→Barmen) 이래로) ≪그리스도의 왕적 통치≫가 모든 생명 영역에 확인 된다(그렇게 변증신학 (→Dialektische Theologie)); Ggs. →Zwei-Reiche-Lehre; **Christusmonogramm** → XP

Chrysostomosliturgie, 비잔틴(→byzantinisch)의 성 만찬식 축제(→Eucharistiefeier)의 표준 형태

chthonische, *gr.*, 땅에서 사는 신들<땅의/지하의/저승의:-e Götter(그리스 신화의) 땅(저승의) 신들=(예, Pluto, Titanen)>

Chullin *hbr.*, 제물을 위하여 정해지지 않은 짐승들로부터 도살하는 일에 대한 미쉬나(유대교의 율법서인 탈무드의 원본)(→Mischina)(학술) 논문

Church Army, 복음전도와 사회적인 도움을 위하여 영국 교회(→anglikanische Kirche)에서 구세군(→Heilsarmee)에 모사한 협회/연맹<영국 국교의 전도단체>

Church of England→anglikanische Kirche

ciborium *lat.*, 중세에 입상이나 설교단 위의 차양의 종류의 제단의 상부 돌출부에서 축성되어진 성체(성체)(그리스도의 육체를 상징하는 성찬용 떡)를 위한 그릇, 상부 돌출부에 이 그릇이 걸려 있다<키보리움/성체용기(聖體容器)>. →Tabernakel

cilicium *lat.*, 길리기아로부터, 표면이 거친/껄껄한, 털로짠 참회복(懺悔服)

cingulum *lat.*, 알바[카톨릭 및 영국 국교의 사제가 미사 때 입는 백색의 제의](→alba)의 매듭을 짓기 위한 허리띠

Cinvatbrücke, Tschinvat *pers.*, 바람의 다리; 죽음의 길에서 내세로의 최종 다리

Circumcellionen *lat.*, 땅을 둘러(이곳저곳으로) 배회하는 이들, 교회와 국가의 귀족층에 대항하여 북 아프리카에서 대규모 농장 경영을 통하여 궁핍에 빠졌던 서민층/하층계급의 340년경에 일어났던 사회적인 저항운동

circumcisio *lat.*, 절단/할례

circumincessio, circuminsessio→Perichorese

circumscriptiv→repletiv

circumstantia *lat.*, 사정/상황/형편; **ostium circumstantiae,** 입술의 폐쇄된 문/닫힌 문(시 141:3)

Cisianus, Cisiojanus *lat.*, (두 1월 - 6 운각의 시구의 시작에 따른) 교회의 고정 축제일과 성자[녀]의 축일과 함께 6 운각의 24 시구들 안에서 격언/금언, 13 세기 - 17 세기에 널리퍼졌고, 루터교의 기도서들과 교리[신앙] 문답서들(→Katechismen)에서도 역시

Civil religion *engl.*, 시민의 종교, 하나의 일

반적인 비 신앙상의 종교심을 위한 묘사(R. Bellah 1967), 그것은 종교적이고 정치적인 가치들을 요구한다

civitas Dei *lat.*, 하나님의 나라/(지상에 실현되는) 신국(神國) [하나님의 나라], 아우구스티누스에따라 교회 내에서 부분적으로 실현한다; **c. coelestis,** 하늘 나라; **c. diaboli(ca),** 악마의 나라, 아우구스티누스에 따라 현세적 권세의 나라 안에서 사역에 함께; **c. terrena** 현세적인 나라

Classe *lat.*, *frz.*, 하나의 구역/지역의 개혁파 교회의 노회(老會)(→Presbyterium)들의 결합/제휴; 구역/지역 회의(→Synode)

clausula Petri, *lat.*, 베드로의 마지막 문장:≪사람들이 인간보다 하나님을 더욱 순종하여야만 한다≫(행 5:29)

Clausum Pascha *lat.*, 유월절(→Passa)의 종결, 부활절 후 주일/일요일

claves St. Petri *lat.*; 거룩한 베드로의 열쇠; kath.:마 16:17에 따른 교황의 교권(敎權); **clavis conditionalis,** 제한된/일정한 전제 조건하에서 유효한 열쇠(→potestas clavium):사면(赦免), ≪마치 당신들이 믿는 것 처럼, 그렇게 당신들에게 일어나기를!≫; →Beichte

Clementina→Vulgata

Clementinae, 교황 클레멘스 5세에 의하여 행해졌던 비엔나 회의(1311)의 결정들 그리고 그의 고유한 교령(→Dekretale)들의 모음/수집, 중세 이래의 카톨릭 교회법의 모음(→Corpus Iuris Canonici)의 네 번째 부분

Clementinen→Pseudo-Klementinen

Clinical Pastoral Education, C. P. Training *engl.*, 임상 목회 교육(→Klinische Seelsorgeausbildung; 목회 심리학(→Pastoralpsychologie)

clinici *gr.*, 와병중인 자들/몸져 누워있는 자들; 죽을 때까지 죄 없이 머무르기 위하여 사전에 죽음의 위험에서(물속에 잠기게 하는 것 대신에 물을 뿌리기를 통하여) 세례가 허용되는 그리스도인들

clipe'us *lat.*, 삼각의, 수 놓아진 표지판, 성직자의 모자(→Kapuze) 대신에(사제들의) 예배용 외투(→Pluviale)와 함께

Cluniazenser, 클루니(부르군트) 베네딕투스 수도원(→Benediktiner-Kloster)의 개혁의 추종자들<클루니 교단의 수사(修士)>; **Cluniacensische Reform**<클루니 교단적인 개혁>은(10 세기 이래로) 무엇보다도 엄격한 수사[승려] 계율에서 그리고 예배식(→Liturgie)의 손질/육성(→Pflege)에서 적용되었다((성직자와 수사 전체가 참석하는) 일과(日課) 예배(→Chordienst), 성모 공경/마리아 숭배)); 11/12 세기에 클루니는 전체 교회적으로 세력이 있는, 정치적으로 영향력이 큰(서임권 논쟁/성직 임명권을 둘러싼 황제와 교황 사이의 다툼(1075-1122)(→Investiturstreit) 수도원 연합 중심이었다(수도회의 존재의 시작); 교회 건축에서 화려하게 꾸미기(→Romanik); 그러나 →Zisterzienser

cochlarium *lat.*, (환자에게) 성만찬의 포도주에 가라 앉혀진 빵의 수여/제공을 위한 숟가락; →Intinktionskelch

codex *lat.*, 나무 줄기, 큰 덩어리, 성장하는 나무로된 서판(書板) 그리고 글자가 쓰

여진 양피지(Pergament<(양피지에 쓴) 고문서(古文書)/고사본(古寫本)>) 혹은 (드물게) 파피루스(Papyrus<파피루스 (고대 이집트의 제지 원료)/파피루스 고문서>)로 되어 있는 고대의/고전적인 책<고사본/필사본/수적본(手迹本)>; 책의 크기 안에서의 필사본(筆寫本); 법전(法典); <규약[규범] 집(集)/(불문율의) 행동규약[규범]>; **Codex Hammurabi,** 바벨론 왕 함무라비의 법전(기원전 1700 년 경); **C. Iuris Canonici (CIC),** 규범적인 법의 책, 카톨릭 법전(1917), 그것은 중세 이후 카톨릭 교회법의 모음(→Corpus Iuris Canonici)을 무효로 하였다/폐기하였다; 교황 요하네스 23 세를 통하여 1959년 예고되어졌고 그리고 교황 바울 6세를 통하여 1963-65년 적용되어졌고, 교황의 하나의 개혁 위원회가 개정된 CIC를 만들었고, 1983년 1월 25일 요하네스 바울 2세를 통하여 공포되었고(이제까지의 2414 법령들 대신에 1776 법령들<로 구성됨>), 1983년 첫 번째 대강절에 효력이 발생하였다; →Lex Ecclesiae Fundamentalis; **C. Iuris Canonici Orientalis (CICO),** 동방의 그리스 정교회(正敎會)의 귀일(歸一) 교회(→Unierte Kirche des Ostens)를 위한 카톨릭교회 법전의 출판 (1928); **Justinianus,** 황제 유스티니아누스(✝565)의 종교의 그리고 교회의 입법을 포함한 모음 (529, 534); **c. rescriptus** ›Palimpsest<펠림프세스드/재록(再錄) 양피지(쓰여 있는 글자를 지우고 다시 사용한 양피지 또는 파피루스에 의한 사본)>; **Codex rubri- carum** *lat.*, (신부

의) 성무일과서(聖務日課書)(→Brevier)와 미사책(→Missale)을 위하여 1960년의 루브리카[전례(전례) 규정] 개혁을 위한 광대한/방대한 공회의 이전의 교회의 명령; **Kondifikation,** 계획적으로 구분되어졌던 법전들 안에서 법률 자료들에 대한 요약

coena Domini *lat.*, 주의 만찬, 최후의 만찬/성찬(식); 성목요일(부활절 전의 목요일); **coenaculum,** 식당

coenobium *gr.*, *lat.*, 공동체 생활; 수도원, **Coenobiten,** 공동체 안에서 사는 수도사들(Ggs. →Anachoreten)

co'ercitio *lat.*, 축소/제한/속박, 징계[징벌]/견책; 로마의 법:그리스도인들에 대항하여 적용되었던 고대 로마 당국의 ≪처벌/징계 법≫

coetus electorum (=praedestinatorum) *lat.*, (적은 수의) 선택된 사람들의 모임/단체(→Prädestinierten); **c. vocatorum,** 소명을 받은 자들/불러냄을 입은 자들(=모든 세례를 받은 자들; →ecclesia stricte/late dicta)의 모임/회합

cogito ergo sum; cogitans sum, *lat.*, 나는 생각한다. 그래서/따라서 나는 존재한다(데카르트(Descartes), ✝1650, →Cartesianismus)

cognatio spiritualis *lat.*, *kath.*:영적인 친족관계/친척관계(그것은 세례(→Taufe)와 견진성사(→Firmung)와 함께 기부/베풂과 대부모와 내사녀의 관계를 통하여 발생한다)

cognitio *lat.*, 이해/인식, *dogm.*:특별히 신/하나님 인식(**c. Dei**); 사법적 조사/연구

co'incidentia oppositorum *lat.*, 하나님 안에

서 대립의 동시 발생(N. Cusanus, † 1464)

collatio *lat.* , (성직) 임명 법(**Kollatur**/성직임 명권)에 따라서 권한 이 있는 상급자(**Kollator; collatio ordinaria**), 제 삼자(**c. extraordinaria**)를 통하여 혹은 자유로운 지명/임명(**c. libera**)을 통하여 성직록을 받는 직위(→Pfründe)의 이양; **c. libera** 역시 수도사들의 공통의 영적인(예배중의) 성경봉독; 저녁 식사/만찬; 돌로된 벤치/긴 의자가 있는 수도원적인 회랑(回廊)의 임무/직무등을 행하는 부분, 그곳에서 저녁 강의(→Lektion)가 개최 되었다(독서 복도/현관)

collectarium, 마치 거룩한 성무일과(→Officium divinum)의 부분 처럼 평일 기도와 축제일 기도들을 포함한 예배식서

Collegium Germanicum *lat.* , (예수회적인 지도 아래) 독일 사제들의 교육을 위하여 1551년 로이올라의 이그나티우스(Ignatius von Loyola)에 의하여 설립된 연구소/학원; **collegium biblicum,** 경건주의적(→pietistisch) 해석학적 강의; **c. philobiblicum,** 히브리어와 그리스어 본문으로부터 성서의 신앙심을 일으키게 하는 설명/해석을 위하여 프랑케(† 1727)에 의하여 설립되었던<중세의 대학교육 자격인> 마기스터 협회/클럽; **c. pietatis** 신앙심을 일으키게 하는 성서 선택, 설교 비평/논의 그리고 목회를 위하여 슈페너(† 1705)에 의하여 제안되었던 개인적 모임; **c. sacrum,** 거룩한 모임, (총칭적으로) 추기경

colobium *gr.* /*mlat.* , 오스트리아 수도사의 옷/수도복

columba *lat.* , 성체(聖體)(그리스도의 몸으로 간주되는 미사 성찬용 빵)(→Hostie)를 위한 하나의 비둘기 형태로된 그릇/용기; **columbarium,** 비둘기 장/집; 유골 단지를 매장한 것과 함께(있는) 무덤의 작은 방

comity *engl.* , 예의바름/정중함; 전도/선교 협회/단체들의 결정/협정에 의존하는 선교 영역에 대한 경계설정/구획

comma Johanneum *gr. -lat.* , 요한적인 항목/부분, 삼위(→Trinität)에 대하여 요일 5:7에서(4세기에)(후대 사람들에 의한 원전의) 가필(加筆) 또는 개찬(改竄)(→Interpolation)

commemoratio pro vivis et mortuis *lat.* , 미사에서 도고를 위하여 죽은자와 산자들의 이름들을 읽기/낭독; **c. omnium fidelium defunctorum,** 모든 경건한 죽은 자들에 대한 회상/기념, 고인 추모일/만령절(萬靈節)(11월 2일), **c. omnium sanctorum,** 제 성 첨 례 (諸 聖 瞻 禮)/만 성 절 (萬 聖 節)(11월 1일)

commendatio animae *lat.* , 영혼의 권장/추천, 예배식의 임종 기도

Common Prayer Book, *engl.* , 일반적인/공통의 기도서; 우선적으로 1549 년 대주교 크래머(Cranmer) 아래서, 그리고는 1559 년 엘리자베스(Elisabeth) 1세 아래서 그리고 1662 년 대부분 아직도 오늘날 유용한, 영국 교회(→anglikanische Kirche)에 의하여 채택된 전례서(Agendenbuch), 찬송가 책 그리고 기도서의 모음에서 갱신되었다; 1980 년 영국에서 하나의 예배식의 개혁의 과정으로 양자

택일의 예배식 서(**Alternative Service Book**)의 시험적인 해방/해제, 그러나 그 책은 논쟁의 여지가 있다

commune sanctorum *lat.*, 거룩한 자들 [날들]/성자들의 공통의 것, 고유의 예배식이 없이 거룩한 축제를 위하여 서식집을 가진 카톨릭 교회의 미사 전서(典書)/미사 경본(經本)의 부분

Communicantes *lat.*, 로마의 더욱 큰 규범/법칙(→Meßkanon)의 첫 번째 고상한 기도<미사를 올릴 때에 엄숙한 기도>에서 성자 기념은 시작 단어에 따라서 명명되었다<영성체(領聖體)하는 사람/(처음으로) 성찬에 참여하는 사람/성체를 영(領)할(자격이 있는) 사람>

communicatio→idiomatum *lat. -gr.*, (고유의) 속성/본성의 전달/통지, *dogmat.*:≪속성의 소통/유대≫, 그리스도의 인격 안에서 신성과 인성의 교류/공유 및 교환/(상호) 교류(그러나→Allöosis); **c. in sacris**, *kath.*:비 카톨릭 교도(→akatholisch)의 예배 행위에 참여; **c. in spiritualibus**, 영적인 공동체, 예, 기도에서

communio, Kommunion(→Abendmahl) *lat.* (*engl. communion*), 관여/참가, 공동체; 성찬을 받기(성만찬 공동체 →Abendmahlsgemeinschaft); **c. infantium**, 유아 성찬(聖餐); **c. naturarum**, 본성들의 연합/통합; *dogmat.*:그리스도 안에서 하나의 인격에 신성과 인성이 연합한다(그러나→communicatio idiomatum); **c. neophytorum** *gr.*, 새로운 개종자들의 첫 성만찬; **c. praedestinatorum**, *ref. dogmat.*:구원을 위하여 예정되어진 자들의 공동체

로서 교회; **c. sanctorum**, 사도신경의 세 번째 항목에서 표현, 그것은 교회의 거룩한 소유물/(정신적) 유산에 본래적 유대/관계를 뜻한다(=성만찬에→Sakramentum); 후에:거룩한 자들(→Heilige)의 공동체; **c. sub una(specie)**, 같은 종류(의 형태) 아래서 성만찬, 단지 사제가 성만찬과 함께 빵과 포도주를 취한다. 공동체는 단지 빵을 취한다(kath.); **c. sub utraque(specie)**, 두 종류(의 형태) 아래서 성만찬, 즉, 공동체가 둘 다를 취한다(ev.); →**Antiphona ad communionem**, *kath.*:(성만찬의) 분배와 함께 그리고 분배 후에 시편 교송

companie vénérable *frz.*, 존경할 만한/신성한 부대/군대, 종교국(종교국)/최상의 교회 관청(→Konsistorium) 옆에 교회 관리를 위하여 칼뱅의 교회법 안에서 목사/사제들(ministres)과 스승들(docteurs)로부터 교육되어진 위원회

compelle intrare *lat.*, 들어오도록 그들을 강요하라(눅 14:23→Vulgata); 카톨릭 교회 안으로 혹은 선교(→Mission) 강요로 강제적인 송환을 위한 표어/슬로건

competentes (baptismum), *lat.*, 세례를 추구하는 자들→Katechumenen

completorium, Komplet *lat.*, (하루의) 종결 기도, *gr. -orth.*:**apodeipnon** *gr.*, 식사 후에, 예배식의 밤 기도

complex *lat.*, 공범자; **c. in peccato**, 같은 죄인/죄 안에시 공범자

complexio oppositorum *lat.*, 대립 관계들에 대한 통합

Complutensis, 콤프루툼(Complutum(Alcalà)) 대학의 학자들과 출판자들에 의하여 작업된 히브리어-그리스어-라틴어 성서 출판물(1501-17)

computus (paschalis), *lat.*, 해마다의 부활절 산출/계산, 그리고 그와 함께 기독교적인 축제 달력의(산출/계산)

concelebratio *lat.*, 많은 사제들의 공동의 성대한 미사 집행

conceptio→immaculata c. <(성모 마리아의) 원죄 없는 수태/잉태>

conclusio *lat.*, 추론/(추론에 의하여 얻어낸) 결론; **c. theologica,** *kath.* :드러난/계시된 원리들로부터 진리에 대한 신학적 연역(演繹)/결론, 특별히 계시의 교의 상의 진리/신조의 진리들(intellectus fidei)로부터 이성적인 추론을 통하여 더 넓은 믿음의 인식들(scientia fidei)을 얻기 위한 스콜라 철학적인 신학의 인식 방법(종결/결론/단정 신학)

Concordantia caritatis *lat.*, **Einklang der Liebe**<사랑의 일치/조화>, 1355년 니더오스트리아의 시토(수도회) 원장(→Zisterzienserabt) 이었던 리리엔펠트의 울리히(Ulrich von Lilienfeld)의 하나의 유형학적인 글의 제목, 그 글은(가난한 자들의 성서(→Biblia pauperum)에서처럼 연대순으로 배열하지 않고 오히려) 교회력(→Kirchenjahr<교회 역년>)에 따라 조성되었고 그리고 페리코페(예배 때 읽히고, 설교 때 인용되는 성서의 장구(章句)를 교회력에 기초하여 정한 것)(→Perikope)와 나란히 하여 거룩한 생활(→Vita)들을 행하고, 성무일과(→Brevier)와 미사 전서(전서)(→Missale)로부터의 모형/본보기에 따라; 역시 형상의 책(Liber figurarum) 그리고 구원/행복의 거울(Speculum salutis)라고 칭하여 진다

concursus divinus *lat.*, 세상의 통치(→gubernatio mundi)와 함께 창조적인 하나님과 자연적이고 피조물의 권능들의 함께 이루기; 그러나→cooperatio

condemnatio *lat.*, 거짓 가르침에 대한 엄숙한 유죄 판결을 내리기<저주/파문하기>

conditio Jacobea *lat.*, 야고보의 조건(약 4:15): '주의 뜻이라면 그렇게 우리들은 산다…'

conductus *lat.*, *MA*:영적인 드라마에서 한 사람의 출연과 함께 혹은(제단의 일부분인) 낭독대로 나아감과 함께한 노래/찬양; 다성(多聲)의 문장, 13 세기에 모테트(성서 구절을 다성으로 다룬 악곡으로 주로 무 반주임)(→Motette)에 의하여 인계되었다

confectio *lat.*, *kath.* :사제의 말을 통하여 성례전(→Sakrament)의 효과적인/효력을 갖는 준비

confessio *lat.*, 고백; 죄의 고백(참회→Beichte) 혹은 신앙고백(→Symbol, →Bekenntnisschriften); 순교자들(→Märtyrer-)과 성유물의 무덤(→Reliquiengrab)과 함께한 제단; 그 앞에 작은 방; **c. generalis,** 일반적인 죄의 고백, ≪미해결의 과오/죄≫; **c. oris,** 사제 앞에서 구두의/구술의 죄의 고백, 마음의 참회 (→contritio cordis)와 행함을 통한 보상/배상<속죄>(→satisfactio operis)사이에서 카톨릭적인 참회 성례의 두 번째 부분; **c. secreta,** 은밀한 고백, 비밀 고백/고해(고해장소

에서의 참회); **C. Augustana (invariata; CA)**, 아우크스부르크 제국의회(1530)를 위하여 멜란히톤(Melanchthon)에 의하여 작성되었던, 기초가 되는/기본적인 루터파 교회의 신앙 고백서; **CA variata**, 성만찬론 등등에서 바꾸어졌던 판 (1540); **C. Belgica**, 1561/1566년 개혁교회 적이고 자유롭게 되었던 네덜란드의 지역의 신앙고백서; **C. Gallicana**, 위그노 파의 사람(16세기 프랑스 칼뱅파)들의 프랑스 신앙고백 (1559); **C. Helvetica prior**, 불링어(Bullinger), 뮈코니우스 (Mykonius) 등등에 의한 첫 번째 개혁교회 스위스 신앙고백(1536); **C. Helvetica posterior**, 두 번째 스위스 신앙고백, 1562 년 우선 개인적인 신앙고백서로서 불링어에 의하여 작성되었고 그리고(1566) 스위스, 프랑스, 헝가리, 스코틀랜드 등등에서 수용되었다; **C. Marchica**, 선제후 요한 지기스문트(Johann Sigismund) 아래서 1614년 브란덴부르크의 궁정과 위그노파인의 공동체(→Hugenottenge-meinde)를 위하여 작성되었던 신앙고백; **C. orthodoxa**, 페트루스 모기라스 (Petrus Mogilas) (키에프의 대주교(Met-ropolit von Kiew<오늘날, 우크라이나 공화국의 수도>), †1647))에 의하여 작성되었던 신앙고백서; **C. Saxonica**, 작센-루터적인 신앙고백으로 멜란히톤에 의하여 1551년 트렌트 공의회(→Tri-dentinum)를 위하여 작성되었다; **C. Scottica**, 위그노파의 사람들의 프랑스 신앙고백(C. Gallicana)의 모형에 따라 1560년의 스코틀랜드의 신앙고백; **C. Tetrapoli-tana**, 4개 도시 신앙고백서, 토마스 부처 (Bucer)와 카피토(Capito)에 의하여 아우크스부르크 제국 의회(1530)를 위하여 작성되었다(스트라스부르크(Straßburg), 콘스탄츠(Konstanz), 린다우(Lindau), 멤밍엔(Memmingen)); **confessionalia**, 소유자에게 각 고해 신부와 함께(한번의/유일한) 사죄/면죄(→Absolution)를 보장하는 고해/참회 편지; **confessionarius**, 고해를 청취하는 사제; **confessores**, 고백자/신앙고백자; 고대교회적으로:박해 시대에 죽음으로 처벌됨이 없이 그들의 신앙을 고백했던 그리스도인들(그렇지만 강제노동, 투옥 등등); →Mär-tyrer

confirmatio, *lat.*, (교황을 통하여 한 감독의) 확인/증명/(법령등의) 재가; →Firmung<견진성사>, →Konfirmation<견신례>

confiteor *lat.*, 내가 고백한다, 미사에서 일반적인 죄의 고백

conformitas *lat.*, 동일 형태/동일 형상을 만듦(예, 그리스도와 함께)

confutatio *lat.*, 논박/반박, 아우크스부르크 신앙고백(→Confessio Augustana)에 대항하여 로마 카톨릭 신학자들(엑크(Eck) 등등)에 의하여 작성되었던 글의 이름

Congregatio de doctrina fidei→Kongre-gation

connexa *lat.*, 결부시켜졌던 것들/결합시켜졌던 것들; *scholast.*:개관적으로 그리고 언어적으로 상호간에/서로 스스로 요구하는 개념들(마치 창조주 - 피조물 저럼)

connotata *lat.*, *scholast.*:객관적으로 상호간에 스스로 요구하는 개념들(마치 아버지 - 아들 처럼)

conopeum *gr. -lat.* , 천막과 커튼 형태 안에서 모기장/방충망; 제단 위에 천개(天蓋)(→Baldachin); 감실(제단 중앙에 마련된 성체를 모시는 작은 궤)(→Tabernakel) 앞에 가리개/커튼

conscientia *lat.* , 관여하여 앎/(부당한 일에 대하여 혹은 남의 비밀을) 앎, 의식, 양심/도덕 의식; c. antecedens, [행위/행동에 경고하여] 진척하는 것<실행하는 의식>; c. consequens, 그 다음의/이어지는 양심의 판단; c. errans, 잘못 생각한/판단을 잘못한 의식/양심; c. perplexa, 엉클어지게 하는/혼란 시켰던 의식/양심

consensus *lat.* , 의견의 일치/일치(一致); c. gentium, 백성들의 일치(하나님에 대한 증명 (→Gottes-), 진리에 대한 증명 (Wahrheitsbeweis)); c. patrum, *kath.* : 교부들(→Kirchenväter)의 일치, 그 일치는 믿음(→Glaube)을 위하여 규범적(→normativ)이다; c. quinquesaecularis, (첫) 5세기의(명목상의/표면상의) 교리적인 일치(칼릭스트(Calixt), † 1656); c. repetitus, 반복되었던 일치; 칼릭스트에 대항하여 지향되었던 루터교 비텐베르크(Wittenberg) 신학자들의 신앙고백서(1655); c. theologorum, *kath.* : 오랜 시간 일반적으로 대변되었던 신학적인 교리/가르침들은 구속력이 있다; C. Tiguri-nus, 쮜리히의 일치; 성만찬의 질문에서 독일과 프랑스 그리고 스위스의 종교개혁에 관련되었던, 1549년 불링어에 의하여 작성되었던 신앙고백서

conservatio (mundi) *lat.* , (세상의) 유지함/보존; →gubernatio

consignatio→Firmung; consignatorium *lat.* , 견진성사(→Firmung)를 위한 장소, 역시 (그리스도교 의식에 사용하는) 성유(聖油)(→Chrisma)라 칭하여진다

consilium administrationis *lat.* , *kath.* :(감독 옆에) 교회의 재산을 위한 관리 위원회; consilia evangelica, 루터 복음교회의 평의회/위원회, *kath.* : 기독교적인 완성의 선택하는 도구를 위하여 자유롭다(동정녀, 가난, 순종:마 19:12,21; 16:24), 고대의 수도사의 서원(誓願)<복음의 충고/제안>

consolamentum *lat.* , 위로/위안; 순결파 신자(이단이라고 지목되는 중세의 기독교의 일파)(→Katharer):안수를 통하여 영적 세례

consolatio fratrum<형제들의 위안>→mutuum colloquium et ···

consortium vitae *lat.* , 생활 공동체, 결혼 생활[상태]

Constantinopolitanum, 콘스탄티노플 회의(→Konzil von Konstantinopel)(381)의 신앙고백; →Nicaenoconstantinopolitanum

constitutio apostolica *lat.* , 교황의 명령/지시; →Bulle; c. Romana(824), 그것은 교황선출을 단지 성직자(→Klerus)나 귀족에게 넘겼고, 서품식/성직 수여를 황제의 확인/비준에 그리고 선택되어진 자의 충성 서약에 의존하게 만들었다

Consuetudines *lat.* , 다양한 수도회(→Orden)의 습관들에 대한 스케치/기록들; Consuetudinarium, 유요한습관들의기록/기입

consummatio mundi *lat.* , 세상의 마지막/종말; consummatum est, 다 이루었다(요 19:30→Vulgata)

contestatio *mlat.*, 절실한/절박한 기도, 갈리아 주의의/프랑스 카톨릭 교회의 미사의 성찬식 서문경(序文經)(→Präfation)

contrafactum→Parodie

contra sextum *lat.*, 여섯 번째 계명에 대항하여

contritio cordis *lat.*, 마음의 통회(痛悔); *kath.*:하나님을 향한 순수한 사랑으로부터 전적인/완전한 참회; Ggs.→attritio

conventus *lat.*, 집회/회의, 회합/집회/모임, 수도사들과 다른 단체/법인체의 동업[협동] 조합; 수도원; **Konventuale,** 한 수도원의 회원<, 프렌치스쿠스 수도회 일파의 수도사>(→Observanten)

conversatio→conversio

conversi *lat.*, 개종한 자들/신앙을 갖게 된 자들; 처음의/본래의 수도사들(→conversio morum, →Religiosen, saeculares); 더욱 후기에:재속/신도 수사(修士)들(아직 서품을 받지 못한 수도사); **con- versio,** →**Konversion,** 개종(改宗)/회심(回心); *kath.*:역시 성찬/성체(→Eucha- ristie)의 변화/변형(→Wandlung); **c.** (역시 **conversatio) morum,** 세상적인 삶으로부터 수도원적인 삶을 가지고 교환하기/바꾸기/대체하기

cooperatio *lat.*, *dogm.*:피조물과 함께 하나님의 협력/공동작업]하기(*kath.*:정당함의 증명[인정]/변명/정당성/권리와 함께; *Luther*:하나님이 세상의 보존(→conservatio mundi)과 함께 그의 협력자를 위하여 [그러나 도구(→instrumen- tum)] 믿는 이들 [믿음(→Glauben)]을 만든다; 그러나→concursus

copula *lat.*, 끈/사슬/굴레/속박, 이행(移行); **c. carnalis,** 육체적인 결합/관계, 카톨릭 교회의 법:결혼/결혼식 거행, 완결하는/완성하는 동침/성교(≪실행된/집행된 결혼(생활)/혼인/부부(관계)≫)

coram *lat.*, …에 직면하여/목격하고/고려[참작]하여/관점에서, …의 앞에/앞에서; **c. deo,** 하나님 앞에서; **c. hominibus,** 인간들 앞에서

cornu epistolae, *lat. -gr.*, (공동체로부터 우측으로부터) 제단의 서간측(側)(교회 정면 제단의 우측으로(부)사제가 사도서간을 낭독하는 곳)(→Epistelseite) 혹은 성배 측; **c. evangelii,** 성당내의 제단의 좌측(예전에 복음서를 읽던 곳)(→Evangelienseite) 혹은 성체의 측(왼쪽)

corona *lat.*, 샹들리에/가지 모양의 등불; 신부의 환관; **c. clericalis** 혹은 **sacerdotalis,** →**Tonsur**<(카톨릭 성직자, 특히 수도승의) 머리 중앙부 삭발>; **Coronati**→Quat -tuor Coronati

Corporale, *kath.*:성체(聖體)(→Hostie)와 성배를 위한 제단 장식보/제단 보, 그리스도의 장례식 보/염포(殮布)<그리스도의 시체를 쌌던 세마포>의 상징

corpus *lat.*, 몸/신체/육체, 단체/사회/법인, 작품/저작, 모음/수집/작품집; **c. catholicorum** 및 **evangelicorum,** 카톨릭적 및 루터 복음교회적인 제국 등족(等族)(신성로마제국의 제국의회의 참여 자격을 갖는 귀족.성직자.세국노시)의 단체, 1663년에 독일 제국 의회에서 (1806년까지) 종교적 질문의 구별이 있는 처리/논의를 위하여 설립되었다<제

국 직속 의원:정신적인 제국 직속 의원 (geistliche Reichsstände) - 성직자(독일 제국) 의원(성직자 선제후, 주교); 세속적인 제국 직속 의원(weltliche R.) - 세속(독일 제국) 의원(세속 선제후, 백작, 남작)>; **c. Christianum**, 전 그리스도교(; 그리스도교 세계/그리스도 교단); **c. Christi mysticum**, 그리스도의 신비주의적인(→mystisch) 몸, *kath.*:그의 신자들 안에서 영적으로 현존하시는 그리스도의 영적이고 영원한 성과/효과/성취로서의 교회; **c. Christi permixtum**, 그리스도의 혼합되어진/뒤섞인 몸, *dogm.*:교회는 그리스도의 몸(고전 12:27), 그러나 신자들 가운데 거룩하지 않은 자들이 있다; **C. doctrinae**, 교과서, 신앙고백(→Symbol)들에 대한 루터교 복음교회의 모음들; **C. Iuris**, 로마법의 모음<법전(法典)>; **C. Iuris Canonici**, 중세 이래로 카톨릭 교회의 교회법의 동일한 것(그러나, →Codex Iuris Canonici); **C. Paulinum**, 바울의 편지들; **C. Reformatorum** (CR), 종교개혁자(→Reformator)들의 글들의 모음집

correctio fraterna *lat.*, 마 18:15에 따른 형제 같은/형제의 훈계/견책/질책

corredemptrix *lat.*, *kath.*:공동 구세주로서 마리아(카톨릭적인 교육 견해)

correptio fraterna→correctio fraterna

cortina *mlat.*, 커튼/장막, 제단의 천개(天蓋)(→Baldachin/<종교적 행렬에서 성체나 주교 머리 위에 떠받쳐지는 것>), 제단의 내려 드리운 것/벽[제단]에 걸린 양탄자

Cor unum *lat.*, 하나의 마음, 교황의 발전-구호사업(기관)

Covenant *engl.*, 연합/동맹/약속, 유언/(신과 사람과의) 계약(성경의 신약과 구약)

creatio *lat.*, 창조/창작; **c. continua**, 끊임없는/계속적인 창조(의 경과[진행]); **c. prima**, (세상 물질/실체의) 첫 번째 창조; **c. secunda**, (사물과 그리고 존재의) 두 번째 창조; **c. ex nihilo**, 무(無/아무것도 없는 것)로부터의 창조; **creator**, 창조자/창시자/조물주/창조주;

creatura, 피조물/인간; **creatura papae**, 교황을 통하여 추기경(→Kardinal)들의 임명/서임(敍任)

credenda *lat.*, 믿어야할 일들(을 위하여); **credenditas**, 믿음의 약속/맹세/의무/책임; **credo**, 내가 믿습니다; →Apostolikum; **c. quia absurdum**, 내가 믿습니다. 왜냐하면 그것이 불합리하기 때문입니다.(= 그것이 불합리하기 때문에 내가 믿습니다)(테르툴리아누스(Tertullianus)에 따라, † 약 220년); **c. ut intelligam**, 알기 위하여 내가 믿는다(캔터베리의 안셀름(Anselm v. Canterbury), † 1109)

crepitacula *lat.*, 동방교회적으로:사람들이 부분적으로 부활절의 전주(前週)/성 주간에 종 대신에 사용하는 나무 딸랑이/딸랑딸랑 소리나는 도구

crimen laesae majestatis *lat.*, 손상되어진 존엄/장엄함의 범죄/비행, 불경죄/대역죄; **c. laesae religionis**, 종교에 대항한 위반/범죄 행위;박해를 위한 로마의 법적 근거

crux ansata *lat.*, 윗쪽 끝에 손잡이가 달린 십자가(이집트의 생명의 상징); **c. commissa**, 조립되어진/짜 맞추어진, 소위 T-

형태 안에서 안토니우스(Antonius-) 혹은 이집트의 십자가; **c. interpretum,** 해설자/해석자의 십자가, 해석되어야할 어려운(성서)구절들(을 위하여); **c. monogrammatica,** 모노그람(성명의 머리글자를 짜 맞춘 문자)적인 십자가, →XR; **c. portabilis,** 운반하는 십자가; **c. triumphalis,** (특히 중세 교회에서) 예수나 교회의 승리를 상징하는 궁룡문(→Triumphbogen)에 걸린 십자가

cubiculum *lat.* , 침실, 카타콤베(→Katakombe)에 있는 가족무덤

cuius regio, eius religio *lat.* , 그들(=제후들)의 영역 안에서 사람들은 살고, 그들의 종교를 사람들은 가져야만 한다. 아우크스부르크(종교분쟁의) 평화 조약에 따른 법원리/법리(法理)(1555), 베스트팔리아 평화조약(→Westfälischer Frieden)(1648)에서 하나의(국가 원수가 대개 국교의 최고위직을 겸임하는) 정교(政教)일치제를 통하여 선제후(최상의 감독권세(→Summepiscopat))와 백성들의 신앙고백(→Konfession)의 일치/유사점이 없이 벗겨졌다

culpa *lat.* , 죄/(법적, 도덕적인) 잘못; **c. actualis,** 행위의 죄; **c. originalis,** 원죄(原罪); →felix culpa, →mea culpa

cultus relativus personae→Ikonodulie

cumulatio beneficiorum *lat.* , 한 손 안에서 성직록(聖職祿)(→Pfründe)의 쌓기/누적

cuppa *lat.* , 큰 통(桶)(포도주나 맥주의) 부피단위(100-700 l)/톤; 성배(聖杯)의(잔의) 부분

cura animarum *lat.* , (영적인) 사제직/목사직/영혼에 대한 배려/사제/목회(牧會); **c.**

religionis, 종교를 위한 세상적인 당국/권세의 배려, 즉, 믿느냐 안 믿느냐의 문제/신앙에 관한 일 그리고 교회의 사무/교회의 제도[조직]을 위하여, 종교 개혁 이래로 특히 첫 번째 그리고 두 번째 판의 십계명(→Dekalog)의 신적인 계명의 보존/유지 안에서(custodia utriusque tabulae/<=두 판의 보존>); 본래적으로 최상의 감독 권세(→Summe -piskopat) 그리고 그들(=선제후들)의 영역 안에서 사람들은 살고, 그들의 종교를 사람들이 가져야만 한다(→cuius regio eius religio)는 것의 반대안에서

Cur Deus homo *lat.* , 왜 하나님이 인간이 되셨는가? 사죄/배상/보상/만족의 이론/교리(→Satisfaktionslehre)에 대한 캔터베리의 안셀름(Anselm v. Canterbury, †1109)의 하나의 글의 제목

Curriculum, *lat.* , 진행/경과/발전; 세워진 학습계획의 교육 목적과 교육 진전에 따른

Cursillo *portug.* , 작은 과정/강좌; 작은 과정의 일, 우선 카톨릭 교회의 기초 공동체(→Basisgemeinde)에서 실행/실시 되어지는 짤막한 신앙(교육)과정; 수년 이래로 공동체의 교육/구축(→Gemein- deaufbau)의 일의 형태

cursus horae diurnae→Hore

curvatus→incurvatus

custodes *lat.* , 파수꾼들; 덮개들/커버들, *span.* :제단에 내려드리운것/양탄자/커튼

custodia utriusque tabulae *lat.* , 두 율법 판의 준수; →cura religionis

cymbalum *lat.* , 심벌즈(두 둥근 판)/(템버린의) 징글

71

D

Dada, Didi *sanskr.*, 남성적, 여성적 힌두교의 도사의 제자

Dämon *gr.*, *daimon*, 본래적으로 하나의 비인격적인 힘/권세, 그리고나서 하나의 더욱 상세하게 알려지지 않은 신적 존재 및 개인적인 수호신, 역시 내적인 음성(daimonion, 소크라테스); 후에(신약성서시대) 신들과 인간들 사이에 서 있는 선하고 악한 영들<악령(인간과 신의 중간적 존재)>; **Dämonie**, 섬뜩한, 생을 장애하는 힘/권세<신들림/마귀와 같은 힘>; **dämonisch**, <거역할 수 없는 힘을 발휘하는/초자연적인/악마와 같은>; **Dämonologie**, 악마적인 권세들에 대한 가르침<악령학>

Dagoba, 불교(도)의 성유물함(→Reliquienschrein)<사리탑(舍利塔)>

Dakhmas *pers.*, 화형용 장작더미/화형장, 공중 매장/장례식을 위한 탑(새) -(거룩한) 요소들로서 불과 땅을 청결하게 보존하기 위하여<페르시아인들이 그들의 죽은 이들을 독수리들에게 먹이를 위하여 넘겨주는 곳인 침묵의 탑>

Dalai-Lama, 티베트-신정국가(→Lamaismus)의 지도자, 그에게 종교적인 범위에서 판트헨-라마(→Pantchen-Lama)가 같은 권리로 분류되어 진다; 보살(菩薩)(→Bodhisattva)로서 인정된다

Dalmatik, 카톨릭 부제(副祭)(→Diakon)의 위에 입는 옷, 역시 부제의 전례복 상의; →Tunizella

Damaskinen, 16-18세기로부터 종교적-신앙심을 일으키게 하는, 민족어적인 불가리아(풍)의 본문들, 그리스어 신학자인 다마스케누스 스투디테스(Damascenus Studites)에 따라 칭해졌고, 본래적으로 다분히 그의 글들을 포함한다

Damaskusschrift, ≪다마스쿠스(Damaskus) 땅에서 새 언약의 공동≫에 대한 쿰란(→Qumran)-에쎄네파(→Essener)의 글

damnamus *lat.*, 우리들은 비판/저주한다/유죄 판결을 내리다, 교회의 배척/비판/저주/추방의 상투어; →Anathema; **damnatio**, 유죄 선고/판결/저주

danse macabre→Totentanz<죽음의 무도/해골의 윤무>

Darbysmus, 교회적인 조직이 없이 성령에 의하여 이끌어졌던 형제들의, 영국 국교회의 성직자 다비(Darby, † 1882)에 의하여 설립된 공동체; 플리머스(Plymouth) 교우파의 운동으로부터 성장했고, 다비주의는 이들로부터 1831년 분리되었다

Darmstädter Erklärung, 1947년 8월 8일에 ≪우리 백성들의 정치적인 길을 위한 독일 복음 교회(→EKD)의 형제 협의회

의 말/발언≫, 그와 함께 그것은 제 3 제국의 교회 싸움(→Kirchenkampf)과 분열 후에 깊은 영향을 끼친 참회와 교회의 변화를 위하여 호소했다<다름슈탓트 선언>

Darwinismus, 찰스 로버트 다윈(Charles Robert Darwin, †1882)에 따른, 존재를 위한 논쟁과 함께 진화에서 단지 가장 적응력이 있는 것이 서서히 보급된다/정착한다는 이론(자연적인 도태=선택설); 비교, →Sozialdarwinismus

Datarie *lat.* , 주는 이들; 로마 교황청(→Kurie) 당국, 특전(교황이 법률상의 의무를 면제하는 은전의 행위)(성직록(→Pfründe)과 특권들)을 완수한다. 다타르에 의하여(**v. Datar**) 이끌어졌다

datio salis *lat.* , 소금의 제공/드림, 세례지원자(→Katechumene)- 수용과 함께 고대 교회의 관습/풍습

Davidsstern→Hexagramm

debitum *lat.* , 빚지고 있는 것/죄를 범하는 것<죄/과오>

Dechant→Dekan

Dechristianisierung, 1792-93년 급진화되어진 프랑스 혁명의 종교정책을 위한 묘사, 그것은 ≪이성의 예배≫위하여 기독교적인 전통의 폐지를 열망했다

decorum *lat.* , 알맞은 것/당연한 것; **d. pastorale(clericale),** 성직자(→Kleriker)들을 위하여 적합한 것/예의 범절에 맞는 것

Decretum *lat.* , 결정/결의, 결정/의결/표결/판결, 명제/교의(敎義)/교조(敎條); 공회의(→Konzil)-결정; 교황과 감독들의 입법의/입법권이 있는 명령/법령과 행정

명령; **d. absolutum,** 무조건적으로 유요한/타당한 결정(하나님의; 예정론(→Prädestination)에 대하여 - 칼뱅); **D. Gratiani,** 법자료와 함께 1140년경 수도사 그라티아누스(볼로냐 대학(Bologna)의 법학교수)에 의하여 집필된 교회법 교제, 규범에 맞는 법전<교회 법전>(→Corpus Iuris Canonici)의 첫 번째 부분; →Dekretalen

dedicatio *lat.* , 헌정(獻呈)/헌정의 말; **Dedikationsbild,** 증정자의 그림/화상, 설립 기금 헌납자의 묘사

Deesis, *gr.* , 부디/제발, 대신하여 기도하는 들어 올려진 손을 지닌 혹은 대신하여 기도하는 마리아와 요한과 함께 왕좌에 앉아계신 그리스도의 묘사/표현, 그들 사이에 그리스도는 세상의 통치자 혹은 재판관으로서 계신다

defectus *lat.* , 부족/결핍/결함; **d. justitiae originalis,** (인류의 타락 후/원죄에 따라) 본래의 공의의 결핍

Defensor fidei *lat.* , 믿음의 수호자/방어자/변호자(영국 왕의 명예 칭호/존칭); **D. pacis,** 평화의 수호자/방어자; 교회의 권력으로부터 국가 권력의 독립을 위한 파두아의 마르실리우스(Marsilius von Padua)의 논쟁문서/논박문서(1324)

Definition *lat.* , 경계 설정/구분/분리, (개념) 규정(規定)/정의(定義); kath. :구속력이 있는 교리/가르침/교훈 결정/결의<교황이나 공의회의 무오류 결정>; 하나의 수도회 관구(管區)의 부분; **definitiv**<결정적인/최종적인/확정적인>→diffinitiv; **Definitor, Diffinitor,** 하나의 수도원 관구

의 상부의 위원<수도원의 최고회의(기관)>; 하나의 수도회 관구(→Definition)의 대표/장; 수석 수사(→Dekan)의 보조원 그리고 대리인/대리자

Defixion *lat.* , 단단히 붙이기/고착시키기, 마술/마법 활용/관습:기록된 이름의 근절/폐기를 통하여(저주의 석판 혹은 적대자/반대자 [마술 인형]에 대한 하나의 모사/삽화에서) 이러한 관습 자체가 일어나야 한다<한 개인적인 적을 절멸하기 위한 시도, 그러는 동안에 사람들은 그의 상 [복수의 인형]이나 혹은 그의 기록되어진 이름을 바늘이나 혹은 못을 가지고 구멍을 뚫는다>

Degradation *lat.* , 신분법의 박탈/정지와 함께 한 성직자의 징벌성의 해고/면직<(카톨릭 성직자의) 성직 박탈/파면>

De'ifikation(*lat.* →*Deus*, 하나님), 현세의 거물/위인을 신으로 받들기<신격화(神格化)/우상화>; **dei gratia,** 하나님의 은혜로, 칭호 첨가물(5 세기 이래로 감독들, 카롤링 왕조 이래로 선제후들); **deipara** →theotokos; **Deismus,** 창조자로서의 하나님의 존재를 시인하는 견해/의견(특히 18세기에), 그러나 마치 한 시계의 기계 장치처럼 진행되는 세상되어가는 형편에서 뒤늦은 그의 서로 맞물림/연결/관여와 그리고 하나의 역사적인 계시를 거부하고 단지 자연적이거나 혹은 이성 종교이기를 원한다<(17-18 세기의 계몽주의의 신관(神觀)인) 자연신론/이신론(理神論)>

De'isidaimonie *gr.* , 신 경외/경건, 미신

Dekalog *gr.* , 열가지 말들; 십계명(출 20장; 신 5장 =윤리적인/도덕적인 십계명; 출 34장 =예배의/제식의 십계명)

Dekan, Dechant, (개신교의) 교구 감독/노회장(→Superintendent), 수석신부/감독/총회장(→Propst), 주임신부, 지역 목사, ref. :(특히 개신교의) 교회 감독/신학교교장(→Ephorus), gr. -orth. :수석 사제, 최고 신부, 최초의 사제/신부, 교회 행정 관할 구역의 책임자(대주교의 직[교구], 하나의 수도원의 책임자, 대성당/주교좌 성당 참사회(→Dom-Kapitel) 혹은 지역 참사회의 책임자; **Dekan** 역시:한 대학-학부의 업무 집행자

Dekapolis *gr.* , 동 요르단 땅에 열 개의 헬레니즘의 도시들의 동맹/연합(기원 전 63년부터 기원후 약 200년 경까지)

Dekretalen *lat.* , *MA*:교회의 징계 사례들에 대한 문의/조회에 교황들의 **결정들**; 교회법에 맞는 법에, 공의회의 결정들에 수용에 따른 교황의 칙서가 대등하게 놓여진다<교황의 교령>; **Dekretalist,** 중세의 카톨릭교회의 교회법 교사, 그는 그라티아누스 후의 교회법에 맞는(→kanonisch) 법을 읽었다; **Dekretist,** 교회법 교사, 그라티아누스의 교회법전(→Decretum Gratiani)의 주석[주해]자(그러나→Legisten)

Delphi, 아폴로의 신탁(神託)의 장소/도시

Dema-Gottheiten, 자연종교의 신들, 그들은 인간들에게 음식물로 그들의 육체와 피 등등을 주기 위하여 죽는 다(스스로 죽는다)

Demeritenhäuser *lat.* , *kath.* :죄를 범한 성직자들을 위한 감화원<성직자 징계소>

Demiurg *gr.*, 수공업자/장인(匠人), 영지주의적(→gnostisch) 이단자에 따라(2 세기 이래로):신약성서의 선하고 은혜로운 하나님과는 달리 [대조적으로] 악한(정당하게 보복하는) 세상 창조자(→Jahve) (; (특히 플라톤 철학에서) 세계의 창조자)

Denar 파운드(→Pfund)<고대 로마의 은화/페로빙거와 카롤링어 시대의 프랑켄의 은화>; **Denarius St. Petri** *lat.*, 교황에의 헌금, *MA*:자발적으로, 그리고나서 세금; 1860 년 새롭게 자발적으로

Denkschrift, 소 법정이나 혹은 위원회들에 의하여 사명/임무 안에서 완성되어졌던 그리고 독일 복음 교회(→EKD)의 위원회에 의하여 널리 알려졌던 현실성이 있는/최신의 사회 윤리적이고 정치적인 질문들을 위한 입장 표명; 1961년 이래 20이 넘는 그같은 입장표명(부분적으로 역시(전문가의) 소견/판정/의견서, 입장 표명,(개별 문제에 대한) 연구논문, 논제 등등으로서 묘사)<공적인 기관에 보내려고 작성한) 보고서, 답신서>

Denkzettel <메모/메모용 종잇조각/(유대인의) 부적>→Tefillim

Denomination *lat.*, *engl.*, 명명/명칭, 직제의 임명/추천; amerikan.:종교적인 단체/공동체<교파/교단>

Denzinger(/Schönmetzer), Enchiridion symbolorum, definitionum et declarationum de rebus fidei et morum(=신앙과 습관의 일들에 대한 신앙고백들, 개념 규정들 그리고 고지들의 원전자료집(原典資料集)/편람(便覽))을 위한 인용 칭호/표제, 하인리히 덴찡어(Heinrich Denzinger)에 의하여 편집되었고, 첫판이 1854년에, 1963년 32번째 판부터는 아돌프 쉔메쩌(Adolf Schönmetzer)에 의하여 편집되었고<, 1991년 37번째 판부터는 페테르 휘너르만(Peter Hünermann)에 의하여 편집되고 독일어로 번역 대조판으로 출판되고 있다>- 연대순의 배열안에서 카톨릭 교회의 교육적으로 중요한 증거 서류들의 최상으로 통용되는 모음집

Deo gratias (habeas 혹은 **habeo)** *lat.*, 고맙게도/아유 고마워 라!(→ite, missa est 에 대답); →Benedicamus Domino

deontologischer→Gottesbeweis<Deontologie, 의무론(義務論)>

Deo volente *lat.*, 하나님이 원하실 때에

depositio *lat.*, 매장/장례식; **d. martyrorum,** (달력(상)의) 순교자들의 목록/리스트; **Deposition,** 내려놓음/그만둠; *kath.*:한 성직자의 철회할 수 없는 벌로 해임/파면과 서품 자격(→Weihrecht)의 박탈; **depositum fidei,** 공탁한/기탁한 신앙의 재산; *kath.*:교회에 맡겨진 신앙 내용/요지 (비교, 딤전 6:20)

deprecatio *lat.*, 절박한/화급한/간절한/절실한 기원/청원/탄원과 속죄 기도; **deprekatorisch,** 대신하여 기도하는; **Deprekatur,** 교회(수도원 등등)에 증여(贈與)와 함께 수입/소득에서 수여자에 의하여 평생토록 결정되어진 권리

De profundis *lat.*, 주여, 당신을 항히여, 깊은 곳으로부터 내가 부르짖 나이다; 시 130:1

Dermung(*lat. terminare*<제 한/국 한 하다>,

축성(祝聖)하다, 바치다/헌사하다), 성별
(聖別)(식)<성 만찬 요소와 관련하여>
(→Konsekration)(Luther)

Derogation *lat.*, 하나의 법의 부분적으로 종
결/폐지/철폐(및 변화)<(법령의) 일부
폐지/부분적 폐지>; →Abrogation

Derwisch *pers.*, 거지/동냥아치, 이슬람교
의 가난하게 사는 승려류의 동료집단의
회원, 그 동료 집단들은 자극하는/흥분
시키는 기도/예배에서 암시적(→sugges-
tiv)인 수단/방법을 통하여 신과 영혼의
신비적(→mystisch)인 일체/연합을 열망
/노력 한다<회교 수도 단체의 승려
>(≪**Derwischtänze**≫<회교 수도 단체의
승려들의 춤>)

descensus ad inferos *lat.*, 지하 세계로, 지옥
으로, 그들의 나라로, 죽은 자들에게로
내려감; 4 세기에 교회의 신앙고백들로
받아들여졌다(비교, 벧전 3:19; 4:6)

De'servitenjahr *lat.*, 한 성직록(聖職
祿)(→Pfründe)-소유자의 상속인에게 귀
속되는 마지막 공직의 해의 결실들

desiderium naturale *lat.*, 자연적인 욕망/욕
구; Thomas v. Aquin(† 1274):인간의 영이
하나님의 명상과 신의 존재와 본질에
대한 인식 능력에 따른 노력을 위하여
창조되었다

Designation *lat.*, 기호/명칭/명명<지시/규정
/잠정적인 임명>; **designatus,** 일시적으
로/임시로 직제를 위하여 임명 되어진
자<임명되어 아직 취임하지 않은(자)/
예정된(자)>

Desservant *lat.*, *kath.*:일시적으로 하나의 주
임 신부의 직책을 수행하는 사제; →

Sukkursalpfarrer

destructio *lat.*, 허물기/파괴하기, 희생 제물
(→Opfer)과 함께 발생했던 물질의 파괴;
Destruktionstheorien, *kath.*:미사의 제물
[희생]/미사 성제(聖祭)에 대한 이론;
Ggs.:→Oblationstheorien

de tempore *lat.*, 시간에 따라, 교회력(→
Kirchenjahr)의 순서에 따라; **Detempore-
lied,** 일요일/주일 후에 선택되어진 주요
찬양

determinatio *lat.*, 결정/(개념)규정; **Deter-
minismus,** 인간의 의지가 완전히(이전
에-) 규정되었다는 견해/해석<결정론
/(자유의지를 부인하는) 제약론>; Ggs.
→Indeterminismus, →liberum arbitrium

deus *lat.*, 하나님/신; **d. absconditus,** 숨겨진
/숨어 계시는 하나님(사 45:15); *Luther*:불
신앙/회의는 십자가에서 달리신 이 안
에서 단지 하나님의 진노나 혹은 부재
(不在)를 확인하고, 믿음은 그(=십자가
에 달리신 이) 안에서 계시되어진 하나
님의 사랑의 증명/증거를 본다<계시에
도 불구하고 인지할 수 없는 신/하나님
>; **d. revelatus,** 계시되어진 하나님; **d. ex
machina,** 기계/비행기로부터의 신, 분쟁
/갈등들을 해결하기 위하여 그리스 연
극에서 무대를 위한/무대의 수단/방법
<(고대 극에서 크레인과 비슷한 비행기
를 타고 신들이 무대 위로 내려오는데
서 유래) 어려울 때 예기치 않게 적시에
나타나서 도와주는 구조자/뜻밖의 해결
자/기상신(機上神)>; 문제들이나 혹은
그것의 해결을 위한 비현실적인/실제하
지 않는 기대에 대하여 표면적인 논술

을 위한 현대적인/최신 유행하는 구호/
검색어; **deus sive natura** *lat.*, 하나님/신
혹은 자연, 유일하고 영원하고 끝없는/
무한한 존재(→Substanz)를 위하여 스피
노자(Spinoza)(✝1677)의 범신론화한 형
태
deutero- *gr.*, 제 2의/두 번째의; **Deutero-je-
saja,** 이사야 40장에서 55장까지의 알려
지지 않은 저자; **deuterokanonisch,** 그것
의 속하는 것이 성서의 경전(→Kan-on)
을 위하여 논쟁의 여지가 있는 글들<제
2의 경전의>; →Apokryphen; **Deu-
teronomium**(Dtn), 율법의 반복/되풀이,
모세의 다섯 번째 책/신명기, 17, 18 세기
에 히브리어 원문의 잘못 번역을 통하
여 이름들이 발생하였다(≪율법의 사
본≫); **deuteronomisch**(dt.); **deuterono-
mistisch**(es Geschichtswerk)(dtr., Dtr.), 신
명기부터 열왕기까지의 책들(여호수아
서부터 다른 견해/해석에 따라);
deuteropaulinisch, 추측컨대/아마도 가
짜 바울의 편지들(골로새서, 에베소
서)<가짜 바울적인>; **Deuterosacharja,**
스가랴 9장 - 14장, 알려지지 않은 기원/
유래의 부분
Deutsche Christen, 1932 년에 발생한 경향/
유파, 그것은 정치-종교적 동기들로부
터 국가사회주의자의/나치스의 세계관
을 독일 복음교회 안에서 권력을 위하
여 가져오기를 원했다(유대인 배척주
의/빈 유대 주의 [김 징](→Antisemitis-
mus), 지도자 원리, 구약을 배척/버리기,
하나님의 계시로서의 사건 [히틀러(Hi-
tler!)]); Ggs. :→Bekennende Kirche, →Bar-
men
Deutsche Evangelische Kirche (DEK), 독일
의 한 일치/단일 교회(의 시도)(1933년 7
월 11일); →Bruderräte
Deutscher Evangelischer Kirchenausschuß,
아이제나흐(→Eisenach) 회의로부터
1903년 발생한 독일의 모든 복음교회의
사업 공동체/연구회<독일 복음교회 위
원회>
Deutscher Evangelischer Kirchenbund, 독일
의 모든 각 주(州) 교회(1918년까지 각
주 관할하에 놓였음)의 제휴(1922), 독일
복음 교회 총회(1919/1921)(**Dtsch. Ev.
→Kirchentag**) 에 기반을 둔<독일 복음
교회 연합/동맹/연맹>
Deutsche Theologie (Theologia deutsch), 한 무
명의 프랑크푸르트의 사제의 글(1400
년경); 1516 년 그리고 1518 년 루터에 의
하여 새롭게 편집/출판되었다
Deutschherren, Deutsch(er→Ritter) **- orden,**
Domus S. Mariae Teutonicorum<(역자의
자구적 번역) 독일인들의 성 마리아 가
족 공동체>, 이는 12세기에(1198) 예루
살렘에서 성전기사단의 수사 규칙
(→Templerregel)에 따라 일어났다<(중세
의) 독일 기사 단원>
Deutschkatholiken, 19 세기에 교황권 지상
주의(→Ultramontanismus)에 대항한 운
동(합리주의적/이성에만 따르는(→ra-
tionalistisch)
Devolutionsrecht *lat.*, 진가(轉嫁)하기, 경우
따라서 하나의 다른(더욱 높은) 심급(審
級)에서 한 권리의 적법의/합법적인 이
행(移行), 대부분 한 교회의 직책의 수여

와 함께<권리의 이전/이행>; **Devolution-stheorie,** 주교제도의 의견/견해/개념, 정신적 질문/문제 안에서 감독의 권리가 그와 함께 그들의 자연적인 권리들을 위하여 계산함이 없이 종교개혁과 함께 개신교의 군주에게 넘어갔다<감독의 권리 이전 이론>; Ggs. →Restitutionstheorie

devot *lat.*, 신앙심이 깊은/경건한; 겸손한/비굴한; **devotio,** (하나님에 맞서서) 순종/복종/헌신; **D. Moderna,** 공동의 삶의 형제들(**Brüdern vom gemeinsamen Leben (Fraterherren)**)에 의하여 15세기에 설립되어진 사랑의 정신 안에서 하나님의 진실한 애정의 깊은 신앙/경건<하나의 독일 신비주의에 유사한 14-16세기에 종교적인/신앙심이 깊은 개혁운동>; **Devotionalien** *lat.*, *kath.* : 마치 로사리오/묵주(→Rosenkranz), 성인(聖人) 상 등등처럼 경건한 물체/사물<성물>; **Devotionsbeichte,** 경건한 마음의 참회/고해, *kath.* : 용서할 수 있는 죄들의 고백/참회, 단지 성직자들과 수도원-일원/구성원들을 위한; **Devotionsfest→** Ideenfest

Dharma *ind.* ; 대승(大乘) 불교(→Mahayana)에서 : 불타(佛陀)/석가의 실제적이고 이론적인 가르침/교훈 및 그것의 불멸의 현실성; 소승(小乘) 불교(→Hinayana)에서 : 경험적인(→empirisch) 현실성의 일반적이고 최종적이고 분해할 수 없는 요소들; 자이나교(→Dschinismus)에서 : 역동의/활력 있는 사건/과정을 불러일으키는 본질

Dhyanamarga→Bhakti

diabolos *gr.*, 불화자/다투는 자, 비방/중상/자, 악마/마귀/사탄; **diabolisch,** 악마의/악마 같은/흉악한/극악한

Diakon(isse) *gr.*, 고용인/(여)종; 고대 교회에서 특별히 빈민구제를 위하여, 7의 수(행 6:3에 따라) 곳곳에 일찍이 구속력 있는 규칙으로서 이해되었다; 카톨릭 교회의 성직 계급(→Hierarchie) 안에서 사제 아래 등급(그러나→Archid., →Kardinald., →Subd.), 비슷하게 영국 국교회의(성직 계급); ev. -luth. : 교회(≪공동체 보조원≫[그러나→Gemeindehelferinnen] 그리고≪후생 복지사업에 종사하는 여자 봉사 요원≫)와 국내 전도에서(그리스도 교회의) 형제의 집들에서 및 선교 사회 봉사원의 본부들에서 교육받은 남자와 여자 협력자<[신교:] 부목사/집사/[카톨릭, 정교회, 영국 국교회:] 부제>; 개혁 교회의 **Diakonat**는 공동체에서 가난한 자들과 병자들을 보호하기 위하여 임시 간호사로 구성되어 있다<부목사/부제의 직책/간호 봉사>; **Diakonenbeichte,** *kath.* : 완전한 고해 성사(→Bußsakrament)가 없이(4세기 이래로) 집사/부제(→Diakonen) 앞에서 긴급한 참회/고백; **Diakonie,** 기독교회의 정돈된 자선 봉사 및 교회의 조직되어진 사회사업/사회복지 관련 사업<구제사업>; **politische Diakonie,** 사회에 대한 교회의 봉사를 위한 묘사(사회적인, 사회 복지의 구제 사업); 특별히 기독교 통합/일치운동(→Ökumene)에서 널리퍼진 개념; **Diakonik,** 구제 사업 학/디아코니 학; **Di-**

akonikon, *gr. -orth.* :(그리스 정교교회의) 제단실과 교구실 사이의(문이 3개 달린) 성화벽(聖畵壁)(→Ikonostase) 안에 남쪽 문 뒤에 제의실(祭衣室)<(초대 기독교 와 정교회의) 제의실/성구실>; →Parakonikon; **Diakonisches Gebet**<구제 사업의 기도>, →Fürbittengebet<간청/도 고의 기도>; **Diakonisches Jahr,** 자유 의 지의/자발적인, 시간적으로 한정된/제 약이 있는 노동력 배치/투입은 대부분 구제 사업의 기관에서 청소년기의(노 동력 배치); **Diakonisches Werk**, 구제 사 업의 독일 복음교회 기관의 상부 조직 [단체]; 1957년에 독일 복음교회의 구호 [구조] 사업(회)(1945년 설립)와 국내 전 도(→missio)의 연합/합병을 통하여 설립 되었다; 여섯 자유로운 복지 사업 단체 (→Wohlfahrtsverband)들 중의 하나; **Di-akonus**<신교의 보조 목사>→Pastor diac(onus)

Dialektik (*gr.* 대화하다/상담하다), 담화/의 논/상담과 논증/증명의 예술/재능/기법; (헤겔(Hegel)의) 현대의 변증법은 하나 의 새로운 논제를 위한 합(合)(→Syn-these)에 이르도록 하기 위하여 정립(定 立)/테제/정(正)과 반(대)명제/반정립 (→Antithese)을 제시/확정한다(≪**Drei-schritt**≫<세 걸음/조치>; →Idealismus); **Dialektischer Materialismus,** 막스(Marx) 와 엥겔스(Engels)에 의하여 기초되었 고, 레닌(Lenin)에 의히여 개선/발전되었 다:철학적인 토대에 근거를 두고 있는 (학문), 관념론(→Idealismus)과는 달리/ 대조적으로 사회적인 존재에 대한 의식

의 종속/예속을 자연과 사회 안에서 일 반적인 운동 법칙과 발전 법칙에 의하 여 대변하는 학문<변증법적 유물론>; **Dialektische Theologie,** 제1차 세계대전 후 신학적인 경향/유파, 고가르텐(F. Gogarten)(✝1967)과 브룬너(E. Brunner) (✝1966)와 마찬가지로 바르트(K. Barth)(✝1968), 불트만(R. Bultmann)(✝ 1976)에 의하여 대변되고, 후에 독일 복 음교회의 다른 경향이 바르트에 의하여 대변 되어졌다(잡지 ≪Zwischen den Zeiten≫<시간들 사이에서>, 1933년까 지). 그것이 한편으로는 피안(지향)성과 하나님의 주권 그리고 그의 계시 그리 고 또 다른 한편으로는 현세주의와 모 든 내면적인 세계-인간적인 것의 상대 성(→Relativität)(문화적 개신교에 대항 하여(→Kulturprotestantismus)) 사이의 변 증법적인 긴장(Barth:≪위로부터의 수 직의(senkrecht von oben)≫)을 강조한다. 인간들은 본래적으로 하나님에 대하여 말하기를 좋아할 수가 없다(→finitum non capax infiniti); 그의 말/의견은 단지 ≪하나님의 계시에대한 증언/증거≫일 수 있다(Barth). 계시와 신앙은 모든 역 사적 인식과 종교적 경험을 초월한다 (→transzendieren); 하나님은 그리스도 (→Christus)안에서 ≪온전히 다른이/절 대 타자≫로서 계시하셨다. 바르트는 바르멘(→Barmen)과 그리스도교의 평 화 운동(→Friedensbewegung)에서 그의 그리스도 중심(→christozentrisch)의 시작 /발단을 통하여(영향, 결과 따위를) 미치 게 했다; 불트만은 신약성서 해석학

(→Hermeneutik)의 탈 신 화 화 (脫 神 話 化)(→Entmythologisierung)의 강령을 가지고 새로운 충격/동기를 부여했다

Dialog *gr.*, 대화/대담/문답; **dialogisch,** 회화체/대화 형식 안에서<회화체의>; **Dialogische Philosophie und Theologie** <대화체의 철학과 신학>, **Dialogismus** <대화형묘사/자문자답>, 인간의 인격/개인 존재를 위하여 나-당신-묘사(Ich-Du-Beziechnug)가 우선한다는 견해/해석을 대변한다(무엇보다도 마르틴 부버(M. Buber), † 1965)

diaphane Wand *gr.*, 고딕양식(→Gotik)에서 빛이 통과하는/반투명의/투명한, 작은 구멍이 있는 벽

Diaspora, *gr.*, (군중들을) 쫓아 흩뜨리는 것/분산(시키기); 팔레스틴밖에 사는 유대인들; 대체로 신앙을 달리하는 사람들 아래서 사는 한 종파(→Konfession)의 구성원

Diastase *gr.*, 비켜/물러/서기/떨어져서기<간격/쪼개는 일/분열>

Diatessaron *gr.*, *4*를 통하여; 화음/조화/화합; 시리아인 타티아누스(Tatianus)의 공관(共觀)4복음서(4복음서를 비교하여 쓴 예수전)/종합 복음서/복음서 총합(170년경)

Diatheke→Testament

diatonisch<전음계적인>→Kirchentonarten

Diatribe *gr.*, 대화/대담/문답; 스토아 학파(→Stoa)(그리고 바울의 편지들):대중적인 대화체의(→dialogisch) 논술/논문<학술적 논박문/비판문>

Dichotomie *gr.*, *2* 등분(육체와 영혼); →Trichotomie

dicta probantia *lat.*, 증명하는/입증하는 진술/판단//증언(orth.:성서의)

Didache *gr.*, 교훈/가르침; 100 - 130년 경 시리아에서 작성된 교회의 규율/전례(典禮), ≪12 사도의 교훈≫

Didaskalia *gr.*, 교훈/가르침; 3 세기의 교회의 규율/전례

Dienste in Übersee(DÜ), 이는 ≪독일에서 복음교회의 공동 연구그룹[팀]/사업단체≫로서 독일 복음교회(→EKD)와 몇몇 자유교회(→Freikirche)들의 내부에 다양한 기관/설비들을 개발 도상국 자원 봉사(개발 도상국의 건설 작업을 돕는 조직화된 자원 봉사) 안에서 전문인 력들의 중개/중재/조정을 위하여 합병[결합] 하였다(1960 년에 창설되었다)

dies indulgentiae *lat.*, 면죄/속죄(→Ablaß)의 날 혹은 **d. mandati,** 계명/율법의 날(요 13:34) 혹은 **viridium** 정원/뜰의 날, 성 목요일(부활절 전의 목요일)(→**Gründonnerstag**); **d. irae,** 진노의 날; 중세의 예배식에서 부르는 찬송가(kath.:장례 미사 (→Requie)에서 1970년 예배식의 개혁까지)

diffinitiv *lat.*, *scholast.*:각각의 처소에서 정신적인 위대성의 온전한 현존(육체 내에서 영혼; 성만찬에서 그리스도의 몸); →repletiv

Dignitar *lat.*, 한 규법적인/교회법에 맞는 (→kanonisch) 존엄성의 소유자/운반자, 대성당/주교과 성당(→Dom)에서 부재 중인 감독의 예배식의 대변자<카톨릭 교회의) 고위 성직자>; **Dignität,** 판결/재판권/교구 관할권(→Jurisdiktion)과 함께

본래의 이름 안에서 결합되는 교회의 직책<품위/고위 성직자(의 존엄)>

dikaiosyne *gr.* , (하나님의, 롬 3:21-) 정의/정당성/공명정대→justitia

Dikasterium *gr.* , 법 정 /법 원 , 교 황 청 (→Kurie)의(재판의) 심급(審級)의 총괄하는 묘사

Dimissoriale, literae dimissoriae *lat.* , 제대/석방/증명서; 한 성직자의 공적인/직무상의 설명/해명/통지/선언, 그것은 하나의 그의 권한에 속한 직무상의 행위를 다른 이에게 넘겨준다

Ding an sich→noumenon

Diözese *gr.* , *dioikesis*, ((카톨릭의) 대)주교 (→(Erz)Bischof) 혹은 대교구 수석 사제 (→Dekan)(그러나→Stift)의 정신적인 행정/관리의 묘사<주교의 교구> ; **Diözesan,** 한 주교의 교구의 교회의 구성원<교구 주민>; **Diözesangericht,** 한 주교의 교구의 교회의 징계 법원 [위원회]; **Diözesankalender,** 전형적인/고유의 순교자(→Martyrer)들과 성자(→Heilige)들의 축제를 지닌 주교 교구의 축제 달력; →Direktorium; **Diözesansynode,** 감 독 (→Bischof)의 사회 아래 한 주교 교구의 회의(→Synode)

dionysisch, 디오니소스(**Dionysos**)(*lat.* Bacchus [포도주와 다산의 신]) 신의 숭배에 속하는<디오니소스 신의>; 마음으로/정신적으로 취한 것 같이 움직인다<도취직인/황홀한>, Ggs. →apollinisch

Dioskuren *gr.* , 카스토르(Kastor)와 폴룩스 (Pollux(Polydeukes)), 제우스의 쌍둥이 아들들, 항해의 보호자/수호자(행 28:11)<막역한 친구/죽마고우>

Diptychon *gr.* , (고대의) 둘로 접혀진/겹쳐진 서판(書板); 미사의 제물[희생](→Opfer) 후에 읽기 위한 세례를 받은 자들의 리스트/명부; 접을 수 있는 두면의 제단(祭壇)(화)(≪양익(兩翼) 제단≫; →Triptychon)

Direktorium *lat.* , *kath.* :예 배 식 의 (→liturgisch) 지시/안내서/지침서를 가진 연간으로 주교의 교구의 구성원(→Diözesan)- 혹은 수도원의 차원에서 발행하는 교회 직책의 달력<이사회/운영 위원회//기도(안내)서>

Disciples of Christ *engl.* , 그리스도의 제자들, 미국의 침례교의(→baptistisch) 집단 (1809년 이래로), 그들은 성서를 위하여 그리고 기독교의 일치를 원하여 모든 신앙고백들을 단념하였다

disciplina ecclesiae *lat.* , 교회의 교육/훈육; 교회의 공동체 생활의 질서와 관계가 있는 법(률) 규범들의 전체/총체; →Kirchenordnung, →Kirchenzucht, →Lebensordnung

Disen, 북 유럽 종교의 여성적인 수호신

Dis'establishment *engl.* , (교회의) 민간 이양/비국유화

Diskalzeaten *lat.* , 신을 신지 않은 이들, **Barfüßer,** 신/신발의 착용(부분적으로 외부의 샌들)을 금지하는 수도회 (→Orden)<(성 프란치스쿠스파나 카프티누스파와 같이) 맨빌로 다니는 수도사>; Ggs. :→Kalzeaten

diskursiv *lat.* , (사고/생각) 단독적인 기록/문서 안에서 **차례로/잇달아**<추론적인/

논증적인>; Ggs. : →intuitiv, →meditativ

Dis'membratio *lat.*, 한 교회의 장소의(부분의) 하나의 구성원의 분리/분할, 추방하기/전출하기

Dispens *lat.*, 면제, 카톨릭 교회의 교회법: 사면(赦免), 하나의 약속/맹세 혹은 하나의 권리/자격 방해로부터 해방/면제의 허용/수여

dispositio ad justificationem, *kath.*, *scholast.* :(하나님에 의하여 지지되어지는 이들, →gratia praeveniens) 정당성/정당함의 증명을 위하여 인간의 준비; →facere quod in se est<(인간은) 그안에 있는 것/그가 원하는 것을 행해야(만 한다)>

Disputa, *kunstgesch.* :성만찬(→Eucharistie)의 비밀에 대한 교부들(→Kirchenväter)의 담화/상의; **Disputation** *lat.*, 학문적인 논쟁

Dissenters(*lat.*), *engl.*, 의견을 달리하는 자들; 영국 국교회(→anglikanisch)와 함께 의견이 일치되지 않는 이들<(영국에서) 성공회를 믿지 않는 신자/비국교도>(→Presbyterianer, →Baptisten, →Methodisten 등등)

Dissidenten *lat.*, 나누어진 자들/떨어져 나간 자들, 그들은 교회에 속하지 않는다; 의견을 달리하는 자들<교회 탈퇴자/무교인/자유 사상가>

distincte *lat.*, 명백히 구별된; **distinctio,** 구별/식별/판별; 한 스콜라 철학의 대전(大典)(→Summa)안에서 질문(→quaestio)들의 종속(從屬); **d. rationis ratiocinatae,** *scholast.* :사상적인/지적인, 그러나 개관적으로 근거/이유가 제시된 구별/판별;

d. rationis ratiocinantis, 단지 주관적으로 판단하는 사고/생각을 위하여 존재하는 구별/판별

Distribution *lat.*, 분배/시여(施與); →Spendeformel

Disziplin *lat.*, 수업/학과, 연구와 가르침에서 주전공/주요 과목<규율/단련/극기//학과/학문의 한 분야>; **theol. D. en,** →exeget. →hist. :구약, 신약, 교회사; 조직적인 신학/조직신학, 실천적인 신학/실천신학

Ditheismus *gr.*, 두 신적 존재들을 믿음(대부분 남성적으로 그리고 여성적으로)

Dittographie *gr.*, 하나의 철자나 혹은 단어의(무심코 저질러버린) 반복 쓰기; Ggs. : →Haplographie

Dives in misericordia *lat.*, 자비/자선/긍휼에 풍성한/풍부한, 엡 2:4에 따른 하나님(에 대한) 술어(述語)

Divination *lat.*, 숨겨진(미래의) 일들의 예감/예상/(직관적인) 지식, 점/예언/예언적 발언; **divinatorisch,** 예감의 재능에 근거를 두고 있는<예언의 재능이 있는>

divus *lat.*, 신의/성스러운/(이교(異教)의) 신에 어울리는/신과 같은, 로마 황제의 칭호; mtl. :성자들을 위한 묘사(Divus Thomas)

docta ignorantia *lat.*, 배움[학식]이 있는/학술[학문]적인 무지/무식, 아우구스티누스(Augustin, † 430):하나님에 관한 모든 인간적인 지식의 부족/불충분을 위하여 쿠에스의 니콜라우스(Nikolaus von Kues)((글) de d.i., 1440); **doctor** *lat.*, 배움[학식]이 있는자, 교사/선생/스승; **D. an-**

gelicus 혹은 **D. communis,** 천사와 같은, 일반적인/전체의(스승)(아크뷔노의 토마스(Thomas von Aquino), † 1274); **D. christianissimus,** 가장 그리스도교적인/가장 신앙이 깊은(스승)(제르송(Gerson), † 1429); **D. ecclesiae,** (기독교 초기의) 교부(敎父)/신학자/교회의 스승, 공적[공로]가 있는 신학자들의 칭호/경칭/존칭; (1300 년 이래로) **D. honoris causa**(h. c.), 명예를 위하여<명예 스승/박사>; **D. invincibilis,** 정복[격파]될 수 없는/무적의 (스승)(오 컴 (Occam), † 1347); **D. irrefragabilis,** 깨뜨릴 수 없는(스승)(하레스의 알렉산더 (Alexander v. Hales), † 1245); **D. melifluus,** 꿀 같이 흐르는/유창한(스승)(클레르보의 베르나르(Bernhard v. Clairvaux), † 1153); **D. mirabilis** 혹은 **profundus,** 경탄할 만한/찬미할 만한/훌륭한(스승), 심오한(스승)(로저 베이컨(Roger Bacon), † 1292); **D. modernus** 혹은 **resolutissimus<,** 현대의(스승), 가장 제약[속박]받지 않는(스승)>(빌헤름 두란두스(Wilhelm Durandus), † 1334); **D. →seraphicus<,** 맑은/스랍같은/천사같은 (스승)>(보 나 벤 투 라 (Bonaventura), † 1274); **D. sol(l)emnis,** 고명한/장중한/장엄한/위압감을 주는(스승)(겐트의 하인리히(Heinrich v. Gent), † 1293); **D. subtilis,** 정교하게/빈틈없이 구별/식별하는 (스승)(둔스 스코투스(Duns Scotus), † 1308); **D. universalis,** 모든 것을 통치/억제하는/제압하는(스승)(알베르투스 마그누스(Albertus Magnus), † 1280)

doctrina evangelii *lat.,* 복음의(가르침/교훈)

전도/설교/고지(告知)

Dodekalog *gr.,* *12* 계명(신 27:15-26)

Dodeka'propheton *gr.,* *12* 예언서, ≪12 소예언서들≫(호세아에서 말라기까지)

Dogma, *Plr.* **Dogmen** *gr.,* 생각/견해, 법령/규정/처리, 명제/정리(定理)/교의(敎義), 종파적인/신앙상의(→konfessionell) 구속력이 있는 신앙 진술/증언/발언; **dogma de fide** *lat.,* *kath.* :(교 회 의 교사의 직 (→Lehramt)을 통하여) 믿음을 위하여 제시되어진 교의; →fides explicita; **Dogmatik,** 교의(론)/교리의 학문적인 표현/진술<교의학/교리론>; **dogmatisch**<교의학적인/독단적인>; **dogmatische Interpretation,** 본[원]문의 설명/해석, 그것은 스스로 교의(→Dogma)에 의하여 이끌어지고 그리고 단지 본문 안에서 확인 확증을 찾는다<교의학적인 해석>; **Dogmatismus,** 원칙/신조/주의(主義)에 대하여 비판력이 없는/무비판의 받아들이기/수용 그리고 속좁은/관대하지 않은 옹호/변호/주장<독단론/교조(敎條)주의>; **Dogmengeschichte,** 교회의 교의/교리의 발달/발전의 경과/진행; →Theologiegeschichte

Doketismus, *v. gr. dokein,* 생각하다/의견을 표현하려 하다, 빛나다/… 처럼 보이다/여겨지다, 영지주의적(→gnostisch)인 가르침, 그것은 단지 그리스도를 하나의 가짜 몸으로 간주했다<가현론(그리스도의 육신과 십자가싱의 죽음을 부정하는 초대 기독교의 이단 교리)>; **doketisch**<외관에 의존하는/가현적인>

Dom (*v. lat. domus dei,* 하나님의) 집, 주교좌

성당/대성당(**Kathedrale**), 수석 감독 (→erzbischöflich)의 본당/주교가 있는 성당/총 본산; **Dom**→**kapitel,** 한 대성당의 성직자들의 동료전체<주교좌 성당의 참사회 >(**Domherren, Domkapitulare,** →**Kanoniker**<주교좌 대성당의 참사회 원>), *kath.* :대부분 여러방면에 미치는/광범위한 임무들을 맡겼다; **Dompropst**<주교좌 성당의 참사회 회장>→ Propst

Dom (*v. lat. dominus,* 주), 프랑스와 벨기에에서 비 탁발 수도회의 사제를 위한 칭호; 감독들을 위하여 포르투갈어 사용에서

Dominante *lat.* , 지배하는 자들/통치권을 가지고 있는 자들<지배적인 특징>; 기본음/제5음에서 얻어진 삼화음 장조; 낭독음/낭송음(→Rezitationston); **dominica(dies),** 주의(날), 일요일; **d. in albis,** 흰 [의복들] 안에서 주의(날), altkirchl. : 축제에서 세례받은 이들이 최종적으로 그들의 흰 세례복을 그날에 입는 부활절 후에 주일/일요일(**Weißer Sonntag**)<백의(白依)의 주일(부활절 뒤의 첫 일요일)>; **Dominicale,** 주일을 위한 예배식의 찬송가집/성가집(1614); **Dominicum,** 주의 기도(→Paternoster); 주의 날; 교회 재산

Domini canes, 주님의 개들, 이단자들의 추적자/박해자로서 도미니쿠스회 수도사(→Dominikaner)들

Dominikanerorden(OP), Ordo Fratrum Praedicatorum *lat.* , 설교자-형제들의 수도회, 도미니쿠스(Dominikus)에 의하여 1216년에 목회(牧會)와 설교를 위하여 설립된 탁발 수도회(→Bettelorden), 그릇된 교리/유설(→Katharer<순결파 신자들(이단이라고 지목되는 중세의 기독교의 일파)>)에 대항한 싸움과 함께 관계가 있다(설교, 신학, 종교재판(→Inquisition)을 통하여); **Dominikane rinnen**(OSD), Ordo Sancti Dominici<도미니쿠스회 수녀들>

dominium *lat.* , 주권/지배(권); 카톨릭 교회의 도덕/윤리 신학:(영토의) 소유권/영토 주권

Dominus ac redemptor noster *lat.* , 우리들의 주와 구세주, 교황의 소교서(小教書)(→Breve)<Bulle보다는 약식의 것>의 시작, 교황 클레멘스(Clemens) 14세가 그와 함께 1773년에(일시적으로) 예수회(1534년 로이오라의 이그나티우스(Ignatius von Loyola)가 설립한 교단(SJ =Societas Jesu))를 폐지했었다

dominus vobiscum *lat.* , 주님이 여러분들과 함께 계시기를!

domus dei→Dom

dona eis requiem sempiternam *lat.* , 그들에게 영원한 휴식/평온을 주소서!, 장례미사에서 하나님의 어린양(→Agnus Dei)의 종결/말미/마지막 부분

Donatio Constantini *lat.* , **Konstantinische Schenkung**<콘스탄티누스의 증여(贈與)>, 위조되어진/변조되어진(법률상의 효력이 있는) 문서/증명서(약 750년경), 그것에 따르면 콘스탄티누스 대제(† 337)가 교황 등등에게 서양에 대한 주권/지배(권)을 수여[양도]하였다

Donatismus, 카르타고의 도나투스(Dona-

tus von Karthago) 감독의 경향/유파(316
년 이래로), 그는 대 교회(Großkirche)와
대조적으로 성례전(→Sakrament)의 적
[합]법/유효/효력/구속력을 시여자/수여
자의 개인적인 거룩함/신성함에 의존/
좌우되도록 만들었다<4세기에서 7세
기까지 북아프리카에서 발달한 교회
(운동)>

donum *lat.*, 선물/(천부적인) 재능, 기증품;
d. perseverantiae, 믿음에서 고집/지속/
인내의(선택되어진 이들에게 하나님
의) 선물; **d. superadditum,** 그것을 넘어
서 주어지는 선물, *scholast.*:타락 앞에서
인간들의 초자연적으로 신적인 은혜/은
총의 힘

Dordrechter Synode, 개혁 교회의 회의
(→Synode)(1618/19), 그 회의에서 아르미
니우스 주의(→Arminianismus)가 거부되
어졌고 그리고 칼뱅의 예정설(→Prädes-
tinationslehre)이 지지되었다

dorisch, 첫번째 교회의 선법(旋法)/음계(音
階):D-a-d<도리스(사람)의/도리스풍[식]
의>

Dormitio Virginis *lat.*, (예루살렘에서 시온
교회(Zionskirche) 옆에) 마리아의(표면
상의/소위) 상가; **dormitorium,** 수도원에
서 공동 침실</수도사들의 독방이 있는
수도원의 한 건물>

dorsale *lat.*, (교회 제단실(祭壇室)의 성직
자석(→Chorstühlen)에) 등받이

Dotation *lat.*, (헌 제단/기 부, 성직록
(→Pfründe)의) 증여/공급하기

do ut des *lat.*, 내가 주고, 그와 함께 당신이
준다(소박한/어리석은 제물/헌신 이해

를 위하여)

doxa *gr.*, *hbr. kabod*, 광채/화려함/영광, 영화
(하나님의:권세를 가지고 결합되어졌
다), 존경/명망/명성, 명예

doxale *lat.*, (교회내의) 성직자석의 등받이
(→dorsale), 뒷 벽/후 벽, 강론대/성서대
(臺)(→Lettner); 파이프 오르간 설치층/
합창대석

Doxologie (v. →doxa), 예배식의 찬미/찬양
(양식/상투어/공식)(롬 11:36)<찬미가/영
송(榮頌)>; **D. major u. minor**<크고 작은
찬미가>→Gloria; **doxologisch** 찬미/찬양
으로서 모양이 만들어진/형성되어진;
Doxophanie, 하나님의 영광의 계시/현
현

Doyen<외교단 수석/한 집단의 최고 연장
자>→Nuntius

Drachme<드라크마 은화>→Schekel

Dragonaden, (프랑스) 루이 14세가 그들의
카톨릭으로의 개종을 성취하기 위하여
프로테스탄트[개신교]와 함께 용기병
(龍騎兵)들의 숙영을 명했다

Dreieinigkeit, -faltigkeit<삼위일체>→Trini-
tät

Dreischritt<세 걸음/조치/단계>→Dialektik

Dreiständelehre, <세 가지 상황/상태/신분/
계층/계급> 플라톤(Platon)과 관련하여<
플라톤은 국가가 세 신분들로 구분:통
치 신분(교원 신분(Lehrstand) - 철학자
들); 수호자의 신분(군인 신분(Wehr-
stand)), 다른 시민 신분(생산 신분(노동
자와 농민, Nährstand))>→status ecclesias-
ticus, →status oeconomicus, →status politi-
cus

Drittorden→Tertiarier

Drudenfuß<(문지방 따위에 그려놓는 마귀를 쫓는 [액막이]) 별모양의 부적>→Pentagramm

druhtin *germ.*, 영주/군주(그리스도에 전용한다)

Druiden, 상류계급의 가정으로부터 보충되는, 확고하게 조직되어진 켈트족의 사제

Druj, 페르시아 종교의 악마와 같은/악마적인, 허위의/허구의 권세/힘

Dryaden, Hamadryaden *gr.*, 여성적인 나무의 정령(精靈)</숲의 요정(妖精)>

Dschihad *arab.*, (이슬람교의 확장을 위하여) 성전(聖戰)<지하드>

Dschinismus, Dschainismus *ind.*, 그것의 창시자/설립자 바르다마나 마하비라 (Vardhamana Mahavira)(기원전 † 467)의 명예 칭호/존칭≪지나(Dschina)/자이≫에 따라 명명된 인도의 종교단체, 그것은 강력한 금욕(禁慾)/고행(→Askese)(→Ahimsa)을 통하여 재생/윤회(輪廻)(→Wiedergeburt)의 순환/회전으로부터 해방/구출을 실현하기위하여 추구한다

Dschinnen *arab.*, 회교 민간 신앙의 악령[악마]<진>

Dualismus *lat.*, 두 일치할[조화될] 수 없는 원리들 혹은 세상의 원동력/근본세력을 믿음(영혼 - 육체; 율법의 하나님 - 사랑의 하나님 [→Gnosis]); 현대 철학에서 특별히 데카르트주의(→Cartesianismus)에 의하여 대변되었다; <이원성/대립성/이원론(二元論); > Ggs. →Monismus

Duchobor(z)en *russ.*, 영적 투사/전사; 러시아의 이단(18 세기)

ductus *lat.*, (이끌기/지도하기) 향로(香爐)의 흔들기

Dulie *gr.*, *lat. veneratio, kath.* :(성자들의) 예배식의/제식의 존경/숭배<성인숭경>; →adoratio, →Hyperdulie, →latreia

Dunkelmännerbriefe<반계몽주의자/무지몽매한 사람의 글들/편지들>→Epistolae virorum obscurorum

Dynamismus, Präanimismus, 신비가 가득찬 권세들로부터 모든 사건들/과정들의 설명/해석/진술(그러나→Animismus), 종교의 전단계<동력론/다이너미즘/(민속학의) 물활론(物活論); **Dynamistischer**→**Monarchianismus,** 하나님이 단독통치자/독재자이신 동안에 신적인 권세들을 갖추고 있는 한 인간으로서 그리스도를 판단/평가(2 세기)<역동적 단일신론>; →Adoptianismus

Dyo'physitismus *gr.*, 두(신적이고 인간적인) 본성들과 그리스도의 인격에 그것들의 일치/연합에 대한 교훈/가르침/교리 (Ggs. →Monophysitismus); **dyophysitisch**<그리스도의 양성론의/그리스도의 양성론을 추종[신봉]하는>

Dyo'theletismus *gr.*, 그리스도가 그의 양성론에 적합하게 두 의지를 갖는다는 가르침/교훈; Ggs. →Monotheletismus

E

Ea, 수메르-바벨론의 물의 깊이/수심의 신

ebed Jahve *hbr.* , 하나님의 종, 제 2 이사야 (→Deuterojesaja)에서 노래들의 다양하게 해석되어진 형태(사 41:1-; 49:1-; 50:4-; 52:13-)

Eben'ezer *hbr.* , (하나님의) 도움의(기념비의) 돌, 삼상 4:1

Ebjoniten *hbr.* , 가난한 사람들/빈민자들, (마 5:3 에 따라) 팔레스타인 유대 그리스도인들의(→judenchristlich) 집단의 자기 묘사(1 - 2 세기)

ecce homo *lat.* , 한/이 사람을 보라!(요 19:5); 예술에서 고난 당하는 그리스도의 묘사, 특별히 가시 면류관을 쓰신 머리의 (묘사)<가시 면류관을 쓴 그리스도의 화상(畵像)>

ecclesia *gr.* , *hbr.* →**kahal,** 모집/집합/집회/회의, 공동체(→Koinonia), 교회; **e. abscondita,** 숨겨진 교회, 지상에서 진실한/참된 교회, 누가 그것에 속했는지 오직 하나님만 아신다; **e. late(large) dicta,** 넓은 의미에서의 교회(=모든 세례 받은자들 및 ≪초청된 사람들≫); **e. militans,** <(세상에서)>(복음(→Evangelium)을 위하여) 싸우는 교회<[현세의 신자들]>; **e. patiens,** 고난/고통받는 교회; *kath.* : 연옥(煉獄)/정죄(淨罪)의 불길(Fegfeuer→Purgatorium)에서 교회의 일원/구성원<[연옥의 영혼들]>; **e. proprie dicta,** 고유의 의미 안에서 교회, 오용/악용을 그만두는; **e. repraesen- tativa,** 교회의 전권이 주어진 대변자/대리인/대표으로서 교회 직책들의 소유자들; **e. semper reformanda,** 교회는 끊임없이 개혁되어져야만 한다; **e. spiritualis,** 영적인 교회, 정신적/영혼의 공동체; **e. stricte dicta,** 밀접한/친밀한 의미에서의 교회(≪선택되어진 사람들≫); **e. synthetica,** 더욱더 그리고 덜 믿는 이들로부터 결합되어지는 모든 세례받은 자들의 교회; **e. triumphans,** 하나님과 함께 대승을 거두는/개가를 부르는 교회(→Eschatologie)<승리의 교회/완성의 교회 [천국의 성인들]>; **e. universalis - e. parti-cularis,** 보편적인 교회 - 부분 교회, 총체적 교회와 단독적인/개별적인 교회 (→Diözese); **e. visibilis - invisibilis,** 가시적인-비가시적인 교회; *kath.* : 가시적인 카톨릭 교회는 비 가시적으로 거룩한(교회) 이다(≪하나의 먼지투성이의 순례자≫); *ev.* : 가시적인 교회는 제한/국한 되어졌고(→ekklesiologische Lücke) 그리고 그로부터 참/진실한(교회)와 함께가 아니라, 딘지 믿음 인에서 실현된, 세성에(널리) 퍼진 교회와 함께 동일시하기 위하여 위선자/신앙이 깊은체 하는 사람에 의하여 관철되어졌다(→notae ecclesiae); **Ecclesiastes**<(구약성서의) 전도서>→Kohelet; **Ecclesiasticus,** 성서 외전(外典)의(→apokryph) 구약성서적 책인 예수 시락서(Jesus Sirach)<(구약 외경의 하나인) 집회(集會)서>; **ecclesiola in ecclesia,** 일반적인 교회 안에서 작은(참/진실한) 교회(→Pietismus)<*ecclesiola 사랑스러운 교회>; →Ekklesiologie

Eckstein, 본래적으로 시편 118:22 에 따른 주춧돌/초석(礎石)/머릿돌, 그리스도를 상징적으로 지시/시사/암시(역시 마 21:42; 고전 3:11에서 스스로의 묘사); 중세에 역시 둥근 천장의 홍예머리/(아치의) 종석(宗石)으로 옮겨졌고, 그 천장은 한 십자가상의 예수 머리상(像) 혹은 그리스도의 상징을 가지고 장식되어졌다

écrasez l'inf âme *frz.* , 카톨릭 교회에 대항하여 해로운/유해한 것들을 근절/멸절/하라!(볼테르(Voltaire))

Ecumenical Association of Third World Theologians (EATWOT), 제 *3* 세계 신학자들의 교회 일치 운동의 연합, 1976 년에 다르에싸람(Daressalam)에서 설립되었고, 1976 년에서 1983 년까지 여섯 번의 회의들이 있었고, 1981 년과 1986 년 총회

Ecumenical Development Cooperative Society (EDCS), 교회일치 운동의 발전 동업[협동] 조합, 세계 교회협의회(→ÖRK)의 1975년에 설립된 단일/단독의 교회의 기구, 교회의 발전[개발] 계획[구상]을 위하여 지불금리가 유리한/이율이 좋은 크레디트/신용 대부 제공한다; 네덜란드의 암메르스푸르트(Amersfoort)에 영업소/사무소

Edda, 고대 아이슬란드의 문헌의 2종의 작품(신화(→Mythen)와 영웅 전설)<고대 북 유럽 문학전집 [신화 전설집]/에다 (고대 이슬란드의 신화, 영웅 전설 및 시법(詩法)을 실은 책으로 산문으로 된 것과 운문으로 된 것, 신구(新舊) 2 종이 있으며, 구 에다는 가요집)>

Eden, 창 2:8에 따라 에덴에 있는 동산; →Paradies

Edinovernye→Jedinovjercy

effata (=hephata) *aram.* , 당신에게 열리라! 마 7:34, kath. : 귀의 열림(→apertio aurium)과 함께 세례 받는 사람들에게 예전학의/예배식의 부름

Ehehindernisse<혼인장애/(카톨릭의) 혼배조 당 >→impedimenta matrimonii; **Ehekonsens** *lat.* , 평생의/종신의 애정/내적 결합을 위한 배우자의 합의/협정; 혼인체결/결혼을 위하여 법적인 대변자의 피할 수 없는/불가피한 동의/승낙/인가 혹은 하나의 국가 관청[시 관청]의 허락<결혼[혼인] 계약>; kath. : 부부 재산 계약으로서 동시에/마찬가지로 쌍방간의 혼배성사(→Sakrament)의 기부/희사; →matrimonium, →copula carnalis; **Ehelosigkeit,** 세 루터 복음교회의 평의회 (→consilia evangelica)중의 하나<미혼/독신생활>; →Jungfräulichkeit

eherne Schlange, 민 21:6-9<청동의/놋쇠의 뱀>; 신약에서 그리스도의 십자가의 못박힘을 상징적인(→symbolisch) 지시/암시/언급으로서 이해되었다(요 3:14)

ehernes Meer 솔로몬의 성전의 앞뜰에 예배식의 씻기/씻음을 위한 카다란 청동

[놋쇠]의 수반(水盤)/큰 물통<놋쇠[청동]의 바다>(왕상 7:23-; 대하 4:2-)

Eid, 판에 박힌/공식화 되어진, 자주 의식/예식과 자기의 저주(詛呪)를 가지고 선서[서약] 위반의 경우를 위하여 한 진술/증언의 실행되는 단언/확언/확증<선서/맹세/서약>; 몇몇 그리스도교의 공동체들에 의하여 마 5:37의 근거에서 거부되어진다

Eigenkirchenwesen, 게르만인의 중세 초기에 그들의 땅에 설립하였던 교회들에 대하여 제한 받지 않는 재산권 상의 대지주/영주의 처분권(* Eigenkirche, (중세에) 영주가 사적으로 세운 성당)

Einheitsgesangbuch→Gotteslob

Einheitsübersetzung, 독일어(사용)의 카톨릭 교회의 지역/지방에서 공식적으로 채택되었던 성서번역(본)(신약, 1979 년; 구약, 1980 년), 그 번역에 독일 복음교회의 협력자/공동 집필자들이 참여되었고 (신약, 온전히; 구약, 부분적으로) 그리고 물론 독일 복음교회에서 루터번역을 대신함이 없이 교회 일치적(→ökumenisch)인 강론예배를 위하여 추천/권고 되어졌다

Einkehrtage→Exerzitien

Einleitungswissenschaft, *gr.* **Isagogik,** 성서적인 책들의 발생의 탐구/연구, 성서의 문예/문헌학<입문/초보/도입 연구>; 성서비평(→Bibelkritik), 역사 비평적 방법론(→his. -krit. Methode), 문예/문헌 비평/원전 비평연구(→Literarkritik)

Einsegnung, <견진성사>→Konfirmation; 하나의 봉사/직무 안에서(교회의) 확인/추인(예, →Diakonissen)

Einsetzungsworte<성체 제정(聖體 制定)의 말씀>→Spendeformel

Einzug→eisodos

eirene *gr.* , 평화; ≪Eirene≫, 평화 교회(→Friedenskirche)의 병역 대체 근무 행위, 1957 년에 설립되었다; **Eirenika,** 그리스 정교회 미사에서 교회와 국가를 위한 커다란 화답(和答) 기도(→Ektenie), 시작에 따라:En eirene(평화 안에서)

Eis'egese *gr.* , 한 본문에서 자신의 생각/사상들의 삽입/도입; Ggs. :→Exegese

≪**Eisenacher Konferenz**≫, 독일 복음교회의 정권/정부들의 아이제나흐의 회의, 조언하는 특성을 지닌 제휴(1852); →Evangelische Konferenz, →Deutscher Ev. Kirchenausschuß

eis'odos megale *gr.* , *gr. -orth. Messe*<미사>: 공동체 영역으로 성만찬의 요소들을 가진 사제들의 ≪웅장한 진입/행진≫; **e. mikra,** 복음서 책을 가진 ≪작은 진입/행진≫

Ekklesia→ecclesia; **E. u.** →**Synagoge,** 옛 계약과 새로운 계약(→Testament)의 인격화/의인화(擬人化), 중세에 역시 복음(→Evangelium)과 율법(→Gesetz)을 위하여; 확정되어진 유형/모델(→Type)들로서 중세의 웅장한 조형물 특별히 13 세기의(조형물)에서:교회는 수직으로 왕관, 성배(聖杯) 그리고 십자가의 막대기 혹은 십사가의 깃발을 가지고; 회당은 숙여진 머리, 붕대로 감겨진 눈, 잘려진 창(槍) 그리고 계명 기록 석판을 지니고; **Ekklesiastes**→Kohelet; **Ekklesiologie,**

Ekklesiastik *gr.* ,교회에 대한 가르침/교훈<교회론>; **ekklesiogene Neurose,** 정신적인/심리적인 교란/장해, 그것이 교회의(거짓된/잘못된) 영향을 (→Gesetzlichkeit, →Erweckung) 통하여 야기되어졌다; **ekklesiologische Lücke,** 교회의 표시/특징(→natae ecclesiae)에 위배하는/반대하는 종파들의 분열을 위한(카톨릭 교회의) 묘사

Ekphonese *gr.* , 큰 소리로 말했던 마지막 부분(대부분 하나의 찬미가/영송(榮頌)(→Doxologie) 혹은 그것의 마침/종말) 그리스 예배식(→Liturgie)에서 딴 경우에는 조용히 말했던 사제들의 기도의 (마지막 부분)

ek'pyrosis *gr.* , 종말에 세계 대화재 소멸론)<(헤라클레이토스와 스토아 학파의)>

Ektenie<(비잔틴의 예배에 있어서의) 화답(和答) 기도>→Fürbittengebet

ek'thesis *gr.* , 설명/해석/진술, 논쟁/대결:황제 헤라크리우스의 칙령(→Edikt)(638), 그것은 단성론 논쟁(→monophysitisch)을 그리스도 안에서 하나의 신 인간적 의지의 형태를 통하여 덧붙여야만 했다

el, Plr. **elohim,** *hbr.* , (이스라엘의) 하나님 (→Elohist); **el berit,** 계약/약속/언약의 하나님; **el eljon,** 가장 높으신/존귀하신 하나님; **el olam,** 영원한 하나님; **el qanna,** 질투가 심한 하나님; **el shaddaj,** 번역할 수 없는//전능하신 하나님(→Septuaginta:→pantokrator; →Vulgata:대부분 →omnipotens; Luther:전능하신 자)

Eleaten, *gr.* 엘레아의 철학 학파(아래쪽의/하부의 이탈리아, 기원전 540 - 460년), 그들은 존재의 단순한 일치와 변화시킬 수 없음/불변성을 가르쳤다

electi *lat.* , 선발/선택 되어진 자들; 마니교도들(→Manichäer)과 함께 완전한/완성된/완벽한 이들의 밀집한/긴밀한 집단/무리들(→auditores); **electio canonica,** (교황과 감독의) 교회법에 맞는 선거/투표; **e. ir'revocabilis,** (하나님의 나라를 위하여) 취소할 수 없는/철회할 수 없는 선출/선택/선거

eleison *gr.* , (주여! 당신이 우리를) 불쌍히/긍휼히 여기소서!

Electronic Church(USA), 하나의 도덕적으로 그리고 정치적으로 극단적으로 보수적인/전통적인 매체 전도자들에 의하여 파악/이해되어지는 많은/다수의 청중, 그들은 회사/기부금을 통하여 방송의 종교적이고 정치적인 영향력을 강화하였다

Element *lat.* , 원소(元素, 原素)/물질/재료, 고대:땅, 물, 불, 공기(≪4각의 공간[자리]≫ 혹은 원자(原子); 중세:4각의 공간[자리]와 천공(天空)/에테르(전자파의 매질(媒質)이라고 여겨지는 가상 물질)/(생명과 우주의) 근원적인 원소; 현대 화학:원자의 원소/원료; **Sakraments - E. e.** :성만찬의 빵과 포도주(→Eucharistie), 세례용 성수; **Elementargeister,** (민간 신앙의) 4대 원소 중의 하나 속에 살고 있는 정령(精靈)

elenchus *gr.* , 반박/논박/반증; 표/목록/명세서; **Elenktik,** 논증/논박/술

Elend, *altdt.* , 외국/국외, 낯선 이/생소한 이

Eleusa→Maria E.

Eleusis, 가장 유명한 고대의 비밀 종교 의
식/비교(秘敎) - 축제/제전의 장소; ele-
usinische M.→Vegetations-M.

Elevation lat., 축성식(祝聖式)(→Konse- kra-
tion)에 따른 성체(聖體)(그리스도의 육
체를 상징하는 성찬용 떡)(→Hostie)과
성배(聖杯)(Kelch)의 높이 치켜들기/위
로 들어 올리기<(카톨릭 교회의) 성체
봉대(식)(聖體奉戴(式))/거양 성체(擧揚
聖體)>

Elkesaiten, 유대 그리스도인-영지주의적
이단(2세기; 창립자는 엘크사이(Elxai))

Ellipse gr., 하나의 자명한/스스로 명백한
단어의 표명/발언(예:그가 그녀를 보고
그리고 그녀가 그를(본다))<(인접 문장
에서 문장의 주 요소의) 생략(법)>

elohim→el; Elohist, hbr. 모세의 오경(→Pen-
tateuch)에서 원자료의 글, 그 글은 하나
님을 위하여 엘로힘이라는 단어를 활용
한다(→Jahvist)

Elysium gr., 장차의(고대 그리스 사람들의)
낙원; 그리스 종교:땅의 서쪽 변두리에
및 저승 세계의 복된 이들의 낙원의 땅

Emanation lat., 기원/유래의 줄임/축소가
없이 세상을 위하여 신적인 것의 유출
(流出)/분출/발현(마치 태양과 빛의 관
계와 같이); →Gnosis:(하나님의) 존재의
(인격화/의 인화 되어 진) 단계/등급,
→Neuplatonismus; emanatistisch<유출의
/유출적인>

Emanzipation lat., 석방/해방; 법률 제한/국
한(노예/종, 여인, 유대인 등등)으로부
터; 오늘날:성년이 됨; 사회적인 해방/구

출/면제/해제<해방/독립/동등[평등]화/
여성해방>

Emblem gr., 상징적인 형상[이미지]/상징

Embolismus gr., 삽입문[어구], 첨가/부록;
→secreta

Emendation lat., 원문[본문] 비평(→text-
kritisch)의 개정(改訂)/교정/정정(訂正)/
수정

Emigrant lat., (박해 때문에) 이민자/이주
자; E. enhäuser, 이주자들의 조언/충고/
상담을 위하여 해외에서 이주자 선교의
집

Eminenz lat., 위엄/통치권/영주의 호칭/품
위; 탁월/고귀/장엄; 추기경들의 경칭/존
칭

Empirie gr., 경험<(실험, 측정, 관찰 등의)
경험적(연구) 방법/경험적 지식>; em-
pirisch, 경험으로부터<경험에서 얻은/
경험에 근거한/경험적인>; Empirismus,
단지 경험으로부터 노력, 인식/통찰을
이끌어 내기/추론하기 위하여<경험론
>; Ggs. →Rationalismus, →Spekulation;
Empiriokritizismus, 철학적 사고를 경험
가능한 것으로 제한하기를 원한다<경
험 비판론(아베나리우스(R.Avenarius)가
제창한 형이상학을 부정하고 단지 비판
적 경험에만 의존하는 인식론>

Empore (von empor), 18세기 이래로 한 공
간에서 설치되어진 개방되어 있는 위층
을 위한 묘사, 특별히 교회에서 측면의
골마루/측랑(側廊) 그리고/혹은 입구 지
역/부문(대부분 서쪽에)의 위쪽에, 매우
자주 파이프 오르겔의 있는 장소/설치
장소<성당의 2층석(二層席)/합창대석/

교회의 위층 골마루>

empyreum *gr.*, *scholast.*: 고인(故人)들의 최고천(最高天)/화천(火天), 하나님의 처소<화천/천상계/엔퓨로스(고대철학과 스콜라 철학의 세계상에서 가장 높은 하늘로서 불과 빛의 영역이며 천당이기도하다)>

emuna *hbr.*, 신뢰/확신, 믿음

Enarxis *gr.*, 시작/처음/발단/기원, 그리스 정교회의 미사 기념 축제의 개시/개막 부분

enchiridion *gr.*, 편람(便覽)/안내서/소형 책자

Encounter-Gruppe *engl.*, 만남의 집단/단체, 그룹/집단 교육학상의/교육적인 작업법/연구 방법<집단 감수성 훈련 그룹>

endura *mlat.*, 금욕자/고행자들의 자유의지의/자발적인 식량난/기근/심한 굶주림; →Katharer

Energumenen *gr.*, 고대교회의: 초자연적으로/악마에 씌여 아픈 사람

Engel *gr.*, 하나님의 사자(使者)/메신저/종/봉사자<천사(天使)>, 역시→Dämonen과 →Elementargeister; →**Engelamt,** 강림절의 기간(→Adventszeit)(→Rorate)에 하나의 축제적인 서원(誓願) 미사를 위하여 그리고 한 미성년 소년의 매장/장례식의 미사를 위한 대중적인/서민적인 묘사<천사들을 기리기 위한 장엄 미사/강림절 기간에 성모 마리아를 기리는 미사/성탄절 밤의 심야 미사/어린아이 매장시에 하는 미사>; **Engelhierarchie,** 천사의 계급순서/서열: →Seraphim<스랍, 사 6:2>, →Cherubim<케루빔(지(知)의 천

사 다음 가는 제 2 계급의 천사로 신의 지와 정의를 나타냄)>, →Erzengel <대천사/천사장>, Engel; **Engelsturz,** 죄가 있게 되어진, 타락한 하늘로부터 쫓겨난/추방당한 천사에 대한 소개<천사의 타락>; 비교, 창 6:2 그리고→Luzifer

Engischiki *jap.*, 엥기 시대(10 세기)의 명령서/규정집, (일본의) 신도(神道)(→Schintoismus)의 가장 중요한 의식(儀式)서<엥기[=연희]식/연희 5년(905 년) 제정된 율령의 시행 세칙>

Englische Fräulein (IBMV), Institutum→Beatae Mariae Virginis(복된 동정녀 마리아의 가르침), 여자 아이 교육/훈육을 위한 카톨릭 교회의 여성 신심회(信心會), 1609 년에 메리 워드(Mary Ward)에 의하여 설립되었다

Englischer Gruß<카톨릭의 성모송/아베 마리아/천사 축사>→Aave Maria

Enhypostasie *gr.*, 비잔쯔의 레온티우스(Leontius von Byzanz)(† 543 년 이후에)의 가르침/교훈, (그의 주장:) 그리스도의 인성이 그의 신적인 인격(Person/→Hypostase) 안에서 존재한다: →Anhypostasie

En'kainien *gr.*, 개혁의 축제; 성전 축성 축제(제1 마카베오서 4:36-), 교회 축성 축제; 부활절

Enkolpion *gr.*, 가슴에 거는/지니고 다니는 성유물 캡슐/용기(→Reliquienkapsel)<목거리 유물 케이스/(그리스 정교회의) 십자가 목걸이>

enkomion *gr.*, 찬사/송사/찬양하는 연설, 순교자들(→Märtyrer)과 성자들(→Heilige)

과 관련한 찬양 시/찬양 시가 등등;
→laudatio <[수사에서] 칭찬/찬사/송사
(頌詞)/찬가>

Enkratiten *gr.*, 고대 교회의 금욕자/고행자
들(→Asketen), 그들은 동물성 식품, 도
취시키는/취하게 하는 음료수, 성교/성
생활을 포기/삼가했다

Enkyklion *gr.*, 찬탈자 바질리스쿠스(476)
의 지시회람(指示回覽), 그것은 칼케돈
신앙고백(→Chalkedonense)을 버리고/단
념하고/포기하고 그리고 단성론
(→Monophysitismus)을 유효한 신앙고백
을 위하여 고양/앙양시켰다

ens *lat.*, 존재/본질/특성/본체, 사물/물건<
존재자/존재/본질/이데>; →substantia;
ens realissimum, 가장 실제와 일치하는/
가장 진실한 존재, 하나님

Entelechie *gr.*, 중단되지 않은/끊임없는 효
과[효력]/유효성; philos.:물질/질료(質
料) 안에서 실현되는 형상/형식/형태
(→Form)(아리스토텔레스, 기원전 †
322년); 형성되어진 존재의 자아실현
(괴테(Goethe):불멸/불사/영생)<엔텔레
케이아(목적을 자체 내에 지니고 있는
것; 질료 속에서 실현되는 형상(形相);
발전과 완성을 시켜주는 유기체 내부에
있는 힘);(영성(영성)의) 완성 작용/완성
태)>

Entheismus *gr.*, 모든 것 안에서 신적인 것
의 식별하기/확인하기

Enthusiasmus *gr.*, 신적인 감격/열광/황홀/
환희

Entmythologisierung:루돌프 불트만(R.
Bultmann)(† 1976)은 성서 저자들의 세
계 이해가 근대적인 것/현대적인 것과
는 달리 포괄적으로 본문을 결정하는
신화적인 것(→mythologisch)을 포함한
다는 것을 출발점/근거로 삼았다. 그는
그런 종류의 진술 형태 뒤로 반문하는
하나의 해석/주해/설명을 요구하였다
((신약성서의) 비신화화(非神話化)/신
화적 요소의 배제 프로그램/계획 1941
년). 그는 전제로 했다:1. 성서의 본문들
이 역사를/사건을 기록하지 않고, 오히
려 시류에 적합하게/현대식으로 명백한
/생생한 언어 안에서 복음(→Evan-
gelium)(→Kerygma)을 선포한다는 것을
(→Formgeschichtliche Methode), 2. 진리
가 사람을 그의 관찰/명상 세계 안에서
만날 때에, 즉 그의 언어를 말할 때에,
그것 안에 포함한 진리가 각 사람들 그
의 자기 이해 안에서 만난다는 것을
(→existentiale Interpretation, →Hermene-
utik)

Entschiedenes Christentum (EC), 결정적인/
명백한 그리스도교를 위한 청소년 연합
/연맹, 1880년 발생한 공동체 운동
(→Gemeinschaftsbewegung)의 청소년 조
직

Enuma elisch, 바벨론의 세상 창조의(영웅)
서사시

Enzyklika *gr.*, (교황의) 통지문/회람문<(현
실 문제에 대한) 로마 교황의 교서>

Enzyklopädie *gr.*, 강의하는 것을 둘러싸고;
총체석인 지식(-넝억)의 포괄직인/광대
한, (체계를 세워) 정리[분류]한 묘사/표
현/서술/설명; 학술[과학]-이론의 본질
적인 질문[문제]; **Enzyklopädisten,** 프랑

스 대백과사전의 발행인/편집자와 기고
가/공동 집필자들(35 권, 1751 - 80)<(18
세기 프랑스의) 백과전서파(百科全書
派)>; 그들의 계몽주의(→Aufklärung)의
경향/유파의 추종자/지지자들

Epakten *gr.*, 부가[추가]/첨부[첨가] 되어진
(날들), 부활절 축제의 계산/산정을 위하
여 사용되는 ≪월≫령의 날 수, 3 월 22
일(알렉산드리아적(→alexand-rinisch)이
고 중세의 연대(계산)) 및 1월 1일(율리
우스적인 연대(계산))에 이어 초승달(0-
19) 이래로<태양력 1년과 태음력 12개
월과의 차이(태양력이 약 11일 많음)>;
→Kalender

Ep'archie *gr.*, 지방/(고대 로마에서) 프로
빈키아<(비잔틴 제국의) 지방>; 그리스
정교회에서 종속되는 교회 정치의
(→hierarchisch) 일치/일체<(그리스 정교
회의) 주교구>

epha, bath, 유대인의 말(斗)<에바, 바트
> : 20 혹은 361 =1/10 **omer(homer)**<오멜
> 혹은 **kor**

eph'hapax *gr.*, 모든 것을 위하여 한번(ein
für allemal)/단번에(롬 6:10; 히 9:12; →Ho-
herpriester)<(이번 일이 앞으로도 계속 타
당함을 표현하여) 이를 마지막으로/앞
으로도 계속해서/한번만>

Ephod *hbr.* (von *alt 'assyr. epattu,* 호화로운/
화려한 의복/의상), 제사 문헌(P 문
서)(→Priesterschrift)에서 대 제 사 장
(→Hohenpriester)의 겉옷(출 25:7 등등, 루
터가 ≪프록코드≫라 번역했던 곳에
서); 제비뽑기 신탁 우림과 툼밈(→Urim
u. Tummim)을 위한 제사장의 허리에 두

르는 천, 주머니(?); 제식(祭式)의 물품
(삿 17:5 등등)

Ephorus *gr.*, 감독자/지배인/후견인;
ref. : →Dekan; 역시 신학적인 세미나 그
리고 신학생 기숙사/신학교의(→Kon-
vikte) 대표/장/책임자; **Ephorat, Ephorie,**
감독직/기숙사 사감직/신학교 교장직
(→Dekanat)

Epigonation *gr.*, 동방교회 감독의 가운에
서 무릎까지 드리워지는 정사각형의 천
/직물/휘장(≪영적인 검/칼≫)

Epikie *gr.*, 저렴함/정당성/공평

Epiklese *gr.*, 고대교회의 성만찬 축제에서:
변화(→Wandlung)를 성취하기위하여 성
령의 간청/간구/탄원(4 세기까지, 그리
고는 사람들은 성만찬에서 성체 제정
(성체 제정)의 말씀과 함께 변화를 결부
시켰다); ev. -luth. : 다시 하나의 일반적인
에피크레제의 자유로운 활용<(그리스
정교에서) 성령 강림을 위한[비는] 기도
(의식)>

Epikureismus, 그리스 철학자 에피쿠로스
(Epikuros)(† 기원전 270 년)의 가르침/
교훈:고통으로부터, 미신과 죽음의 두
려움으로부터 자유로서 쾌락/즐거움/
환희가 최상의 개인적인 선이다<에피
쿠로스 주의[학설]/향락[쾌락] 주의>

Epilog *gr.*, 맺는 말/끝말/에피로그, 끝막

Epimanikien *gr.-lat.*, 투니카(→Tunika)의 유
색의/여러 색깔이 있는 소매 깃[커프스]

Epiphänomen *gr.*, 부수현상/수반현상;
→Phänomen

Epiphanias (heorte) *gr.*, 1월 6일에(그리스
도의) 현상(現象)/출현/현현(의 축제)

<(그리스도의) 공현제[축일]/주현절>
Epiphanie<(신/그리스도의) 공현/현현
>→Theophanie
epipompe *gr.*, (어디에) 보내기; 적에게 하
나의 해/악(惡)을 바래는 기도/기도문;
→apopompe
episcopus *gr.*, 감독자/지배인/후견인; 감독;
e. regionarius, 유랑/떠도는 감독; **(Protes-
tant) Episcopal Church,** 미국에서 교회,
1607<(개신교) 감독 교회>; **Episkopalis-
mus,** 카톨릭 교회의 교회법의 의견/견
해, (그 견해는) 최상의 교회 권세는 교
황청(당국)(→Kurie)과 함께가 아니라
즉, 추기경(→Kardinal)들과 교황과 함께
(마치 ≪교황청 수위설(首位說)(→
Kurialismus)≫처럼) 혹은 홀로 교황(마
치 ≪(최고 교권은 교황에게 있다는) 교
황 수위설(→Papalismus)≫, ≪(사제단
중심이 아니라) 교황 중심 체제(Papal-
system)≫처럼)과 함께가 아니라 주교의
직/주교단(→Episkopat)과 함께 존재한
다(고 주장한다)<감독/주교(공회의) 중
심 주 의 >; 비교 →Konziliarismus;
episkopalistisch, 주교적으로/주교에 속
하게 법[기본법]을 지닌[갖춘] 교회에
속하는; 주교 중심주의를 좋아하는;
Episkopalsystem, 독일 복음교회의 교회
법의 의견/견해, (그 견해는) 로마 감독
들의 권세가 종교개혁 안에서 그들을
위하여 세상적인 책임/의무를 객관적으
로 헤아림이 없이(중세의) 군주들에게
로 넘어갔다(고 주장한다)(그러나→Ter-
ritorialismus); **Episkopat,** 감독직, 감독들
의 전체/총체<주교의 직/주교단>

Epistel *gr.*, 편지, 신약성서 서간서들로부
터 규정된 매 일요일/주일의(예배 중의)
성경봉독, →Perikopen; 대응하는 사항
→Evangelium; **Epistelseite**→cornu episto-
lae; **Epistolae virorum obscurorum** *lat.*, 반
(反) 개화주의자/반 계몽주의자/무지몽
매한 자들의 편지들(1515/17), 수도사들
과 성직자들의 당시의 무교양/무교육에
대 한 인 문 [본]주 의 (사 조)(→hum-
anistisch)의 풍자문/비방문; **Epistolar,** 서
간서를 위한(예배를 드릴 때 읽는) 성구
집(成句集)/독송집/독서대/독경대(讀經
臺)(→Lektionar)(→Evangeliar); **Epistola
Apostolorum,** 사도들의 편지, 부활 후 예
수와 그의 제자들의 공인되지 않은/명
목상의 담화/대화를 지닌/담은 성서 외
전 (外 典)의 /경 전 (經 典)외 성 서 의
(→apokryph), 묵[계]시록의(→apokalyp-
tisch) 글들(2세기); **e. paschalis,** 부활절 편
지 ; 고 대 교 회 의 :주 현 절 /공 현 제
(→Epiphanias)시기에 공동체에 산출/계
산된 부활절 날자를 알렸던 감독의 공
식 편지/서한; **Epistolae encyclicae**→En-
zyklika
Epitaph *gr.*, 기념비[상, 건축물], 기념패; 동
방교회의:성 금요일/그리스도 수난의
날(부활절 전의 금요일)에(그리스 정교
회의) 제단실과 교구실 사이의(문이 3
개 달린) 성화벽(聖畵壁)(→Ikonostase)
앞에 설치되는 그리스도의 상
epitheton *gr.*, 상태에 있는 **형용사/수식어
구**(녹색의 숲 등등 *역자주:이러한 예는
정정되어어야 한다(참조, Duden, Das Große
Fremdwörterbuch, 1994)<한정적 형용사

(예, 커다란 집)/부가어적 형용사>; **epi-theta ornantia** *gr. -lat.* , 장식적 형용사 <(Duden/Fremd. /S. 416 에 이를 위한 예로서) 녹색의 초원/붉은 피/화급한 문제 >

Epitome→Konkordienformel

epitrachelion, peritrachelion *gr.* , 목에, 목 둘레에 착용하는 밴드/띠; (카톨릭 교회의) 영대(領帶)(→Stola)에 동방교회의 대응되는 것

Eponyme *gr.* , 그가 그의 이름을 다른 이들에게 주었다(예, 셈 족의 사람들 : 창 10:21-)<인명에서 따온 종류명(예, 비행선을 위하여 그 발명자의 이름을 따서 체펠린(Zeppelin))>

Ep'opt *gr.* , 목격자/현장 증인, 엘러위시스의 (→eleusinisch) 비교 (秘 敎)(→Mysterien)의 식(Epoptie)

eranos *gr.* , (공동의) 식사; (종교적인) 목적을 위한 단체/협회

Erastianer, 토머스 에라스투스(† 1583) (Thomas Erastus)의 추종자들, 에라스투스는 종교개혁의 교회의 규칙[계율(戒律)]과 노회제도/장로제도/장로회 체제 (→Presbyterialverfassung)에 대항하여 싸웠다; 영국과 스코틀랜드 : 그들은 국가의 권세 아래에 교회의 종속을 지지한다/변호한다

Erato→Musen

Erbärmdebild<그리스도의 수난 상>→Misericordie

Erbsünde <원죄(原罪)>→peccatum originis

Eremit *gr.* , 은자(隱者)/세상을 등진 사람/은수자(隱修者)

Erfahrungstheologie<경험/체험 신학>→Erlanger Th.

Ergänzungshypothese, 모세 오경(→Pentateuch)에서(원자료인) 엘로힘 문서의 (→elohistisch) 한 기초서/기초문헌의[이라는] 추측/예상/추정, 그것은 야훼 문서 (→Jahvistisch)와 그 밖의 단편(→Fragment)들을 통하여 보충 되어졌다(1830 년에 발트(Ewald) 이래로)<보충/보완 가설> ; →Urkundenhypothese

Ergismus *gr.* , 《제작업/세공업》, 일의 경신/경건

Erinnyen, 그리스 신화의 복수의 여신, 라틴의 푸리아(Furie/복수의 여신); →Eumeniden

Eristik *gr.* , (학문적인) 논쟁의 비결/논쟁술

eritis sic'ut Deus *lat.* , 너희들이 하나님같이 될 것이다(창 3:5)

Erlanger Theologie, 에를랑엔의 신학부에서 1830- 각성 운동 (→Erwekungsbewegung)과 관련/연관 중에 발생했던 새로운 루터적인(→Neu-Luthertum) 경향/유파(크라프트(Krafft)[개혁교회], 하르레스(Harless), 토마지우스(Thomasius), 호프만(Hofmann), 프랑크(Frank), 테오도르 하르낙(Theod. Harnack)), 그것은 계몽주의(→Aufklärung)(그리고(19세 기의) 자유주의(→Liberalismus))에 대항하고 그리고 하나님의 사건(구속사(→Heilsgeschichte))의 정통고수/순수이론 고수 (→Orthodoxie)에 대한 유대감과 함께 연합 노력/수고 그리고 개인적인 구원 경험을 중심으로 옮겼다 ; 그러나→ Repristinationstheologie

erledigt, 자유롭게(되어진) 직위/직책을 위한 묘사(→Pfründe)<완전히 지친/자리가 비어 있는>

Ernste Bibelforscher, 여호와증인(→Zeuge Jehovas)의 더 이상 잘 통용되지 않는 자칭(명)<진지한/진정한 성서 연구가들>

erotematisch *gr.*, 질문 형태 안에서; 수업 방법으로서 질문과 대답<(수업에서) 문답 형식의 >; →katechetisch, 그러나 →akroamatisch

Erwählung→Prädestination

Erweckung, 종교적으로 냉담한/무관심한 상태로부터 집중적인/강렬한(그리스도교의) 신앙심이 깊은/경건함에로 갑작스러운 개종/전향<일깨움/소생/부활/(신비) 신앙의 각성/(개신교) 개심>; **E. sbewegung,** 경건주의(→Pietismus)의 새 형태<(18-19 세기의 개신교) 각성[신앙부흥] 운동>(별명:신비주의(**Mysti-zismus**), 위선/위신(僞信)(**Muckertum**)), (19세기 초) 모든 나라의 개신교(→Protestantismus)에서 신앙심이 깊음/경건의 소생/활기를 불어넣음, 점점 더/눈에 띄게 새로운-루터교회(→Neu- Lu- thertum)와 함께 결합되었고, 국내외적인 선교(→Mission)를 육성하였다

Erzabt, 수도원의 한 수도원회/집회(→Kongregation)의 지도자/대표<대 수도원장>; **Erzbischof,** *gr.-lat. archi' episcopus,* 가장 위/최상의 감독; *gr.-orth.* :가장 중요한 주교좌의 소유자, →Exarch, →Patriarch; kath:→Metropolit, 하나의 대 주교구(→Erzdiözese)를 통치하고, 대 주교구는 곧 바로 교황 아래 놓인다<대주교>; 몇몇 감독들의 개인적인 명예 칭호/존칭<통치권이 있는 주교에게 교황이 수여하는 명예 칭호>; →Titularbischof; **Erzdiakon**→Archidiakon; **Erzdiözese,** 한 대주교의 관할구(→Kirchenprovinz)(의 주요 주교구)<대주교구>; 부주교(→ Suffragan)들이 없는 주교구, 그것은 명예를 위하여 대주교구로 승격되었다; **Erzengel,** 상위의 천사들<대천사>:가브리엘((Gabriel) 단 8:16), 미카엘((Michael) 단 10:13), 라파엘((Raphael) 토빗서 3:25), 우리엘((Uriel) 에녹서 10:1); →Engelhierarchie; **Erzpriester**→Archipres- byter; **Erzstift**<대주교구>→Stift; **Erz-väter,** 이스라엘의 조상/선조들/족장(→Patriarchen)

Esagila, 바빌론에서 마르둑의 신전, →Zikkurat, →Etemenanki

Es'chatologie *gr.*, 마지막(*lat. de novissimis,* 가장 새로운) 일들에 대한 교훈/가르침, 세계 종말의 시기/말세기<(세계와 인류의) 종말론/종말 신학>; **eschatologisch,** 종말론적인(→*apokalyptisch*), 그로부터 이해를 위하여 세계 종말의 시기에 관련시켜진<최후의/마지막의>; 내재(內在)/내재성/고유성(→Immanenz)(현재) 부수는(예, luth. :→justificatio impii); **eschatologische Existenz,** 하나님 나라의 현 싯점의 이미-지금과 종말론적인 완성의 아직-아니 사이에서<종말론적인 존재/현존>; →Indikativ u. Imperativ; **Konsequente E.** (=Eschatologimus), 그리스노의 재림(→Parusie)의 오지 않음/일어나지 않음으로부터 그리스도교의 역사/사건의 해석/설명/의미(알베르트 슈바이처

(A. Schweitzer))<시종일관된/이론의 여지가 없는/확고한 종말론>

Eschaton *gr.*, 마지막의/최종의 것, 영원한 것

esorrhason *gr.*, 동방의 수도사의 복장/의상의 겉옷에 받쳐 입는 속옷, →exorrhason, →rhason

Esoterik *gr.*, 단지 전수(傳授)를 받은 사람들에게 붙임성이 있는/상냥한 혹은 이해될 수 있는 것 혹은 비밀인/은밀한 것을 가지고 일/신념; →New Age

Essener(Essäer), 격리되어진 정착지 안에서 경건한 삶을 위하여 팔레스틴에서 유대인들의 수도사적인 단체(기원전 2세기부터 기원후 70 년까지)(순결/청결 규정들, 재산의 공유, 짐승 제사와 고기를 먹음 등등의 거부); →Qumran

essentia *lat.*, *dogmat.*:본질/본체/존재(의 토대 /기 반), 존 재 /있 음, →Usie(그 러 나 →Existenz); **essential, essentiell**, 존재에 속하는<본 질 적 인/본 체 의>; Ggs. →akzidentiell

Estabilished Church→anglikanische Kirche

Estomihi *lat.*, 나에게 있으라!<(당신이) 나에게 있어야만 한다>, **Quinquagesimae** *lat.*, [부활절 전] 50 번째, 사순절(→Passionszeit)전 최후의 주일(→Introitus 시 71:3:나에게 견고한 반석이 되소서!)

Etazismus→Itazismus

et cum spiritu tuo *lat.*, 예배식의:그리고 당신의 영혼과 함께!, 주께서 여러분들과 함께!(→dominus vobiscum)에 공동체의 대답

Etemenaki *babylon.*, 하늘 토대(의 집)와 땅의 집, 바벨론의 신전의 탑(창 11:4); →Zikkurat, →Esagila

Ethik *gr.*, 윤리학/도덕 철학, 도덕적인/윤리적인 원리/신조; **Gesinnungs'e.**, 입장/성향(性向)/신념을 실행/행동(결과) 보다 더욱 높게 평가한다<성향/신념 윤리>(Ggs.: 책 임 윤 리 (→Verantwortungs'e.)); **Güter'e.**, 하나의 최상의 윤리적으로 개인적 혹은 일반적 재산에 따라 상거래/상업(그리고 그의 판단/판정)을 향하게 한다<재산 윤리>; **Individual'e.**, 개개인에 관하여<개인 윤리/개인주의 윤리학>; **Interims'e.**, 중간 윤리, 그것은 단지 하나의 시대/기간을 잘 넘겨야 한다(예, 그리스도의 재림까지:고전 7장 [?]); **Material'e.**, 그것 안에서 및 결과에 따라 행위/행실들을 평가한다<실질/바탕/유물(론적) 윤리>; **Situations'e.**, 순간의 조건/상황에 따라 성향/신념과 행위/행실을 표준삼고/따르고(그리고 평가한다)<상황 윤리>; **Sozial'e.** (kath.:사회(복지) 학설/교훈/가르침), 일반/공중/공공(公共)에 관하여<사회(복지) 윤리> ; **Verantwortungs'e.** (Ggs. →Gesinnungs'e), 책임질 수 있는 실행/행위(결과)를 하나의 (아마도 비현실적인/실현 불가능한) 성향/신념 보다 더욱 높게 평가한다(막스 베 버 (M. Weber)에 따 라, 1920 년); **Wert'e.**, 확고한 준칙/규범/표준에 따라 행동하기를 표준삼고/따르고(그리고 평가한다)<가치 윤리>; **Ethisierung**, 윤리적인 분야/영역에 한 문제 의(제한/제약) 조 사 /검 증 ; →Tugend; →Analyt. Philosophie/Ethik; <비 평 윤 리 의 >→

metaethisch

Ethnisierung, 이교도의 것으로 바꿈/전용, 이교도/이방인들을 통한 과도한 영향 (이교도들은 구약에서 그리고 바울과 함께 ≪민족/이방인들≫)<이교도화>

Ethos *gr.*, 도덕적인/윤리적인 의견/입장/관점<에토스(각 문화의 독자적인 관습의 형태)/윤리성/도덕성/도덕적 기풍/품성>

Etimasie, *Hetoimasia gr.*, 준비, 무엇 보다도 먼저 초기 기독교와 동방교회의 초상[성상]학에서:세상 심판/재판관으로서 그리스도를 위하여 복음서들 및 생명책, 십자가 그리고 다른 것들과 함께 준비되어진 왕좌

etsi deus non daretur *lat.*, 마치 하나님이 존재하지 않는 것 처럼; 하나의 순수한 내재하는/내재적인(→immanent), 가정/전제로서 ≪하나님≫에 소급되지 않는 세상 이해의 학문적-방법론적 기본 원칙/원리; 역시 디트리히 본회퍼(D. Bonhoeffer)(† 1945)와 함께:(성서의) 신앙심이 없는/믿음이 없는 해석(→nichtreligiöse Interpretation), 종교 없는/신앙심이 없는 기독교

Eucharistie *gr.*, 감사(의 뜻을 표함)/감사(의 말); 성만찬(의 요소들); **eucharistisch,** 성만찬 축제에 속하는; **(Großes) Eucharistisches Gebet,** 성만찬 예배식의 주요 기도; **Euch. Kongresse,** 국제적인 카톨릭교회의 대회(1881년 이래로), 그들은 교회의 중년으로서의 미사를 강조한다<성체 대회(카톨릭 교도들의 국제회의)>

euch'elaion *gr.*, 기도의 기름부음; *gr.-orth.*: 환자 도유식(塗油式)/병유(炳油)의 성례전

Euchiten, (고대 그리스의) 합창대원/합창 윤무(輪舞)의 무용수, 메쌀리아의 추종자들; 열광적인(→enthusiastisch) 동방의 수도사들; 그들은 각 사람 안에, 역시 세례를 받은 자 안에 사탄(악마(→Dämon))이 살고, 악마를 단지 성취하고, 신비적인(→mystisch) 붙잡혀진 존재를 위하여 지속적인/항구적인 기도를 통하여 은총으로 정복할 수 있다고 믿었다(마니교에서(→manichäisch) 영향을 받은 이원론(→Dualismus))

Euchologion *gr.*, *gr.-orth.*:기도서, 미사를 위한 예배식서

Eudämonismus *gr.*, 추진하는 힘으로서 그리고 삶의 목적으로서 행복이 넘침을 위해 노력한다<행복설[론]/행복주의>; **eudämonistisch**<행복설의/행복주의의>

euergetes *gr.*, 선행자/자선가/은인; 군주에 대한 별명(집권자, 비 눅22:25)

Euhemerismus, 에우에메로스(Euhemeros)(기원전 300년경)에 따라:(그는) 신들이 본래적으로 탁월한/걸출한 인간들이었고, 그들에게 사람들이 후에 숭배/존경심을 표하였다(고 주장한다)<에우에메로스 설>

Eulogie *gr.*, 축복(의 기도)의 말; 성만찬:고대교회와 중세에 성만찬 축제를 위하여 공동체에 의하여 베풀어졌던 그러나 축성되지 않았던 빵,ㄱ것을 사람들은 축제에 저지되었던 자들에게 전달하였다

Eumeniden *gr.*, 친절한/호의적인/호의를 갖고 있는 자들, 에린뉘에(→Erinnyen)를

위하여 완곡하게(→euphemistisch) <(은 폐적으로 지칭하는 이름)>

Eunomianer, 에우노미우스(Eunomius)(† 395년)의 엄중한/엄격한 아리우스주의 (→arianisch)의 정당/정파

Eunuch *gr.*, 잘리어진 사람, 거세되어진 사람<거세된 남자/환관>; 시종((왕실) 재무 담당자); 중세 이래로:높은 합창소리 등을 위하여 그리고 교황의 영지에서

Euphemismus *gr.*, 말로 얼버무리는/변명하는, 역시 반대의 화법/말버릇<미화법/완곡법>

Euphorie *gr.*, (말의) 격조가 높은 조율/분위기<안정감/만족감/낙관적 상태>

Eusebianer, 니코메디아의 에우세비오스 (Eusebios von Nikomedien)(후에 콘스탄티노플(Konstantinopel), † 341/2), 감독의 추종자/지지자/신봉자들, 아타나시오스(Athanasios)(† 373)에 대항한 싸움에서 아리우스(→Arianismus)적인 중도 정파

Euterpe<에우테르페 음악, 서정시의 여신> →Musen

Euthanasie (*gr. eu,* 좋은/선한, 그리고 *thanatos,* 죽음), 쉬운/가벼운 죽음; 임종의 안심/경감; 난치의/불치의 질병과 정상이 아닌/병적인 사람들의 살해(안락사(安樂死)/안락시술)((히틀러(Hitler)에 의하여 지도되었던 독일의) 국가사회주의(1919 - 1945)에서:≪(병약하여) 생존 가치가 없는 생명≫)

Eutychianer, 에우티케스로 거슬러 올라가는 단성론적(→monophysitisch)인 경향/유파(451년 칼케돈(→Chalkedon)에서 정죄되었다)

Evangelium *gr.*, 좋은/선한 소식/통지, 그리스도의/그리스도교의 구세의 선언/고지(告知), 율법(→Gesetz)과는 대조적으로(비교, →Kerygma, →viva vox Evangelii); 예수 사건의 묘사와 함께 문학[상]의/문학적인 종류/장르, 특별히 신약성서의 4복음서(비교, 막 1:1; →Synoptiker); 그것에서 매 일요일/주일의 페리코페/성서발초(예배 때 읽히고, 설교 때 인용되는 성서의 장구(章句)를 교회력에 기초하여 정한 것)(→Perikope) (대응하는 사항→Epistel); **Evangeliar,** 4복음서의 완전한 본문을 지닌 성서의 단편 책, 자주 앞에 놓여진 성서경전의 일람표/도표(→Kanontafel)와(성서의 알파벳 순의)용어색인(索引)(→Konkordanztabelle)(자주 네가지 아치형 곡선들 안에서)과 함께 그리고 대부분 네가지 복음서 저자들을 가리키는 상징(천사 혹은 인간은 마태, 사자는 마가, 황소는 누가, 독수리는 요한)(→Evangelistensymbol)과 함께<성복음집(聖福音集)>; **Evangelicals, Evangelical Movement**→ Low Church Party; **evangelikal,** 그로부터 성서와 신앙고백을 믿을 수 있는, 공동/공유로(→gemeinschaftlich)그리고 각성으로 각인되어진 것들을 위하여 파생시켰던 집합명사, 부분적으로 자유로운 교회의 집단/그룹들<복음서 절대주의의/복음서에 근거한/저 교회파의(영국국교회중 의식을 비교적 경시하는 교파)/신약의 절대권위를 신봉하는>; **Evangelienharmonie,** 네 복음서들을 하

나로 공동작업을 하려는 시도(→Diates-saron)<공관 4 복음서(4 복음서를 비교하여 쓴 예수전)/종합복음서>; **Evan-gelienseite→** cornu evangelii; **Evangelisa-tion,** 교회를 잘 모르는/교회에 생소한 이들을 위하여 교회의 영역 밖에서(평신도들(→Laien)을 통하여) 설교(비헤른(Wichern)(1918 년 이래로 ≪(교회 밖에서의) 복음전도(**Volks mission**)≫)<복음전도>; **evangelisch,** 종교개혁 집단의 자칭/자기 묘사, 이미 1524 년 루터에 의하여 제안되어졌고, 그럼에도 불구하고 1663 년 루터 복음교회적인 단체(→corpus evangelicorum)에서 제국법(帝國法)적으로 공식적으로<복음서의/복음을 믿는/복음주의의/* 프로테스탄트 교회의 약어 ev. =die ev. e Kirche 복음교회>; **Evangelische Allianz→**Allianz; **Evangelis-che Kirche der Union→**Union; **E. K. in Deutsch-land**(EK[i]D), 1945 년에 설립되었고, 모든 루터교회의,(종파가) 통합된 교회의(→uniert) 그리고 개혁 교회의 지역 교회들의 연합<독일에서/의 복음교회>; 1969 년 이래로 아직도 단지 서독에서, 동독에서는 복음교회의 동맹(→Bund der Ev. Kirchen); **Evangelische Konferenz,** 26 개의 독일 각 주(州) 교회로부터 대표자/대변자들에 의하여 자유로운 결합/제휴(1846)(→Eisenacher Kon-ferenz)<복음교회의(심의) 회의>; **Evan-gelische Räte**<복음적 권고(특히 청빈, 순결, 순종)>→consilia evangelica; **Evange-lischer Bund,** 1886 년에 복음적이지 않은 모든 교의(론)/교리 그리고 믿음의 경

향/유파/견해들(본래적으로 교황권 지상주의(→Ultramontanismus), (19세기의) 자유주의(→Liberalismus)에 대항하여)에 비하여 개신교의 의식/통찰의 강화를 위하여 설립되었고, 오늘날 ≪신앙고백의 고지/통지의 일과 연구의 행위≫로서 활동적이다<복음적/복음주의연 맹 >; **Evangelisch-sozialer Kongreß,** 1890 년 스토에커(A. Stoekker), 베버(L. Weber), 하르낙(A. Harnack) 그리고 다른 이들에 의하여 설립되었고, 그리스도교의 사회운동으로부터 기인되었다; 그것의 관심사/바람은 교회가 사회적인 문제/질문(→Soziale Frage)을 위한 그들의 책임을 상기 시키는 것이었다<복음적 교회의 사회적 회의>; **Evangelistar,** 미사를 위하여 규정되어진 복음서-페리코페/성서발초(→Perikope)(대응하는 사항→Epistolar); **Evangelisten,** 4 복음서의 저자들; (유랑)설 교 자 (→Gemeinschaftsbewegung); **Evangelistensymbole:** 마태복음 - 천사(Engel), 마가복음 - 사자(Löwe), 누가복음 - 황 소(Stier), 요한복음 - 독수리(Adler), 모두가 날개를 지닌 존재들, 역시 네 복음서 기자들의 형태[형상]들을 위한 상징(물)로서<복음서 저자들을 가리키는 상징>; →Tetramorph

Evolution *lat.* , 생성/발전/전개/진전; 변증법적-유물론적:자연과 사회에서 양적이고 질적인(발전[전개, 진화]와 혁명적/혁신적인) 변화들의 일치로서 발전/전개 ; **E. ismus,** 형 이 상 학 적 (→metaphy-sisch)(-비변증법적인) 가르침/학설, 그에 따라서 발전이 오로지 이미 완성된/

끝낸(사전에 형성된) 성질/특질들의 양적인 변화를 의미한다/서술한다; 새로운 특질/성질들을 위하여 초월적인 (→transzendent) 기원/시작/원천(창조)가 받아들여진다 <진화론(進化論)>

Ewige Anbetung 40시간의 기도<영원한/부단한 기도>; **E. Lampe, E. Licht**→lucerna; **Ewigkeitssonntag,** 대중적인/민속적인 **Totensonntag**<사자 위령일>, 역시 최후의 심판일의 축제, 최후의 심판과 죽은 자들의 기념/회상을 위하여 교회력 (→Kirchenjahr)에서 마지막 일요일/주일

exactiones *mlat.*, 교회의 세금

Exaltation *lat.*, 마음/정신의 증대/고조, 높임/증대/증가, 옮기기/황홀경/무아지경 <흥분/고양/황홀>; **status exaltationis,** (그리스도의) 높임의 상태/신분; **Exal-tatio crucis,** 십자가 현양 축제(9월 14일); **exaltiert,** 마음으로/정신적으로 상승되어진<흥분된/격앙된/신경질적인/고장된/터무니 없는>

Examen *lat.*, 시험(→Tentamen); **exami- natores synodales,** *kath.*:감독에게 붙여준 성직자들(법률사건/소송사건과 함께 그리고 신학적인 시험들에서)

Exarch *gr.*, 비잔틴의 총독/태수(太守); *gr. - orth.*:총대주교(→Patriarch =Metropolit)들의 대변자; **Exarchat,** 그들의 종족/혈통의 지역/영역밖에 한 동방 정교회의 지역/영역<대교구의 직과 그 교구>

Exaudi *lat.*, 청을 들어 주소서!, 부활절 후 제6일요일/주일(→Introitus 시 27:7:주여, 내가 부를 때에 나의 음성을 들으소서!)

ex cathedra<교황의 권위에 의하여/교황의 권리로/정대 권위에 의하여>→cathedra

exclaustratio *lat.*, 수도원의 일원에게 때때로/잠정적 [일시적]으로 수도원 밖에서 살도록 허가/승인/동의

excommunicati tolerati *lat.*, *kath.*:인내했던 배척[파문] 당했던 자들(→Exkommunizierte), 그들과 함께 단지 종교적 교통/교제/접촉이 금지되었다; **e. vitandi,** 기피하는/멀리하는(배척 당했던 자들을) 위하여, 그들과 함께(가정적인/가족적인 그리고 생활에 필요 불가결한 것 외에) 각자의 교통/교제/접촉이 금지되었다; →haereticus

exedra→Apsis

Exegese *gr.*, 그것의 의미 안에서 하나의 본문의 학문적인 해석/주해/설명; →Bibelkritik, →Entmythologisierung, →Formgeschichtliche→Methode, →Hermeneutik, →hist. -krit. Methode, →Textkritik; **Exeget,** 해석자/설명자/주석자<해석학자/(특히) 성서의 해석학자>; **exegesieren**<해석하다>

Exemplarismus, 아크뷔노의 토마스(Thomas v. Aquin)(✝ 1274):피조물들이 내용상으로/실질적으로 하나님의 반사/반영이다; →analogia entis

exemt *lat.*, 꺼내진/골라내진/절단되어진; 카톨릭교회의 교회법적으로:교회에서 보통의/일상적인 조직으로부터 지역/영역들 그리고 자연적인 혹은 법률상의 사람들의 떼어내기/잘라내기/분해 그리고 가장 가까운 더욱 높은이들 혹은 하나의 특별히 지정된 고위 지도급 인

사 아래에 종속/배속(특별히 교황
(→Papst) 아래에)<면제된/면속(免屬)된
>; **Exemtion**<면제/(사교구(司敎區) 면속
>

Exequien→Exsequien

Exerzitien *lat.* , 연습/훈련, 눈여겨 보는/고
찰하는 기도, 특별히 로이올라의 이그
나티우스(Ignatius von Loyola)의 ≪영적
인 묵상≫(→Societas Jesu)<심령 수행/묵
상/피정>

Exhomologese *gr.* , 죄의 고백, →Beichte

Exhortation *lat.* , (성만찬의) 훈계/설교/경
고

Exil *lat.* , 조국 밖에서 체재/체류<망명(지)/
추방/유배>; 바빌론(Babylon)으로 유대
의 상류층의 철거/강제 이주/소개(疏
開)(기원전 587 - 532); 아비뇽(Avignon)
으로 교황의 이송/옮김 1309-77≪교황
의 바빌론적 유배≫); **exiliert,** 몰아내어
진/추방된/망명의; **Exulant,** 추방된 자/
망명자

exinanitio<비우기/배설물>→Kenosis, →
Status

Existential, ≪존재 /(하이데거의) 현존재
(現存在):생활(Dasein)≫(=나(Ich)) ≪의
존재의 성격/특징/특성들(Seinscharak-
tere)(=동기/이유의 확실성/정확성
(Grundbestimmtheiten))≫위한 하이데거
(Heidegger)의 표현:(-을 위한) 불안/근심
/걱정, 두려움/공포, 죽음을 위한 존재
(Sein-zum-Tode)(→시간 인에시의 존재
(In-der-Zeit-Sein)), 역시(부분적으로) 믿
음(그 외에 실존의/극히 중요한(→exis-
tentiell) 갈팡질팡하는/당황한 존재의 표

현으로 이해했다)<개별적인 인간 존재
의 특성>; **existentiale**→Interp- retation<
실존적인 해석은> 하나의 일반적인 진
리가 각 사람을 만날 수 있어야만 한다
는 것을 전제한다. 그러나 이(진리)는 단
지 현실의 형태 안에서(사건으로서) 만
나고, 그 현실은 진리의 들음/청취를 어
렵게/힘들게 할 수가 있다. 그런까닭에
예를 들자면 성서의 본문들이 방법적으
로 시간의 제약을 받는 생각/개념들에
의하여 벗겨져야만하고(→Entmytholo-
gisierung,→hist. -krit. Methode) 그리고 현
존재를 위하여 그것의 진리를 고려하여
/참작하여 청취되어야만 한다. ≪단어 /
낱말들 안에서 단어 ≫(→Dialektische
Theologie) 발견/폭로 되어져야만 한다;
Existentialismus<실존주의>는 현존재(=
단독/개별의 나(das einzelne Ich))가 그것
으로서 제한되어지고 중심에 놓여지는
이성적인/의미가 있는/이치에 맞는 존
재를 본다(형이상학(→Metaphysik)에 대
항하여); 자주(후기 중산계급의/서민적
인) 세계관 그리고 생활 양식으로서; **ex-
istentiell,** 자신의 인격에 관한/관해서<실
존의/극히 중요한>; **Existenz,** 존재/현존
(그러나→essentia); **Existenzphilosophie**<
실존철학>, 생철학/인생철학(빌헬름 딜
타이(W. Dilthey), † 1911) 그리고 현상학
(에드문트 후설(E. Husserl), † 1938)에 연
결/접목되는 이상주의적인/관념적
(→idealistisch)인 생각, 그 생각은(쇠렌
키에르케고르(S. Kierkegaard)(† 1855)를
예증으로 내세워) 주제/대상을 위하여
단독적인 인간의 존재와 현존재를 갖는

다(칼 야스퍼스(K. Jaspers) † 1969, 쟝-폴 사르트르(J. -P. Sartre) † 1980; →Ontologie); **Existenzverständnis,** Bultmann: 믿음(→Glauben)은 하나의 새로운 실존적 이해의 획득을 의미한다. 즉, 생명과 죽음은 새로운 척도/기준을 얻는다<실존적 이해>

Exkardination *lat.* , 한 주교의 교구로부터 하나의 성직자의 박탈; Ggs. :→Inkar-dination

Exklaustrierung→exclaustratio

Exkommunikation *lat.* , 교회의 공동체로부터 제명/배척/파문; **Kirchenbann,** 더욱 크게 :저주 아래 완전한 제명/파문 (**Exsekration**); 더욱 작게 :성만찬 (→Sakrament)의 즐거움/받음으로부터 배척/제명; **exkommunizieren**<배척/파문하다>

Exodus *gr.* , (애굽으로부터의 이스라엘 사람들/민족의)(떼지어) 나가기/퇴거; 출애굽기(Ex)

Ex'omologese→Exhomologese

ex opere operato→opus

exorcisatio salis lat. , 소금의 드림(→datio salis)을 위하여 소금의 축성(祝聖)

exordium *lat.* , 한 연설과 설교의 시작<서두/발단>

exorrhason *gr.* , 동방의 수도사의 겉옷(→esorrhason, →rhason)

Exorzismus *gr.* , 초자연적인 존재에 대하여 간청/마력으로 불러냄[쫓아버림]/주문 (呪文) 그리고 내쫓음/구축, 예) 세례 예배식서에서 악마의 추방/내쫓음(기도, 협박/위협, 안수(按手), 십자성호(十字聖號), 호통치기/격렬히 질책하기), 오늘날 대부분 삼가되었다<악마 쫓기>; **Exorzist,** 무술자(巫術者)/마법사/기도사 (祈禱師)<귀신을 불러내는 사람>; 고대 교회의:특별한 은사를 지닌 공동체의 일원/신자; *kath.* :세 번째 낮은 서품식 (→Weihe)의 조기의 성직자(→Kleriker)들

Expatriierungsgesetz 1874년 5월 7일로부터, 그 법은 국가에 대항하여 불복종/항명(杭命)하는 모든 카톨릭 교회 성직자들 국외 추방과함께 위협하였다<국적 박탈/국외 추방법>; →Kulturkampf

Expektanz *lat.* , 기다림/예기/예상; 한(교회의) 직위/직제의 계승권/권리

expiatio *lat.* , (죄, 과실등의) 보상/속죄; **dies expiationum,** 유대교의 속죄의 날(레 16장)

explicite *lat.* , 펼쳐진 /개진된 /전개된 (→fides); Ggs.→implicite; **volumen explicitum est,** 두루마리 책은 완전히 펼쳐졌다. 수서본/필사본과 고대의 인쇄물들의 마침/종결의 형태; **theol. Explikation,** 응용/적용(→applicatio)에 반대되는 단어로 정경(正經)인(→kanonisch) 글들의 설명/해설/주석, 해석/주해

exploratio Testium *lat.* , 대부(代父) 시험

Exposition *lat.* , *kath.* :성체 현시(聖體 顯示)의 제단에 [축성된 성체(그리스도의 몸으로 간주되는 미사 성찬용 빵)(→Hostie)의] 전시, 진열; **Expositur,** *kath.* :자립적인 성당의 분당(分堂)/분회당 (→Filialgemeinde)<지성당(支聖堂) 교구>; **Expositus,** 성당의 분당(→Filiale)의 성

직자<지성당 교구를 관할하는 성직자>

expulsio *lat.* , 고대교회의:(참회/회개의 성
취를 위하여) 죄인의 **축출/추방**

expurgieren *lat.* , 불쾌감을 유발하는 부분/
입장의 글들을 깨끗이 하다<깨끗이 하
다/정당함을 증명하다>

exsekrieren *lat.* , 신성을 해치다/신성을 모
독하다<저주하다>; 하나의 예배 의/성
스러운 물건/대상의 모독/능욕; 신성모
독/성직 박탈, 저주; →Exkommunikation

Ex(s)equien *lat.* , *kath.* :매장/장례 예배식
(→Obsequien)<장례 미사>; ex(s)equatur,
그가 집행하기를 원한다. 동의/허가
(→Placet)가 있는 곳에서 교회의 명령
/(법의) 제정의 국가의 승인/인가를 위
한 상투어/서식/양식

exsufflatio *lat.* , 사탄의 불어서 떨어 버리기
(카톨릭 교회의 세례)

Exsultet→Exultet

Exsurge, Domine *lat.* , 일어나소서, 주여!(시
74:22), 마르틴 루터에 대항한 파문 위협
의 교황 칙서의 시작

extentio manuum *lat.* , 손의(제식의) 높이 들
어 올리기와 펼치기

extersorium *mlat.* , 예배식의(손)수건; 성배
(성배)용 작은 헝겊

Extra Calvinisticum *lat.* , 칼뱅의 가르침/교
훈, 로고스(→Logos)는 역시 인간의 본
성과 함께 통합/합동/연합에 따라(역시)
그것(=인간의 본성) 밖에 있다; 그러나
→Realpräsenz

extra ecclesiam nulla salus *lat.* , 교회 밖에
구원이 없다(키프리아누스(Cyprianus)
† 258)

extramundan *lat.* , 지구 밖의/현세 밖에
<* Ggs. , 현세 안에/세상 안에서(intra-
mundan)>

extraneae *lat.* , 외지인, 성직자(→Kleriker)의
가정부/가사 관리인

extra nos *lat.* , 우리들 자신 밖에; 루터:우리
들에게 선사된/주어진, 그 자신에 좌우
되지 않는/의존하지 않는 그리스도 안
에서 구원(→Justitia dei passiva)

extra usum nullum sacramentum *lat.* , 적용/
사용 밖에 성만찬 요소는 성례전
(→Sakrament)이 아니다

Extravaganten, 교황의 교회의 교령(敎令)/
교황 법령집(→Dekretale), 그것은 교회
법 교제(그라티아누스 법령/규정(→De-
cretum Gratiani))에 쓰여 있지 않았다; 카
톨릭 교회법의 모음 (→Corpus Juris
Canonici)의 두가지 마지막 모음들이 크
레멘틴넨(→Clementinen)후에 출판되어
진 법령본문들을 포함한다

extrema unctio→unctio extrema

extremum *lat.* , 극도의/극단의/최종의 것,
≪이별/결별의 작은 종/벨≫, 한 공동체
일원의 죽음 후에(화음을 이루는) 교회
의 종

Exukontianer (*gr. ex-uk-on,* 있지/존재하지
않는 것으로부터(*aus-nicht-sein*)), →Ae-
tianer 그리고→Eunomianer, 이들은 아리
우스적(→arianisch)으로 가르쳤다:아들
이 하나님에 의하여 아무것도 없는 것
으로부터 창조되어 있다/만들어졌다;
→Anomöer, →Heterusiasten

Exulanten→Exil

Exultet *lat.* , 그가(그녀가, 그것이) 환성을/

환호를 해야한다. 부활절 전야에 부활   **Exvoto**→Votivtafel
절 찬양(첫 단어에 따라서)

F

fabrica ecclesiae (*lat. fabrica,* 공적인 건물/구조), 하나의 교회의 유지/보존을 위하여 쓰여지고 있는 수입

facere quod in se est *lat.* , 스콜라 철학의:사람은(그 자신의 구원을 위하여) 그 안에 있는 것(=그가 할 수 있는 것)을 행하여야만 한다; →dispositio ad justificationem

facultas utriusque *lat.* , 양면/양측에 따라 택하기로 결정하기 위하여 인간의 능력/자질/소질; **Fakultas,** 교회의 임무 안에서 종교교육/학습의 베풀어주기를 위한 능력/자격/자질<(전공) 교원 자격>; 비교 kath. :→missio canonica

Faith and Order *engl.* , 믿음과 교회법 안에서 일치를 위한 전 세계 교회의 교회 일치(→ökumenisch)운동(1927 년 이래로)<신앙과 규칙/직제>; 1948 년 세계 교회 협의회(→World Council of Churches) 안에서(특정한 임무를 위탁받은 공적인) 위원회; →Life and Work

Fakir *arab.* , 빈곤한/가난한/가엾은 사람; 종교적인 동기로부터 물질적인 소유를 포기/단념하고(→Islam)<(회교의) 수도사/탁발승>및 자기 스스로 고행(苦行)히고 그리고 세상으로부터 자진해서 포기[단념] 하는(→Indien)

Faktizität *lat.* , 사실임/확실성/소여성(所與性); →Heilstatsachen

faldistorium *mlat.* , 접는 의자; *kath.* :제단의 서간서 측면(→Epistelseite)에 주교의 대용 교좌(의자); 대 제단/중앙 제단 앞에서 주교 기도대

famiglia pontificia *ital.* , 교황의 가족/가정/가계(家系), 교황의 수행원 측근; **Familiaren,** 그의 가족/친척/구성원/일원/직원

familia dei *lat.* , 그리스도교의 공동체를 위한 묘사로서 하나님의 가족(칼뱅(Calvin):세례받은 자들과 성만찬에 불리워내진 이들의 공동체) 및(카톨릭 교회의 제 2 차 바티칸 공의회(→Vatikanum II) 하나님의 백성(→Kirche)과 함께 일치를 위하여 정해진/규정된 인류/모든 인간

Fano→Manipel; 주교관(主敎冠)(→Mitra)의 거는 장식/줄; 행렬(성체(聖體) 행렬, 기원(祈願) 행렬 등)의 기; 예배식의 어깨걸이/(성직자 옷의) 견포(肩布); **Fanone** *ital.* , 교황(전례복)의 어깨 걸이

fascinosum (*lat. fascino,* 요술 [마법]을 걸다/홀리다/매혹하다), 신비적으로/불가사의하게 신적인 것/존재의 마음을 끄는/매력 있는 [적인] 힘/권세(Ggs. →tremendum); **fascinum,** (생식력의 상징으로서 발기한) 남근(→Phallus), 마력이 붙어 있는 방위 수단

Fassion *lat.* , 한 성직록(→Pfründe)의 수입과 지출에 대한 편성/작성하기<고백/세금

신고>

Fastentuch, -velum→velum quadragesimale

Fastenzeit, 사순절 첫날/재 의 수요일(사육제 다음날로서 사순절의 제 1 일:카톨릭 교회 신자들은 이날 참회의 뜻으로 이마에 성회(聖灰)를 바름)(→Aschermittwoch)로부터, 본래적으로 단지 부활절에 개최되는/거행되는 세례의 준비로서<단식[금식] 기간/사순절(성회 수요일부터 부활절 전날까지 일요일을 뺀 40일간)>; 그러나→Passionszeit

Fatalismus, 모든 사건들이 운명(lat. fatum) 및 하나님을 통하여 사전에(미리) 정해졌다는 견해/의견, 그로부터 무관심/냉담/중요하지 않음

Febronianismus, 1763 년 이래로 트리어 (Trier)의 부주교/보좌주교(→Weihbischof) 니콜라우스 혼트하임(N. v. Hontheim)(가명의(→Pseudonym):페브로니우스(Febronius)에 의하여 대변되었던 주교(공의회) 중심주의(→Episkopa- lismus)

Fegefeuer→Purgatorium

Feldrede→Bergpredigt

(o) felix culpa lat. , (오) 더 없이 행복한 죄과/죄/잘못/과오(그것은 그같은 구세주에 의하여 가치가 있다고 인정되었다), 부활절 전야의 부활절 찬양(→Exultet)으로부터; →culpa, →mea culpa

Feministische Theologie, 여성을 위한 여성의 신학의 하나의 새로운 해방을 추구하는/해방을 목표로 한(→emanzipatorisch) 구상/기본적인 견해/사상(성서, 교회, 사회에서의 여성), 여성 해방 신학은 이제까지 남성적-가부장적/부권적으로

정해진/규정된 신학을 보충하거나 혹은 게다가 수정하기를 원한다;무엇보다도 네덜란드(C. J. M. Halkes), 미국(R. R. Ruether) 그리고 독일(E. Moltmann Wendel)에서; →Sexistische Theologie

fenestella lat. , 제단 아래 순교자들의 무덤에 창문같은 엶/개방<작은 창/천창(天窓)/작은 문>

feria lat. , 직업상의 일/업무가 없는 날; 고대교회의:평일(f. prima<첫번째 업무가 없는 날> =일요일, quarta<네번째> =수요일, sexta<여섯번째> =금요일); **Feriatus,** kath. :강림절 그리고 부활절전 단식기간/사순절

fermentarii (lat. fermentum, 효모/이스트/(빵의) 시큼한 반죽(Sauerteig)), 그리스 교회의 추종자들을 위한 로마 카톨릭 교회의 묘사, 신맛이 가해진 빵과 함께 성만찬은 개최되었다 (→Passa); Ggs. →Azymiten

ferula lat. , 막대기/지팡이; MA:주교장(主敎杖), 교황의 홀

Fest des Jüngsten Tages→Ewigkeitssonntag

Festrollen→Megillot

Fetisch (portug. feitiço, 서투른/졸렬한/가치 없는 작품), 하나의 특별한 힘/권세 및 악마(→Dämon) 함께 결합되어진 물체/물품<주물(呪物)/우상/물신(物神)>; **Fetischismus,** 하나의 비인격적인 권세 (→dynamistischer F.) 및 악마(→animistischer F.)를 믿음, 그것들은 우상/주물에 매료되어지고/사로잡히고, 인간의 마음대로할 수 있는 권한 아래서 놓여 있다<주물숭배/물신숭배/우상숭배//대물

성 성적 도착증(對物性 性的 倒錯症)(우상 처럼 섬기는 사람에게 속한 물건을 성적 흥분이나 성적 만족의 선호 대상으로 여김)>

feudum *mlat.*, (중세 봉건 군주가 신하에게 주었던) 봉토(封土)/영지(領地), 충성 서약을 고려/참작하여 평생/종신의 소유물/재산/소유지; **Feudalismus,** 봉건제도를 통하여 계급 조직상의 (→hierarchisch) 구조(構造)와 함께 각인되어진/특징지어진 사회 질서(특별히 중세에서)(최상의 봉건 군주로서의 왕)<봉건제도/중세 유럽의 봉건 제도/중세 유럽의 봉건 시대>; 봉건국가(Feudalstaat)의 가장 낮은 사회 계급으로서 농민들은 예속자/노예 및 농노/노예/몸종으로서 봉건 군주/영주들(귀족 계급과 성직자 전체; 예→Cluny)의 개인적으로 증대하는 의존 관계/종속 관계에(우연히) 빠져들어갔다

Fiale, 창문, 합각 머리벽/박공 혹은 부벽(扶壁) 기둥[대 각(臺脚)] 위의 고딕식 (→gotisch)의 작은 첨탑(尖塔)

fiat *lat.*, 그것이 있었다!(창 1:3)

Fideismus *lat.*, 교훈/교리/가르침, (그 가르침은) 형이상학적(→metaphysisch), 도덕적(→moralisch) 그리고 종교적인 진리들은 이성이 아니라 단지 믿음을 사용할 수가 있다(고 주장한다)<신앙주의(신앙을 유일한 인식의 근거로 생각하여 이성보다 우위에 둠)/개신교의 신앙교의(信仰敎義)(믿음의 내용보다 믿음 그 자체가 결정적이라는 이론)>

fides *lat.*, *allg.*:신의/신뢰/의리, 확신/신임;

theol.:(*kath.*:) 은총(→Gnade)(→gratia gratum faciens)을 통하여 부어 넣어진, 하나님의 계시의 수용/받아들임에 향해진, 초자연적인(→übernatürlich) 지력/지능의 덕(덕)(德)(→Tugend)/덕성/미덕으로서 및(*ev.*:) 성령을 통하여 행하였던/작용을 미쳤던(CA<=아우크스부르크 신앙고백(1530)> V<항목>) 하나님의 말씀에 대한 신뢰/확신(→viva vox Evangelii, →justitia dei passiva)으로서 믿음/신념/신앙/신조; **f. actualis,** *kath.*:현실의/실제의/진정한 믿음(=믿음의 행위); **f. carbonaria,** 맹신(盲信), 루터에 따라 눈이 먼/맹목적인, 단순한/아둔한/무지한 믿음 혹은 미신; **f. caritate formata**(비교, 갈 5:6), *kath.*:사랑을 통하여 형성되는(구세의 공로[공적]이 있는) 믿음; **f. data(=facta),** *kath.*:약혼과 함께 충성 서약; **f. divina,** 신적인(=하나님의) 신의/신뢰/의리; **f. dogmatica,** *kath.*:교의학적인/교의적인/교리적인 믿음; **f. ecclesiastica,** 교회의 믿음, 믿음은 교회(의 가르침)에 적합하다; **f. efficax,** 활동적인/작용을 일으키는/유효한/효능[효험]이 있는 믿음; **f. exauditu**(롬 10:17), 들음으로 부터(및 설교로부터)의 믿음; **f. explicita,** *kath.*:각자/단독자(→credenda)안에서 진술하는/열정적으로 행하는 교의(론)/교리; **f. generalis,** 일반적인 믿음(개인적인 연관/관계/관련이 없이); **f. habitualis,** *kath.*:습관적인(→habituell) 믿음; **f. historica,** (구속의) 역사의 실재 사실(實在 事實)들(Fakten/* Faktum)을 믿음(개인적인 연관/관계/관련이 없이); **f. implicita,** *kath.*:접

어 겹치는/감싸는 믿음, 입밖에 내지않은/무언의(교회의 믿음(→f. ecclesiastica) 안에 포함하는) 믿어야할 일들(→credenda)로 향하게 하는 믿음(의 준비/각오), Ggs. →f. explicita; **f. infusa**, *kath.*:은총이 있는/은총을 야기하는 부어 넣어진 믿음; **f. justificans**, 정당함을 인정[증명]/변명[변호]하는 믿음; **f. mortua(=informis)**, 죽은, 오로지 이성적인, 은총이 없이(사랑을 통하여, →f. caritate formata) 형성되는 믿음; **f. qua creditur**, 그것(=믿음)을 통하여 믿어지는 믿음, 믿음의 행위; **f. quae creditur**, 그것(=믿음)이 믿어지는 믿음, 믿음의 내용; **f. quaerens intellectum**, 이해(하기)를 찾는/추구하는 믿음; **f. salvifica**, 구원하는 믿음; **f. specialis**, 특수한/탁월한/비상한(루터(Luther):믿는자 자신에게 유용한 구원의 약속/확약에로 향하는) 믿음(→pro me), Ggs. →f. generalis

fiducia *lat.*, 신뢰/확신/신임; **Fiduzialglaube** 신뢰/확신/신임으로서의 믿음

Filial(e), Filialgemeinde(*lat. filia*, 딸//자회사/지점), 하나의 목사의 두 번째 공동체<연쇄점/지사/성당의 분당(分堂)>; **Filiation**, 두 번째 공동체를 위하여 하나의 공동체 만든다; 위에 서는 사람들에 대한 복종/순종/충성을 위하여 수도원 성직자들의 약속/맹세/책임<친자관계/혈통관계/수도원[성당]과 분원 사이의 자매 관계/종속관계>

filioque *lat.*, 니케아-콘스탄티노플 신경(→Nicaeno-Constantinopolitanum)을 위한 서방교회의 첨가/추가, 그에 따라 성령

이 아버지와 아들로부터 나온다;8-9세기 이래로 그리스 정교회에 대하여 논쟁의 중심점/쟁점, 이에 의하여 이신론적(→ditheistisch) 그리고 중요한/중대한 교리/가르침의 차이점/편차로서 비판되어졌다

Fimbulwinter, 게르만 민족 신화(→Mythologie)의 3년(동안)의 세계 멸망의 겨울

Finalität *lat.*, 뚜렷한 목표를 향함, 목적성/실용[기능]본위적 성격(Ggs. →Kaus- alität)

finitum capax infiniti *lat.*, 한정된/제한된/유한한 것이 무한한/끝이 없는 것을 붙잡을/수용할 능력이 있다/할 수 있다; *luth.*: 예수 그리스도의 신인간적 인격 안에서 그리고 성만찬에 그의 현존 안에서 (→Realpräsenz); *Grs. ref.*: **finitum non capax infiniti**<유한한 것이 무한한 것을 수용할 능력이 없다>(→Calvinismus, →Dialektische Theologie)

Firmung, Firmelung *lat.*, *confirmatio*, 고정/강화/보강; 고대 교회의 *consignatio*, 봉인을 하는 것/봉인, 확인/확증/확인서/증명서; *kath.*:성례전(→Sakrament)(안수와 성유를 바르는 의식), 본래적으로 성인 세례와 함께; 오늘날 유아 세례로부터 나누어졌고, 7세 이전에는 허락되지 않는다(→annus discretionis); 규정안에서 한 감독을 통하여 베풀어진다<견진 성사>; *gr. -orth.*:세례후 얼마 있다가/단기간에 성유(→Myron)를 바름; →Konfirmation

Fisch→ichthys

Fiskus *lat.*, 국고/국고금; **Fiskalismus**, 로마

교황청(→Kurie)을 통하여 자금의 징수 하기/받아들이기<보정적(補整的) 재정 정책>, 특별히 르네상스/문예부흥의 교황제도/교황정치에서:→Pfründe, →Simonie

fistula *lat.*, 피리/플루트/길고 날씬한 잔, 성찬용 잔으로부터 마시기 위한 흡입 줄기

flabellum *lat.*, *kath.*: 공작의(꼬리) 깃으로부터(감독의) 부채; 원형의 소용돌이 무늬/덩굴 무늬 장식안에서 ≪쓰는 교차점/십자선≫<부채/먼지털이/총채>

Flacianer, 마티아스 프라키우스(M. Flacius Illyricus)(† 1575)의 신학적인 경향/유파; **flacianisch**; →Gnesiolutheraner, →synergist. Streit

Flagellanten *lat.*, 편태 고행자(鞭笞 苦行者)(종교적인 고행으로 자신을 채찍질한 13-14세기의 수사); 13-14세기의 방랑/유랑하는 열광적인/황홀경의(→ekstatisch) 무리들, 그들은 스스로 채찍질함/태형/괴롭힘을 통하여 죄의 용서와 불행/재난(예, 페스트/흑사병)으로부터 해방을 이루기를 원하였다

Flamboyant *frz.*, 불꽃 같은 성질의 선들을 지닌 후기 고딕의 문체/양식(특히 영국과 프랑스)

flamines *lat.*, 로마의(제물을 바치는) 사제; 사람들은 주피터(로마 신화의 최고의 신으로 그리스 신화의 제우스와 동일시됨)(→Jupiter)(**f. Dialis**)의, 마르스(로마 신화의 전쟁의 신)(→Mars)(**f. Martialis**)의, 쿠뷔리누스(Mars와 나란히 하는 군신(軍神))(→Quirinus)(**f. Quirini**) 그리고 더욱 사소한 신들을 위하여 12 그 이외의 (신들)(**f. minores**)을 구별하였다

flammeum (nuptiale) *lat.*, 신부의 면사포[베일]; →velamen nuptiale

flectamus genua *lat.*, 자 우리들 스스로 무릎을 꿇읍시다!, 기도의 요청/권고

Fleisch, (무엇보다도 먼저 바울의 서신들 안에서) 육체적, 죄 많은 그리고 죽을 운명의 존재로서의 인간<육신/고기>

flori'legium <*Florilegium 시가선/잠언 격언집>→anthologium

Föderaltheologie (*lat. foedus*, 결합/계약/약속/언약/동맹), 요한 코케이우스(J. Coccejus)(† 1669)의 신학적 경향/유파, 그는 믿음의 가르침/교훈을 성서적인 동맹/언약의 체결에 따라 구분/구성하였다<언약/계약 신학(성서 해석의 규범으로서 교리가 아니라 오히려 저자의 목적과 성서와 본문의 유추를 본다>

Fokolare, Focolarini, 영적으로, 부분적으로 수도원과 비슷한 공동체, 특별히 이탈리아에서 1943년 설립되었다; →Säkularinstitute

fomes peccati *lat.*, 죄의 부싯깃/점화구(點火口), 스콜라 철학의: 인간의 성향/소질/기질(상태[현상황]의/현상 유지적/ 열망/탐욕), 그것은 역시 세례 후에도 원죄(→peccatum originis)에 봉사한다/섬긴다; →Konkupiszenz<욕정/육욕>

fons *lat.*, 샘/원천/기원/동기/자료/원전, 세례반; **fontes moralitatis,** 도덕/윤리 규범의 원천(근원적인 규범/표준/척도)

forensisch *lat.*, 판사[재판관]의/사법의/법원의/법률상의/사법적; →jutificatio

Form- u. Gattungsgeschichte, 한 문화권 안에서 정해진/알려진 사정/실상(實狀)에 대한 확고한 진술/표현 형태의 발전(전통/전승의 역사(→Traditions-) 그리고 전승/전래의 역사 (→Überlieferungsgeschichte); **Formgeschichtliche Methode,** 형성된/만들어진 부분(≪종류/장르들(Gattungen)≫, ≪구성물(Formelgut)≫) 그리고 그것의 ≪삶에서 소재지/거처(→Sitz im Leben)≫(군켈(Gunkel))에 따라한 본문의 연구/분석, 특별히 모세 오경(→Pentateuch), 시편 그리고 공관복음(→Synoptiker)와 함께 (슈미트(K. L. Schmidt), 디벨리우스(M. Dibelius), 불트만 (R. Bultmann); →hist. -krit. Methode, →Apophthegma, →Rahmen)<양식사적인 방법>

forma *lat.*, 모양/형태/양태/방식/(사회적인) 격식/형식; 아리스토텔레스(Aristo-teles): 현실성을 위하여 질료(質料)(→materia)를 형성[형상]하는, 그리고 존재를 부여/수여하는 힘/권세(→Entelechie); 물질이 없는 순수한 형태, 완전한 존재 묘사적인, 이는 하나님이시다(우주론적인 신이 존재한다는 증명(→Gottes-beweis)의 기초/토대/근거); 스콜라 철학/신학적인 성례전 교리/가르침:의식[예식]에 따른 단어/말들, 그것들은 질료/물질(요소들(→Elemente)과 의식[예식]에 따른 행위/행동)에 성례 의/신성한(→sakramental) 의미를 준다; 카톨릭 교회의 도덕/윤리 신학의:의도/목적(→intentio)이 행동/행위들에 그것의 형태(forma)를 즉, 그것의 성질/특색/특질을 준다; **f. externa,** 외부의/외면적인 성례의 행동/행위; **f. interna,** *kath.*:말씀의 내면적인/내적인 형태의 힘; **f. substantialis,** 본질을 위하여 있는 하나의 형태, **f. accidentalis,** 그것은 단지 우연히/우발적으로 하나의 물건/사건에 속한다

Formalismus, 피상적인/비본질적인 면과 규칙/규정의 과도하게 강조하기<형식 주의/격식 주의>; **Formalprinzip,** 종교개혁의 원리/기본 원칙:성서가 구원론/구원의 교의의 그릇(형태[모양]/형식) 이다.(성서는) 구원을 위하여(→Suffizienz) 충분하고 그리고 그것 스스로 해석한다(→scriptura sui ipsius interpres; →Materialprinzip)

Formula Concordiae→Konkordienformel; **F. makrostichos** *lat. -gr.*, 안디옥 회의(344):(특히 고대, 중세 문학의) 두 개의 단시행으로 이루어진 장시행(長詩行)의 문장/간결한 표현/양식, 그것은 그리스도가 아버지와 완전히 동일 하심을 표명/선언한다

forum *lat.*, 법률 범위/법률 유효 범위/권(圈), 법원/법정/재판(장소)/형장(刑場), <광장/장터/시장>; **f. internum,** 내면적인/내재적인 판결/재판, 양심/선악의 의식(f. →dei); **f. externum,** 외형적인 법률 유효 범위 (f. →ecclesiae); **forensische Rechtfertigung**→justificatio

fossores *lat.*, 카타콤베(→Katakombe)-석공/석수/석 공예가의 길드/동업자 조합

fractio panis *lat.*, →Brotbrechen

Fragment *lat.*, 부서진 조각/단편(斷編)/미완성의 문서; **Fragmentenhypothese,** 모

세 오경(→Pentateuch) 혹은 공관 복음서 저자들의 글(→Synoptiker)의 기초/토대로서 더욱 작고 문자로 쓰인 단편들의 예상/추정/가설/가정<단편/조각 가설>; →Ergänzungshypothese, →Urkundenhypothese

Franziskanerorden (OFM), Ordo Fratrum Minorum *lat.* , 미천한/낮은 신분의 형제들의 수도회(프란치스쿠스 수도원의 수도사들(Minoriten)), 앗시시의 프란치스쿠스(Franz v. Assisi)(† 1226)를 통하여 설립된 수도사들의 공동체:완전한/전적인 빈털터리/무산(탁발 수도회(→Bettelorden)), 스스로 정결케함/정화, 이웃에 대한 봉사 안에서 복음에 따라 삶; 빈곤/결핍의 계명(→Spiritualen)에 대하여 어려운/극렬한 논쟁들, 1517년 하나의 이에 관한 더욱 자유로운 선거권이 있는 수사들/프란치스쿠스 수도회 일파의 수도사들(Konventualen), 그리고 하나의 더욱 강력한 수도회 곧 원시회칙파(原始 會則派)의 수도사들(프란치스쿠스 수도회에서 회칙을 특히 엄격하게 해석하기를 주장하는 일파)(Observanten)<프란치스쿠스 수도회>

Frate(Fra) *ital.* , (수도회의) 형제들; **frater** (Fr.) *lat.* , 서품식(敍品式)/성직수여를 받지 않은 수도원 형제(→pater), 역시 많은 수도회의 사제들을 위한 겸허한 칭호; **f. barbatus,** 수염을 기르고 있는(형제); **f. illiteratus,** 교양이 없는/무학의 형제들; **f. conversus**→conversi; **Fraterherren**→devotio moderna; **Fraternität** <형제 우애 //수사 단>→Konfraternität; **Frati-**

cellen *ital.* , 아우, 프란치스쿠스 수도회(→Franziskanerorden)으로부터 분리되어진,부분적으로 이단적인(→häretisch) 단체(13-14세기); **Fratres Minores**(FM)<작은 형제들>→Franzis- kaner<프란치스쿠스회 수사>

fraus *lat.* , 사기/기만/속임/거짓말; **pia fr.** , 선의의 거짓말

Freidenkertum, 계몽주의(→Aufklärung)로부터 유래한, 세계관/세계상-종교적으로 반 교회적인 운동, ≪자유신앙/교리에 구애 받지 않는 이들≫의 극단적인 경향/유파<자유 사상>

Freies, Freisinniges Christentum→Neuprotestantismus

Freikirchen, 그리스도교의 공동체들, 부분적으로 자신의 교리(→Dogmatik) (→Baptisten,→Mennoniten,→Methodisten 등등)와 함께, 그들은 민족교회와는 달리/대조적으로 공동체(→Gemeinschaft)의 생각/견해를 실현/실행/구현 하기를 원하고, 자발적인 제물/희생을 통하여 보존/유지된다; <(민족교회 등으로부터 독립된 개신교의) 자유교회;> 그러나:→Sekte

Freimaurerei, 인도주의 의/박애 의(→humanitär) 수행/실행/이행과 관대/관용(→Toleranz)의 원리와 함께(부분적으로 국제적인) 비밀 단체[조직](≪비밀결사 프리메이슨 지부(Loge)≫) 안에서 세계관/세계상-종교적인 운농<프리메이슨 운동>; 계몽주의(→Aufklärung)에서 시작/원천/기원; →Konstitutionenbuch

frenum cohibens *lat.* , 육정/육욕(→Konkupiszenz)의 억제하는 고삐

Fresko *ital.* , 생동감 있는/신선한, 아직 젖은/축축한 벽에 회화(繪畵)/그림; Ggs. →Secco

Friedensbewegung, 16 세기에서 19 세기까지:힘/권력과 전쟁에 대항하여 단독적이거나 작은 공동체들의 생각/사상과 이니시어티브/주도권, 다양한 동인(動因)/모티브들과 목표설정/의도들을 가지고(기독교적- 인본주의적(→humanistisch):에 라스무스(Erasmus v. R.)(† 1536),→Mennoniten,→Quäker [→Pazifismus]; 계몽주의(→Aufklärung):≪영원한 평화≫의 이념/이상; 평화 단체/협회 [1815 년 이래로] 그리고 강화 [평화] 회의(1848-)); 제 1 차 세계 대전 이전 그리고 이래로:톨스토이(L. Tolstoi), 베르타(Berta v. Suttner), 지그문트-슐쩨(F. Siegmund-Schultze), 간디(M. Gandhi), 슈바이쩌(A. Schweitzer) 그리고 다른 이들; 제 2 차 세계 대전후:개인[별] 행동 그리고 커다란 모임/행사들, 등등, 교회적인 신도 단체/교단의 ; →Pax Christi; **Friedenskirchen,** 형제 교회(→Brethren Church), 메노파 교도(→Mennoniten) 그리고 퀘이커 교도(→Quäker)(≪역사적 평화 교회≫); **Christliche Friedens-konferenz**(CFK), 1958 년 이래로 프라하(Prag)에서 매년의 회의<기독교의 평화 회의>; →Weltfriedensbewegung; **Friedenskuß,** 원시 기독교(→Urchris-tentum)이래로(비교, 롬 16:16; 고전 16:20; 벧전 5:14 등등) 그리스도인들의 형제의 유대/관계의 표현, 특별히 성만찬식 축제(→Eucharistiefeier)

와 함께; 후에 다양하게 단지 양식화되게 실행되었다

Fronleichnam *mhdt.* , 주의 몸, 행렬/행진(→Prozession)과 함께 성만찬식(→Eucharistie)의 영광/경의를 위하여 삼위일체 주일(→Trinitatis) 후 목요일에 카톨릭 교회의 축제일<성체 축제일>; →Monstranz

frontale→antependium

fructus primi anni *lat.* , 성직록(→Pfründe)에서 첫 번째 재직의 해의 수익/소득

fructus sacrificii *lat.* , (그리스도의, 미사의) 희생/제물의 수익/소득

Frühjudentum→Spätjudentum

Frühkatholizismus, 사회제도[관습]을 위하여 원시 교회(→Urkirche)의 발전/발달을 위한 묘사, 그리스도의 재림(→Parusie)의(기대했던 일이) 생기지[일어나지] 않은 후에 100 년과 200 년 사이에서 질서와 가르침/교훈의 견고[견실] 하게 됨이 시작되었을 때에(성직이 수여되었던 사제의 직(제),규정된/규칙이 세워진 제식(祭式)/예배(禮拜), 믿음의 규범으로서의 세례식에서의 신앙고백, 구세/구원의 처소로서 교회)<초대 카톨릭 교리 [신앙,주의,제도,교의]>

fruitio Dei *lat.* , 하나님의<을> 향유하기/즐기기/경험하기, 하나님의 평화 안에서의 삶(아우구스티누스(Augustinus)(† 430)의 윤리(→Ethik)의 목표/목적)

Fünfbuch→Pentateuch

Fürbittengebet, großes, 예배에서, **Prosphonese** *gr.* , 제단으로 향하여 사제/예배 집전 성직자(→Liturge)의 연설/예식사

로서 이든지 혹은 **Ektenie** *gr.*, 정렬/열정/열심, 특별히 *gr. -orth.* (→Litanei)<(비잔틴의 예배에 있어서의) 화답(和答) 기도>, ev. 특별히 성만찬 앞에서, 그 때에 공동체는 ≪주여 불쌍히 여기소서!≫ 말씀과 함께 예배 집전 성직자(및 한 성구 봉독자(→Lektor))의 기도 요청에 대답하는 것으로서 이든지 혹은 **Diakonisches Gebet** <부제의 기도> 그와 함께 한 성구 봉독자가 공동체를 향하여 기도를 요청/권고 하고, 예배 집전 성직자는 제단을 향하여 기도하고 그리고 공동체는 각 기도를 ≪아멘≫으로 막감한다

Fürst d(ies)er Welt, 요한복음(12:31; 14:30; 16:11)에서 사탄(→Teufel)을 위한 예수의 묘사<이 세상의 임금/군주>

fulltrui *germ.*: 선택 되어진 ≪우정의 신≫

Fundamentalartikel *lat.*, 기초의/근본적인 교리/신조 그리고 명제/정리(定理)들; **Fundamentalismus,** 약 1875 년 이래로 (1918 이래로→미주리 회의(Missourisynode)) 미국의 복음주의의 운동, 정통 학설[교의]의 고수(→Orthodoxie) 그리고 성서 언어 영감설(靈感說)<=축자 영감설>(→Verbalinspiration)을 위하여, 역사 비평적 방법(→his.-krit. Methode)과 현대의 [근대 의] 자연과학(진화론(進化論)(Deszendenztheorie), →Evolutionismus)에 대항하여 싸움; **Fundamentaltheologie,** *kath.*: 믿음의 합리적인/이성적인 상응/일치의 정당함을 증명하기를 원하는 신학적 호교(護敎) 학/호교론(→Apologetik); 자주 특별히 교의학/교리론(→Dogmatik)의 신학적 인식론으로서 일반적인 교의학/교리론을 먼저 설명한다<기초/근본 신학>

Fundatio(n) *lat.*, 기초를 놓음/창설/설립; **f. pia,** 경건한 기부/희사/기부금/설립/창립

Funktionsgötter, 하나의 유일한 과제/임무를 위한 신들<기능/직무의 신들>

Furien, *röm.* (로마 신화의) 복수의 여신들, *gr.* →Erinnyen

Fußwaschung, 성만찬 [최후의 만찬](→Abendmahl) 동안에 그의 제자들에 대한 예수의 사랑의 봉사(요 13:1-15)

fylgia *germ.*, 연속/계속의 신, 혈족/씨족 안에서 수호신으로서(기억 속에) 계속 살아남는 개인적인 삶/생명(영혼)

G

Gabengebet, 미사에서 제물/희생(→Opfer)
을 바치기/드리기와 함께 기도: oratio
super oblata<바쳐진 것들 위에 기도>

Gabriel→Erzengel

Gajaniten→Aphthartodoketen

gallikanisch *lat.*, *französ.*<갈리아 주의의/프
랑스 카톨릭 교회의>: **g. e Freiheiten** (부
르쥐(Bourges)의 실용주의적인 조처/대
처, 1438년), 그것은 프랑스의 왕과 의회
에 교회의 입장/지위의 차지/점유와 함
께 그리고 정신적인 소송 사건/법률 사
건 안에서 우선적인/특권이 주어지는
권리들을 준다<갈리아 주의의/프랑스
카톨릭 교회의 자유>; **Gallikanismus,** 특
별히 프랑스 교회를 위한 자유의(정당
한) 요구(교황의 권세의 제한)<로마 교
황에 대한 자주권을 갖는 프랑스 교회
(프랑스 혁명까지)/갈리아 주의/프랑스
교회 독립주의>

Garantiegesetz, 교회 국가(→Kirchenstaat)의
종결/폐지/철폐에 따른 이탈리아 정부
의 보증 법률(1871), 그것은 교황에게 그
의 교회의 법의 실행/집행 안에서 자유
를 확약/보증했다

Garizim→Samaritaner

Gathas *pers.*, 노래/가요들, 조로아스터교
의 거룩한 책들 중에서 가장 오래된 조
각/일부

Gattungsgeschichte→Formgeschichtliche
Methode

Gaudete *lat.*, 너희들은 스스로 기뻐하라!,
kath.: 세 번째 (*ev.*: 네 번째) 강림절
(→Advent)(빌 4: 4에 따른 예배의 처음
의 식 (→Introitus-)(예배) 교창 (交
唱)(→Antiphon)), (수난절/사순절(→Pas-
sion- szeit)에서 너 스스로 기뻐하
라!(→Laetare)와 비슷하게) 강림절의 참
회 시간(→Bußzeit) 내에서 즐거운 성격/
품성을 가지고

Gayomard, Gayomaretan, 페르시아 종교의
원시 인간/원인(原人)

Gebetsgestus<기도의 표정/태도>→Oranten

Gebetsriemen<(유대교의) 성구함(구약성
서의 문구를 기록한 양피지를 넣은 작
은 가죽 상자로 아침 기도시에 몸에 지
님)>→Tefillim

Gefangenschaftsbriefe, 바울에 의하여 자신
의 언명/진술에 따라(포로로) 갇힌[구금
된] 상태에서 쓰여진 편지들<옥중서신
>: 에베소서, 빌립보서, 골로새서, 빌레
몬서(진정한 바울의 편지들은 단지 빌
립보서와 빌레몬서, →deuteropauli-
nisch)

Gegenreformation, (*kath.*: ≪카톨릭 교회의
개혁≫) 카톨릭 교회의 믿음과 그리고
카톨릭 교회의 개혁에로 개신교도들의

복귀(復歸) 환원을 위하여 16 - 17 세기에 신학적, 정치적, 군사적 노력들의 총체/전체/총괄

Ge(h)enna *hbr.*, *ge(ben) hinnom* 으로부터, 힌놈의(아들들의) 골짜기(수 15: 8; 왕상 23: 11), 예루살렘의 남쪽으로 좁은 골짜기/협곡/심연(深淵)을 칭하고, 후기 유대교(→spätjüdisch)의 믿음에 따라 최후의 심판의 처소; 지옥/저승

Geißler→Flagellanten

Geistliche Gemeinde-Erneuerung (GGE), 복음교회의 운동, 카톨릭 교회의 카리스마적인 공동체-개혁/갱신(→Charismatische Gemeinde-Erneuerung)를 위하여 평행으로<영적인 공동체-개혁/갱신>

geistliche Verwandtschaft<영적인 친척 관계>→cognatio spiritualis

Gelübde<(신 앞에서의) 서약/맹세/서원>→consilia evangelica

Gemara *hbr.*, 학습자료/학습물, 보완/보충하기, 미쉬나(유대 법령집/탈무드의 기초가 됨)(→Mischna)를 위하여 주석자들(→Amoräer)의 해석/주석들과 부가/첨가물들의 모음(탈무드(→Talmud)의 두 번째 부분)

Gematria *gr. geometria* 로부터, 중세의 유대 신비주의(→kabbalistisch)의 해석 방법, 동일한 수치(數値)/수의 값의 문자/글자들과 함께 단어들을 바꾸기/교환하기 위하여

Gemeinde, 본래적으로 기독교인늘의 결합/통합/연합, 총체/전체 교회의 장소적인 외형/형태 (신약: →ecclesia; →Basisgemeinden); 범위/구역/지역(하나의 목사의: **Parochie**<(소) 교구(敎區)>; **Parochus**=교구 목사); 교회의 생활에 관여/참가하는 그 사람들(≪**Rand-G.**<변두리 공동체>≫와는 달리 [대조적으로] ≪**Kern-G.**<핵심-공동체>≫); 교회 일치의 (→ökumenisch): 전 그리스도교도; **Paragemeinde,** 지역 공동체 옆에 존재/존속하는 공동체(예, 학생-공동체(Studenten-G.))<병렬/부(副)-공동체>; **Personalgemeinde,** 교구의 제한/한계[경계]에 의존하지 않고 구성되어진 공동체; **Gemeindeaufbau,** 하나의 교구 내에서 공동체의 모음/모임, 준비[채비]하기와 파견/파송/임무<공동체 구축(構築)>; **Gemeindeberatung,** 공동체 생활의 발전을 위하여 혹은 분쟁/다툼의 조언/지도/협의를 위하여 목회 심리학의/심리학적인(→pastoralpsychologisch) 그리고 집단 치료법의 방법들을 통하여 공동체 협의/위원회 혹은 그것의 협력자 그룹/집단의 조언/충고/지도/상담; **Gemeindebildung,** 공관 복음서 저자들(→Synoptiker)의 발언/진술/증언들, 그 증언들이 예수에게서 연원되지 아니하고 오히려 사도들(→Apostel)과 원시 공동체에서 연원된 다 ; **Gemeindehelfer**→Diakone; **Gemeindehelferin,** 교구의 목사 옆에 실천 신학적인 양성/교육과 함께 준비된, 자주 독립적으로 일하는 상임(常任)의/전담의 힘/권세; **Gemeinde-kirchenrat**<교회 관리 위원회>→Presby-terium; **Gemeindeschwester**<교구내에 후생 복지 사업에 종사하는 봉사요원/교구 간호사>→Diakonisse; **Gemeindetag unter**

dem Wort, 신앙고백(→Bekenntnis)과 공동체 운동(→Gemeinschaftsbewegung)의 교회의 총회(→Kirchentag)에 대항하는 하나의 특성/방법(일요일의 모임/행사, 지금까지 대부분 슈투트가르트(Stuttgart)에서(개최)<말씀 아래서 교회의 총회>; **Gemeinde-theologie,** 원시 공동체의 전승/전통들의 신학(→Gemeindebildung); 오늘날 : 대학의 신학(Hochschultheologie)과는 달리[대조적으로/반대로] 공동체 안에서(성서절대주의의(→biblizistisch) 그리스도교의 견해/의견들을 위한(평가 절하한 묘사)

Gemeinschaftsbewegung은 약 1850 년 이래로 미국, 영국 그리고 독일에서 대부분 경건주의로/경건주의적으로(→pietistisch) 물들여진 자유교회들(→Freikirchen) 및 자유로운(≪각 주(州) 교회의≫) 공동체들을 산출[배출] 하였다. 이들은 믿음을 위한 개인적인 ≪결단 /결심≫강조했고(≪개종/개심/회심의 경험≫), 부분적으로 품행/처신/몸가짐에서 ≪거듭 나아지지 않은 자들≫과 교제[접촉]을 피하고, 기도 공동체와 그리고 복음 전도/포교(→Evangelisation)를 보존/진흥/촉진 하고, 신앙고백을 행하기 위한 기회를 찾고,(세계와 인간의) 종말론(→Eschatologie)을 강조한다; (18-19 세기의 개신교의) 신앙 부흥 운동<대각성 운동>; 그러나→Sekten; **Gemeinschaftsmesse**→missa dialogata; **Gemeinschaftsschule** <각 종파 혼합 학교>→Bekenntnisschule<(주로 주교 소속의) 미션 스쿨/교단에서 세운 학교>

Gemeinwesenarbeit, 사회 자발적 봉사활동으로 알려진 공동체의 일, 특별히 인구 밀집지역의 중심에서<공동체/사회/공동 조직의 일>

gemina praedestinatio→Prädestination; **Gemination, Trigemination** *lat.*, 이중의-, 삼중의 놓기/두기, 반복

Generalkapitel<(수도회의) 총회>→Kapitel

Generalkongregation(en) *lat.*, 하나의 공의회 (→Konzil), 하나의 감독의 교구 (→Diözese), 하나의 수도회(→Orden)의 모든 투표권이 있는 구성원/회원들의 전체/총체-(총회/본회-) 회의들 <교회 총회>

Generalsuperintendent, 더욱 일찍: 한 지역 교회의 커다란(지리상, 행정상의) 구역에서 감독의 기능과 함께 지도적인 복음교회의 성직자<관구 총감독>

Generalvikar *lat.*, 행정/관리에서 감독의 대리인/대행자<주교 총대리>

Generatianismus *lat.*, 영혼이<부모의> 낳기/낳음과 함께 영적인 본질로서 생성/발생한다는 의견/견해/관념; →Kreatianismus, →Präexistenzianismus, →Traduzianismus

generatio aequivoca<모호한/다의적(多義的)인 낳음> *lat.*, (생물의) 자연발생<신적인 창조의 행위 없이 땅에 생명의 생성에 대한 가설>; **g. aeterna,** (하나님의 아들의) 영원한 낳음<*영원 전에 낳아지셨음을 증거하고 있다>

Genesis *gr.*, 생성/발생/기원/유래, 창조/창작; 창세기

Genetivtheologien, 현재의 신학적인 경향/

유파, 그것이 속격/소유격을 통하여 더 상세하게 묘사 된다(예, 해방의 신학(→Theologie der Befreiung), 혁명/변혁의 신학(→Theologie der Revolution))<소(유)격의 신학>

Genfer Psalter, 개혁 교회에서 성서 시편(→Psalmen)의 시절이 나누어진 번안/개작, 1562년에 라틴어로, 독일어로 1573년에 롭바써(Lobwasser)에 의하여 그리고 1798년에 요리쎈(Jorissen)에 의하여

Genius, *röm. Rel.* : 인간의 생명-(수호-) 영<(특히 고대 로마에서 인간, 사회, 지역을 수호하는) 정령/수호신>; **G. loci,** 지역[장소]의(역사상의/역사적인, 친밀한) 영/수호신

genizia *aram.* , 유대교(→Synagoge)의 창고/광, 보고/금고

genus *lat.* , 성/가계/종속, 혈통/태생, 종류/종족; **g. apotelesmaticum**(*gr. apotelesma,* 일/행위/저작, 효과/행동/활동)<완성에 속하는 종류/종속>, *ev.* : 그가 구세주로서 행하는 행동/행위들과 함께 그리스도 안에서 신적인 본성과 인간의 본성의 통합/연합/일치(→communicatio idiomatum); **g. idiomaticum,** 신적 본성과 인간의 본성이 나누어진다. 그러나 완전하게/전체적으로(독립적으로/자주적으로) 그리스도의 인격에 받쳐진다; **g. majestaticum** 혹은 **auchematicum** (*gr. auchema,* 명예/영광/존경), 그리스도는 그의 인간의 본성의 속죄 안에서 그의 신적인 장엄함/존엄함을 전달한다/알린다; **g. lit(t)terarium,** 문헌/문학적인 종류/종속/장르(→*Formgeschichtliche Meth-*

ode)

Geonim *hebr.* , 주권/통치권/위엄/숭고, 이슬람교의 지배/통치(589 - 1038) 아래서 메소포타미아에 유대인의 학문의 수장들; *Sg.* : **gaon**

Georgs-Ritterschaft→Ritterorden

Germanisierung des Christentums, 중세에 게르만인의 사상/심상(→fulltrui, → druhtin)과 관습/풍습을 통하여 기독교의 영향/감화; 19-20세기에 기독교를 소위 게르만인의 존재/터전에 접근시키기 위하여 기독교에 유대인-근동의 행렬/진군/이동의 말소/근절(→Deutsche Christen)<기독교의 게르만[독일]화>

geschichtlich, *theol.* : 자주 다음과 같은 의미에서: 중요한/현저한/의미 심장한, 계속 작용하는 그리고 구세의 역사의/구속사의(→heilsgeschichtlich)에 대하여; Ggs. →historisch

geschlossene Zeiten, 과거의/이전에: 참회[고해] 시간/사순절, 그것 안에서 교회의 결혼들 그리고 결혼 축제 행사가 허용되어지지 않았다

Gesellschaft Jesu→Societas Jesu

Gesetz, →Dekalog, →Tora; *ev. -luth.* : 복음(→Evangelium)과는 달리[대조적으로/반대로] 인간적인 삶과 사건의 영역/범위, 그 복음은 인간을 순수한/명백한 수동[소극]성 안에서 만난다(→justitia Dei passiva)<율법/계명>; **Gesetz und Evangelium,** 하나님의 신보와 용서 아래서 그리스도인의 삶의 피할 수 없는/필연적인 이중 특성/특색에 대한 루터-복음 교회의 중심 교훈/교리/가르침<율법과

복음>(→simul justus et peccator, →usus legis, →Zwei-Reiche-Lehre); **Gesetzlichkeit,** 밀접한/친밀한, 형식주의적인 율법 - 과 도덕 이해(→Moralverständnis) <적[합]법성/원칙/법칙/법적 상태>

Gesicht *altdt.*, →Vision

Gesinnungstechnik→Ethik

Gesprächspsychotherapie, 심리[정신] 요법 (→Psychotherapie)의 주요한 방법, 로저스(C. G. Rogers)에 따라(행동의 지침을 주지 않는 심의/상의/협의 대화, 고객/의뢰인을 중심에 두는 심리[정신] 요법), 방법으로서 목회실천으로 받아들여졌다<대화 정신 요법>; <목회 심리학>→Pastoralpsychologie

Getto→Ghetto

Gewissen, 도덕적으로 비난/고발하는 그리고 요구하는(법원/사법적이 아닌) 소관 부서/법원/심급(審級)(→conscientia)<양심/선악의 의식>; →Glaubensgewißheit

G(h)etto *ital.* (*hbr.* get 에서 유래, 분리/격리/고립), 유대인들이나 혹은 다른 소수집단들에게 중세 이래로 지정/할당/배분된 폐쇄된 택지/주거 지역

Gilgamesch, 우룩(Uruk)의 설화의 왕, 바빌론의 민족[국민] 서사시의 영웅

Ginza *aram.* 보물/재물, 만 다 이 이 아(→Mandäer)적인 종교의 중요한 글/저서/문헌

Gitovaginda, 인도의 가장 유명한 종교적인 연애 문학

Gläsernes Meer, 하나님 앞에서 광범위한/넓은 하늘을 위한 요한의 계시록의 묘사(계 4:6)<유리 바다>

Gläubigengebet, *kath.* : 일반적인(교회-) 기도, 그것은 미사의 말씀 부분을 끝내고/종료[완료]하고, 역시 정시 과(定時課)(성무일과의 시간적 구분)/성무일과(교회가 사제나 수도자에 부과한 날마다의 기도 임무)와 강론 예배에서; 다양한 형태 안에서 공동체의 관여/참가<신자들의 기도>; →Fürbittengebet

Glagolica (*slaw. glagolati,* 말하다/표현/표명] 하다); 가장 오래된 슬라브 어문학의 철자들이 선교사 콘스탄티누스(Konstantin), 퀴릴루스(Cyrill)와 메토트(Method)에 의하여 고안/발명/창시 되었던(9세기)(철자) 후에 퀴릴루스의 철자에 의하여 밀어내졌다<* 이 퀴릴루스의 철자를 Glagolica 라고 한다>

Glauben, *gr.* **pistis,** *lat.* →**fides**; *kath.* : →Apostolikum; 교회의 가르침/교훈/교리의 총체/전체<믿음/신뢰/종교적 신념/신조>; **Gl. sbuch**→Katechismus; **Gl.erfahrung,** 개종/귀의/교화로 이끌었던 경험/체험/기묘한 사건; 신적인 경영/지도의 지속적인/끊임없이 반복되는 의식/자각/통찰/확신(→Erlanger Theologie)<신앙 경험>; **Gl. sgewißheit,** *ev.* : 비난/고발하는 양심(→Gewissen)을 극복하는(격려/권고), 타당/유효하게(나를 위하여→pro me)) 수용되어진 하나님의 용서의 위로의 말/권고로서(→certitudo; 그러나→securitas)<신앙의 확실성/확신/확증>; *kath.* : 교회의 교리/가르침과 관련하여 진리의 확실성/확신; **Gl. skongregation**→Kongregation; **Gl. sursachen,**<신앙/믿음의 원인/동기들,> 상이한/가지가지의 견해/

의견/관에 따라: 예수의 모범/전형/본보기(→imitatio Christi, →Nachfolge), 그의 말씀(요아킴 예레미아스(J. Jeremias: →ipsissima vox; →Logion), 그의 십자가(→Mystik) 혹은 그의 부활, 복음(→Evangelium)들의 설교/선포(→Kerygma) 및 그것의 해석/주해/설명(→Hermeneutik), 설교(→Predigt)(비교→fides ex auditu), 신학적(→theologisch)인 가르침/교훈/교리(≪첫번째 신학자≫로서 바울), ≪객관적인≫구세의 사실들(→Heilstatsachen), 하나의 상징/표징(→Symbol)의 승인/수락/수령(최소한 믿음의 완성이나 개선을 보여주는 것으로서), 믿음의 증여자/수여자로서 하나님(및 성령); **Gl. swirklichkeit,** 믿는 이는 ≪하나의 새로운 피조물≫(고후 5: 17), ≪거룩하게 되었고≫(사도신경(→Apostolikum)의 3번째 항목, 그러나→communio sanctorum), 그리스도의 후계/계승(→Nachfolge)(그러나→imitatio), 세상의 보존(→consevatio mundi)을 위하여 하나님의 도구(→instrumentum)이기를 원하고, 그런 까닭에 그의 협력자(→cooperatio: 루터(M. Luther)), 그리스도로부터 세상을 재고/측정하고(바르트(Barth); →Christusherrschaft), 하나의 새로운 존재 이해를 갖는다(불트만(Bultmann))

gloria *lat.* , 영광/존경, 찬양/찬미/칭찬; 예배식의: 천사의 찬미가/송가/찬가(눅 2: 14): **Gl. in excelsis Deo,** (지극히) 높은 곳에서 하나님께 영광이 있으라/있다(≪큰/대 영광 송≫); **Gl. Patri** 등등, 영광이 아버지에게 등등(≪작은/소 영광 송≫);

kath.: ≪큰/대≫그리고 ≪작은/소 영광 송(→Doxologie)≫

Glorie, Gloriole, (그리스도, 성인의 머리 주위에 있는) 후광(後光)<영광/영화/후광/그림자>

Glorienlicht→lumen gloriae

glossa *gr.*, 혀, 말/말하는 능력/언어, *mlat.* 어려운 본문의 한 부분/절/구의 설명/해석/진술, ≪주해/(옛 문헌에 나타내는) 방주(傍註)≫; **gl. interlinearis** 로서, 행(行)/줄 사이에 혹은 **gl. marginalis** 로서, 가장자리/변두리/테(두리)에<주해/방주>; **gl. ordinaria,** 성서 해석/주해/설명의 모음; 중세의 카톨릭 교회법의 모음(→Corpus Juris Canonici)을 위하여 동일한; **Glossator,** (교회법의) 교육받은 중세의 본문 주석가<(특히 법률 텍스트의) 주해자>; **Glossar, Glossem,** 어려운 단어들을 설명하는 책<(어떤 저작의) 어휘 해설집/(고사본 중의) 주해집 [방주집]/(알파벳 순으로 배열한) 전문어집 [어휘집]>; **Glossolalie,** 언어의 특사(特賜)/방언을 함, 이해할 수 없는 소리 안에서 연설/말/대화(고전 14 장)

Gnadauer Verband, 공동체 운동(→Gemeinschaftsbewegung)의 다수의 동맹/협회/단체들과 일/사업들의 1888 년 설립된 결합/연합/제휴

Gnade, 인간을 위하여/향하여 하나님의 은혜 [자비]가 넘치는, 사랑하는(죄들(→Sünden)을 용서하는) 온성/관심/사랑; *kath.*: 역시 초 자연적인(→Natur), 하지만 창조되어진 그리고 다시 상실할 수 있는(→Sünde) 재능/재질/천성(→gratia creata, 신학적인 덕/덕성들(→Tugenden)을 위한 묘사, 그것들과 함께 사람들이 은혜[성총(聖寵)]의 상태(Gnadenstand)에 처해 있다; **Gnaden-bild** <성화상(聖畵像)/(영험이 뚜렷한) 성모상>→Gnadenstuhl; **Gnadenmittel,** 하나님과 함께 인간의 교제/교통을 얻는/실현[성취] 하는 수단/방법, 특별히(ev.: 단지) 하나님의 말씀(→Evangelium)과 성례전(→Sakramente); **Gnaden-stuhl,** 그리스도교의 도상학(圖像學)/성상[초상]학(→Ikonographie)에서 삼위(일체)(→Trinität)의 세 상/화상/조상/(예술적) 형상(形像)의 결합/연합/조합들을 위한 묘사: 왕좌 위에 아버지 하나님, 무릎/품에 그리스도의 십자가에 못 박힌 그리스도상(像)/십자가 상(→Kruzifix) 혹은 시체를 지니/와 함께, 둘 사이에 혹은 둘의 머리 위에 성령의 비둘기; 비교, 히 4: 16; **Gnadenwahl** <은혜의 선택(예정)/(신학:) 예정설(豫定說)>→Prädes- tination; →gratia

Gnesiolutheraner (*gr. gnesios,* 순수한/진정한/참된); 루터의 죽음후 진실한 루터교 신학자의 자기 묘사/자칭(명)(→ Fla- cianer); Ggs. →Philippisten

Gnomon *gr.,* (해시계-) 바늘/지침, (건축시의) 직선 측정 줄/드림 추의 줄/규준/지침/원칙/규범; 요한 알브레히트 벵엘(J. A. Bengel)의 하나의 라틴어(로 쓴) 신약/주석(서)/주해(1742)

gnorisma christianorum *gr. -lat.,* 그리스도인들의 식별표/인식표/표적(으로서 사랑)

Gnoseologie *gr.,* 인식론

Gnosis *gr.,* 앎/지각/인지/지식<(신의) 인식/영지(靈知)/신비적인 직관(直觀)>; 첫 번째 세기에 헬레니즘(→hellenistisch)의 범위/영역에서(역시 그리스도교의) 종교 유형, 2세기 이래로 체계/학설/제도 안에서(발렌티누스(Valentinus)); 서로 다른 경향/유파/주의에 일치한다: 파괴/파멸되었던 《빛의 나라/제국/왕국(**Lichtre- ich**)》에서 무한한 시간/영원(→Äon)의 시작을 위하여(고대 그리스 도시 국가의) 집정관(→Archonten)들의 타락. 그것(=빛의 왕국) 대신으로 세상이 발생했고, 그리고 각자의 인간 영혼 안에 하나의 빛의 불꽃/불티(**Lichtfunken**)가 머물렀고, 그것의 세계 종말 시기의 합일/통합이 유포/널리 퍼뜨림을 통하여 선사되어졌던 신의 인식/영지(靈知)로부터 빛의 왕국의 재건/복구/회복에로 이끈다. 그것을 영적인(→pneumatisch) 빛의 불꽃 운반자로서 인간이 실현[성취] 한다(**salvator salvandus** *lat.,* 구원/구제되어져야만 하는 구세주/구원자); 후에 그것이 하나의 영지주의의 《원인(原人)/원시인-구세주/구원자-신화/설화(**Ur- mensch-Erlöser-→Mythos**)》(비슷하게 후기 영지주의의 체계/제도들 안에서 구원되어진 구원자/구세주(**salvator sal- vatus**))의 교육/양성/훈련을 위하여 왔다; 개별적 정황/세세한 것들이 전도되었다. 거기에서 영지(주의)는 일반적으로 《신적인 비밀/신비들에 대한 지식》이다. 바울에 의하여(고전 2장, 그외 다른 곳들) 그러나<그것=지식은> 하나님의 영(프뉴마/Pneuma)으로부터 믿음(→Glauben) (Pistis)에 뒤이어 배열/정리/정렬되어졌다. 그와 함께 문제가 이성과 믿음(계시)에 작용한다. **Gnostiker,** <그노시스파 사람들,>(더욱 늦은 시기의) 영지주의 자들은 참다운(그노시스파 및 호교과 철학의) 영적인 사람들(→**Pneumatiker**)을 위하여 자세[태도]를 취하였고, 그에 대항하여 보다 낮고/천하고 별 가치 없는 인간의 계급/등급을 위하여 ≪**Pistiker**≫(=≪**Psychiker**≫, 감성적-정신적 인간), 그리고 ≪**Hyliker**<육체적/물질적인 인간(영지주의에서 가 장 낮 은 구 성 원 /일 원)>≫(=≪**Sarkiker**≫, ≪**Somatiker**≫, 표면에 있는/피상적인/외면에 집착하는 육체-, 육신적인 인간)(고린도의 영지주의자들과 함께 비슷한 구별을 암시/시사, 고전 2: 14; 3: 1); **gnostisch,** 그것의 결합에 의하여 신적인 영/정신으로 스며/배어들었던 및 하나의 영지주의의 체계/제도에 귀를 기울였던 생각/사고<그노시스파/영지주의의>

Gode, 게르만의 정치적 구역/지역<가우>의 대표(자)/장/책임자 그리고 사제/성직자

Goet *gr.* , 마력을 지닌 사람/마술사, 곡예사/마술쟁이/요술쟁이

Götterdämmerung<(북구 신화) 신들의 황혼(새 시대의 시작 전 신들과 세계의 멸망)>→Ragnarök

Gog und Magog(계 20: 8), 하나님 적대적인 군주 및 백성들

goi, *Plr.* **gojim,** *hbr.* , (다른 종교의) 백성들, (유대인이 본) 비유대인들, 이방인들, 믿지 아니하는 자들

gola *hbr.* , 유배/추방/망명(생활)(→Exil)에서 유대인들

Goldene Regel, 일반적으로 관습/관례적인 규칙/규정, 마 7: 12 의 의미에서<황금의 규칙/황금률>

golem *hbr.* , 반제품의 것/불완전한 것, 유충/애벌레, 공인되지 아니하게/명목상으로 한 프라하(Prag)의 랍비(→Rabbi)(1580)에 의하여 생명을 위하여 일깨워졌던/자극 되었던 점토 형상(形像)/조상(彫像)(→homunculus)

Golgotha(Luther: Golgatha) *aram.* , **Schädelstätte**<해골의 곳/장소, 막 15: 22>, *mlat.* **Kalvaria,** 두 개(골), 예수의 십자가 지신 장소/처소; →Kalvarienberg

Goliarden *frz.* , 중세의 음유 시인 그리고 영적인 노래의 시인/작가, (중세 기사의) 사랑 노래/연가들 그리고 나쁜/불쾌한 논박서/비방하는 책자들(10 - 13 세기)<방랑 수도사>; →Vaganten

Gospel Song *engl.* , 복음의 노래/복음 성가/복음(찬)송가, 북 아메리카의 색깔/색채의 찬송가; →Spiritual

Gotik, gotisch, 12 - 15 세기의 예술 양식/스타일/풍, 수직적인 것들의 강조/악센트/강세, 교회 건축에서 투명한(→diaphan) 벽 들 과 천 개 (天 蓋)/용 개 (龍 蓋)(→Baldachin)-체 계/제 도/조 직<고 딕 양식//고딕 양식의/고닉 양식에 득징직인>

Gottebenbildlichkeit→imago Dei

Gottesbeweis, 하나님의 존재/현존(→Existenz) 그리고 효력/유효성/일[활동]하고 있는 것을(비신적인 것으로부터) 논증/증명/실증하기 위한 시도(→via); **de'ontologischer G.** (*gr. dei,* 그것이 꼭 필요하다), 양심의 요구의 경험이 절대적인/완전한(→absolut) 입법자/법률 제정자의 결론/추론을 허용한다<(논리학의) 의무론(義務論)적 신 존재 증명>; **G. e(=***lat. ex)* **consensu gentium,** 백성들의 일치/합의로부터 신이 존재한다는 증명; 모든 백성들이 그 어떤 하나의 신의 소개를 받았을 때에 그것은 하나의 신을 주어야만 한다(=역사적 신 존재 증명); **kosmologischer G.,** 세상에서 모든 운동은 의존하고/종속되어 있다. 또한 그것은 하나의 첫 번째 예속되지 않은/독자적인 원인/동기를 주어야만 한다(아리스토텔레스(Aristoteles): 첫 번째, 움직이지 않는 움직이는 자/운동자; prima causa = 첫 번째 원인/동기, 그것은 동시에/역시 <그가> 그 자체의 원인/동기(→causa sui)이다. →Aseität)<우주론적 신 존재 증명>; **ontologischer G.,** 그것을 넘어서 더욱 큰 것이 생각 될 수 없는(=≪quo maius nihil cogitari potest≫: 캔터베리의 안셀름(Anselm v. Canterbury) († 1109)) 존재(자)가 사상적으로/지적으로 있을 수 있을 뿐만 아니라, 역시 실제적으로/진실로 있어야만 한다<존재론적 신 존재 증명>; **moralischer G.,** 우리 안에서 하나의 관습/관례의 법//도덕률의 사실이 하나의 일반적으로 도덕적인 법의 주창[주도]자/원조(元祖)로서 하나의 절대적인 의지의 수용/승인을 취하도록 만든다<

도덕적인/윤리적인 신 존재 증명>; →**physikotheologischer (=teleologischer) G.,** 세상의 합목적성이 하나의 초현세적인/초월적 세계의 목적을 규정/확정하는 이성의 수용/승인을 취하도록 만든다. 임마누엘 칸트(I. Kant)(순수 이성의 비판, 1781)는 신이 존재한다는 증명의 불가능성을 주장하였고, 신을 단지 실천 이성 즉, 도덕성/윤리성의 공준(公準)(증명하기 어려우나 이론, 사색의 불가결한 전제로서 인정되는 전제 또는 명제)(→Postulat)으로서 간주하였다<물리 신학적(=목적론적인) 신 존재 증명>

Gotteslob, 독일어의 구역/영향권을 위한 1975년 공식적으로 도입/채택했던 기도- 그리고 찬송가 책의 이름, 역시(교회) 일치/통일 찬송가(EGB)가 명명되었다

Gott-ist-tot-Theologie, 표어/슬로건(파울(J. Paul)과 니체(F. Nietzsche)에 접목하는/연결하는), 그것은 1960년 이후 특별히 미국으로부터(해밀톤(Hamilton), 앨티저(Altizer), 콕스(Cox) 등등) 현대 신학(→moderne Theologie)으로 밀고 들어왔다. 신이 죽었다는 신학<=사신 신학>은 전례/관례적인 신학(→Theologie)과의 극단적 단절 안에서(≪신/하나님≫그리고 ≪신학≫개념의 의미를 잃음!) 더 이상 신에 대하여(그가 숨겨졌을 때에도 역시) 참여/현존하는 자로서 말하기를 원하지 않고, 오히려 (모든 ≪종교들≫의 세상과 같은 해석/설명 안에서) 인간의 해석/주해를 암시/지향한다. 유사한 것이 상투어/간결한 표현의 말 ≪같

은 인간의/같은 시대 사람의 일어난 일/사건으로서 그리스도≫에 대해 생각을 가지고 있다(H. Braun)

Graduale *lat.* , ((합창의) 선창자/(성가의) 전창자의) 단계적인 찬양/노래/가창; 예배식의: 서간(서)(→Epistel) 후에 미사에서 시편 구절<(카톨릭 미사에서) 층계송(層階誦)>; 성가들을 지닌 예배식서/노래가 있는 미사 전례서; **Graduallied**, *ev.* : 서간서(→Epistel)과 복음서 사이<에 있는> 해당하는 일요일/주일에 속하는 노래<독서 사이의 찬송가>(≪주간 노래 (**Wochenlied**)≫); →de tempore

Gral *altfrz.* , 예수의 마지막 만찬의 성담적인/전설적인, 기적을 행하는 힘이 있는 사발/대접, 그것 안에 아리마대 요셉이 그의 피를 받아 모았다; 성전 기사(단원)(→Tempelherr)들에 의하여 ≪접근할 수 없는/접근하기 어려운≫몽 살바쥐 (Mont Salvage)<* Montsalwatsch 몬잘바치 (성배 전설에 나오는 Gralsburg에 있다는 산)>에 보관/보존 되어졌다<* 중세 유럽의 전설 문학에서 선택된 자의 눈에만 보인다는 기적의 보물로 그리스도가 최후의 만찬에 사용한 잔이라고 함>

gratia *lat.* , 친절/호의(표시), 감사/고마움/감사의 표현, 은혜/총애/자비; **gr. actualis(=adjuvans)**, 그때 그때에/(그때마다) 언제나 도움이 되는/유용한 하나님의 은혜; **gr. concomitans, gr. cooperans**, *kath.* : 자유로운 의지를 수반하는, 그 의지와 함께 협력/함께 작용하는 은혜; **gr. creata**, 창조되어진, 거룩하게 만드는 은혜; **gr. efficax**, 활동적인/유효한/효능

이 있는 은혜; **gr. gratis data**, 공짜로/무료로/무보수로(마 10: 8), →Charisma, 그리고는: *kath.* : 다른 이들의 구원을 위하여, 주어진 직책/직위의 은혜; **gr. gratum faciens**, 하나님을 유쾌하게/즐거웁게 만드는, 신성하게 하는 은혜; **gr. habitualis**, *kath.* : 은혜의(현재의) 상태/상황/사정/처지; **gr. increata**, 창조되지 않은 은혜; 하나님 자신/자체; **gr. infusa**, 부어 넣어진/쏟아 부어진 은혜; **gr. irresistibilis**, 반항[저항]하기 어려운 은혜; **gr. naturalis**, 피조물과 함께 주어진 은혜; **gr. operans**, *kath.* : 선한 일의 계기/실마리로서 작용하는/성취하는/일으키는 은혜; **gr. perficit naturam**, 은혜가 본성을 성취/완성한다; **gr. supponit naturam**, 은혜는 본성을 지지한다. 본성(→Natur)과 초자연적인 은혜에 대한 스콜라적인(→scholastisch) 교리/가르침/교훈; **gr. praeveniens**, 의지에 앞지르는/선수치는 은혜; **gr. subsequens**, *kath.* : 자유의지에 뒤따르는 은혜; **gr. sufficiens**, *kath.* : 자유의지를 선한 것에 충분하게/충족되게 그리고 그와 함께 구원에 능력[자격]을 주는 은혜; **gr. superrationalis**, 초 이성적인, 구원/해방/속죄를 통하여 선사된/주어진 은혜

gratias agimus tibi *lat.* , 우리들은 당신에게 감사 한다

gravamina nationis germanicae *lat.* , 독일 민족/국민의 항고/불평/이의, 반 교황 중심주의(→papalistisch)의 개혁 이념, 그것을 독일의 정신적이고 국가적인 고위관직에 있는 이들이 중세 후기에 여러차

례 공의회들(→Konzilien)과 제국 의회에 공의회들(→Konzilien)에 제출하였다. 그 것이 루터에 의하여 ≪그리스도교의 귀족들에게≫(1520) 긍정적으로 평가되어졌다/동의 되었다

Grazien→Chariten

Gregoriana, Universitas G. , 반 종 교 개 혁(→Gegenreformation) 동안에 1551년 로마에 설립된 카톨릭 대학

Gregorianik, Gregorianischer Gesang, *lat. cantus Gregorianus,* 독창[단음]의/같은 소리의 중세의 찬송가/회중(會衆)의 성가 합창<그레고리우스 성가 형식/성가(학)>(교황 대 그레고리우스(Gregor der Große)(† 604)에 따른 명목상의/공인되지 않은 모음을 묘사; →Kirchentonarten), 카톨릭 교회 안에서 공식적인 적용됨/통용됨 안에서, 여러 번의 개혁(최종적으로 피우스 10 세(Pius X.), 파울 6 세(Paul VI.)); →Liber usualis; **Gregorianer,** 교황청 수위주의자(首位主義者)(→kurialistisch)의 생각/신조/주의(1077 년 왕 하인리히 4 세(Heinrich IV.)를 개전[화해]의 발걸음을 위하여 카놋사(Canossa)로 강요하였던 교황 그레고리우스 7 세(Gregor VII.)에 따른 묘사); →Kalender; **Gregorianisches Wasser,** *kath.* : 특별히 제단들과 교회의 축성식을 위한 성수(聖水), 그것에 소금, 재, 포도주가 첨가되었다

gremiale *mlat.* , *kath.* : 감독/주교의 예배식의 허리의 천 조각

Großer Einzug→eisodos megale

Großer Fahrzeug→Mahayana

großlutherisch→Vereinigte Ev. -Luth. Kirche

Gründonnerstag (*mhdtsch. gronan,* 처량하게 [엉엉] 울다/울다/눈물을 흘리다), 그리스도 수난의 날(→Karfreitag)(부활절 전의 금요일)의 전날<성 목요일>

Grünes Kreuz, 네덜란드의 멘노니트 추종자들(→Mennoniten)의 구제사업 의(→diakonisch) 설립/설비[설치] 물<녹색의 십자가>

Grundordnung, <기본질서, > 바덴(Baden), 베를린-브란덴부르크(Berlin-Brandenburg)(1948) 그리고 독일의 복음 교회(→Ev. Kirche in Deutschland)(1948)의 교회의 법/제도/규약을 위한 묘사(1958); →Kirchenordnung, →Lebensordnung

Gruppenbewegung→Oxford-(gruppen) bewegung; **Gruppendynamik,** 한 집단 안에서 몇몇 수의 인간들의 의사소통 그리고 종속/의존의 관계<집단 역학(力學)>; 응용된/적용된 집단 역학은 한 집단 안에서 인간들 사이의 문제들의 검토/연구를 위하여 다양한 방법과 기술들을 가지고 진력한다; **Gruppenseelsorge,** 사회의 특별한 집단들을 위한 목회(牧會)(-기관) 즉, 대학생들-, 산업-, 죄수/피수감자들-, 군대/군-, 경찰-, 전화 목회; 역시 어린이-, 청소년-, 남자들-, 부인들-, 노인들 목회; 병자들-, 중병 목회

Guardian (*germ.* (중세) 화폐[광석]의 품위(品位) 검사관), 시중을 드는 사람, 하나의 프란치스쿠스(→Franziskaner-) 혹은 카푸친 수도원(→Kapuzinerkloster)의 책임자/대표/장<수도원장>; 더욱 커다란(수도원의 투표권이 있는 성직자들의) 집회/회의(→Konvent)의 상급자;

→Superior

gubernatio mundi *lat.*, 그의 목적을 위하여 하나님의 세상의 조종/지배/관리/인도/통치; →conservatio

Güterethik<재산/소유(물)의 윤리>→Ethik; **Gütergemeinschaft,** <재산 공유/공유 재산,> **urchristliche,** <원시 교회의,> 행 4:44-에 따라; 비교, 32 그리고 34절; 역시 원시 기독교회의(사랑의)-공산주의로서 묘사되어졌다

guru *ind.*, 종교적인 스승/교사/선생, 자주 중개[매개]자/중재자 혹은 게다가 한 신적인 존재의 인간의 모습을 하고 나타남/현현(→Inkarnation)

gustatio mellis et lactis *lat.*, 우유와 꿀의 맛보기/맛이남, 세례와 함께 예배식의 관용어/짤막한 표현, 상징적인 형상[이미지]에 의하여/비유적으로 영적인 ≪가나안 (Kanaan)≫으로 들어감을 위하여

Gustav-Adolf-Werk *der*→*Evang. Kirche in Deutschland*(1946 년 묘사) 및 동독에서 (→Bund), 더 일찍이 ≪**Ev. Verein der Gust. -Ad. -Stiftung**≫(짧게 ≪**Gust. -Ad. -Ver.** ≫), 1832 년에서 1841 년까지 복음 교회의 디아스포라(→Diaspora)-공동체의 보조/후원/지원을 위하여 설립되었다(표어/슬로건 갈 6: 10)

Guttemplerorden, 음주벽/알코올 중독(증)의 싸움을 위한 국제적인 협회/연맹, 1852 년 미국에서 설립되었다<국제 금주 협회(뉴욕에서 창설됨)>

Gyrovagen *gr. -lat.*, 수도원적인 결속감/유대감이 없이 이리저리 떠돌아 다니는 이들, 초기의 근동의 그리고 초기 중세-서방의 수도생활/수도원 제도에서 그리스도를 위하여 순례 여행(→peregrinatio propter Christum)의 이상/(최고의 도덕적인) 목표를 남용/악용 하는 수도사들; Ggs.:→Benediktiner,→Coenobiten, → Eremit,→stabilitas loci

H

Habemus papam *lat.*, 우리들은 하나의 교황을 갖는다. 교황 선출을 위한 추기경 회의(→Konklave)에서 교황선거에 따른 외침/부르는 소리

Habib *arab.*, (하나님의) 친구; 모하메드의 경칭

habinenu *hebr.*, 우리들에게 통찰/판단을 주소서, 유대인의 기도서(→Tefilla)의 단축형의 시작

habituell *lat.*, 습관적으로 되어진/습관적인/상습적인; 부가[추가/보충]의; **habitus**, 스콜라 철학적으로; 지속되는 상태(예, 덕/덕성/미덕(→Tugend))<*명사일 때-용모/자세/태도>; **h. acquisitus,** (연습이나 배움을 통해) 습득/취득된 상태; **h. infusus,** 하나님에 의하여 부어넣어진 특별한 행동을 위한 능력/자질/숙련(→gratia habitualis)

Haddsch *arab.*, 메카로의(성지) 순례 여행(→Kaaba), 각 장성한 회교도(→Muslim)의 목적지/목표(지)점<회교의 메카 순례>; **Haddschi,** 순례에 따른 회교도<회교의 메카 순례자를 일컫는 존칭/기독교의 예루살렘 순례자>

Hadith *arab.*, 명목상의/진술에 의한 행위들의 전승/전래 그리고 모하메드의 잠언/명언들

Hadschar→Kaaba

haecceitas *mlat.*, 하나의 사물/사건의 특색/고유함/본질(한 인간의(특색/고유함/본질)): 인격/개성)(개체화/개성화의 원리/원칙/법칙); 그러나→quidditas

Häresie (*gr. hairein* 으로부터, 선택하다/고르다, 붙잡다/움켜쥐다), 철학적으로 혹은 종교적으로 대 교회의 교리/가르침(→Dogma)에 대항하여 향했던 가르침(=사교(邪敎)/이단(異端)→Katharer) 및 그것을 통하여 특징지워진 집단들; **Häresiarch,** 이교도 지도자⟨이교 창설자⟩; **Häresiologe,** 이교도 서술자/기술자; **haereticus, Häretiker,** 이단자/이교자; **h. formalis,** 알려진, 확실한/명확한 이단자/이교자; **h. internus,** 은밀한/비밀의 이단자/이교자; **h. materialis,** 내용상의/실질적인, 의식하고 있지 않은 이단자/이교자; **h. notorius,** 공공연한/일반적인 이단자/이교자; **h. occultus,** 숨겨진, 알려지지 않은 이단자/이교자; **h. toleratus,** 참아냈던/인내했던 이단자/이교자; **h. vitandus,** 기피해야만 하는 이단자/이교자(→excom- municati)

Haggada *hbr.*, 이야기하기, 교훈/가르침, 발언/진술; 시초에 단지 구두로, 후에는 역시 문자로서 전승되어졌던 유대교의 해석/주해/설명- 특별히 구약성서의 율법(→Tora)적인 자료/소재들에 대한 것

이 아니라, 무엇보다도 공동체를 위하여 탈무드(→Talmud)에서<하가다(탈무드의 교훈적 이야기)>; **haggadisch** 창세기(→Genesis)의 하가다적(=교화적으로 해석/설명된) 개정/편찬이 있다. 예, 기념 축제 (→Jubiläum)들의 책 ; 그러나 →Halacha

hagios *gr.*, 신성한/거룩한(→*heilig*), *lat. sanctus*; **hagiasma** *gr.*, 거룩하게 되어진 것, *gr. -orth.*: 성수(聖水); 고대 교회에서 단지 성직자에게 사귀기 쉬운/가까이하기 쉬운 합창단(→Chor); **hagiasmos**, 신성하게하기/ 성화(聖化), 축성/서품(식); *gr. -orth.*: 특별히 예수의 세례를 추억/회상하기 위하여 물의 축성; **Hagiographen** →Ketubim; **Hagiographie**, 성인전 연구, 성인들에 대한 문헌/성인전/성자들의 언행록; **Hagiolatrie**, 성인 숭배; **Hagiologie**, 성인들에 대한 가르침/교훈

Hakenkreuz, <갈고리 모양의> 십자가, 그것의 각재/각목들이 직각으로 혹은 활 모양으로/아치형으로((바퀴처럼 서술된) 태양/태양륜(輪)) 뻗어 있다. 아마도 생명, 결실의 풍성함 그리고 행운을 위하여 가장 오래된 제식의 상징(기원전 4세기로부터 입증된다), →Svastica. 국가 사회주의에 의하여 그것이 정치적인 표시로서 악용하였다<나치의 갈고리 십자 휘장>

Halacha *hbr.*, (생활의) 변화/변천, 관습/풍습; (유대교의) 율법 학자(→Schriftgelehrte)들에 의하여 개별적인 교의/법령(**Halachoth**)안에서 명확히 표현되어지고 구속력이 있는 유대교의 관습법, 부분적으로 토라(모세 5경에 있는 모세의 율법)(→Tora)로부터<(성경을 바탕으로 한) 구속력 있는) 율법서의 해석>; →Haggada, →Mischna

hallel *hebr.*, 찬미[찬송]가/송가<(축제 때에 부르는 유대인의) 찬송가>; **H.-Psalmen**: 시편 113 - 118편, 유월절 만찬의 끝에 불리워짐(막 14: 26)

Halleluja *hebr.*, →Vulgata: **Alleluja**, 야훼를 찬양하라/찬양하세!<할렐루야>

Halljahr→Jobeljahr

Hamadryaden→Dryaden

Hamartiologie *gr.*, 죄에 대한 교훈/가르침/교리

Hamingja *germ.*, 비인격적인 생명의 힘으로서 영혼, 연속의 신(→fylgia) 넘어로 넘어간다

Handkommunion, 성만찬(→Abendmahl)과 함께 손 위로 혹은 손 안으로 빵의 받기/수령

hapaxlegomenon, *gr.*, 단지 한 차례(신약성서에서) 존재하는 표현/말<고문서에서) 단 일회의 사용 예가 있는 낱말>

Haphtare *hbr.*, 안식일(→Sabbat)에 그리고 유대교의 다른 축제일들에 회당(→Synagoge)에서 율법학자(→Sopherim)들의 구분/분할에 따라 예언서들로부터 낭독하는 더욱 큰 단락/부분을 위하여<주간의 단락의 종료로서 유대교의 예배와 함께 예언서로부터의 성경봉독>; →Parasche

Haplographie *gr.*, 이중의 철자나 혹은 음절로부터(실수로 해서 생긴/잘못으로 인한) 한번의 기록/쓰기<필기 혹은 인쇄

에 있어서) 중자탈오(重字脫誤)>; Ggs.
→Dittographie

Haram *arab.* , 거룩한, 금지된 지역/구역
<(이슬람 지역에서) 성역(聖域)>

Harare Declaration→Kairos-Dokument

Harclensis, 토마스 감독의 시리아어 성서
개정/수정(→Bibelrevision) 다섯 번째 샤
르켈(V. Charkel) 616

Harmaggedon, 계 16: 16 에 따라 세계 종말
의 시기 - 전투의 신비적인 장소<아마겟
돈>

Harmonie *gr.* , (협) 화음/현음(絃音)/조
화, 일치/합치; **prästabilierte H.**, 라이프
니쯔(Leibniz)(† 1716): 하나님에 의하여
미리 확정되어진/결정되어진 육체적
이고 정신적인 경과/과정의 조화(동일
하게 진행하는 시계/시간)<예정 조화
(豫定 調和)>

haruspex *lat.* , 희생으로 바치는 동물들의
내장 기관들 등등으로부터 로마의 예언
자<(고대 로마인들 사이에서 제물로 바
친 짐승의 내장을 보고 신의 뜻을 점치
는) 점술가>

haskalah *hbr.* , 계몽/계발/계몽주의, 유대
의 해방(→Emanzipation)의 시간/때(19 세
기)

Hasmonäer, 마카베오 시대 (→Makka-
bäerzeit)(기원전 143 년)에서 시작하는
것들을 위하여 요세푸스(Josephus)와 함
께한 묘사(비교, 마카베오 1서 14: 41-),
기원전 37 년 끝나는 유대의(예루살렘
의) 대제사장- 군주의 왕조/왕가(→Dy-
nastie), 그들의 지배자/통치자들은 기원
전 104년 이래로 왕의 칭호를 수용하였

다(바리새인들(→Pharisär)의 저항/반대
의 동인/구실)

Hauptstück→Katechismus

Haushalterschaft→Stewardship

Haustafeln, 신약성서 편지들에서 가족의
다양한 구성원들과 가정의 신분 계층들
에 훈계/경고, 헬라의 도덕/규율로부터
광범위하게 이어받았다: 엡 5: 22 - 6: 9;
골 3: 18 - 4: 1; 벧전 2: 18 - 3: 7; 비교 역시
딤전 2: 8 -15; 5: 3 - 8; 6: 1-; 딛 2: 2-10

Havamal *germ.* , <(게르만 민족의 최고신)
오딘의 금언/ 말씀 안에서> 생활 규칙들
의 모음, (고대 아이슬란드의 신화 영웅
전설 및 시법을 실은 책인) 에다(→Edda)
내부에서 서사시/영웅 서사시의 단편들
그리고 마법/주술의 노래들

have(=ave), **pia anima** *lat.* , 경건한 영혼이
여, 문안을 받으소서/평안히 영민하소
서!<* 묘비명으로 쓰이기도 함>, kath. :
죽은 자들에게 인사(말)

hebdomadarius (*gr. hebdomas*, 7), 하나의 정
해진 주간 근무/봉사를 위하여 파견되
어진 수도사 혹은 사제; **hebdomas, heb-
domada,** 주(週)/주간; **h. diakainesi- mos,**
갱신/개혁의 주간, 부활 주간: **h. indul-
gentiae,** 면죄/사죄 (→Ablaß) 주간, **h.
sancta,** 거룩한 주간, 수난 주간(→Kar-
woche)(부활절의 전주), **h. mediana,** 중간
주간, 네 번째 사순절(→Fasten) 주간; **h.
megale**(lat. magna), 대 주간, 수난 주간

Hedonismus, 모든 것을 자신의 행복(*gr. he-
done*)을 위하여 행한다<쾌락설/쾌락 주
의>

Hedschra→Hidschra

hegemonikon *gr.*, 지배하는 것/통치권을 가지고 있는 것; 스토아: 최고의 정신력, 그것은 원함/바램과 생각을 일치시킨다

Heidelberger Katechismus→Katechismus

heilig, *gr. hagios, lat. sanctus*, 신적인 것에 속하는(Ggs. →profan); **Heilige**, 신약: 세례 받은 자들(→communio sanctorum); *kath.*: 특별히 하나님의 은혜를 받은 자들, (하나님 앞에서) 공로[공적]이 많은 자들(→thesaurus ecclesiae); *ev.*: 신약 성서 처럼, 그러나 대중적으로/통속적으로 마치 카톨릭 처럼; **Heilige der letzten Tage** →Mormonen; **Heiliger Stuhl,** 교황과 로마 교황청 (→Kurie); **Heiliges Jahr**→Jubiläumsjahr; **Heiligkeitsgesetz,** 레위기 17 장에서 26장까지, 사제 문헌(→Priesterschrift)의 율법 문헌들의 모음, 기본적으로 구약성서의 윤리 등등을 위하여, 레 19: 18에서 이웃 사랑(→Nächstenliebe)의 요구와 함께 그리고(다음과 같은) 반복되는 요구와 함께: (너희들은) 거룩하라. 왜냐하면 나, 야훼, 너희들의 하나님이 거룩하기 때문이다!, 그로부터 이름이 있다; **Heiligung,** 정당함의 증명/변명/정당성(→justificatio)에 의거해서 믿는 이들의 새로운 삶/생명<성화(聖化)/성결(聖潔)/정결케 함>

Heilsarmee, *engl.* **Salvation Army,** 구세 공동체, 1865년 이후 런던의 빈민굴/슬럼가에서 감리교도인 부쓰(W. Booth)에 의하여 복음전도(→Evangelisation), 절제/금주(→Abstinenz), 사회 사업/사회 복지 관련 사업, 군대식[풍]으로 조직되었다;

Heilsgeschichte, 하나님에 의하여 정해진/규정된(시대/시기 안에서 및 약속[구약성서]과 성취 [신약성서]로서 경과하도록 생각했던) 구세의 목표/목적지를 위한 세상의 길<구세의 역사/구속사(史)>(→Teleologie<목적론>) 그리고 신을 두려워 하지 않는/신앙이 없는 이들의 정당함의 증명/변명/정당성(→justificatio impii) 안에서 구세의 목표의 생생하게 그려내기(→Eschatologie); **heilsgeschichtl. Denken,** 하나님의 한 구세의 계획(→Heilsplan)의 사상/견해로부터의 역사의 관찰/고찰; **Heilsgewißheit**<구원/구세가 확실함/구원의 확실성>→certitudo, →pro me; **Heilsökonomie, Heilsplan,** 하나님의 역사의 결정/규정<(하나님에 의한) 구원/구세의 계획/질서>; **Heilsspiegel,** 인간적인 구원의 거울/(중세의) 규범서의 책 이름(Speculum humanae salvationis)<(중세) 구원사에 대한 교양서>, 그림과 본문에서 구약성서와 그리고 신약성서의 구원의 사건들의 중세의 유형학적인(→typologisch) 묘사/표현/진술, 유사하게→Biblia pauperum; **Heilstatsachen,** 부활(≪빈 무덤≫)과 함께 그리스도의 십자가, 부활한 자의 현상(現象)/출현/현현, 승천<구세/구원의 사실>. 믿음/신앙(→Glauben)을 위하여 시간적인 경과/진행, 소여성(所與性)/사실성(→Faktizität) 그리고 의미는 논쟁의 여지가 있다/이론이 분부하나(→Entmythologisierung, →fides quae creditur, →Hermeneutik, →Kerygma, →Legende, →Mythos)

heimarmene *gr.* , 분배/배속 되어진 운명; 운명의 결정/규정, 운명의 신<숙명/운명>

Heimdall, 북구의 신. 아제(→Asen)의 왕국와 인간들의 나라 사이의 파수꾼<해임달(귀족.농민.노예의 세 종류의 인간을 낳은 신)>

Hekatombe *gr.* , 백 마리 황소의 산제물/희생, 매우 웅대한 희생/제물<다수의 희생/대손실>

hel *germ.*, 구조/보호 장소, 사자/죽은 자의 세계의 통치 여신<(게르만 신화의) 하계(下界)/명부/죽음의 여신>

Heliand (=Heiland), 9세기의 고대 작센 주의 서사시/영웅 서사시, 그것은 두운(頭韻)의 구절에서 예수의 역사를 설명한다; 가장 오래된 독일어 그리스도교의 문학 작품/시가(詩歌)<구세주(9세기의 종교시의 이름)>; 비교→Evangelien- harmonie

Helios *gr.* , 그리스의 태양신

Hellenismus, 예수 탄생 시기의 그리스 정신[문화]와 그것의 중근동적으로 영향을 주었던 문화<(독일의 역사가인 드로이젠(J.G.Droysen(1808 - 1884)에 의해 명명) 헬레니즘(알렉산더 대왕에서 로마 황제 시기까지 후기 고전 문명시대)(그리스와 동방 문화의 융합)>; **Hellenist,** 신약: 그리스어를 말하는(행 6: 1 그밖에 다른 곳들), 헬라 문화를 위하여 자세를 취하는(반대적으로: 율법을 신뢰한 유대인;→Koine)<후기 그리스 문화 연구자/그리스어를 말하고 헬레니즘을 선호하는 사람(고대 후기의 유대인)>

Heller, Quadrans, 로마의 경화(硬貨)/동전

Helvetisches Bekenntnis→Confessio Helvetica

Hemerobaptisten *gr.* , 유대교의 이단, 그것의 구성원들은 날마다 예배/제식의 씻기/목욕재계(沐浴齋戒)를 실행하였다

hen'dia'dys, hen'dia'dyoin *gr.* , 둘을 통하여 하나의 물건/일/사건을 보완된/보충적인 표현/말들이 말한다(예, 부탁/간청과 기도/탄원 하기)

Henkelkreuz→crux ansata

henosis *gr.* , (그리스도 안에서 신성과 인성의) 통합/일치/결합/연합

Henotheismus, Kath'henotheismus, *gr.* , 하나의(및 각-하나의) 신의 경외/숭배, 그 경외는 그때 그때에 간청하였던 신을 중심 신으로서 고찰하였고 다른 신들의 부가어/속성/성질(→Attribut)들을 부여하였다<유일신론>; →Monolatrie, 그러나→Monotheismus

Henotikon *gr.* , 단성론자들과 양성론자들 사이의 중재/조정을 위한 황제 제노(482)의 통일/일체의 말/상투어/관용구

Heortologie *gr.* , 교회의 축제들에 대한 가르침/교훈/교리<교회의 축제학(祝祭學)>

hephata→effeta

Heptagramm *gr.* , 7-글자/문자, 원 안에서 일곱 각의 별, 일곱 행성의 상징적인 형상; →Hexagramm

Heptateuch *gr.* , 일곱 책: 모세 오경, 여호수아 그리고 사사기; →Hexateuch, →Penta-teuch

Hermeneut *gr.* , 통역(사)/해석자/번역자, 해설자/주석자; **Hermeneutik,** 설명/해

석/주해의(재능, 예술/기술, 가르침/교훈/교리 혹은) 방법/방식, 신약 성서에서(고전 14: 5, 13-, 공동체의 신앙심을 일으키기 위한) 은혜의 선물(→Charisma)로서 이해되어졌다. 그리스도(→Christus) 안에서 구약성서의 약속의 성취를 믿음과 그리고 종말론적(→eschatologisch)인 기대가 하나의 유형학적인(→typologisch)(예, 롬 5: 12-; 히 7장), 플라톤적인(→platonisch) 영향/감화들(그리고 갈 4: 24) 하나의 우의적인/알레고리의(→allegorisch) 성서 해석을 세운다. 글의 하나의 이중적 의미의 수용/수령(sensus literalis 혹은 historicus, 글자/문자대로의 혹은 역사적 의미; 그리고 sensus spiritualis 혹은 mysticus, 영적이거나 혹은 신비적인(→mystisch) 의미)이 오리게네스(Origenes)(✝ 254)에 의하여 하나의 삼중의 의미(상응하게/일치하게 [글의] 육체, 혼 그리고 영)의 이론을 위하여 펼쳐졌다/전개 되었다. 중세에 하나의 사중적 글/문서 의미의 생각/의견/사상이(널리) 받아들여졌다: 본문의 글자 그대로의 의미(Literal- sinn)(=역사적으로), 우의적인/알레고리의(alle-gorisch)(의미)(=믿음의 비밀/신비들), 비유적인/상징적인(tropologisch)(의미)(=도덕적으로) 그리고 아나고그의<=높은 의미의(없는 의미를) 해석해 넣음을 통하여 한 본문의 해석/주석 의> (ana-gogisch)(=종말론적으로) 의미. (마르틴) 루터는 무엇 보다도 단어의 의미를 타당하다고 인정했다. 왜냐하면 성서가 스스로(/그것 자체로서) 해석하기 때문

이다(→Formalprinzip). 그러는 사이에 그것은 ≪그리스도를 몰아낸다≫(즉, 말씀의 청중을 위하여 가져온다). 단어의 의미의 고양/향상은 거기로부터 복음교회 성서해석의 우선한/더 중요한/더 기급한 목표(지)점/목적이다. 개신교회의 정통주의(→Orthodoxie)의 성서해석은 이해하기/해석하기(의 교훈/가르침)와 적용/응용(applicatio) 사이를 나누었다; (역사적(→historisch) ≪껍데기≫와 성서의 ≪핵/씨/핵심≫(으로서의 그리스도) 사이의 경건주의적(→pietistisch) 구별 (프랑케(A. H. Francke), ✝ 1727)은 계몽주의(→Aufklärung) 이래로 역사-(문법-)비평적 해석(→hist. -(grammat. -) krit. Ex-egese)에 대한 관례/통례의, 독립/자주적인 주제로 삼기/논의 하기를 준비하였다. 그것을 성서(특별히 예수의 가르침/교훈)의(이성적인) 내용의 하나의(시간을 초월한-) 도덕적인 적용/응용이 뒤 따라야 한다(근본적으로/기본적으로 제믈러(J. S. Semler), ✝ 1791). 슐라이어마허(Schleiermacher), (✝ 1834)는 해석학을 이해한다 - 말/언어에 대하여 각 중개/중재의 기본조건으로서 끝나는, ≪이해(하기)의 예술론≫으로서(끝나는 것으로서 이해 한다); 불트만(R. Bultmann) (✝ 1976)에 따라서(하이데거(M. Hei-degger)를 모범삼아, →existentiale Inter-pretation<실존적인 해석>) 해석학은 생략했던 것의 하나의 이해를 이미 진제하고(전 이해(→Vorverständnis) 그리고 그것을 방법론적인 일을 통하여 지속적으로 수정한다(≪hermeneut. Zirkel<해

석학적인 순환>≫). 해석학은 하나의 지적인/이지적인 파악/이해하기뿐만 아니라 오히려 이해되어진 것의 개인적인 실현과 변환/전환(이어 전달하기)을 위한 기울이기를 역시 꾀한다/도모한다(→applicatio). 신약성서적 복음의 선포(→Kerygma)가 믿음(→Glaube)을 겨냥하기 때문에 그것의 온전한 이해(하기)는 믿음과 그것의 이어 전달하기(설교(→Predigt))를 포함한다(→fides ex auditu). 성서 해석학은 그렇게 ≪믿음의 문법/언어론≫위하여(에른스트 푹스(Ernst Fuchs)), 역사-비평적(hist.-krit.) 준비작업을 통하여(→Bibelkritik) 오늘에 알맞은/적합한 그리스도교의 믿음의/에 대한 한 이해를 가능하게 만든다. 현재/지금에 해석학은 특별히(존재적(→existentiell-)) 개인적인(→individuell) 관계를 벗어나는/넘어서는 성서적 전승/전래의 의미(→Heilsgeschichte, Jesus→Christus, →Evangelium)를 방법적으로 숙고한다- 역시 사회적인 전제를 고려에 넣어서(신학의(문장의) 전후 관계상/문맥상(→Kontextualität)

Hermes *gr.* (고대 그리스 신화의) 신의 사절 <제우스 신의 사절의 이름>; 영혼의 동반자; **Hermetische Schriften,** 계시의 운반자로서 헤르메스 트리스메기스토스(Hermes Trismegistos)에 의하여 전달[전수] 되어졌던 영지주의적(→gnostisch) 구원의 교의/구원론과 함께 2-3 세기의 교회적인/신앙심을 일으키게 하는 글들 <비술적(秘術的) 글/문헌들>

Herodianer, 헤롯 왕가/가계의 지지자/정파

들(로마에 호의적인, 헬레니즘(→Hellenismus)을 좋아한다)

Heros, *Plr.* **Heroen,** 영웅/용사, 반신(半神)(신과 인간이 결합하여 생겨난 현상)/위대한 영웅<신인(神人)/반신반인(半神半人)/영웅/용사>; **H. ep'onymos,** 그의 이름이 한 도시를 산출한다

Herrengebet→Vaterunser; **Herrenmahl**→Abendmahl; **Herrentag**→Sonntag

Herrnhuter→Brüdergemein(d)e

Herz-Jesu-Kult, ≪예수의 가장 신성한 심장/마음의 존경/숭배≫, 마치 다른 카톨릭의 제식의 형식이(성 마가렛 마리아 아라콕크(Margarete Maria Alacoque)(1635-75)<* 여성 신비주의 자>(의) 환상/초자연적 현상(→Vision)들로부터 발생하였던 것 처럼, 이미 일/사건들 안에서 교부들과 함께 그리고 중세에 존재하고 있었던 것 처럼; 수많은 종교적 통합/연합들 안에서 세련되어졌다; **Herz-Jesu-Freitag,** 달의 첫 번째 금요일

Hesychasten *gr.*, 휴식하는 자/멈추어 있는 자, 수도사들(14 세기), 그들은 지속적인/항구적인 정신/주의력 집중 훈련(→Mystik)을 통하여 창조되지 아니한 신적인 빛을(직관적으로) 파악/인지하기를 원했다<(동방교회의) 명상운동 신도>

hesychianische Bibelrezension (300년경), 한 이집트의 감독 헤시키우스(Hesychius)로 거슬러 올라 간다<헤시히우스의 성서 교정/교열>

heterodox *gr.*, 종파[종교]가 다른<비정통의/이교의/이단의>(→Häresie; Ggs→or-

thodox); **Heterodoxie,** 거짓/허위 경건<
비정통설/이교/이단>; **heterogen,** 이질의
/상이한/종류가 같지않은<이질적인/
이종적(異種的)인>(Ggs. →homogen);
hetero'nom, 다른/낯선 법칙에 의하여
정해진/규정된<타율의/다른 발달 법칙
에 따른>(Ggs. →autonom)

Heterusiasten<상이 본질론자들>→Aeti-
aner, →Eunomianer

Hetoimasia→Etimasie

heuristisch *gr.* , 새로운 인식/통찰들의 발견
을 통하여 생각/견해/개념의 진보/발전/
향상<발견술의/발견을 돕는>; Ggs.
→systematisch

hexa'emeron *gr.* , 6 일간에 걸친 창세의
일들, 창조/피조물

Hexagramm *gr.* , 정 6 점성(正六占星), 다
윗의 별(2개의 삼각형, 겹쳐 놓아졌다)

Hexapla *gr.* , 오리게네스(Origenes)(† 254)
의 여섯으로 접어진/겹쳐진 성서의 저
작, 그 저작은 히브리어 원문에 나란히
그리스어로 다시쓰는 것/바꿔쓰기<* 발
음기호대로 옮겨쓰기> 안에서 이(원문)
그리고 칠십인 역(→Septuaginta), 아크뷔
라(Aquila)<*번역자 이름>의역, 심마쿠스
(Symmachus)와 테오도티온(Theodotion)
의 역들을 포함했다

Hexateuch *gr.* , 모세 오경과 여호수아서<*
구약성서의 처음 6 서>; →Pentateuch,
→Heptateuch

Hexenhammer→malleus maleficarum

hic et nunc *lat.* , 여기에 그리고 지금

Hidschra *arab.* , 기원 후 622년 메카(Mekka)
로부터 이아트립(Jatrib)(=메디나(Med-

ina), 예언자의 도시)으로 모하메드(Mo-
hammed)와 그의 추종자들의 이주/이동
<성천(聖遷)/헤지라/이슬람교의 기원>

Hierarchie (*gr. hieros,* 거룩한 그리고 *archo*
지도자/우두머리 이다), 교회의 성직 계
급; **hierarchia ordinis**(→ordo), 일곱의 서
품[성직]의 등급(→Weihegrade) 안에서
카톨릭 교회의 성직자 계급(→Klerus)의
구분/편성; **h. →jurisdictionis,** 카톨릭 교
회의 통치권의 구분/편성; **hierarchisch,**
계급 순서/서열에 따라 구분 되어진<엄
격한 계급 조직의/교권 제도의>; **hier-
atisch,** 성직자[사제]의; **Hierodulen,** 신
전 노예, 신전 관리인<(고대 그리스의)
신전에서 일하는 노예>; **Hieroglyphen,**
거룩한 새김눈[자국]/홈, 이집트의 상
형문자; **Hierokratie,** 성직자 정치[통치];
Hieromonachos, 사제 서품과 함께한 그
리스 정교회의 수도사<사제로 서품을
받은 수도사>; **Hierophant,** 그는 거룩한
풍습/관례들을 보이고, 비교(秘敎)/비밀
의식(→Mysterium) 안에서 거행한다
<(고대 그리스의) 비교 의식의 사제/우
두머리 성직자/밀교의 해설자>; **hieros
gamos,** 거룩한 결혼식, 신들의 결혼식,
하나의 결실의 풍성함/다산의 제식(祭
式)의 실행/집행; **Hierosolyma,** 예루살렘
에 대한 그리스의 이름; **Hierothek,** 성유
물(聖遺物) 상자; **Hierugie,** 마법/마술의
제식

**High Church (party), Anglokatholizismus,
Ritualismus, Traktarianismus**(19 세기),
성공회/영국 국교회의(→anglikanisch)
고교회의(→hochkirchlich) 성향/경향, 사

도전승(使徒傳承)(→Sukzession)을 주장하고, 카톨릭적인 교회 의식(儀式)과 성례전 이해의 성향이 있다; 그러나 →Broad Church, →Low Church

≪ Hilfe für Brüder ≫, 1980 년에 기초되었다. 제 3 세계에서 복음주의적(→evangelikal)(복음주의 적-선교적인) 계획/프로젝트의 촉진/장려를 위한(조직적인) 행동/활동, ≪세상을 위한 빵(→Brot für die Welt)≫ 위한 보충/보완으로서

Hilfsprediger→Kollaborator

Himmelfahrt Christi, 하나님의 존재 양식/형태(빌 2: 9-)를 위하여 부활하신 예수의 높이기(눅 24: 51; 행 1: 9-)<예수의 승천>; 4 세기 말부터 그리스도교의 축제; **H. Mariä**→assumptio

himmlisches Jerusalem, 요한 계시록 21: 2에 따라 새로운 아이온/(영원한) 시대(→Äon)의 ≪거룩한 도시/도성, 새로운 예루살렘≫<하늘의/천국의 예루살렘>

Hinayana-→**Buddhismus** *ind.*, 작은 탈 것/승용물, 승려와 비구니들에 의하여 실현하는 불교의 형태(자기 부정/부인을 통하여 구제/속죄)<소승불교>; 그러나 →Mahayana, →Vadschrayana

Hinduismus, 바라문교(→Brahmanismus)로부터 개선/발전 되어진 인도의 종교, 그것은 다신론/다신교(→Polytheismus)와 만유 재신론(萬有 在神論)(→Panen-theismus)와 상호간에/함께 연결/합일 하고 그리고 일체를 포괄하는/보편적인 신과 함께 부인/부정을 위한 길로서 헌신/귀의 (→Bhakti)를 강조 한 다 (윤 회 (輪廻)(→Samsara)의 구제/속죄) <힌두교>

hirmos(*gr. hermos,* 연속/결과), 하나의 긴 성가/찬송가(→Choral)의 시작/도입 시절(詩節)/연(聯); **Hirmologion,** 도입 시절들 -모음

Hirt des Hermas, 사도적인 교부들(→Apostolischer Väter)중 하나의 그리스도교의 문헌(로마에서 150 년경)<헤르마스의 목자>

Hirtenbrief, 하나의 교구(→Diözesan) 주교(主敎) 혹은 하나의 국내의 주교회의의 통지문/회람문<(교구의 사제 등에게 보내는) 주교의 교서(敎書)>

Historie (*gr. historein* 으로부터, 탐지/연구하다, 이야기하다/전하다) 이야기하기, 역사; **Historienbibeln,** 성서의 역사들에 대한 중세의 서민적인/통속적인(들은) 이야기의 재현, 자주 그림으로 장식하였다<이야기 성경>; **historisch,** 이미 일어난 것을(학문적으로) 식별/분별/확인 하기로서; 뛰어난/탁월한 의미의 사건/일어난 일<역사적인/역사상의/과거 사실에 의거한>; theol. : 그것의 믿음의 의미/의의를 제외하고(단지) 일어난 일/사건(예, ≪역사적 예수(→Jesus)≫, 역사적 신앙 (fides historica)), Ggs. →geschichtlich; →Glaubensursachen, →Heilstatsachen; **historischkritische Methode,** 학문적인 해석(→Exegese), 그것은(성서) 본문의 시대에 제약된 특징/표지들을 연구 한 다 (→Bibelkritik, →Entmythologisierung, →Formgeschicht-liche Methode, →Hermeneutik, →Textkritik, →Traditionsgeschichte); **Historismus,** 있었던 것의 평가(하기)의 자유로운 확언/단언 하기<

과거를 독자적인 척도로서 측정하는 역사 이해/(모든 현상을 그것의 역사적 조건들에서부터 설명하고 이해하려고 하는 역사적 고찰) 역사주의/역사성의 과대 평가>(→Empirismus, →Relativismus); **historistisch,** 단지 있었던 것이 확언/단언 하는, (비) 의미 있는 것으로서 어떠한 것이 없이 평가/간주하기 위하여<역사주의적인>

Hochamt, *kath.* : 장중한/장엄한/엄숙한 주요 미사<대 미사>; **Hochgebet,** 미사의(성만찬의/성체의(→eucharist.)) 찬미 기도, 미사의 예비 찬송(→Präfation)과 미사 전문(典文)(→Meßkanon)으로 구성되어 있는<미사를 올릴 때의 엄숙한 기도>

Hochgott, Höchstes Wesen, 세상과 초감각적인 모든 권세를 초월하여 서있는(알려지지 않은) 힘/권력을 위한 묘사<높은 신/최상의 존재>; **Hochgottglaube**<높은 신 신앙>

Hochkirchliche Bewegung, 본래는 특별히 영국 국교회 (→anglikanische Kirche) (→High Church, →Oxford-Bewegung) 안에서 영향력/감화력이 큰, 1917 년 독일에서 새롭게 창설된 복음교회 운동 (1918 년 ≪고 교 회 연 합/통 합/단 체 **(Hochkir- chl. Vereinigg.)**≫, 1935 년 ≪아우크스부르크 신앙고백 등록 협회 ≫[→Confessio Augustana] 의 첨가 함께), (그것은) 카톨릭 교회의 의례/의식서(儀式書)(복음의 미사 [→missa]와 함께 ≪온전한 예배(→Vollgottesdienst)≫) 그리고 교훈/교리(희생/제물(→Opfer)로서 성만찬)에 기울인다(→Una sancta). 교회

일치(→ökumen.) 운동과 예배식의 운동을 돕는다/지지한다; 1945 년 이래로 모임의 장소가 이전/옛적의 베네딕투스 수도원 안에 있다→**Alpirsbach**

Hochstift(→Stift), 중세의 주교의 관구와 그것의 주교좌 성당 참사회(→Domkapitel)를 위한 묘사; 제국 직속 수도원 (→Abtei)

Hodajoth *hbr.,* 찬미가/송가, 쿰란(→Qumran)-수서본/필사본

Hodegetik (*gr.hodos,* 길), (목회의/목회에 관한) 관리/지도/선도에 대한 가르침/교리<교도학(敎導學)/연구 입문서/성격 지도법>; **Hodegetria**<오른손으로 아기를 가리키면서 왼팔에 아기 예수를 앉고 있는 성모상>→Maria Hodegetria

Hodo'sophie, (구원의) 길에 대한 지식/학 (學)

Höhere→Weihen

Hölle *germ. ,* →*Hel,* 본래는 저승 세계/황천, 그리고는 벌/형벌의 장소<지옥/악마의 나라>; **Höllenfahrt Christi,** 신약성서에서 오직 벧전 3: 19-; 4: 6 증거 되었고, 사도신경(→Apostolikum)의 교리/교의/신조<그리스도의 지옥순례>; 죽음의 나라로부터 죽은 자들의 해방을 의미한다; 중세에 강력하게 전개/발전 되었던 그리고 자주 표현/서술 되어졌던 개념

Hoheitstitel, 그리스도론적인 술어/진술/증언(→Prädikation)<위 엄/고 귀/고 상힘 의 칭호>

Hoherpriester, 이스라엘-유대 예배의 총체적인 제사장의 기능/직책/역할들을 할

수 있었다- 무엇보다도 특별히 마치 속죄의 날(→jom kippur)의 희생/제물 처럼 자신과 백성들의 죄들을 위하여 속죄의 제물,(그는) 성전, 예배/제사,(총칭적으로) 성직자/성직 계급을 감독하였다<(유대교의) 대 제사장>; 지금 현재 하스몬인들(→Hasmonäer)에게 한 사람 안에서 제사장과 왕의 직책이 결합되었고, 지금 현재 산헤드린(→Synedrium)의 예수의 의장; 신약성서: 그리스도(→Christus)는 진실한/참 대 제사장(히 5: 5-), 그는 단 번에 화해/속제를 성취하셨다(히 9: 24-); **Hohepriesterliches Gebet** Jesu, 요한복음에 따라 예수의 수난사의 부분(17장)<예수의 대 제사장적인 기도>

Hoherrat→Synedrium

Holismus(*gr. holos*, 완전한/전체의), **Organizismus,** 전체성의/전체적 관찰/견해/의견, 유기체적인 것과 비유기체적인 것(→Mechanismus) 사이의 연역(演繹)의 관련/연계를 주장/지지 한다. 그러나 역시 그것의 고유법칙에 따름(→Vitalismus)<전체론>

Holländischer Katechismus→Katechismus

Holokaust *gr.*, 완전한(희생), 불에 구운 제물/번제(燔祭), 역시 제삼의 제국에서 유대인들의 집단 살육을 위하여<대량 학살/(나치 시대의) 유대인 학살>

homagium *lat.*, (봉신의) 충성의 맹세; 새로 서품을 받은 감독(수도원장)에 대하여 성직자들(수도사들)의 섬김/충성의 맹세; **Homagial'eid,** (중세의) 군주에 대하여(봉토(封土)의 소유자로서 감독들[대 수도원장들]의) 봉신(封臣)의 충성 선서

Homer→Epha

homiliarium *gr. -lat.*, 설교모음<(교회력 순으로 정리된 중세기의) 설교집>; **Homilie** *gr.*, 교제/사귐, 담화/대화; 한 구절 한 구절 성서의 본문에 따라서 설교<(성서 해석 형식의) 설교>; **homiletisch,** 설교의 형성/구성/형태에 관한/관계하는 <(신학의 한 분야인) 설교학의>; **Homiletik,** 설교의 형성/구성/형태에 대한 가르침/교훈<설교학>

homo *lat.*, 인간/사람; **h. sapiens,** (오늘/현대의 대부분/대다수의 단순한/사소한 전 단계/준비 단계를 위한 구별에서) 현명한 사람; **Hominisation,** 대다수의 생성/기원/유래, 피조물로서, 생성/발전/전개/진화(→Evolution) 혹은 창조론(→Kreatianismus)의 의미 안에서 생각되었다<인간 발전 단계>

Homöer, 온화한/온건한 아리우스주의자들(→Arianer)(4 세기), 그들의 가르침에 따르면 그리스도(휩포스타제(→Hypostase)로서)가 아버지와 《성서에 적합하게/성서 대로》비슷하다(*gr. homoios*)<유사론 주창자들>; 그러나→Anhomöer

Homöusianer, 그들은 아리우스주의 자들(→Arianer)과 대항하여 가르쳤고, 그러나 역시 동일 본질 주창자들(→Homo-(o)usianer)에 대항하여 그리스도와 하나님에 대하여 본질의 유사성(*gr. homoiousios*; →usia)(가르쳤다)<유사본질 주창자들>

homogen *gr.*, 동종(同種)/동질의 ; Ggs. →heterogen

Homologie *gr.*, 일치(一致), 일치/합의 협정<본능과 행동 양식의 일치/(스토아 철학의) 행동의 이[본]성의 일치>; **homologumena,** 그 것 의 신약성서 경전 (→Kanon)에 속함을 고대 교회가 인정/시인했던 글들; Ggs. →antilegomena

Homo(o)usianer (*gr. homo* =공동/공유/공통의, 마찬가지로/아주 똑같이 그리고 →*usia* [→substantial] =존재), <(동일 본질 주창자들은)> 아리우스주의 자들 (→Arianer)과 유사본질 주창자들(→Homöusianer)에 대항하여 그리스도와 하나님의 본질의 동일성(후에 공통성/공유성(**Homousie**))을 가르쳤다

homunculus *lat.*, 작은 사람/난쟁이, 부자연스러운/억지의 사람/인간, 연금술(鍊金術)(→Alchemie)의 목적/목표점; →golem

hora *lat.*, 시간/시기/때; **h. mortis,** 사망 시각/임종; **Horarien,** 평신도들을 위한 중세의 성무일과(→Brevier)-발췌/개요/요약<속인(俗人)용 기도서/시도서(時禱書)>; **Horen,** (카톨릭 성직자(→Klerus) 지시/규정하였던) 7(8) 기도 시간들 및 성무일과서(→Brevier)로부터 상응하는/적당한 ≪정시과(定時課)≫(비슷하게 복음교회의 수도회(→Orden)와 목사 회의 [집회](→Konvent)에서); 대 **H. n**: →Matutin, →Laudes 그리고→Vesper; 작은 **H. n**: →Prim, →Terz, →Sext, →Non 그리고→Komplet; **Horologium,** 정시과를 위한 그리스 정교회의 예배식(→Liturgie) 서 <성무일과서>; **cursus horae diurnae,** 카톨릭 성직자의 주간 시간의 경과/진행

Horoskop *gr.*, 단어적으로: 시간을 흘긋 들여다 보기/시간을 조망, 성격/기질과 운명의 의미의 목적을 위하여 별의 위치/성좌의 그리기/기록<(점성술 용의) 천궁도(天宮圖)/호로스코프/점성(占星)/예언>; →Astrologie

hortulus animae *lat.*, 영혼의 작은 정원[뜰]; 작은 기도서

Hortus deliciarum *lat.*, 희열/환희의 정원, 수도원적인 수업/교육/강의를 위하여 1175/85년에 발생한/생성된 성서, 교부들(→Kirchenväter)와 중세의 교회의 스승들(→Doctor ecclesiae)(란쯔베르크의 하랄트(Harald von Landsberg)에 의하여?)의 말씀들의 모음

Hosianna, Hos'anna *hbr.*, ≪이제/제발, 구원하소서!≫, 기도의 유형(시 118: 25)<호산나!>

Hospitaliter, 중세: 수도사들, 주교좌 성당 참사 회원(→Kanoniker), 재속 수사(修士)들 혹은 기사단 소속의 기사, (그들은) 양로원[구빈원]의 수용자들 중에 질병을 도왔다<(병원에서 봉사하는) 자선 종교 단체원/수도회 회원>

Hospiz *lat.*, 그리스도교의 여관들<순례자 숙박소(수도원에 딸린)/(기독교 정신으로 운영되는) 호텔/여관

Hostie *lat.*, 희생/제물(산 제물/제물로 바치는 짐승)(→Opfer(tier)); 얇게 썬 둥근 조각으로 중세 이래로 효모를 넣지 않은 성만찬 빵(Oblaten, *lat.*, 제물로 바쳐진 것<(성찬식의) 봉헌하는 빵/축성하지 않은 호스티에(성체)>

139

Hugenotten,*frz.*프랑스 칼뱅주의 추종자들 /위그노파 사람/프랑스를 탈출한 칼뱅 파의 후예/위그노파 후예; **H. kriegen** (1562 - 98)<위그노 전쟁> 후에 제약/제 한 되어지고 감수되어졌다(낭뜨 칙령 (Edikt v. Nante), 1598), 1685 년 칙령의 무 효화/폐지(박해 와 이주), 1787/89 년 이 래로 프랑스에서 참고 견디어 내었다

human *lat.* , 인간의/인간적인/인도적인; **Humanismus,** 14-16 세기(그리고 후에): 학자들의 운동; 고대 인간의 이상의 존 경/존중(덕/미덕(→Tugend), 정신/영혼, 개인적인 자기실현,(고대 그리스에서) 착함과 아름다움의 조화(를 꾀하는 교 육 이념)(→Kalokagathie)); 세상의 인간 으로서 어울리는 하나의 형성/구성을 얻으려고 하는 노력<(고대 그리스. 로마 의 교육 이상에 근거한) 인문주의/인도 주의/인본주의>; **sozialist. H.** 일에서 서 그 것 의 최 상 의 원 리 를 본 다(막 스 (Marx)), 인가을 통한 인간의 착취/혹사 의 제거/배제를 통하여 참다운 인본주 의/인문주의의 실현<사회주의적인 인 본/인문 주의>; **humanistisch**<인도주의 적/인문[본]주의(사조)의>; **Humanistis- che Union,** 1961년 스 츠 쩨 스 니 (G. Szczesny)에 의하여 세계관의 다원주의/ 다원론의 관철/성취/완성을 위하여 그 리 고 사 회 에 서 교 권 (敎權) 주 의 (→Klerikalismus)에 맞서 싸움을 위하여 설립된 운동; **Humanität,** 사건/용무(그 리고 다른 배려/돌봄, 원조/구조)의 원리 /원칙 그리고 교양/교육과 교육/훈육의 목적으로서(고상한/기품 있는) 인간으

로서의 존재/인간성<인간애/박애/인간 성>; **humanitär**<인도주의의/박애주의 의/인정이 있는>

Humerale<신부가 미사 제복 안에 입는 흰 색 견포(肩布)>→Amikt

Humiliaten *lat.* , 겸손한/겸허한 사람들, 유 토피아적/공상적-공산주의의 움직임들 (특별히 밀라노에서)과 함께한 종교적 인 공동체들, 1201 년 하나의 수도원 (→Orden)으로 통합되어졌고, 1571년 다 시 해산되었다<(11 - 12 세기 빈곤, 참회 운동을 폈던) 북 이탈리아의 종단원(宗 團員)>

humiliatio *lat.* , 굴욕/비열/모욕/비하(卑 下)

Hungertuch<단식포(특히 15 세기와 16세 기에 사순절 단식 기간중 제단 앞에 드 리워졌음)>→velum quadragesimale

Hussiten, 종교개혁 이전의 개혁자 후스 (Hus)(† 1415)의 추종자들<후스파의 교 도>: 극단적인/냉혹한 예정설 [론](→ Pädestinationslehre), 성직자/성직 신분[계 급](→Klerus)의 개혁을 위하여, →com- munio sub utraque 와 체코인들의 교회-민 족의 자립/독립; →Kalixtiner, →Taboriten

Huterische Brüder, 16 세기의 강력한 재세 례 론 자 (再 洗 禮 論 者)들 의 단 체 (→Täufergruppe), 본래는 매렌(Mähren)<* 모라비아 - 체코 지역>(야콥 후터(Jakob Huter)), 17 - 19 세기에 슬로바키(Slowa - kei), 지벤뷔르겐(Siebenbürgen)(루마니아 중부의 역사적인 지방의 이름 *옛 이름 - Transsilvanien), 러시아를 거쳐 미국과 캐나다로 이주하였다 - 그들이 오늘까

지 그들의 특색/독자성을 보존/유지하는 곳; 역시 ≪후터인들(**Hutterer**)≫ <후터의 형제들>

hybris *gr.* , (하나님에 대항하여) 오만/불손/자만심/방자, 교만/자부

Hydroparastaten→Aquarier

Hyliker→Gnosis; **Hylomorphismus** *gr.* , 아리스토텔레스(Aristoteles)(✝ 기원전 322) 그리고 아크뷔노의 토마스(Thomas v. Aquin)(✝ 1274)에 따라 질료(質料)(*gr. hyle*)와 형상/형식(*morphe*)(→Form)(의) 원리들의 함께 작용하기<질료형상론(質料形相論)>; **Hylozoismus**, 의견/견해: 물질적인 것이 생명이 있다<물활론(物活論)>

Hymnus *gr.* , 찬미가/송가/찬가; **Hymnarium**, 교회의 노래책/가요집<찬송가집>; **Hymnologie**, 교회의 노래 -학<찬미가[성가]/찬송가 학>

Hyperdulie *gr.* , 상승되어지는 숭배/존경심; *kath.* : 예수의 어머니에게 당연히 돌아가야 하는/당연히 주어져야 하는 (→latreia, →Dulie)<성모 마리아의 숭배>

hyperphysisch *gr.* , 초자연적인/불가사의의

Hypnopsychiten *gr.* , 영혼이 죽음과 부활 사이에서 잠/수면에 빠진다라고 가르치는 가르침/교훈/교리의 추종자들; →Thnetopsychiten

hypo'äolisch, 12 번째(교회의 높임, 낮춤이 없는) 교회 음계 (音 階)(→Kirchentonart)(E-a-e)

Hypodiakon→Subdiakon

hypodorisch, 2 번째 교회음계(→Kirchentonart)(A-f-a)

Hypo'gäum *gr.* , 지하의 납골소, 묘혈(墓穴)/묘지 혹은 제식/예배의 공간, 특별하게 →Mithraismus 안에서

hypo'jonisch, 10 번째 교회음계(→Kirchentonart)(G-c-g)

hypolydisch, 6 번째 교회음계(→Kirchentonart)(C-a-c)

hypomixolydisch, 8 번째 교회음계(→Kirchentonart)(D-[h]c-d)

hypophonisch→antiphonisch

hypophrygisch, 4 번째 교회음계(→Kirchentonart)(H-[g]a-h)

hypo'psalma *gr.* , 반복 시편; 시편의 찬미가/송가 안에서 반복구/후렴<그리스 정교회에서 사제의 찬송에 대답하는 합창>

Hypostase *gr.* , 기초/토대/원리/원칙(*lat.* 번역→*substantia*), 본질/실재하는 것/실체가 있는 것 ; 하나의 추상 개념/명사(→Abstraktum) 혹은 생각/사상/관념의 구체화/물질화 및 인격화/의인화(擬人化)(예, 삼위(일체)(→Trinität)에 따른 삼위/세 위격(位格)<* A. M. Ritter - "세 실현 " >); 그 러 나 →Usie; **hypostatische Union**→unio hypostatica

Hypothese *gr.* , 가정/추측/상정(想定); 증명이 되지 않은/입증이 되지 않은, 방법적인 작업 기초/연구 토대<가설/가정>; **hypothetisch**<가정 의/추측의/불확실한/가설의>

Hypotypose *gr.* , 그림을 통한 하나의 개념/이해/생각의 도해/예증

Hypsistarier *gr.* , 최고/최상의 하나님의 숭

배자

hystero'proteron *gr.* , 더 늦은 것이 우선/처음으로; 두 번째 문장 부분의 전환/도치; 전통적인 논리학에서: 우선 더욱 나중에 증명하는 것을 위하여 선취하는 잘못이 있는/불완전한 증명<도역(倒逆) 논법(증명되어야 할 명제를 전제로 결론을 미리 내리는 허위의 논법)/도치 [전치(轉置)] 법; →petitio principii

I/J

Jachtaufe, Jähtaufe→Nottaufe

Jahve, Jahwe, 이스라엘의 하나님, *hbr.*, 아도나이(**Adonai**)(주)의 모음 기호/부호를 지닌 테트라그람(→Tetragramm) Jhvh 로서<하나님의 표상/상징/비유로서 하나님의 이름 야훼의 네 히브리어 자음 J-H-V-H를 위한 묘사>, 따라서 야훼(Jahovah[i])(이전에 잘못 여호와라고 읽었다), 왜냐하면 하나님을 위하여 유대 종교에서 큰소리로 단지 《주》라고 말하도록 허용되었기 때문이다; **Jahvist, Jahwist,** 모세 5 경(그리고 여호수아서 ?)에서 원 자료의 글(원전)<야훼 원전(모세 5경의 원전)/J 문서>, 그것은 하나님의 이름 야훼를 활용한다; →Elohist, →Jehovist

Jainismus→Jinismus

Jakobiten, 시리아의 단성론의(→monophysitisch)(독립된) 국가교회, 감독 에뎃사의 야콥 바라다이 (Jakob Baradai von Edessa)(† 578)를 통하여 조직되었다; →Thomaschristen

Jaldabaoth *aram.*, 혼돈/카오스의 아들, 뱀을 숭배하는 사람들(→Ophiten)의 영지주의석(→gnostisch) 이단 안에서 장조자(→Demiurg)의 이름

Jansenismus, 벨기에 카톨릭 교회의 주교 코르넬리우스 얀센(Cornelius Jansen)(† 1638) 극단적으로 아우구스티누스적인(→augustinisch) 은총론, 1653 년과 1713 년에 정죄되었다<얀센주의(파)>

janua coeli lat., 천국의 문

IC-XC→XP

ichthys *gr.*, 물고기/생선, 자주 고대 그리스도교의 예술/미술에서 그림 형태의 상징/픽트 그래프와 제명(題銘)/비명(碑銘)으로서, **Jesus Christos Theu Hyios Soter**(=예수 그리스도, 하나님의 아들, 구세주)을 위한 비밀부호/암호로서

idea (Dei) innata *lat.*, (하나님의) 고유의 이미지/개념/표상

Ideal *gr.*, 밑그림/도안, 상상적 내용 혹은 소망/소원의 내용<모범/이상상(理想像)>; **ideal,** 하나의 상상에 정확하게 상응하는/일치하는<이상적인/모범적인>;

Idealismus, 18 세기 이래로(더 일찍이 →Spiritualismus) 세상의 가장 내적인 존재는 정신/관념적인 본성/본질로부터 있다는 하나의 의견/견해를 위하여 통용되는 묘사, 의식이 존재를 결정/지정한다(Ggs. →Materialismus)<이상주의/관념론/유심론(唯心論)>; **objektiver I.** <객관적 관념본은> 객관적으로(→objektiv) 존재하는 것으로서 외계/바깥 세상을 승인/시인한다. 그러나 외부 세계/바깥 세상은 단지 생각/관념/개념/이데아

(→Idee), 영/정신 혹은 이성으로서 인식/식별/확인되어질 수 이었다(객관적 관념론의 첫 번째 의/최초의 형이상학(→metaphysisch)-철학의 체계/학설: 플라톤의 이데아설(→Ideenlehre)); (버클리(Berkeley), † 1753; 피히테(Fichte), † 1814: '나'라는 것은 하나의 내가 아닌 것 [=외부 세계/바깥 세상]을 스스로에 대치[대항] 시킨다- 의) 주관(적)의 관념론(**subjektiver I.**)를 위하여 사물들이 단지 상상/생각에 대한(총괄) 영역/복합[집합]체로서 존속/존재한다(인식-이론적인/공리(公理)의 관념론; →Positivismus, →Psychomonismus, →Konszientialismus); 칸트 (Kant)(† 1804): → **transzendentaler** 혹은 **kritischer I.** ; 윤리(학)적으로 관념론은 높은[원대한] 목표의 추구를 묘사한다<선험(先驗) [초월론(超越論)]적인 혹은 비판적 관념론>(Ggs. →Opportunismus, →Utilitarismus, →Realismus); **Idealität**, 순전한 상상에서 하나의 존재<이상성/관념성>(Ggs. →Realität)

Idee *gr.*, (형)상/이미지, 현상(現象)/환상, 생각/사상/의견<이념/표상/개념/(플라톤 철학의) 원상(原像)/이데아>; **ideell,** 단지 생각했던/생각된<관념상의/개념적인/정신적인>; **Ideenfest,** 예배식(→Liturgie)의 축제, 그것은 구세의 역사/구원사(→Heilsgeschichte)나 혹은 테마/주제를 위하여 그것으로부터 하나의 사건/일어난 일을 갖지 아니하고, 오히려 하나의 《이데아(Idee)》를 갖는다; 예, →Trinitatis 그리고→Fronleichnam; 플라톤(Platon, † 기원전 347)의 **Ideenlehre**: 모든 물건의 유일하게 낳았던 원상/원형이 진정으로/참되게 존재하는 것/있는 것 그리고 끊임 없는/변함 없는 것이고, 그것은 사물과 그것의 현상/환상 안에서 단지 불완전하게 구체화[구현] 된다<관념론/이데아론>; 그러나(아리스토텔레스 (Aristoteles))→Entelechie, →forma

Identität, *lat.*, 일치/합치/합의<동일(성)/정체(성)/일치/동일>; **Identitätskrise**(목회적으로), 주관적으로 마음으로부터의 그리고/혹은 객관적으로 야기되어졌던 (목사와 함께) 자신에 대한 인식[이해]와 자의식/자각의 방해가 되는 것/방해<자기 인식의 위기>; **Identitätsphilosophie,** 하나의 기초[근간]를 이루는 것의 다양한(의견 감정등의) 표명들을 위하여 몸과 영과 혼을 취한다/유지한다(쉘링(Schelling), † 1854: 주관(→Subjekt)과 객관(→Objekt)에 대한 형의 상학의(→metaphysisch) 겹치기/동시에 발생하기)<동일 철학/동일설(스피노자 및 쉘링의)>

Ideologie, 사회적인 의식의 정해진/단호한 의견/견해, 이념/표상 그리고 개념/이해에 대한 체계; 학문적인 이론에서 역시: 생각/사고의 현 위치/입장-제한/종속<이데올로기/이[관]념 형태[체계]/이[관]념학/공리공론(空理空論)>

Idiolatrie *gr.*, 자기숭배

Idiom *gr.*, 말/언어의 특징/특색<(특정 지역 혹은 사회 계층의) 어법/말투/관용구/숙어>; **idioma,** *Plr.* **idiomata,** *dogm.*: 그리스

도의 양성의 특질/고유성; →com- munic-catio idiomatum

idiorrhythmische Klöster(*gr. idios rhythmos* 로 부터, 자신의/전형적인/특유한/고유의 척도/정도/중용); 사유물[재산]의 수도 원, 그 안에서 수도사들이 예배외에는 자유로왔습니다<예배만 제외하고 수 도자의 개인 생활을 허락하는 그리스 정교회의 수도원>; →Coenobium

Idol *gr.*, (하나님-, 신들의) 상, 우상(偶像)/ 거짓[이교도의] 신/정열적인 숭배의 대상/신격화된 존재, 환영(幻影)/환각 /망상; **Ido(lo)latrie,** 우상숭배/자기숭배

Idschma *arab.*, 이슬람교의 학식 있는 자들 의 종교적인 원전의 의미를 위한 일치/ 합치/합의<신앙 문제 및 계율 문제에 있어 신학자들의 의견 일치>

Jedinovjercy *russ.*, (17 세기) 옛 신앙 고수 파, 포포프키(→Popowcy)의 집단/단체, 그 단체는 1800 년 다시 러시아 정교회 와 합류하였다

Jehova→Jahve; **Jehovist,** 편찬자/출판자, 그 는 아마도 야훼 원전/문서(→Jahvist)과 엘로힘 원전/문서(→Elohist)를 공동으로 만들었다

Jenochowcy *russ.*, 에녹의 사람들, 러시아 의 이단/종파(→Sekte), 그들은 마을의 사 제[신부] 안에서 에녹을 그리고 수도사 안에서 엘리아를 숭상/숭배했다

Jeschiwa *hebr.*, 회의; →Tora-Schule, →Tal-mud-Akademie

Jesse, Isai, 다윗 왕의 아버지<이새>

Jesuaten, 이탈리아의 평신도 동업[협동] 조합(1367); 기도, 금욕/고행, 이웃사랑

Jesuiten→Societas Jesu

Jesum habemus socium<우리들은 동맹자 들을 위하여 예수를 갖는다>→JHS(약 어-부록(Abk.-Anhang))

Jesus→Christus; **historischer Jesus,** 역사적 (→historisch) 인물로서 나사렛 예수, 그 리스도-선포/선교(→Kerygma)를 제외 하고 관찰/판단되어졌다; →Heilstatsa-chen

Jesus People *engl.*, 예수-사람들, 정치적인 학생운동과 마약계에 역류/반대되는 경 향/의견으로서 종교의 청년운동(1967 년 캘리포니아에서 일어났다); 근본적 인, 부분적으로 역시 황홀한/열광적인 (→ekstatisch) 개종/귀의/전향의 경건함/ 독실함; 전 세계에 미치게 확산되었다; 1972/73 다시 서서히 가라앉았다<(기성 교회, 종파에서 독립된 젊은 이들의) 예 수 그리스도 운동의 참여자들>

Jezira *hebr.*, 책, 이 책은 하나의 수의 놀이 그리고 철자 수수께끼/낱말의 글자를 바꾸는 놀이에서 피조물을 표현/서술한 다(500 년경)

igni'tegium *lat.*, 불 덮개; MA: 일과의 끝/ 자유시간 알리기(종소리로), 그것은 화 덕의 불/아궁이의 불의 유지/보존을 위 하여 신호를 주었다

ignoramus et ignorabimus *lat.*, 우리들은 그 것을 알지 못하고 그리고 그것을 알 지 못할 것이다. 뒤 부아 르몽드(Du Bois-Reymond)(✝ 1896)의 말, 그는 본성 에 대하여 하나의 마지막으로 인식할 수 있는 것을 부정하였다(→Agnostizis-mus)

IHC-XRC→XP

IHS→약어-부록(Abk. -Anhang)

Jhvh→Jahve

jiddisch, 동유럽 유대인들의 유대인 투의 독일어 방언<이디시어의>

Jinismus, Jainismus→Dschinismus

Ijob→Iob

Ikone *gr.*, 그림/화상/조상(彫像); *gr. -orth.*: 거룩한 그림/화상/조상, 그것은 하나님의 존재/현존을 보증한다<(그리스 정교회의) 성상(聖像)/성화상/초상>; Ikonodulie, -latrie, 화상/우상 숭배; (그리스 정교회와 대조적으로) kath.: 존경/숭배는 단지 표현/묘사되어진 사람들에게만 유용하다→cultus relativus personae<=숭배/존경은 사람과만 관계가 있다>, CIC(1917); Ikonographie, 그림/화상/조상의 제작과 묘사/서술의 방법, 일반적으로: (그리스도교의) 화상에 대한 가르침/교훈 혹은 화상의 묘사/서술<도상학(圖像學)/성상[초상]학>; Ikonoklast, 성상[우상] 파괴주의자; Ikonostas(e), 그리스 정교회의 제단실 앞에 있는 화상의 벽<(그리스 정교 교회의) 제단실과 교구실 사이의 성화벽(聖畵壁)(문이 3개 달린)>

illatio *lat.*, 집어넣기/조처를 취하기; 스페인 미사에서 예비찬송(→Präfation)

Illuminaten, *lat.*, 계몽되어진/깨우쳐진 사람들<광명회의 회원들>, →Alum- brados; Illuminatenorden, 계몽주의(→Aufklärung)(→Deismus)의 확장을 위하여 1776년 설립된 카톨릭 교회의 협회/단체<[철학자 아담 바이즈하우프트 (Adam Weishaupt)가 1776년에 설립한 과격한 계몽주의 비밀 결사(結社)] 광명회>; illuminatio, 조명(照明)/계몽/계발; i. evangelica, 복음을 통한 조명/계몽; i. legalis 율법을 통한 조명/계몽, i. Spiritus Sancti, 성령을 통한 조명/계명(→unio mystica); illuminieren, 하나의(필사본의) 책을 그림으로 장식하다/삽화/도해를 넣다<(화려하게) 비추다/밝게하다/(중세의 필사본을) 채식하다>

imaginär, 단지 겉치레로/외관상으로 현실/실제의<공상의/가상의/실제가 아닌>

imago Dei *lat.*, 하나님의 형상(창 1: 27)

Imam *arab.*, 대표자/장/책임자; 이슬람교의 학식이 있는자/(전문)학자; 이슬람 사원/회교의 전당에서(기도문의) 선창자들<이슬람교에서 집단 예배의 도사(도사)>; 시아파 이슬람 교도들(→Schiiten)과 함께 모하메드 이후 시대의 수뇌/리더/수령<이슬람교 국가의 종교적 원수의 칭호> 그리고 예언자들; Imamiten, →Schiiten, 시아파 사람들은 12 수령들을 시인/인정하고 12번째 수령의 도래를 기다리고, 수령들과 함께 신적인 것의 하나의 일시적[잠정적]인 결합을 주장/지지한다(→Ismailiten, Zaiditen)

imitatio Christi *lat.*, 그리스도의 흉내/모방, 멀리유포되고 있는 중세 후기의 종교서/기도서, 켐펜의 토마스(Thomas von Kempen)(† 1471)에게 돌려진다; 그러나 →Nachfolge

immaculata conceptio *lat.*, 더럽혀지지 않은/청결한/순결한 수태; 마리아의 원죄(→peccatum originis)의 자유에 대한 카

톨릭의 교리(→Dogma)(1854년 12월 8일 이래로)<마리아의 무염 원죄(無染原罪* '원죄에 물들지 않음') 잉태>; **Immakulateneid** *kath.*: 순결한/원죄 없는 수태를 믿음의 선서의/서약한 확인/확증

immanent *lat.* , 그 속에 있는, 세상 안의 (Ggs. →transzendent)<내재 하는/내재 적인/고유의/인간의 의식 영역을 초월하지 않는>; **Immanenz,** 세상<내재(성)/고유성/한계를 초월하지 않음>; **immanente Trinität,** 아버지와 아들과 성령의 하나의 신성의 내재적 관계로서 삼위일체를 생각하고<내재적 삼위일체>, 그에 반해 계시의 삼위일체 (**Offenbarungstrinität**)가 아버지, 아들과 성령으로서 하나님의(하나의) 삼중의 계시에 대하여 말한다; →ökono-mische→ Trinität; **Immanentismus,** 초월의 부정/부인; **Immanenz**→apologetik, 내재(성)/고유(성)의 변호/호교, 그리스도교의 진리의 확장과 방어와 함께 신앙이 없는[믿지 않는] 사람 안에 놓여 있는 긍정적인 동기에 연결 시키기 위한 브론델(→M. Blondel)의 시도(프랑스, 19-20 세기), 새로운 신학(→Nouvelle Théologie) 안에서 계속 영향을 끼침

Immanu'el *hbr.*, 우리와 함께 한 하나님<하나님이 우리와 함께(하신다/계신다)>; 예루살렘의 성전에서 제식의 구원 호소/부르짖음(사 8:10), 고유 명사(사 7:14; 마 1:23); **I. bcwcgung,** 미국의 의사-목회자-운동, 그 운동은 정신적/심리적으로 제한된 병/질병의 치료/치유의 일/봉사 안에서 기도를 한다

Immaterialität *lat.* , 비(非)물질성/무형임/정신적인 것

immersio *lat.* , (액체 속에) 담그기/잠그기; **Immersionstaufe,** 세례, 그와 함께 수세자(受洗者)가(흐르는 물 속에) 가라 앉는다<침례(浸禮)>; Ggs. →aspersio

immissio panis in Caliceam *lat.* , *kath.*: 미사와 함께 성배(聖杯)에로 빵(그리스도의 육체를 상징하는 성찬용 떡/성체→Hostie)의 한 부분/조각을 투입/넣기

immolatio *lat.*, (신에게) 바침/봉헌/희생으로 바침; *kath.*: 제물(→Opfergabe)의 파괴

Immoralismus, 도덕적인/윤리적인 것의 경시/경멸<비 도덕주의(의식적인 도덕률의 거부)>

Immunität *lat.* , 무감각함/무관심함; 한 의무/책무의 자유; 교회의 사람들, 장소들 그리고 소유물/재산의 해방/면제/해제, 무거운 짐/책임 그리고 공식적인 권세의 양도; 법적으로 보증되었던 보호/비호<면역(성)/면책 특권/치외법권>

Impanation (*lat. panis*로부터, 빵), 성체(聖體)(그리스도의 몸을 상징하는 성찬용 떡)(→Hostie)와 함께 그리스도의 몸의 성례전적인(→sakramental) 연합/결합의 존재

impedimenta matrimonii *lat.*, 혼인 장애들; *kath.*: 그 장애들은 교회의, 신적인(자연적인), 국가적인 것에 따라서 공식적인 (*publica*) 것들 혹은 은밀한/비밀한(*occulta*) 것들로서 혹은 ≪유예<방해>하는 것들≫ 및 ≪금지하는 것들≫(**imp. impedientia, prohibentia**)(예, 신앙고백의

상이함: *imp. mixtae religionis*)와 ≪나누는 것들≫(**imp. dirimentia**)(예, 혈연/혈족 관계: *imp. consanguinitatis*)로부터 관습법으로서 있다/존재한다. 그 장애들은 상대적인 것들(단지 하나의 특정한 사람에게 관련되어진 것들)과 절대적인 것들(보편 타당한 것들)로 구분/구별된다. 일시적인 것들과 지속적인 것들, 확실한 것들과 의심스러운 것들, 선행하는 것들과 뒤따르는 것들, 폐지할 수 있는 것들(사면될 수 있는 것들)과 폐지할 수 없는 것들(사면될 수 없는 것들)

impeditio *lat.*, (하나님을 통하여 악한 것의) 훼방하기/방해/장해/지장

Imperativ *lat.*, 명령형; →Indikativ

imperium *lat.*, 거룩한 나라(교회)(→sacerdotium)와는 달리/대조적으로(황제의) 나라/왕국<(로마) 제국>

impetus *lat.*, 공격/침해/훼손; 스콜라 철학의: 우주 안에서 하나님에 의하여 주어진 육체의 움직이는/활동하는 힘<활기/기세>

implicit(e) *lat.*, 포함하는/포괄적인/둘러싸인; 펼쳐지지 않은/개진되지 않은 (→fides; Ggs. →explicite)

Implikation *lat.*, 관련/연루/연좌<포함/연루/논리적 관계>; **theologische I.**, 하나의 신학적인 진술/의견/발언(→Theo-logumenon)<교의/교조>의 교리적인 전제

impositio manuum *lat.*, 안수(按手)

impostores, tres, *lat.*, 명목상으로/수위 세 사기꾼/기만자들, 모세, 예수, 모하메드에 대한 황제 프리드리히 2세(Friedrich II.)(† 1250); 1540년 경 한 글의 제목

imprekatorisch *lat.*, (타인을 위한) 소청/기도를 통하여 성취되어지는, 특별히 그리스도에 의하여(롬 8: 34) 그리고 성령에 의하여(롬 8: 26)

imprimatur *lat.*, 그것이 인쇄되어져도 좋다; *kath.*: 종교적인 책들을 위한 인쇄허가의 형태<인쇄 허가/출판 허가>

Improperien *lat.*, 비난들; 고대 라틴의 그리스도 수난의 날(부활절 전의 금요일) 예배식안에서 그의 불신앙의/신의가 없는 백성들에 대한 십자가에 달리신 자의 비탄의 소리/탄식

impulsio ad scribendum *lat.*, 쓰기/작성하기 위하여(성서의 저작자들에게 성령의) 자극/충동

imputative Rechtfertigung→justitia imputativa

Inanamarga→Bhakti(marga)

Inauguration *lat.*, (고대 로마의) 제물로 바친 짐승의 내장으로 신의 뜻을 점치기(→Haruspicium)와 함께 한 신전의 축성식/낙성식; 직무 인계[인수]<취임식>

inclinatio *lat.*, 인사/기울이기; **i. capitis maxima** 머리의 깊이 굽히기/숙이기, 그와 함께 하나님 홀로 당연/적당/지당한 →latreia; **i. corporis,** 육체의 굽히기; **i. media,** 성모 마리아 숭배(→Hyperdulie)와 함께 중간/한가운데의 굽히기<허리를 굽히기>; **i. mediocris,** 머리와 어깨와 함께 평균/중용의/평범한 굽히기, **i. minima,** 성인숭경(聖人崇敬)(→Dulie)과 함께 조금/약간의 굽히기; **i. prava,** 타락 이래로 인간에게 부속되는/따른 악한 경향/성향; **i. profunda,** 깊은 굽힘/

기울임

incurvatus in se'ipsum *lat.*, 자기 스스로에게(상체, 머리를) 뒤로 젖히기,(하나님 대신에) 자기 자신과 관계시켰던 죄인(→Sünder)의 노력 ; →amor sui; Ggs. : →amor dei, →fides

Indefektibilität *lat.*, 무결함성, *kath.*: 교회의 무결함성은 교황의 과오가 없음/무오류성(無誤謬性)(→Infallibilität)를 위한 토대/근거/원리이다

Independenten→Kongregationalisten

Indeterminismus *lat.*, 의지가 낯설게/잘 모르게 정의/규정하는 영향/감화가 없이 자유롭게 결정할 수 있다는 관찰/견해/의견<비결정론(非決定論)>; Ggs. →Determinimus

Index (librorum prohibitorum) *lat.*, *kath.*: (금지된 책들의) 목록/리스트/일람표<금서목록(禁書目錄)>, (1559) 1564 년 이래로, 오늘날 실제로 폐지/철폐 되어 졌다; **indizieren,** 목록/리스트에 첨가하다<금서로 지정하다>

indictio precum *lat.*, 예배식의 기도 예고/통고/고지: ≪(우리 함께) 기도 합시다!≫

Indikativ *lat.*, 진술형태, 직설법; 직설법과 명령법(**Indikativ u. Imperativ**)의 동시적인 것이 신약성서 서간들 안에서 하나의 중요한/의미 심장한 역할을 한다. 예: 너희들은 죄에 대하여 죽었고 - 이제 너희는 죄가 너희 죽을 몸에 왕노릇하지 못하게 하라(롬 6: 11-); 구원/구제/구속의 현재와 미래에 대한 변증법적인(→dialektisch) 관계가 이것의 기초[근간]을 이룬다 - 이미 지금(Schonjetzt) (단편

적인/미완성의)의 그리고 아직 아니(Nochnicht)(완전한/결함이 없는)의 ; →eschatolog. Existenz

Individualethik→Ethik

Individuation, 분리/개별화<(스위스 정신분석학자 융(C. G. Jung)(1875-1961)에 의하여 만들어짐) 개별화/개체화/개성화; (자아의) 개성적 각성>; **principium individuationis,** 스콜라 철학의: 종류/종속으로부터 개체/개별적 존재를 태어나도록 허용하는 힘

Induktive Theologie(카잘리스(G. Casalis)), 전통적인 신학과는 달리/대조적으로 상황에 따라서 입장을 취하는 새로운 신학의 방향, ≪사회적으로 혁명적인 실천/실행으로부터 끝나가는/말엽의, 하나의 의미가 있는/이치가 맞는 성서의 읽기로 그리고 하나님의 백성들의 하나의 새로운 신학으로≫이끄는/인도하는(마르틴(G. M. Martin))<귀납적 신학>

In dulci jubilo *lat.*, 달콤한/즐거운 환호/환성 속에서, 중세 라틴어-독일어의 혼합의 노래(14세기)

Indulgenz→Ablaß

Indult *lat.*, 은혜/은총; 호의의 표시/표명, 하나의 교회의 지도급 인사에(특별히 교황을 통하여) 입법권의 양도/위촉; 한 법적인 의무로부터의 면제/해제<특전/은전>

Infallibilität, *lat.*, (믿음-[→Dogma] 그리고 도딕/예절의 문제들 안에서 베드로의 권좌/자리로부터(=ex→cathedra) 결정들과 함께 교황의) 무오류성(無誤謬性); **Infallibilist,** 카톨릭 교회의(교황의) 무오

류성의 추종자들

Infamie *lat.* , 명예심이 없음/파렴치함/비열/악의/극악, 자신의 태도/행동 혹은 재판관의 파렴치함의 설명을 통하여 교회의 존경할 만함/고결함의 상실<명예박탈>

infernum *lat.* , 저승 세계/황천; 지옥/악마의 나라; **infernalisch,** 지옥 같은/무서운/잔악한, 악마와 같은/악마적인

Infra-(*lat.* , ... 아래에/로), **Postlapsarismus** (*post*, 후에, 그리고 *lapsus*, 타락/몰락/[인류의 타락/원죄]), 개혁파의 교리/가르침: 예정(豫定)(→Prädestination)이 우선 인류 타락 후에 유효하다; Ggs. →Supralapsarismus

Inful(a) *lat.* , 띠 모양을 지닌 로마인의 머리끈, 면책/특권(→Immunität)의 표시/표<(고대 로마의 신관(신관), 충독이 쓴 흰색의 머리띠, 인풀>; 주교관(主敎冠)(의 띠)(**infulierte Mitra**); **Infulierung,** 주교관을 쓴 한 대 수도원장(→Abt)의 교황의 특별한 명예를 주기(주교관을 쓴 대 수도원장)

infusio *lat.* , (성수/세례수의) 붓기; →aspersio, →gratia infusa, →immersio

ingressio *lat.* , 입구/시작/개시/서두; 밀라노의 예배식의 도입송/도입부 노래 (→Introitus); **ingressus,** 고해/고백 예배의 예배식의 서문/입문/도입

Inhabitation *lat.* , (믿는 이들 안에서 하나님의) 거주/내재

in hoc signo vinces<이 표시/징표/표지 안에서 네가 승리할 것이다>→IHS(요약-부록(Abk.-Anhang))

Initiation *lat.* , 하나의 신비/비밀 안에서 제식[전례 양식]에 의거한 물에 담그기, 하나의 새로운 삶의 상태로 들어가기/시작/출발(성년식: →Taufe, →Beschneidung 그밖에 등등)<비법의 전수/비밀 조직 가입/(원시 민족의) 성년식>; **Initiand,** 입회 후보자/비밀 단체 가입 후보자

Initiative Kirche von unten (IKvu), 1980년에 설립되었고, 1978년 프라이부르크(Freiburg)와 1980년 베를린(Berlin)의 두 카톨릭 신도 대회(→Katholikentag)에 연원하는 개혁 카톨릭 교회 주의의 단체/ 집단 운동; 부분적으로 ≪사제 그리고 연대 집단/체들≫(→Basisgemeinden) 그리고 ≪사회주의 위한 그리스도인들≫ (→Christen für den Sozialismus)운동과 함께 공동작업/협력

initium fidei *lat.* , *kath.* : 의지에 앞지르는 은혜로부터 그리고 홀로 인간의 행동으로부터가 아니게 생기는/일어나는 <믿음인> 하나님을 믿음의 시작(요 15:5)

Inkantation *lat.* , 주문(呪文)을 통하여 축성하다 혹은 방어하다/물리치다<주문/마법/마술 부리기>

Inkapazität *lat.* , (목사로 취임하기 위한) 안수식(按手式)/신부의 서품식(→Ordination)의 받음/수령을 위한 능력이 없음/무능력/무자격

Inkardination (*lat. cardo*, 돌쩌귀), 한 주교의 교구(→Diözese)나 혹은 하나의 수도원 (→Orden)에서(카톨릭 성직자, 특히 수도승의) 머리 중앙부 삭발(→Tonsur)와 함께 일어나는 성직자(→Kleriker)의 할

당/배분하기<교구 입적>; Ggs. →Exkardination

Inkarnation *lat.*, 성육신하심/도성인신/화신(化身)/그리스도의 현현, 예수 안에서 말씀(→Logos)이 인간이 되심(요 1: 14)

Inklusen *lat.*, 둘러싸인/포함된 이들; 그들의 삶을 한(외부로부터 격리된 간소하고) 작은 방에서 보내는 은자(隱者)/은수자(隱修者)**(Rekluse)**<(서양의 중세 기독교에서 유폐된 상황에서 기도하는) 고행 참여자>

Inkorporation *lat.*, 합체/합병/동화, 끼워넣음/편입/가입<, (특히 중세기 교구의) 병합[편입]>(예, 한 다른 교회의 제도[관습]으로 하나의 교회의 직책(→beneficium) 혹은 성직록(→Pfründe)의 (편입/병합)); 그러나 →Inkarnation; →Verleiblichung

Inkubation *lat.*, 꿈을 통하여 신으로부터 가르침/교훈/지식을 받기위하여 거룩한 장소에 잠을 자기/취침하기<(고대 그리스의) 신탁해몽(神託解夢)>

Inkubus *lat.*, 놓여 있는/얹혀 있는 자; 귀신/악마들, 숲의 정기/숲의 정령 그밖에 등등, 그것들에게 사람들이 중세에 가위 눌림/악몽/번민 그리고 음난한 성행위/간음을 위하여 여인의 유혹/꾀임을 (그것들의 탓으로) 돌리다<(로마시대 민간 신앙에 나오는) 밤의 악령/(중세 민간 신앙에 니오는) 미녀와 정을 통하는 악마>; →Sukkubus

Inkulturation→Akkulturation

Inkunabeln *lat.*, 고판본(古版本)(1500 년까지)<(1500 년 이전에 인쇄된) 고판본/초기 간행본>

Innere Mission (IM)→Mission

Innocentium(dies) *lat.*, 죄가 없는/순진/천진 난만한 아이들의(날)(마 2: 16), 12 월 28 일

in partibus infidelium *lat.*, 신앙이 없는/믿지 않는 사람들의 영토/영역/분야 안에서, 이전에 하나의 몰락하는 주교의 교구(→Diözese)의 칭호에 서품되어진 한 명의 주교(→Titularbischof)의 칭호 추가/첨가(i. p. i.)<(재차 이교도화한 지역의 카톨릭 주교 칭호에 부치는 말) 이교도 지역의>

Inquisition *lat.*, (믿음의) 탐구/연구; 1232 년 이단자들의 박해를 위하여 설치되어진 교황의 신앙의(종교) 재판소(→Dominikanerorden); **Inquisitor**, 종교 재판소의 재판과 함께 재판관 <종교 재판관>

I. N. R. I.<나사렛 예수 - 유대인의 왕>→요약-부록(Abk. -Anhang)

inschallah→Allah

Insignien *lat.*, 명예 훈장/상패/휘장/표장(表章)

Inspektion, Inspektorat *lat.*, 감독-, 교회의 지역/구역, 개혁 교회의 교회 구역/범위/영역<감독 [검사] 당국 [관청]>, →Propstei, →Dekanat

Inspiration *lat.*, 불어 넣기/부여하기, 암시/영감(靈感)(→Personal-, →Real-, →Verbal-I.); 그러나→Manifestation

Installation, Introduktion *lat.*, (공직[관직]의) 취임/도입/소개/입문; →Investitur

Instauration *lat.*, 개혁/복구/혁신/갱신;

→Restauration

institutio *lat.* , 설립/설치/습관/관행, 수업
/강의/교수, **i. canonica**, *kath.* : 교회의 직
위/직책의 이양; ≪**I. Christianae religio-
nis**≫, 제네바 종교 개혁자 쟝 칼뱅(Jo-
hannes Calvinus)의 주저(主著)의 제목
(1536-1559 사이에 다양한 판들로 발행/
유래되었다)

instructio *lat.* , 가르침/교시/통지, 교황청
의 최고 관청(→Kongregation)을 통하여
상세하게/자세히 설명/해석/선언

Instrumentalursächlichkeit→causa instru-
mentalis

instrumentum *lat.* , (기록) 문서/증서, (증
거/논증) 증서/문서/원본/정본, 기구
/도구/수단; 구약 성서와 신약 성서를
위한 고대 교회의 묘사; 루터(Luther): 신
앙이 없는/믿지 않는 사람이 세상 통치/
지배를 위한 도구로서 하나님에게 봉사
한다/유용하다(그러나→cooperatio); **i.
pacis**, *mtl.* : 입맞춤의 작은 판자(모양의
것), 그것은 사제적인 축복을 중개/전달
하였다

insufflatio *lat.* , *kath.* : (세례, 서품 등과 함께)
성령의 전달/통지를 위한 상징적인 형
상/상징으로서 입김을 불어대기/숨을
내 쉬기(요 20: 22)

intakte Kirchen, 교회 논쟁/싸움-(→Kirchen-
kampf)의 시기를 위하여 고백(하는) 교
회(→Bekennende Kirche)의 측면에서 그
들의 통솔/관리가 '독일 그리스도인
들'(→Deutsche Christen)편으로 넘어가
지 않았던 그 독일의 지역 교회들을 위
하여 통용되는 묘사

integer *lat.* , 건드리지[손 대지] 않은/자
연 그대로의, 손댈 수 없는; 훌륭한/존
경할 만한/고결한/청렴한; **Integra- lis-
mus**, 총체적 공적 생활의 카톨릭 교도
화를 위하여 극단적인 성향/경향<통합
주의>; **Integration**, 끼워 넣음/편입/가
입<통합/합병/편입>; **Integrität**, 완전함/
전부를 갖추고 있음, 훌륭함/존경할
만 함<무 결(無 缺)/완 전/정 직/성 실>;
dogm. : 원죄 앞에서 인간의 죄가 없음/
결백; 성서의 침해할 수 없음/반론의 여
지가 없음

Intellektualismus *lat.* , *allg.* : (심정/감정의 힘
들 그리고 의지력들에 비하여) 이성의/
지적인 활동/진행의 한쪽 편의/일방적
인 강조/강세<주지주의/주지설/주지적
태도>; *theol.* : 하나님과 함께 의지적인
일치(→amor dei)에 대하여 신 인식을 상
위에 놓는 것(→Glauben 그리고→escha-
tol. Schauen, →visio beatifica); →Thomis-
mus; Ggs. : →Voluntarismus, →Scotismus

intelligo ut credam *lat.* , 나는 (교회의) 믿음
에 이르기 위하여 이성/지력을 사용/
이용한다(아벨라르(Abälard), † 1142);
Ggs. →credo ut intelligam

Intention *lat.* , 의도/의향/지향(성례전은 기
증자/수여자와 수령자와 함께 하나의
긍정적 의도/의향을 요구한다); **Inten-
tionalismus**, 지향설은 유효/타당(성) 혹
은 행동/행위의 도덕적인 가치를 결정
한다는 견해

Interdikt *lat.* , 모든 교회의 행위의 금지<교
권 정지/파문>

Interim *lat.* , 그사이에/그동안에, 최초로/

현재로서는, 가협정(假協定)/잠정적인 조절[조정]<과도기/임시[과도] 조치[규정]; **Augsburger I.**, 1548 년 5 월의 제국법, 그 법은 개신교도들에게 우선적/잠정적으로 성찬식에 일반 신도들이 마시는 포도주와 사제의 혼인/결혼(→Zölibat)을 허락하였고, 그밖의 점에서는 카톨릭 교회의 습관과 교리를 지시/지령하였다; **Liepziger I.**, 작센의 모리쯔 (Moritz' von Sachsen)의 특별한 자세/입장을 통하여 슈말칼덴 전쟁(Schmalkalder Krieg)에서 가능하게 되어졌던(조치[규정]), 복음교회의 조치[규정]의 핵심/중심 안에서(1548 년 12 월), (그것은) 아디아포리스트의 논쟁(→adiaphorist. Streit)을 야기하였다/발생시켰다; **Interimsethik**<임시/과도 윤리>→Ethik

Interkalarien, 하나의 공석/빈자리의 성직록(→Pfründe)의 수입/소득<성직봉록의 지불이 없는 동안의 수입>

Interkommunion, kath.: 성만찬 공동체 (→Abendmahlsgemeinschaft)를 위하여 <(기독교 여러 종파간의) 합동 성찬식>

Interkonfessionalismus, (제 1차 세계 대전 전에 특별히 영국과 미국에서 시작된) 종파별의/종파에 의한 제한/제약들을 극복하기 위한 노력/수고<초 종파/교파주의>

Interlinearversion lat., (고대 필사본에서) 원문의 행간들 사이에 기록되어진 언어에 충실한 번역<(특히 고대/중세 필사본의) 행간 번역>

International Documentation Center (IDOC), 1962 년 제 2차 비티칸 공의회 (→

Vatikanum II) 동안에 설립되었고, 그 사이에 로마에 종파간의/종파를 초월한 문서 작성/정리/보관 센터 그리고 정보/안내 센터, 무엇보다도 제 3 세계에 대하여 넓은 의미에서, 저변/민중 공동체 (→Basisgemeinden), 해방[독립] 운동 등등

Internationaler Missionsrat, 1921 년에 설립되어진 개신교 전도 협회와 선교(→Mission)에서 분명하게된 교회의 국가의 그리스도교의 위원회를 위한 상부조직[단체]; 교회 일치 운동(→Ökumen. Bewegung)의 선구자, 아크라(Accra)의 세계 선교회의(1958)에서 ≪세계선교와 복음 전도/복음화를 위한 위원회≫로서 세계 교회 협의회(→Weltkirchenr- at)에 편입되었다

Internuntius lat., 교황의 외교상의/외교적인 사절<(소국 주재) 교황대사>, 비교, →Nuntius

Interpolation lat., 본문의 삽입문/첨가한 부분<(타인에 의한 원전의) 가필/정정>

Interpret, interpres lat., 해석자/설명자/주석자, 형성자/구성자/창작자; **Interpretament,** 의사 소통 수단; 해석/해설/주석하는 본문의 추가/첨가물<본문 속의) 주석/(특히 신학:) 이해 보조 수단>; **Interpretation,** 해석/설명/판단, 주해; **interpretatio graeca,** 근동의 신들의 그리스어의 해석/설명; **i. romana,** 로마 이외의 신들의 로마어의 해석/설명<다른 나라 신의 로마식 표기(예, Jupiter를 Donar로)>; 게르만 민족의 종교의 소개/개념 등등을 그리스도 교회로 인수/물려 받

음; 교리적이고(→dogmat.), 실존론적인
(→existential) 해석/주해/설명

Interregnum *lat.* , 막간/임시 지배/통치
(권); <과도[임시] 정부/임정 기간>→
Sedisvakanz

interrogatio de fide *lat.* , 성인 세례와 함께
믿음에 대한 질문

Interstitien *mlat.* , 두 서품(→Weihen)의 받기
/수령 사이의 기간/시간<(서품간의) 중
간 기간>

Interzelebration, →Kanzelgemeinschaft, 다
양한 교회의 성직자들의 상호/쌍방의
대리/대행/대표하기를 위한 자유, 자주
성만찬 공동체/합동 성찬식(→Interkom-
munion)과 함께 결합되어진다<설교 공
동체>

Interzession *lat.* , 누군가를 위하여 개입/간
섭/조정하기, 들어감/중재(仲裁); **In-
terzessionsgebet**→Fürbittengebet

Inthronisation *gr.-lat.* , *kath.* : 교황좌/교황권
혹은 감독의 자리(*thronos*, →cathedra)에
대하여 장중/장엄하게 소유자/소유주
를 취하기<(주교, 추기경, 교황등의) 추
대식>

intinctio *lat.* , (물에) 잠그기/담그기; **Intink-
tionskelch, Tauchkelch, →Patenen-Kelch,**
성체(그리스도의 육체를 상징하는 성
찬용 떡)를 포도주에 담그는 관습/풍습,
공동의 성배로부터 마시는 것 대신에,
중세에, 그리스도의 피/보혈(→Trans-
substantiation)을 흘리지 않기 위하여(그
에 반하여 공존/병존(→Konkomitanz)에
대한 교리/가르침), 오늘날 부분적으로
위생적인 이유/근거로부터

Intoleranz *lat.* , 속 좁음/편협함/관대하지
못함⟨비관용-/배타⟩; Ggs. →Toleranz

Introduktion→Installation

introibo ad altare Dei *lat.* , 내가 하나님 앞
에서 제단에 나아가나이다; *kath.* : 이전
에 미사 전에 사제의 개회 기도

introitus, *lat.* , 도입부/서곡; 합창단에 의하
여 동행되는 제단실로의 사제의 입장/
진입; 미사 및 복음 교회의 예배의 예배
식의 서곡/전주곡, 대부분 도입 시편을
위한 묘사(그것의 라틴어 첫 단어들에
따라 교회력(→Kirchenjahr)의 몇몇의 일
요일/주일들이 이름 붙여졌다/거명되
었다)<(미사의) 도입부 노래/(신교 예배
에서 교대로 부르는) 도입송>

Intuition *lat.* , 관찰/견해/의견, 전체적인 파
악/이해/납득하기에 집중되었던, 감정
적인(물체의 본질의) 이해/인식/통찰<
직관/직감>, 그러나→Reflexion; **intuitiv,**
감정적으로 확실한<직관적인/직감적
인>(Ggs. →diskursiv); **Intuitionismus,** 이
상주의적인/관념론적인 가르침, 그에
따라 직감적인 식별/인식하기는 가장
확실한 인식의 길이다<(스코틀랜드의
철학자 Th. Reid(1710 - 1796)가 명명) 직
관론[설]>; 윤리적으로: 선과 악의 구별
을 위하여 이미 주어진 지식

invariata→Confessio Augustana

Investitur *lat.* , 옷 입히기/옷입기/착의식
(着衣式); *MA*: 하나의 높은 교회의 직위
/직책을 가지고 가르침/계몽/교육; <(중
세 때 왕에 의한) 주교 서임, > 오늘날:
kath. : 낮은 교회 직책으로 임명<(성직
등의) 서임>; →Installation, →Inthronisa-

tion; **I. streit,** 11 - 12 세기에 논쟁(특별히 그레고리우스 7세(Gregor VII)와 하인리히 4세(Heinrich IV) 사이에서) - 평신도의 권세를 통하여 서임의 권리에 대한 (논쟁)<서 임 권 논 쟁 >; →Gregorianer; →Wormser Konkordat

invitatorium *lat.*, 초대/권유/초빙; 여명과 함께하는 기도 시간(→Matutin)의 초대의 찬미/찬송<초사(Matutin을 이끄는 찬미가, 시 95 편>; 기도를 위한 예배식의 요청/요구

Invokation *lat.*, 한 증서/문서의 시작에 하나님의 부르기/간청/간구/탄원<(특히 문서나 문학 작품의 첫머리 등에서) 신[성부, 성자, 성령]에 대한 기원/부름>; 성인들의(타인을 위한) 소청/간구의 부름; →Adoration; **Invokavit,** 그가(나를/나에게) 불렀다/간청하였다; 사순절의 첫 일요일/주일(→Introitus, 시 91: 15); **Invokavitpredigten,** 루터의 설교들(1522), 그것들을 가지고 그는 칼슈타트(Karlstadt)에 의하여 진척시켜진/도모된 극단적/급진적인 종교개혁의 조처/조치들의 취소/철회를 비텐베르크(Wittenberg)에서(그리고 다른 성상[우상] 파괴운동을) 세웠다/설립하였다

Inzensation *lat.*, *kath.*: 유향(乳香)을 가지고 향을 피우기<(의식에서 사람이나 물건에) 향을 쏘임>; **inzensieren**<향을 쏘이다>; **Inzensorium,** 향로

Inzineration *lat.*, 재로 만듦/회장(火葬)(하기 전의 제사); 재와 함께 뿌리다/흩다

Iob (Job) *hebr.* (kath.), **Hiob**<욥>

Jobeljahr, Amnestiejahr(레 25: 8-10): 매 50 번째 해, 그 해에 이스라엘에서 모든 양도[매각] 되어졌던 토지 소유가 배상[상환]/변제되어져야만 했고 그리고 각(노예나 농노 따위의) 부자류 신분의 사람이 석방/방면해 주어야 했다<50 년째의 안식년/희년>

Jodo <=Dschodo> *ind.*, 결점/오점이 없는 나라; (불교의) 대승(→Mahayana)에서: 죽음 후의 이상상(像)의 나라, 그곳에서 모든 사람들이 보살(菩薩)(→Bodhisattva)이 되어질 수 있다

Joga→Yoga

Johanniterorden→Ritterorden

jom kippur *hbr.*, 대 속죄의 날(레 16장)

jonisch, 열한 번째 교회 음계(→Kirchentonart: c-g-c)

Josephinismus, 요셉 2세(Joseph II.) 아래서 그리고 그에 따라서 오스트리아에서 계몽되어졌던 카톨릭 교회의 국가 교회 정책<(황제 요셉 2세(1765-1790)의 이름에서) 요셉주의(18, 19세기 오스트리아의 계몽적 카톨릭 국가 교회 정책)>

Josephsehe, *kath.*: 성적인 절제/금욕 안에서 결혼/혼인/결혼 생활

ipsissima vox (Jesu) *lat.*, 예수의 최상의 자신/특유/고유의 말/대화, 하나의 역사적(→histor.)(성서의) 해석(→Exegese)(예레미아스(H. Jeremias))의 목적/목표, 그것은 하나님의 계시의 핵심/중심/본질을 위하여 예수를 통하여 몰신 하기를 원한다(그러나→existentiale Interpret- ation)

ipso facto *lat.*, 행위/행동/사실 자체를 통하여

irenisch *gr.* , 평화를 사랑하는/평화적인/ 온화한(→eirene); **Irenik,** 평화 애호/평 화 애호의 경향[기질], 의식적으로/의 도적으로(분쟁 등을) 조정하는 경향/성 향; 17 세기 루터교 정통주의(→Ortho- doxie) 안에서의 경향/유파/견해, 카톨릭 교회의 신학과 교회와 함께 조정/화해 를 얻으려고 애썼다<(제 종파) 화평주 의>; →Polemik, →Kontroverstheologie

iroschottische Kirche, 독립/자주의, 수도원 들로부터 관리되었던/이끌리었던 이 세 상의/지상의 교회(400 년 이후), 그 수도 원들의 수도사들이 광범위한/멀리까지 미치는 선교사역을 행하였다/종사하였 다

Irregularität *lat.* , 규칙 위반/반칙; *kath.* : 서 품[성직]의 방해/장애(→Weihen), 그것 은 서품식(敍品式)이나 혹은 사제직의 실행/집행의 받기/수령으로부터 배제/ 제외한다<교회 서품 장애>

irreligiös *lat.* , 믿음이 없는/비종교적인

Irwingianer, <스코틀랜드의> 어빙(E. Ir- wing)(† 1834)에 의하여 설립되었던 열 광적인/심취한 (→enthusiast.) 이단 (→Sekte), 원시 그리스도교의 신앙심이 깊음/경건함을 부활시키기를 원했다 (머지 않은/눈앞의/짧은 시간 내에 일어 나는 기대/고대(→Naherwartung), 《사도 들 (→Apostel)》에 의한 임명/지명/추천 등등)<어빙교도(예수의 재림을 고대하 는 19 세기 영국의 광신적 구교파 신 도)>

Isagogik<(특히 성서 성립학의) 학문 입문 론>→Einleitungswissenschaft

Isai→Jesse

Ischariot, 카리 /가룟으로부터의 사람 혹 은 쉬카리어(→Sikarier); 예수의 배반자 인 유다의 별명(마 10:4, 그리고 성서에 서 자주 언급됨)

Ischtar, 바빌로니아의 결실의 풍성함/다산 - 그리고 전쟁의 여신<이쉬타르>

Isis, 본래적으로 이집트의 천상의 여신, 그 리고는 전세계적인/보편적인 신(성), 그 것의 제식(祭式)/(열광적) 숭배가 특별 히 로마 제국에서 넓은 확산을 발견했 다<(옛 이집트의 여신) 이시스>

Islam *arab.* , (하나님에게) 헌신/귀의/몰두, 7 세기에 알라(→Allah)의 예언자로서 모하메드(Mohammed)(† 632)에 의하여 유대교와 기독교적인 요소들의 고려하 여 넣기/포함하여 생각 하기 아래서(모 하메드의 선구자로서의 구약성서의 예 언자들과 예수) 공포/선언하였던 종교< 이슬람교/회교/마호멧교>: 알라는 유일 하고 은혜로우신 분이다. 무조건적인 순종/복종을 요구하는 신이시다. 그리 고 코란(→Koran)은 그의 계시이다; 화 상이 없는, 단지 전례에 의거한/의식[식 전]의(→rituell) 기도 행위/행동으로부터 존속하는/존재하는(종교의) 의식/제식/ 숭배, 죽은 자들에 대한 하나의 심판을 믿음; 수니파(교도)(→Sunnit)와 시아파 교도(→Schiit)들 안에서 661 분열

Ismailiten, 시아파 교도들(→Schiit), 그들은 단지 7 이맘들(→Imame)(일곱번째로서 이스마일)을 인정/승인하고, 이맘들 안 에서 신적인 것의 지속적인 내재를 주 장한다

Israel (*hebr.*, 하나님이 싸울 것이다), 야훼(→Jahve)로부터 야곱에게 수여된 이름(창 32: 25), 그의 후손들로서 이스라엘 백성들에게 넘어가다/옮아가다(역시 《이스라엘 집》(출 16: 31) 혹은 《이스라엘의 자녀들》(신 4: 44)); 왕국의 분열(기원전 926년경) 이래로 대부분 유대(→Juda)와는 달리/대조적으로 북왕국을 위한 묘사, 바벨론 포로(→Exil) 이래로 역시 유대와도 관련 되었다: **I. iten,** 유대 백성의 일원/일족(예, 행 2: 22; 롬 11: 1); 원시 그리스도 교회(→urchristl.): (새로운) 이스라엘로서 그리스도인들의 자칭/자기 스스로의 묘사(갈 6: 15-); 1948년 이래로 팔레스틴에서 유대의 민족 국가의 묘사(→Zion- ismus)

Isvara *ind.*, 주인/군주/소유주, 비인격적인 브라만(→Brahman-)(→Atman)와는 달리/대조적으로 인격적으로 생각했던 박티(→Bhakti)의 신(성)

Itala, 불가타 성서(→Vulgata) 이전에 낡아진/시대에 뒤 떨어진, 옳지 않은/틀린 고대 라틴어 성서 번역들의 집합명; 더욱 옳게: 불가타 이전의 것/번역 혹은 옛 라틴어의 것/번역(→Vetus Latina)

Itazismus, 이전의 헬레니즘(→hellenist.) 시대에 생겨난/시작 된 모음의 발음, 그에 따라 그리스어 ,ei,oi,y 가 마치 i 처럼 발음되어졌다<그리스어의 e 음의 i 장음화>; Ggs. 에라스무스(Erasmus)(† 1536)에 의하여 독일에서 도입/채용되어졌던 **Etazismus**(철자법/정서법에 따른 발음)<그리스어 장음 e에 해당되는 자모 Eta의 발음>

ite,→**missa est** *lat.*, (너희들은) 가라,(모임은) 해산되었다 혹은 그것이 해산/떠나게 하기를 행한다/개최 된다. 세례 지망자/견신 지원자(→Katechu- menen)을 위하여 정해진/규정된 부분 뒤에/이어서(그리고) 성만찬 축제의 시작 전에 고대 그리스도교 예배에서 큰 소리로 말하기, 그로부터/거기에서 《미사(Messe)》; 카톨릭 미사에서 끝/마침에

Ithyphallos *gr.*, 디오니소스(→Dionysos)-제식/숭배에서 다산/결실의 풍성함의 상징으로서 우뚝 솟은 음경의 모조(품); →Phallos

Intinerar *lat.*, (개인의) 여행 보고(서)/여행기/기행문</로마 황제 시대의 도로망 지도>

itio in partes *lat.*, 정당/당파로 헤어지기; 베스트팔렌 평화<조약/회의>(1648)에서 규정/결정 되어졌던 법/권리, 그 법은 종교적 사항/문제에서 대다수의 결정들을 유용케 허용한 것이 아니라, 오히려 단지 정당한 결정/결의

Jubeljahr→Jobeljahr

Jubiläen, 후기 유대(→spätjüd.) 문헌, 유월절(→Passa)의 제정까지 성서 역사의 생생 하게 그려내는/서술하는 재현<기념일/기념(축)제>; **Jubiläumsjahr**→Jobel- jahr; *kath.*: 신자들의 특별한 성화(聖化)/정결케 함을 위하여(은혜 [자비](를 베품), 순례/성지 참배) 결정/규정된 《거룩한 해》<기념의 해>

Jubilate *lat.*, 환성/환호/갈채를 보냅시다! 부활절 후 세 번째 주일/일요일, 도입부 노래/도입송(→Introitus) 시편 66: 1

Juda, 남부 팔레스틴의 지역/지방; 이스라엘 사람/유대인의 종족/부족; 족장 야곱의 아들; 솔로몬의 죽음후 남 왕국(기원전 926 년); **Judaismus,** 바울에 의하여 대항하여 싸웠던 그리스도인들을 위하여 필요한 구원/구세의 길로서 유대의 율법을 선언/설명하기 위한 시도/기도들 <유대 종교[문화/역사]/유대정신/주의>; **Judaisten,** 원시 기독교(→Urchristentum)에서 이교도/이단자(→Häre- tiker)<유대주의자들>; **Judaistik,** 유대 민족/종교/정신등을 학문적으로 연구<유대학(學)(연구)>; **Judenchristen,** 1-2 세기에 유대 혈통의(팔레스틴) 그리스도인들<(원시 기독교에서) 유대(출신의) 그리스도인/(특히 강제로 개종한) 유대 그리스도인들>; **Judengenosse**<유대교로 개종한 사람>→Proselyt

judex *lat.*, 재판관/사법관/판사/심판(관); judicium, 법원/법정/재판소/재판/심판/판결; **Judices, Judicum**(Jud), 재판관의 책(Ri)<사사기>; **Judika,** 본받으라/판결[재판]하라! 다섯 번째(그리스도의) 수난의 주일(→Passions-Sonntag), 도입부 노래/도입송(→Introitus) 시 43: 1; **Judikatur,** 판결/재판(권)/사법; **judika-torisch,** 판사[재판관]/법원[법관]/사법의

Jugendbund für→Entschiedenes Christentum

Jugendreligionen, 대부분 아시아로부터 온 그리고 특별히 젊은이들에게 호소하는 새로운 국제 신앙 운동을 위한 논쟁의 여지가 있는/이론이 분부한 집합명사

Jugendweihe, 자유로운 신앙 공동체들 안에서<성년식> 그리고 무신론의(→atheist.) 국가에서<성인식> - 예, 동독, 약 15 세와 함께 성인들의 공동체로 청소년의 받아들이기/수용을 위하여 - 견진성사/견신례(→Konfirmation) 후에 형성/전개 되어지는 축제적인 행위/행동

Julianismus, 하리카르나스의 율리아노스(Julianos von Halikarnaß)(6 세기)의 교훈/가르침: 예수의 몸은 신의 로고스(→Logos)와 함께 일치/결합 이래로 부활의 몸의(고유한) 성질/특성/특질을 소유하였다

junctio manuum *lat.*, 두손을 깍지끼기

Junge Kirche, 해외의, 점차적으로 독립/자립적으로 되어진 선교 교회들을 위한 1928 년 예루살렘에서 세계 선교회의 이래로 통용되는/관용적인 묘사

Jungfräulichkeit, 성의/성적인 실현/실행 그리고 결혼의 생활의 자발적인/자진해서의 포기, 마 19: 12에 따라 복음의 제안/충고(→consilium evangelicum)로서 이해 되었고, 특별히 수도원에서 실현되었다 <수도사의 서원>; 오도하게/헷갈리게 자주 동정(童貞)/순결/정조/정절로서 묘사한다<처녀성/순결성>

Jungreformatorische Bewegung, 1933 년초 독일 그리스도인들(→Deutsche Christen)과 대립하여 등장/출현한 교회 운동<후기 개혁 운동>; 곧/오래지 않아 고백하는 교회(→Bekennende Kirche)로 넘어갔다

Jupiter, 최상의 로마의 신, 마치 천둥과 번개 의(천후(天候)의 신으로서), 하늘과

빛의 주인<주피터(신)>

jure divino *lat.*, *kath.*: 신의 법/권리/정의에 따라/합당하게; **j. humano,** 인간의 법/권리/정의에 따라/합당하게

juridisch *lat.*, 법의 사고(思考)/사상/생각에 상응하는/일치하는<법학의/사법의/법학적인>; **Jurisdiktion,** 판결/재판/재판권<판결/재판(권)/교구관할권>→ potestas jurisdictionis

jus *lat.*, 법/권리/정당성; **j. canonicum,** *kath.*: 가치 있는/유효한/정당한 교회법(규); **j. circa sacra**(=**j. externum**), 외면적인/외적인 국가의 교회 간섭권, **j. in sacra**(=**j. internum**), 정신적인/교회의 질문/문제들 안에서 법/권리/정당성; **j. divinum,** 신의 법/권리/정의; **j. (divinum) naturale,** (신적으로 주어진) 자연의 법(정 부정의 감각/정의감), 예, 십계명(→Dekalog)에 포함[포괄]되었다; **j. (divinum) positivum,** 율법에 규정되어진 (신의) 법/권리/정당성; **j. gentium,** 국제법; **j. gradii,** 검의 법(=처벌/징계하기 위하여); **j. humanum,** 인간의 법/권리/정당성; **j. liturgicum,** 예배식의 형태/구성의 법; **j. primarum precum,** 자리가 비어 있는(→erledigt) 성직록(을 받는 직위)(→Pfründe)와 함께((중세의) 군주의) 첫 번째 추천[천거]권/발의권; **j. reformandi,** 교회의 개혁을 위한(군주의) 권리; **j. regale**→Regalien; **j. talionis,** 보복의 법/권리/정당성(마 5. 38)

justificatio, 정당함의 증명[인정]/변명[변호]/정당성/권리; **j. effectiva,** 활동적인/작용을 일으키는/(법률 등이) 효력을 갖는 정당함의 증명[인정]; *kath.*: (하나님이) 쏟아 부어진 은혜(→gratia infusa)를 통하여 공정하지 않은/부정한/불공평한/정의에 반하는/불의한 자로부터 하나의 실제/현실/사실의 정의의/공평한/의로운 자를 만든다; **j. forensis,** *ev.*: 법원/재판/법률상의/재판에 의하여 이루어진 정당함의 증명[인정]: 하나님이 죄인(→simul justus et peccator)을 재판관/사법의 전권으로부터 정의의/공평한/의로운(자)이라고 선언/선고/천명하였다(=**j. impii,** 신앙이 없는/불경건한 자의 정당함의 증명[인정])<칭의/의롭다고 인정함>

justificator, *lat.*, 재판관/판사; *theol.*: 죄인을 정당하다/의롭다고 증명[인정]하는 자로서 하나님

justitia *lat.*, 정의/정당/공평/공의; **j. activa,** 일하고 있는/활동중인 정의/정당/공평/공의《능동적인 의》; **j. aliena,** 낯선/생소한/익숙치 않은 정의/정당/공평/공의(→j. imputativa; Ggs. →j. propria); **j. christiana**(=**spiritualis**), 정신/영적으로 수행/성취 되어지는, 하나님의 뜻에 상응하는/알맞는 정의/정당/공평/공의<그리스도인의=영적인 공의>, **j. civilis**(=**legalis**), 시민 계급/시민의(= 외면적인 법률상의) 정의/정당/공평/공의; **j. commutativa,** 고르게하는/평준화하는 정의/정당/공평/공의; **j. dei passIva,** 루터의 종교 개혁의 발견(→Turmerlebnis), 그에 따라 하나님의(공)의(롬 1: 17)는 죄인에 대하여 입증/증명하는(→j. activa) 그의(고유의) 성질/특성

/고유성이 아니라(→Seinsmetaphysik), 오히려 이 죄인에게 믿음 안에서/으로 (→Glauben)(≪소극적인/수동적인(*passiv*)≫) 주어지는 하나님의 선물 이다 (→sola gratia); **j. distributiva,** 분배의/배분적인(무거운짐/고민, 되갚음/보복/복수)(하나님의) 정의/정당/공평/공의; **j. imputativa,** 그에게 그리스도의 공의 (→j. aliena)가 계산에 넣어졌던 것을 고려하여 죄인의 정의/정당/공평/공의 (→simul justus et peccator); **j. inhaerens,** 결부되는/걸려 있는 정의/정당/공평/공의; *kath.* : 그리스도의 공적/공로의 수용/받아들임을 통하여 인간 안에서 행해지는/실행되는 덕/덕성/미덕(→Tu-gend); **j. legislatoria,** 입법의/입법권이 있는(하나님의) 정의/정당/공평/공의; **j. originalis,** 인류 타락/원죄 이전에 인간의 본래의 정의/정당/공평/공의; **j. propria,** (인간의) 자신/특유/고유의 정의/정당/공평/공의, Ggs. →j. aliena; **j. socialis,** 사회의/사회적인 정의/정당/공평/공의; **j. vindicatrix,** 벌/처벌하는 정의/정당/공평/공의; **Justitia et Pax,** 정의/정당/공평/공의와 평화, 세상 안에서 사회의/사회적인 정의/정당/공평/공의와 평화에 대한 촉진/장려를 위한 교황의 위원회

ΙΧΘΥΣ →ichthys

K

Kaaba *arab.* , 주사위/입방체(入方體); 메카에서 성벽 안에 설치되어진 검은 돌과 함께 이슬람교의 주사위 모양의 중앙/중심의 신성한 장소<(메카에 있는 사각형의 이슬람) 영묘(靈廟)>; →Haddsch

Kabbala *hbr.* , 전통/관례/전승/전례; 모세오경(→Pentateuch)에 속하지 않은 모든 구약성서의 책들을 위한 본래의 묘사(예, 미트라쉬(→Midrasch) 안에서); 성서적 종교와 범신론(→pantheist.)의 철학으로부터 중세 유대교의 신비/비밀 학문, 그것은 글의 알레고리적(→allegor.)인 해석/설명 안에서 하나의 비밀의/은밀한 의미를 부가하였다<카발라(숫자와 문자 풀이를 중심으로 한 중세 유대의 비설)>; **Kabbalistik,** 유대의 신비주의/신비사상/밀교(→Mystik)(7 - 18세기)<카발라학>; **kabbalistisch,** 카발라의 방법/방식에 따라 행동하는, 그것의 의미에 상응/일치하는; 신비적인/불가사의한

kabod→Doxa

kaddisch *hbr.* , 그는 거룩하다, 매듭짓는/최후의 찬양/찬미가(→Hymnus), 회당(→Synagoge) 기도

Kämmerer→Eunuch

Kärrner, 손수레를 미는 사람; 무덤파는 사람/묘지 관리인<심한 육체 노동자>

kahal *hbr.* , *gr.* →*ekklesia*, 모임/회합/집회, 공동체/교구

Kainiten, 극성의/격렬한 반 유대적인 영지주의 자들(→Gnostiker), 그들은 최상의 신을 유대의 창조주로부터 구별했고, 가인, 에서, 배반자 유다 등등에게 하나의 더욱 높은 신 인식/신의 존재와 본질에 대한 인식 능력을 돌렸다

kairos *gr.* , (올바른/적절한) 시각/시점/(역사상의) 시기[시대], 수행/이행되어진/가득 채워진 시간<유리한/결정적인 시점/(믿음과 의혹의) 결단의 시간>; **Kairos-Dokument,** 남 아프리카에서의 정치적이고 교회적인 상황을 위한 1985년 9월의 다양한 남 아프리카의 신학자들의 설명/해석/선언, 하라레/짐바브웨(Harare/Zimbabwe)에서 널리 알렸다/공표[발표] 하였다

Kaiserswerther Verband, 독일의(교회의)사회사업 부인회원들과(→Diakonissen-)과 선교사회 봉사원의 본원/간호사 양성소(→Mutterhäuser)의 결합/통합

Kakodämon, *gr.* , 악한/나쁜/고약한 영적인 존재

Kalendarium, 예배식의: 한 해의 축제의 목록/일람표<교회력/교회 축일표/달력/일정표>

Kalenden, 성직자들과 오르간 연주자들에 세금/공과금<고대 로마력의 매월 1일/목사에게 바치는 물납세(物納稅)>

Kalender, 오늘날 통용되는 그레고리우스력(曆)은 1582년 교황 그레고리우스 13세에 의하여 도입/채용되었다<달력/일력/역(산)/*der Gregorianischer K. (율리우스력에 기반을 두고 오늘까지 사용되고 있는 역산법) 그레고리우스력; der Julianische K. (기원전 46년에 도입되어 오늘날의 역산법의 기초가 되는 역산법으로 고대 로마의 정치가 C. Julius Caesar(기원전 약 100 - 44)의 이름에서) 율리우스력>

Kalif *arab.*, 대리인/대리자/대행자, (모하메드의) 후계자, 이슬람교의 정치적-종교적 지도자/장<칼리프(칭호)>; **Kalifat,** 칼리프 직위[지배 체제]<, 칼리프 제국 [영토]>

Kalixtiner *lat.*, 성배(聖杯)를 가진 사람, 우트라크뷔스트(Utraquist)들(→communio sub utraque); 온화한/온건한 후스(Hus)파의 교도들(→Hussiten), 그들은 ≪4개의 프라하(Prag) 조항들≫(1420) 등등에서 성찬식에 일반 신도들이 마시는 포도주(→Laienkelch)를 요구하였다; →Konkomitanz, →Taboriten; 그러나: →Calixtiner

Kalkant *lat.*, 오르간의 송풍(送風)용 풀무를 밟는 사람

Kalliope→Musen

Kalo'kagathie *gr.*, 아름답고 그리고 선하다/한 것; 그리스의 인류의 이상(理想), 덕/미덕의 총체/총괄/본질/진수

Kalvaria→Golgotha; **Kalvarienberg,** (14 장면으로 된) 예수그리스도의 십자가의 행로화(빌라도의 집에서 골고다까지)(→Kreuzwegstation)의 각 머무는 곳의 종점/극점으로서 십자가와 함께한 언덕/구릉; 예술에서: 십자가에 못박힌 그리스도의 상<갈보리 언덕>

kalymmauchion *gr.*, 목덜미를 덮기 위하여 사용하는 것/목덜미 덮개; 오스트리아 수도사들의 원주/원통형의, 검은 모자

Kalzeatan *lat.*, 구두/신발(샌들)를 나르는/짊어지고 다니는 탁발 수도사들; Ggs. →Diskalzeaten

Kamadulenser, 카말드리(Camaldoli)의 강력한 은둔자/은수자(→Eremit) 공동체(아페니노(Appenino) 사람들, 10세기)<카말드리 수도원의 수도사들(베네딕투스파 수도원의 계율을 기초로한 카톨릭 종단)>

Kami *jap.*, (일본의) 신도(神道)(→Schintoismus)에서 신들<신적인 것/숭상할 만한 것>

Kamisarden *lat.*, *camisia*, (와이)셔츠/슈미즈, 브라우스/덧옷/작업복, <사람들이>(프랑스의) 세베넨(Cevennen)의(칼뱅의 추종자들인) 위그노파(→Hugenotten)의 농부들을 박해하였다(17세기 말)<(18세기 초 루이(Ludwig) 14세에 반기를 들었던) 위그노파의 사람[당원]들>

Kanaan, 가나안 사람들/셈어족의 땅, 팔레스틴을 위한 옛 묘사, 이스라엘 민족들이 여호수아 아래서 점령/차지하였던

땅<가나안의 땅>

Kandidat *lat.*, 로마제국: 흰색(*candidus*)의 토가(고대 로마의 남자들이 입었던 가사 모양의 겉옷)(→Toga)를 입는 공식적인 직책을 위한 지원자/지망자/후보자; 수험자/수험생, 교육의 계속/수업의 계속에서 시험을 치른 미래의 직책/직위의 (유력한) 후보(자); 약어-부록에서 →cand.

Kandschur→Sutren; →Tandschur

Kanon *gr.*, 갈대 막대기, (건축시의) 직선 측정 줄/규준/지침/표준/규범(*Richtschnur*), 척도/기준(*Maßstab*), 규칙/규정(*Regel*), 규범/표준/기준/준칙(*Norm*), 표준이 되는/결정적인/권위있는 표/일람표/리스트; 성서(→Apokryphen)<정경이라고 인정되는 서적/성서 경전>; **Kanon im Kanon,** 성서의 내부에 중앙/중심, 규범/표준/기준(루터(Luther): ≪그리스도를 종사하는 것≫); 성인 목록/일람표/리스트(→Kanonisation); (4세기 이래로) 정해진/규정된 교회의 법을 위한 카톨릭 교회의 묘사; **Meßkanon,** *kath.* : →Messe; **Kanones,** 공의회들(→Konzilien)에 대한 교회법적인 교훈/가르침의 공식화/명백히 표현/작성하기; *gr.-orth.* : 날과 그날의 성인의 찬미/예찬/송덕을 위하여 일요일/주일 아침예배에서 아홉 개의 노래/찬송가들<공인된 교리/종규/계율>; **Kanonikat,** 주교좌 성낭의 참사회(→Domkapitel)에서 하나의 참사회원(→Kanoniker)의 직/직위/직책; **Kanonikatsstift,** (교구 주임 사제 등을 보좌하는) 하나의 성직자단/참

사회(→Kapitel)의 참사회원과 함께한 참사회(→Stift); **Kanoniker,** →Chorherr, 대장/명단/명부(→Matrikel)에 기입[등록] 되어진 하나의 참사회의 일원/구성원(→Domherren, →Domkapitel), 부분적으로 하나의 수도원 규칙(→Ordensregel)에 따라 사는(**Regular-K. ; regulierte K.**); **Kanonisation,** *kath.* : 성인 목록/일람표에 성인의 시성식/시성(諡聖) 그리고 받아들이기/수용<성인 명부에 올리기/시성(식)/성렬(식)>(→≪성인 명부(**Kanon**)≫); **kanonisch,** 성서에 속하는<성서 경전의/정경(正經)의>; *kath.* : 카톨릭 법전(→Codex Juris Canonici)의 법에 따른(=교회법에 맞는/종교 규칙에 따른 법/권리(**kanonisches Recht**); *allg.* : 교리적인(→dogmat.) 구속력/책임/책무의; →**kanonisches Alter,** *kath.* : 정해진/규정된 교회의 권리들과 직책들을 위한 교회법에 맞는(→kanonisch) 법 안에서 정하여진/확정되어진 각각의 최저 연령(예, 사제: 24세, 감독: 30세); 역시 한 카톨릭 사제의 가깝지 않은 한 친척의 가사 관리 여인/여 집사의 최저 연령을 위한 통속적인 묘사(40-45세); **kanonische Sendung**→missio canonica; **Kanonisse** →Stiftsdame; **Kanonist,** *kath.* : 교회법 학자[교사]; **Kanonistik,** *kath.* : 교회법 학; **Kanonizität,** 교회법/경전/정경에 속함; 교회법/경전/정경에 상응하는/알맞은/일지하는<교회법/경전/정경에 맞음>; **Kanon Muratori, Muratorisches Fragment,** 무라토리(L. A. Muratori)(† 1750)에 의하여 발견된 신약성서와 그밖에

글들의 교회법/경전/정경에 속함의 확증/논증과 함께 로마의 필사본(2 세기)(몇 몇 신약성서의 편지들이 포함되어 있지 않다), 하나의 성서-경전/정경의 가장 오래된 알려진 일람표/리스트;

Kanontafeln, *kath.* : 제단에서 미사(→missa)의 예배식의 본문을 지닌 기도 일람표(약 1600 년 이래로 제 2 바티칸 공의회(→Vatikanum II)의 예배식/미사 전례(→Liturgie)의 개혁시까지)

Kantate *lat.* , (너희들은) 노래부르라!; 부활절 후의 제 4 번째 주일/일요일, 도입부 노래/도입 송(→Introitus) 시 98: 1; 기악 반주와 함께 합창/노래 부분들, 그 기악 반주로부터 모테트(성서 구절을 다성적으로 다룬 악곡으로 주로 무반주임)(→Motette)가 발전하였고, 합창/코러스/합창곡(→Chor), 아리아/(오페라에서) 주역이 부르는 독창/영창(Arie), (오페라/오라토리오의) 서창(敍唱)을 지닌 웅대한 형태/형식<칸타타(관현악을 동반하는 독창, 합창을 포함한 가곡)/교성곡(交聲曲)>

Kantharus, *gr.* , (고대 그리스도 교회의 앞마당에서) 우물/샘물; 손잡이를 지닌 커다란 컵/잔<(받침이 높고 손잡이가 두 개 달린) 고대 그리스의 술잔>

kantillieren *lat.* , 예배식의 서창(敍唱)/낭음(朗吟)/음창(吟唱)

Kantor *lat.* , 성악가; 선생, 합창단 지휘자<성가대 지휘자(겸 오르간 연주자)/(중세의) 그레고리우스 성가 합창단의 지휘자 겸 선창자(先唱者)>; **Kantorei,** 교회의 음악의 진흥/육성을 위한 통합/합병/연합<성가대/작은 합창단/(중세의)(성직자들로만 구성된) 합창단/자발적인 교회 합창단>

Kanzel<설교단/강단/연단>→cancelli; **Kanzelgemeinschaft**→Interzelebration

Kapelle (*lat. capella*), 작은 교회/성당/예배당, 자주 증축/증축된 부분으로서; 기악 그룹/써클/모임<예배당/(큰 교회나 성, 병원 등에 예배를 드리기 위해 마련된) 기도실(祈禱室)/(중세의) 교회 합창단/(소규모) 관현악단/악대>

kapernaitisch (kapharnaitisch; 요 6: 52), 성만찬에서 변화/변형/변모(→Wandlung)의/에 대한 물질적인/물질의 이해/파악

Kapitel *lat.* , 작은 머리/두뇌, 본문/원문의 단락/장(성서에서 장의 구분은 1205 년 이래로, 구절의 분활은 1551 년 이래로); 한 수도원의 수도사들의 모임; 하나의 교회의(→Domkapitel, →Kollegiatkirche) 혹은 하나의 교회의 관할 구역(→Rural-Kap.)의 성직자(→Kleriker)(→Kanoniker)들의 동료 전체/주교구 평의원회<주교좌 성당 참사회/위의 회의[집회]>; **General-, Provinzialkapitel,** 하나의 수도회(→Orden) 관할 구역의 파견 대표/전권 사절(→Delegierte)-모임/회합<(수도회의) 총회/수도회 관구장 모임>; **Kapitelsvikar,** 하나의 공석/빈자리의 주교의 교구(→Diözese)의 관리인; **Kapitular,** 주교좌 성당의 참사회의 투표권이 있는 회원/구성원; **Kapitularien,** 카롤링 왕조(→Karolinger)에 의하여 내려졌던, 짤막한 단락으로(lat. capitulum) 분할[분배]/정리 되어졌던 법률과 규정들<카롤링 왕

조의 법령집>

Kapitulation, Wahl-K., 계약/협약/조약/계약서, 그 안에서 직책/직위를 위한 지원자/경쟁자가 유권자/선거인들에게 확고한/견고한 약속을 한다<항복/항복 조약/굴복/양보/단념>

Kaplan (v. *lat. capella*), 본래는 하나의 카펠레(→Kapelle)에 고용된/채용된 성직자<예배당 배속의 목사/어떤 시설에 전속된 목사[신부]>; kath. : 유일한 신부(→Pfarrer)에 하위(下位)에 놓인 목회적으로 일하는 성직자<보좌 신부/부사제(副司祭)>; 특별한 사명/의무와 함께 사제직/목회자(예, 병원)

Kappadozier, die drei K., 카파도키아로부터의 서로 친밀한/가까운 입장인 교부들(→Kirchenväter) - 대 바실레이오스(Basileios der Große)(† 379), 나치안쯔의 그레고리오스(Gregor von Nazianz)(† 390 년경) 그리고 닛사의 그레고리오스(Gregor von Nyssa)(† 394 년 이후), 이들은 삼위일체교리(→Trinitätslehre)를 종결/마무리하였다<세 카파도키아인/교부들>

kapporeth *hbr.*, 속죄 희생을 위한 기구/도구/집기; 법궤/언약궤의 뚜껑/덮개

Kapuziner (FMCap; O[FM]C[ap]), 카푸친의 작은 형제들(Fratres Minores Capucini); 카푸친의(성 프란치스쿠스의) 작은 형제들의 수도회 (Ordo Fratrum Minorum(Sancti Francisci) Capucinorum), 1525 년 프란치스쿠스파(→Franziskaner)로부터 독립/분리한 수도회(→Orden), 특별히 목회와 선교에서 적극적으로 행동한다<(수도복의 갈색과 같은 밀크를 넣은 커피 색깔에서) 카푸친 교단의 성직자[수도사]>

Karäer *hbr.*, 문자에 숙련된/정통한 자들; 유대교의 이단(8 세기), 그들은 랍비의(→rabbinisch) 전승과 탈무드(→Talmud)를 포기했다/버렸다<(8 세기 초 페르시아에서 창립되어 구약을 신봉하는) 유대 종파 신봉[추종]자

Kardinal (v. *lat. cardo,* 돌쩌귀, 주안점/요지, 주요한 일/중심 사항/요점), 본래는 로마의 본당/주교가 있는 성당/총본산의 감독들의 칭호, 1059 년 이래로 교황의 선거/투표를 위하여 권리/권한/자격이 주어졌던 최고위 성직자들(→Konklave); 각 추기경(樞機卿)은 로마에서 하나의 명의성당(名義聖堂)(→Titelkirche); **K. bischöfe,** (7) 로마 근교의(→suburbikarisch) 주교의 교구(→Diözese), 주교의(→pontifikal) 직책/직분/직위들과 함께 교황의 대리인/대변자, →Kurienkardinäle; **K. diakone,** 본래는 7 또는 12 빈민구제 지역들 중의 하나의 책임자/대표(자); →Pfalzdiakone; 교황의 예배와 함께 보조원들; **K. legat→** Legat; **K. priester,** 명의성당(→Titelkirche)의 책임자/대표자들, 그들은 교황의 직속 성당들(→Patriarchalbasiliken)에서 교대하여/교체하여 예배를 집행한다; **K. protektor,** 수도회(→Orden)들에 후원자의 역/종주권을 행사하는 추기경; **Kardinalshut,** 폭이 넓은/퍼진 차양[테]와 양쪽에 15 개의 술이 달린 드물게 쓰는 붉은 모자(문장(紋章) 장식품); **Kardinalskol-**

legium (Hl. Kollegium), 추기경들의 총체 /전체<추기경단>; **Kardinalskon-grega-tionen,** 추기경들의 손 안에서 지속적인 교황청의(→kurial) 관청<교황청의 최고 관청>; **K. staatssekretär,** 교황의 정치적 인 조언자/고문, 교황청(당국)(→Kurie) 의 총무처의 지도자/관리자<(로마 교황 청의) 국무원 수장/교황의 수석 고문>; **Kardinaltugenden**→Sieben-tugendlehre, →Tugend; **K. vikar,** 로마의(상임) 주교 총 대리(주교) 그리고 교황의 그같은 대리 인/대변자로서<(로마 관구의) 교황 보 좌[대리] 신부>

Kardiognosie *gr.*, 마음속/심중의 앎/인지 (認知)/지각/통찰; *kath.*: 한 인간의 혹은 특별히 개인적인 구원/구속의 확신/확 증(→Gewißheit)의 종교성/경건함을/으 로 직접적인(일상[토상]적이 아닌/이례 적인) 들여다봄/인식/통찰/이해/판단

Karenzjahr *mlat.*, 포기/단념의 해; *kath.*: 그 안에서 하나의 새로운 성직록(聖職 祿)(→Pfründe) 소유자에게 수입/소득/봉 급이(부분적으로) 이행되지 않는다<유 예 기간에 속하는 해>

Karfreitag (v. 옛 독일어의 *kara,* 탄식/한탄 하다), 비탄/탄식의 금요일; 예수의 십 자가의 못박힘의/에 대한 기념일(부활 절(→Ostern)전 금요일)<성 금요일/그리 스도 수난의 날>; **Karwoche,** 비탄/탄식 의 주간(부활절 전 주간)<성 주간/수난 주간>

karitativ *lat.*,→*caritas,* 그리스도 교회의 인 자/자선/자비(사업)을 수행/이행 하는 <인애/박애/(이웃 사람에 대한) 사랑/자

선의>

Karmamarga *ind.*, 행동/행위〈/수행〉의 길, (인도의 바라문교의 경전) 베다를 위한 사제의 주석(→Brahmanas) 안에서 구속/구원을 의식[식전]의(→rituell) 행 위/행실에 의하여 성취하려는/얻으려 는 노력/경향; 우파니사토(優婆尼沙 土)(→Upanischad)에서 선의 행함을 통 하여 하나의 더 나은 환생(→Wieder-geburt)을(이로부터의 해방/구제가 아니 라) 이루고자 하는 노력;→Bhaktimarga

Karman *ind.*, 행동/행위, 다음의 환생 (→Seelenwanderung)의 질/품질로서 인 간의 행위를 결정하는 위대함/고귀함< 업(業)/업보>

Karmeliten, Karmelitinnen (OC[arm], OCD), 카르멜</갈멜> 산의 축복받은 동정녀 마리아 의 형제들 의 수도회 (Ordo Fratum→Beatae Mariae Virginis de Monte Carmelo) 및 맨발로 다니는 수도사들-형 제들의 카르멜의 수녀들의 수도회(Ordo Carmelitarum→Discalceatorum)<카르멜 수도회 (1156 년 이탈리아의 순례자 Berthold 가 카르멜 산에 수도원을 세워 서 시작한 수도회)// 카르멜 수도회의 수 도 사 들 /수 녀 들 >; 하 나 의 은 둔 자 (→Eremit)-통합/연합(카르멜, 12 세기 중 엽)으로부터 발생한 관조적인/명상적 인 (→kontemplativ)- 신 비 적 인 (→mys-tisch) 탁발 수도회(1247/53), 그의 특별한 임무/책무/사명으로서 성모 공경을 주 시하였다

Karner, (*carnarium* von *lat. caro,* 육체/몸), 묘 지에서 예배당 혹은 탑 종류의 납골당

(納骨堂); →Ossuarium

Karolinger, 프랑크 족의 왕실/왕가/왕족, 751 년부터 프랑크 왕국의 왕들, 그 왕국은 칼 대제 아래서 하나의(비잔틴(→Byzanz) 옆에 두 번째) 그리스도교의 제국(→Imperium)이 되었다(800 황제 대관(식))<카롤링 왕조의 사람>; →patricius Romanorum; **karoling.** →**Renaissance,** 칼 대제에서 연원되어진 성직자(→Klerus)의 교육/형성의 고양/향상/개선을 위한 노력들<카롤링 왕조의 복고주의>

Karrner→Kärrner

Kartäuser (OCart), 카르투지아 수도회(Ordo Cartusiensis), 성 브루노의 은자/은둔자 수도원(1084 년 이래로 황무지 카르투지아 [lat., frz. Chartreuse]); 불변의/항구적인 침묵, 기도, 손 노동, 고기 요리의 절제/금욕; **Kartause,** 카르투지아 수도원(복도를 통하여 연결되어진 수도사들의 단독의 작은 집들)

Kartusche *frz.*, 예술에서: 띠/리본/테이프, 보강용[장식용] 쇠고리, 엽형 장식 그리고 다른 것들로 치장/장식되어진 패/표지판(제명(題銘)/비문/비명(碑銘) 등등을 위하여)<장식 테두리/족자 둘레의 장식>

Kasel, planeta, paenula *lat.*, 사제의 겉옷/미사복/제의(祭衣)

Kaste *portugies.*, 가계/혈통/종속, 종족/부족; 혈통/기문과 풍속/풍습을 통히여 연결/결부되어진, 폐쇄/격리되어진 단체, 인도 사회의 사회적, 경제적 그리고 종교적 구분/조직의 요소<카스트(인도의 엄격한 세습적 계급)/카스트 제도/배타적인 사회 계층[집단]>

Kastrat→Eunuch

Kasualien (*lat.*, *casus*, (돌발적인) 사건/(갑작스런) 사고); 영적인 직무상의 행위, 마치 세례, 결혼/혼례(식), 매장/장례식 등등<(세례/혼례식 따위의) 임시직무>

Kasualismus, 우연(한 일)/우발적인 사고로부터 전세계의 사건들의 이해<우연론>

Kasuistik, *kath.* →Moraltheologie: 개별적[구체적] 경우/특수한[예외적] 경우에 보편적인 도덕적인 규범의 방법적인 사용/적용<결의론/해결법/결의법/궤변(론)/속임수>; **kasuistisch,** 개별적[구체적] 경우/특수한[예외적] 경우에 관련되어진<결의론[법]적인/궤변적인/궤변을 부리는>; 궤변을 일삼는/사소한 일에 구애받는

katabasis *gr.*, (저승/황천/죽음의 왕국으로 그리스도의) 내려오기; →Höllenfahrt

Katafalk *ital.*, *lat.* **tumba,** (관(棺)/널들을 위하여) 관람석<상여/관대(棺臺)>

Katakomben *gr.* -*lat.*, *kata cumbas*, 깊은 골자기/협곡(峽谷)과 함께; 고대 그리스도교의 지하/땅밑의 무덤 시설, 특별히 로마와 함께<(기독교 초기의) 지하 묘지/지하 납골당>

kataphatische Theologie (v. *gr. kataphatizo*), 아레오파기타(→Areopagita)의 디오니시오스(Dionysius)의 단언[확언]하는 신학; 형용키 이려운/이루 말할 수 없는, 대단한 최상의 것으로부터 피조물의 여러 가지/다양성에로 내려오기; →apophatisch

Katechese *gr.* , (그리스도교의) 가르침/지도<문답교시(問答敎示)/교리문답/교리설명/종교교육>; **Katechet,** 가르치는 사람<문답 교시자/교리교사>; **Kate-chetik,** 가르침/지도의 교훈<문답 교시법/교리교수학>; **katechetisch,** <교리문답의/문답식의>→**erotematisch**<(수업에서) 문답형식의>; **Katechismus,** 질문과 대답 안에서 초보를 가르치는(그리스도교의 신앙의) 짤막한 교과서/편람(便覽)<교리[신앙] 문답서/입문서/세례 지망자[구도자]에 대한 교리교시>(다섯 주요부문들을 지닌 루터의 **Kleiner K.**< 소 교리[신앙] 문답서>와 **Großer K.**<대 교리[신앙] 문답서>: 십계명(→Dekalog), 사도 신경(→Apostolikum), 주의 기도(→Vaterunser), 세례 (→Taufe), 성 만찬(→Abendmahl); *ref.* : **Genfer K.** , 1537 년 그리고 1541/42 년<제네바 교리[신앙] 문답서>, **Heidelberger K.** , 1563 년<하이델베르크 교리[신앙] 문답서>; 및 동일한 기본 주제의 선택과 함께 다양한 카톨릭 교회의 교리[신앙] 문답서; →Cate-chismus Romanus, 때에 맞는/시류에 적합한 신학적인 내용과(성인들) 교육의 구성 등등: **Holländischer Katechismus,** 1966 년(*kath.*)<네덜란드의 교리[신앙] 문답서>; **Ev. Erwachsenenkatechismus,** 1975 년<복음 교회의 성인 교리[신앙] 문답서> **Ev. Gemeindekatechismus,** 1979 년<복음 교회의 공동체 교리[신앙] 문답서>; **Kath. Erwachsenenkatechismus,** 1985 년; **Katechumenat,** 세례 및 견신례를 받는 소년들의 강의/수업<세례 준비 교육/교리[신앙]교육>; **Katechumene,** 세례 지망자</교리 연구자/구도자/견신 지원자/견진 성사를 받는[받은] 소년>

Kategorie *gr.* , 진술/확인/판단; 최 상위의 개념/생각/의견<(아리스토텔레스에 따라) 실재 대상의 열가지 진술 방식의 하나/진술방식/범주/카테고리/부문/부류/종류>; **kategorial,** 개념의 분야/영역/차원에 상응하는/일치하는<범주의/일정한/결정적인/확정적인>; **kategoriale Seelsorge**→Gruppenseelsorge; **katego-risch,** 원칙상/원칙적으로 유용한<절대/무조건의/정언/직언적인>(→apodik-tisch, →assertorisch, →hypothetisch); **kate-gorischer Imperativ,** 칸트(Kant)(† 1804) 에 의하여 ≪관습[관례]의 형이상학을 위한 기초를 닦음≫(1785 년)에서 여러 번에 걸쳐 작성하였다(예, ≪그것을 통하여 당신이 동시에 그것이 하나의 보편적인 법이 되는 것을 원할 수 있는 그 원칙/원리 따라 단지 행동/실행 하라≫<(칸트 철학의) 정언적(定言的) 명령>

Katene *gr.* , 사슬/연쇄/줄; 성서적인 글들을 위한 교부들(→Kirchenväter)의 인접하여 병렬시켜진 해석/주해들의 부분들<[교부들의] 성서 해석집>

Katharer (*gr. katharoi,* 순수/순결/청결; 그로부터 ≪이단자 (→Ketzer)≫); 노바티우스 추종자들(→Novatianer)과 중세의 금욕/고행의(→asketisch) 그리고 분열한/이원론적(→dualistisch) 단체들의 자칭/자기 묘사<순결파 신자(이단이라고 지목되는 중세의 기독교의 일파>; **Kathar-**

tik, *kath*. : 종교상의 깨끗이하기/정화에
도움이/이용되는 규칙/규정

Katheder *gr.*, (대학의) 교수직<(대학의)
강단/연단/교단/(대학의)강좌/교수직>;
K. sozialisten, 부분적으로 그리스도교의
사회 혁신[개혁]을 추구하는 이론가/공
론가(空論家)(1870 년 부터)<강단 사회
주의자들>

Kathedrale<주교좌 성당/대성당>→Dom;
Kathedralentscheidung ex→cathedra<결
정적인/표준이 되는 쪽으로부터 로마
교황의 무오의 [절대적] 결정>

Kat'henotheismus→Henotheismus

kathisma *gr.*, 예배에서 서로다른 다양한 시
편들의(앉아 있음에서) 그리스 정교회
의 합창

Katholikentage(≪독일 로마 카톨릭 신도
들의 총회≫), 1848 년 이래로, 우선 ≪종
교의 자유를 위하여 피우스(Pius<경건
한>-협회/단체들≫, 총회들은 특별히
정치적이고 사회적인 질문/문제들에 주
의를 기울인다

katholikos *gr.*, 본래는 높은 재무관/세무관;
고대 교회의: 한 장소의 모든 수도원들
의 상사/상관; 후에 더욱 높은 동방교회
의 성직자들의 칭호, 특별히 네스토리
우스 교회(→nestorianisch) 와 아르메니
아 교회(→armenisch)의 총대주교(→Pa-
triarch)

katholisch (*gr. katholikos*), 공통의/일반적인
/모든 사람들에게 알려진, 모든 것
[일체]를 포함하는<전반적인/세계 보
편적인/카톨릭의/로마 카톨릭의>; **K. e
Aktion,** 교황 피우스 11 세(Pius XI.)(1926)

에 의하여 제안/제창 하였던, 계획에 따
라 주재/관리 되었던 평신도들의 실행/
활동 그리고 지향하였던/목표로 삼았던
로마 카톨릭 교회의 일들을 위하여 모
든 조직되어진 로마 카톨릭 교회의 힘/
단체/집단들의 모음; **K. e Briefe,**(존재하
지 않고 혹은 매우 보편적으로 유지된
주소(성명)의 근거에서) 자칭하여/명목
상으로 전 그리스도 교도들에게 향했던
편지들 약 1: 2, 벧후 1: 2, 요한 3서, 유다
서; **k. e Wahrheiten,** *lat. veritates catholicae,*
doctrina catholica(카톨릭 교회의 가르
침/교훈/교리), 카톨릭 교회에 의하여
받아들여진 모든 진리들; **Katholizität,**
모든 시대를 통하여 그리고 온 세상에
교회의 표지/표상(表象)(→nota ecclesia)
으로서 교회의 존재/존속/존립<카톨릭
의 정통신앙/보편성/관대성>(비교,
→Ökumenizität)

Kedeschen *hbr.*, 신성하게 되어진자들/헌
신한 자들, 신전/사원 창녀(창 38: 14-)

≪**Kein anderes Evangelium**≫<다른 복음
은 없음>→Bekenntnisbewegung

Kellion, 동방교회의: 작은 수도원 대부분
세 수도사들(그리고 세 평신도 형제들)
<그리스 정교의(조그만) 사원[수도원]>

Kenosis *gr.*, 자기 희생/포기/단념; 빌 2: 5-
11에 따라 그리스도는 그의 신의 형태
[형상]에 하나의 종의 형태[형상]을 취
하셨다; *ev.* : **1. luth.** ≪**Kenosis-Streit**≫<
첫번째 루디교회의 ≪케노시스-논쟁
≫ 17 세기: 기쎈(Gießen)의 신학부: 예
수는 그의 신의 주권의 적용/이용을 포
기/단념 하였고(**kenosis chreseos**<적용/

이용의 자기 포기/단념>), 튜빙엔 신학부: 예수는 그것을 단지 덮어 감추었다/은폐하였다(**Krypsis chreseos** =*gr.*, 적용/이용의 덮어 감추기), 그와 함께 기적들이 예외로서 유효하다 ; 2. luth. ≪**Kenosis-Streit**≫ 19 세기: 선재하였던 (→Präexistenz) 로고스(→Logos/말씀)의 자기 포기/단념에 대한 생각/사상/견해의 다양한 종류의 각인(刻印)/표현되기, **Kondeszendenz**(자비로운/관대한 낮추기/(아래 사람에 대한) 겸손) 개념의 이행/경과/변천에로 이끌었던 것(→status exinanitionis)

Kenotaph, Zenotaph, *gr.*, 빈 매장/장례(식) ; 어떤 다른 곳에 묻혀진 매장되어진 자들을 위한 묘석/묘비<(유골이 없는 곳에 세운) 비(碑)/위령탑/기념비>

keropegia *gr.*, (그리스 정교회의) 제단실과 교구실 사이의(문이 세 개 달린) 성화벽 (→Ikonostase)에 촛대

Kerygma *gr.*, 전도/설교/고지(告知)/통지(의 내용), 소식/알림/통고<(복음의) 설교/선포/선교>, →Evangelium ; **keryg-matisch,** 선언/전도/설교 하는 ; 선포의 그리스도, →Glaubensursache, →Heilstatsachen ; **kerygmat. Stilisierung,** 양식사적인(→formgeschichtlich) 전문용어/술어(→terminus): 설교/전도하는 내용을 위하여 하나의 이야기하기[하는 것] 혹은 비슷한 것에 정해진/알려진 필치[필적]/필세들을 부여하다/마련해 주다. 그 필치들은 독자(청중)을 비유들에 대한 회화적인 내용(→Bildhälfte)에 대하여 추측하고 그리고(비유들에서) 내용적으로 비교/대조의 세 번째 것(→Sachhälfte)에 주의/유념하도록 한다<케뤼그마적인 양식화/문장으로 다듬어 내기>

ketib *hbr.*, 쓰여진, 구약성서의 본문에서 계속되어/이어서 전승되어졌고, 불확실하거나 혹은 잘못/결점이 있는 히브리어 어구의 자구의 차이/이본(異本); →qere

Ketubim *hbr.*, *gr.* **Hagiographen,** 거룩한 글들, 히브리어 구약성서의 세 번째 부분(시편, 욥, 잠언서, 메기롯(축제에 읽는 책들 - 아가서, 룻기, 예레미아 애가, 전도서, 에스더)(→Megillot), 다니엘, 에스라, 느헤미아, 역대기); →Nebiim, →Tora(비교, 부록)

Ketzer→Häretiker; →Katharer

Keuschheit, 행위/행동/실행으로서 더욱 덕이 높은/유덕한/정결한 생각/성향/신조 그리고 자세/몸가짐/마음씨<정조(貞操)/동정(洞貞)/정결/순결/순수/고상함>; →Jungfräulichkeit

Kibbuz *hbr.*, 이스라엘 국가 안에서 공동사회/공동체의 정착지/단지/취락, 협동조합/협회/조합원<키부츠(이스라엘의 집단 농장)>

Kiblah *arab.*, 이슬람 교도들의 메카를 향한 기도의 방향<키블라(회교도들이 예배할 때 메카 쪽으로 향하는 의식)>

Kimbanguistische Kirche, 킴 반구(S. Kimbangu)(† 1951)에 의하여 설립되었고, 자이레와 인접 국가들에서 박해 중에 성장했던 독립적인 교회(→Unabhängige Kirche)

Kinah→Qina

Kinder Gottes→Children of God

Kirche, v. *gr. kyriake*(hemera), 주(의 날)(→ Sonntag), 신앙을 가진/믿음이 두터운 이들의 모임/회합(의 날과 장소)(→ecclesia; →Pfingsten); →**Alte K.** <고대 교회>; **K. Jesu Christi d. Heiligen d. letzten Tage**<말일 성도 예수 그리스도의 교회>→Mormonen; **Kirchenältester**→Presbyter; **Kirchenbann**<파 문 (破 門)>→Exkommu -nikation; Kirchenbriefe→Kath. Briefe; **Kirchenbuch,** →Agende; 목사[주임 신부] 관/집무소에서 작성/기입하였던 세례를 받은 자들, 결혼한 자들, 견진성사를 받은 이들, 매장/장례된 이들의 등록부/명부<교회의 명부[기록부]/주임 사제 기록 부 >; **Kirchenbund**<교 회 의 연 맹 >→Deutscher Ev. K.; **Kirchendiene**<사찰/교회 관리인/성당지기>→mansionarius; **Kirchenfabrik**<교회 재산>→fabrica ecclesiae; **Kirchenjahr,** 예수로부터 교회로 그리고 세계의 종말까지 내부의/ 내면적인 방침/노선에 따른다(→Weihnachtszeit, →Passion, →Osterzeit; →Pfingsten; →Ewigkeitssonntag)<교회 역년/전례(典禮) 역년>; **Kirchenkampf,** 국가 사회주의/나치의 통치/통제(1933 - 45)의 목하에서 독일 내에서 복음 교회의 길의 근처에 교회 내부의 논쟁들, 교회의 생활과 질서 안에서 부분적으로 국가의 심한/지독한 간섭/개입/침범과 함께 결합되었다(›Barmen, ›Bekennende Kirche, →Deutsche Christen, →Pfarrernotbund)<정교(政敎)간의 투쟁>; **Kirchenkreis** 하나의(개신교의) 교구 감독/노회장/지방회

장 (→Superintendent)의 교 구 (敎 區)(→ Sprengel); **Kirchen-ordnungen,** 예배, 법/규약, 그리고 관리/행정(직위/직책들, 수입/소득 그리고 소유물/재산)의 계약/규정을 위한 국법/주법들(→cuius regio, eius religio) 및 종교개혁 이후의 복음 교회 안에서 교회의 규칙[계율(戒律)](→ Kirchenzucht); 19/20 세기의 일반적으로 장로 제도/장로회 체제(→Presbyterialverfassung)및 신교의 교회 자치제[법](→ Synodalverfassung)를 통하여 인계되었다 <교회의 규율/종규 /전례>; →Grundordnung, →Lebensor-dnung; **Kirchenprovinz,** *kath.* : 하나의 수석/수도 대주교(→Metropolit) 및 대주교(→Erzbischof) 아래에서 많은 이웃 주교의 교구(→Diözesen)들의 통합<대주교의 관할구>; *ev.* : 옛 프로이센의(교회 간의) 연합/연맹/동맹 (→Union)의 교회의 행정구역, 오늘날 복음 교회의 지(支) 교회; **Kirchenrat,** *kath.* : 교회 재산관리 회원을 위한 임시적인 묘사(지역 교회의 재산의 관리/지도/행정을 위한 주교구 평의원회); (평신도로 구성된) 교회의 임원[임원회]; *ev.* : 하나의 독일의 각주 교회의 직제 및 이것 자체의 상급 협의회(→Konsistorium), →Oberkirchenrat; 거기에 있는 부분/분과회의 지도자/관리자의 칭호; 부부적으로 직책/직위가 없이 칭호/직함; 다른 동료 전체/직원 일동의 자치(행정)의 기관들(→Gemeinde-, →Kreiskirchenrat); **Kirchenregiment,** 군주의 최상의 주교/감독의 권세(→Summepiskopat)<교회의 지 도 (부)/국 가 의 교 회 간 섭 권 >,

→cuius regio eius religio; **Kirchensoziologie,** 교회의 사회적인 기초/토대와 사회학(상)의 구조들의 탐구/연구<교회사회학>; →Religionssoziologie; **Kirchenstaat,** 중부 이탈리아에서 교황의 영토/통치권, 교황 스테파누스 2세(Stefan II.)(754년)에게 피핀(Pippin)왕의 증여(贈與)에 기인한다(그러나→Donatio Constantini). 카롤링 왕조의(→karolingisch) 황제들의 보호권과 통치권 아래서, 후에 독일의 황제들에 의하여, 1200년부터 주권을 행사하였고, 16세기 이래로 이탈리아의 승인/공인에 의해 지배/통치하는 힘에 의존하였고, 1809년 나폴레옹(Napoleon)에 의하여 폐지/철폐되었고, 비인/비엔나 의회(Wiener Kongreß)(1815년)에서 원상 복구[회복] 되었다. 1870년 빅토르 엠마누엘(Victor Emanuel) 왕을 통하여 이탈리아 왕국에 합병[편입]하였고, 1929년 더욱 작은 범위에서≪바티칸시≫다시 주권을 행사한다<로마 교황령 [현재는 바티칸 시국(市國)]>; **Kirchenstrafe**<교회의 형벌>→poena; **Dt. Ev. Kirchentag,** 첫 번으로 1848년 비텐베르크(Wittenberg)에서, 그리고는 15회 1872년까지; 교회들의 결합, 1921년에 독일 복음 교회 연합/연맹(→Dt. Ev. Kirchenbund)의 법과 함께; 1949년 이래로 평신도들의 거대한 행사로서 도시</개최지>를 바꾸는 방법으로, 1954년까지 해마다, 그리고는 모두 2년 마다 (1987년: 22번째 회의)<종교[교무, 종무] 회의/교회의 총회/교회의 날>; 동독에서 지역적인 거대한 교회의 날 행사;

Kirchentonarten, Kirchentöne, 그레고리우스 성가 형식(→Gregorianik)의 기초/토대, 하나의 C-음계로부터 8음계로 나눔 ; 반복 낭음 (朗吟)의 음 /소리 (→Reperkussionston)가 중요하고, 그것을 멜로디/가락/선율들은 여러 화음으로 이행시켜 연주한다/변주한다<교회 음계(音階)>; I. (고대 그리스의 3대 종족 중의 하나인) 도리스 풍의(dorisch)(D-a-d)<도리스 선법(旋法)>, II. 휘포/불완전 (hypo-) 도리스 풍의(A-f-a), III. (고대 소아시아의) 프리지아 풍의(phrygisch)(E-c-e)<프리지아 교회 선법>, IV. 휘포/불완전(hypo-) 프리자아 풍의(H-a-h), V. (소아시아) 리디아 풍의(lydisch)(F-c-f), VI. 휘포/불완전(hypo-) 리디아 풍의(C-a-c), VII. 믹소/반(半)(mixo-) 리디아 풍의(G-d-g), VIII. 휘포 믹소/불완전 반(hypomixo-) 리디아 풍의(D-c-d), IX. (옛 그리스의) 이오니아 식/풍의(jonisch) (C-g-d [=Dur])<이오니아 교회 선법>, X. 휘포/불완전(hypo-) 이오니아 식/풍의(G-c-g), XI. (옛 소아시아 북서 해안 지역인) 에올리아 식/풍의(äolisch) (A-e-a [=Moll]), XII. 휘포/불완전(hypo-) 에올리아 식/풍의(E-a-e); **Kirchenväter,** 고대 교회(→Alte Kirche)의 정교(正敎)를 신봉하는/정통파의 스승/선생/교사들<교부(敎父)들>; **Kirchenvolk,** 하나의 교회의 구성원/일원의 총체/전체, 역시(정기적으로) 교회[예배]에 가는 신도의/에 대한(경시하는/낮게 평가하는) 묘사<교회 구성원/교회의 사람들>; **Kirchenvorsteher**<교회의 임원[장로]>→Presbyter; **Kirchenzucht,**

소위 ≪공공연한/주지(周知)의 죄인들≫에게 공동체의(대변자/대리인으로서 목사/신부의) 벌/징벌/형벌, (일시적인/당분간의/임시적인) 성만찬식의 제외/불가능하게 함부터 공공연한/주지의 비난/탄핵들까지 각자 관습/관례와 신앙고백(→Konfession)에 따라 베풀었다/제공하였다<교회의 규칙[계율](보호조치)>; **Kirchliche Bruderschaften,** 정해진/알려진/확실한 예배의(→liturg.) 관심사/바램 및(특별히 ev.:) 신학적이고 정치적인 책임(→Friedensbewegung)의 인지/알아차림을 위한 자유의지의/자발적인 결합/연맹/연합들<교회의 신도단체/교단>; →Konfraternität; **Kirchliche Sam** ≪독일에서 성서와 신앙고백을 위한 교회의 모음/수집≫), 루터파/루터교의 주(州) 교회들 안에서 신앙 고백 운동(→Bekenntnisbewegung)의 집단/당파

Kislev, 아홉번째 유대의 달(11 - 12 월)

Kismet *arab.* , 운명/숙명/업(業)<*이슬람교에서>

Klarissen, 프란치스쿠스(Franziskus) 수도회(→Franziskanerorden)의 여성의 분과/부문/지맥, 클라라 스키피(Clara Sciffi) (1212 년)에 의하여 설립되었다<[창시자 성녀 앗시시의 클라라(Klara von Assisi)(1194 - 1253 년)의 이름에서] 클라라(수도)회의 수녀들>

klasis tu artu *gr.* , →Brotbrechen

klaustral *lat.* , 수도원/수녀원적인/수도원종류의

Klausur *lat.* , 폐쇄/차단; 차단/격리되어

진, 단지 수도사들(수녀들)에게 사용할 수 있는 수도원의 부분; (주교좌 성당, 수도원등의) 참사회에 소속된 건물에서 참사회원들(→Kanoniker)의 함께 삶<격리(생활)/가두어두기/(은둔 생활용) 수도원의 밀실(密室)>

Kleines Fahrzeug→Hinayana

kleines Gloria→Gloria

Kleio→Musen

Klerus *gr.* , 추첨/제비뽑기, 제비를 뽑아서 얻어지는 몫; 그것의 점유자/소유자; kath. : 서품식/성직 수여식(→Weihe)을 통하여 평신도 신분(→Laienstand)으로부터 구별/분리되어진 더욱 높은 성직자들(**Kleriker,** ≪더욱 중요한/높은 성직자(clerus major)≫: 서품식(敍品式)/성직 수여로부터) 그리고 낮은 교회의 직책들(≪더욱 낮은 성직자(clerus minor)≫); **klerikal,** 성직자/성직자 신분[계급]에 속하는, 그의 흥미에 관한, ≪영/정신적으로≫행동/거동하는<성직자[승려](계급)의/로마 카톨릭 교회의>; **Klerikalismus,** 교회 안에서 평신도(→Laie)들의 권리[자격] 없는/근거[이유] 없는/부당한 후견/감독(교회 안으로); 교회의(성직자의) 전문지식/권한/자격과 사회적인, 문화적인 그리고 정치적인 영역/범주 안에서 영향(력)/감화와 힘의 추구/노력/열망하기(교회 밖으로)<교권(敎權)[성직권]주의>

klientenzentrierte Psychotherapie→Gesprächspsychotheraphie

Klingelbeutel, 긴 막대기에 고정/부착 시켜진 작은 자루/부대, 예전에 하나의 작은

종을 장치하였고, 의자의 열에서(예배 중이나 후의) 헌금(→Kollekte) 모집을 위하여<(교회의) 연보대(捐補袋)/연보금 주머니(긴 자루와 방울이 달린)>

Klinische Seelsorgeausbildung(*engl.*: Clinical Pastoral Training<임상목회훈련>, C. P. Education<임상 목회 교육>), 목사/신부의 실천 신학과 심리학적인 양성/교육 (→Pastoralpsychologie), 그와 함께 일이 실천적 목회로 전문 병원 안에서, 행형 (行刑)/형 집행 안에서 혹은 교회/공동체의 일에서 그리고 그것의 숙고/성찰/고찰이 단독- 혹은 집단-검사/감독/관리 (→Supervision) 안에서 상호간에 결합되어진다; 역시: 목회 심리학적인(현장) 목회 실습/연습들, 의사 소통 기술/의사 전달 기술 그리고 대화 진행/선도 기술을 주선/알선 한다(→Gesprächspsychotherapie)

Klio→Musen

Kloster, von *lat. claustrum*, 폐쇄되어진/닫혀진 공간/실(室); 집 혹은 수도사들의 정착지/주거지, 대부분(은둔 생활 용) 수도원의 밀실(密室)<수도원/수녀원>; 역시 다른 종교들과 함께 묘사가 관례/보통이다(승원(僧院)); →klaustral

Koadamiten *lat.*, 아담과 함께 사는 이들/사람들; 이전의 인류들을 위하여 묘사

Ko'ad'jutor *lat.*, 보조자/원조자/조력자; *kath.*: 후임/후계의 권리를 가지고(현재의) 직책 수행자/재직자의 지속적인 무능력/무자격과 함께 대리/대표/대변하는(카톨릭의) 성직자 대리인/부(副) 목사/수습 목사; →Eideshelfer

Kodifikation→codex

Königsherrschaft Christi Christusherrschaft

Körperschaft(des) öffentlichen Rechts, 특별히 법률상의 지위와 함께 국가적으로 승인되고, 독립적인 하나의 사회의 기관/제도의 사법의 묘사<공법(公法)의 단체>; 교회, 더욱 정확하게: 마치 교회 공동체(하지만 교회의 막간의 차원이 아니다)와 마찬 가지로 마치 더욱 많은 종교 단체들과 마찬 가지로 지역 교회들(→Landeskirchen)과 교구들(→Diözesen)은 공법 단체 이다

Kohelet(Koh.) *hbr.*, *gr.* **Ecclesiastes**(Ecc, Ekkl), 솔로몬의 전도서(Pred)

Kohorte *lat.*, 떼/무리, 천인의 상태, 로마의(단위) 부대, 고대 로마의 군단의 십분의 일(막 15: 16; 행 21: 31 그리고 자주), 고대 로마의 부 군단장(→Tribun) 아래에 놓였다

Kojiki, Kujiki *jap.*, 태고/원시시대 역사; 일본의 전설 연대기, 니혼기(→Nihongi) 옆에(일본의) 신도(神道)(→Schintoismus)의 가장 중요한 원전/문헌

koimesis *gr.*, 잠/수면; <(동방교회의)> 마리아 승천 축일/축제; **Koimeterien,** 잠자리/잘 자리; 고대 그리스도교의 장례 시설, 역시 **Zeometerien**(→Katakomben); **Zeometerialkirche,** 한 순교자(→Mär- tyrer) 혹은 성자의 무덤위에 세워진 교회

Koine *gr.*, 헬레니즘 시대의(→hellenistisch) 그리스의 일반/일상/공공 언어(칠십인역(→Septuaginta)의, 신약성서 그리고 많은 그리스/헬라 교부(→Kirchenväter)의 언어)<코이네>; **Koinobiten**→Coenobiten;

Koinonia *gr.*, 특별히(그리스도교의) 관계/교류/공동체(→ecclesia)와 성찬식에 모인 신도들 위한 신약성서의 말

Kollaborator *lat.*, 협력자/부하 직원; 임시/보조 교사, 보조 사제/부 목사, 부목사(→Pastor coll.), 두 번째 신학 시험/고시 후 한 해(ev.)

Kollar, 스텐드 칼라에 흰 테두리를 두른 가슴을 덮는 하나의 검은 천 조각, 성직자들에 의하여 착용된다. 특별히 영국 성공회에서(→anglikan. Kirche)<(카톨릭 성직자 복의) 빳빳한 옷깃[칼라]▷

Kollation *lat.*, *kath.*: 가벼운 저녁식사/간단한 식사, 주된 식사/정찬 외에 단식일에 허용된다; 수도원에서 손님을 위한 가벼운 음식

Kollationsrecht, Kollator, Kollatur→collatio

Kollegialismus, 18세기에 복음교회의 교회법(規) 이론/학설: 교회는 하나의 협회/단체 이고, 마치 다른 협회/단체들 처럼 국가의 법들을 유지/고수하고(제후가 국가의 원수(元首)로서 법적인 권세/힘(=jura majestatica)을 갖는다) 그리고 그리스도가 교회의 본래의/고유한 주님이신 동안에 실제적인 이유들로부터 협회 내부의/자체 내의 권리들(=jura collegialia)을 제 후 에 게 양 도 /위 임 하 였 다 ; →Episkopalismus, →Territorialismus; **Kollegialität,** 교황 아래서 상호간에 로마 카톨릭 교회의 감독들의 정신적인 결합/결속/연대<동료 의식/우호 관계>; **Kollegianten,** 성직의 직책을 단념/포기 하였던 그 네덜란드 개혁파의 재세례파 교도들(→Anabaptisten)(17 세기); **Kolle-**giatkapitel(-stift),** 그 안에서 그들이 공동으로 사는 그 하나의 같은 동료의 교회(≪**Kollegiatkirche**≫)의 성 직 자 들(→Kanoniker)의 협 회/연 맹; **Hl. Kolegium** →Kardinalskollegium

Kollekte *lat.*, 모음/수집/모임; 고대 그리스도교의 공동체 모임/교구 총회; 본 예배/중심 예배에서 성서 낭독 전에 짧은 예배식의 기도(하나님을 호칭/부르는 형식-청원/간청-간청의 목표/목적 [≪…것에로/향하여≫]- 결말 형식 [예수 그리스도를 통하여 …≫])<예배식의 기도/집도문(集禱文)>; 예배시에 그리고 후에 헌금(모음)

Kollektiv *lat.*, 공동의 의무와 권리들을 통하여 결합된 집단들<집단/공동체>; **Kollektivschuld,** 하나의 윤리적인, 법률적이 아닌 개념: 하나의 공동체가 하나의 단독적이거나 혹은 하나의 집단의 공동책임이 있다 [연대(공동) 책임/집단적 죄과]; 논쟁의 여지가 있는 개념/표상, 그렇지만 마치 고대 근동에서 일반적으로 받아들여졌던 연좌제/가족 공동책임(에 의한 구류) 처럼 이미 구약에 작성되었다(신 21: 1-9)

kol nidre *hebr.*, 모든 서약/맹세/서원; 대속죄의 날(→jom kippur)의 전야(前夜)에 회당 예배에서 도입 기도의 시작

Kolophon *neugr.*, 끝 맺음 부분/종결; 필사본들과 고판본(古版本)(1500년 이전의 간행본)들에서 인쇄제본 담당자, 장소, 시간 등등에 대한 진술/언급과 함께한 종결 본문<중세사본(中世寫本)의 간행요목(저자, 제목, 간행자, 발행처, 연

월일 등의 명시)>

Koloristen *lat.*, 채색자/색채를 중시하는 화가; 음악적인 본보기들을 곱게 장식하였던<(독일에서) 노래나 무곡을 오르간에 맞추어 편곡하였던> 16 세기의 그 오르간 연주자들

Kolpingverein, 로마 카톨릭 교회의 장인 조합, 1849 년 쾰른(Köln)에서 사제 콜핑(A. Kolping)에 의하여 설립되었다(시작부터 역시 복음교회의 회원들을 가졌다); 지역 협회/단체들이 콜핑 가족이라고 불린다; 많은 나라들에 확산되었다

kolymbethra *gr.*, 세례반

kombologion→Rosenkranz

Kommende (*lat. commendare*, 맡기다/위임하다), 그것의 소유자가 교회의 직책의 관리/행정이 없이 교회록 수입(→Pfründeneinkünfte)을 향유하는 그 성직록(→beneficium)<(교회의 직무를 수행할 의무가 없는) 공직 봉록(空職 俸祿)>; →Komturei<기사 수도회의 관구>

Kommunikant *lat.*, 성만찬 참여자<성체배수자(聖體拜受者)>; **kommunizieren**<성체를 배수하다/성찬에 참여하다>

Kommunion <성찬/성체배수>→communio, 성만찬(→Abendmahl)

Kommunismus, 원시 그리스도 교회의 공유 재산(→Gütergemeinschaft)

Kommunität *lat.*, (종교적인) 공동체/공동사회<종교 단체/전도회>

Kompatronat *lat.*, 보호권(성당, 성직록 등의 기부자 및 그 상속인에게 인정되는 특권)(→Patronat)을 위하여 더욱 많은 것들의 권리/자격/허가

Kompetenten *lat.*, 세례 지원자; →Katechumenen

Komplet *lat.*, 날마다의 성무일과(→Offizium)의 종료/종결, 수도원과 사제의 성무일과의 마지막 정시과(定時課)(→Hora)<성무일과의 마침 저녁기도>

Komputation *lat.*, 친척관계의 교회의 계산/산출; →computus

Komtur (v. *lat. commendator*, 권면자/추천자), 공직봉록(→Kommende)의 소유자로서(요한 기사 수도회 수도사, 독일 기사 수도회 수도사) 혹은 수도회 관구의 장/책임자(성전 기사단의 기사)로서 혹은 수도회의 집의 책임자로서 기사수도회 소속 기사; **Komturat, Komturei,** 성직자의 기사 수도회(성, 등등)(→ Ritterorden)에서 작은 행정 구역

Konche *lat.*, 조개/조가비; 반원형의, 조개 모양으로 위에 등근 천정을 이루었던 앞시스(성당의 반원형의 벽감)<(중세 사원의) 패각(패각) 모양을 한 등근 천정[지붕]>→Apsis

Kondeszendenz→Kenosis

Kondeterminismus, 프란치스쿠스파의 은총론(17 세기): (미리) 결정/규정/확정하는(규정/해명/확인하는) 하나님의 결정[의지]이 이미 실현/성취 안에서 존재하는 피조물의 의지의 활동을 관계한다 - 즉 의지의 첫 번째 충격/동인이 아니라.

Konferenz Bekennender Gemeinschaften, 복음서에 근거한/복음주의 적인(→evangelikal) 상부조직, 1970년 설립되었다<고백하는 공동체의 회의/협의회>; 신앙고백 운동/복음주의 운동(→Bekenntnisbewegung), →Gnadauer Verband, →Kirchliche Sammlung

Konferenz Europäischer Kirchen, (로마 카톨릭 교회가 없이) 26(1981년) 동서 유럽 국가들로부터 약 114 유럽 교회들의 교회 일치의 대화와 사역의 공동체, 덴마크의 니보르크에서 1959년 창설하였다 <유럽 교회 회의/협의회>

Konferenz evangelikaler Publizisten (kep), 1975년 느슨한 제휴로서 설립되었고, 마치 복음교회 저널리즘의 공동 작업체 (→GEP) 처럼 하나의 비슷한 제도화 그리고 자금조달을 얻고자 열망한다; →idea(Abk.-Verz.)

Konfession *lat.*, 고백/참회/신앙고백 (→confessio); (자신의/고유의 신앙교리를 가진) 교회 공동체<종파/신도>; **Konfessionalismus,** 고유의 신앙고백의 절대 규정(→Neu-Luthertum)<특정 종파에의 집착/신조주의/교조주의>; **Konfessionskunde,** 교회의 다양한 가르침에 대한 학문<신조학/신앙고백학문>(→Kontroverstheologie); **Konfessionsschule**<종파별 학교>→Bekenntnisschule

Konfirmanden, 견신례/첫 성찬식(→Konfirmation)의 준비를 위한 교회의 수업에 참여하는 자들<견진성사를 받는 또는 받은 소년/성서 강독을 듣는 소년>

Konfirmation *lat., ev.*: 세례의 확인/증명; 교회의 수업의 종결 후에 축제다운/엄숙한 긴진싱사/축복 그리고 싱찬식 (→Abendmahl)과 대부직(→Patenamt)을 위한 허락/허용; →Firmung

Konfitent *lat.*, 고해자<참회자>, 고해신부 (→Beichtiger)

Konföderation *lat.*, 동맹/연합<국가 연합/연방 >; **Konföderation evangelischer Kirchen in Niedersachen,** 1971년 이래로, 마치 북서부 독일의 복음-개혁교회의 연합/통합 처럼 법률상의 자주적인 루터교 지역교회들 - 하노버(Hannover), 브라운슈바이크(Braunschweig), 올덴부르크(Oldenburg), 샤움부르크-페(Schaumburg-Lippe) - 의 연합/통합, 특별히 교회법과 교회정치의 영역에서<니더작센에서 복음교회 연합>

Konformisten *lat.*, 영국국교회(→anglikanische Kirche)의 추종자들(그러나→ Nonkonformisten) 및 일반적인 견해들< 대세 순응주의자/영국국교도>

Konfraternität *lat.*, 신도 단체/교단, 로마 카톨릭교회의 합동/협회/동맹들, 특별히 공적인 예배의 보호/돌봄을 위하여 <(카톨릭 성직자의) 형제회>

Konfuzianismus, 공자(Konfuzius, † 기원전 479)의 가르침에서 연원하는 도교(道教)(→Taoismus)의 형태<유교>

Kongregation, congregatio *lat.*, 합동/협회/동맹, *kath.*: 수도회와 비슷한 합동/협회들, 그것들은 장엄/엄숙하지 않은(≪단순한≫) 형태 안에서 수도사의 서원(誓願)을 요구한다; 수도회의 연맹들(예, 버위론(Beuron)의 베네딕투스-수도회(→Benediktiner-K.))<수도원 연합회/수도원회/신심회(信心會)>; **sacra congregatio de doctrina fidei,** 믿음의 교리/가르침을 위한 교황청의 거룩한 최고 관청(→Kardinalskongregation), 쌍투스 오

177

피키움(→Sanctum Officium) 대신에 제2차 바티칸 공의회(→Vatikanum) 이래로; **congregatio de propaganda fide,** 선교를 위한 교황청의 최고 관청; **congregation,** 공동체를 위한 영어의 묘사<모임/집회/회중/신도들>; **Kongregationalisten, Independenten**(독립되어 있는 이들), 17세기 이래로 영국 교회의 경향/유파, 그들은 개체 공동체의 독립성을 교회법의 원리/원칙으로 세운다<조합/회중 교회 신도들>

Kongrua *lat.*, 적당/적절한 것, 상응하는 것/예의에 맞는 것; 성직록 소유자(→Pfründeinhaber)에게 귀속하는 최소한의 수입; **Kongruismus,** 예수회 회원 슈아레쯔(Suarez)(† 1617)의 가르침, 신적인 은혜가 인간의 방법/방식과 수요/필요에 적응하고/따르고, 그로부터 인간 의지의 자유에도 불구하고 그것의 목적을 이룬다(→Banezianismus, →Molinismus)

Konjektur *lat.*, 추측/짐작/상상; 좋지 않게 보존되어진(성서) 본문과 함께 수정/교정 제안<(편자의 추정에 의한) 개정/교정/판독>: →Textkritik

Konklave *lat.*, 폐쇄/잠금, 방/침실; 교황 선출을 위한 강력하게 차단되어진 추기경들의 회의/모임<교황 선거 비밀 회의장/교황 선출을 위한 추기경 회의>

Konklusionstheologie *lat.*, *kath.*: 그것은 마지막/종결 방법 안에서 다른 것들로부터 신학적인 논제들을 전개시킨다<결론/귀결 신학>

Konkomitanz *lat.*, 동행/동반; *scholast.*: 그리스도의 몸 안에 피가 함께 함유 되어 있고, 또한 성찬식의 봉헌하는 빵(→Hostie) 안에서 함께 주어진다(→communio sub una; 후스파의 교도들(→Kalixtiner)에 대항한 가르침/교리)

Konkordanz *lat.*, 동음/일치/조화; 발견 장소들의 진술과 함께 하나의 책의 단어들의 알파벳 순의 목록들<(특히 성서의)(알파벳 순의) 용어 색인(索引)>

Konkordat (역시: **conventio, pactio**) *lat.*, 의견의 일치/협정, 계약/조약, 특별히 교황과 국가 정부 사이에서(해약할 수 없는)<(국가와 교황청 간의) 종교 협약>; **Konkordats'ära,** 종교협약의 유효성은 나폴레옹 1세와 함께(1810에서 1905년까지) 및<그 이후에는> 새로운 교회와 함께

Konkordie *lat.*, 조화/일치; 개신교 유파/주의들의 통합/통일 형태들: 1536년의 비텐베르크 콩코르디아(Wittenberger K.); 1574년의 쉬베비쉬-작센의 콩코르디아(schwäb.-sächs. K.); 1973년의 **Leuenberger K.,** 유럽의 종교 개혁(루터교와 개혁교회 등등) 교회의 공동의 교리/가르침의 작성/표현(발생지 바젤 인근의 로이엔베르크(Leuenberg)에 따라서); 예술: 구약 성서와 신약 성서의 장면의 대조하기; **Konkordienbuch** (1580) <(공적으로 출판된 개신교의 신앙 고백서인) 일치서(一致書)는> 세 가지 공교회적(→ökumenisch)인 신앙고백서(→Symbol)들, 멜란히톤의 변증서(→Apologie)와 함께 아우크스부르크 신앙고백(→Confessio Augustana), 루터의 슈말칼덴의 신앙

조항(→Schmalkald. Artikel), 멜란히톤의 글 ≪De potestate et primatu Papae tractatus≫(=교황의 권세와 우위권(→*Primat*)에 대한 논박문, 1537년), <루터의> 소교리[신앙] 문답과 대 교리[신앙] 문답(→Katechismus)을 포함하고, 그리고 **Konkordienformel,** Formula Concordiae(FC), 1577년 루터교의 신앙고백서(→Bekenntnisschrift)<일치 신앙고백서>, ≪초록/발췌록≫(≪이론의 여지가 있는/논란의 대상이 되는 항목들의 간추린/개괄적인 개념≫) 그리고 ≪온전한/확고한 …표명/계시≫(≪아우크스부르크 신앙고백의 몇몇 항목의 보편적인 해설≫), ≪베르크(Berg) 공국의 책≫으로서 구성되었다

Konkubinat *lat.*, 지속하는/자주 반복되는, 혼인/결혼 생활로 합법적이지 않은 성적인 관계<내연(內緣) 관계/혼외(婚外) 결합>

Konkupiszenz *lat.*, 관능적 쾌락에 빠진/육감[육욕]적인 욕구/정욕, 아우구스티누스(Aaugustinus)(✝430)에 따른 그리고(신앙과 경건/경신(敬神)의 결핍과 함께) 중세의 신학에 따른 원죄(原罪)(→Sünde); mod. kath.: 일련의 아담의 죄와 인간에게 죄를 위한 자극/충동<욕정/육욕>

Konkurrenz *lat.*, 이어지는 날들의 두 축제의 예배식의 만남; →Okkurrenz

Konkurs *lat.*, 만남; 히니의 지리를 위한 더욱 많은 이들의 지원/지망; 지원자/지망자들의 시험/고사(考査)(목사 고시/시험)<(경제. 법) 파산>

Konsekration *lat.*, 축성/서품<성별/(주교의) 서품식/(미사 때에 빵과 포도주의) 거룩한 변화/(개신교) 성찬수여>; **konsekrieren,** 축성하다/서품식을 올리다/성직에 임명하다/헌신하다; *kath.*: 축성/서품식(→Weihe)의 특별한 형태 예, 하나의 감독의 서품식, 역시 성만찬(→Eucharistie)의 변화; ev.: 거룩한 사용/활용을 위한 성만찬 요소들의 분리/선별하기; →Dermung

Konsens *lat.*, 일치/합치/합의(→consensus)<의견의 일치/동의>; **Konsenserklärung**→Ehekonsens; **Konsensus'union**→Union

Konsistorium *lat.*, 집회실/회의실, 심의회/위원회의 구성원, 로마에서 추기경(→Kardinal)들의 온전한 모임/회합; ev.: 교회 최상의 관청, 개신교 최고 관리 위원회(→**(Ober-) kirchenrat**)(본래적으로 다른 법률기능들과 함께) 혹은(1920년 이래로) 독일 지역 교회의 종무국(宗務局(**Landeskirchenamt**); **Konsistorialverfassung,** 동료 전체 의/합의체의 교회의 지도부<교회의 법/제도>

Konsole *frz.*, 돌출하기(와형(渦形) 까치발, 버팀목 등등)<까치발 모양으로 튀어나온 들보/소용돌이형 까치발>; →Pendentif

Konstantinische Schenkung→Donatio Constantini

Konstitutionen *lat.*, 명령/지시들; 교회의, 특별히 법의 효력/법적 타당성을 가진 교황의 칙서<교황의 칙서/교황령>; →Reskripte; →apostolische K.; 제2차 바

티칸 공의회(→Vatikanum II) 의 **K. über die Liturgie**<미사 전례에 대한 약관> 는 능동적인 참여(→actuosa participatio)를 요구하고 그리고 라틴어를 위한 보충으로서 표준어/공통어를 미사 전례로 채택한다; **Konstitutionenbuch,** 1723 년의 계몽주의 기원(→Freimaurerei)의 기본 고백서, 오늘날까지 그들의 토대(이다)< 계몽주의 자들의 규약서>

Konsubstantiation *lat.* , *scholast.* , 성만찬에서 그리스도의 몸과 피가 빵과 포도주와 결합되어졌다는 루터에 의하여 수취되어진 견해/의견<성체 공존(聖體 共存)/양체 공존설>(Ggs. →Transsub- stantiation); **Konsubstantialität**

Konsultor *lat.* , 고문(관)/조언자; kath. : 로마 교황청(당국)(→Kurie)의 사죄(赦罪)/면죄(免罪)와 성서 부문 안에서<(로마 교황청의) 학문적 고문>; 주교좌 성당의 참사회(→Domkapitel)가 존재하지 않는 경우에는 사명을 받은 성직자들의 하나의 주교의 교구의 관리 참여를 위하여; **Pfarrkonsultor,** 행정 재판에 의한, 동료 신분에 관한 방법과 함께 추가로 자문이 구해 지는 목사<(신학교 학생을 상담하는) 상담 담당 성직자>

Konszientialismus (v. *lat.*→*conscientia*) 현실성이 의식/자각으로 이행한다는 철학적인 가르침<의식설(인식의 대상은 단지 의식의 내용으로만 존재한다는 설)>

Kontakion *gr.* , 역(役)/역할; *ostkirchl.* : 찬미가/성가

Kontemplation *lat.* , 관찰/고찰/숙고; 신비스러운/신비주의의(→mystisch) 명상/성찰(→Meditation)의 단계<명상/관조/정관(靜觀)>; **kontemplativ,** 명상적인/관조적인/정관적인

Kontext *lat.* , (그림이나 인쇄물의) 설명문, 본[원]문 관련/연계; 오늘날 역시 일반적으로: (예, 사회적인) 관련/연관/관계; <(문장 전후의) 맥락/문맥//주위와의 연관 관계/배경>; 신학의 전후 문맥성(**Kontextualität**), 사회 문학적인 주변 환경을 위한 신학의 관계/연관; →Induktive, →Schwarze Th. , →Th. der Befreiung

Kontingenz *lat.* , 우연성(偶然性)/우연히 된 일, 반복할 수 없음; Ggs. 필연성/불가피성/필요, →necessitas

Kontrafakta→Parodien

Kontritionismus *lat.* , *kath.* : 참회/통회(→ contritio)는 면죄/사죄(→Absolution)의 받음/수취를 위하여 필요하다/절대적이다; Ggs. →Attritionismus

Kontroverstheologie *lat.* , 논쟁신학(기독교의 상호 대립된 교리에 대하여 논쟁하는), 신앙 고백서들 사이에서 논란이 되는 문제들/쟁점들의 탐구; →Konfessionskunde

Konventikel *lat.* , 종교적인 개인적 모집/회합 <비밀 집회/비밀 회합>; **Konventuale**→conventus

Konvergenzerklärung→Lima-Erklärung

Konversen→conversi; **Konversion** *lat.* , <(특히 카톨릭으로의) 개종(改宗)/회심(回心)>(→conversio), 개심/전향, 개종, → Konfessionswechsel<개종/회심>; kath. : Ggs. →Apostasie; **Konversionstheorie,** 루이제 빌롯(L. Billot, † 1931)의 성만찬 요

소(→Eucharistie)의 변화/변형에 대한 이론, 그는 물질/재료의 무효선언(→annihilatio)을 거부한다. 왜냐하면 그것 자체가 그리스도의 몸과 피의 함유하기의 존재 방식(내용의 외형/형태[형상] =habitudo continentiae)을 받아들인다(그러나→Transsubstantiation); **Konvertit,** 옮기어진 자/입장이 바뀌어진 자<개종자(改宗者)>

Konvikt *lat.*, 교제/사교, (신학-) 학생들의 기숙사<신학생 기숙사[기숙학교]>

Konzelebration (*lat. concelebrare*, 축제를 벌리다/칭송하다), 하나의 주요 사제(司祭)의 인도 아래서 예배식 의(→liturgisch) 행위/전개의 공동의 실행<(여러 성직자가 행하는) 성찬식>

Konzeptualismus<(중세의) 개념론>→Nominalismus

Konzil (*m*)*lat.*, 교회의 중요한 문제들의 협의/상의를 위한 감독들(→Bischöfe)의 모임/회합, →Synode; **ökumenische Konzil(i)e(n)**<세계 교회 공회의>은 전체의/모든 그리스도 교도들을 대리/대표하기 위한 요구/청구를 제기한다; 단지 적절하게/올바르게 처음 일곱을 위하여: 니케아(Nicaea, 325년, →Nicaenum), 콘스탄티노플(Konstantinopel, 381년, →Nicaeno-Constant.), 에페수스(Ephesus, 431년), 칼케돈(Chalkedon, 451년, →Chalkedonense), 콘스탄티노플(552년 그리고 680년), 니케아(787년); 이어지는 교회 공의회는 그리스 정교회 없이(8.-18. 교회 공의회) 그리고(종교개혁 이래로) 개신교가 없이 개최되었다: 트렌트 공의회(→Tridentinum) 1545-63(제19차 교회 공의회), 제1차 바티칸 공의회(Vatikanum I) 1869/70(제20차 교회 공의회), 제2차 바티칸 공의회(Vatikanum II) 1962-65(제21차 교회 공의회); **Konzil des Friedens,** 전 세계적으로 그리스도 교회의(교회 일치의, →ökumenisch) 평화 회의로서 바이체커(C. F. v. Weizsäcker)의 구속력 있는 선언/언명과 함께 1985년 뒤셀도르프 교회의 총회에서 요구되었다; **Konziliarismus,** 의견/견해, 그것이 감독들의 총체/전체를 대변[대표]하는(→Episkopalismus) 그 하나의 회의가 교황보다 상위에 두어졌다(14/15 세기)<공의회의 수위설(首位說)>; →Appellation, →Reformkonzilien; **Nationalk.**, <(어느 국가의) 주교회의,> **Provinzialk.**, <대주교 관구 주교회의> 부분 교회적인 입법을 위하여 결정권이 있는; →Partikularsynode; **Konziliarität,** (1968년 이래로) 교회 일치(→ökumenisch) 운동 안에서 교회일치의 한 모델을 위한 개념<공의회/위원회 관계>; 목표는 모든 교회의 한 보편적인/총괄적인 회의이다 - 한 공의회의 과정/진행(**konziliarer Prozeß**); **konziliar,** ≪화해된/조정된 상이함 안에서≫서로 다른 신앙고백들(→Konfessionen) 혹은 교회 단체들의 협력하기/함께 이르기 위한 오늘날 역시 일반적인 교회론(→ekklesiologisch)의 개념<공의회의/위원회의>

Ko'operator *lat.*, 협력자/종업원; *kath.*: 보조 사제

Kopialbuch *lat.*, 문서/원전 사본들의 모음<

필사부(筆寫簿)>

Kopiaten *gr.*, 묘지 관리인

Koptische Kirche, 동방의 단성론적(→monophysitisch)인 교회, 카이로에 중심 거처/소재지<콥틱 교회>

Kopulation *lat.*, 결혼/혼례(식); **copulatio carnalis,** 성적인(육체적인) 결합; **kopulieren,** 결혼시키다

kor→epha

Koran *arab.*, 낭독(회), 이슬람(→Islam)의 거룩한 책(114 코란의 장(章)→Suren), 그것은 알라(→Allah)와 함께 있고 모하메드(Mohammed)를 통하여 선포하였던 하나의 원본/정본의 복사[복제]품으로 유효하다<코란(회교의 경전)>

korban *hbr.*, 제물/희생, 헌금/헌물(막 7: 11)

Korporale(*lat. corpus,* 몸/신체/육신); 성배(聖杯)와 성반(聖盤)(→Patene)을 위한 및 성배와 축성된 성체(聖體)(→Hostie)의 덮기(위하여 사용되는 것)을 위한 (밑)받침으로서 아마포 혹은 명주포 <(미사 때 쓰는) 성체포(聖體布)>; → palla, →velum

Korrelat *lat.*, 대응/상응 <상관개념/대어>; **Korrelationstheologie** 폴 틸리히(P. Tillich)(† 1965): 계시와 현실(성)/실재/현존, 소식/복음과 상황/형편, 정당함의 증명/변호/정당성과 의심/의혹, 교회와 문화/문명, 신학과 철학들이 마치《우리들에게 무조건적으로 관계하는 것》(하나님)과 관련한 대답과 질문 처럼 스스로 상응한다<상관 관계 신학>

Korruption *lat.*, 본[원]문 부패<부패/타락/

매수>

Korybanten *gr.*, 황홀케/열광하게된 자들; 퀴벨레의 사제들/코뤼반트들(대지의 여신 쿠벨레를 섬기며 음악과 난무에 도취되어 제사를 지내는 사제들)(→Kybelepriester); **Korybantismus,** 격렬하게/미친듯하게 있는<광란/광포 주의>

koscher *hbr.*, 순수한/순결한; 유대 종교의 식사 규칙에 적합한<청정(淸淨)한(유대교의 경전에 맞는)/깨끗한>

Kosmos *gr.*, 장식/장신구, 질서/정리[배열], 세상(요한복음: 죄의 처소로서), 우주/천지 만물/세계 질서; **kosmisch,** 우주/천지 만물/세계 질서에 관한<우주의/우주에 속하는/우주적인>; **Kosmogonie,** 우주 생성/발생에 대한 가르침 <우주진화론/우주발생론>; **Kosmokrator,** 세상의 지배자/통치자(로서 그리스도)(그리스도 주권/통치(권), →Christusherrschaft); **Kosmologie,** 세계질서에 대한 가르침 <우주론>; **kosmologischer** →**Gottesbeweis**<우주론적 신 존재증명>; **Kosmopolit,** 세계 시민/세계 주의자

Krage→Konsole, →Pendentif

krama *gr.*, 성만찬과 함께 포도주와 물로부터 혼합 음료

Krankensalbung<환자도유식(塗油式)/병유(病油)>→unctio extrema

Krasis *gr.*, 혼합/혼합물

Kreatur *lat.*, (피조물로서의) 생명체/피조물(被造物), 마음에 드는 사람/추종자; **Kreatianismus,** 각각의 영혼이 하나님의 하나의 새 피조물/창조물이라는 견해/의견(그러나→Traduzianismus)

Kredenz *lat.*, 미사와 함께 활용되어졌던 그 릇들을 위한 제단 옆에 놓인 식탁; 세례 받는 사람을 위한 세례반 옆에 놓인 식 탁

Kreispfarrer→Dekan; **Kreissynode,** 한 교회 영역/분야의 조직/편성되어진 자문 기 관/협의 기구 그리고 결의/결정 협의회/ 위원회의 교회 관리 위원회(→Gemein- dekirchenrat)들의 대변자/대표들로서< 교구내의 종교회의>; →Synode

Krematorium *lat.*, 시신/시체 화장(火葬) 터

Krethi und Plethi, 다윗의 근위대(삼하 8: 18)<어중이 떠중이/너나 할 것 없이>

Kreuzbund, 음주벽 퇴치를 위한 그리고 알 코올 중독자들의 치료를 위한 로마 카 톨릭 교회의 협회/연합; →Blaues Kreuz; **Kreuzgang,** 수도원의 안마당의 회랑(回 廊); **Kreuzschiff,** 교회당의 익당(翼堂)/측 랑(側廊)과 함께한 교회 공간<십자형 교회당의 양쪽 끝 복도>; **Kreuzweg,** 십 자로; 악한 영들의 거처; *kath.*: (14 장면 으로된) 예수 그리스도의 십자가 행로 화(빌라투스의 집에서 골고다까지)의 각각 머무는 곳들(**K. wegstationen**)에서 그리스도의 고난의 길을 신앙심이 깊게 눈여겨 바라보며 뒤따라 걸어가기, <K. wegstationen> 작은 예배당을 통하여 혹 은 그림들을 통하여 표시/강조 되어진 그 간이 정류장/정지 처소들; **Kreuzzüge,** 중세에 최초의 종교적 동기화와 함께 (≪신앙 없는 사람/무신론자들 ≫→Muslim 의 지배/통치로부터 ≪(예 루살렘에 있는 그리스도의) 거룩한 무

덤의 해방/구출≫), 거의 무엇보다도 정 치적 이고 그리고 교회 일치적인 흥미 들 때문에 이끌어졌던 시리아와 팔레스 틴의 정복을 위한 서방의 출정들(1095/6 이래로), 그러나 역시 특히 이교도 슬라 브인에 대항하여 엘베-오데르-지역 (Elbe-Oder-Gebiet) (1147 ≪서 슬라브족 사람/벤드족(독일 동부에서 동 알프스 지방에 걸쳐 거주하는 슬라브 민족의 총칭)과의 성전(聖戰)≫)

Krischna, 인도 사람의 전설적 영웅/전사 (목자/목동, 수레/마차의 조종 장치), 그 는 바가바드 기타(→Bhagavadgita)에서 비쉬누(→Vischnu)의 하나의 인간의 모 습을 하고 나타남(→Inkarnation)이 되었 다<(인도의 신화:) 크리슈나신(힌두교 의 3대 주신의 하나인 비쉬누의 화신(化 身)이라고 전해짐)>

krisis *gr.*, 판단/결정

Kriterium *gr.*, 특징/표지/표상; 표준학, 진리의 특징/표지/표상에 대한 가르침< 시금석/표준/(판단의) 기준>

Kritische Kirche, (19)60 연대의 교회의 혁 신[개혁]을 추구하는 운동 집단들에 대 한 자칭(명)<비판적인 교회>; **Kritischer Rationalismus,** 학문 이론적 철학의 학파 (포퍼(K. R. Popper), * 1902), 그 철학은 특히 학문으로서 신학을 문제화 한다 (논쟁/논제 알베르트(H. Albert), * 1921 - 에벨링(G. Ebeling), * 1912)<비판적 합 리주의>

Krummstab, 고대의 목자[목동]의 지팡이 에 비슷한 로마 카톨릭 교회의 주교장 (主敎杖)

Kruzifix *lat.*, 십자가에 못박힌 자; 십자가에 달린 자가 그와 함께 있는(경사-, 서 있는- 혹은 휴대용-) 십자가<십자가에 못박힌 그리스도 상(像)/십자가상>

Krypsis chreseos→Kenosis

Krypta *gr.*, 숨겨진 것/사람 눈에 띄지 않는 것, 제단의 뒤 그리고 아래에 있는 천정이 둥근 지하 납골실(→Gruft)<(교회 따위의) 지하 납골소(納骨所)>; **Kryptogramm,** 그것의 문자들 안에서 많은 의미들을 숨기고 있는 하나의 표현(→Sator …)<암호/(시행 속에 숨어 있는) 암호문>; **Kryptocalvinisten,** (자칭하여/ 명목상으로) 칼뱅의 가르침에 접근하였던 멜란히톤적인 신학자들에 대한 묘사(16 세기)<숨겨진/비밀의 칼뱅주의자들>

Kümmernis, 전설적인/동화적인 성인/성녀, 십자가에 달린(여자) 순교자/수난자(→Märtyrerin), 수염과 함께 묘사되어졌다. 자주 십자가에 못박힌 그리스도 상(→Kruzifixus)의 형태[형상]로 변하는/넘어가는

Küster<성물 보관인/(교회의) 고용인 >→mansionarius

Kujiki→Kojiki

Kult(us), 공공연히 공동/공통의, 규칙적인/정돈된 경신(敬神)<제식(祭式)/예배(禮拜)>

Kulturexamen, 프로이젠 국가에 의하여 1873 - 1886 프로이센과 카톨릭 교회와의 싸움(→Kulturkampf)에서 요구되었던 철학, 역사 그리고 독일 문학에서 성직자 직을 위한 허가/인가 이전의 국가적 인 시험; **Kulturkampf,** (입법의 그리고 경찰에 의한 조치들을 통하여) 독일 제국과 교황권 지상주의(→Ultramontanismus)인 카톨릭 교회 사이의 논쟁들의 총체/전체 (1871-79); **Kulturprotestantismus,** 그리스도교의 정신과 현대/근대의 문화/문명(특별히 1900 년경)의 상호 /쌍방간의 하나의 관통/침투의 진보적인 사상/개념

Kumran→Qumran

Kumulation *lat.*, 관직 겹겹이 쌓기/반복<누적/축적/퇴적>

Kurat *lat.*, *kath.*: 위탁되어진 성직자들의 한 행정 관할 구역 안에서 목회(牧會)와 함께<공소(公所) 담당의 보좌 신부/(청년 단체 등의) 지도신부>(예, →Kaplan); **Kuratie,** 목회/사목 지역/구역<공소>

Kurie *lat.*, (고대) 로마의 원로원 위원들의 모임 장소; 교황청의 소재지, 카톨릭의 교회 통치/정권의 정점<교황청(당국)>; **kurial,** 교황청의; **Kurialismus**<교황청 수위설(首位說)>→Episkopalismus; **Kurialist,** 교황청의 관리, 교황청 수위설의 대표자/지지자<교황청 수위주의자(首位主義者)>; **Kurienkardinal,** 교황청에 거주하는 추기경(→Kardinal); **Kurienkongregationen,** 로마의 교회의 관청/당국들<교황청의 최고 관청>

Kurrende *lat.*, 순회 합창단; 이전에, 온화한 재능/재질을 위하여 노래했던 학교 합창단; 더욱 후에, 일반적인 청소년 작은 합창단<옛>(사례 받는) 학생 합창단/ 개신교의 청년[대학생] 합창단>

Kustodie *lat.*, *kath.*: 봉헌한 빵을 위한 저장

용기/상자; 한 수도회 관구(→Orden-
sprovinz)의 부분<프란치스쿠스 수도회
의 작은 수도원 영역>

Kuthäer→Samaritaner

Kybele, 고대 프리기아의 어머니 신<생산
의 여신/퀴벨레(원래는 소 아시아의 풍
년의 여신; 그리스 신화의 대지의 여신
Rhea 와 동일시됨)>; →Korybanten

Kybernese *gr.* , (교회 의) 관리/감독/지도;
Kybernetik, *allg.* : 감독/관리/통제와 통
보/알림에 대한 학문; theol. : 교회와 공
동체 감독/관리/통제에 대한 가르침(고
전 12: 28) 그리고 실천 신학 교과 과목
및 교회법의 부분영역으로서 공동체 구
축(構築)/구성에 대한 가르침<교회[교
구] 지도 규범>

Kyniker(*gr. kyon,* 개); 그리스 철학 학파(디
오게네스(Diogenes), 기원전 450 년경)<
견유학파(犬儒學派)의 철학자>, 문화/
문명과 풍속/풍습을 경멸/멸시하였고,
무욕(無慾)을 요구하였고, 종교를 대부

분 거부하였고 그리고 영혼에 대한 배
려자로서 스스로를 이해 하였다

Kyrenaiker, 퀴레네(Kyrene)의 아리스티프
(Aristipp)(기원전 †355)에서 연원하는
그리스 철학학파, 그 학파는 윤리적인/
윤리학적인 원칙/원리으로서 욕망/쾌
감/쾌락(→Hedonismus)을 대변했다

Kyriale *gr.* , 특별히 성가들의 모음<Kyriale
Romanum, 카톨릭 교회의 찬송가집/성
가집>

Kyrie eleison *gr.* , 주여, (우리를) 불쌍히
여기소서/(미사를 시작할 때 부르는 기
도문); 예배식의 청원

Kyrillische Schrift<키릴의 문자>→*Glagol-
ica*

kyrios *gr.* , 소유주/주인, 소유(권)자; 군주
/영주/제후의 호칭: 하나님(예, 야훼
(→Jahve)을 위하여 칠십인 역(→Septua-
ginta)) 혹은 예수(막 1: 3; 11: 3; 롬 10: 9 등
그밖에)의 묘사와 칭호로서 주

L

Labadisten, 네덜란드의 도덕적인/준엄한 칼뱅의 설교자 라바디의 진 (Jean de Labadie, † 1674)의 추종자들, 그들은 그의 죽음 후에 재산의 공유 안에서 사는 하나의 참 신앙을 가진 이들의 공동체를 형성하였다

labarum(kelt. ?), 콘스탄티누스 황제에 의하여<312년에> 도입된 그리스도의 이름자를 조립하여 맞춘 글자(→XP)를 가진 군기/부대의 깃발

Labial' pfeifen *lat.*, (오르간의) 순관(脣管); 플루트 종류에 따른 오르간의 스톱[음전] 개폐 장치, 그 때에 음/음색이 문지름/마찰을 통하여 파이프의 아래쪽의 끝에 모서리/가장자리(입술들)에서 발생하다

≪Laborem exercens≫, 인간의 일에 대하여 1981년 9일 14일의<교황> 요하네스 파울 2세(Johannes Paul II.)의(사회-현실 문제에 대한) 로마 교황의 교서(→Enzyklika)<≪일 진행 시키는≫>

lacti' cinia *lat.*, 우유가 든 음식/우유로 만든 식품; 간접적으로 동물들로부터 유래한 요리/음식들

Lade<계약 궤>→Bundeslade

Lädierung *lat.*, 파손/손상/훼손/피해

Läßliche Sünde<용서할 만한 죄>→Sünde

Laestadianer, (설교가 라에스타디우스(L.

L. Laestadius, † 1861)에 따른) 핀란드 (Finnland)의 루터교회의 국교(國敎) 범위 내에서 급진적인 하나의 각성 운동/(18/19세기 개신교) 신앙 부흥 운동 (→Erweckungsbewegung)의 추종자/지지자들

Laetare *lat.*, 즐거워하라/기뻐하라!, 수난절/사순절(四旬節)(→Passionszeit)의 네 번째 일요일/주일(≪사순절의 가운데 날(**Mittfasten**)≫; 도입부/서곡(→Introitus) 사 66: 10)

Laie (v. *gr. laos*, 백성), 비 전문가/문외한, 성직에 임명되지 아니한 자/서품을 수여받지 아니한 자, 성직자가 아닌 자 <평신도>; **Laienapostolat,** 평신도들의 임무/사명 - 그리고 증언직, 성직자의 직을 위한 구별 안에서<평신도 사도직>; →Apostolat, →Katholische Aktion, →Priestertum aller Gläubigen; **Laeienbeichte,** MA: 온전한 고백[고해] 성사(→Bußsakrament)가 없이 평신도 앞에서 위급/급박함의 고해(告解)/참회/고백; **Laienkelch**→communio sub utraque; **Laientheologie,** 교회의 교직(→Lehramt)으로부터 독립되어 있는 평신도에 대한 그리고 (평신도를) 위한 학문적인 신학<평신도 신학>; **laikal,** 평신도 신분에 속한/평신도의; **Laisierung,** (징벌로서/벌로) 평신

도 신분으로 한 성직자의 되 돌려놓기<
성직자의 환속(還俗)>(목사 취임식/서
품식(→Ordination)의 실행/집행법의 거
부/철회, 그러나→character indelebilis);
Laizismus, 이 세상적이 아닌 권위들로
부터 자유를 위하여 진력/보증하는 의
견/견해<(국가와 교회의 분리를 주장하
는) 정교 분리주의>(교회와 국가로부터
분리/구별; →Antikleri-kalismus<반교회
주의/반교권주의>)

Lakune *lat.*, 공백/결함, 특별히 수서본/필
사본에서<(텍스트 중에) 탈락/결문(缺
文)/공백>

Lama *tibetisch*(티베트의), 승려원의 원장;
티베트의 불교의(→buddhistisch) 승려<
라마교의 승려[사제]>; **Lamaismus,** 두
사제의 우두머리(달라이 라마(Dalai
Lama)와 판트헨(Pan[t]chen-)[에르데니
(Erdeni-)] 라마) 아래서 티베트와 몽고에
서 불교(→Buddhismus)의 계급 조직
(→hierarchisch)의 형태<라마교>

Lambethartikel, 분명한/엄격한 예정론
(→Prädestinationslehre)을 위하여 1595년
런던의 램버스 궁에서 결정되어졌던
논문/(사전의) 표제어/항목; **L. konfe-
renzen,** (1871년 이래로) 런던의 램버스
궁에서 일반적인 영국 국교회의(→an-
glikanisch) 감독들의 회의들; **Lambeth -
Quadrilateral**(*lat.*: 서로 다른 *4* 종류의
/네 개의 서로 다른 것), 영국 국교회
에 따른 교회 일치(→ökumenisch)의 토
대/초석: 성서, 사도적(→apostolisch) 그
리고 니케아(→nizänisch)의 신앙고백, 세
례와 성만찬, 역사적 감독/주교직(사도

적인 계승/상속(→Sukzession))

Lamentabili→Syllabus

**Lamentationes, Klagelieder Jeremiae,
Threni**(Klgl, Thr), 부활절의 전주/성 주간
(→Karwoche)의 카톨릭 예배식에서<비
탄/한탄//(구약 성서의) 예레미야 애가
(哀歌)/카톨릭의 성지주일에 읽는 예레
미아서에 나오는 애가의 부분>

Lamisten, 교회의 박공/페디먼트(문간. 창
등 상부의 삼각형 장식)의 징표/기호로
서 양을 지닌 네덜란드의 온화한/온건
한 메노파의 교도들(기독교 재세례파
의 하나)(→Mennoniten); →Sonnisten

landesherrliches Kirchenregiment <군주의/
영주의 교회 지도(부)>→Summepisko-
pat, →cuius regio eius religio

Landeskirchentum, 개별/단독의 지역/영토
/영역에 국한된/제한된 교회(조직체),
그것은 이러한 지역/영토/영역의 모든
거주자들을 포함[포괄] 한다

Landnahme, *AT*: 기원전 1200년 경 여호수
아(Josua) 아래 이스라엘의 지파들을 통
하여 약속의 땅 가나안(→Kanaan)의 점
유/소유<영토 점령[획득]>

Laodizeerbrief, 진정한/참된 바울의 편지들
로 구성되어졌던 성서 외전의(→
apokryph) 공식 편지/서한(4세기)

lapsi *lat.*, 타락한 자들; 박해 중에 그들의
신앙을 부인/부정하였고 그리고 황제-
및 우상 제물을 가져왔던 그리스도인들
(**sacrificati**<제물을 드렸던 사들>; →li-
bellatici<거짓증서를 사들였던 자들>)(2/3
세기); **lapsus,** 인류의 타락/원죄; **lapsus
linguae** 혀의 타락; 실언(失言)/잘못 말함

Laren, *lat.*, 고대 로마의 집의 수호신; **lara-rium,** (성, 병원 등에 딸린) 부속 교회/예배당//전속 악단/궁정 악단

Lasterkataloge, 바울의 편지들에서 악습/범죄들에 대하여 열거하기, 마치 비교[대조]할 수 있는 덕(德)/미덕 처럼 헬레니즘의 유대교로부터 넘겨 받았다<범죄/죄악들의 목록/일람표>. 예: 롬 1: 29-31; 갈5: 19-21

late dicta *lat.*, 더 이상의/그외의 의미/의의로

latent *lat.*, 사람 눈에 안띄게/숨겨져 있는 혹은 활동적인/ 유력한<잠재하는/잠복성의>; **Latenz**<잠재[잠복]/잠재[잠복] 상태>

latera *mlt.*, 여러 평면 중의 한면/측/방면; 교회당의 측면의 골마루/측랑(側廊)

Lateran (라틴어의 성(姓) Lateranus 로부터), 로마의 교회와 함께 이전의 교황궁 <(현재 는 미술관)>; 1123, 1139, 1179, 1215, 1512-17 년 공회의의 장소(→**Kon-zilsstätte**); **Lateranverträge,** 교황청(당국)(→**Kurie**)과 이탈리아의 국가 사이의 협정/협약<라테란 협약/조약>

Latitudinarier *lat.*, 영국 국교회의(→an-glikanisch) 마음이 넓은 이들/아량이 있는 이들(17/18 세기)<자유 사상가/관용 주의자/(영국교회) 관용파 신도들

latreia (latria) *gr.*, 봉사; *kath.*: 홀로 하나님과 그리스도에게 마땅히 돌아가야 하는 존경/숭배<흠숭(흠모하여 숭배함)/경배>(→Dulie, →Hyperdulie); **latreutisch,** 제식의 봉사에 관계하는/해당하는

latrocinium Ephesinum *lat.*, 에베소의 도둑/강도/약탈 회의(**Räubersynode**)(449 년); **l. magnum,** 커다란 노상강도(의 행동), 1870 년 교회 국가/로마 교황청 (→**Kirchenstaat**)의(타 국토의) 병합/합병

Laubhüttenfest<(유대교의) 추수 감사절/장막[초막]절→Sukkot

lauda *ital.*, 찬미[찬송]가/송가, 대중들의 언어 안에서 서민[대중/통속]적인(그리고) 영적인 노래; →cantio; **Laudamus** *lat.*, 우리들은(당신을…) 찬양 합니다. 축제일의 예배식에서 대 영광송(→Gloria)의 계속/확장

laudabiliter se subjecit *lat.*, 그가 칭찬할 만하게 스스로 굴복[복종]하였다; *kath.*: 하나의 그릇된 교리의 철회/폐지와 함께 교회의 칭찬/인정

laudatio *lat.*, 찬사/찬양하는 연설; **l. fune-bris,** 장례식과 함께 찬사(röm); **laudes** *lat.*, 찬미가/송가/찬가들<(성무일과) 찬 과(讚課)>, 야 과 경(夜課經)(→Matutin), 찬양/찬미 시편들(**Laudate-Psalmen**)(148-150)이 이를 위하여 규정되어졌다; 스페인 예배식의 알렐루야(→Alleluja)

Lauretanische Litanei, 16세기로부터 유래한 로레토의<(신부와 신자들이 번갈아 올리는)> 연도(連禱)(→Litanei von Loreto)<(16세기에서 유래한) 마리아 찬미경>

lavabo *lat.*, 시편 26: 6 내가 씻을 것이다; 미사에서 사제의 수세(手洗)<세수식(洗手式)>; 그것에 덧붙여 니치/벽감(꽃병, 초상 등을 놓는 벽의 오목한 부분); 제의실(祭衣室)(→Sakristei)에서(벽에 부착된

세면기); **L. tüchlein**→abster- sorium

lavacrum *lat.*, 목욕, 세례

lax *lat.*, 넓은/풍성한/넉넉한, 느슨한/유연한; **Laxismus,** 도덕적인 요구들에 비하여 느슨함/방종함〈약한 개연성 만으로도 어떤 행위가 허용될 수 있다는 신학윤리〉; Ggs. →Rigorismus

Lazaristen, Vincentiner(CM[iss]), Congregatio Missionis(선교의 수도원회), 빈첸티우스(Vinzentius v. Paulus)에 의하여 1624년 설립된 수도회(→Kongregation)〈나사로회의 수사들/회원들〉; **Lazarus- orden,** 12세기 팔레스틴에서 창설되어졌고, 1154년 프랑스로 이식(移植)되어진 수도회

Lebenskundlicher Unterricht,(독일의) 연방군에서 군목에 대하여 행동/태도 안에서 주어졌던 윤리적-신앙적인 교수/수업을 위한 묘사; 주제의 그리고 내용의 형태/형식이 오직 군대 목회와 함께 놓여 있다〈생명학의 교수/수업〉

Lebensordnungen, *ev.*: 공동체의 생활과 그리스도인의(권리와 의무들)에 대한 규칙/규정〈생활질서〉, 특별히(세례, 혼례식 등의) 임시 직무

lectio→Lektion; **l. ardua** 혹은 **difficilior** *lat.*, 불확실한 본문과 함께(더욱) 어려운, 대부분 더욱 나은 수기원본(手記原本)이나 역사-비판적 판본(判本)에서 자구(字句)의 차이〈이본(異本)〉; **l. continua,** 날마다 혹은 일요일/주일로부터 일요일/주일까지 예배에서 온전한 성서의 책들의 끊이지 않는/간단 없는 낭독/봉독; **l. propria,** 교회 역년(曆年)(→

Kirchenjahr)(교회 역년 낭독)에 따른 성서의 봉독 순서/질서; **l. selecta,**(축제들에 맞추어진) 선택 봉독; **lectiuncula,** 성무일과(→Hora)에서 짤막한 낭독/봉독

Lectisternien→Theoxenien〈고대 로마와 그리스의 신들의 접대의 제식의 식사〉

lectorilium *lat.*, 독서용 책상/독서대

Legalismus *lat.*, 종교의 본질이 율법들과 규칙들 안에서 있다는 견해/관념〈철저한 준법〉

Legaltheorie,(국가와 로마 교황청 간의) 정치 및 종교에 관한 조약(→Konkordat)과 국교회(국가와 밀접한 관계에 있고 특권을 부여 받고 있는 교회)의 계약/협정들의 법률 성격에 대한 이론: 국가가 교회에 권리를 허가 한다; 그밖에 특권 이론(**Privilegientheorie**)(교회가 국가에 권리들을 승인[시인]한다)과(오늘날 대부분 대변되어지는) 계약 이론(**Vertragstheorie**)(두 독립되어 있는 계약 파트너/상대로서 국가와 교회)

legat(um) *lat.*, 유언/유증/사후의 영향

legat(us) *lat.*,(외교) 사절/(특명 전권) 공사/사자(使者); 교황의 지속적인 외교상의 대리인/대표자(→Nuntius), 추기경(→Kardinal)으로서 [교황의] 측면으로부터(외교) 사절(**legatus a latere**); **Kardinal'legat,** 몇몇 대 주교들의 명예 칭호(통치권이 있는 주교에게 교황이 수여하는 명예 칭호)(낮아진 혹은 지속적인 (외교) 사절(legatus **natus** 혹은 **perpetuus**)); **Legation,** 사절(대표) 단; 로마 교황령[현재는 바티칸 시국](→Kirchenstaat)의 관구/지방

legenda aurea *lat.* 황금의 성담(聖譚)/성인들에 대하여 이야기하기; 보라진의 야코부스(Jakobus de Voragine)(† 1298)의 성인 전설/성담(성스러운 이야기) 모음; **Legende** *lat.* , 낭독하는/읽는 것을 위하여; *kath.* : (성자들의 날들에 읽는 부분들을 위한 그들의) 전기(傳記); 외관상으로 역사적인 (rel.) 이야기 (그러나 →Mythos)<성담>; 주화 등에 각명(刻銘) 그리고(경화 등의 주위에) 각인된 글자; **legendär**, 역사적인 실재/진실이 없는<전설의/성담의>

legio fulminatrix (*lat.fulmen*, 번개/섬광), 그것의 그리스도교의 군인들은 기도를 통하여 악천후를 야기하였어야만 했던 열두 번째(XII.) 고대 로마의 군단(→Kohorte), 그 악천후는 목말라 죽음 앞에 있던 로마의 군단을 구하였다(174)

Legion→Kohorte

Legismus, 법률/율법 문자/서체의 과도하게 강조하기<율법을 고정되게/완고하게 고집/고수하기>; **Legisten**, *MA*: 볼로냐(Bologna)의 법(률)학 교수들, 그들은 카톨릭 교회법(→kanonische Recht)을 해석하였다; →Dekretisten

Lehen, 수여되어진(상속의/세습의) 하나의 사물 및 이것 자체의 이용권/용익권<(역사적) 봉토>: →beneficium, →feudum

Lehramt, *kath.* : 권위 있는/신뢰할 수 있는 교회의 교직(**kirchl. L. es**)의 보유자/소유자는 사도들(→Apostel)의 전체/사도단 그리고 그들의 계승자들로서(사도전승(使徒傳承)(→Sukzession)) 주교들/감독들(→Bischöfe)의 평의회<주교구 평의회

>, 그것이 절대적으로 구속력이 있는 가르침으로서 하나의 가르침을 알리는 한에서 그것은(교황과 함께) 오류가 없이 (→Infallibilität) 가르친다

Lehrbeanstandungsverfahren, Lehrzucht (verfahren), 거짓 가르침의 거부; ev. : 가르침의 이의(異義)/불복 그리고 필요한 경우에 목사들의 해직(解職), 그들의 공식적인 전도/설교는 더 이상 목사 취임식(→Ordination)에서 넘겨 받았던 그들의 성서와 신앙고백서들에 대한 의무/책임과 관련하여 적합하지 않다; 확정/확인 방식/행동에 하나의 가르침의 대화가 선행한다; 그러나→Kirchenzucht; 역시 직무 불이행과 함께 징계 절차들이 가르침의 거부로부터 구별할 수 있다

Leibrock→Ephod

Leis(e)→eleison; 큐리에 엘레이손(→Kyrie eleison)과 함께 독일의 중세 교회 성가/찬송가들<중세의 종교적인 노래, "주여 불쌍히 여기소서!" 라는 후렴으로 끝나는 기도의 노래>

leiturgia→Liturgie

Lekanomantie *gr.* , 주발/사발로부터 점을 침/예언함

Lektion (→lectio) *lat.* , (강의, 가르침) 독서의 장/절<교과서의 과(課)/수업/강의 시간>; **Lektionar**, 성경구절 모음집 (→Perikopenbuch); 독서용 책상/독서대; **Lektions'ton**→Rezitationston; **Lektor**, 예배에서 거룩한 글의 낭독자의 고대교회 직책/직분; kath. : 낮은 서품(→Weihe)의 두 번째 단계<옛 카톨릭 교회의 낮은 서

품(의 제2등급)을 소지한 사람>; ev. : 낭독 예배 및 성경구절 모음집(→Perikope) 읽기의 거행/집행과 함께 위임된 평신도(→Laie); **Lektorat,** 독서-(가르침-) 위탁/의무-(직)<강사의 직/(출판사의) 편집부>; **Lektorium, Lettner,** 교회에서 성가대와 중랑(中廊)/본당(本堂) 및 그 앞에 놓여 있는, 자주 절반의 중랑 높이까지 이르는 칸막이 벽 사이의 노래하는 자들과 낭독자를 위하여 높이어진 장소

Lemuren, *röm.* : 죽은이의 영혼들, 이들은 (유령으로서) 여기저기 돌아 다니고 그리고 그들을 사람들은 집들로부터 내쫓으려고 노력한다(유령 축제)<죽은 사람의 넋/유혼/유령>

Lentulusbrief, 빌라도 (Pilatus)의 전설의 (→legendär) 전임자의 경외경 (→apokryph), 그 편지는 예수의 외관/외모와 행동/풍채를 묘사하였다

Lepra *gr.* , 문둥병/나병; **Leprosenhäuser,** 문둥병자/나환자의 보호를 위한 중세의 집들

Lesegang→collatio libera

Leseton, 예배의 성경봉독의 서창(敍唱)조로 낭독하는 연주방법/강의하는 투; →kantillieren; →Rezitationston

Lettner→Lektorium

letzte Dinge→Eschatologie

Letzte Ölung→unctio extrema

Leuenburger Konkordie→Konkordie

Leutpriester<교구 소속[평신도] 신부 [사제]>→Weltgeistlicher

Leviathan *hbr.* , 신화적인(→mythologisch)용(악어로서 욥 41: 1-)

Leviratsehe *lat.* , 의무에 따른/충실한 남편의 형제와의 결혼생활(신 25: 5-10)<과부와 그 시(媤) 형제와의 결혼(유태의 관습)>

Levit, *AT*: 제사장의 권리를 가진 레위 지파의 구성원, 후에 단지 성전 관리인<레위의 자손/지파//사제); *kath.* : 사제의 조력자로서 집사(→Diakon)들; **Levitenamt,** 축제적인 미사, 그와함께 부제(副祭)들(**L. en**)은 사제에게 봉사한다; **Levitengewand**→Dalmatik; **Levitenstuhl,** 사제와 부제를 위하여 앉는 장소; **Levitikus** (Lev.), (구약성서 모세 제 3서의 라틴어 명칭) 레위기; **levitisch,** 구약성서의 의미에서 사제의 <레위족의/레위기의>; →kultisch

Levitation *lat.* , 가볍게 됨; (성인들과(이슬람교의) 탁발승들의) 무중력의 떠다니기<(심령술 등으로) 공중에 떠오르기 [떠오르게 하기]

lex *lat.* , 율법/법률; →usus legis; **L. Ecclesiae Fundamentalis**(LEF), 교회의 근본 법칙/기본법, *kath.* : (아직 공포/발령하는 일로) 전체 교회의 근본 원리 그리고 규범/표준의 통합/요약하기(헌법); 개혁 의도[계획]/개혁안의 부분, 그것을 교황 요한 23 세가 1959 년에 하나의(→)≪aggiornamento del Codice di Diritto Canonico(=교회법의 법전에 대한 개정)≫의 통고/고지를 통하여 진행 시켰고 그리고 그것은 제2 바티칸 공의회(→Vatikanum II)의 신학 의-목회의(→pastoral) 관심사/갈망늘을 역시 교회법 안에서 두드러지게/효과적으로 해야만 한다; →Codex Iuris Canonici; **l. mortifera,** 치명적인 법률; **l.**

mortua, 죽은/생명이 없는 법; **l. naturalis (=naturae),** 자연의 법; **l. revelata,** 계시되어진 법; **l. ceremonialis,** 예배에 관계하는 법; **lex orandi - lex credendi**<기도하는 법 - 신앙하는 법>, ≪legem credendi lex statuat supplicandi≫(기원/탄원의 필요성이 믿음의 하나의 필요성을 정한다)의 단축형, 카톨릭 교회의 성서와 전통의 증거들과 함께 예배식의 규범적인 (→normativ) 의미를 위한 단축형(신학적인 인식론)

Libation *lat.*, 음료[술]을 신에게 올리는 일/헌주(獻酒)/신에게 바치는 음료

libellatici(*lat.*, *libellus,* 증명서), 박해시에(명목상의/표면상의) 실행된 희생/제물 (≪sacrificati≫, →lapsi) 에 대하여 관청/당국의 하나의 증명서를 주도록 허용하였던 그리스도인들(3세기)

libelli pacis→litterae pacis

liber *lat.*, 자유의/자유로운(어간(語幹) *liber-*); **Liberale Theologie,** 19세기부터 20세기 초까지의 신학의 경향/유파<자유주의 신학>, 그것은 엄격한 교리적 (→dogmatisch)인 신학의 고착에 대항하여 싸웠고 그리고 예수가 그것을 전형/원형의 성취/완성 안에서 실현하였던 단독적인 것의 종교적-도덕적인 의식을 강조하였다(특히 리츨(A. Ritschl, † 1889) 그리고 하르낙(A. v. Harnack, † 1930); →Kulturprotestantismus); **libera me,** 나를 자유롭게/구출 하소서(주여), 고인에게 마지막 축복을 빌기와 함께 기도

liber (*Plr.* **libri**) *lat.*, 책; **l. comicus**<희극 책/

집>→comes<?>; **L. diurnus Romanorum pontificum** *lat.*, 로마 카톨릭 교회 사제의 일기[일지]; 교회의 행위/행동들을 위한 교황의 사무국/관청의 서식집-모음; **L. figurarum**→Concordantia caritatis; **L. pontificalis,** 교황들의 책, 교황들의 전기(傳記)들; **L. sextus,** 중세 이후 카톨릭 교회법과 동일한 것(→Corpus Juris Canonici)의 여섯 번째 책, 교황의 교령들 (→Dekretalen)의 다섯 번째 책을 위한 부록, 교황 보니파쯔 8세(Bonifaz VIII.)의 교령들을 포함한다; **L. septimus,** 일곱 번째 책, 1950년 직전의 것에 덧붙여진 교황의 교령들 모음; **L. usualis,** 예배식 (→Liturgie)의 활용/사용 안에서 존재하는 그레고리우스(→gregorianisch) 성가들의 공식적인 모음; **Libri Carolini,** 우상숭배 (→Ikonolatrie)와 우상파괴 (→Ikonoklasmus)에 대항한 칼 대제(Karl der Große)(† 814)의 보고서/답신서, 니케아 회의(→Konzil von Nicäa)(787년)를 통하여 우상숭배의 승인/인가에 항의/항변; **libri poenitentiales,** 범죄 행위를 위한 형량과 함께 중세의 참회서/참회 규정서들

libertas ecclesiae *lat.*, 국가에 대한 교회의 자유, 중세에 잠재하는 혹은 공공연하게/노골적으로 선언되어진 국가에 대한 지배권/통치권을 요구; →Investiturstreit, →Zwei-Schwerter-Theorie; **l. evangelica**(혹은 **christiana**), 하나님의 의지/뜻 (tertius→usus legis)에 따른 삶을 위하여 그리스도(→Christus)를 믿음(→Glauben)을 통하여 양심(→Gewissen)(율법과 복음

(→Gesetz u. Evangelium))의 고발로부터 복음교회(혹은 그리스도교)의 자유; **Libertinismus,** (그리스도교의) 자유의 실현으로서 자제력을 잃은 태도 <방탕한 처신/방탕한 생활 태도/방탕> (Ggs. →Asketismus); **libert(in)us,** 해방/석방된 종 (행 6: 9); **Libertiner,** 자유로운 도덕이나 혹은 교회의 가르침의 대리인/대표자 <(종교개혁 시대의) 자유파의 사람들/자유 사상가/무신론자>; **liberum→arbitrium,** 자유의지/선택의 자유, 하나님과의 관계에서 결정의 자유(Ggs. → servum arbitrium)

licentia (=→venia) concionandi *lat.*, 첫 번째 신학의 시험(→Examen)(→Tentamen)을 통하여(성찬을 베풀기(→Sakramentsspendung) 외에) 획득된 영적인 행위/행실들의 권리; **licite,** 허락된 방법으로; **religio licita,** 로마 제국에서 허용되었던 종교(Ggs. rel. illicita); →Lizentiat

Lichtfunken→Gnosis

Lichtmeß→Candelaria

Lichtreich→Gnosis

Liebeskommunismus→Gütergemeinschaft, 원시 교회의(재산 공유)

Liebesmahl→Agape

Life and Work *engl.*, 삶과 일; 실제적인 그리스도교를 위한 운동, 1919 년 죄더브롬(N. Söderblom, 스웨덴의 대주교, † 1931)을 통하여 자극되었고, 교회 일치 운동(→Ökumen. Bewegung)의 일치를 위하여 신앙과 직제(→Faith and Order)와 함께 운영하였다

Liguorianer→Redemptoristen

Lima-Erklärung (Lima-Text[e]), 1982 년 리마에서 세계교회 협의회의 국제회의에서 세례, 성찬(식) 그리고 직제에 대하여 세계교회 협의회의(→Ökumen. Rat der Kirchen)의 믿음과 교회의 규약을 위한 위원회의(의견등의) 일치 선언<리마 선언>; **Lima-Liturgie,** 교회 일치의 예배 순서, 리마에서 국제회의의 종결을 위하여 거행하였다

limbus *lat.*, 가장자리/테두리; *kath.*: 개인적인 과오/범죄가 없이 하늘로부터 제외된 이들을 위한 지옥의 대기실<림보(그리스도 탄생 전의 사람이나 세례 받지 않은 어린아이가 죽어서 가는 곳)>; **l. infantium,** 세례받지 않고 어린아이들을 위한 림보/연옥; **l. patrum,** 구약성서의 믿음이 깊은 이들/경건한 이들을 위한 림보/연옥(≪조상/선조들≫, 그리스도의 부활 이래로 비었다)

limina apostolorum *lat.*, 로마에서 사도 베드로와 바울의(무덤 교회의) 문지방; →visitatio

Linga *ind.*, <힌두교의> 시바신(→Schiva)의 상징으로서(생식력의 상징으로서 발기한) 남근(→Phallos)

lingua vulgaris 혹은 **vernacula** *lat.*, 민중어/대중들의 언어/통용어

Linguistik, 언어 연구/언어학/어학; 특별히 문학/학술의 문서들의 구조분석[해석]과 언어의 분야 [영역] 분석과 함께 새로운 언이힉, 그로부터 이미 문헌/문예학의 부분 영역 및 방법, 신학에서: 해석학(→Exegese)의(부분 영역 및 방법)

lipsanum→Reliquie; **Lipsanothek→**Reliquiar

Lischkat haggasit *hbr.* , 네모진 공회당/홀; 고대 유대의: 산헤드린/(고대 예루살렘의) 유대인 최고 협의체 /70인 의회 (→Synedrium)의 회의장/법정

Litanei *gr.* , 대창(對唱)에서 기원/탄원 기도와 환자[죄인]을 위하여 하는 기도/(타인을 위한) 소청<(신부와 신자들이 서로 번갈아 올리는) 연도(連禱)>; →Lauretanische L. ; →Synapte; **litania major,** *kath.*: 축제의 행렬/행진(→Prozession)과 함께 마르쿠스날(4월 25)에 커다란 연도, **l. ae minores,** 승천(일)전 세 기원일에 행진

litera, 역시 **littera** *lat.* , 문자/글자, *Plr.* **literae,** 쓰기/서신, 편지, 문서/증서, 학문; **literae apostolicae,** 사도의 편지들, 단순한 형태 안에서 교황의 칙서 ; **l. canonicae(=formatae),** 위조/모조(模造)에 대항하여 보안/보증을 위한 비밀부호/암호를 지닌 교황의 추천장/소개장; **literae pacis,** 평화의 서신/편지들, 그것들은 배교자들(→lapsi)과 표면상으로 증서를 받은 자들(→libellatici)에게 용서를 인정했고 그리고 공동체들에게 재수용/재영입하는 것을 권하였다; **Literalsinn**<텍스트의 글자 그대로의 의미 [뜻]>→Hermeneutik; **Literarkritik,** 일치, 원형, 원전에 따른 본문에 대한 학문적인 연구((→Quellenscheidung) 그와 비슷하게(→Bibelkritik)); **literarische Gattungen**<문학적인/학술적인 장르/종류>를 형식/양식사적 방법(→Formges- chichtl. Methode)이 탐구/연구하다

Liturgie *gr.* **Leiturgia,** 공적인/공무상의 기능/직책 안에서 직무/봉사(국가 혹은 예배/제식(→Kult); 예배식/제식(祭式)/미사 성제(聖祭)(에서 만들어진/형성된 부분들); *kath.*: 교회를 통하여 그리스도의 속죄의 제식의 생생하게 그려내기, 특별히 성체/성만찬의(→eucharist.) 제물/희생(→Opfer)에서 그리고 합창 기도(→Chorgebet); **Liturg,** 예배의 확정되어진(예배식의) 부분들 안에서 직책을 가지고 있는 성직자<사제/예배 집전 성직자>; **Liturgie-Konstitution**→Konstitution; **Liturgik,** 예배 형식에 대한 학문<전례학(典禮學)>; **liturgische Bewegung,** *ev.*: <예배식의(사회적인) 운동은> 예배식의 강력한 강조/역설을 끝까지 주장한다 (20세기: →hochkirchlich); **liturgische Farben,** 교회 역년(→Kirchenjahr)의 경과/진행에서 교환하는 예배용 장식품들 (→Paramente)의 네가지 색깔들, 특히 그리스의 축제와 축제의 기간[계절]들을 위하여: 흰색의: 성탄절, 부활절; 붉은색의: 오순절; 보라색/자색의: 강림절(크리스마스 전의 4주간), 수난/고난; 녹색의: 축제가 없는 계절들(검은색은 예배식의 색깔이 아니다)

Lizentiat (Lic.) *lat.* , 본래적으로 학위를 취득하기(→promovieren) 위하여 승인을 얻고 있는 자<(중세의) 석사 학위>; 17세기부터 1944년까지 학문적으로 획득된 신학 학위, 그 이래로 신학박사(Dr. theol.)

loculi *lat.* , 관(棺); 카타콤베(→Katakombe)에서 벽돌 판을 가지고 폐쇄되어진 벽감(壁龕/벽의 오목한 부분) 무덤들

locus *lat.*, 처소/장소/자리, 문장/명제/정리; 주제/테마(→topos); **loci communes,** 일반적인 테마/주제들, 근본 진리들 (Ggs. **l. proprii** 개별 진리들); **loci theologici,** 신학의 주요 개념/근본 개념 및 증거 원천들; 멜란히톤(Melanchton)의 첫 번째 교의론/교리(1521년)

Lösegewalt→potestas clavium

Loge→Freimaurerei

Logik *gr.*, (올바른/적절한) 사고/사상/생각에 대한 가르침<논리학/논리>; **logisch,** 이성적인/이치에 맞는, 올바른 추론에 입각한<논리학상의/논리학적인/논리적인>; **Logion,** *Plr.* **Logia** *gr.*, (예수의) 말/명언들; **Logienquelle**(Q), 이야기/발언의 원천, 예수의 말씀으로 구성되어 있는 하나의 원전의 문학 비평의(→literarkritisch) 가설/가정(→Hypothese), 그 원전은 마가 복음을 위하여 추가적으로 마태와 누가 복음의 기초를 이룬다; **Logo'logie,** 논리학/논리(→Logik)의 규범/표준의 교훈/교리

Logos, *Plr.* **logoi,** 말씀/낱말, 생각/사상, 이성(적 동기)/도리, 감각/의의; →Stoa: 이성; Philo(필로, 유대-헬라 철학, † 45년경): 그는 원형/전형(典型) 안에 세상을 포함하는 창조자 하나님의 생각/의도/계획들 그리고 그의 창조자의 권능들을 로고스라고 말한다; 요한복음 1장: 악한 천지만물(→Kosmos)의 구원/구출을 위한 히니님의(천지창조의) 말씀(비교, 창세기 1:1)의 성육신(→Inkarnation)으로서 그리스도; **l. a'sarkos,** 인간이 되심/그리스도의 강생(降生) 전에 육체가 없는 신의 로고스/말씀(선재하는 그리스도 (→präexistenter Christus)); **l. en'sarkos,** 육신이 되신 로고스/말씀; **l. endiathetos,** 하나님의 내면적인/내부의 생각으로서 로고스/말씀; **l. prophorikos,** 로고스는 말씀 안에서 나타나진 하나님의 생각이다; **l. spermatikos,** 씨앗류로/생산적으로 이미 이교도 안에서 효과적인/일[활동]하고 있는 신적인 계시; **Logos'christologie,** 하나님의 그리스도로서 그리스도에 대한 가르침/교훈; **Logos'mystik,** 알렉산드리아의(→alexandrin.) 가르침, 그 가르침 안에서 세례는 그리스도와 함께 하나의 신비스러운(→mystisch)-실재하는 교제가 생긴다/일어난다

Logotherapie *gr.*, ≪의미 치료≫, 정신/신비 요법(→Psychotherapie)의 경향, 빅토르 이 프랭클(Viktor E. Frankl)(*1905)에 의하여 세워졌고, 그 요법과 함께 실존의(→existentiell) 과오/죄/책임과 질병의 결부시키기가 하나의 개인적인 의미 실현을 통하여 극복되어진다<의미 치료(실존 철학에 근거해서 신경성 환자를 치료하는 방법)>

Loisten, 네덜란드 사람 로이(E. Loy)의 범신론적인(→pantheist.) 이단, 16세기

Lokalmethode, 주요개념(→loci)에서 믿음의 교리의 서술/진술<국부적/지엽적 방법>

Lollarden 저지 독일어의 임식 가수(Leisinger), 14세기에 간병/간호와 장례식을 위한 종교적인 공동체; 영국에서 위클리프파의 교도들(→Wyclifiten)

Loretohäuser, 명목상으로 천사들에 의하여 로레토(Loreto)로 옮겨졌던 마리아의 집(→casa santa)의 모조품들<로레토 집들>

loria, 감독/주교의 로마카톨릭 교회의 투니카에 상응하는 예배식의 복장(→sticharion)의 레이스 [가장자리 등]의 옷장식

Lossprechung<면제/해제/사면(赦免)>→ Absolution, →potestas clavium

Losungen, 헤른후트(Herrnhut)의(경건파의) 기도문구(슬로건/모토의 의미 안에서 기도문구), 형제단(→Brüdergemeine)에 의하여 1731년 이래로 날마다를 위하여 해마다 새롭게 선택되어진 성서 말씀들

Lotio manuum *lat.*, 사제의 손씻기/세수

Lotus-Sekten, 일본에서 현대 불교의 (→buddhist.) 집단

Low Church Party *engl.*, 영국 국교회(→anglik. Kirche)의 저(低) 교회파<(의식을 비교적 경시하고 복음을 강조함), 감리교(→Methodismus)의 신앙부흥 운동(→Erweckungsbewegung) 으로부터 유래한다

lucerna *lat.*, *kath.*: 세상의 빛으로서 그리스도의 현존의 표/징표를 위한 영원한 전등/램프(빛)(요 8: 12); **Lucernar** *lat.*, 저녁에 축제적으로 빛의 점화하기, 온전한 성무일과의 만과(晩課)(→Vesper)를 위하여 환유(換喩)적으로

Lukanisches Geschichtswerk, 누가의 누가복음과 사도행전<누가의 역사서>

Lukianisten, Syllukianisten, 안디옥의 루키아노스(Lukian v. Antiochia)(† 312)의 추종자들, 그는 하나님 아래 그리스도가 하위에 놓임을 가르쳤다: →Subordinatianer

lumen gloriae *lat.*, 영광의 빛, *kath.*: 삼위(일체)의 견해/관찰을 위하여 복된 이들에게 선사되어진 능력/자산; **l. internum,** 내면의/내재적인 빛; 성령에 의하여 성취된 직접의 신의 존재와 본질에 대한 인식 능력; **l. naturae naturale,** 신의 존재와 본질에 대한 인식 능력을 위한 능력으로서 이성의 빛(→natürl. Theologie); **luminaria,** 카타콤베(→Katakombe)들 안에서 빛과 공기-수직 통로들; →Candelaria

lunula *lat.*, 성체현시대(聖體顯示臺)(→Monstranz) 안에서 성체(→Hostie)의 보존/유지하기위한 달 모양의 죔쇠/쇠테

Lun yü *chin.*, 의논/상담/담화들; 공자(→Konfuzius)의 말씀들의 모음, 그의 가르침의 주요 원전<논어(論語)>

Lustration *lat.*, 하나의 속죄의 제물(→Sühneopfer)을 바치기, 제식(祭式)에 의거한(→rituell) 정화(淨化)<속제양을 통하여 정결케 하는 제식/정화>; **lustrum,** *röm*: 매 5년 마다 개최되는 청결 제물<5년 마다 거행되는 정결 제식에 사용되는 고대 로마의 속죄 양>; (고대 로마의) 5년의 기간

Luhteraner, 루터교회의 그리스도인들을 위한 묘사(무엇보다도 신학자들)<루터교도>; theol.: 마치 두 왕국설을 강조하는 것(→Ordnungstheologen)과 마찬가지로 루터교회의 신앙고백서들(→Bekenntnisschriften)(→Konkordienbuch)의 구속

력 ; **Lutheran World Federation** (LWF) *engl*. , **Luth. Weltbund**(LWB), 그들이 신 앙(→Glauben) 과 고백하기로 일치를 위한 목적을 가지고 1947 년 이래로 60 이 넘는 루터 교회들로 구성되어 있다<국제 루터교 연맹>; **Lutherrat,** 1936 년 교회 논쟁(→Kirchenkampf)에서 고백 교회 (→Bekennende Kirche)의 분열에 따라 ≪형제 위원회(→bruderräte)의≫부분 옆에 고백 교회의 ≪주교 /감독<위원회>의≫(더욱 합의[절충]할 용의가 있는, 루터교-종파적인) 부분; **Lutherrenaissance,** 1917 년(루터 기년 축제)에 시작한 루터와 종교 개혁신학의 재발견(홀(Holl)과 그의 제자들; 엘에르트(Elert), 알트하우스(Althaus) 등등); 그러나→Neuluthertum; **Luthertum,** 루터의 종교개혁을 통하여 각인된/특징지어진 교회들의 총체<루터교/루터주의/루터복음>

Luzifer *lat*. , 빛의 운반자, 샛별/금성(金星)(Venus/비너스); christl. : 타락한 최상의 빛의 천사(사 14: 12; 눅 10: 18) =악마/사탄(**Teufel**); **Luziferianer,** 중세의 악마 숭배자, 왜냐하면 루시퍼가 창조자이고 땅/세상의 주 이기 때문이다(→Libertinisten)

LXX→Septuaginta

lydisch, <리디아의> 다섯 번째 교회 음계 (→Kirchentonart)(F-c-f)

M

Macedonianer→Pneumatomachen

Machsor *hbr.*, 순환; 축제일들을 위한 유대교의 기도서

madida eucharistia *lat.*, 성만찬 포도주로 담그어진 축축한 성만찬 빵/성체(→Hostie)

Madonna *ital.*, 나의 여주인; 마리아(Maria)<성모 마리아/(보통 아기 예수를 안은) 성모 마리아 상>

Madrigal *ital.*, 목가(?), 시/시가(詩歌), 합창곡

Märtyrer *gr.*, (피의) 증인/순교자, 그는 그의 믿음 때문에 죽음을 당하였다(그러나→confessor); **M. akten**, 고대 로마의 그리스도인들의 박해 소송/과정의 재판 관계 서류[기록], 누차/다양하게 문학/저작상으로 발전시키고 또한 꾸며 내었다; **M. grab**→Reliquiengrab; **Martyrium**, 하나의 확신/신념을 위하여 죄[책임]가 없는 고난/수난<순교/수난>; 성유물(→Reliquiengrab) 을 지닌 교회<순교자(의 무덤에 딸린) 교회>; **Martyrius**, 한 순교/수난에 대한 비호/보호를 지닌 성직자(→Kleriker); **Martyrologien**, 순교자-기념일들의 달력상의 편성하기, 부분적으로 적합한 순교자 재판관계 서류들(→Märtyrerakten)과 함께<(순교자 명부나 성인 축일표가 있는) 미사책>

Magie *pers.-gr.*, 마법/마술/마력; 제식에 의거한(→rituell) 행위, 형태 그리고 상징(→Symbole) 들을 도구로하여/에 의하여 보이지 아니하는 힘들의 지배/통치; **schwarze M.**, 대단한/기분이 나쁜, 생존[생명]에 불리한 권능/힘들을 이용한다<악령을 불러내는 마술>; **weiße M.**, 공동체의 행복을 위하여 생명을 수여하고 보존하는 신의 지배/통치<선신(善神)을 불러내는 마술/마술사의 묘기>; **Magier**, 본래적으로 메디아 사람의 사제, 그리고는 파르시교(인도의 조로아스터교)(→Parsismus)의 승려/사제의 일원/성원; 헬라(→hellenist.) 시대 이래로 마술(→Magie)에 강력한 사람들을 위한 묘사<마술사/마법사>

Magister *lat.*, 선생/스승; **M. artium liberalium (M. A.), Lehrer der**→*artes liberales*; 대학의 학위(본래적으로 철학적인 박사학위를 위한 묘사)<석사학위>; **M. ceremoniarum**, 의식/예식/전례의 질서를 위한 교황의 관리; **M. disciplinae**, 수도원에 정해진/규정된 아이들의 선생; **M. historiarum**, 페트루스 코메스토르(Petrus Comestor)(† 1179 혹은 1198), 하나의 라틴어 이야기 성서(→Historienbibel)의 집필자; **M. novitiorum**, 예수회(→Jesuitenorden)에서 시험/조사/증거의 집(Probationshaus)에 대한 수도원장(→Superior); **M. sacri Palatii,** 거룩한 궁전의 선생; 궁중 설교가 그리고 교황의 신학의 조언자

Magna Mater *lat.* , 할머니, 프리지아의 풍요로운 결실/다산을 가져오는 여신 퀴벨레(→Kybele)의 고대 로마의 묘사

Magnificat *lat.* , 그녀가 찬양한다. 존경/숭배하다; 마리아의 찬미/찬양(눅 1: 46-55)

Mahabharata, 두 친척/동족의 혈통/가계의 대적/경합에 대한 고대 인도의 영웅의 서사시, 기원전 4 세기와 기원후 4 세기 사이에 현저하게 확장되었다(→Bhagavadgita)

Mahabodhi, 불교(→Buddhismus)의 부흥/재흥을 위한 단체/협회, 1906 년 이래로 역시 독일에서

Mahayana *ind.* , 커다란 탈 것, ≪평신도 불교≫; 불교(→Buddhismus)의 최근의 형태, 그 안에서 각각 깨달음을 위하여 그리고 해탈을 위하여 전진할 수 있다(→Bodhisattva)<마하연/대승(大乘) 불교>; 그러나→Hinayana,→Vadschrayana

Mahdi *arab.* , *islam.* : (마지막) 예언자/선지자, 그는 세상을 하나의 공정한 세상으로(완전히) 변하게 할 것이다

Mahomet, 모하메드(Mohammed)를 위한 옛 프랑스어 형태;→Islam

Majoristen *lat.* , 카톨릭 교회의 성직자 계급에서 더욱 높은 서품(敍品)(→Weihe)의 소유자<상급 성품[차부제(次副祭)이상]>

Majoristischer Streit (1552-58) 선한 이들의 필요성에 대하여(그렇게 마이오르(G. Major)가 암스도르프(Amsdorf)와 프라키우스(Flacius)에 대항하여)

Maitri *ind.* , 호의/선의/친절, 소승불교(→Hinayana)에서 비-혐오/증오(Nicht-Hassen)의 기본 요구/명령, 그것이 대승(→Mahayana)에서 제한되지 않는 이웃사랑이 되었다

Majuskeln *lat.* , 얼마간 더욱 큰; 언설자체(고대 그리스, 로마의 동그스름한 필사 서체(筆寫書體))(→Unzialschrift)로부터 나왔던 커다란(시작의-) 문자/서체들<대문자(라틴어 문자에서)/머리글자>(Ggs. →Minuskeln)

Makarismus *gr.* , 영광/행복 찬양<고대 그리스어와 성경의 찬미 양식>

Makkabäer *hbr.* , 망치/쇠망치; 유대의 자유[독립]을 위한 투쟁자 유다(Judas)(첫 번째 마카베오서 2: 4)와 그의 형제들 그리고 그의 추종자들의 별명(기원전 2 세기)<마카베오파의 사람>

Makrokosmos *gr.* , 대우주; Ggs. →Mikrokosmos

Malabarische Liturgie 도마교회 그리스도인 들 (→Thomaschristen)의 예배식 (→Liturgie)

malankarische Liturgie, 서 시리아의, 대부분 인도의 남부의 말라이아람(Malayalam) 언어에서 예배식

malakh Jahve *hbr.* , 야훼(→*Jahve*)의 천사(사자)

maledictio *lat.* , 비방/중상

Malefikantenkelch *lat.* , 장녀/매준부 그리고 범죄자/범인을 위한 중세의 장식이 없는/소박한 주석 성배/성찬배(聖餐杯)

Malle'us maleficarum *lat.* , 마녀의 망치, 두

도미니쿠스(수도회)(→Dominikaner)의 종교 재판관(→inquisitor)에 의하여 작성된 마녀 재판의 규범집(→Codex)

Malteser, 요한 기사 수도회(→Ritterorden) 수도사<몰타 기사단의 기사>

Mameluke *arab.* , 대가를 치르고 얻은 노예들, 대부분 전쟁 포로가 된 코카서스인들(Kaukasier)과 터키인들, 그들은 페르시아의 그리고 특별히 이집트의 지배자/주권자의 근위대로서 커다란 영향/감화를 얻었다<이집트의 터키 노예/이슬람 군주의 용병>

Mammon *aram.* , 재산/소유물, 돈, 재보/재산<부(富)의 신/재신(財神)/부/재물/재보>

Mana<마나(일종의 초자연적, 초인격적인 힘)>→Orenda

Mandäer *aram.* , 신 인식자(=Sabier, 세례주는 사람/수세자(授洗者)), 성례(→Sakrament)로서 세례(→Taufe)와(빛의 세계로 죽은 사람의) ≪오르기/상승(Aufstieg)≫ 지닌 시리아-, 바빌론의 영지주의 분파/이단<고대 영지주의적 세례자 이단>

Mandala *sanskr.* , 원 혹은 사각형의 도표/도해/단면도, 아시아의 종교들에서 명상/묵상 도움/수단(특별히→Lamaismus, →Tantrismus, →Zen-Buddhismus) 그리고 칼 융(C. G. Jung)의 분석[해석]적인 심리학에서 분석/분해의 도움/수단<만다라(인도 종교에서 명상의 보조 수단으로 사용되는 추상적이거나 상징적인 그림으로서 대개 원형이나 사각형/몽상 또는 환자가 자아 발견의 상징으로 그려 놓은 그림>

mandatum *lat.* , 위탁/위임, 명령; *kath.* : 성목요일(→Gründonnerstag/부활제 전의 목요일, 그리스도가 최후의 만찬에서 제자들의 발을 씻어준 것을 기념하는 날) 예배식(→Liturgie)에서 세족식(洗足式); **m. divinum** 혹은 **Dei,** 하나님의 계율/법률/명령(Bonhoeffer: 일, 결혼, 국가, 교회; →Schöpfungsordnung); **Mandatar,** 위임된 자<수임자/수탁자/대리인>

Mandorla *ital.* , 온전한 형태/모습/인물을 에워싸고 있는(성상 주위에 그려진) 후광/윤광(輪光)<(그리스도 및 성모 마리아 그림에서) 전신상을 둘러싸고 있는 타원형 후광[광륜]>; →Aureole, →Nimbus

Mandrit *gr. mandra,* (양들을 운반하고/보호하기 위하여 엮어 짠) 우리, 울타리 친 곳, 수도원, 수도사<그리스 정교회의 수사/은둔자>; →Archimandrit

manducatio oralis (physica) *lat.* , 입과 함께 일어나는 (성만찬에서 그리스도의 몸의) 씹기/먹기; **m. o. hyperphysica,** 성만찬에서 그리스도의 초자연적인 향유하기/즐기기/먹기; **m. spiritualis,** 영적인 향유하기/즐기기/먹기; **m. indignorum** (**=impiorum**) 합당치 않은 자를(불경스러운 자를) 통하여 그리스도의 몸과 피의 향유하기/즐기기/먹기(재판/심판을 위하여; 고전 11: 27)

Mandyas, 동방 정교회의(→orth.) 감독들의 예배식의(→liturg.) 코트/외투

Manen *lat.* , 로마 사람들과 함께 죽은 이들의 영혼, 그들에게 사람들은 그들을 호의적으로 조화하기 위하여 특별한 존경

/숭배를 하였다

Manichäer, 페르시아인 마니(Mani)(✝ 277)의 종교 및 가르침의 추종자들, 그것은 그리스도교의 동기의 수용 아래서 하나의 극단적인 이원론의(→dualist.) 영지(→Gnosis)를 포함한다<마니교도>; **Manichäismus**<마니교(마니가 주창한 종교이며 선악의 대립을 내세우는 2원교(二元教))>

Manifestation *lat.* , 분명하게 됨/명백하게 됨; 외적인 사건들 안에서 하나님의 자기 증언/확인<표명/공표/고시>; 그러나 →Inspiration

Manipel (*alt.* , *manus*, 손), 이전에/옛적에 사제의 가운에 속했던 것, 본래적으로 손에 지녔던 손수건, 후에 왼쪽 아래 팔에 수를 놓아 만들었던 직물의 좁고 길다란 부분<수대(手帶)(1969년까지 미사를 올릴 때 사제가 왼팔에 걸쳤던 장식띠)>

Manismus, 사자(死者) 예배/조상 숭배

Manitu<(인디언 종교에서) 모든 것에 내재하는 초 자연적 존재[신]>→Orenda

Manna, 광야에서 하늘의 즉, 하늘로부터 떨어진 이스라엘 민족의 음식(출 16: 31)<만나>

mansionarius (*lat.* , *mansio*, 주거/집/주택), (교회의) 심부름꾼/성물 간수인, 교회 관리인/성당지기, 성물 보관인, 성당의 고용인; →ostiarius

Mantelletta *ital.* , (옷의) 소매가 없는 무릎까지의 코트/외투, 로마 교황청 당국(→Kurie)의 고위 성직자(→Prälat) 들에 의하여 착용되어진다; **Mantellone,** 교황

의 예배당 배속 목사/부사제(→Kapläne) (Monsignori, (이탈리아의 주교에 대한 존칭:) 예하(猊下)/그 칭호의 소유자)의 소매가 없는 복사뼈까지 길이의 코트/외투; 1969년에 철폐되었다

Mantik (*gr. matis*, 미래를 예견할 수 있는 사람/예언자), 점/역술의 예술/기술

mantra *ind.* , 주문(呪文), 사람들이 그것을 엄중한 규칙에 따라 중얼거린다; **Mantrayana,** 격언/금언의 탈 것, 불교의 (→buddhist.) 경향/유파, 그것은 지속적으로 반복되는 거룩한 형식들로부터 구출/구제를 고대한다

Manual(e) *lat.* , 성례전(→Sakrament)의 실행/집행에 대한 지침/설명서를 가진 중세의 예배식의 편람/교본/안내서; 손을 위한 파이프 오르간 - 건반

manus mortua *lat.* , 죽은/생기 없는 손; 양도/매각의 권리들이 없이 재산 소유자로서의 교회; →Amortisation

Mappa *lat.* , 천/옷감; 복사(服事)(→Akoluth)의 어깨 보/베일(→velum); 제단 위에 까는 천/제단보; **Mappula,** 작은 천/직물/옷감, →Manipel; 운반/휴대용 가리개[천개](→baldachin); 성배와 파테나(성찬을 담는 접시)(→Patene)의 덮기 위한 천; 복사나 보좌 신부(→patenarius)의 어깨 보/베일(→velum)

Maranatha *aram.* , 우리들의 주여, 오소서! 혹은 우리들의 주가 오셨다, 원시 기독교의 성만찬-형식(고전 16: 22; 비교 계 22: 20)

Marburger Religionsgespäch, 이는 1529년 루터(M. Luther)와 동행자들과 함께한

츠빙글리(H. Zwingli) 사이에 문서에 맞는 복음교회의 가르침/교리에 대하여 <(담화하였고)>, 성만찬론에서 일치가 없이(→Realpräsenz)<(끝났고)>, 그러나 ≪15개 마르부르크 항목들/신조들≫안에서<(일치를 보았다)>

Marcioniten, 마르키온(Marcion)(† 160 년경)의 추종자들, 그는 최상의 존재로서 그리스도 안에서 계시되어진 자비로운 신 하나님을 창조주/조물주 즉, 유대의 오직 정당하게/공정하게 보복하는 하나님으로부터 구별하였다; →Dualismus, →Gnosis

Marduk, 본래적으로 바빌론의 아침 해 그리고 봄의 태양의 신; 바빌론의 도시 신, 그의 오르기/상승과 함께 그가 창조신 그리고 운명의 신으로서 바빌론의 신들의 모임(→Pantheon)의 정점에 이동시켰다

margo *lat.* , 가장자리/테두리; **marginal,** 가장 자리에 위치하는/부수적인; **Marginaltexte,** 페리코펜(→Perikopen) -정리 외에 있는 설교 본문들

Maria Eleusa *gr.* , 동정하는. 불쌍히 여기는 마리아; **M. Hodegetria** *gr.* , 길 안내자/지도자/통솔자로서 마리아; **M. orans** *lat.* , 기도하는 마리아; **M. Theotokos** *gr.* , 하나님을 낳으신 여인으로서의 마리아 = 마리아와(성화상학의(→ikonograph)) 마리아(→Madonna) 유형의 경칭

Mariä Empfängnis→immaculata conceptio; **M. Himmelfahrt**→assumptio B. M. V. ; **M. Lichtmeß**→Candelaria; **M. Verkündigung**→annunciatio

mariage du desêrt *frz.* , 하나의 변절자/배반자의 결혼, 1685 - 1787 프랑스에서 개신교도들의 법률적으로 무효의 결혼/혼인

Marianisten, 1817 년에 설립된 ≪마리아의 협회≫, 그것은 ≪하나님의 어머니의 협력 아래≫자기 성화에 그리고 카톨릭 교회의 신앙에 수업/교수/가르침, 청년회 그리고 선교를 통하여 봉사하기/도움이 되기를 원한다; **Mariaviten** (Mariae vitam imitantur *lat.* , 그들은 마리아의 삶을 모방한다/본받는다), 폴란드 카톨릭교회의 신비주의의/광신적인(→mystizistisch) 수녀회 (1888 년에 설립되었다), 그것은 1906 년에 배척[파문] 되었다; 마리아와 성만찬(→Eucharistie)의 강력한 존경/숭배, **Mariolatrie** *gr.* , 마리아의 존경/숭배 (→Hyperdulie); **Mariologie** *gr.* , 마리아에 대한 가르침<성모학>; **Maristen,** 성모 마리아 협회/단체, 1824 년에 사제들과 평신도들로서 설립된 신심회(→Kongregation), 마리아의 모방을 통한 성화<(프랑스의 신부 J. C. M. Colin(1790 - 1875)에 의하여 창단된) 마리아회 회원들>

Mari-Texte, 유프라테스강(Euphrat)에 마리(Mari)에서 발견된 20, 000 글자가 쓰여진 토기판, 근동의 선조/조상들의 문화- 그리고 종교 역사학을 위하여 중요하다

Markosier, 소 아 시 아 의 영 지 주 의 자 (→Gnostiker) 마르쿠스(Markus)의 분파/이단(2세기 말; →Zahlenmystik, →Magie)

Markusliturgie, 복음서 저자 마가의 명의로 바꿔 쓴 알렉산드리아의 예배식 (→Liturgie)

Maroniten, 거룩한 마론(Maron)(† 약 423)

에 따라 레바논(Libano)에서 시리아 그 리스도인들, 로마와 함께 통합하였다 (→Union)<마론파의 교도>

Marranen *span.* , 돼지 같은 녀석/놈, 유대 인들과 무어 사람들<(8세기 스페인을 침략한 아라비아인/아프리카 서북부의 민족)>을 위한 모욕적인 별명, 그들은 박해를 모면하기 위하여 증명서를 위하 여 세례를 허용하였다

Martinianer, 원시회칙파(原始會則派)의 수사(프란치스쿠스 수도회에서 회칙을 특별히 엄격하게 해석하기를 주장하는 일파)(→Observante)와 프란치스쿠스 수 도회 일파 수도회의 수도사(→Konven- tuale) 사이의 프란치스쿠스 수도회(→ Franziskanerorden)에서 중도파/중간 집 단, 교황 마르틴 5세(Martin V.)(† 1431) 에 따른 묘사

Martin-Luther-Bund, 독일에서 루터교 지 역 교회(→Landeskirche)와 자유 교회의 다른 종교 영역안에 산재하는 신도들의 일, 마르틴 루터 협회(Martin-Luther-Vere- ine)의 제휴(이전에 《루터의 헌금함》, 1853년 이래로); →Gustaf-Adolf-Verein, →Bonifatiusverein

Martyrium→Märtyrer

maschal *hbr.* , 격언/좌우명, 비유/우화, 속 담/격언, 퍼즐/수수께끼

Maske *arab.* , 웃기는 사람/익살꾼, 마치 묘 사되어진 존재에 적합한 힘/권능들의 소유권 획득/불법적인 탈취 처럼 저들 과 악마들(→Dämonen)의 위협/경고를 위한 주물틀 안에서 하나의 얼굴과 머 리의 모조/복제품<탈/가면/복면>

Mas(s)ora *hbr.* , 전승/전통; 구약성서 히브 리어 본문을 위한 마소라 연구가들 (→Masoreten)의 비평적인 논평<마소라 (중세 유대인 학자들의 구약성서 주석 자료)>; **M. finalis,** *lat.* , 책의 마지막에 결 론/종료 마소라; **M. marginalis,** 위와 아 래(큰, **magna**) 테두리에, 쪽의 측면 테두 리(작은, **parva**)에 테두리 마소라; **Ma- soreten,** 유대의 율법학자들, 그들은 전 승/전통과 본문의 모음의 형성과 발음 을 돌보았다(4 - 6세기, →Punktatoren)

massa perditionis *lat.* , 구원을 위하여 예정 되지 아니한 자들의 잃어버린 다수/군 중(아우구스티누스(Augustinus), † 430)

Massebe (Mazzebe), 대부분 제식의 의미를 지닌 하나의 세워진 돌 기둥을 위한 서 셈어 문학의 묘사

Massilianer, Massilienser, 반 펠라기우스 주 의자(Semi→pelagianer), →Molinisten

Mastaba, 고대 이집트의 무덤/묘지 건조물 <부유한 이집트 사람의 묘실이 있는 무 덤>

mater dolorosa *lat.* , 고뇌[고통]에 가득찬(예 수의) 어머니<{미술}(예수의 수난을) 애통하는 성모 마리아>

mater lectionis *lat.* , (큰 소리) 읽기의 어머 니; 자음 글자들 중에서 모음 서체; →Punktation

materia *lat.* , 물질/실체/성분/소제/논제; *scholast.* : 자연 원료/자재; 스스로에 가 치 판단을 배제한/몰(沒) 가치적인 행위 /행동(세례: 세정(洗淨)), 그것에 우선 성 례전의(→sakramental) 말씀이 그것의 결 정/확정(→forma)을 준다; **materia coeles-**

tis, 성만찬에서 하늘의 은총의 재산/재료/원료, **m. terrestris,** 그것의 현세/지상의 측면/관점; **Materialethik**→Ethik; **Materialisation,** 물질로 만들기<(운동 에너지의) 물질화/구체화>, 물질적인 것 안에서 심령론/강신술(→Spiritismus)에 의하여 받아들여진 정신적인 것의 변화할 수 있는 가능성<(심령의) 물질화>; **Materialismus, historischer,** 인간의 사회/단체와 그들의 역사에 변증법적(→Dialektisch) 유물론의 교훈/가르침의 적용<유물론/유물주의, 역사적>; **praktischer M.,** 물질적인 소유물/재산을 얻으려는 노력<실제적인 물질주의/유물론>; **materialistische Bibellektüre,** 정치적이고 사회와 관련된 성서 읽기/강독, 그와 함께 본문의 정치적인 관계/관련들이 강조되어지고 그리고 현재 논쟁을 위하여(공의, 민주주의, 환경보호 등 그밖에 것들에 대한 논쟁의) 어떠한 관점에서 제시되었다<물질주의적/유물론적 성서 강독/읽기>(포르투갈(Portugal) 사람 벨로(F. Belo)의 출판물, 원판 1974년, 독일어판 1980년, 그리고 프랑스인 크레베노(M. Clèvenot) 1976/78 그리고 카살리스(G. Casalis) 1977/80); **Materialprinzip,** 루터교회의 교리: 성서의 ≪중심≫으로서 칭의/정당함의 교훈/가르침(→justitia Dei passiva)<바탕/재료 원리>(→Formalprinzip<형식원리>)

Matriarchat *gr.*, 모권 사회; (원시적인/원시의 문화에서) 혈족/씨족에 대한 어머니의 통치/지배; Ggs. →Partiarchat

matricularii *lat.*, 하나의 리스트에 기입되어진 자들; *MA*: 교회의 방법/재력으로부터 그들의 생계비를 수령하였던 가난한 사람들; **Matrikel,** 리스트/목록, 공적인 표/명부/명세서(예, 대학(교)의 학생들의 (학적부) 혹은 한 교회의 성직자들(→Kleriker)의(명부)); **Pfarr-M.,** 교회의 실행되어지는 행위/행동<목사-명부>(세례-명부 등 그밖에 것들)

matrimonium *lat.*, 결혼/혼인; **m. clandestinum,** 은밀한/비밀의, 오직 결혼[혼인]계약(→Ehekonsen)을 통하여 맺어진 결혼/혼인; **m. irritum,** 하나의 갈라섬/헤어진 혼인장애/(카톨릭의) 혼배 조당(→impedimenta matrimonii) 때문에 불법[위법]의 결혼/혼인; **m. nullum,** 효력이 없는 결혼/혼인; **m. putativum,** 허위/위장 결혼, 그것은 최소한 하나의 남편에 의하여 유효하게 유지되어진다; **m. ratum,** 계약/협약을 통하여 맺어진(증명[보증] 되어진) **et consummatum,** 그리고 동침/성교를 통하여 성취되어진 결혼/혼인(모든 카톨릭 교회의)

Matthäusklausel, 이혼 금지에서 첨가 ≪간통/간음 죄의 이유 외에≫ 마 5: 32, 19: 9 <마태의 약관(約款)/조건>; 문맥/문장의 전후 관계와 공관 복음의(→synopt.) 비교/대비에 따라서 추측으로 전도자의 삽입문/첨가부분

Matutin (*lat.*, 아침/오전의), **Mette,** 새벽/여명에 거행하는 기도 시간에로, 어제 밤 기도(→Nokturn)와 야과경(夜課經)(→Laudes)와 함께 결합되어진다<새벽 미사/자정 예배>; **matutinarius,** 새벽 미사/이른 아침 미사 독서자

Mauriner, 프랑스 베네딕투스 수도회의, 학문적으로 의미 있는 수도회원/신심회 (信心會)(1627 년 교황에 의하여 승인되었다)

Maya *ind.* , 속임/기만, 환형(幻影)/환상; 마술을 통하여 불러내진/야기시킨 현상 (→Phänomen)(→Upanischaden)으로서 밑드러낸/적나라한 속임/기만(→Vedanta)으로서 경험적인(→empirisch) 현실성의 이해/파악<(베다와 브라만 철학에서) 환형으로 보는 가상 세계>

Mazdaismus→Parsismus, 조로아스터[배화]교에서 최상의 신 아우라 마쯔다 (→Ahura Mazda)에 따른 묘사

Mazdakismus, 페르시아인 마쯔다크(Mazdak)(† 528)를 근거로 삼고 있는 운동, 그는 한 영지주의(→gnost.) 가르침의 기초/토대에서 일반적인 형제애, 이승의 재물의 균등한/일정한 분배와 개별적 가족 구성원의 폐지/해체를 요구하였다

Mazdaznan, 이란의 세계관의 현대의 개혁/혁신, 그 세계관은 인간들에게 죄의 극복하기를 위한 청결/깨끗함을 얻으려는 노력을 통하여 능력[자격]을 주기를 원한다<배화교의 창시자 짜라투스트라의 가르침에 근거한 종교적 구제운동/생활>

Mazzebe→Massebe

Mazzen, Mazzot→Passa

mea(maxima) culpa *lat.* , 나의(대단히 큰) 책임/과오/잘못/죄

Mechanismus *gr.* , *philos.* : (원인/인과율(因果律)의) 역학적인/기계적인 과정/경과의 본보기/모형에 따른 자연의(그리고 사회의) 과정/경과들에 대한 해석/설명 <메 카 니 즘/기 계 론 (機械論)>; Ggs. →Teleologie, Vitalismus

Mechiltha *hbr.* , 출애굽(→Exodus)의 한 부분을 위한 미드라쉬(→Midrasch)

Mechitaristen, 아르메니아 사람 메히타르 (Mechitar)에 의하여 1701 년에 설립되어진, 그곳의 선교에 공로[공적]이 많은 베네딕투스 수도원 연합회/신심회(→Benediktiner)

medi'äval *lat.* , 중세의; **Mediävist,** 중세의 역사와 문헌들 안에서 연구자/학자<중세 연구가>

Media vita in morte sumus, *lat.* , 교창(交唱)(→Antiphon)(11 세기), 독일에서 루터 (M. Luther)에 의하여 개작/개정되었다: ≪생명의 중심에서 우리들은 죽음에 의하여 감싸여 있다≫

media salutis *lat.* , 은총의 수단/도구; →analytische Methode

Mediatkirche, *lat.* , 영주 직속의 교회; **Mediatkonsistorium,** 하나의 제후나 혹은 하나의 도시에 의하여 지정되어진 콘지스토리움(→Konsistorium)

mediatrix omnium gratiarum *lat.* , *kath.* : 모든 은총의 중재자로서 마리아

Medicaea editio *lat.* , 메디치 가문<(15 - 16 세기에 번영한 피렌체의 명문 가문)>의 판(版); 1614 년에 추기경 메디치(Medici)의 인쇄소에서 발행되어졌던 그레고리우스 성가들(→Gregorianischer Gesänge)의 표준이 되는 판(새롭게 1877), 1908 년 교황청에 의하여 분리되어졌다

Mediendienstleistungsgesellschaft (MDG), 교

회의 미디어/매체의 일의 후원/촉진을 위하여 카톨릭 교회의 독일 주교회의의 기관/기구

Meditation *lat.* , 숙고하기, 온전히 거룩하게 사물/일에 헌신/귀의와 관련시켜 고찰하기<명상/묵상/참선>(Ggs. 비판적인 숙고/성찰); 신비적인(→mystisch) 인식의 길의 완전한 의식의 첫 번째 단계(→Kontemplation, →Transzendentale M. , →unio)

meditullium *lat.* , 내지/오지(奧地)/내륙; 로마네스크풍의(→romanisch) 교회에서 중앙부와 교회당의 측랑(側廊) 사이에서 교차로 네모꼴

Medium *lat.* , 중앙/중심/가운데, 중재[조정]하는 것; →Spiritismus: 영적인 것과 함께 왕래/교제를 중재/조정하는 사람<(심령술의) 영매(靈媒)/무당/피초면자>; **Mediumismus,** 심령론/강신술(降神術)/영교술(靈交術)(→Spiritismus)을 위한 드물게 사용하였던 묘사

medulla *lat.* , 골수(骨髓)/뼛골, 한 사물의 가장 내부의 것<핵심>

Meeting *engl.* , 모임/집회/회합; **silent m.** 퀘이커 교도들(→Quäker)과 함께, 말하기 위하여(갑자기 떠오르는 중요한) 생각/영감(靈感)과 성령의 동인/자극을 침묵하는 기다림

Megalos' chemos, Plr. Megalis' chimi *gr.* , 한 수도사를 위한 동방교회의 묘사, 그 수도사는 커다란 수도사의 의복/옷(특히 예복, 법의 등 옷자락이 긴 것)(mega schema)을 완전한/전적인 수도사의 표징표로서 보존하였다(그러나→

Mikroschemos)

megaron *gr.* , 고대: 가장 오랜 그리스인의 집의 유일한 방/공간; 남성들의 넓은 방/회당; 오직 사제가 사용할 수 있는 성전의(그리스 정교 성당의) 지성소(至聖所)

Megilla *hbr.* , 감은 것/롤, 부림절(에스더 9장)(→Purimfest)에 대한 미쉬나 소책자(→Mischnatraktat); **Megillot,** 아가서, 룻, 예레미아 애가, 전도서, 에스더를 위한 집합 명사, 그 책들은 다섯 유대의 축제에서 읽혀졌다; ≪축제의 두루마리≫(비교, 부록/첨가물)

Melancholie *gr.* , 어두운/음울한 분노/노여움, 우울/침울/우수<멜랑콜리/우울증>

melanchthonisch, 필립 멜란히톤(Phil. Melanchthon)(† 1560)의 신학적 의견/견해/관(觀)에 상응하는/알맞는; 16/17세기에 신학적이고 교회 정치적인 화평주의자(→Ireniker); →Philippisten

Melchisedekianer, 역동적(dynamistsch) 단일신론 주의자(→Monarchianer)의 그룹/단체, 그들은 히 5:6을 성령에 결부시켰다

Melchiten *aram.* , 왕과 같은 이들/존엄한 이들; 단성론 주장자들(→Monophysiten)과는 반대로/대조적으로 칼케돈 신앙고백(→Chalkedonense)을 동의하는 제국 교회의 시리아의 추종자들

Meletianisches→S'chisma, 이집트의 감독 멜레티우스(Meletius)(† 325/36), 그는 우선적으로 박해시대 이후에 배반한/변절한 그리스도인들을 다시 받아들이기를 원하였고, 상부 이집트에 대한 대주교의(→erzbischöfl.) 권리를 요구하였다

Melismen *gr.* , 음(音)의 순서/차례, 멜로디/

가락/선율; 각 음절에 대하여 풍부한 음렬(音列)/선율의 진행을 지닌 노래/성가들<장식선율/장식음; **melismatisch**<장식음을 넣은>

Melkiten→Melchiten

Mellusiner, 1874 년 멜루스(Mellus) 감독 아래서 분리되어진 도마 교회 그리스도인들(→Thomaschristen) 의 그룹/집단

melos *gr.* , 노래/가요/서사시; **melisch,** 가요 풍의/노래같은/노래 종류의

Melpomene→Musen

memento mori *lat.* , 죽음에 관련하여(단어적으로: 죽는 것을 위하여) 기념/추모하라*!*

Memoriale rituum *lat.* , 의식/제식의 수첩/비망록, *kath.*: 예배와 서품식의(축소된) 서식집의 예배식의(→liturg.) 소책자

Memorie *lat.* , 기억/추억/회상; 묘지, 성유물(성자의 유해, 유골, 유품 등); 비문/비명(碑銘)과 상징/표징들(→Symbole)

Memra *aram.* , 단어/말씀, 구약성서의 아람어 번역본(→Targum)에서 네 개 문자의 비문/비명(→Tetragramm)을 위하여 고쳐 쓰기

Menäen *gr.* , 매월의 책들; 축제일들과 성인들의 날을 위하여 규정된 기도, 찬양(→Hymnen) 그리고 성인들-전기(傳記)들을 지닌 그리스 정교회 예배식(→liturg.) 책들

Mendikanten *lat.* , <탁발승(托鉢僧)/탁발승단 소속의 수도사들>→Bettclordcn

mene mene tekel upharsin, ≪Menetekel≫ *pers.* (단 5: 25), 수가 세어졌고, 수가 세어졌고, 무게가 달려졌고 그리고 분할

한다. (바빌론에 대한) 재앙의 예언

Menhir *kel.* , 선사시대의 묘석 혹은 신들의 돌들<멘히르/선돌(유사 이전의 거석(巨石) 기념물)>; →Masseben

Mennoniten, 네덜란드인 메노 시몬(Menno Simon)(† 1559) 의 자유 교회 (→Freikirche); 유아세례, 맹세/서약(→Eid), 이혼과 모든 폭력의 거부; →Anabaptisten, →Friedenskirchen

Menorah *hbr.* , 팔 모양의 것이 일곱 개인 촛대, 유대교의 제구(祭具), 다윗 별(→Hexagramm) 옆에 유대(민)족의 상징

mensa *lat.* , (제 단)상/성 찬 대(臺); 제 단(→Altar)의 덮는 판자/상판

Mensalgut *lat.* , 소유자가 개인적으로 마음대로 사용해도 되는 성직록(聖織祿) 재산(→Pfründevermögen)

Menschensohn, (비교, 다니엘서 7장) 복음서들(→Evangelien) 에서 예수의 자기(?)-묘사(80 회 이상, 그밖에 오직 행 7: 56; 계 1: 13, 14: 14); 연구에서 고통[고뇌]에 찬, 현존하는 그리고 미래의 인자에 대한 말씀들로 세분/분류한다; →Prädikationen

Menschenweihehandlung, 미사(→Messe) 에 유사 한 그 리 스 도 인 들 의 공 동 체(→Christengemeinschaft) 의 분파/이단(→Sekte)의 온전한 예배(→Vollgottesdienst)를 위한 묘사<인간 축성 행위>

Mental'reservation<의중 유보(意中 留保)/심리 유보>→reservatio mentalis

meritum de condigno *lat.* , 진가/가치(있음)에 따른 강력한 의미에서 업적/공적/공로; **meritum de congruo,** 저렴/유치함에

따른 업적/공적/공로; *scholast*. : (요구/권리 없이) 본래적이 아닌 의미에서 업적/공적/공로; **meritum Christi, 그리스도의 업적/공적/공로, (그의 공로가)그의 능동적/활동적이고 수동적인/고통[고뇌]에 찬 순종/복종(→oboedientia activa et passiva)을 통하여 우리들에게 선히 획득되어졌다

Merkaba *hbr.* , 하나님의(왕의-) 마차(에스겔 1 장)

Mesmerismus, 메스머(F. Mesmer)(† 1815)에 따른 견해/의견: 인간이 치유력, ≪동물의 자기요법(磁氣療法)≫ 소유한다/다룬다<(동물) 자기(磁氣) 최면술>

Mesner<사찰(司察)/교회의 관리인>→mansionarius

meso'nyktion→Vigilie

Messalianer→Euchiten

Messe→missa; **Meßformular,** 미사의 예배식(→Liturgie); **Meßkanon: canon major,** 더욱 큰 미사 규범, 미사 전례(典禮)의 변화 시킬 수 없는/변하지 않는 부분, (주교의) 서품식(→Konsekration) 을 포함한다. **canon minor,** 더욱 작은 미사 규범, 마지막 것 안에서 봉헌<미사에서 빵과 포도주를 공헌물로 받치는 일> 기도(→Oblationsgebete)를 포함하고, 오늘날 미사를 올릴 때의 엄숙한 기도(→Hochgebet)의 네 선택적인 서식들을 가지고(있다); **Meßopfer**<미사의 제물/미사 성제(聖祭)>→Opfer; **Meßstipendium**(미사-보수/사례), 미사를 올리기 위하여 사제를 고용하는 기부금/기금(고정된 미사) 혹은 계약금(편람/안내서-미사) 으로서 기부 금품

Messias *hbr.* (본래 적으로 *Maschiach*), *gr.* **Christus,** (하나님의) 기름 부음을 받은 자, 유대의 종말의 구세의 왕; **messianische Weissagungen,** 대부분 현재 완료 안에서 미래적인 것에 대한 서술/묘사/기술(옛날 예언의 언어 형태/→perfect (um) propheticum), 메시아의 오심과 그리고 모든 관계들의 전환을 언급한다(비교, 예, 눅 1: 51-)<메시아[구세주]의 예언들>

Mesusa, Mezuza *hbr.* , 기둥/지주/버팀목; 신명기 6장 4-9절 그리고 11장 13-21 절을 포함하고 있는 양피지 조각을 지닌 문설주/문기둥에 고정[부착] 되어진 상자/주머니

metadosis, metalepsis *gr.* , *gr. -orth.* : (숟가락/스푼을 가지고) 성만찬의 제공 및 수령/받음

Metaethik, 윤리와 그것의 언어의 표형 형식들에 대한 비판적인 신학과 논리적-방법적인 숙고/성찰, 특별히 영미인 영역에서 널리 퍼져 있다(20 세기)<변화 윤리>; **Meta'historie,** 초현세적인/내세적인 요소/관점들로부터 역사를 본다

meta'lepsis→metadosis

Metamorphose *gr.* , 변화/변형/개조, 변신/변하게 하기/(장면의) 전환

metanoia *gr.* , 의미 변화, 참회/회개, 방향 전환/개심/개전(改悛); **metanoetisch,** 참회할 뜻이 있는/개전의 정이 있는

Metapher *gr.* , 전의(轉義)적인/비유적인, 회화/구상적인 표현 방법/특징<은유/메타포>; **metaphorisch** 은유적인/은유로 쓰

인

Meta'physik *gr.* , 사물들의 원인들에 대하여 본래적으로 아리스토텔레스(Aristoteles)의 저작들 안에서 물리학에 동조하는 저작들<형이상학(을 기술한) 책>; 자연/본성에 우선 정리되어진 것들 그리고 상위(上位)에 두어진 것들에 대한 학문, (역시) 증명[입증]이 불가능한 것에(우선 정리되어진 것들 그리고 상위(上位)에 두어진 것들에 대한 학문)<형이상학>; 철학의 부분으로서 이성적 신학; **metaphysisch,** 초감각적인/초감성적인, →transzendent

Met'em'psychose <윤회(輪廻)>→Seelenwanderung

Meth'exie *gr.* , 원상(原像)/원형에 모사(模寫)/초상의, 신적인 존재에 인간적인 존재의 몫/관여/참가<Methexis/(플라톤 철학에서) 원상에 대한 모사의 관계>

Methode *ge. -lat.* , 어떠한 것을 이루는 길, 학문적으로(실용적인/목적에 걸맞는) 방법/방식/처치<방법/방식/취급 방법/계획>; **methodisch,** 계획되어진<방법적인/조직적인>(Ggs. →heuristisch, →intuitiv); **Methodisten,** 자유 교회(→Freikirche), 본래적으로 존 웨슬리(J. Wesley)(✝ 1791)의 각성[신앙부흥]운동(→Erweckungsbewegung)의 추종자들을 위한 조소하는 이름, 그들은 신앙심이 깊음/경건함을 규칙/조직적으로 보존[육성]히기를 원힌다<감리교 신자들>; **methodistisch,** 감리 교회에 속하는; **Methodismus**<감리교(파)>

Metropolit *gr.* , *kath.* : 주요 도시-감독, 하나

의 대주교의 관할구(→Kirchenprovinz)의 대표(자)<수석 대주교>; →Erzbischof, →Patriarch; **Metropolitan,** 수석 대주교에 귀속하는; 이전에 헤센 선제후국(Kurhessen)에서(개신교의) 교구 감독(→Dekan)과 목사 사이에 중간 단계

Mette→Matutin

Mettenleuchter→Tenebraeleuchter

Mezuza→Mesusa

Michael→Erzengel

Midgard, 북 게르만 민족의 신화에서 세상의 중심부에 있는 울타리가 둘러쳐진 인간들의 땅<인간 세계/이 세상>; →Asgard, →Utgard

Midrasch (*hbr. darasch,* 탐지/연구하다), *j.* : 규정된 규칙/법칙에 따라 유대의 율법학자들의 구약성서 설명/해석/주석; →Rabbinismus

Migne, 발행인/편집자의 이름. 그리고 라틴과 그리스 교부들(→Kirchenväter)의 저작들의 수많은 책/권들의 주해가 없는 본문만의 책들의 인용 명칭<미뉴 판>

Mihrab *arab.* , 회교의 전당/이슬람교 사원(→Moschee)의 기도벽감(壁嵌)(메카를 향한 사원 벽의 입구 맞은 편에 놓여 있는 작은 벽감으로 기도시에 얼굴을 그리로 돌림)

Mikrokosmos *gr.* , 작은 세상/우주; 우주(→Kosmos)의 작은 모사(模寫)/초상(Abbild)으로서 한 인간; →Makrokosmos

Mikros'chemos, *Plr.* **Mikris'chimi** *gr.* , 우선 오직 작은 수도사 의복을(mikronschma) 입었던 그 수도사를 위한 동방정교회의

묘사(그러나→Megaloschemos)

militia Christi *lat.*, 그리스도를 위한 전시 복무로서 그리스도인들의 삶

Millennium *mlat.*, 1000 년의 시간/시대; 천년 왕국(계 20: 2-); **Millenarier**→Chiliasten

Minäer→Minim

Minarett *arab.*, 촛대, 회교의 전당/이슬람교 사원(→Moschee) 옆에 탑/성탑, 그곳으로부터 무에친(회교 국가에서 기도 시간을 알리는 사람)(→Muezzin)이 다섯 차례 날마다 기도를 위하여 알린다; →Islam

Minderehe<귀천상혼(貴賤相婚)(왕족이 천한 신분의 여자와 결혼하는 것)>→ Morganatische Ehe

Mine→Pfund

minhag *hbr.*, 관습/관례/풍습, 유대인들의 예배의 의식/전례(典禮)(→Ritus)

Miniatur, 색채가 있는/다채로운/알록달록한, 연단(鉛丹)/리사지(방 청룡 도료)(산화연[납], *lat. minium*)을 가지고 섬세하게 제작되어진 그림(중세 필사본들에서: 머리글자/(처음의) 장식글자들(Initialen) 등등)<(중세 필사본의) 장식화/세밀화/축소화>

minim, Miäer *hbr.*, 변절한/배신한 사람

Minimen (*lat. minimi fratres*, 가장 낮은/천한 형제들), 바울주의자들, 거룩한 프란치스쿠스의 은둔자들(→Eremiten); 후기 중세의 탁발 수도회(→Bettelorden), 프란치스쿠스 수도회의 수사들(→Franziskaner)이 엄격성/엄숙함에서 그것을 능가한다(가난/빈곤, 모든 동물성의 음

식물로부터 절제/금욕, 금식)

minister *lat.*, 종/하인/봉사자; *kath.*: 성례전(→Sakrament)의 수여자/시여자; 영국의 목사; **m. generalis**, 프란치스쿠스 수도회(→Franziskaner-) 및 트리니타티스 수도회(→Trinitarierorden)의 대표자/장; **m. principalis, primarius**, 주요 시여자, 하나님; **m. secundarius, instrumentalis**, 이류의/두 번째의 시여자 및 도구로서 사제; **Ministerialen** *lat.*, 중세에서 본래적으로 자유롭지 않은/예속된 봉사자들의 상층 사회, 후에 그들은 기사 신분[계급]으로 승진[승격]하였고 낮은 귀족들의 핵심을 이루었다;→Feudalismus; **Ministerienspiele**→Mysterienspiele; **ministerium ecclesiasticum**, 교회의 직무/봉사(목사의 직위/직책); **m. verbi divini**, 신성한/거룩한 말씀의 직위((대개 목사의 직을 겸한) 설교사직/성직); **m. sacramentorum**, 성례전의 관리의 직위; **Ministrant**, *kath.*: 복사(服事)(→missa)

Minjung(- Theologie), 대한민국의 민중신학; 신학의 전후 문맥성(→Kontextualität)

Minoristen *lat.*, 카톨릭 교회의 성직자(→Klerus) 중에서 낮은 서품(→Weihe)의 소유자

Minoriten<프란치스쿠스 수도원의 수도사>→Franziskaner

Minuskel *lat.*, 얼마간 더욱 작은, 소문자(Ggs. →Majuskel)

Mirakel *lat.*, 놀라운/경이로운 사건; *kath.*: 자신의 기적/경이로운 일(→Wunder)(**mirum**)로부터 구별하였다; 은혜[은총]

의 처소/장소에서 기도의 들어줌/청허 (설립/창립의 설화!); **M. spiele,** 거기에 놓여진 성도 전설/성담(聖譚)(→Heili- gen-legenden)</(중세의) 기적극>; **miraculum gratiae,** 은혜[은총]의 기적적인 작용을 미침/실행함(예, 개종/전도/회심); **m. naturae,** 자연에서 기적적으로 일어난 일/기적

Mischna *hbr.*, 반복/되풀이; 그리스도 후 2세기에 글자에 의존하는 구두로 전승되어진 랍비의 (→rabbin.) 토라/율법(→Tora)-주석/해설의 모음/수집한 것, 그것은 여섯 부분(→Seder)으로 총 63개의 소책자(→Traktaten)을 가지고 정리[분류]된다

Misereor *lat.*, 내가 스스로 가엾게[불쌍히]여긴다. ≪세상에서 배고픔과 질병에 대항한 행동/조처≫독일 카톨릭 신도들의 주교의 구호[구조] 사업(회), 그것을 위하여 해마다 금식 기간/사순절(→Fastenzeit)에 모아졌고(사순절 행사/사순절 자선), 1959년 이래로; 동독에서; ≪세상에서 위기/궁핍≫

Miserere *lat.*, 불쌍히/긍휼히 여기소서!(시 51: 3); 동시에 전 시편의 묘사(참회 시)

Misericordias Domini *lat.*, 주의 자비/인자하심/긍휼히 여기심; 부활절 후 두 번째 주일/일요일(→Introitus 시 89: 2)

Miserikordie, 서 있는 동안에 버팀목/지주로서 접는 의자의 아랫 부분에 있는 성기대(›Chor) 석에시 돌출부(→Konsole); 수도회의 결정/규정(→Ordensbestimmung)들 안에서 가볍게 하기/완화; ≪수난의 그리스도(상/그림)≫의 묘사/표현

missa (→ite, m. est) *lat.*, 해방/해방, 미사; 성만찬식 축제(→Eucharistiefeier)와 함께한 예배(그러나→Mette); **m. aurea,** 강림절의 사계절의 제일(齊日)(→Quatem- ber)-수요일에 황금의 미사; **m. bifaciata, trifaciata,** (상반되는) 둘- 그리고 세 면을 가진 미사, 다양한 미사 서식집들을 요약/총괄하는 미사; **m. catechumenorum,** 고대 그리스도교의 예배의 부분, 그곳에 역시 참회자/속죄자와 세례 지망자(→Katechumene)들이 참석하도록 허용된다; **m. chrismatis,** 성목요일(→Gründonnerstag)에 세 미사 중 하나, 거룩한 기름들의 축성(祝聖)을 위하여; →Chrisma; **m. conventualis,** (수도원의 투표권이 있는 성직자들의) 집회/회의-미사(→Konvent-M.), 종교재단(→Stift)과 수도원에서 매일-미사; **m. de communi,** 일반적인 예배식(→Liturgie)과 함께 성인-축제/축일(→Heiligen-Fest)에 미사; **m. de Sanctis,** 성인 축일의 미사; **m. sicca,** 건조한/메마른 미사 즉, 미사 규범(→Meßkanon)이 없이; **m. de tempore,** 시간 즉, 교회 역년에 적합한 미사; **m. dialogata,** 사제와 공동체 사이에서 대화/문답 안에서 미사, 한편으로 개인적 미사(→m. privata)와 그리고 다른 한편에서 공동체 대신에 성가와 함께한 대미사(→Hochamt)와는 달리; 이미 제 2 바티칸 회의(→Vatikanum II) 이선에 시행뇌었고, 그러나 이본이 분분하게/논쟁의 여지가 있게; 예배식-교황칙서(→Liturgie-Konstitution) 이래로 대부분 사용되어지는 미사 형식; →actuosa participatio; **m. fidelium,** 신자들의 미사; **m. maior,** 웅대한/커다란 미사, 혹은 **summa,** 가장 높은/존귀한(미사), 주요 미사: **m. Minor,** 더욱 작은 미사, 혹은 **matutinalis,** 아침 미사, (수도원 교회에서) 이른/새벽 미사; **m. sine nomine,** 비교회적인 다성의 합창 문장들이나 혹은 기악 악장들의 주요 멜로디(→cantus firmi) 와 함께 이름 없는 미사; **m. non→solemnis,** 단순하게 불리워진(*cantata*) 혹은 조용히 읽혀지는(*lecta*) 미사; **m. Papalis,** 교황에 의하여 거행되는 미사; **m. parochialis,** 주임신부-미사, 축일과 주일/일요일의 주요 미사; **m. pontificalis,** 주교/감독에 의하여 거행되는 미사; **m. praesanctificatorum,** 거룩한 견진 성사(→Firmung)에 앞서 놓여 있는 이들의 미사, 미사 예배식(→Liturgie)을 모방하여 만들어진 성만찬 축제(→Kommunionfeier); **m. privata,** 서원(誓願) 미사, 사인/개인에 의하여 공손히 청해진 혹은 자신의 경건/기도를 위하여 거행되는 미사; **m. pro defunctis,** 죽은 사람을 위한 미사, 진혼 미사/고인을 위한 미사/영작 미사; **m. publica,** 공공연한 미사; **m. quotidiana,** 날마다의, 습관적인 미사; **m. solemnis,** 축제다운/장엄한 미사, →Hochamt; 특별히 대단한 축제일/기념비적인 날에; **m. solitaria,** 홀로 있는/단독의, 사제 홀로 실시하는 미사; **Missale Romanum,** 카톨릭 교회의 공식 미사-예배식서; **missalis,** 미사에 속하는

missio canonica *lat.* , 교회법에 맞는(→kanonisch) 선교/파견/사명; *kath.*: 공공연한 말씀 선포/전도/선언을 위하여 감독/주교(→Bischof) 를 통하여 위임하기<미시오 카노니카(천주교의 성경 교육 자격)>; **Mission,** 선교/파견/사명; **Missionsbefehl**(마 28: 19)<선교 명령>; **äußere M. ,** 믿음과 세례를 위하여 그리스도인이 아닌 자들에게 행해야만 하는 설교(세계 선교(**Weltmission**))<외국의 선교>; **Innere M. ,** 본래적으로(1848) 말씀과 실천과 함께 세례자들 중에서 복음전도(→Evangelisation)(비헤른(Wichern), † 1881), 후에 대체로/지배적으로 구제사업(→Diakonie); ≪내부 선교를 위한 중심/중앙 위원회≫안에서 모든 적합한 일/사역과 협회/단체들의 협조/조정(調整)(→Diakonisches Werk)<내부/국내 선교>; **Missionar,** 이교도 설교자, 역시 외부/외국 선교에서 활동하는 다른 이들을 위한 묘사(의사들, 등등)<선교사>; **Schwertmission,** 카롤링 왕조의(→karoling) 제국이념에 적합한 정복과 개종의 결합<검의 선교>; **Volksmission**<(교회 밖에서의) 복음전도>→Evangelisation

Missio, 국제 카톨릭 선교 사업 협회의 이름, 교황의 믿음의 확장 사업, 아헨(Aachen/독일의 도시 이름)

Missourisynode, 1847 년: ≪미주리, 오하이오(Ohio)와 다른 도시들의 독일의 복음-루터 교회 회의≫, 1947 년: ≪루터교회의 미주리 회의≫, 신조주의의(→konfessionalist.) 그리고 근본주의의(→fundamentalist.) 교회들, 이들은 국제 루터교 연맹(→Lutheran World Federation)에 속하지 않는다

Mithraismus, 페르시아로부터 유래한, 로마 황제의 제국에서 널리 퍼졌던 빛의 신 미트라(**Mithra(s)**)의 비밀 종교 의식/비교(秘敎)의 제식 (→Mysterienkult) (→sol invictus)

Mitra *gr.* , 머리 삼각건; 주교들(→Bischöfe), 추기경들(→Kardinäle) 그리고 수도원 원장들 (→Äbte)의 예배식의 (→liturg.) 머리 덮개<주교관(主敎冠)/사제관>

Mitteldinge<어중간 한 것들/타협책들>→adiaphora

Mitternachtsmission, 매춘부와 그들의 주변 지역에서 선교적인/포교적인-구제 사업의 일

Mittfasten→Laetare

Mittlere Axiome, 1937 년과 1948 년 사이에 교회 일치 운동의 사회 윤리적인 개념: 그리스도인들의 사회적이고 정치적인 행위의 규범들, 그것들을 위하여 명백한 성서적 증명/논증을 진술하지 못한다<중간 정도의 공리>; 1948 년에 ≪책임있는 사회≫개념을 통하여 교체하였다

mixolydisch, 일곱 번째 교회 음계(→Kirchentonart): G-d-g

Modalismus *lat.* , 그리스도가 하나님의 하나의 나타남의 방법/형태(*modus*)이시다는 견해(2 세기)<양태론적 단일신론>; →Monarchianismus, →Sabellianismus

Modell-Messe→Parodie-Messe

Moderamen *lat.* , 지도/조정(의 도구/수단); ref. : 종교회의에서 선출된 수뇌부/집행부, 그것은 진행되는 용무/일들을 이행한다<(교구 자치회의) 간부단>; **Moderator,** 교회 모임/회합들 및 특별히 스코틀랜드 개혁 교회 단체의 지도자/관리자<진행자/(개신교) 교구 차치 회의 의장>; **supremus m. ,** 최근 카톨릭 교회의 수도회(→Orden)에서 최상의 수도원 원장

Modernismus, *kath.* : 해가 바뀔 때에 교회의 교리적(→dogmat.) 방법의 비 역사서에 대항한, 그리고 현대의 전체의 사상(특히 세계관이나 문화의) 그리고 개인적인(전체의 사상의) 수용을 위한 신학적인 흐름/경향, 비판적인 성서 이해, 1907 년(유죄) 판결이 내려졌고, 1910부터 1967 년까지 반 근대/현대 주의 서약(→Antimodernisteneid); 모든 역사-비판/비평의(→histor. -krit.) 신학을 위한 근본주의의(→fundamentalist.) 묘사

Möbelwagenkonversion, 한 복음 교회 그리스도인이 이사/이주와 함께 복음교회의 교회 공동체와 그의 새로운 거주지의 지역 교회(Landeskirche)의 구성원이 된다는 국가 교회법의 사정/실상(實狀)을 위한 묘사, 역시 이들이 이제까지의 것보다 한 다른 신앙고백 상태(→status confessionis)를 가질 때에

Mönch→monachos; **Mönchsgelübde** 는 마치 경우에 따라서 관계/해당하는 수도회(→Orden)의 지속하는 책무/의무/약속/맹세들 처럼 고대 수도사의 서원과 관련힌디<수도사들의 서원들>

Mohammedanismus→Islam

moira *gr.* , 운명/숙명/운명적인 일; **Moiren,** *gr.* , 운명의 여신들

Molinismus, 예수회의 수도사(→Jesuiten) 몰리나(Molina)(✝ 1600)의 가르침/교훈: (신의) 예정과 인간의 의지의 자유가 상호 작용하고; 왜냐하면 하나님이 자유로운 인간의 결정을 예측하고/미리 내다 보고 그리고 그것에 조치를 위하여 그의 협력/참여를 제시하시기 때문이다; →Banezianismus, →Kongr-uismus

monachos *gr.*, 홀로/혼자, 수도사(거룩한 것과 세상의 삶으로부터 분리를 위하여 혼자 있는 존재/외로움, 유일무이의/비길바 없는 존재); 의무가 지워진 수도원 형제의 성무일과의 공송 기도(→Chor-dienst)를 위하여; **monachium** *gr.*, **monas-terium** *lat.*, 은자(隱者)/은수자 혹은 수도사의(외부로부터 격리된 간소하고) 작은 방; 수도원; 교회(대성당/주교좌가 있는 성당)와 학교; **monastisch,** 수도사의/수도자의/금욕적인

Monade *gr.*, 일치/통일(체)/완결성; 전체의/모든 현실의 본성/본질/정수(라이프니츠(Leibniz), ✝ 1716)

Monarchianismus *gr.*, 2 세기의 이단자들 (→Häresie), 그들은 하나님의 단독 통치를 확실하게 하기 위하여 그리스도를 신적인 힘에 의하여 채워진(신으로 모셔진) 하나의 인간(역동적 단일신론/→dynamist. M.)으로서 혹은 하나님의 나타나심/현현의 방법(양태론적 단일신론/→Modalismus) 으로서 보았다

monarchischer Episkopat, 한 감독을 통한 공동체 관리/통솔(2 세기 이래로)<군주 정체의 감독직>

monasterium *gr. -lat.*, 수도원, 대성당, →

monachium; **monastisch,** 수도사의/수도자의/금욕적인

Mon'energismus, 아레오파기타의 디오니시오스(Dionysius→Areopagita)의 교리적인 형태,(그는) 그리스도의 두 본성들이 하나의 작용/효용 방식(*gr. ener-geia*) 안에서 결합되었다(고 주장); →Mono-theletismus

Mon'ergismus *gr.*, *dogm.*: (개종과 함께) 하나님의 단독/홀로 실행하심; →Syner-gismus

moniales *lat.*, →*Nonnen*

Monismus *gr.*, 일원론, 그것은 모든/전체의 현실을 하나의 기초/근본적인 것에 소급하고 그리고 그것의 발전/전개로서 설명한다(Ggs. →Dualismus); **Monisten-bund**(Dt. Monisten-Bund=DMB <독일 일원론자들의 모임>), 1906 년에 예나(Jena)에서 설립되었고, 하이켈(Haeckel)(* 1919)의 자연 인식/통찰-이론 (→Deszendenztheorie<진화론(進化論)>)에 입각한다/기반을 둔다

Monitum *lat.*, 경고/요구, 로마 교황청의 최고 관청(→Kurienkongregation)의 설명/해석/선언

Mon'odie *gr.*, 독창, 단음적인 혹은 반주되어지지 않는 멜로디/선율

monogenes *gr.*, 홀로 낳아진자/독생자(요 1: 14, 3: 16: 예수)

Mono'genie, Monogenismus *gr.*, 유일한 혈통/기원; 현명한 사람(→homo sapiens)이 한 선조로부터 유래한다는 견해; 그러나 →Deszendenztheorie<진화론(進化論)>, →Polygenie

Monogramm *gr.* , 개별 문자/글자; 이름/명칭 단축/약어<모노그람(성명의 머리 글자를 짜맞춘 문자)/낙관(落款)>; **M. Christi→XP**(*gr.* , =ChR)

Monolatrie *gr.* , 한분 하나님의 존경/숭배, 다른 신적인 존재의 예외도 없이<단일신 숭배/유일신 사상>; →Henotheismus, →Monotheismus

Mono'physitismus *gr.* , 451 년 칼케돈(Chalkedon) 회의에서 거부되어진 가르침/교리, 그리스도 안에 인간의 그리고 신의 본성이 하나의(신의) 본성에 결합되어졌다는 가르침; Ggs. →Dyophysitismus

Mono'theismus *gr.* , 유일신 신앙<일신교(一神敎)/일신론>; →Henotheismus; Ggs. →Polytheismus

Mono'theletismus *gr.* , 콘스탄티노플(Konstantinopel)(681) 회의에서 거부되어진 가르침/교리, 그리스도의 두 본성이 단지 하나의 의지(*thelema*)를 갖는다는 가르침

Monsignore (Mgr.) *ital.* , 카톨릭 교회 성직자들을 위하여 교황에 의하여 수여되었던 칭호, 로망스어(이탈리아어, 프랑스어, 에스파냐어, 포르투갈어 등)의 언어권에서 감독/주교들과 교황청 당국(→Kurie)의 고위 성직자들을 위한 공공연한 호칭<몬시뇨르/예하(猊下)>; 1969년 이래로 그들은 보라색의 단추들을 단 검은색의 한 성의(聖衣)를 입었다; →Prälaten

Monstranz *lat.* , *kath.* : 축성된 성체(→Hostie)를 위하여 혹은 성유물(→Reliquien)을 위하여 전시 용기<성체현시대(聖體顯示臺)>

Montanismus, 그리스도교의 교회화되기에 대항한 몬타누스(Montanus)(150 년경)의 《예언자/선지자의》운동(→Frühkatholizismus), →Naherwartung, 강력한 율법/계명/도덕 교육

montes pietatis *lat.* , 깊은 신앙심/경건의 산들, 전당포들(특히 15 세기에), 그들이 고리대금업자/모리배 앞에서 가난한 자들을 지키기 위하여 가난한 자들에게 담보물의 금액을 빌려주었다

Monumentale Theologie (고고학의) 기념비/문화 유산 안에서 언어구사/표현 방법을 위하여 오는 신학<기념비의/불멸의 신학>

Monumentum Ancyranum *lat.* , 아우구스투스(Augustus)의 행적과 함께 앙퀴라(Ancyra)(앙카라(Ankara))의 아우구스투스 신전에 비문/비명(碑銘)<앙카라의 기념비/기념 건축물>

Moral *lat.* , 윤리학/도덕철학; **m. insanity** *engl.* , 도덕적인/윤리적인 정신병/미침, 도덕적인/윤리적인 개념들과 감정들의 병리적인 /병적인 부족함/결핍; **moralisch,** 도덕(상)의/도덕적인/윤리적인; **Moralische Aufrüstung,** *engl.* Moral Re-Armament(MRA), 커(Caux)-운동(제네바호수/커(Caux)에 유럽의 본부), 1938년 옥스퍼드(Oxford) 집단운동으로부터 일어났고(1921 년에 부흐만(F. Buchmann)에 의하여 설립되었다), 《네 가지 절대적인 것들》(정직[솔직/성실](성), 순결/깨끗함/결백, 무사(無私)/

무욕(無欲), 사랑)에 적합하게 단독/개별적인 것의 수정/변화를 통하여 세상의 한 변화의 이론을 대변하다<도덕 재무장 운동>; **Moralische Gewißheit,** 슬기로운/만족할 만한 제시된 이유/근거 <윤리적인 확신/확실한 감정/확실성>(→Probabilismus); **Moralismus,**(종교의) 근본/기본 원리로서 도덕/도덕심의 이해; 역시: 좁은 윤리 해석/도덕에 대한 견해<도덕주의/도덕 지상주의>; **moralistisch,** 터무니 없이/엉뚱하게 도덕적인 <도덕주의적인/도덕 지상주의적인>; **Moralphilosophie,** 철학적(→philosoph.) 윤리(→Ethik), 그것은 그것의 원칙/신조를 이성을 통하여 얻는다<도덕/윤리 철학>; **Moralprinzipien**→Ethik; **Moralsysteme,** 불확실함/예측할 수 없음의 사정/경우 안에서 윤리적인(→ethisch) 결정들을 가능케 하는 원칙/원리들: →Äquiprobabilismus, →Laxismus, →Probabiliorimus, →Probabilismus; **Moraltheologie,** *kath.*: 종교적-도덕적 규범의 신학의 기초놓음<도덕신학>; ev.: →Ethik

Morganaticum, 아침의 선물(옛날에 결혼 다음날 아침에 신랑이 신부에게 주는 선물), 게르만족의 법에따라 첫날 밤 후에 부인에게 준 남자의 선물; **Morgantische Ehe,** 부족한 결혼, 왼쪽 손을 위한 결혼/혼인, 신분이 같지 않은 결혼<귀천상혼(貴賤相婚)(왕족과 천한 신분의 여인과의 결혼)>

Morgenländische Kirche(n) 동방 정교회들(→orth. Kirchen), 동방교회/그리스 정교회(→Ostkirchen); 역시 동쪽의 통합되어 진 교회/그리스 정교회(→unierten Kirchen)

Mormonen, Kirche Jesu Christi der Heiligen der letzten Tag, 종교의 분파/이단(→Sekte), 스미스(J. Smith)에 따른 그리고 그의 1923년에 알려진 책 ≪몰몬(Mormon)≫<몰몬교/말일 성도 그리스도의 교회>; 인간의 모습을 한(→anthropomorph) 신 개념, 사회 경제적인 활동/일, 이전에 일부다처혼[제(制)]; 미국 유타주(Utah) 쏠트 레이크 시(Salt-Lake-City)에 센터가 있다

Morphologie *gr.*, 형태[형상]론; 형태[형상] 혹은 형식의 형성과 변경/개편에 대한 가르침/교훈(생물학의: 역시 다른 영역으로 옮기다)<형태론(특히 형태의 특성, 발전, 법칙에 관한)/(생물체, 유기체의) 외부 형태론>

mortificato *lat.*, (금욕의(→asket.)) 색조의 변화/뉘앙스

Moschee *arab.*, 숭배/기도의 장소/처소; 모하메드교의 예배 건물<회교의 전당/이슬람 사원>

Moslem→Muslim

Motette *mlat.*, 규칙 안에서 성경의 문구[격언]을 구성한 악기의 소리가 없는 영적인 찬송가 부분<모테트(성서 구절을 다성(多聲)적으로 다룬 악곡으로 무반주임)/경문가(經文歌)>

Motetus *altfrz.*, 해석자/해설자; 테너보다 위에 놓여 있는 소리, 그것은 테너의 예배식의(→liturg.) 소리들을 페러프레이즈/부연 편곡한다(→paraphrasieren); 역시 전 부분; 모테트(→Motette)를 위한 이

전 형식

Motu proprio *lat.* , 자신의 충동/감동/노력으로부터; 교황의 답서들(→Reskripte) 안에서 부대조건/약관, 그것은 발신인에 대하여 개인적인 호의/선의로부터 결정/회답이 왔음을 보인다; 편지 형태 안에서 교황(→Papst)의 개인적인 처리; 교황의 주도권 위에서 입법 행위

Mozaraber, (본래/고유하게 *must arabi*) 아랍과 스페인의, 아랍인으로 만들어진 자들; 스페인에서 아랍의 통치권 아래에 있던 그리스도인들<모자랍 사람들>

Mozzetta (*ital.* =잘라 내어진/베어진 [외투/망토]), 팔꿈치까지 이르는, 앞에 단추가 채워진 카톨릭 성직자들의 세일러 칼라, 이전에 작은 두건/성직자의 모자와 함께, 1969년 이래로 단지 오직 주교들과 함께

Muckertum<비굴함/위선>→Erweckungsbewegung

Mudra *sanskr.* , 인도에서 기도의 손들의 자세

Münster, 수도원, (수도원-) 교회, →monasterium(수도원, 대성당)에 대하여

Muezzin *arab.* , 마호메트교/이슬람교의 기도 시간을 알리는 사람 <무에친>; →Minarett, →Salat

Mufti *arab.* , 결정권자; 이슬람교의 법적-종교적 감정인/감정가<무프티(이슬람교의 법률학자)>

Muhammedanismus→Islam

mulier taceat in ecclesia (고전 14: 34) *lat.* , 여자는 교회/공동체에서 잠잠하라!

Multi' voli' präsenz *lat.* , 고의의/의도적인 다수 장소의 현존; 부활하신자는 그가 원하는 곳에서 육체적으로 계실 수 있다는 루터교회의 교리적 가르침(예, 성체에(→Hostie))

Mumie (v. *arab. mumija,* 아스팔트), 기름부음(, 미이라화) 등등을 통하여 부패/분해 앞에서 보호되어진 시체/송장<미라>

munus (=officium) triplex *lat.* , 그리스도의 삼중의 직분: 전도/설교/고지/선포<예언자의 직분>(**m. propheticum**), 대 제사장의(히 2: 17 그리고 다른 곳), 화해를 이루는 자기 양도/포기<대제상의 직분>(**m. sacerdotale**) 그리고 왕의/왕과같은 주권/지배권<왕의 직분>(**m. regium**)

Muratorisches Fragment→Kanon Muratori

Musaf *hbr.* , 덤/보너스/앙코르; 최상의 날에 추가적인 유대교의 제물/희생

Musen, 예술과 학문에 대한 고대 신적인 여 보호자/수호자(제우스의 아홉 딸들)<무젠>: **Erato**(연애의 시문학<연애시의 여신>), **Euterpe**(피리[플루트] 연주), **Kalliope**(서사시의 문학), **Klio**(역사 기술 [편찬]), **Melpomene**(비극 작품), **Polyhymnia**(노래/음악), **Tersichore**(춤), **Urania**(천체/천문학), **Thalia**(희극 작품)

Muslim, Moslem *arab.* , 독실/경건한 사람<회교도/이슬람교도>, **Muselman**; 이슬람교(→Islam)의 추종자

Muspilli *germ.* , 세계적 대화재/세계 전쟁(?), 세계의 멸망(800년경)에 대한 고대 고지 독일어의 시/시가

Mutterhaus, 공동체 보조원/집사들(→Diakonisse)을 위한 교육 장소/훈련장<선교사회 봉사원의 본부/수도원 본원/본

사>

mutuum colloquium et consolatio fratrum
lat., 상호/쌍방간의 담화/회담 그리고 형제들의 위로, 루터에 따라 그리스도교 공동체에 속한; →notae ecclesiae

Myron *gr.*, 그리스 정교회의 가장 고귀한 성유(聖油), 무엇보다도 견진 성사(→Firmung)를 위하여

Mystagoge *gr.*, 비밀 통솔자/지도자, 비밀 종교 의식/비교(→Mysterien)로 혹은 마법/마력(→Magie)로 이끄는 사람; **Mysterien,** 비밀들, 고대의 비밀 종교 의식/비제(秘祭)/비교(秘敎)들, 그것들은(비결 등이) 전수되어진 자들(Mysten)에게 제식에서 일어난 신으로 모심에 근거하여 신과 함께 내세에 지속적인 사귐을 약속한다; **Mysterienspiele**(본래적으로 Ministerienspiele), 중세에서 축제일에 성직자들(→Kleriker)을 통하여 거행되는 성서의 역사들과 성인들의 이야기(→Legende)의 상영/공연, 처음에 교회 안에서, 후에 대부분 노천에서<중세의 신비극/(교회의 축제일에 하는 중세의) 종교극>; **Mysterientheologie,** 성례전의(→sakramentale) 표시(카셀(O. Casel), † 1948) 혹은(복음의) 선포(→Kerygma)(특히 교부들(→Kirchenväter)과 함께) 안에서 지금의 구원/구세의 작용/효과의 이해/해석하기<신비 신학>; **mysterion, mysterium** *kath.* : →missa; →Sakrament; 신앙의 신비; 예수의 생애/삶의 신비, *kath.* : 지금 현세의 그리고 변용되어졌던 예수의 모든 사건들, 그것들은 그의 인격의 신비에 참여한다; **m. fascinans**→fascinosum; **m. tremendum**→ tremendum

Mystifikation *gr. -lat.*, 속임/기만, 환상(幻像)/환영(幻影); 신비적인 혹은 신적인 의미와 함께 자연적인 일들<현혹/기만/속임수/신비화>

Mystik (*gr.*, *myein,* 닫히다 [눈과 입술]), 하나님과 함께 직접적 통합/연합의 목적과 함께 종교의 몰두/전념함(→unio mystica); 전부/모두-일치로서 전체/총체의 실재/현존의 견해/관(觀)<신비교/밀교(密敎)/신비주의/신비론>; **mystisch,** 신비적인/은밀한/불가사의한, 신비주의 종류에 적합한<신비한>; **Mystizismus,** 과도하게 올려진/과잉의 신비주의; 신앙부흥운동(→Erweckungsbewegung)을 위한 별명/별호<신비주의/신비론/광신>

Mythos, *Plr.* **Mythen** *gr.*, (신들의) 이야기(그러나→Legende), 그것은 종교의 기본 진술들을(실례, 그림 등으로) 구체적으로 설명한다<신화/설화/전설>; **Mythologie,** 신들 등등에 대한 전승/구전/전통<신화/설화/고대의 문학 작품>; 신화/전설/설화들의 학문적인 해석/설명<신화 연구/신화학>; **mythologisch**<신화의/신화적인/신화학의> 말하고, 비현실적인, 그러나 상상할 수 있는/상상이 되는 그림/장면들 안에서 하나의 진리를 말한다; **Mythologumenon,** 신화의/신화적인/신화학의 화법/말버릇

N

Naassener→Ophiten

nabi *hbr.*, *AT*: 제식의 신성한 장소/ 성전에서 시도/행한 예언자/선지자; **Nabitum, Nebiismus,** 예언자적 상태/신분; *Ggs.* 고전적인/전형적인 예언/예견(→Prophetie)

Nachfolge, 마 10: 38- 에 따라 하나님에 대하여 마치 예수께서 그것을 행하신 것처럼 동일한 복종/순종 아래 복종<후계/계승/흉내내는 것/모방(模倣)>; 그러나 →imitatio Christi

Nächster, (의식적으로/알려진 대로) 주는 자로서(눅 10: 29-, 특히 36절 이하!) 혹은 취하는 자로서(역시 적으로서, 마 5: 43-) 한 다른 사람의 생활 영역과 그리고 책임 영역/분야에 들어가는 각자<이웃 사람>; **Nächstenliebe,** 예수의 계명<이웃 사랑>: 마 5: 43, 22: 39; 비교, 레 19: 18

Nag-Hammadi-Texte, 13 콥틱어의, 1945/46년에 나크 하마디(Nag Hammadi)와 함께 상부 이집트에서 발견하였던 2세기 등등으로부터 그리스도교의 한 영지주의(→gnost.) 집단의 고사본(古寫本)/필사본, 하나의 도마복음

Naherwartung, 그리스도의 재림(→Parusie)

naos *gr.*, 신전(神殿)/사원

naqdanim→Punktatoren

Narr in Christo, 동방정교회의(→orth.) 온

전한 역사 안에서 생동하는 내부세계의 금욕생활(→Askese)과 경건의 하나의 타입/유형을 위한 묘사<그리스도 안에서 바보/어리석은 자>

Narrative Theologie *lat.*, 이야기조의/설화체의 신학, 새로운 신학 사조/경향, 특별히 성서 해석/설명에 있어서

Nasiräer *hbr.*, 서약/맹세/서원을 통하여 하나님에게 특별한 봉사를 위하여 헌신/바쳐진 자(민 6: 1-)<나실인>

natalicium *lat.* 생일 선물; 순교자들(→Märtyrer)과 성자들(→Heiligen) 의 사망일/기일(은혜/은총과 선물로서 죽음의 견해/관(觀))

Nationalkonzil, 오직 하나의 국민에 의하여 대표가 파견되어지는 회의(→Konzil) <(어느 국가의) 주교회의>

Nat-Kult, 미얀마(Myanma)의 민족 종교

natürliche Religion, 원시[미개] 민족의 종교 <자 연 종 교>; →Aufklärung: 역 사 (→Historie)(예, 예수), 전통(→Tradition) 혹은 교리(→Dogma)에 구속적 관계가 없는 이성의 종교(Ggs.→positive R.); ≪마음의종교≫(→Pantheismus); **natürliche Theologie,** *lat. theologia naturalis*, *kath.*(→Thomismus): 믿음의 전제/가 설 (→praeambula fidei)(→analogia entis)로서 일

반적인 계시(→revelatio universalis)에 대한 가르침/교훈; ev.: 하나님의 존재(→Existenz) 그 리 고 그 의 창 조 질 서 (→Schöpfungsordnung) 에 관한 모든 인간들에게 내재하는 지식(롬 1: 18: →Uroffenbarung)(변증법적 신학(→Dialektische Theologie)에 의하여 반박되어졌다)<자연 신학>

natura carnalis *lat.*, 육체의 본성/성질/특성, 죄많은 인간 존재; **natura creans, non creata** *lat.*, 창조하는, 창조되어지지 않는 본성; 하나님; **n. creata et creans,** 창조되어진 그리고 창조하는 본성; →logos; **n. creata, non creans,** 창조되어진, 창조하지 않는 본성; 세상; **n. divina,** 신의 본성; **n. humana,** 인간의 본성; **ex puris naturalibus,** 자연적인 재능/능력들로부터 순수하게, 은총/은혜의 도움/조력이 없이; **natura naturans,** 성취/실행하는 본성, 그것은 창조적으로 개별/개개의 성질/특성들 그리고 형상/형태들을 산출[배출]한다; **n. naturata,** 만들어 내어진/형성되어진 본성, 모든 개별적 사물들의 총체/총괄/본질(→Neuplatonismus, 스피노자(Spinoza) † 1677, 쉘링(Schelling) † 1854); **Natur u. Übernatur,** *kath.*(스콜라 철학의): (신에 의하여) 창조된 그리고 창조되지 아니한(신적으로 은혜가 있는) 존재<자연과 초자연>; **Natur u. Gnade**<자연과 은총/은혜>; **übernatürlich**(예, 신학적인 덕목들(→Tugenden))<초자연적인/불가사의의/신비적인>; **Naturalismus,** *philos.*: 자연적 원인/이유로부터 세상의 설명/해석/해명<자연주

의/자연주의적 요소/자연주의적 세계관>

Naturrecht, 자연법으로부터 진술된 법의 원리<자연법>

naviculum *lat.* 유향(乳香)의 보관/저장을 위한 작은 배

navis *lat.*, 배/선박/함선; 교회의 중앙부

Nazaräer, Nazoräer, Nazarener, 예수의 별명/이 명(=v. Nazareth ?)<나사렛 사람>; 경시하는/경멸적인 유대인들의 그리스도인들 묘사(행 24: 5); 유대 그리스도인들의 자 기 묘 사/자 칭; **Nazarenerevangelium,** 유 대 그 리 스 도 인 들 의 (→judenchristl.) 경전외 성서의(→apokryph) 복음서(→Evangelium)<나사렛인의 복음서>

nebiim *hbr.*, 예언자들; 히브리어 성서 경전 안에서 구약의 두 번째 부분(여호수아에서 말라기까지); →Ketubim, →Tora(비교, 부록/첨가물)

Nebiismus→Nabitum

nece(a)ssitas *lat.* 필연성/불가피성/필요(Ggs.→Kontingenz); **n. medii,**(구원/구제) 목적을 위한 수단/방법으로서 필연성; **n. praecepti,** *kath.*: 하나의 지시/규정/명령의 존재함/현존을 통한 필연성; **in necessariis unitas, in dubiis libertas, in omnibus autem caritas,** 필연적인 존재들 안에서 일치, 의심 스러운 것들 안에서 자유, 그러나 모든 것 안에서 사랑

Negative Theologie→kataphat. Th.

Negro Spiritual→Spiritual

Nekrolog *gr.*, 장례사, 추도사; **Nekrologien,** <(수도원 등에 있는) 사망자 명단> 최상

의 날에 공식적인(타인을 위한) 소청/기도에 포함 시킨 죽은 사람들의 이름을 지닌 중세의 달력/캘린더; **Nekromantie,** 강령술을 통하여 예언<교령[영매]를 통한 예언[무술(巫術)]/강신술>; **Nakromant,** 강신술(降神術)/귀신 쫓기<무당/교령술자/영매(靈媒)>; **Nekropole,**(고대와 선사 시대의) 광대한 묘지[공동묘지], 대부분 범위가 넓은/광대한, 정교한/예술적으로 다듬어진 고대 도시의 매장/장례 공원/녹지

Nektar und Ambrosia, *gr.* 그들을 죽지 않게 만드는 신들의 음료와 신들의 음식<신들의 불로의 술과 음식>

Neologie *gr.* 독일에서 물리신학(→Physikotheologie)과 이성/합리 주의(→Rationalismus) 사이의 계몽주의(→Aufklärung) 신학의 두 번째 국면, 그것은 전래된 교리들(→Dogmen)(예 , 삼 위 일 체 론 (→Trinitäts-), 원죄론(→Erbsünden-), 칭의론/정당함의 증명[변호]론(→Rechtfertigungslehre)) 마치 성서의 경전 처럼 (→Kanon) 도덕적으로 유리한/유익한 것의 관점/시점 아래서 비평/비판 하였다<네올로지(18 세기 독일 계몽주의 신학의 한 경향)>

Neomyst *gr.* 새롭게 서품되어진 자, 서품 (→Weihe) 을 받은후의 카톨릭 교회의 사제

Neophyt *gr.* 새로 낳아 진 자/중생한 자, 한 공동체에서 새로 세례를 받은 사; 새롭게 서품이 수여되어진 사제<신 세례자/(특히 원시 기독교 시대의) 새로운신자/성년 세례자>

Neo-Vulgata→Vulgata

Nepotismus(*v. ital. nepote,* 조카) 관공서 등등의(훈장, 칭호 등의) 수여와 함께 친척들의 발탁/우대<정실(정실) 등용/친족 등용[족벌주의]>

Nestorianer, 콘스탄티노플의 네스토리우스(Nestorius v. Konstantinopel)(† 451) 총대주교(→Patriarch)의 하나의 고유의 교회가 되어진 추종자/신봉자의 전부/일파, 그리스도를 낳은 자(→christotokos)로서 마리아에 대한 그의 가르침을 431 년 에베소 회의(→Konzil)가 그리스도의 양성론을 신봉[추종]하는 것으로서 배척하였다<네스토리우스파[교도]/경교도(景敎徒)>

Neuapostolische Gemeinde, 1907 년에 이름 <새 사도 공동체>, 이전에: ≪일반적인 그리스도교의 사도적 선교≫(1860), 오늘날 역시 새 사도 교회(**Neuapost. Kirche**)(→Sekte), 약 50 ≪사도들≫의 감독 하에 있고, 이들은 그리스도의 대표자/대변인으로서 한≪간부/핵심(Stamm)-사도≫→Naherwartung; →Versiegelung

Neue Weltgesellschaft, 여 호 와 의 증 인 (→Zeuge Jehovas)의 자기 묘사/자칭

Neu-Luthertum, 계 몽 주 의(→Aufklärung), 이성론/합리주의(→Rationalismus) 그리고 자유주의(→Liberalismus) 와는 대조적으로, 자주 각성[신앙] 부흥운동 (→Erweckungsbewegung)과 관계를 가지고 녹일 안에서 신앙고백서들(→Bekenntnisschriften), 정교회의 교육 기초/토대/기반 그리고 긍정적인 믿음(→positiver Glaube)(→Supranaturalismus) 의 외형적

모습의 갱신 목표를 가지고 1817 발생한 운동, 그로부터 자기 묘사/자칭 ≪긍정적/적극적인 것(Positive)≫, 그러나 반대자들에 의하여 ≪종파적인/특정 종파의 것(Konfessionelle)≫, ≪신조주의 자들(→Konfessionalisten)≫, ≪신/새로운 정통/(루터나<칼뱅의>) 순수 이론 고수≫; →Erlanger Theologie, →Repristination stheologie

Neume *gr.* 신호/눈짓, 중세의 예배식의 (→liturg.) 본문들에 대한 그림 기호/표지들, 그것들은 리듬 있는/율동적인-선율/멜로디의 움직임을 맞춘다<(악보 발견 전에 사용된) 중세의 단음 음악에 사용된 기호/네우마>

Neuplatonismus, 고대의 마지막 철학-종교 학파: 신(神)은 모든 존재의 전적인/독점적인 이유/동기/원인, 그 존재는 많은 단계들로 그에게 나아가도록 펼쳐진다/전개되어진다(플로티노스(Plotin), † 270)<신플라톤주의>

Neuprotestantismus, 마치 자유로운(→Freies) 혹은 자유로운 사고 방식[사상](Freisinnig)의 그리스도교 처럼 19세기 그리고 20세기의 시작에서 하나의 자유주의/진보적인(→liberal), 반 성직제도의(→klerikalist.), 반 교조/신조 주의의(→konfessionalist.) 흐름<신 개신교주의>; →Kulturprotestantismus

Neuscholastik, 19 그리고 20세기의 카톨릭 교회의 신학에서 스콜라 철학(→Scholastik)의 새로운 소생/활성화; **Neuthomismus,** 동일하게 아크뷔노의 토마스(Thomas v. Aquino) 사상의 활성화

(→Thomismus)

New Age *engl.*, 새로운 시대, 지금까지의 세계상/세계관의 위기/중대 국면을 직면하여 여러 가지 전문 영역에 걸친 정신성/영성 그리고 진화적인 비교(秘敎)의 종교[신앙심]의 하나의 새로운 혼합주의(→synkretist.) 운동을 위한 집합명, 그것은 칼 융(C. G. Jung)(† 1961)을 증거로 내세운다(대리인/대표자 예, 카프라(B. F. Capra), 비평가 예, 몰트만(J. Moltmann)), 그와함께 천문학/점성술(→Astrologie)의 영향(바써만(Wassermann)-시대가 지금 현재 피쉐(Fische)의 시대를 인계/교대 한다)<뉴 에이지>

Nicaenum, Symbolum N., 니케아의 교회 공의회(→Konzil von Nicaea)(325)에서 받아들여진 신앙고백서 (반 아리우스적으로(→arianisch); **S. Nicaeno-Constantinopolitanum,** 콘스탄티노플 공의회(→Konzil von Konstantinopel)(381)에서 받아들여진 니케아 신앙고백(→Nicaenum)의 확대/확장; 보편적인/전교회의 신조/신앙고백들(→Symbole)

Nicht-Kirche-Bewegung, 집필/작성 되어진 교회주의와 성례전들에 대항하여 우찌무라 간조(K. Utschimura)(† 1930)에 의하여 설립된 일본의 각성적인 생명있는 그리스도인들의 성서로부터의 운동. 무교회주의

Nichtdirektives Beratungsgespräch<행동지침을 주지 않는 심의 대화>→Gesprächspsychotherapie

nichtreligiöse Interpretation 성서의 개념들의<비 종교적인 해석>; 본회퍼(Bonhoeffer)(† 1945): 지나간 종교의-초감성적인(→metaphys.) 사고 형식의 극복/극기, ≪성년이≫되어진 세상 안에서(≪종교가 없는/무종교의≫) 기독교의 ≪현세(現世)/세속적인 것≫강조/역설; →etsi deus non daretur; →Hermeneutik

Niederstift, 합법적으로/정당하게 ⇒→ Hochstift

nihil negativum *lat.,* 완전한/전적인 비존재(非存在)/비실존; 피조물 앞에서의 상태; **n. privativum,** 형상[형체]가 없는 세상 물질,→Chaos; **nihil obstat** *lat.,* 길에 아무 것도 놓여 있지 않다; 인쇄허가의 카톨릭 교회의 양식/간결한 표현; **Nihilianismus,** 중세의 이단: 그리스도는 인간으로서 실체적인/본질적인(→substantiell) 존재가 아니고, 그의 ≪인간 존재≫는 단지 인간적인 본성과 신적인 본성의 관계를 표현하다; **Nihilismus,** 상위/우위에 두어진 권위들과 효능/가치들을 부정/부인<허무주의/니힐리즘/허무주의적 태도>

Nihongi *jap.,*(역사적) 연감(年鑑)/연보/연대기(→Annalen); 가장 오래된 일본 제국의 역사,(일본의) 신도(神道)(→ Schintoismus) 의 중요한 원전/원천 문헌;→Kojiki

Nikolaiten, 계 2 장에 따른 소아시아에서 방탕자/호색한 그릇된 교리의 집단/그룹/모임<니골라당>; **Nikolaitismus,** 사제의 결혼의 중세의 묘사

Nimbus *lat.,* 구름, 안개/몽롱함의 덮게/싸게, 그 안에서 하나님이 나타나신다/출현하신다;(그리스도, 성인들의 머리 주변에 있는 후광(後光);→Aureole,→Mandorla

ninivitisches Fasten, 몇몇 동방 교회 안에서 그리스의 금식 기간/사순절에 앞서 니느웨의 예언자 요나의 참회 설교를 기억/회상하기 위하여 거행하였던(삼일 간의) 금식

Nirwana *ind.,*(애정, 명성 등이) 사라지기, 불교 (→Buddhismus)에서 절대적인(→absolut), 영원한, 분별하지 못하는, 존재도 또한 비존재도 표현하지 않는 상태로서 지속적인 환생(→Wiedergeburt)의 종국을 위한 묘사, 그 상태는 현세-육체적인 존재 후에 죽음의 소멸[소실]하기를 통하여 실현되어진다<열반>

Nisan, 유대의: 한 해의 첫 번째 달(3월 - 4월)

Noachi(ti)sche Gebote (비교, 창 9: 1-), 일곱 계명들, 그것들을 유대의 율법학자들(→Schriftgelehrten) 이 일반적으로 유용하게 설명/표명하였고 그리고 역시 유대교로 개종한 이방인들에게 책임 지웠다(우상 숭배의 삼가, 음행/간음, 피채 먹음 등등; 비교, 행 15: 20→Aposteldekret)

Nobelgarde 귀족들로부터 고귀한/귀품 높은 근위대는(교황의) 의장 위병(儀仗 衛兵)을 형성하였다

nodus *lat.,* 매듭/결절(結節); 성배(聖杯)의(둥근) 손잡이<(잔, 촛대 등의) 자루에 달린 꼭지>

Nokturn *lat.,* 밤의/밤에, 중세의 예배식의(→liturg.) 취침전의 기도; 고대 그리스도 교회의 밤 예배; 오늘날: 야과경(夜課經)(→Matutin) 혹은 그것의 세부분들(Nokturnen) 중의 하나

noli me tangere *lat.*, 나를 만지지 말라!(요 20: 17)

Nominal'elenchus *lat.-gr.*, 교회의 형벌로서 공동체의 일원에게 이름을 들어서 공공 연히 형벌/벌- 그리고 경고의 말(《질책 하기》)

Nominalismus, *MA*: 보편[일반] 개념들 (→Universalien)에 고유의 현실성을 인 정하지 않는, 오히려 그것을 단지 발음 된 소리들(모음체계) 혹은 일반화되어 진 개념들((중세의) 개념론, 명사론(名 辭論))을 위하여 고수하는 경향/견해<유명론(唯名論)/명목론(名目論)>; Ggs.→Realismus

Nominationsrecht, 임명/추천법

nomos *gr.*, 법, **Nomismus,** 법에 의하여 규정 된 견해/신념/사고 방식; **Nomo'kanon,** *gr.-orth.*: 교회-국가의 법령집/법령 전서 들; **nomo'logisch,** 법의 가르침을 언급한 /에 관한; **Nomotheismus,** 한 추상적인/개 념적인 세상 법과 함께 하나님의 동일 시(同一視)

Non'ad'oranten *lat.*, (예수를) 숭배하지 않 는자, 유니테리언 교도(→Unitarier)들의 과격한 소수 분파 그룹(16세기)

Non(e) *lat.*, 해돋이/일출 후 아홉번째 시간; 수도원의 그리고 사제의 시간들(→ Hore)(15시)

Nonkonformisten *mlat.*, 언제나 같은 방식이 아닌/단조롭지 않은 것들, 획일성/균일 성의 문서/서류들(→Uniformitätsakte) 혹 은 영국국교회(→anglikan. Kirche)의 39 개 조항/항목을 거부하는 영국의 개신 교 신자들<비추종주의자/(영국의) 비국 교도>, 특별히→Puritaner; →Dissen- ters; Ggs.→Konformisten

nonnus *mlat.*, 시대와 종교적 삶을 통하여 숭배하는 자로<수도사>; **Nonne, Moni- ale** 수녀

non possumus *lat.*, 우리들은 할 수 없다. 세 상 권세에 대하여 카톨릭 교회의 거부 형식

Norm *lat.*, 규칙/규범, 지시/명령, 척도/정도; *ev.*: **norma normans,** 교회의 가르침의 표 준이 되는/결정적인/권위있는 규범/표 준으로서 성서; **normae normatae,** 성서 를 가지고 평가되어진 가르침의 표준/ 규범으로서 고백/신앙 고백(→confessio) 들; →Tradition(카톨릭 교회의)

Nornen, 북 유럽 종교의 운명의 여신들(과 거를 위하여 우르트(**Urd**/운명의 3여신 의 최연장자로 과거를 맡아보는 여신), 현재를 위하여 페르단디(**Verdandi**), 미 래를 위하여 스쿨트(**Skuld**))

notae (=signa)→ecclesia *lat.*(진실한) 교회의 특징/표지; *allg.*: 일치(**unitas**), 신성함 (**sanctitas**),<보편성/카톨릭의 정통신앙 >→**Katholizität**(비교,→Ökumenizit ät),<사 도성>→**Apostolizität**; *ev.*: 적합한/올바른 (=성서에 맞게/따라서/의거하여, → norma normans) 전도/선포/고지(告知)(및 가르침/교훈) 그리고 성례전 관리/지도 (→Sakramentsverwaltung), 계승/모방(模 倣)(→Nachfolge) 안에서 고통/수난 (→Martyrium),→potestas clavium,→mu- tuum colloquium et consolatio fratrum(개별 적인 논점/주제들에 다른/상이한 주요 의미가 부여되어진다)

notaricum *lat.*, 한 단어의 첫 머리 글자를 통하여 단축된/약어로 표시된 철자법/정서법; 단어의 부분들을 특별히 단어들로서 고려하지 않기위한 랍비의(→rabbin.) 해석 규칙/규범

Nothelfer, 14 성인들의 그룹, 그들은 각기 특별히 위기/고난들로부터 도와야만 하였다(9 세기 이래로)<구난자/구호자/구난 성인>

Not in der Welt→Misereor

notitia Dei naturalis *lat.*, 신의 존재와 본질에 대한 자연스러운/타고난 인식 능력, 믿음 외의; **notitia Dei revelata,** 신의 존재와 본질에 대한(믿는 이에게) 계시되어진 인식 능력

Notrecht, kirchliches, 교회 논쟁에서 일어난/발생한 개념, 그 개념은 국가의 감독 법률/권리에도 불구하고 교회의 법 자치(권)을 강조한다

Notre-Dame-Epoche, 13 세기 프랑스의 정량 음악의 전성기 양식(→ars antiqua)에 앞서 가는 12/13 세기의 음악; →Organum,→conductus

Nottaufe, 생명의 위험과 함께 교회의 승인된(장엄/장중하지 않은) 세례, 역시 성직자가 도달할 수 있는 곳이 아닌 곳에서 평신도를 통하여<긴급 세례/사(私) 세례(빈사 상태의 아이에게 일반이 행하는 세례)>

Nottrauung, 성직자가 없이 최소한 두 증인 앞에서 위급한 경우/비상시에 교회의 결혼식/혼례<긴급 혼인>

no'umenon *gr.*, 현상들의 기초가 되는 것(물(物) 그 자체(**Ding an sich**))(Kant † 1804), 참 증대/증가하는 것의 의미를 갖지 아니하고; Ggs.→Phänomen

Nouvelle Théologie *frz.*, 신/새로운 신학, 1940년 이래로 새로운(특히 프랑스의) 카톨릭 교회의 경향을 위한 집합 명사; 공동으로 그것에(그리스) 교부들(→Kirchenväter) 의 재수용이 있고, 두-층-생각/사유(→Zwei-Stockwerk-Denken) 에 대항하여(루바크(H. de Lubac), 역시 발타자(H. U. v. Balthasar))

Novatianer, 로마교회의 장로(→Presbyter) 노바티아누스(Novatianus)(250 년경) 의 추종자들, 그는 죽을 죄인들(→lapsi)의 재 입회/재 수용을 거부하였고, 그의 추종자들은 7 세기까지 존재하는 부차적 교회를 형성하였다(**Novatianisches**→**Schisma**)

Novene *lat.*, 아흐날 동안의 기도/경건회, 특별히 바로크 시대(→Barockzeit) 에, 축제를 준비하기 위하여, 예, 오순절 노베네(9일 기도)

novissima→Eschatologie

Novize *lat.*, 초심자/신참자, 기원/서원을 행하기 전에 시험/준비 상태 안에 있는 수도사<수련사[예비 신부/수도사]/수련수녀[예비 수녀]>; **Noviziat,** 수련기, 수련원

numen *lat.*,(한 신의) 권능/힘; 인간적인 특징/특성이 없이 하나의 의사표명의 운반자로서 신적인 것<신적 존재(명확한 표상을 삼을 수 없는 신적인 존재)>; **numinosum,** 종교적인 경험/체험 안에서 인간들에게 이해할 수 없는 비합리적/비이성적으로 신적인 것의 압도적인 것

Numeri (Num.) *lat.*, 셈하기; 민수기, 인구 조사와 함께 조사한다

numerus clausus *lat.*, 닫혀진/폐쇄된, 제한된 수; <(직업 훈련생 및 대학의) 입학 정원제>; **numerus praedestinatorum,** 구원을 위하여 미리 정해진/결정되어진 자들의 수(→Prädestination)

Nunc dimittis *lat.*, 시몬의 찬가의 시작(눅 2: 29-32): ≪이제 당신이 자유롭게 하여/놓아 주시는도다≫

Nuntius *lat.*, 사자(使者)/전령(傳令); 교황청 당국(→Kurie)의 지속적인 외교상의 대변인/대표 (→Legat)<교황 대사>, **Doyen**(*frz.*, 지위가 가장 높은 구성원) 외교상의(직무, 신분이 같은 자의) 단체/그룹의 명의사교(名義司敎)/명의신부; **Nuntiatur,** 사자/전령의 자리<교황 대사의 직/교황 대사관>

Nzambi→Orenda

O

Obelisk *gr.*, 작은 창/꼬챙이; 뾰족한 기둥/교각, 이집트에서 태양시계로서 및 태양신의 제식 상징으로서 사용/이용하였다 <오벨리스크/네모진 뾰족한 탑>; 고대 비판적 본문-표지/부호(✝, ÷), 역시 **Obelos**

Oberkirchenrat, 한 지역/주(州) 교회(→Landeskirche)의 중심된 관청(자주 ≪독일 각주 교회 관청(Landeskirchen-amt)≫) <개신교 최고 관리 위원회>; 한 지역/주 교회의 감독/지도(역시 EKD의 교회관청)의 신학적 혹은 법률적 구성원<개신교 최고 관리 위원회 위원>; →Kirchenrat

Oberprokurator, 동방교회의: 거룩한 회의(→Synode)의 성직자가 아닌 의장/회장

obex *lat.*, 빗장; *kath.*: 믿지않음/불신앙과 회개하는 기색이 없음 안에서 방해하는/가로막는 고집의 성례전(→Sakrament)의 효력/효능(**obicem ponere** =하나의 빗장을 지르다)

Objekt *lat.*, 대항시키기/이론을 주장하기 및 대비(對比)하기; 그리고는(행동, 사상, 감정의) 대상/객체 혹은 하나의 생각/사상의 내용; **ideelles O.**(주관적인/개인적인 이상주의/관념론(→Idealismus)); **reales O.,** 주체(→Subjekt)로부터 독립되어 있는/독립적으로(→Materialismus); **objektiv,** 개별적인 주체로부터 그리고 그의 의식/자각으로부터 독립되어 있는 <객관적인/편견이 없는/공평한>; **Objektivation,** 구상화(具象化)/대상화(對象化)/실체화, 초인격적인 것으로 이전/이동

obit(us) *lat.*, 죽음, 죽는 일/영면하는 일; *kath.*: 매장/장례식 전에 예배; 해마다/매해의 장례미사/연(煉) 미사

Oblaten *lat.*, 희생으로 바쳐진 것들, 선물/기부금/헌금들, 봉헌 되어진 것들; 미래의 수도사 혹은 수녀들로서 수도원에서 사는 아이들; 수도원에서 천박한 봉사들을 위한 평신도 형제들(그리고 -자매들); 그들의 재산의 바침/봉헌을 위하여 스카풀리어(→Skapulier/수도사의 어께에 앞뒤로 드리우는 겉옷)(이전에는 수도복)를 착용하도록 허용된 사람들; 다양한 수도원회/신심회(→Kongregationen)의 묘사; →Hostien; **Oblation**→Opfer, 제물/봉헌/희생; 고대 교회: 공동체에 의하여 애찬(→Agapen)을 위하여 기부되어진/드려진 헌물/헌금들; 자발적인 매월의 사랑의 헌물/헌금; *kath.*: 미사에서 성체(→Hostie)와 성배의 헌납/드림; 그를 채용[고용]한 자에게 성식목/교회목(→Pfründe) -소유자의 제출/양도; **Oblationstheorien,** *kath.*: 미사제물/미사성제 이론들(→Meßopfertheorien), 그것들은

그리스도의 속죄의 제물/희생 제물의 반복을 피한다/비켜간다; Ggs.→Destruktionstheorien

oboedientia activa *lat.*,(그리스도의) 행동으로 보여주는/적극적으로 행동하는 복종/순종; **o. passiva,**(그리스도의) 고통[고뇌]에 찬 복종/순종(빌 2: 8); **oboedientia canonica,** 카톨릭 교회의 성직자와 수도사에 의하여 수도원장/고위 성직자에게 빚지워진, 복종 의무 서약(**Oboedienzeid**)를 통하여 뒷받침되어지는 복종/순종; **oboedientia nova** *lat.*, 은혜를 통하여(→justitia dei passiva) 가능케 되어졌던 새로운(믿음의-) 복종/순종; **Oboedienz,** 한 교황이나 혹은 감독의 지역/영지/영역 및 추종/지지/신봉자(의 전부)

Obsequiale *lat.*, 장례식들을 위한 사제의 예배식(→Liturgie)-책(→Exsequien); **Obsequien,** 성무일과(→Hora)에 부속[귀속]시켜진 시편 기도들

Observanten *lat.*, 엄수/이해하는 자들; 많은 수도회들(→Orden) 내부에서 수도회 규칙의 한 강력한 해설/해석의 옹호자/주장자 그리고 엄수/이행, 사정[경우]에 따라서 하나의 고유의 수도회 연합에 연합[동맹]/제휴했다(예, 프란치스쿠스 수도회(→Franziskanerorden)에서)<원시회칙파(原始 會則派)의 수사들>; **Observanz,** 관찰/주시; 한 종교의 요구/요구 사항들에 상응하고 그리고 그것들 안에서 적합하다고 입증/확증하기 위하여 종교의 관습/관례/습관의 준수/엄수/이행하기<(종교상의) 관습/(수도회의 회칙 엄수)>

obsessio corporalis *lat.*,(한 악마를 통하여) 신체[육체]상의 신들린 상태

Obskurantismus(*lat.*, *obscurus*, 깜깜한/매우 어두운/음침한), 모든 종류의 계몽주의를 멀리하려고 노력/지향<비 계화론/반계몽주의>

Occamismus, 윌리엄 오컴(W. Ockham, † 1347)의 학파/유파(流派), 그는 믿음(→Glauben) 과는 달리/반대로 지식(Wissen)(→Logik)을 경험의 원천에 소급하였고, 철학적인 사변(思辯)/사색(→Spekulation)에서 하나님의 전능(全能)을 빼앗았고 그리고 개별적 사물들의 우연성(→Kontingenz)을 주장하였다 <오컴주의(유명론을 주장한 영국의 스콜라 신학자 오컴의 이론)>; Ggs.→Realismus,→Thomismus

Octavarium Romanum *lat.*, 교회 축일들의 8일간 및 그 최후일을 위하여 예배식(→liturg.)서

Oculi *lat.*, 눈들; 세 번째(그리스도) 수난의 주일(도입부(→Introitus) 시 25: 15; 내 눈이 항상 주(=여호와)를 앙망한다)

Ode *gr.*, 찬미[찬송]가/송시(頌詩); →Canticum

Odeum *gr.*, 연주장/콘서트 홀<(고대의) 원형 연기장(음악 및 연극 상연을 위한 원형 건물)>, 무대/극장, 성당의 2 층석(二層席)/합창대석(→*Empore*),→Lettner

Ökonomie *gr.*, 관리/행정/관리부문, 설비/설치, 정리/배열/배치; oeconomia salutis, **Ö. des Heils**(Heilsökonomie), 하나님의 구원[구세]의 계획/구원[구세]의 질서; **ökonomische**→**Trinitätslehre**

Ökumene, Oekumene, 실제로: **Oikumene** *gr.*, 거주하는 땅; 전세계에 미치는/세계 적인 거의 모든 그리스도의 교회의 협력/공동 작업함을 위한 묘사<외쿠메네 (지구상의 인류의 거주 지역)/(세계의) 전체 그리스도 교도[교회]/교회 일치운 동/세계교회운동>; →World Council of Churches; **Ökumene der Weltreligionen,** (무엇보다도 교회일치의 공공기관들에 의하여 고무[자극]되어지고 그리고 후 원/진흥시켜졌던) 커다란 세계 종교들 사이에서 대화를 위한 묘사, 그리고 평 화를 위한 종교들의 국제회의 <→Weltkonferenz>에서(≪커다란/장엄 한 일치(große Ö.≫); **ökumenisch,** 전/모 든 인류, 교회일치 운동에 관련한<전체 그리스도 교회의/세계교회의>; **Öku-menik,** 교회 일치운동의 가르침에 대한 가르침/교훈<교회일치론/학>(→Diszi-plin); **Ökumenische Bewegung,** 비 카톨릭 교회의 종파들의 화해/일치의 노력/수 고, 특별히 다음 것을 통하여 요구되어 졌다: 기독교 청년회(→Young Men's Christian Association)(1855), 국제 선교회 의(1878, 1910), 생활과 일(→Life and Work)(1919), 신앙과 직제(→Faith and Order(1927), 세계교회 협의회(→World Council of Churches)(1938) 1948, 루터교 세계연맹(1947) 그리고 무엇보다도; < 세계교회 공의회> **ök.e→Konzile; ök.er Patriarch,** 콘스탄티노플의 종대수교 (→Patriarch)의 칭호<(세계의) 전체 그리 스도 교회의 총대주교>; **ök.e (=altkirch-liche)→Symbole,** 도처에서 승인된/받아 들여진 신앙고백들→Apostolikum, → Nicaeno-Konstantinopolitanum (→Nicaenum 이 아니다),→ Athanasian-um; **Ökumenischer Rat der Kirchen,** 세계 교회 협의회 (→World Council of Churches)를 위한 공식적인 독일어 묘사 **Ökumenismus,** 특히 교회일치운동 (Ökumene) 사상을 위한 카톨릭교회의 묘사(engl. ecumensim 그러나=Ökumene); **Ökumenismusdekret,** 제 2 바티칸 공의 회의(→Vatikanum II)(1964)의 결정/결의, 그 회의에서 교회일치 운동(→Öku-menische Bewegung)에 대하여 그때까지 의 제한[한정]하는 로마의 자세를 수정 하였다; **Ökumenizität der Kirche,** 참된 교회(→ecclesia) 의 널리퍼진 존재, kath.: 모든 대륙을 넘어 저쪽으로, ev.: 신앙고 백(→Konfession)의 한계를 넘어 저쪽으 로(→notae ecclesiae; →Katholizität)

Offenbarung (des Johannes)→Apokalyse

Offenbarungspositivismus(본회퍼(D. Bon-noeffer), † 1945), 각 선포의 조건들과 관 련을 거부하는 바르트(K. Barth) († 1968)의 신학을 위한 비판적 묘사(≪ 하 나님은 하나님 이시다(Gott ist Gott)≫)< 계시의 실증주의/실증론>

Offenbarungstrinität→immanente Trinität

offene Kommunion→Abendmahlsgemein-schaft

offene Schuld, 기도의 형식[정식(정식), 상 부석 문구], 복음교회의 예배에서 일반 적인 참회/고백/자백; →confessio gener-alis

Offertorium *lat., kath.*: (희생의 제물을) 바

치기/드리기, 공동체를 통하여 미사에서 빵과 포도주의 제물을 바침(→Opfer); 오늘날: 준비한 것을 덧붙인 기도들<미사에서 빵과 포도주 봉헌시에 드리는 기도, 제헌경(祭獻經), 봉헌송(奉獻誦)>

officium *lat.*, 의무(義務), 직위/직책/직분, 관공서/당국; →munus; **o. defunctorum,** 장례미사/연(煉)미사(→Vigilie); **o. diei(=diurnum),** 카톨릭 교회의 사제의 의무에 따른[상응하는] 날마다의 성무일과(→Hore)(→Brevier); **Sanctum O.,** *ital.* **Santo Uffizio** 거룩한 직무, 이전에는 믿음의 문제(→Inquisition)를 위하여 결정권한이 있는 교황청 당국(→Kurien-Behörde), 제 2차 바티칸 공의회(→Vatikanum II) 이래로는→Sacra Congregatio pro doctrina fidei; **o. elenchticum,** 형벌의 직무/관청; **o. didascalicum,** 교사의 직; **o. paedagogium,** 감화/교정의 직; **o. paracleticum,** 성령의 위로/위안의 직위(→Paraklese)

Offizial *lat.*, 공무원/관리; *kath.*: 법률의 문제에 감독/주교의 대변자<(대) 주교구 재판소의 주석(主席) 판사>; **Offizialat,** *kath.*: 감독/주교의 법률 공무원, 감독/주교의 법원/법정<(대) 주교구 재판소>

Ogdoas *gr.*, 여덟 번째의 것; 바실리데스 (Basilides)(135년경)의 영지주의(→Gnosis)에서 원시/원초의 존재와 일곱 영적/정신적 존재로부터 형성되어진 ≪빛의 왕국≫

oikos *gr.*, 집; **oikodome,**(집-) 짓기/건설/건립,→Gemeindeaufbau, 비교, 엡 4: 12; 벤전 2: 5 그리고 자주; **Oikosformel**: ≪그의 온 집과 함께≫(행 11: 14 그리고 그밖에); **Oikoumene**→Ökumene)

Okkultismus *lat.*, 숨겨진/눈치 채지 못하는 것들(초감각적인/초감성적인 것들)에 대한 가르침/교훈; 비술(秘術)/(연금술, 점성술 등의) 비학(秘學)<신비학/심령론/심령설>; →Präkognition,→Spiritismus,→Telepathie

Okkurrez *lat.*, 동일한 날에서 두 축제의 겹치기; →Konkurrenz

Oktateuch *gr.*, 모세 오경, 여호수아, 사사기, 룻기의 여덟권의 책들

Oktav(e) *lat.*, 그리스 교회 축제들의 팔일간의 늦 잔치; 음악: 8 도음정/옥타브의 음계

Omega→Alpha; **Omega-Punkt,** 떼이야르 샤르댕(P. Teilhard de Chardin)(† 1955)과 함께 세계 발전/발달의 목표로하는 점, 그것을 목표로 자연(생물 생활권[서식권]) 그리고 문명/문화(정신 영역/범위)가 일치시켜진다

Omen *lat.*, 징후/징조/표시, 전조(前兆)/예고

Omer→Epha

om mani padme hum *sanskr.*, 오, 당신은 연꽃 위에 값진 장신구(이시니이다), 티베트 불교(→Buddhismus)(→Lamaismus)에서

Omnipotenz *lat.*,(신의) 전능(全能); **Omnipräsenz,**(신의) 편재(偏在)/항상 어디에나 존재함; **Omniscienz,**(신의) 전지(全知)

Omophagie *gr.*, 날[생]것의 음식/요리, 그 짐승 안에 구체화된 신성의 힘을 소유하

게 되기 위하여 방금 도살되어진 짐승의 날 고기의 제식의 먹음(예, 디오니소스의 제식(→Dionysos-Kult) 에서)

omophorion *gr.*, 그리스 정교회 감독들에 의하여 어깨에 착용하는 옷(→pallium)

onomastica sacra *gr.-lat.*, 거룩한 명칭학

Ontologie, 존재하는 것의 존재에 대한 가르침/교훈<존재론/본체론>; **ontologisch** <존재론의>(→Gottesbeweis)

opera ad intra *lat.*, 내재적 삼위일체의 (→trinitarisch) 행위/행동들; **opera ad extra** 혹은 **trans'euntia,** 밖으로, 세상으로 향하게 되어진, 넘어서는 행위/행동들(삼위일체의)

Opfer, 감사, 간청/청원, 섬김/귀의/경의,(죄를 위한) 혹은 적들과 그리고 불행으로부터(마법의(→magisch)) 방어를 위한 화해로서 신에게 선물/제물<(신에게) 제물을 바침>;(다른 목적/의도들 때문에) 포기/단념; *dogm.*: 하나님의 정당한 진노의 화해/속죄를 위하여 그리스도의 십자가의 죽음(하나님은 그의 아들을 주신다. 요 3: 16)<희생물/순교자>; **Meßopfer**(→missa), *kath.*: 사제를 통하여 그리스도의 희생의 신비의(→Mysterium) 생생하게 그려내기 및 반복을 위하여 사제의 말을 통하여 변화되어진 (→Wandlung) 성만찬의 요소들(→Eucharistie)(→Transsubstantiation)의 바치기/드리기; *ev.*: 단번에 유효한 그리스도의 구원 행위의 반복할 수 없음/비반복성 때문에 이러한 교리/가르침을 거부(롬 6: 10; 히 9: 28)

Ophianer, Ophiten, 나아쎈인들(Naassener);

영지주의적(→gnost.) 이단자들, 그들과 함께 뱀(*gr. ophis, hbr. nachasch*)이 하나의 특별한 역할을 하였다(창세기 3 장) <뱀을 숭배하는 사람들/배사(拜蛇) 교도>

Opus Dei *lat.*, 하나님의 일/활동, 보수적/전통적인, 사회와 공동체 안에서 카톨릭 교회의 입장강화를 위하여 투쟁적인 사제들(→Priester)과 평신도들(→Laien)의 국제적인 수도회와 비슷한 협회/연맹, 1928 년에 스페인에서 설립되어졌다(본래적인 묘사: Societas Sacerdotalis Sanctae Crucis et Opus Dei< 거룩한 십자가의 사제의 회/동맹과 하나님의 일/사역>)

opus meritorium *lat., kath.*: 공로[공적]이 있는 일/활동, 그것을 신앙을 가진/믿음이 두터운 자가 은혜의 상태 안에서 성취한다; **o. super'erogationis,** *kath.*: 초과 수수료의 일/활동, 책무/의무를 넘어서 (→consilia evangelica); **o. alienum Dei,** 하나님의 낯선 일/활동(율법, 진노, 재판/심판), 그것은 단지 간접적으로 구원/구세의 목표/목적을 위하여 진력한다; **o. proprium Dei,** 하나님의 본래/고유의 일 (사랑, 은혜/은총; →justitia Dei passiva); **ex opere operantis,** 하나의 행위/행동, 그것의 실재/현존/현실이 관여[관계]자들의 개인적인 전제들(예, 믿음, 참회/회개)에 의존하고 있다; **ex opere operato,** 성취되어진 일을 통하여; *kath.*: 한 성례전(→Sakrament)은 그의 실행/성취에 관여[관계]하는 자들의 주관적/개인직인 전제들에 좌우되어지지 않게 작용을 일으킨다/효능이 있다

oracula vivae vocis *lat.*,(교황의) 구두의 결

정들

ora et labora, *lat.,* 속담/격언: 기도하라 그리고 일하라!; 베네딕투스 수도회의 (→benediktin.) 수도생활의 표어/모토

Orakel *lat.,* 신의 심판/신의 예언/신탁(의 하나의 장소)<(특히 옛 그리스의) 신탁소(神託所)/신탁>

Oranten *lat.,* 고대 그리스도교의 무덤 예술에서 들어올려진 손들과 함께(≪기도의 표정/태도≫) 기도하는 이들, 대부분 여자의 모습/인물상<{미술}(초기 기독교 예술에서) 기도하는 사람>

ora pro nobis *lat.,* 우리를 위하여 기도하소서!; *kath.:* 하나님의 어머니와 성자들의 간청/간구/탄원(예배식의 연도(연도)에서 마리아와 성자들에게 마리아와 성자들에게 향해지는 공식적인 청원)

orarium(*v. lat. os,* 입), 입을 닦아 내기 위한 수건/천/옥감; 이전에는→Stola

oratio *mlat.,* 기도; **o. dominica,** 주님의 기도,→Vaterunser; **o. mentalis,** 무언의/침묵의 , 사 상 적 /지 적 인 기 도 ; **o. super oblata**→*Gabengebet;* **o. super populum,** 백성들의 맞은편에서 기도, 축복/축도

Oratorianer, 필리포 네리의 추종자들(Philippiner), 필리포 네리(Filippo Neri)가 1558년 로마에서 설립되었던 설교 등등을 위한 교구 성직자들(→Weltpriester)의 자유로운 통합/협회(서약/맹세/서원이 없이); 예수의 오라토리움의 사제, 필리포 네리의 추종자들의 전형/본보기에 따라 1611년에 프랑스에서 설립되어진 공동체<성직 없는 카톨릭 설교사 연합회 회원/오라토리오회의 수사(修士)>

oratorium *lat.,* 기도(처)소; 사유 예배당<작은 예배당/가정 예배실>; 세상의 오페라의 밀어냄을 위한 오라토리오회의 수사(→Oratorianer)의 교회의 음악의 작품(17세기)<(장르로서의) 오라토리오/성담곡/성악극>

orbis catholicus *lat.,* 카톨릭 교회의 세계

Ordal 앵글로 색슨족-중세 라틴어: 신명(神明) 재판(중세기에 불의 심판 또는 결투 따위를 통하여 그 결과를 신의 뜻으로 삼은 재판); *germ.:* (현행)법에 맞는 판결을 찾아 내는 일/적법 결단을 위한 수단/방법<신 재(神裁), 신 명 재 판(神明裁判)(중세의 게르만 법)>

Orden (v.→ordo), 특별한 명예를 주기/탁월/우수; 수 도 회 계 율(戒律)/단규(團規) (**Ordensregel**)(기본적으로: 복종, 순결(→Jungfräulichkeit), 가난/비곤)과 함께 종교의 동료 관계, 그 계율 위에서 가입하는 자(남/여)는 수련기(→Noviziat) 후에 수도회 서약/서원(**Ordensgelübde**) (→consilia evangelica)을 이행하고(수도 서원(식)(→Profeß)), 대부분 하나의 모(母) 수도원으로부터 나와 그 이상의 자(子) 수도원으로 널리 퍼뜨리고, 그로부터 경우에 따라서는(수도회의) 총회장 아래서, 그는 수도원 관할 구역들(**Ordensdistrikte**) 안에서 구분/조직되어진 수도회 관구들(**Ordensprovinzen**)(그것의 통솔/지도자: 관구장(**Ordensprovinzial**)의 대표를 맡고 있다; **Ordensritter,** 기사수도회(→Ritterorden)의 구성원<기사단 소속의 기사>; →Kongregationen

Ordinariat *lat.*, 주교/감독을 위한 주교의 교구(→Diözese)의 주교 총대리(→Generalvikar)에 의하여 통솔되어진 행정관청<주교구 사무국/대학 정교수의 직>; **Ordinarius,** 위엄 있는 영적인 권위의 정규 보유자, 주교 교구의 감독/주교들 그리고 수도원장<교회 재치(裁治)권자(교황/주교/수도원장 등)>; 대학의 교수<대학 정교수>; **O. loci,** 한 지역에서의 최고 성직자/고위 성직자(예,→Bischof,→Abt); **ordinarium,** 배열/체계화 되어진 것; 예배식(→Liturgie)의 변하지 않는 부분들(Ggs.→proprium); 예배 의식 규정서(시간 분배); **Ordination,** (직위-) 임명/(성직자의) 취임식; *kath.*: 서품식(敍品式)/성직 수여(→Weihe)를 통하여 하나의 지울 수 없는 특징(→character indelebilis)의 조성/만듦<서품식>; *ev.*: 공공연한 설교의 직무를 위한 자격을 위하여 교회의 확인/확증<목사 취임식>; **O.svorhalt,** *ev.*: 단속자/도입자(**Ordinator**)에 의하여 성직수여를 받은 자(**Ordinanden**)에게 알려진/전달된 성서와 신앙고백들(루터교 및 개혁교회)에 맞게 가르침을 위한 책임/책무

Ordnungstheologie, Theologie der Ordnungen 혹은 Th. des 1. Artikels(=사도신경(→Apostolikum)의 창조 항목/조항), 하나님에 의하여 정해진(≪자연의/자연법칙적인≫) 창조 질서들로서 국가, 가정 그밖에 유사한 것들에 대한 루터의 가르침/교훈(→Natürliche Theologie)<(창조) 질서의 신학>; 그러나→Christusherrschaft

ordo (*Plr.* **ordines**) *lat.*, 질서/질서 있는 상태/배열함/체계화함, 상황/상태, 서열/지위/등급; *kath.*: →Weihe; **o. missae**<미사규정>→Meüßkanon; **o. salutis,** 구세/구원의 질서; *dogm.*: 신의/신적인 구세/구원의 의도/계획/목적의 진행되는 실현/현실화; 그리스도교적 삶의 단계/정도들: →vocatio,→illuminatio,→conversio,→sanctificatio,→unio mystica; **o. triplex**→**hierarchicus,** *dogm.*: 삼중의 신분제도: 교사직[성직]/교직에 속하는 사람의 총칭,(정부, 교회의) 당국(≪군인 신분≫), 가족/가정(≪생산 계급≫; →status); **O. Romanus,**(고대) 로마의 질서; 중세 로마의 모든 예배식의 행위들을 위한 예배식(→Liturgie)서

oremus *lat.*, 기도합시다!

Orenda, 이로쿼이 족(북미 인디언의 한 종족)과 함께 비 인격적인/의인화 되지않은 힘/권세와 마력; 그것에 적합하다: 마나(사람, 짐승, 사물들 안에서 활동하는 일종의 초자연적, 초인격적인 힘)(Mana)(폴리네시아인), 와칸다(Wakanda)(수 족의 사람), 마니투(Manitu)(알공킨 족(북 아메리카 인디언 어족에 속함)), 느짬비(Nzambi)(반투인) 등등

Organizimus→Holismus

Orgel *gr.* organon, 도구/기구/장비, 공구/수단,(오르간의) 순관(脣管) 그리고(음이 주기적으로 중단되는) 오르간의 음관(音管)과 함께 거나란 건반 익기, 다성적으로 연주하는 악기들을 위한 가장 오래된 서방의 형태; 전형적인 교회 악기; 작은 형태들: →Portativ,→Positiv,→Regal

Orgie *lat.*, 방탕/무절제/허세; 신비(→Mysterien) 안에서 은밀한, 취한 듯한/도취한 예배 <망아적인 방탕한 축제>; **orgiastisch**<열광적인/방종한>

Orientation *lat.*,(건축물 특히 교회의 축을) 동쪽으로 향하게 함; 해돋이/일출 쪽으로 예배의 건물의 방향을 설정하기

Origenisten, 오리게네스(Origenes)(† 254) 신학의 추종자들(→Neuplatonismus,→ Hermeneutik,→Subordinatianer)

Orkus→Hades

Ormuzd→Ahura Mazda

Ornat *lat.*, 장식/치장/장신구/보석류; 관복/법복/가운

Orphiker, *gr.* 종교-철학적인 이단/분파, 그들은 그들의 가르침/교훈을 신비의 (→myth.) 성악가 오르페우스(Orpheus)에로 거슬러 올라갔고, 염세관적인/비관적인 세상 해석/해설과 함께(원죄(原罪), 윤회, 깨끗하게함/세정)

orthodox *gr.*, 신앙이 굳건한/정교(正敎)를 신봉하는/정통파의(가르치는), Ggs.→heterodox; **o.e Kirche,** 특히 로마 카톨릭 교회와 대조적으로 그리스와 러시아 교회의 자기묘사/자칭; **Orthodoxie,** 정교(正敎)(신봉), 교회의 가르침/교훈을 가지고 일치/합의; 역시 동방교회 (→Ostkirche)의 총체/전부를 위한 묘사; 순수한/완전한 가르침/교훈을 보증[확언]하기 위한 중심 목표와 함께 16/17세기에 루터교 신학, 복음교회의 형식적/외면적 원칙/신조(→Formalprinzip)와 실질적 원칙/신조(Materialprinzip) 그리고 아리스토텔레스적(→aristotel.) 방법

(→analyt.-→synthet. Methode); **Neu-Orthodoxie**→Neu-Luthertum; **Orthopraxie** *gr.*, 올바른/적합한 행동하기/논하기, 정교회의 맞은 편에 있는 자 안에서 형성된 개념

orthros *gr.*, 아침 여명; *gr.-orth.*: (성무일과의) 아침 찬과/조과(早課)에 적합한 아침 예배

osculatorium *lat., kath.*: 성자숭배와 함께 키스/입맞춤 판(板); **osculum pacis,** *kath.*: 사제들(→Kleriker)의 예배식의(→liturg.) 평화/화목[화해]의 입맞춤(롬 16: 16)

Osiris, 이집트의 죽은자의 신<오시리스(고대 이집트의 저승의 신(神)): Isis의 남편>

Osservatore Romano *ital.*, 로마의 관찰자/감시자;→Vatikan-Zeitung(1860년 이래)

ossuarium *lat.*, 인간의 뼈를 위한 발굴 공간/방<납골당(납골당)/오사리움(고대 팔레스티나의 관 모양으로된 작은 관)>

Ostasienmission (DOAM=Deutsche Ostasien-M.<독일 동아시아 선교>), 이전에 일반적인 복음교회- 개신교 선교 협회(**Allg. Ev.-prot. Missionsverein**) (1884년 이래로)

ostensorium *lat.*, 전시 그릇/용기

Ostern (*ahdt.*), 전 그리스도 교도의 가장 중요한 축제: 그리스도 부활의 축제<부활절(3월 21일 이후 만월 다음에 오는 첫 일요일)>; 동시에 유대교의 유월절 (→Passafest)의 그리스도교화, 그 유월절은 대부분 다른 언어들 안에서 역시 부활절의 이름 형태를 규정한다; **Osterkerze,** 그리스도의 상징들과 함께 장식

되어진 그리고 고유의 밑받침 위에 놓여 있는 초/양초, 그것은 부활절 전야(전야) 축제에 처음으로 점화된다<부활제의 초>; **Osterlamm,** 유월절과 함께 도살되어지는 어린양<부활절 어린양(부활절에 잡아 먹음; 유태의 유월절에 잡아 먹는 어린양에서 기원)>; **Osterpflicht,** 제 4 차 라테란 공의회(Laterankonzil)(1215)의 결정/규정, 그 규정에 따라서 각 그리스도인은 최소한 한 해에 한 차례 고해[참회]하고 부활절 무렵(특히 부활절 전의)에 성찬식에 참여하여야(→kommunizieren) 만한다

ostia *lat.*, 문/출입문; 제단의 함/장의 날개문의 문 짝; **ostiarius** *lat.*, 문지기/수위; →mansionarius; 이전에 *kath.*: 가장 낮은 서품[성직]의 등급(→Weihegrad)

Ostkirche(n)→orthodoxe Kirchen, 즉 그리스 정교회와 러시아 정교회; 그밖에 (이전의) 독일의 동부지역의 복음 교회의 지역/주(주) 교회(→Landeskirche) 를 위한 묘사

Ostung→Orientation

Oxford-Bewegung, *engl.*, 옥스퍼드 운동(*Oxford-Movement*), 1832 년 이 후 →Hochkirchl. Bewegg.; **Oxford(gruppen) bewegg.**(1921-)→Moral. Aufrüstung

Oxyrhynchus-papyri, 고대 이집트 도시 옥시르히누스(오늘날 베네자(Behnesa)) 의 파편 더미에서 발견된 파피루스 고문서 (→Papyri)(2/3 세기), 그것들이 부분적으로 4 복음서가 포함하지 않은 ≪예수의 말씀들≫제공한다.

P

pacem pulsare *lat.*, 평화를 깨뜨리기; 기도 시간을 알리는 종을 잡아당기기; **pacificale,** 평화의 창설자; →예배식의 (→liturg.) 키스/입맞춤 판

pactum *lat.*, 계약/협약/조약; **pacta dotalia,** 지참금/결혼 자금/혼수-, 결혼/혼인- 서약

paenula→Kasel

Päsach→Passa

Paganismus *lat. paganus*, 시골의/시골풍의; 이교/이교도를 위한 고대 교회의 묘사<이교/사교/기독교적 신앙과 관습 속에 포함된 이교적 요소>

Pagode *ind.*, 거룩한 집; 불교의(→buddhist.) 시설<탑/보탑(寶塔)/인도의 불교 사원>

Palindrom *gr.*, 다시 규칙적으로 반복되는/지속적인/바로 연속하는, 즉 앞 뒤로 읽을 수 있는; <앞 뒤 어디서 읽어도 의미가 있는 말 또는 구(예, Regen - Neger)> →Sator

Palin'genese *gr.*,→*Wiedergeburt*

palla *lat.*, 예복; 제단 장식보/제단보; kath.: 희생/제물(→Opfer) 과 성찬(→Kom-munion) 사이에서 성배의 덮기를 위한 아마포/아마 제품(→Korporale,→velum)

Palladion *gr.*,(*lat. -dium*), 한 도시<아테네(Athen)> 의 수호신으로서 방패와 창을 가지고 무장한 여신 팔라스(Pallas) 아테네(Athene) 의 제식에 쓰는 화상(畵像)

pallium *lat.*, 덮개/베일/망토, 고대의 겉옷; 길고, 엷고, 흰 양모(羊毛)의 줄 무늬의 직물, 교황에 의하여 직무의 표시로서 대주교들(→Erzbischöfe)에게 수여되었고, 미사복 위에 어깨에 착용하였다

Palmarum *lat.*, 종려주일(요 12: 13), 부활절 전 주일/일요일<카톨릭 관습에 따라 이 날에 예루살렘 입성을 회상하기 위하여 종려가지 등이 축성된다>; **Palmzweig,** 죽음에 대한 승리와(새로운) 낙원(→Paradies) 의 입장/진입의 표시로서 순교자들(→Märtyrer)의 보편적인 부가어<종려가지>

Pan, *gr.*, 숲과 목자의 신<(그리스 신화에서) 목동과 사냥꾼의 수호신/목양신(牧羊神)>; **panischer Schrecken,** 본래적으로 판(Pan) 에 의하여 야기되어진 공포; **Panik**<(급작스러운 큰) 공포/(특히 군중의 급작스런) 경악>

pan *gr.*, 삼라만상/우주/만물; **Panagia** →Pan(h)agia; **Pan'athenäen,**(고대 아테네에서) 아테네 여신을 위한 중심/대축제; **Pan'babylonismus,** 바빌론의 세계관이 고대 문화들과 종교들의 특히 성서의 기초가 되고 있다는 가르침/교훈<범(汎)/전(全) 바빌론 주의>(→religionsgeschichtliche Schule); **Pan'dekten,** 모든

받아들이는/채택하는 것, 황제 유스티니아누스(Justinianus)의 위탁/지시(533)안에서 로마의 저술가들로부터 모아진 시민권(≪juris civilis≫)의 법전(≪corpus≫)<(로마법 대전의 주요 부분의) 판례집/(일반적으로) 법령전서>; **Panegyricus,** 송사/찬사/찬양하는 연설; **Panegyrikon,** 성인들의 축일들을 위한 그리스어 연설의 모음<(성인들 찬사를 포함한) 그리스 정교회의 예배서>; **Pan'en'theismus,** 삼라만상/우주/만물이 하나님 안에 있고 그러나 하나님이 세상에서 의식[인식] 되지 않는다는 철학의 가르침/교훈<만유 재신론(萬有 在神論)>; **Pan(h)agia,** 항상 거룩한 이; 마리아를 위한 경칭[존칭]; (그리스 정교 교회의) 제단실과 교구실 사이의 성화벽(성화벽)(→Ikonotaste)에서 성모상; 성모상과 함께 감독/주교(→Bischof)의(목걸이 장식으로서의) 조그만 메달; 마리아의 영광/존경을 위하여 축성되어진 빵; **Panlogismus,** 우주/만유(萬有)의 논리 정연한(→logisch) 본성에 대한 가르침<범논리주의/범이성론(汎理性論)>; **Pannychis,** 밤의/밤 동안의 축제, 이교도의: 여신들의 영광/존경을 위하여(예, 데메테르(Demeter/농업의 여신), 헤라(Hera/제우스의 처)); *gr.-orth.*: 예배 동안의 온전한 밤(→agrypnie); **Panorthodoxe Bewegung,** 모든 동방교회(→orth. Kirche)들 즉, 다양한 동방교회(→Ostkirche)들을 결합 시키기 위한 노력/수고<범 동방 정교회 운동>; 여러해 전부터 노력하였던 목표는 하나의 범 동방 정교회 회의(Panorthodoxes→Konzil)(Panorth.→Synode) 이다; 지금까지 1961 년 이래로 여러차례 범 동방 정교회 회의(Panorth. Konferenzen) 가 개최 되었다; **Panpsychismus,** 모든 사물의 혼을 불어넣음에 대한 가르침/교훈<범심론(汎心論)(만물에 마음이 있다는 설)>; **Pansakralit,** 모든 사물의 성스러운(→sakral) 존재에 대한 견해/소견; **Pantelismus,** 모든 것이 뚜렷한 목표를 향한다는 가르침/교훈; **Pantheismus,** 삼라만상/우주/만물이 하나님이라는 가르침, 자연과 하나님의 동일시(同一視)<범 신론(汎神論)/만유 신론(萬有神論)>; **Pantheon,** 모든 신들(을 위한 신성한 장소)

Pandit *ind.,* 영리한/현명한/교양이 있는, 학문[학식]이 있는; 힌두교의(→hinduist.) 경칭/존칭<바라문 학자의 칭호/바라문 학자의 칭호 소지자>

pannus *lat.,* 천/수건/책상보; 제단의 가리개[천개](→Baldachin); 제단 장식보/제단보; 제단 카펫 장막; →Gremiale; **pannisellus,** 작은 아마포(본래적으로 아마도 땀 닦는 천/수건), 13 - 16 세기에 대 수도원장- 그리고 감독/주교의 지팡이/석장(錫杖)들에(작은 아마포)

Pan(t)chen-(Erdeni-)Lama, 라마교(→Lamaismus)의 영적인 수뇌/지도자, 정치적으로 달라이-라마(→Dalai-Lama) 아래 놓인다

pantokrator *gr.,* 만물의 통치자, 하나님 및 그리스도(골 1: 15-; 계 19: 6)

Papa (*gr. pappas* 로부터), 아버지; 본래적으로 고위 성직자들(→Kleriker)의 호칭; 5

237

세기 이후로(서방) 교회의 《아버지》로서 로마 감독/주교를 묘사; **Papalsystem, Papalismus,** 교황은 수위권(首位權)(→Primatsgewalt)의 소유자이다는 견해<(최고 교권은 교황에게 있다는) 교황 수위설(首位說)>; *Ggs.*→Episkopalismus; **papalistisch**<교황 수위설의>; **Papa-Ré** *ital.*, 교황-왕; **Papas,** *gr.-orth.*: 낮은 성직자들, 그로부터→Pope; **Papat,** 교황, 교황의 직위; **Papst,** *ital.* **Papa,** *kath.*: 베드로의 후계자와 땅에서 그리스도의 대리인/대리자; **Papismus,**(평가 절하 하는) 교황직/교황권/교황 제도/교황 정치<경직된 카톨릭 주의/교황 신성설(神聖說)/교황 대변설(代辯說)>; **Papist**<교황 정치[제도] 예찬자/교황권 신봉자>

Parabel *gr.*,(하나의 이야기하기를 위하여 확장[확대] 되어진) 비유<비유담(談)>

Parabiologie *gr.*, 신비학의/심령론적인/신비로운/초감각적인(→okkultist.) 현상/환상들을 생물학적이고 그리고 정신 물리학적으로(→psychophys.) 설명하는 학문<준 생물학>

Parabolanen *gr.*, 이집트에서 간병/간호를 위한 단체/법인(5 세기); 감독/주교의 근위대

Paradies *pers.*,(대개 작은) 동물원, 공원/정원; 평화와 행운의(피안의) 장소; 첫 인간의 거주지/거처 그리고 적절한 종교들의 진실한 신봉자/추종자들을 위한 보상(조로아스터[배화]교(→Parsismus), 유대교, [그리스도교, 대중적으로/평이하게], 이슬람교(→Islam))<(구약에서) 낙원/에덴동산/천국/극락/천당>; 자주

공상[환상]적인 낙원의 생생하게 묘사하기가 역시 대승(대승)(불교)(→Mahayana) 의 열반(涅槃)(→Nirwana) 의 상상/환상으로 들어간다; 중세 후기: 교회-주현관 돌출부를 위한 묘사

Paradigma *gr.-lat.*, 보기/예/선례, 모범/전형,(사고-)본보기/원본; 세계상/세계관; *Plr.* **Paradigmata, Paradigmen**

paradosis *gr.*, 전승/전례/관습/전통; 교회의 가르침/교훈 및 전통(→Tradition)

paradox *gr.*, 실제로 혹은 외관상으로 불합리한/몰상식한, 풀리지 않게/해답 불능으로 모순되는<역설적인/모순된/불합리한>; **Paradoxon**<역설적인 [모순된] 것/파라독스/역설/모순론>

Paränese, Parainese *gr.*, 권고/경고/독촉<설득/교훈의 실제적 적용>

Paragemeinde→Gemeinde

parakanonistisch *gr.*, 공인된 계율/교리(→Kanones) 와 동시에 및 외부에서; 교회법에 맞지않는 교회법(규)의 사실/상태/여건

Paraklese *gr.*, 격려/고무, 위로, 훈계/경고; **Paraklet,**(법원/재판소 앞에서) 보좌인/후견 감독인/소송 보조인; 요한복음: 위로하는 사람/위로자 그리고 경고[권고]자/재촉[독촉]자로서 성령<조력자/위안자/(하나님 앞에서의) 변호자>; **Parakletike(-kon),** 그리스 정교회의 노래책/찬송가집

Parakonikon *mgr.*,(그리스 정교 교회의) 제단실과 교구실 사이의 성화벽(→Ikonostase)에서 북쪽문; →Diakonikon

para'lipomena *gr.*, 구속받지 않는/방종한

것; 성서의 연대기<(구약 성서의) 역대서(상/하)>

parallelismus membrorum *lat.*, 운율/운문의 절/구의 상응/일치하는 것, 히브리어 시가/시문학의 형식, 그 형식과 함께 많은 문장 성분들이 평행으로/유사하게 작성되었다(예, 시 1: 1)

Paraliturgie *gr.*, 공공연한 예배식(→Liturgie) 외의 예배 형식/형태<준/부차적인 예배식>; →pia exercitia

Paramente *mlat.*, 예배의 예복/예식 복장들; 제단- 그리고 설교단의 덮개들<예배용 장식품들>; **Paramentik,** 예배용 장식품들의 생산/제조 예술

Paraphrase *gr.*, 범위를 한정하기/말을 돌려서 표현하기/우어법(迂言法), 해명/해석/주석, 자유로운 번역/변형, 미화[윤색]하는 재현/묘사/해설<패러프레이즈/주해/해석/의역/변곡>

Parapsychologie *gr.*, 신비한/초자연적인 (→okkult) 것의 학문<심리현상을 다루는) 의사/심리학/초 심리학>

Pararreligiosität, 종교[신앙]심의 정상이 아닌/터무니 없는 현상들, 예, 우울한/울적한 죄책감들, 윤리적 엄숙주의(→Rigorismus), 편협한 신앙/지나친 광신/거짓 믿음(→Bigotterie), 교회의 잘못된 영향을 통하여 정신적인 장해(→ekklesiogene Neurose) 등등

Parascha *hbr., jüd.*: 유대의 율법 학자들 (→Schriftgelehrte)의 분할/정리/분류에 따른 모세의 오경/율법서(→Tora)로부터 더욱 커다란 읽기/낭독 단편(斷片); →Haphtare

paraskeue *gr.*, 축제일에 앞서가는/선행하는 전날; *jüd.* 안식일(→Sabbat)을 위한 준비일; *kath.*: 성금요일(→Karfreitag)

par'edros *gr.*, 소유자/소유주, 동료/동반자; 그리스 신들과 영웅/용사들, 그들은 한 신전에서 경배되어졌다

Parentation (*lat. parentes*, 부모/양친), 위령제; **P.shalle,**(공동묘지나 사원에) 관을 두는 곳/납관당(納棺堂)

Pariser Basis→Young Men's ...

Parität *lat.*, 동등한[평등한] 권리; **Paritätischer Wohlfahrtsverband** 법적으로 동일하고 자유로운 복지사업 조직들의 단체<등권/동권의 복지사업 단체>

Parochie *mlat.*<(소) 교구(教區)/본당구>→*Gemeinde*; **Parochialzwang,** 스스로 (세례/혼례식 따위의) 임시직무(→Kasualien) 등등의 이유로(우선적으로) 공동체 사제/목사가 되기 위하여 약속/맹세/책임/임무<교구의 강요/압박/구속력>; →Dimissoriale; **parochus** *lat.*, 음식점(여관) 주인; *mlat.*, 교구/공동체의 목사<성당구 주임사제>

Parodie *gr.*, 평행 길, 조소하는/비웃는(문학작품의) 개작; *mtl.*: (중세이후 성행하였던) 속가(俗歌)의 성가(聖歌)로의 개작 (*lat.*, 대립적인 저작들), 영적인 노래들의 개작: **P.-Messe,** 모범/모형 미사곡, 음악의 부분에서 하나의 모테트 (→Motette) 혹은 하나의 마드리갈곡 (→Madrigal)을 기초로 삼는다(→Chanson-Messe)<파로디 미사곡(기존의 악곡을 사용해 작곡한 미사곡)>

Parömie *gr.*, 비유/우화; *gr.-orth.*: 예배-봉독

성경 구절

Parrhesie *gr.*, 솔직/공명정대/숨김없음

Parsismus, 조로아스터[배화]교, 짜라투스
트라(Zarathustra)에 의하여 창립된 고대
페르시아의 종교; 고대 이란 종교의 개
혁으로부터 조로아스터(Zoroaster)를 통
하여(짜라투스트라, 기원전 1000년에
서 700년까지) 기인/유래/출현한 종교;
악한 것(→Ahra Manyu)에 대항한 선한
것(→Ahura Mazda)의 싸움으로서 전세
계의 사건들에 대한 견해, 선한 것의 승
리(최후의 심판), 강력한 순결/깨끗함/
청결의 지시/규정들, 의식[예식]에 따른
(→rituelle) 간청/주문(呪文)들; 기원후 8
세기에 이슬람교(→Islam)를 통하여 인
도로 쫓겨났다(**Parsen**/(인도의) 조로아
스터[배화]교)

pars pro toto *lat.*, 한 부분이 전체를 위하여
있다<부분으로 전체를 대표시킴>; **im
partibus infidelium,** 비 신앙인들의 영역
안에서

Partheno'genese *gr.*(동정녀의) 무염(無染)
원죄의 출산/동정녀 탄생, 그리스도의
탄생에 대한 성서적 소개/개념

Parthenon *gr.*, 처녀의 신전; 팔라스-아테네
-신전

particulae exclusivae *lat.*, 제외하는/관여하
지 못하게 하는 종교개혁의 ≪다만/오
직≫<(과 같이) 배타적인 단편/메모/조
각들>, 오직 그리스도(solus Christus), 오
직 은총(sola gratia), 오직 성서(sola scrip-
tura), 오직 믿음(sola fide)

Partikularismus *lat.*, 분리/개별화를 얻기 위
해 노력하는<분리주의>; dogm.: 하나의

규정된 인간들의 수에서 예정(→Prädes-
tination)의 제한/국한; Ggs.→Universalis-
mus

Partikularsynode→Konzil

Parure *gr.*, 중세에 사제들의 옷에(테두리
에) 통례의 옷의 가장자리의 치례/장식
(품)

Parusie *gr.*, 출석/참석/있음/현존함<{철
학}(사물 속에 이념의) 임재(臨在)>; 시
대/세상 끝에 그리스도의 재림

Parzen *lat.*, 고대의 세 운명의 여신들<(그
리스 신화에서) 운명을 맡아보는 여신
들 즉, 클로토(Klotho), 라헤시스(Lache-
sis), 아트로포스(Atropos)>

Pas'cha→Passa

Paß, 고딕 양식의(→gotisch) 창, 판자를 붙
인 벽, 칸막이 등의 기하학적 장식에서
3 - 6의 원의 절편(切片)(→Segmenten)으
로부터 형성된 형상

Passa(h) (fest), *hebr. päsach, gr. pas'cha*
(→Passion), 본래적으로 대략: 지나쳐가
기/통과하기; 애굽/이집트로부터 나옴/
탈출을 기념/추억하기 위하여 봄의<첫
> 만월(니산월(→Nisan) 열 네 번째 날)
에 효모가 들어가지 않은 빵(=무교병)
들(*gr.* **azyma,**→Azymiten; *hebr.*, **Mazzot,**
그로부터 ≪**Mazzen-Fest**<누룩을 넣지
않는 빵의 축제/축일>≫)의 유대교의
희생 축제(출 12장)<유월절>; 요 1:29,36
그리고 요한 계시록은 예수를 유월절
어린양(**Passalamm**)(속죄의 제물/속죄
양)으로서 해석/해설하고, 그중에서도
특히 막 14:12- 기타 등등에 따라 예수의
최후의 만찬/성만찬은 하나의 유월절

만찬(**P.mahl**) 이었기 때문이다

Passion *mlat.*, 격정/열정; (예수의) 괴로움/고뇌/수난<그리스도의 수난[수난사]>; 예수 수난의 텍스트의 작곡/음악을 붙임<그리스도의 수난화[수난상/수난곡]>; **Passional,** 중세 고지 독일어의 예수와 마리아, 그리고 사도들(→Apostel)과 전도자들(→Evangelisten) 그리고 성자들(→Heiligen)의 생애에 대한 시/시가(詩歌)(1300년경)<수난시>; **Passionar,** 성자들(→Heiligen)의 전기(傳記)와 함께 예배식의(→liturg.) 책<수난 예배식서>; **Passionswerkzeuge,** 고난/수난의 도구 (*lat.: →arma Christi*), 그리스도 수난/고난의 심벌/상징: 십자가, 가시 면류관/형관(荊冠),(중세 기사의) 창(槍), 식초를 머금은 해면(海綿)과 함께 한 지팡이, 고문 기둥/틀, 채찍, 매 ,(묶기 위한) 노끈[사슬]/수갑/차꼬, 세 개의 못, 망치, 사다리, 집게, 세 개의 주사위, 자색옷; **Passionszeit,** 교회 역년(→Kirchenjahr)에서 그리스도 수난의 날(부활절 전의 금요일)(→Karfreitag) 준비 기간<수난절/사순절(四旬節)>; *ev.*: 재의 수요일(→Aschermittwoch)부터; *kath.*: 부활절 전 둘째 일요일(→Judika)(사순절 중의 다섯번째 주일/일요일)부터, 그러나→Fastenzeit

Passio'nisten(CP), 특별히 선교- 그리고 묵상/기도의 열심/열중과 함께 성직자들(→Kleriker)의 신심회(信心會)(→ Kongregation)(18 세기)

pastophorion *gr.*, 본래적으로 신상/우상을 위한 니치/벽감(壁龕)/(공간의 작은) 확장 부분; 고대 교회의: 제식의 보관 장소; →Sakristei

Pastor *lat.*, 목자/지도자; 성직자/목사/신부; **Pastor aeternus** *lat.*, 영원한 목자, 1870 년 7 월 18 일의 교황 피우스 9 세(Pius IX)의 교리적인 교황의 칙서/교황령(→Konstitution)의 첫머리 단어들, 그 단어들을 통하여 교황(→Papst)의 무오류성(無誤謬性)에 대한 교리(→Dogma)가 공포/선포되어 졌다(→Infallibilität,→Vatikanum II); **pastoral,** *kath.*: 목회[사목]의, 공동체에 관한; Pastoralanthropologie, 목회 사역에서 인문학과의 지식/앎과 방법들의 통합/요약/적요<목회 인류학>; **Pastoralassistenten,** *kath.*: 평신도 -신학자들(→Laien-Theologen), 그들은 본업/본직상으로 주임 신부의 공동체 혹은 목사/사제의 협회/연합의 목회에서 함께 일한다 <목회 조수/보좌관>; **Pastoralbriefe,**(교구의 사제 등에게 보내는) 주교의 교서, 공동체 당국/관청들에 대하여 논술하고 있는 디모데전, 후서 그리고 디도서<목회서간(牧會書簡)>; **Pastoral Counseling** *engl.*, 목회/사목(司牧)의 조언/충고/상담, 특별히 치료(상)으로(→therapeut.) 알려지는/예비 교육되어진, 방법적으로 이끌어진 목회담화<목회 상담>; →Pastoralpsychologie; **Pastorale,** 감독/주교의 권장(權杖)/자루가 굽은 지팡이(→Krummstab); 목가/전원곡(6/8 박자의 기악곡)/노래 목자극(牧者劇); **Pastoralinstitute,** *kath.*: 대학교들과 대학들의 밖에서 주교 교구 주민의(→diözesan) 혹은 국립의 레벨/차원에서 목회/사목 신학(→Pastoraltheologie)의 자문하는/상의하는 연구소<목회 연구소>; **Pastoralkolleg,** 목사를 위한 향상 교육/연수의 행사/개최 및 설립/설비물<목회 신학원>; **Pastoralkonferenzen,** *kath.*: 감독의 명령/지시된, 규칙적으로 개최하는 한 지역/영역의 목회자의 회합/집회/모임, 대부분 하나의 대 교구 수석 사제(→Dekanst)의(지역/영역); *ev.*: 목사 협의회; **Pastoral→konstitution,** 제 2 바티칸 공의회(→Vatikanum II)의 문서/증서 ≪내부의 기쁨/즐거움과 희망≫ 위한 묘사, 그 공의회는 세상에 대한 교회의 관계를 새롭게 간명하게 표현/공식화하고 그리고 현재의 문제들에 대하여 입장을 밝힌다; **Pastorallehre,** 목회와 공동체의 일 그리고 공동체 구축(→Gemeindeaufbau)에 대한 가르침/교훈; **Pastoralliturgische Institute,** 1945 년 이래로 점차적으로 발생한 미사 전례에 대한 약관(→Lieturgiekonstitution)에 의하여 연구, 교육/연수와 조언을 위하여 요망된 예배식(→Liturgik)을 위한 일자리/작은 부서/특수 분과; **Pastoralmedizin,** 목사/사제 직에 대한 가르침(→Poimenik<목사학>)의 의학적인/의학상의 기초를 놓음<(의학과 신학에 공통으로 관계되는 문제를 다루는) 목회/사목 의학>; **Pastoralpsychologie,** ≪선택적인 /양자 택일의≫ 혹은 ≪치료(상)의(→therapeut.)≫ 목회학, 인간과학/인간학의 목회 교육, 약 1970 년 이래로(목회 심리학을 위한 협회/단체, 1972 년 설립되었다), 실천신학(→Prakt. Theologie)의 부분 영역, 그 안에서 목회학이 심리 치료의(→psychotherapeut.) 조언/충고의 훈련/연습을 통하여 보충되었다<목회 심리 학 >; →Gesprächspsychotherapie, →Klinische Seelsorgeausbildung; **Pastoralring,** 교회와 함께 결혼의 표시로서 주교의 반지<(교권의 상징)>; **Pastoralsoziologie,** 실천신학(→Prakt. Theologie)의 부분 영역, 사회학적인 방법 안에서 사용/적용을 찾는다; 교회 사회학(→Kirchensoziologie)와 그리고 종교 사회학(→Religionsso- ziologie)의 인법한<목회 사회학>; **Pastoraltheologie,**(*kath.*:) 실천신학(→Prakt. Theologie)과 교회법<사목(司牧)[목직(牧職)] 신학/목회 신학>; **Pastorat,** 목사/신부의 직/목사관(館); **Pastor coll(aborator),** 본래의 목사의 **협력자**로서의 첫 직무의 해 안에서 하나의 목사, 부분적으로 보조사제/부목사라 칭한다; **Pastor diac(onus),** 몇몇 루터교회 안에서 하나의 공동체의 두 번째 그리고 세 번째 목사를 위한 묘사, 역시 부목사(→Archid.) 와 차 부 제 (次 副 祭)/목 사(→Subd.); **P. loci,** 지역 목사; **P. primarius**(P. prim), 주/주요 목사; **Pastorin,** 목사 직을 위하여 성직이 수여된(→ordiniert) 여자 신학자

Pastorellen, 프랑스 농촌 주민들 안에서(13 세기) 종교적으로 열광적인/도취한 운동<목가들(기사와 양치는 처녀와의 사랑을 내용으로 하는 중세의 시)>

Patarener, 북부 이탈리아에 밀라노의 도시의 일부 파타리아(Pataria)에 따라 명명된, 이원론의(→dualist.) 분파/이단자들.(불가리아 혹은 마케도니아의) 보고

밀(Bogomil)의 추종자들(→Bogomilen) 과 순결파 신자들(→Katharer)과 가까운 입장이다(12세기); **Pataria, Patarener**, 상부 이탈리아에서 주교들과 귀족들에 대항하여 방향이 맞추어진 운동(11세기)

Pate(-in)(→*pater* 로부터), 그리스도교의 세례 받는 사람, 대자(代子)/대녀의 교육/훈육과 함께 세례 입회인[대부] 그리고 보조자≪대부(代父)≫; →cognatio spiritualis

patenarius, 복사(服事)(→Akoluth) 혹은 차(次)부제(→Subdiakon), 그는 대미사(→Hochamt)와 함께 성반(聖盤)(→ Patene) 유지하였다

Patene *gr.*, 대접/사발, 성체(→Hostie)-접시; **P.nkelch**, 성체(→Hostie)의 담그기(→Intinktion) 하나의 손잡이가 달린 컵/잔과 함께 대접/사발이 결합되어진 그릇<성반(聖盤)>

pater *lat.*, 아버지; *kath.*: 사제(서품과 함께 수도사); 중세의 감독/주교의 호칭; **p. monasterii**→Abt; **P.noster**→*Vaterunser*; **p. peccavi**, 아버지, 내가 죄를 지었나이다(눅 15: 18); **p. seraphicus**, 천사와 같은 아버지, 앗시시의 프란치스쿠스의 별명; **p. spiritualis**,(새로운 수도사를 위한) 영적인 아버지(예수회 수도원에서 고해신부); *gr.*: **pater pneumatikos**; 러시아 정교 교회의: →Starez

patres apostolici *lat.*, 사도적 교부들(→apostol. Väter); **p. ecclesiae**→Kirchenväter

Patriarch *gr.*, 고대교회의: 로마, 콘스탄티노플, 알렉산드리아, 안대옥 그리고 예루살렘의 감독들의 칭호(→Metropolit), 1589년 이래로 모스크바, 오늘날 역시 다른 동방 정교 교회들의(→orth. Kirche) 최상위의 감독들의 명칭; 씨족장/씨족[혈족]의 리더/수령; 이스라엘의 시조(始祖)들<족장들> 아브라함, 이삭, 야곱; **ökumen. P.**, 518년부터 그리스 정교 교회의 수령으로서 유효한 콘스탄티노플 총대 주교의 칭호; **Patriarchalbasiliken**(7세기: ≪**patriarchium**≫=교황의 궁전) 로마에서: 라테란의 성 요한(St. Johann im Lateran), 막지오레(=더욱 위대한/큰) 성모 마리아(S. Maria Maggiore), 바티칸의 성 베드로(St. Peter im Vatikan), 성 바울(St. Paul), 성 라우렌티우스(St. Laurentius); 앗시시에서: 성 프란치스쿠스(St. Francesco), 천사들의 성모 마리아(S. Maria degli Angeli); 모든 것이 교황의 감독하에 있고, 교황의 제단 그리고 교황의 옥좌를 갖고, 그것을 단지 교황, 추기경 사제(→Kardinal-priester) 그리고 특별히 위임되어진 교황의 사절(→Legat)이 사용하도록 허용된다; **patriarchalisch**<가부장(제도)적인/부권(부권)적인/족장[대주교/총주교]의>; **Patriarchat**, 하나의 총대주교의 직무와 관할구역; 남자의 씨족장/씨족[혈족]의 리더/수령과 함께 사회(구성) 질서(Ggs.→Matriarchat); **Patriarchenkreuz**, 두 크로버의 잎 모양[형]으로 끝나는 횡목(橫木)과 함께한 십자가

patricius *lat.*, 비잔틴의 식위/직분; 대행자/대리자; **P. Romanorum**, 교황에 의하여 프랑크족의 왕들에게 수여된 칭호≪로마 교회의 종주/보호 통치권자/후원자

≫그리고 세상에서 그리스도의 주권/통치(권)의 대리인/대변자(카롤링 왕조의 (→karoling.) 제국의 이념/표상(表象); 비잔틴 제국에 대항하여)

patrimonium *lat.*, 아버지의 세습지/상속재산; **p. Petri,** 로마 교황령(→Kirchenstaat)의 가장 오래된 부분<베드로의 상속재산>; **p. pauperum, Armengut,** 교회재산 (5 세기까지)<가난한 자들의 재산>

patrinus *mlat.*, 대부(代父), 견진자의 대부

Patripassianer *lat.*, 양태론적(→modalist.) 단일신론자들(→Monarchianer)(2 세기), 그들의 가르침/교훈에 따라서 그리스도 안에서 하나님 아버지 자신이 고난당하셨다<성부 수난론자들>

Patristik, Patrologie *gr.*, 교부들(→Kirchenväter)(의 글들)에 대한 학문

Patron *lat.*, 종주/보호 통치권자/후원자, 특별한 권리를 가지고 하나의 교회의 건축[건립]자 혹은 창설/기부[기증]자/창립자; 수호 성인(聖人); **Patronat,** 하나의 교회에 대한 감독권과 보호의무<교회 창립자의 법적 지위[권리/의무]>; **Patrozinium** *lat., mtl.*: 부하/신하들에 대한 한 사람의 보호/옹호, 그에게 봉헌되어진 하나의 교회에 대한 한 성인(→Heilige)의 보호/옹호<수호 성인의) 교회 수호권>; 성인의 축일; 그의 이름의 교회에서 성인의 성유물(성인의 유해, 유골, 유품 따위)(→Reliquie)

Paulinisches Privileg→Privilegium Paulinum

Paulizianer(Paulus 로부터), 아르메니아(Armenien), 시리아(Syrien) 그리고 발칸 반도에서 7 - 12 세기까지 안에서 이원론의(→dualist.) 이단/분파(→Sekte), 보고밀의 추종자들(→Bogomilen)의 옆에서 그들은 순결파 신자들(→Katharer)의 뿌리/근원을 형성하였다

Pauperes Christi *lat.*, 그리스도의 가난한 자들, 12/13 세기에 수도회와 비슷한(→ordensähnl.) 신도단체/교단, 복음(→Evangelium)의 설교와 사도적인(→apostol.) 가난/빈곤/청빈 안에서 삶; **P. catholici,** 카톨릭의 가난한 자들; 카톨릭 교회와 함께 화해되어진 발도파(→Waldenser), **P. von Lyon**<리옹의 가난한 자들>

pausatio *lat.*, 묘혈/무덤에서 쉬기/영면하기/잠자기; 마리아 승천 축제

pavor conscientiae *lat.*, 양심의(가책으로 인한) 공포[불안]

pax *lat.*, 평화(의 여신, -안부/인사); →osculum pacis; **Pax Christi,** 국제적인 카톨릭 교회의 평화 운동, 1948 년에 일어났고, 독일과 프랑스 그리고 독일과 폴란드의 화해를 후원/장려하다; **p. Dei,** 신의 휴전 (중세 시대 교회가 명한 특정 기간 중의 전투행위 금지)/신[하늘]의 평화; **P. Romana,** 카톨릭 교회의 학생 동맹/협회/단체들의 국제적인 연구회/사업 공동체; **pax tecum,** 평강이 당신에게 있을지어다! 평화의 키스(→osculum pacis)와 함께 예배식의 인사; **Pazifismus,**(그때마다의 사회적이고 정치적인 조건들을 고려함 없이) 군사적인 수단/방법의 근본적인 거부를 통하여 각자의 상을 위한 평화를 얻기위해 노력<평화주의/평화주의적 태도>; **Pazifist**<평화 주의자/평화 운동 가 >; →Friedensbewegung,→Weltfriedensbewegung

pecca fortiter, crede fortius *lat.,* 용감하게 죄를 범하라, 더욱 용감하게 믿어라!(Luther; 의미: 당신의 행하여진/저지른 죄들을 위하여 서 있으라, 용서/사죄에 대한 당신의 믿음이 그것/죄 보다 더욱 강력하다); **peccatum**→*Sünde*; *kath.*: **p. actuale,** 행위/행동의 죄; **p. capitale,** 일곱 개 큰 죄악 중의 하나<중요한/근본적인 죄>; **p. clamans,** 하나님의 보복/징벌에 따라 소리치는/천인 공로할 죄; **p. commissionis,** 행함/범함의 죄; **p. habituale,** 현재 상태/상황의 죄; **p. ignorantiae,** 알지 못함/무지의 죄; **p. infirmitatis,** 약함/허약의 죄; **p. irremissibile,** 용서받을 수 없는/사하심을 얻을 수 없는 죄(성령을 거스린 죄: 마 12: 31); **p. mortale,** 대죄(大罪)/죽을 죄/영원한 죽음을 초래케 할 죄; **p. omissionis,** 태만의 죄; **p. originis(=originale),** 근원적인 죄, ≪원죄(原罪)≫, 유전되는/상속되는 죄(→Traduzianismus); **p. originis originans,** 아담의 개인적으로 계속 영향을 끼치는 원시/근원적인 죄; **p. originis originatum,** 아담의 후손들에게 유포되어진/전해진 상태/상황의 죄; **p. veniale,** 용서할 만한/미미한 죄; **p. voluntarium,** 고의의/의도적인 죄

peccator in re, justus in spe *lat.,*(현재/지금의) 현실(성)/실재 안에서 죄인, 소망 중에 의인(루터(Luther))→simul justus ct peccator

Pedalion *gr.,* 키/방향타(方向舵); 동방교회의 아토스(Athos)의 수도사 니코데모스 하기오리타 (Nikodemos Hagiorita)(† 1809)의 법령집/법령전서

Pehlevi, *pers./aram.* 표준어/문장어(3 - 7 세기)<페히레비어(語)(중세 페르시아어/중기 이란어/사산 왕조의 공용어)>

Pektorale *lat.,* 고위 성직자들의 가슴에 거는 십자가 혹은 방패 모양의 무늬

Pelagianer, 영국의 수도사 펠라기우스(Pelagius)(† 418)의 추종자들, 그는 아우구스티누스(Augustinus)(† 430)에 대항하여 의지의 자유/자유 의지를 주장하였고 그리고 그의 원죄론을 반박하였다; **Semipelagianer**(*gr., semi,* 절반의), 16세기 이래로, 본래적으로 마씰리아의 사람들(**Massilienser**(=Marseiller<마르세유 시민들>), 구원을 이루는 믿음(→Glauben)의 시작을 의지의 자유/자유 의지에서 보았고(5 세기), 그리고는 역시 몰리나(스페인 예수회 수도사 Molina(16 세기경)에 의거하여)의 추종자들(→Molinisten)의 묘사

Pelikan, 그리스도와 그의 희생의 죽음을 위한 상징: 새 펠리칸은 가장 큰 곤경에서 부리/입으로 그의 새끼들이 자신의 피를 마시도록 하기 위하여 그의 가슴을 연다/쪼갠다

Penaten (*lat. penus* 으로부터, 예비(품)/비축(물)); *röm.:* 가정의 수호신들; 국가의(수호신들)

Pendentif *frz.,* 호박 주춧돌/돔 지붕의 원통형 아랫부분(→Tambour)과 삭은 둥근 지붕/반구 천정 사이에서 중재[조정]하는 천구의(활/아치 모양으로 만들어진) 삼각형/세모꼴; 그것의 돌출되어진(튀어

나온) 소용돌이 형 까치발(주춧대/받침돌);→Konsole

Pensum *lat.*, 저울로 추가적으로 측정되어진 것, 수행/실행량<(일정 시간 내에 끝내야 할) 일/과제/숙제>; 감독/주교에 의하여 새로 서품되어진 자들에게 의무지워진/명령된 기도의 실행; 성무일과 (→Hora)에서 시편 기도의 총량/범위

Pentagramm *gr.*, 다섯 모서리가 난 별<5각의 별표(민간 신앙에서 마귀를 쫓는 부호: ☆)>, Drudenfuß<(문지방 따위에 그려 놓는) 마귀를 쫓는 [액막이] 별모양의 부적>

Pentapolis *gr.*, 다섯 도시의 그룹 소돔 (Sodom), 고모라(Gomorrha), 아드마 (Adma), 스보임(Zeboim), 베라-소알 (Bela-Zoar)(창 14: 2,8-; 지혜서 10: 6); 아스돗(Asdod), 가자(Gaza), 아스갈론 (Askalon), 갓(Gath), 에그론(Ekron)(삼상 6장)

Pentarchie *gr.*, 전 교회에 대한 다섯 총대주교(→Patriarche)의 통치(권)

Pentateuch *gr.*, 모세의 다섯 책<모세 오경>; **P.kritik**; 문학/문헌 비평의(→literarkrit.) 그리고 양식사적(→formgeschichtl.) 모세 오경연구;→Hexateuch,→Heptateuch

pentekoste *gr.*(부활절 후) *50* 번째 날, **Pfingsten**, 성령의 부으심과 교회(→Kirche) 창립의 축제일(사도행전 2장)<성령 강림제/오순절(五旬節)>; **Pentekostarium**, 동방 정교 교회의 예배식서(→Liturgiebuch)(부활절부터 오순절까지 유효하다); **Pentekostler**→Pfingstbe-wegung

Per annum *lat.*, 한 해를 통하여, 교회 역년 (曆年)(→Kirchenjahr)의 축제가 없는 시기들, ≪녹색의 주일/일요일들≫(→liturg. Farben) 즉, 오순절 후 주일/일요일들(kath.) 및 삼위일체 축일(성령 강림절후의 첫 주일)(→Trinitatis) 후-(ev., = 삼위일체 축일 시기)

Peraten(*gr. peras*, 끝/종말), 뱀을 숭배하는 사람들/배사(拜蛇) 교도(→Ophianer)에 계산하여 넣는 영지주의자들(→Gnostiker)(2세기)

percussio pectoris *lat.*, kath.: (예배식의) 심장/마음의 때리기/두들기기, 가슴을 치기 (참회의 표시를 위하여)

peregrinatio propter Christum *lat.*, 이방인 중에/타향/외국에서 체류/체제,(*mlat.*) 그리스도를 위하여 순례여행; **Peregrinen**, 순회 설교자들

perennis *lat.*, 한 해를 통하여, 지속하는/영속적인; **philosophia p.**, 고전-그리스의 그리고 그리스도 교회-중세의 철학의 한 해가 넘도록 지속되는 핵심/중심(로마 카톨릭 교회의 교리(→Dogmatik)의 기초/토대)

perfecti *lat.*, 완전한/완성된/전적인 것들; 마니교도들(→Manichäer)과 함께 정규 회원 자격; **perfectio sacrae scripturae**, 성서의 완전/완벽(성)(→Suffizienz); →status perfectionis; **Perfekt**, 완전한/완벽한 현재 <완료(특히 현재 완료)>; **perfect-(um) propheticum**, *hbr.*, 고대 예언자들(→Propheten)의 언어형식: 현재 완료 안에서 미래적인 것에 대한 서술/묘사/기술; **Perfektionisten**, 누와이스(J. H. Noyes)(✝ 1886)에 의하여 설립된 분파/이단(재산의 공유,

개인의 가족이 없음); 그리스도의 제자들
(→Disciples of Christ)의 집단, 조직/단체, 그
들은 표준[규준]이 되는(→normativ) 신앙
고백들 그리고 원죄론(→Erbsündenlehre)
을 거부한다<완전/완벽주의자들>

Peri'chorese *gr., lat.* **circumincessio(-sessio),
permeatio,**(삼위일체(→Trinität)의 위격
및 그리스도의 두 본성(=양성)의) 서로/
상호간의 스스로 꿰뚫고 들어가기/스며
[배어]들기(Sichdurchdringen)

in periculo mortis *lat.*, 생명의 위험/위독 안
에서

peri'kephalaia *gr.*, 머리 솔/케이프; 그리스
정교 교회의 수도사 베일/면사포/너울

Perikope *gr.*, 장(章)/절(節), 예배식의
(→liturg.) 순서에서 예배에서 그리고 설
교를 위하여 낭독/봉독하기를 위하여
계획/준비되어진 본문(→Evangelium,
→Epistel)<성경구절>; 그러나→Margin-
altexte

Peri'odeuten *gr.*, 정처 없이 계속 여행하는
자들; 지역 공동체의 돌봄을 위하여 도
시의 감독/주교(→Bischof)에 의하여 임
명되어진 사제, 보좌 주교들(→Chorbi-
schöfe)의 계승자/후계자/후임자

Peripetie *gr.*, 운명/숙명의 근본적인 변화/
격변/돌변<(희곡에서 파국직전의) 전회
점(轉回點)/국면의 급전(急轉)>

peristerium *gr.*, 비둘기 그릇; 비둘기 형태
안에서 성체(→Hostie)들을 위한 그릇

Periti *lat.*, 경험 있는/노련한 자들,(제2차
바티칸 공회의(→Vatikanum II)에서)(투
표권을 가진) 공회의 교부들(→Kon-
zilsväter)의 전문 분야 고문

peritome→Beschneidung

peritrachelion→epitrachelion

perizonium *gr.*,(열대인의) 요포(腰布)/(미개
인의) 허리에 두르는 천

permeatio→Perichorese

permissio *lat.*, 허가/허락/인가/동의; *kath.*: 하
나님을 통하여(악한) 행위들에 대하여
행하여지도록 허용; **permissive
Gesellschaft**(추기경 회프너(J. Kardinal
Höffner)), 사회 안에서(국가에 의하여)
윤리적으로(/이유로) 많은 것들이 허용
되어졌거나 혹은 허락 되어진 것처럼
보이는 사회를 위한 묘사<관대한/통제
가 덜한 사회>

Perse'ität *lat.,(scholast.:*) 자신 스스로를 통
하여 존재,(하나님의) 독립/자유/자주

Perseveranz *lat.*, 지속/고집/인내/끈기;
→donum perseverantiae

persona (*lat. personare* 로부터, 어떤 것을 통
하여 지속적으로 울리다/소리나다), 배
우/연기자의 가면;(배우의) 역(役)/배역
/역할/본분; **personae divinae,** 삼위일체
(→Trinität)의 세 신적인 위(격)들; **Per-
sonalgemeinde,**(소) 교구(敎區)/본당구
(→Parochie)(*kath.*: 지역/지방적인(최소
단위의) 교구/본당구)와 구별에서 규정
된 사람들의 하나의 집단을 위한 하나
의 공동체, 예, 형무소-, 군인-, 학생 공동
체; →Gruppenseelsorge,→Para-gemeinde;
Personal'inspiration, 성령의 계시/영감
(靈感)이 성서의 서삭자의 인격에 일어
났다는 가르침/교훈(그러나
→Verbal-,→Real-I.); **Personal-Schema-
tismus**→Schematismus; **Personifikation,**

그 사람 자신으로 만들기/인격성이 있게 하기<인격화/인간화/의인화(擬人化)>(그러나→abstrakter Größen<개념적인/추상적인 위대성/훌륭함>)

Perspikuität *lat.*,(성서의) 명백/명확/명료/선명(성)

Pesach→Passa

Peschitta *syr.*, 단순한/분명한 것들; 시리아어의 성서 번역(4세기)

Pesiqtha *mhbr.*, 유대교의(예배식에서 읽는) 성구집(聖句集)/독송집/독경대(讀經臺)(→Lektionar)

Peterspfennig<교황에의 헌금>→Denarius St. Petri

petitio principii *lat.*, 기본 원칙/원리의 사취/절취; 입증 근거/이유로서 한 증명[입증]되지 않은 문장의 활용을 통하여 증명/증거 오류; →hysteroproteron

Petrinisches→Privileg

Petrobrusianer, 브루이스의 베드로(Petrus v. Bruys)(† 약 1126)의 분파/이단, 그는 카톨릭 교회의 성례전(→Sakrament)의 가르침/교훈에 대항하여 싸웠다

Pfalzdiakon, 제국 팔츠의 지속적인 성직자

Pfarre(i) *gr.*→Parochie 로부터; *kath.*: (지역) 공동체처럼 그렇게 많이<(최소 단위의) 교구(교회)/본당(구)/목사[주임신부]관; **Pfarrer** *gr.*→parochus 로부터; **Pfarrernotbund,** 1933년 9월에 독일 그리스도인들(→Deutschen Christen)에 대항하여 니묄러(M. Niemöller)에 의하여 설립되었다(→Bruderrat,→Kirchen- kampf); **Pfarrgemeinderat,** 교구(교회)/본당(구)에서 일에의 참여를 위하여 선발되어진

평신도 위원회/협의회(→Laiengremium)<본당구 평신도 위원회>; vgl.→Presbyterium; **Pfarrkonkurs**→Konkurs; **Pfarrprovisor, -verweser, -vikar,** 한 공석의 교구/본당구의 관리인/지배인(→Vikar)<성당구 임시 사제/교구 관리자/대리 목사/보좌 신부>; **Pfarrzwang**→Parochialzwang

Pfingsten<성령 강림절/오순절>→pentekoste; **Pfingstbewegung,** 카리스마적인(→charismat.) 운동<오순절/성령강림 운동>, 대부분 분파적인/분파를 야기하는(→sektenhaft)(뚜렷한) 각인(刻印) 안에서 (오순절 공동체들 (**Pfingstgemeinden**)), 그들은 영적인 소질/능력/은사와 영적인 재능/재질(특히 방언(→Zungenreden))의 필연성을 강조한다(성령강림 운동가); **Pfingstkirchen**<성령 강림/오순절 교회>는 1961년부터 점점더/눈에 띄게 세계교회협의회(→World Council of Churches)에 속한다

Pfründe, 목사[주임 신부]의 직[직위], 그것의 소유자들을(부분적으로) 부양하고, 관리적으로 채용[고용]되어진 목사/주임 신부의 봉급/급료의 동등성을 통하여 폐지되어졌다<성직록(聖職祿)/교회록>

Pfund, Mine (눅 19: 13-) 그리스 은화 =100 데나르

Phänomen *gr.*, 현상/환상; 감지/인지 되어진 것(그러나→Noumenon); **Phänomenalismus,** 철학적인 가르침/교훈, 사람들은 단지 사물들의 현상을 인지/식별하고, 사물 자체가 아니다<현상론(現象論)>;

Phänomenologie, 현상들에 대한 가르침 /교훈, 억측/사변(思辨)(→Spekulation) 없이 현 상 들 의 하 나 의 분 석 /분 해 (→Analyse)를 통하여 그것의 본질로 나 아가기를 원한다

phagiphania *gr.*, 식사의 기적; *gr.-orth.*: (오천 명의 급식에 따른) 현상/출현/현현 (→Epiphanias)

phallos *gr.*, 발기되어진 남성의 성기/남근, 특별히 생식 능력과 수확이 많음/다산/ 수태 능력의 상징(→Symbol) 으로서 그 것의 모조/복제품

Pharisäer *hbr.*, 분리/고립되어진 자들; 마카 베 시대 이래로(→Makkabäerzeit) 강력하 게 율법적으로 사는 높은 존경/명성의 유대 당파<바리새 인/바리새파의 사람/ 위선자>(그러나→Sadduzäer,→Schrift-gelehrte); **Pharisäismus,** 고유의 온전한 준 법성에 자존심/자부심 그리고 신뢰/확 신<바리새주의>; 불손/외람된<위선/독 선>

pharmakon athanasias *gr.*, 불멸/영생의 약 제/약품/약; 고대 교회의(이그나티우스 (Ignatius)(† 110 이후)): 성만찬

pharus, pharocantharus *gr.*, 조명 용기/그릇, 매어다는 등[램프]

phelonion *gr.*, 그리스 정교 교회 사제의 외 투 모양의 미사복

phil'adelphia *gr.*, 형제애

philema(hagion) *gr.*, 원시 그리스도 교회 예 배에서(거룩한) 평화의-, 형제이 키스/ 입맞춤 <롬 16: 16>

Phil'anthrop *gr.*, 인도주의자/박애주의자/ 인자(仁者)

Philippisten, 16 세 기 에 필 립 멜 란 히 톤 (Philipp Melanchthon)의 신학의 추종자/ 신봉자들;→melanchthonisch, Ggs.→Gne-siolutheraner

philokalia *gr.*,(정신적) 아름다움을 위한 사 랑; 신비주의적인(→myst.) 금욕의(→ asket.) 글들로부터 그리스 정교 교회의 모음(4 - 14 세기)

Philosemit *gr.*, 유대교/유대 민족의 후원자/ 지 지 자 /옹 호 자 <친 유 대 주 의 자 >; Ggs.→Antisemit

philosophia→perennis

Phönix, 이집트의 신화의(→mytholog.) 새 (다분히 뜨는 태양의 상징/표상), 그 새 는 500 년 후에 죽음의 가까이에 그의 둥 지 안에서 생명을 불태우고 되 젊어지 며 재로부터 날아 오른다<불사조>; 그 리스도교의 예술: 부활의 상징/표상

Photinianer, 지르미움의 포티누스(Photi-nus von Sirmium)의 추종자/신봉자들, 그 는 비 인격적인 권능으로서 로고스 (→Logos)를 이해[해석]하였다(345 년에 정죄되었다)

Photismos *gr.*, 조명/계몽/깨달음, 동방교회 (→Ostkirche)에 서 세례를 위한 묘사; **Photizomenen,** 비추어진/깨닫게 되어진 /계 몽 되 어 진 자 들 , 세 례 지 망 자 들 (→Katechumenen), 그들은 세례를 대비 하게 되었다

phrygisch 세 번째 교회 음계(→Kirchen-tonart)(E-c-e)

Phtharto'latren *gr.*, 일시적인/무상한/덧없 는 것의 숭배자/신봉자; 우선적으로 부 활 후에 그리스도의 육체의 불멸/영원

함을 믿었던 6 세기의 경향/유파/견해;
→Aphthartodoketen

Phylakterien *gr.*, 보호/예방 수단들<부적/액
막 이 /(유 대 인 의) 호 부 (護 符)>,→
Amulette; →Tefillim; kath.: →Reliquien-
gefäß

Phyletismus *gr.*, 동방 교회에서 종족/부족-,
국가-교회주의를 위한 노력

Physikotheologie *gr.*, 영국과 독일에서 계몽
주의의 초기 국면, 그것은<물리신학은
> 하나님의 영광의 계시들로서 자연의
다양한 현상들을 해석/설명하였다;
physikotheolog.→Gottesbeweis

physis *gr.*, 자연/(사물의) 본질/본성; **physi-
sche Erlösungslehre,** 그것은 인간의 본성
의 신격화 안에서 구원/속죄를 인식/파
악한다<육체의 구원/구제론>

piaculum *lat.*, 화해 제물/희생, 속죄의 수단
/방법

Pia desideria *lat.*, 신앙심이 깊은/경건한 소
원/소망/요청/열망들(슈페너(Spener)의
글, 1675 년에); **ad pias causas,** 신앙심이
깊은/경건한 목적[목표]/의도를 위하여,
증여(贈與)를 위한 상투어

pias exercitia *lat.*, 공 공 연 한 예 배 식
(→Liturgie) 을 넘어서 신앙심이 깊은/경
건한(예배에 준하는/예배와 비슷한) 연
습/훈련 들 , 예 , →Prozessionen, →Wall-
fahrten,→Rosenkranzandachten 등등

pias fraus *lat.*, 신앙심이 깊은/경건한 사기/
기만/속임

Piaristen, Patres piarum scholarum *lat.*, 신앙심
이 깊은/경건한 수업들의 아버지들, 가
난한 아이들에게 무상의 수업의 허용/

시여를 위하여 카라잔카(Jos. A Cala-
sanca)에 의하여 설립되어진 공동체
(1621 년 수도회(→Orden)로서 승인되었
다)

pietas, Pietät *lat.*, 깊은 신앙/경건(함)/독실
함

Pietà *ital.*, 깊은 신앙/경건(함)/독실함, 모성
애/어머니의 자애(慈愛); 그리스도의 시
체를 지닌 마리아<피에타(십자가에서
끌어내린 예수의 시체를 무릎에 안고
슬퍼하는 성모 마리아상(像))

Pietismus *lat.*, 복음교회의 운동, 마음으로
깊은 신앙/경건(함)/독실함 그리고 행동
으로 보여주는/적극적으로 행동하는 이
웃 사랑을 강조한다<경건주의> (17 세
기 이래로; **Neupietismus**→Erwec-kungs-
bewegung); **erwecklicher Pietismus** 복음
서 절대 주의/저 교회파의(→evan- ge-
likal)의 운동을 위한 묘사, 묘사의 당사
자들에 의하여 복음서 절대 주의/저 교
회파적으로 더 선호되어진다<일깨우는
/각성시키는/고무시키는 경건주의>;
Pietist, 경건주의의 깊은 신앙/경건(함)/
독실함의 한 추종자/신봉자의(자주 평
가 절하하는) 묘사<경건주의자>; **pietis-
tisch,** 역시: 밀접한, 율법적(→gesetzl.) 믿
음의 이해/파악과 도덕(→Moral)의 이해
/파악<경건주의의/경건주의자적인>

Pilaster *ital.*, 벽으로부터 부분적으로 돌출
한 기둥/교각<벽기둥/간주(間柱)>

Pileolus (역 시: subbiretum, Soli-Deo, Calotte,
Zucchetto) *lat.-ital.*, *kath.*: 예배식(→liturg.)
이 아닌(카톨릭 성직자가 쓰는) 작은 빵
모자(교황: 흰색; 추기경들(→Kardinäle):

붉은 색; 감독/주교들, 수도원 원장들
(→Äbte), 고위 성직자들(→Prälaten): 보
라색; 그밖에 검은 색)

pileus→Barett

Pilgerväter, Pilgrim Fathers *engl.*, 회중 교회
신도들(→Kongregationalisten), 그들은 17
세기에 미국으로 이주하였고, 그곳에서
새로운 영국의 국가를 건설하였고 그리
고 새로운 세계의 모든 종교적 그리고
정치적 삶에 강력한 영향을 끼쳤다
<1620년 메이 플라워호로 미국에 건너
가 플리머스 식민지를 개척한 102 명의
영국 청교도단>

Pirke Aboth *hbr.*, 선조들의 격언/금언/잠언;
→Mischnatraktat<미쉬나의 소책자>

piscina *lat.*, 양어지(池); 고대 교회의: 세례
반; 성물 납실(納室)/제의실(祭衣室)(→
Sakristei)에서 개수대(→sacrarium); 성수
반(盤)

Pistiker→Gnosis

pistis→Glauben

Pistis- Sophia *gr.*, 믿음 - 지혜, 이집트의 영
지주의의(→gnost.) 저작(3 세기), 그의 부
활 후에 제자들에게 예수의 명목상의/
공인되지 않은 계시들과 함께(모든 시
간 이전에 하나님으로부터 흘러나온 여
성적인 권세들)/에온(→Äon) 믿음-지혜
(Pistis-Sophia)와 만남)

placet *lat.*, 마음에 든다; 그것이 허가[인가]/
동의 되었다; 찬성/동의 형식

plaga australis *lat.*, 남쪽의 공간; 남쪽에 위
치한/남쪽에 속하는 것, **pl. septentrion-
alis**, 북쪽의 공간, 로마네스크 풍의
(→roman.) 교회의 북쪽 측랑(側廊)-날개

/부분

planeta→Kasel

Platonismus, 볼 수 있고 볼 수 없으며, 육체
적이고 정신적인(것)의 대립/차이 안에
서 사고/생각, 플라톤(Platon)(✝ 기원전
347 년)의 철학에 의지/의존 안에서 현
상과 원상(原象)/이데아,→Idee-Lehre

plebanus *lat.*, **Leutpriester**; 교구 성직자
(→Weltgeistlicher); mtl.: 성직록/교회록
(→Pfründe) 소유자 대신에 보좌 신부/부
목사(→Pfarrvikar)

Plenar'ablaß *lat.*, 완전한-사죄(赦罪)/속죄
(→Ablaß)

Plenarien *lat.*, 완전한 책들; 중세의 예배식
서/신자용 편람들(→Agenden)

Plenarkonzil, 일부 교회의 입법 기관,(어느
국가의) 주교회의(→Nationalkonzil) 대신
에 한 교황의 사절(→Legaten) 아래에서
여럿의 대 주교의 관할구(→Kirchen-
provinzen)의 회의(→Konzil)<(대주교) 관
구 종교회의>

pleroma *gr.*, 모든 수, 충만함/다량; →gnost.:
신성의, 빛의 왕국/제국의 충만

Plerophorie *gr.*(믿음의) 충만함

Pluralismus *lat.*, 다수[다량]에 대한 가르침/
교훈, 그것에 따라서 하나의 온전함/전
체성/총체성/통일성이 많은 독립/자율
의 부분으로부터 구성된다/이루어진다
<다원주의/복수주의/다원론>; 카톨릭
교회의 교회법: 한 사람 안에서 여러 고
위 직책들의 허용되지 않는/금지된 통
합/합일/일치

plutonisch, 명부(冥府)/저승에 속한/지하세
계에 속한(Pluto =그리스의 지하세계의

신)

Pluviale *lat.*, *kath.*: 사제의 열린, 하나의(잠 금용의) 고리쇠를 가지고 결합되어진 (두건이 달린) 덧옷/망토/코트<(사제들 의) 예배용 외투>; 교회 의식용 겉옷, 역 시 성가대 지휘자/선창자(→Kantoren), 주교관/사제관(→Mitra)을 착용하는 자 그리고 지팡이를 활용하는 자에 의하여 사용된다

Plymouthbrüder→Darbysmus

pneuma *gr.*,(하나님의) 영; **Pneumatiker,** 영 으로 가득 채워진 자(그러나→Chari-smatiker; →Gnosis); **pneumatisch,** 영으로 성취/수행되어진, 영으로 가득 채워진, 종교적인<성령에 관한>; **Pneuma- tolo-gie,** 성령에 대한 가르침/교훈<성령론>; **Pneumatomachen,** 성령에 대항하여/맞 서서 싸우는 자들(=Macedonianer<마케 도니아 인들>), 성령의 동일 본질(→Ho-mousie)을 부정하는 고대 교회의 집단/ 무리

poena *lat.*, 벌/형벌; **p. vindicativa,** *kath.*: 속죄 의 형벌, 그것은 법규 위반 행위를 직접 적으로 처벌한다; **p. medicinalis,** 개선/개 량/향상하는 형벌, **p. temporalis,** 시간적 으로 제한 되어진 형벌; **Poenalitäten,** *kath.*: 개인적인 구원후에 머무는 죄의 결과/귀결/결말들(고난, 죽음 등등); **Poenitenten,** 속 죄 자 /참 회 자 ; **Poen-itetenorden,** 참회 교단(敎團); **poenitentia,** 참회/회개/속죄의 행위, *kath.*: 고해성사; **Poenitentialien,** *kath.*: 다양한 죄들을 위 한 형량과 함께 참회서/참회 규정서들; **Poenitentiar,** *kath.*: 역시 주교/감독의 예

외 법 /특 권 의 사 안 (事 案)/사 건 들 (→Reservatfällen) 안 에 서 면 죄 /사 죄 (→Absolution)를 알리도록 허용된 성직 자; **Poenitentiarie,** 교황의 예외법/특권의 사안(事案)/사건들(→Reservatälen) 안에 서 면죄/사죄를 위한 교황청(→Kurie) 당 국, 내부의 전문 분야/범위를 위하여 결 정 권한이 있는 교황청의 법정/재판소; **Poenitenz,** *kath.*: 참회/고백에서 제시되 어진 참회 수행/실행

Pogrom *russ.*, 황폐시킴/폐허화; 한 인구 부 분에 대항한 마음과 방종/무법 행위, 예, 유대인 혹은 흑인<소수 인종[민족, 종교 집단] 박해[학살]>

Poimenik *gr.*, 사제[목사]의 직에 대한 가르 침/교훈 즉, 목회[사목]의(가르침/교훈)

Polemik *gr.*, 적의/증오/적대 행위; (학문적 인) 논쟁/논박; **polemisch,** 투쟁적인/호전 적인/논쟁적인; Ggs.→Irenik

politia *gr.-lat.*, 국가제도(경찰(당국)); 세 신 분/계급론

Politisches Nachtgebet, 한(사회적-) 정치적 주제와 함께 저녁 예배, 그것은 안내, 토 론, 묵상 그리고 집단 행동안에서 다루 어진다(우선적으로 60 년안에서 복음 교회의 쾰른의 안토니우스 교회에서 등 등); **Politische Theologie,** 그것의 사회적 이고 정치적인 구조 변화에 직면하여/ 을 고려하여 《시민 계급에 따른》사회 의 조건들 아래서 그리스도교의 소식/ 복음을 간명하게 표현하기 위한 시도 (메츠(J. B. Metz), 몰트만(J. Moltmann)), 그것이 역시 이러한 신학 아래 포함 시 켜지기를 원하였을 때에 혁명/급진 신

학(→Theologie)을 이용하였다<정치 신학>

Polyandrie *gr.,* 많은 남편들<일처 다부제 (一妻 多夫制)>; **Polydämonismus,** 악마/귀신들의 많은 수를 믿음<다수 귀신 숭배/다수 사신교(邪神敎)>; **Polygamie,** 일부 다처혼[제]/일처다부제; **Polygenie, Polygenismus,** 다양한 인종들이 인류의 많은 조상/시조들로부터 유래하였음을 받아들임; **Polyglotte,** 수개 국어로 쓰여진(성서); **Polygynie,** 많은 아내들<일부 다처 혼인제>; **Polyhymnia**→Musen; **Polytheismus,** 많은 신들<다신교/다신론/다신적 신앙>

pomellum *lat.,* 작은 사과; 성배(聖杯)의(공 모양의) 손잡이; →nodus

pompa *lat.,* **pompe** *gr.,* 고대에 공공연한 축제들과 함께 하나의 신성을 위하여 혹은 그와 함께 제식의 행렬/시가 행진; **p. diaboli,** 악마/사탄의 행진/행렬, 드러내 보임/전시들, 극장/연극, 시합/경기 그리고 비슷한 것들을 위한 중세의 묘사

pontifex *lat.,* 교량 가설자/다리 건조자/가교(架橋) 설치자; *röm.:* (고대 로마의) 제사장/대신관(大神官); *christl.:* 주교/감독; **p. maximus (summus),** 최상위의 제사장<(고대 로마의) 대신관장(長)>; 고위 제사장; 로마 황제의 칭호, 445 년 이래로 로마의 감독의 칭호(→Papst); **Pontificale,** 주교/감독의 행위/행동들을 위한 예배식서(›Liturgicbuch)<주교용(집무) 의진서(儀典書)>; **Pontifikalamt,** *kath.:* 주교에 의하여 개최된 대미사(→Hochamt)<교황의 미사>; **Pontifikalien,** 그와 함께 감독/주교가 그의 표장/휘장(→Insignien)을 사용한다<(복식을 갖추고 행하는) 주교의 제식[의식]>; **Pontifikalkleidung,** 완전한 가운(≪온전한 예복/제복≫), 교황들과 주교들이 이전에 때때로 역시 미사축제 외에 착용하였다; **Pontifikat,** 교황의 성직과 품위/존엄성/직위<교황의 임기/직위>; **pontifizieren,** 대미사(→Hochamt)를 개최하다

Pope (*gr.*—*papas* 로부터), 동방 정교 교회의 모든 사제들을 위한 오류적인/부정확한 묘사; 교구 성직자들(→Weltgeistliche)에 대한 본래적인 묘사(단지 그리스 - 발칸 - 러시아의 범주에서); 19 세기 이래로 러시아인들 안에서 또한 모욕적 언사

Popowcy, 러시아 정교 교회의: 라스콜니키(→Raskolniki)인들에 속하는 이들, 17 세기에 스타로베르첸 (→Starowerzen)으로부터 유래했던 집단, 그들은 사제를 단념/포기하기를 원하지 않았다<포폽프스키>; *Ggs.*→Bezpopowcy

porta coeli *lat.,* 천국의 문; 자주 수도원의 이름; 마리아의 경칭

Portatil *lat.,* 여행을 위하여 휴대용 제단(祭壇)

Portativ, 휴대용 소형 오르간

porticus *lat.,*(교회의) 회랑(廻廊)/주랑(柱廊)(현관)

Portiuncula'ablaß, 완전한/완벽한 사죄/속죄(→Ablaß), 본래직으로 오직 포르티운쿨라 교회(앗시시의 프란치스쿠스의 좋아하는 교회) 의 봉헌/헌당일(8월 2일)에 방문자들에게 베풀어 준다<포르티

운쿨라의 전속유(全贖宥)(13 세기에 앗시 시의 Portiuncula 성당에서 시작)>; 1622 년 이래로 프란치스쿠스의 교회들 안에서

Positiv, 서 있는 작은 오르간<소형 오르간(페달이 없고 건반은 한 벌뿐임)>

positiv *lat.*, 긍정[시인]하는; 좋은/적합한/유쾌한; 실제의/진실의; **positiver Glaube**→Neu-Luthertum; **positive Religion,** 자연 종교(→natürl. Rel.) 와는 달리/대조적으로 계시의 신앙: **Positivismus,** 19/20 세기에 주관/개인적 - 경험론적인(→epmpirist.) 가르침/교훈 (콩트 (A. Comte)(† 1857) 에 의하여 기초되었다): 앎/인지/지식/깨달음이 단지 ≪긍정/적극적인≫사실들에 기인[의존]하고, 그 사실들은 인지/감지(감관에 대한 자극들/감각적인 인상들,(감각 기관을 통한) 느낌/지각들) 안에서 있다/존재한다

possibilitas non moriendi *lat.*, 죽지 않기 위한 가능성, 인간의 본래의 성질에 대한 교리적인 진술; **p. utriusque,** 양측면에 따라 판단/결정짓기 위한 능력/소질

Postexistenz *lat.*, 현세 이후의 존재/삶; *Ggs.*→Präexistenz

Postille (*lat. post illa verba* 로부터, 그 말씀들 후에), 성서의 한 장/절/단락의 설명/해설; ((성서해석 형식의) 설교들(→Homilien)의 연도 간행물)<교회력에 의하여 복음서나 사도신을 주제로 행한 그날의 설교/설교집>; 설교 책

Postkommunion *lat.*, 성만찬 축제 후에(종료/말미/결말 기도)(→missa)

Postlapsarier→Infralapsarismus

Postsanctus *lat.*, 거룩한 것 후에; 세 번 거룩하다(→Trishagion) 후에 찬미 기도

Postulant *lat.*, 요구하는자; (새) 옷[제복]을 입힘 앞에서 수련사 [예비 신부](→Novize)<지원자/수도사 수습 기간 이수자>; **Postulat,** 전제되어진 요구/요청; **postulator**→advocatus Dei; **Postulats'theologie,** 칸트(Kant)의 하나의 신학의 요청, 그것은 사변(思辯)/사색이 아니라 오히려 ≪실천적 이성≫공준(公準)<(증명하기 어려우나 이론, 사색의 불가결한 결과로서 인정되는 전제 또는 명제)>/요청을 기준으로하여 입장을 취한다<공준/요청 신학>(→kategor. Imperativ)

potentia *lat.*, 힘/능력, 재능, 가능성; **p. absoluta,** 스콜라 철학의: 한 가능한 다른 창조물 안에서 다른 방법으로 행동하기 위한 하나님의 무조건의/절대적인 힘; **p. oboedientialis,** 순종 및 계시의 말씀을 청종하기 위한 피조물의 능력/소질(비교,→Anknüpfung); **p. ordinata,** 스콜라 철학의: 체계화 되어진 힘/능력, 그 힘을 통하여 하나님 자신 스스로 그에 의하여 공포되어진 질서에 묶는다/의무를 지운다; **potentiell,** 숨겨져/남모르게 존재하는, 가능한/할 수 있는/일어날 수 있는/잠재하는(*Ggs.*→aktuell)

potestas *lat.*, 힘/능력, 직권/권한; **p. clavium,** 열쇠의 직무 즉, 죄의 용서/면죄와 죄의 계속 유지의 열쇠(≪푸른 열쇠≫와 ≪매는 열쇠≫, 마 16: 19, 18: 18), **p. ecclesiastica,** 교권(敎權)/성권(聖權); **p. jurisdictionis,** 재판권; **p. legislativa,** 입법권; **p.**

magisterii,(교회의) 교직(→Lehramt)(의)
권(력); **p. ordinis,** 서품(→Weihe) -권;
kath.: 성례전(→Sakrament)-베풀기의 능
력

Präadamiten, 아담의 창조 이전에 인간의
존재에 대한 페이에르(La Peyére)(1655)
의 가르침/교훈(비교, 창 4: 14)

Präambel *lat.,* 머리말/서문, 서언; **praeam-
bula fidei,** 믿음의 전제(조건)/가설, *kath.-
dogmat.*: 자연(→natürlich) 신학(이성)은
하나님의 존재를 알고 그리고 믿음에
선행한다

Präanimismus→Dynamismus

Präbende *lat.,* 승낙/허락하기 위한 것; →
Pfründe; 한 종교재단(→Stift)에 교회의
하나의 직무의 수입/소득들, 하나의 자
리/지위를 위하여

Präcentor *lat.*,(합창대, 회중의) 선창자/주
창자, *mtl.*: 일과 예배(→Chordienst)의 지
도자/관리자

praeceptum *lat.,* 지시/규정/명령; *kath.*: 하나
님의 계명/명령

praecipuum membrum ecclesiae *lat.,* 교회의
탁월한/뛰어난 일원/구성원, 그들의 감
독의 권리의 인수/취임을 위한 증명/논
증을 위하여 복음교회의(중세의) 군주
들에 대한 멜란히톤(Melanchthon) <(의
말/주장)>(→Summepiskopat)

praeconium pas'chale *lat.,* 부활절 예고/통
고/통지; *kath.*: 부활절 전야에 부활제의
초(→Osterkerze)의 축성과 함께 부제
(→Diakon)에 의하여 불리워지는 찬양
(→Hymnus)

prae'definitio *lat., kath.*: 인간의 개별적인 행

위들과 연관[적용] 되어졌던 예정
(→Prädestination)

Prädeismus *lat.,* 다신(多神) 신앙에 앞서 놓
여 있는 물활론(→Dynamismus)의 종교
적 소개/상상/심상

Prädestination *lat.,* 하나님의 예정; 선택/선
출; **gemina pr.,** 이중의 예정(구원과 배척
/단념을 위하여); 그러나→vocatio

Prädetermination *lat.,* 미리 결정되어 있음/
예정함(하나님을 위한 인간의 행동/태
도)

Prädikant *lat.,*(보조) 설교자/전도자/부목
사; **Prädikantenorden,** 도미니쿠스 수도
회(→Dominikaner)

Prädikation *lat.,* 공개/포고/고시; 예수 그리
스도를 위한 신약성서의 칭호: 랍비/선
생(→Rabbi), 예언자(→Prophet), 다윗의
아들, 왕, 거룩한 자, 하나님의 종(→ebed
Jahve), 메시아(→Messias), 인자(→Men-
schensohn), 주(→Kyrios), 하나님의 아들,
말씀(→Logos), (믿음의) 초보[심]자(창
립[창시]자) 그리고 완성 시키는 사람/
완성자, 돌(→Eckstein, [더낫게: 둥근 천
장의 돌], 완결[완성]돌),(교회의) 머리,
공동체의 몸, 구세주, 구조자, 대제사장
(→Hoherpriester), 어린양, 위안자/변호자
(→Paraklet)

Präexistenz *lat.,*(세상전에 그리스도의) 미
리 존재/선재(先在)(빌 2: 6, 요 1: 1-,14, 갈
4: 4); **Präexistenzianismus,** 하나님이 모
든 영혼들을 이미 세상 창조의 시초에
함께 창조하셨다는 가르침/교훈

Präfamen *lat.,* 머리말/서언, 예배에서 한 성
서 봉독에 앞서 짤막한 도입하는 설명/

해설

Präfation *lat.*, 머리말/서문; 성만찬에서 예배식의(→liturg.) 부분/일부(≪높은 곳에서 마음≫)<(미사의) 예비 찬송>

Präfekt *lat.*, 웃사람/상사/상관, 감독자/관리인 <(고대 로마의) 지사/지방 장관>; **apostolischer Pr.,** *kath.*: 하나의 주교구와 비슷한 선교지역으로서 유효한 지역/영역의 지도자/관리자(사도적 지목구(규모가 작은 미조직의 포교구역)); **praefectus praetorio**→Prätorium

Präfiguration *lat.*, 기초 지식/예비 지식, 교부들(→Kirchenväter)의 성서 해설/해석 안에서 통용되는 구약성서의(구원/구세-) 사건/일어난 일/과정들을 위한 묘사, 그것들 안에서 신약성서의 구원/구세 사건/일어나는 일들이 미리 형성된 것으로/전형으로 나타난다/보인다(예, 옛 피조물의 첫 번째 사람으로서 아담과 새로운 피조물의 첫 번째 사람으로서 그리스도); →Typologie

Präkognition *lat.*, 사전에/미리-인식/이해, 미래와 관련하여 투시하다/내다보다; (심령 현상을 다루는) 의사(擬似) 심리학/초(超) 심리학의 말/표현방법<(미래 사태의) 초 감각적 인지[지각]/선지(先知)/선각(先覺)>

Präkonisation (*lat. praeco*, 전령관/포고자/사자(使者)), 교황을 통하여 비밀의/음밀한 추기경들의 온전한 회합(→Konsistorium)에서 하나의 주교좌/주교직의 장엄한 차지/점유; 교황의 지령/결정(→Dekret)을 통한 지명/임명에 따라 추기경단(→Kardinalskollegium)에서 한 새

로운 주교/감독(→Bischof)의 이름을 알리기

Prälat *lat.*, 고위 성직자(*kath.*: 교황청(당국)에서),→protonotar ad instar; **praelatus nullius**(dioecesis), *kath.*: 하나의 감독이 없이 관할하에 있기 위하여 하나의 정권을 행사하는 고위 성직자, **Prälatur,** 하나의 고위 성직자의 직위와 영역<고위 성직자의 직위/사제관>

Prämonstratenser, (OPraem), 규정되어진 (→regulieren) 주교좌 성당의 참사회원에 대한 크산텐의 노베르(Norbert v. Xanten)을 통하여 1120년에 설립된 수도회로부터 수도원 프레몽트레(Prémontré)에 대하여<프레몽트레(수도) 회원>

praemotio physica *lat.*, 자연의 미리 움직임/활동; *kath.*: 하나님의 인간의 자연적 행동/행위에 선행하는 활동하심/일하심

praepositus *lat.*, 웃사람/상관, 책임자/대표; 감독/주교;→Propst; **pr. major,** 주교좌 성당의 참사회 회장

Präsanktifikantenliturgie *lat.-gr.*, 사전에/미리 거룩하게 되어진 헌금/기부금의 예배식(→Liturgie), 미사(→Messe) 없는 날에 성만찬 축제(→Kommunionfeier), 특별히 동방 교회들에서(→Ostkirche)

Präsentationsrecht *lat.*, 교회 창립자[후원자]의 법적 지위[권리, 의무](→Patronat) 혹은 다른 법적 요구/법률상의 청구권/권리의 주장에 기인[의거, 의존]하는 추천[천거]권, 교회의 직책[직위]를 위한, 특별히 목사 [주임신부]의 직위<교회록 지명권>(→Benefizien)

Präses *lat.*, 의장/회장, 하나의 회의(→Synode)(그리고는 대부분: 회장(Präsident)) 혹은 하나의 감독/주교 대신에 독일 각 주 교회의 지배/관리<{카톨릭} 주교구 평의원회 의장/{신교} 종교회의 의장>

Praeskript *lat.*, 편지 서론/서문/머리말

Prästabilierte→Harmonie

Präszienz *lat.*,(하나님의) 미리 아심/예지하심

praetorium *lat.*, 고대 로마의 총독/태수/지사((고대 로마의) 대법관/집정관)의 관사/사택; 황제의 고급 별장/빌라; 왕궁/궁전; **praefectus praetorio,** 황제의 근위대의 지휘관/사령관

Praevulgata→Vetus Latina

Präzendenz *lat.*, 앞서기/선행하기, 행렬/행진들(→Prozessionen)과 함께 앞에서 걷기<우선권/상위>; **P.fall,** 유익한 사건의 모범/전형/본보기<선례/전례>

Präzisismus *lat.*, 중간적인 것(→adiaphora)은 유효하게 허용되지 않는다는 경건주의의(→pietist.) 견해/의견

Prager Friedenskonferenz→Friedensbewe-gung

pragmatisch *gr.*, 행동/실행하기와 연관된<실제[실용]적인/실용주의의>; **Pragma-tische Sanktion von Bourges→gallikanisch; Pragmatismus,** 생각/표상들과 개념들이 오직 행동/거동/태도(gr. pragma)을 위한 규칙/규범을 형성한다는 견해<실용주의/실용주의적 관점>; 그것의 ≪진리≫의 시금석(→Kriterium)은 경험 안에서 그것의 확증/증명(유용성/유익성)이라는 주장; →Utilitarismus,→Positivismus

Praktische Theologie, 목사직을 준비하기

원하는 학문적 신학의 분과/분야 이다< 실천신학>; →Pastoraltheologie

praxis pietatis *lat.*,(날마다의) 깊은 신앙/경건의 실행/실천/경험(종류)

preces *lat.*, 청원/부탁/당부; 중세에 성직록/교회록(→Pfründe)-지원자을 위한(교황의) 추천서/소개장; 성무일과(→Hora)에서(타인을 위한) 소청/기도; **Precist,** 하나의 성직록을 위한(유력한) 후보(자)

Predella *ital.*, 계단/층계참; 장식품으로 꾸며진 제단-구축(構築)/건립의(받침)대(臺)

Predigt(*lat. praedicare* 로부터, 선언/전언/설교하다), 예배의 연설[강연]<설교>, 일반적으로 한 성서 본문에 대한; → Kerygma,→fides ex auditu,→ministerium verbi divini,→viva vox Evangelii

Prekarie *lat.*, 간청하여[청원하여], 취소/무효선언/파기로 승낙[허락]되어진 소유상태[관계]; 땅의 대여/임대/양도 혹은 교회에 하나의 증여(贈與)의 중세의 형식

Presbyter *gr.*, **Archipresbyter,** 연장자,(고대 그리스도교의) 공동체 지도자/관리자, 그로부터 ≪사제(**Priester**)≫; *kath.*: 두 번째 고위 서품[성직]의 등급(→Wei-hegrad); 칼뱅주의: 교회의 규칙[계율(戒律)]과 함께 위탁[위촉]되어진 장로회(→Presbyterium)의 회원/구성원, 평신도 최연장자/(교회 등의) 장로; **presby-ter assistens,** *kath..* 교황의 미사(→Ponti-fikalamt)와 함께 협력하는 사제; **Presbyterialverfassung,** 칼뱅에서 연원한, 종교개혁의 복음교회/개신교 교회

제도의 유형; 성직자와 평신도가 권리가 같게 협력[공동작업]한다<노회 제도/장로 제도/장로 체제>; **Presbyterianer,** 장로제도를 교회 질서의 초석으로 놓은 그 개혁 교회들 그리고 공동체들(감독의(→episkopalist.) 제도와 교회의 동료 전체의 지도부 체계(→Konsistorialsystem)에 대한 거부), 전례적으로/관례적으로 오직 영국의 장로 교도들에 적용한다<(특히 영국, 미국의) 장로교[장로 교회 파] 신도>; **Presbyterianische Allianz**→Reformierter Weltbund <종교 개혁자들의 세계 연맹/동맹/연합>; **Presbyterium,**(고대교회의:) 장로들(그리고 집사들(→Diakone))의 합의체/위원회; 칼뱅주의의: **Kirchenvorstand, <**장로회/교직자회/교회의 임원회> **Gemeindekirchenrat**<노회/장로회/교회 관리 위원회>; **presbyter(oi),** 이름을 들어서 대부분 알려지지 않았던 사도들 후기에 구두의 전승의 증인/목격자들의 집단

Priester→Presbyter

Priesterkodex, Priesterschrift (P), 모세 오경(→Pentateuch)에서 최신의<=가장 늦게 기술된> 원전, 유대의 제사장 집단들로부터<제사 문헌/P 문서>; →Elohist, →Jahvist

Priestertum aller Gläubigen, *luth.*: 벧전 2: 9에 따라 모든 그리스도인들의 선언[고지] 명령/전도[설교] 임무 그리고 목회/사목의 명령; 역시: 일반적인 성직자의 직[신분, 지위]<모든 신자들의 사제직(/만인 사제직)>; →Laienapostolat

Priesterweihe→Ordination, →Sakrament, →W

eihen

Prim *lat.*, 첫 번째 시간 경(해돋이/일출)에 이른 수도원의 그리고 사제의 기도 시간(→Hore)<아침 기도/조과(朝課)>

prima causa *lat.*,(세상의 생성/발생/기원과 함께) 첫 번째 원인/이유/동기, 아리스토텔레스(Aristoteles)(기원전 † 322): 움직이지 아니하는(첫 번째) 움직이는 자(*gr. protos kinun, lat. primus movens*); →Gottesbeweis; **prima gratia,** 첫 번째(세례의) 은혜

primär *lat.*, 첫 번째 위치/처소에<처음/최초/원래의>; **P.-literatur,**<(학술 연구 대상으로서의) 1차[기초] 문헌>→Quellen (*Ggs.*→Sekundärliteratur)

primarius→Pastor

Primas *lat.*, 첫 번째 사람, 최상위의 사람; 한 지역의 수석 대주교들(→Metro- politen)과 감독들 앞에서 명예 우위를 지닌 상급 감독/주교, 부분적으로 더욱 큰 국가 주권들에게 위탁[위촉] 한다(한 국내 회의(→Synode)의 소집과 지도/감독, 간청/탄원들과 수석 대주교들의 서품에 대한 수용)<(한 나라, 교구의) 수도[수좌, 수석] 대주교>; 통치권이 있는 주교들(→Erzbischöfen)의 명예 칭호(잘쯔부르크(Salzburg): P. Germaniae<게르마니아의 수석 대주교>)

Primat *lat.*, 첫 번째 서열/지위,(교황의) 상위/우위(; →Infallibilität)<(주교들에 대한) 교황(의) 수위권(首位權)

Primitialopfer *lat.*, 초태생 제물/희생

Primiz *lat., kath.*: 한<(신임)> 사제의 첫 미사; →Sekundiz

primus→**usus legis; primus movens**→**prima causa; primus inter pares** *lat.*, 동일한 것/이들 중 첫 번째 사람/것

princeps→**apostolorum** *lat.*, 사도들의 우두머리/수령/제 *1* 인자, 베드로의 명예 칭호

Prior *mlat.*, 수도원장(→Abt) 아래 수도원의 상관/장(長)<(대 수도원 산하 분원의)원장/수도분원장/수도원 부원장>; **Priorat,** 작은 수도원 공동체<수도[수녀]원 분원>

Priscillianismus, 스페인(Spanien)에서 프리스킬리아누스(Priscillian)(† 385)에 따라 명명되어진 금욕/절제의 운동(4-6 세기)

Privatbeichte, 공동체 고해/참회(특히: *ev.*)와는 달리 단독 고해/참회(특히: *kath.*); →Beichte; **Privatkommunion,** 단독적인 (환자)를 위하여 성만찬 축제; **Privatmesse**→missa privat

privilegientheorie→Legaltheorie

privilegierte Totenmessen, *kath.*: 죽음/사망 후 첫 번째 달 최상의 날에, 상위/우위로 다루어진다<특권이 있는 추도 미사>

privilegium *lat.*, 특권/특전; **pr. canonis,** *kath.*: 완력/폭력의 공격/비난에 대항하여 국법/헌법상의 보호/방어/옹호에서 성직자(→Klerus)의 특권; **pr. competentiae,** 성직자들이 그들의 수입의 한 부분을 가지고 차압/압수 앞에서 보호되어지는 특권; **pr. fori,** *kath.*: 세상적인 법원/법정으로부터 성직자의 자유; **pr. immuni tatis,** *kath.*: 성직자들(→Kleriker) 을 위한 세금의 자유/면세의 특권/특전; 성직자들을 위한 병역 의무의 자유; **Privi-**

legium Paulinum(Petrinum), *kath.*: 최상의 조건들 아래서 성례적으로(→sakramental) 이루어지지 않는 혼인/결혼을 풀기/해결하기 위한 베드로의 후계자/계승자(=교황)의 전권/대리권(비교, 고전 7: 12-15)<바울 윤허(允許)(영세를 받지 않고 부부 중 한 쪽이 카톨릭으로 개종했을 때 이혼할 수 있다는 것)>

Probabiliorismus *lat., kath.*: 더 낮게 기초 되어진 견해가 행위를 위하여 결정적일 수 있다는 도덕적 가르침/견해; →Moralsysteme

Probabilismus *lat.*,(예수회의(→jesuit.)) 도덕체계, 그것은 딴 경우에 신뢰할 수 있는 이름들에 대항하여 양심에 하나의 더 나은 견해를 허용한다<{철학} 개연론(蓋然論)(학문과 철학에는 절대적 진리가 없고 개연성만 있다는 관점)/{카톨릭} 개연설[론]/결의론(도덕적 규범과 양심이 충돌할 때 규범에 반하여 행동할 수 있다는 원칙)>

processio aeterna *lat.*,(하나님으로부터(성)영의) 영원한 나오심/유래; →filioque

Processionale *lat.*,(카톨릭 혹은 정교 교회에서 축제나 의식 따위의) 행렬/행진(→Prozession)들을 위한 예배식(→liturg.)의 책/서

processus *lat., kath.*: 시성(諡聖)/성인 명부에 올리기 심리/과정/경과; **p. generalis** 파문(破門)의 일반적인 포고/판결(→Exkommunikation)

prodigium *lat.*, 놀라운 전조/징후/조짐

profan *lat.*, 거룩한 구역/범위 앞에 놓여 있는; 축성되지 아니한, 세상/현세의<세속

적인/신성하지 않은/평범한>; **Profanation,** 신성모독/성물[성역]을 더럽힘; 품위[품격]을 빼앗기<세속화>; **Profangeschichte,** 세상의 역사, *Ggs.* 교회의 역사; **Profangräzität,** 세속의 그리스 작가/저술가의 언어의 관용(慣用)

Profeß *lat.*, 공공연한/공개적인 신앙고백, 수도회 서약/맹세/서원 (→Ordensgelübde)의 축제의 이행하기<수도서원자/수도서원(식)>; **professi,** 한 수도회의 정규회원; 예수회원들(→Jesuiten), 그들은 네 번째 서약/맹세/서원으로서 교황에게 무조건적인 순종을 맹세/선서/다짐하였다

professio fidei *lat.*, 믿음의 고백/자백/신앙고백

Progrom, →Pogrom을 위하여 오류적으로

prokeimenon *gr.*, 앞[선두]에 있는 것, 머리말/서론; 한 글의 낭독[봉독] 앞에 시편의 시행

Proklamation *lat.*, 공공연한/공개적인 전도/설교/선언/고지

Prokurator *lat., röm.*: 황제의 행정구역들 중에서 기사/귀족의 계급/신분의 총독/태수<(로마제국의) 지방 총독>; *kath.*: 교회 통치/관리의 권한/자격들이 없이 대리자/대행자<(수도회에서, 로마에 거주하며 교황과 교류를 갖는) 전권 대리인>

Prolegomena *gr.*, 기초의/근본적인 앞서서/미리-토론/논의들<서론/머리말>

Prolog *gr.*, 머리말/서문/서론

pro me *lat.*, 루터(M. Luther): 나를 위하여 그리스도의 구원의 효력/적용됨(→certitudo)

promissio *lat.*, 약속/확약; **p. sponsalitia,** 약혼; **promissiorischer Eid,** 약속하는 선서/서약<진술전의 선서>(→assertorisch)

promitto *lat.*, 내가 약속한다. 사제의 서품과 함께 감독에 비하여 서품을 받은 사람/성직자로 임명된 사람의 복종/순종/충성의 약속

promotor fidei →advocatus diaboli

Promulgation *lat.*,(율법/법들과 회의의 결정들(→Konzils-Beschlüssen)의) 공공연한/공개적인 포고/고시<(법령 따위의) 공포/발포/포고>

pro'naos *gr., lat.* **atricum,** 신전/사원 앞; 교회의 현관 홀

pro nobis *lat.*, 우리들을 위하여

Pronuntius *lat.*, 추기경(→Kardinal)의 지위와 함께 교황의 대사(→Nuntius)

Pronunziamento *ital.*, 공공연한/공개적인 (교황의) 설명/해석/진술

Propaganda *lat.*, 모집/추구/선전/광고; →Kongregation

Prophet *gr.*, 하나님의 뜻/의지(그리고 미래)의 선포를 위한 하나님의 초빙 되어진/부름을 받은 대변자(≪입≫: 렘 15: 19)<예언자/선지자>; **Prophetie,** 하나님의 직접적인 명령 안에서 공공연한/공개적인 연설/담화<(선지자의) 예언/예견>; →munus; **Frühere Propheten** (prophetae priores) =여호수아, 사사기, 사무엘 상하, 열왕기 상하<전기 예언서>; **Große Pr.**(pr. maiores) =이사야, 예레미야, 에스겔<대예언서>; **Kleine Pr.**(pr. minores) =호세아서부터 말라기서까지 12 소예언서 (→Dodekapropheton); **Spätere Pr.**(pr. poeteriores)=대 예언서 이사야, 예레미야, 에스겔

propitiator *mlat.*, 화해 시키는 사람/중재자/조정자; **propitiatorisch** 화해 시키는/조정하는

propositio *lat.*, 예고/통지/통고; 설교 및 논쟁의 주제; 논제/명제

propositiones personales *lat.*, 개인/인간적인 표시/명칭(하나님의 아들, 인간의 아들(인자) 등등); →Prädikation

proprietates *lat.*,(고유 한) 성질/특성/특징//지위/신분; 그러나→Akzidenz

proprium *lat.*, 자기의/자신의/전형적인/고유의 것; 예배식(→Liturgie)의 부분/일부, 그것은 교회 역력에 따라 바뀐다; **pr. sanctorum,** *kath.*: 동일하게 성인들의 날들을 위하여(교회 역력에 따라 바뀜); *Ggs.*→ordinarium

Propst, Probst (*lat.*→*praepositus* 로 부터), *kath.*: 수도원의 한 분원의 장/책임자; 혹은→Prior; 자본 재산의 관리를 위촉받은 주교좌 성당의 참사회원(→Domherr)(주교좌 성당의 참사회 회장)<(주교좌 성당의) 수석신부(칭호)/대성당 [주교좌 성당] 수석 신부>; 아주 자주 이전/옛적의 수도원 교회의 목사/사제를 위한 칭호; *ev.*: 북부 독일에서 최소 단위 중 보다 큰 교구의 목사들 및 하나의 커다란 교회의 영역의 이끄는 성직자들을 위한 묘사(...의 직위/사택(**Propstei**))<감독/총회장/교구장>; →Dekan

propter Christum *lat.*, 종교 개혁 의(CA IV<아우크스부르크 신앙고백 4 항>): 홀로 그리스도를 위하여 죄인의 정당함

(→Rechtfertigung)(→justitia aliena,→solus Christus)

propylon *gr.*, 현관의 홀; 교회의 홀/현관

prosarium 연속/차례(→Sequenzen) -모임/회합

Prose→Sequenz

Pros'elyt *gr.*, 참석하기 위하여 온 자/가입된 자; 타향인/이방인; 유대교로 개종한 자 <개종자/전향자>; **Proselytentaufe,** 후기 유대교의: 유대교로 전향과 함께 의식[예식]에 따른(→rituell) 정화/세정 욕/씻음; **Proselyten machen,** 양도하다/위탁하다: 다른 이들이 신앙[종교]를 갖게 하다.(다른 이들이) 자신의(세계)관을 위하여 얻는다<끈질기게 개종[전향] 운동을 벌이다/(억지로) 개종[전향]시키다>; **Proselytismus,** 모든 수단들을 사용하여 추종자들을 획득/쟁취하기

pros'euche *gr.*, 기도; 유대교의 기도의 처소

Proskomidie *gr.*, 가져오기/제공하기,(희생의) 제물 바치기/헌납하기, *gr.-orth.*: 화상 벽 뒤에 놓여진 준비실(→Prothesis)에 제물/희생 빵과 포도주를 준비

Proskynese *gr.*, 무릎을 꿇고 경의를 표하기 <무릎을 꿇고 이마를 바닥에 대는 경배>, 숭배/기도/예배; *kath.*: 홀로 하나님에게 걸맞는 숭배/경배(→latreia); 성인들(→Heiligen) 숭배/존경(→Dulie,→Hyper-dulie)

Prosphonese→Fürbittengebet

prosphora *gr., lat.*→*oblatio*, 봉헌/제물/희생,→Opfer; *gr.-orth.*: 준비 탁자 위에 다섯 밀가루 빵, 그것으로부터 사제는 성만찬 빵을 선택한다

prostratio *lat.*, 내던지기/무릎을 꿇기; *kath.*: 예배식으로(→liturg.) 고귀한 서품식 (→Weihen)과 함께 그리고 성 금요일/부활절 전의 금요일에 스스로 땅바닥에 몸을 엎드리기; (존경하는 표현으로) 발에 하는 키스

Protest *lat.*, 어떤 것을 위한 증서/확증<항의/항변/거절 증서>

Protestantenpatent, 1861년의 황제 프란쯔 요셉 1세(Franz Joseph I.)의 법령/규정, 그것은 복음 교회들에게 동등한[평등한] 권리를 승낙[허락]하였다; →Toleranzpatent

Protestantenverein, 교리 강요(→Dogmenzwang)(→Neuluthertum)에 대항하여 그리고 현대의 문화와 함께 개신교의 알려줌/통지를 위하여 진보/자유주의의 (→liberal) 신학자들의 결합/연합

Protestantismus *lat.*, 16세기 개혁으로부터 유래되어진 교회의 묘사, 1529년 슈파이어(Speyer) 제국 의회에서 복음교회의 현황/상태의 ≪이의 (Protestation) <(제국회의에서 1521년 보름스 칙령을 고수한다는 다수의 결의 대하여 신교측이 제시한 이의)>≫ 이래로

Prot'evangelium *gr.*, 첫 번째 복음<원시/원복음>: 창 3: 15, 예수에 대한 예언으로서 해석/설명되었다

prothesis *gr.*, 드러내어 보임/전시/시범; *gr.-orth.*: 화상의 벽(→Ikonostase) 뒤에 준비 탁자와 함께 놓여진 희생/제물을 위한 준비실; 준비 탁자 위에 다섯 밀가루 빵(→prosphora)의 준비하는 행위/의식(儀式); →Proskomidie

proto'hieros→protopapas

Protokanonische Bücher, *gr.*, 우선 첫 번째로 규범/기준(→Kanon)에 속하는 책들

Protologie *gr.*, 처음 것에 대한 가르침 즉, 세상의 시초/처음/기원에 대한(가르침); Ggs.: →Eschatologie

Protonotar *gr.-lat.; MA*: (궁정의) 도승지<왕궁[교황청]의 서기장/교황청 고관>; apostolische Pr.e, 교황청 당국(→Kurie)의 교황의 문서/증거 서류들의 기록과 작성을 위한 일곱 고위 성직자들; protonotarii supranumerarii,(고위성직자들(→Prälaten-)) 주교좌 성당 참사회원(→Kanoniker), 로마의 세 개의 교황 직속의 성당들(→Patriarchalbasiliken) 그리고(로마가 아닌 곳에 있는) 아홉 개의 다른 교회들; pr. ad instar, 교황에 의하여 수여된 직위, 고위 성직자(→Prälate)를 위한 등용/승격과 함께; pr. titulares seu honorarii, 직위에서 모든(상임) 주교 총대리(→Generalvikar) 그리고 공석의 주교 교구의 관리인(→Kapitelsvikare), 고위 성직자 직을 포함하지 않는다

proton pseudos *gr.*, 근본/기본적 잘못/오류

protopapas *gr.*, 맨 처음/최초의-아버지; Protopope,(카톨릭) 주교/(고대 로마의) 제사장

Protoplasten *gr.*, 처음 창조되어진 자들(아담과 하와)

Prototyp *gr.*, 원상(원상)/원형/전형/모범

proverbia (Prov, Spr) *lat.*, 속담/격언들, 솔로몬의 잠언

providentia *lat.*, 섭리/하나님의 뜻; (하나님의) 배려/돌봄/보살핌; pr. universalis, 세

상을 위하여(섭리/하나님의 뜻; (하나님의) 배려/돌봄/보살핌), **specialis**, 인류/모든 인간을 위하여, **specialissima**, 신앙을 가진 사람을 위하여

Provinzial *lat.*, 한 수도회 관구(管區)(→ Ordensprovinz) 의 장 ; →Kapitel; **Provinzialkonzil**→Konzil

Provision *lat.*, 교회법의: 교회의 직제/직분들의 합법적인, 영속적인 수여/부여<성직[교회]록(錄)/서임(敍任)>

Provisor *lat., mtl.*: 감독/주교를 위한 하나의 감독/주교의 교구의 관리인<성당구 임시[대리] 사제/교구 관리자>; *ev.*: 교회 재산의 관리를 위한 교회 대표/책임자/장(교회 관리인/사찰 등등); →**Pfarr- provisor**→Pfarrverweser

pro vivis et pro defunctis *lat.*, 산 자와 죽은 자들을 위하여

Prozession *lat., kath.*: 예배의 축제, 기원 행렬 등등으로서 행진/행렬, 시가행진

Prozeßtheologie, 신학의 경향/유파(미국에서, 약 1970 연대 이래로; 제이 비 콥(J. B. Cobb), 영국의 수학자요 자연 철학자인 화이트헤드(A. N. Whitehead) 의 과정/진행의 사고/사유 이론 위에 기반을 둔다<과정 신학>

Psalm *gr.*, 영적인 노래<구약성서 시편에 있는 개개의) 시(편)>; **Psalmist**, 시편 작가 [영 창 자]; **Psalmodie**, 예 배 식 의 (→liturg.) 시편 찬(송)가<시편 낭송[송독(誦讀)][영창과 낭독의 중간 창법)>; **psalter(ium)**, 시편의 모음<구약성서의) 시편/(중세의) 시편 찬송가집>; 하프와 비슷한 악기 <중세 수금의 일종>;

Psalterium Romanum, 옛 라틴어 역 성서 (→Itala)에서 끌어온 시편 본문; **psalterium feriatum**, 기념 축제 - 시서, 그 책은 시편들을 개별적인 평일을 위하여 머리[첫]글자/장식글자(→Initialen)를 통하여 강조한다; **ps. non feriatum**, 성무일과(→Chordienst) 를 위한 지침이 없는 시서

pseud- *gr.*, 잘못된/그릇된, 허위의/기만의; **Pseudepigraphen**; 오류적으로/잘못되게/부정확하게 어떤 것에 속한다고 보았던 글들, 후기 유대교(→Spätjudentum)의 글들을 위한 특별한 묘사, 그 글들은 저자로서 하나의 구약성서의 외형/형태/인물을 분배한다(이사야, 바룩, 에녹, 에스라)<위 서 (僞 書)/위 전 >; **Pseudoisidorische Dekretalen**, 감독 제빌라의 이시도르(Isidor von Sevilla)(† 636)의 이름 아래 850 년경 라임(Reim)의 대주교구에서 일어난 수집/채집, 부분적으로 진짜의, 부분적으로 수석 대주교(→Metropoliten)에 비하여 감독들(→Bischöfe)의 위치 강화의 목적과 함께 위조[변조]되어지고 그리고 모조되어진 교황의 교령(→Dekretale); **Pseudo-Klementinen**, 로마의 클레멘스(Clemens von Rom)(1 세기)에 속한다고 보았던 유대 그리스도교도들의(→judenchristl.) 3 세기로부터의 소설

psyche *gr.*, 혼/영혼/정신; **psychisch**, 정신적인/영혼의/심리적인; **Psychiker**→Gnosis; **Psychoanalyse, Tiefenpsycho- logie**, (오스트리아의 정신과 및 신경과 전문의) 지그프리트 프로이트(S. Freud)(† 1939)에

의하여 기초되어진 무의식 안으로 억압되어지는/(의식 상태에서 무의식 상태로) 쫓아 내어지는 하나의 정신[심리] 요법(→Psychotherapie)의 본질[근본]적인 요인/동기로서 영혼의 장해/교란들의 원인들에 대한 의식[자각]케 함의 방법(→Methode)<정 신 분 석 (학)>; psychokatharsis, 혼/영혼/정신의 깨끗하게 함/순화/정화; Psychologie, 영혼의 경과/과정들에 대한 학문<심리학/심리적 통찰/심리(상태)>; Analytische Psychologie, 칼 융(C. G. Jung)(† 1961)과 그의 추종자/신봉자들에 의하여 대변/대표되어지는 정신분석학의 경향/유파/견해(더욱 정신과학적으로 개관되었고, 더욱 자연과학적으로 개관되어졌던 프로이드의 정신 분석학과는 달리)<분석적 심리학>; Psychologismus, 모든(종교와 철학의) 진술/판단들은 영혼의 느낌/지각들에 대한 완성 형태를 부여하기 이다는 견해<심리주의>; Psychomonismus, 모든 존재하는 것이 홀로/오직 영혼의 본성/본질이 있다는 견해<심리 일원론>; Psychopath, 영혼의 환자<정신 질환자>; Psychopharmakon, 영혼의(영향/결과 따위를) 미치게 하는/이르키는 치료제/의약품<향정신약(向精神藥)(진정제/수면제/환각제 따위)>; Psychophysik, 육체와 영혼 사이의 관계들의 경험에 근거한/경 험 적 인 (→empir.) 탐 [연]구 (폐 히 너 (Fechner), † 1887)<정 신 문 리 학>; Psychopomp,(황 천 /저 승 /명 부 (→Hades)에서) 영혼의 동행/수행/안내자; Psychose, 정신의 방해/장애, 정신 병; Psychoso-

matik, 영혼-육체-상호작용에 대한 의학적이고-치료상의 가르침/교훈(바이체커(V. v. Weiz- säcker), † 1957)<정신 신체[심 신 상 관(心 身 相 關)]의 학>; Psychotherapie, 정신의 방해/장애들의 치료/치유(다양하게 정신분석학(→Psychoanalyse) 을 통하여)<정신[심리] 요법>; psychotherapeutisch<, 정신 요법의>

pueri oblati→Oblaten

pulpitum *lat.*,(독서용) 책상/서대(書臺)

Punktation *lat.*, 모음과 구두점/서표(書標)와 함께 히브리어의 자음 본문의 정돈/설치하기(→mater lectionis)<모음 점법(點法)(히브리어에서 자음의 상하에 점과 획으로 모음을 표시하는 방법>; **Punktatoren**, *hbr.* **Naqdanim**, 마소라의(→masoretisch) 율 법 학 자 들(→Schriftgelehrten)(4 - 6 세기)

Puranas *ind.*, 세상의 생성/기원/유래 신화(→Mythen), 성담(→Legenden) 그리고 종교 의 명 령 /규 정 들 과 함 께 힌 두 교(→Hinduismus)의 고대의 원전/원본

purgatorium *lat.*, 정화/순화의 장소; *kath.*: 은혜를 받은 자들의 처소로서 정죄(淨罪)의 불길/연옥, 그들은 속죄되어지지 않은 죄의 대가로 치르는 형벌을 갖는다(고전 3: 15)

purificatio *lat.*, 깨끗하게 함/순화/정화: 포도주를 가지고 행한 미사 후에 성배의 세 척 /세 정 (洗 淨); →unio mystica; **p. Mariae**→Candelaria; **Purifikatorium**, 미사와 함께 성배의 닦아 깨끗이 하기 위한 수건/천 조각

Purim, 페르시아의 한 소수 인종 박해

(→Pogrom) 앞에서 유대인의 구출/보존을 기념하기 위한 유대교의 축제(14/15번째 아달월(→Adar))<퓨림절(에스더 9장)>

Purismus *lat.*, 거짓이 없는/순수한 것을 얻으려는(매우 강력한) 노력<국어 정화운동/순정주의/순수주의(1918년부터 프랑스에서 시작된 미술운동)>; **Puristen,** 순수/정결/깨끗함의 광신자<(국어) 정화론자/순수주의자>; 그리스어 신약성서의 성서 언어 영감설(靈感設)(→Verbalinspiration<축자 영감설>)의 선구자/개척자(17세기); **Puritanismus,** 16세기 이래로 영국의 경향/유파, 그것은 영국 국교회(→anglikanische Kirche)를 강력하게 칼뱅주의적으로 카톨릭 교회의 관례/관습들로부터 ≪정화하기≫를 원하였다<청교도주의/퓨리터니즘/엄정주의>; **Puritaner,** 청교도주의의 추종자/신봉자들<청교도/퓨리턴>

Putativehe *lat.*, 의견/생각의 혼인; *kath.*: 무가치한/무효의 혹은 논란의 여지가 있는 결혼/혼인, 그것은 대립하고 있는/모순되는 혼인장애(→Ehehindernis)에 대한 무지한 상태에 있다<오판에 의한 혼인/오상 혼인>

Pythagoreer, 피타고라스(Pythagoras)에 의하여 기원전 532년에 설립되어진 수도회/교단(→Orden)(재산의 공유,→Askese,→Zahlen-Metaphysik, 윤회(→Seelenwanderung)를 믿음)<피타고라스학파의 철학자>

Pythia, 델피(→Delphi)에서 여 사제<피티아(아폴로의 신탁을 하는 무녀)/미래를 점치는 여자>

Pythiasritter, 미국 카톨릭 교회의 자선/선행 수도회(1864)

Python, 뱀 종류의 용, 그것은 델피를 수호하였고, 아폴로(Apollo)에 의하여 맞아 죽었다; 그외에 예언하는 영<점하는 귀신>(행 16: 16)

pyxis *gr.*, 성체(聖體)(그리스도의 육체를 상징하는 성찬용 떡)(→Hostie)를 위한 작은 상자/합(盒)<성체기/성체갑>

Q

Qere *hbr.,* 읽으라!; 더 나은 히브리어 해석/설명(→Lesart) 을 지닌 가장 자리에 위치하는/난외의(→Marginal-) 마소라(중세 유대인 학자들의 구약성서 주석 자료)

Qibla→Kiblah

Qijas *arab.,* 유추(법)/유비추리(類比推理); 코란(회교의 경전)(→Koran)과 수나(회교 정통파의 교설/규범)(→Sunna)로부터 유사한/유추의(→analog) 혹은 삼단논법의 부분들의 통괄/통합/편찬하기, 이것들과 그리고 신앙 문제 및 계율 문제에 있어 신학자들의 의견 일치(→Id-schma) 옆에 이슬람교 법의 네 번째 원전이다

Qina *hbr.,* 비탄(悲歎)/한탄/통곡/탄식; 히브리어의 비가(悲歌)/애가(哀歌)의 시 형태/형식(3:2 시행의 리듬상의 최소 단위/운각(韻脚)들)

Qohelet→Kohelet

Quadrageni *lat., kath.:* 40 일간의 교회 규정의 참회/개전(改悛) 의 비적(秘籍)

Quadragesima *lat.,* 40/마흔; 부활절 전 재의 수요일로부터(→Aschermittwoch) 40 일간의 단식[금식] 기간/사순절

quadrans→Heller

Quadratnotation *lat.,* 정사각형 문서/기록; 예배식의(→liturg.) 책들 안에서 활용되는 정사각형의 윗부분을 지닌 기보법(記譜法)/악보법

Quadratschrift, 바빌론 포로(→Exil) 이래로 활용한 히브리어의 문자/서체의 형태/형식, 그와 함께 대부분 하나의 정사각형이 채워진다<정방형 문자>

quadrivium *lat.,* 사거리, 십자로; 일곱 자유 예술들(→artes liberales) 의 두 번째(수학적/수리의) 집단/그룹: 산술/산수, 음악, 기하학, 천문학

Quäker *engl.,* 전율하는/떠는 자, 본래적으로 폭스(G. Fox)(† 1691)에 의하여 창설된 ≪형제의 회≫위한 별명/별호: 단순하고, 진지한 신앙/경건; 평화주의의 (→pazifist.) 정신적 자세, 사회의 보조활동, 교리들(→Dogmen)과 규범적인 신앙고백들(→normativen Bekenntnissen) 의 거부; 침묵의 모임(→Meeting); →Frieden-skirchen

quaestio *lat.,* 질문/문의/문제; 스콜라 철학의 교수법: 대답-항변/반대의 풀이/해답에 반대하여 그리고 대답- 풀이/해답을 위한 질문 - 주장의 근거/논증/증명 (→distinctio); **qu. facti,** 사실 문제; **qu. juris,** 법률 문제

qualificatio *lat.,* 자격[능력]증명; *kath.:* 교회의 신학의 명제/정리(定理)를 위한 시험 (→Zensur); **theol. Qualifikation,** (새로운)

스콜라 철학 안에서(→(Neu-) Scholastik) 하나의 신학적 진술의 책임 등급/정도

Quartodezimaner *lat.*, 14 번째 날의 추종자/신봉자들, 2세기 소아시아의 그리스도인들, 그들은 14 번째 니산(→Nisan)월에 평일에 좌우되지 않고 부활절(→Passa) 축제를 개최하였다

Quasimodogeniti *lat.*, 마치 새로 태어난 자들 처럼; 부활절 후 일요일/주일(벧전 2: 2 로부터→Introitus)<백의(白衣) 주일>

Quatember (*lat. quattuor tempora*, 사계절/사철), *kath.*: 재의 수요일 (→Aschermittwoch) 후 3일 동안의 금식 기간, →Pfingsten, 성 십자가 현양 축일(9월 14일) 그리고 루치아(Lucia)(12월 13일)<(교회 역년에 따른) 각 계절의 개시(단식)일>; 지불/지급과 그리고 유사한 것들을 위한 기한/기간

Quattrocento *ital.*, 400; 1000 + 400을 위한 약어, 15 세기(이탈리아의 초기 르네상스(→renaissance))

Quattuor Coronati *lat.*, 네 개의 관이 쓰여진 자들, 성자들, 로마의 조각가/조소가, 뾰족한 돌들로부터 고문의 관(冠)과 함께 순교자(✝ 304)

Quellenscheidung, 하나의 텍스트/본문으로부터 독자적인, 오랜 원전의 끌어내어 구별하기<원문 구분/분해/구별>; →Literarkritik

Quempas (*lat. Quem pastores laudavere* 로부터, ≪그를 목자들이 찬양하였디(매우/참으로)≫), 크리스마스 이브에 오래된 대중적인 대창(對唱)<크리스마스 미사에 부르는 교대 합창/크벰파스(16 세기에 독일의 개신교 학교의 합창대가 거리에서 희사(喜捨)들을 청할 때 노래한 크리스마스 송가)>

quidditas *mlat.*, 스콜라 철학의: 어떤 것/무엇인 그것(예, 이 사물은 무엇인가? - 돌)<사물의 본질>; 그러나→haecceitas

quid pro quo *lat.*, 어떤 것/무엇 대신에 어떤 것/무엇, 혼동

Quietismus (*lat. quietus*, 조용한/고요한), 모든 일의 저항하지 않는 감수/수용하기, 자주 신비의(→myst.) 깊은 신앙/경건 안에서(하나님 안에서 정적/침묵/고요함)<정적주의>; 프랑스 카톨릭 교회 안에서 경건한 경향/유파(17 세기)<정관파(靜觀派) 신비주의>; **quietistisch,** 참는/견디는/감수하는, 활동하지 않는/수동적인<정적주의의>; **Quietiv,** 진정제

Quindennien *lat.*, 교황의 각각 15 년후 확실한 고위 성직자들(→Prälaturen)의 온전한 연간 소득[수입]을 요구(한 성직자(→Prälaten)의 평균의 직무 기간); →Annaten

Quinisextum *lat.*, 다섯 번째(*lat. qui-*) 그리고 여섯 번째 (*lat. sext-*) 교회의 공의회 (→ökumenisch→Konzil)

Quinquagesimae→Estomihi

Quinquennalfakultäten *lat.*, *kath.*: 교황 자신에게 속하는 사면/면제(→Dispens)의 수여/공포/허용을 위한 감독/주교들에게 수여된, 5년으로 제한 되어진 전권/대리권들

Quintessenz *mlat.*, 다섯 번째로서 고대의 네 요소들(→Elementen)에 비하여, 가장 섬세한, 가장 상위의, 가장 실제의 본체/본

질/실체, 아리스토텔레스(Aristoteles)에 따라 에테르(Äther)<천공(天空)/에테르(전자파의 매질(媒質)이라고 여겨지는 가상 물질)/정기(精氣)/(생명과 우주의) 근원적인 원소>; 결과/성과<; 본질/핵심/정수/엑기스>

Quintomonarchisten, 영국의 분파/이단(→Sekte), 그것은 다니엘의 네 세계적 제국들 후에 1000년 동안의 그리스도의 나라를 다섯 번째로서 대망하였다(17세기); →Chiliasmus

qui pridie (quam pateretur) *lat.,* 그가 그 날에(그가 .... 고통하시기 전에), 성만찬에서 예배식의(→liturg.) 성체 제정(聖體制定)의 통지/알림의 시작

Quirinus, 고대 로마의 싸움/전재의 신, 후에 신으로 모셔진 도시의 창설자 로물루스(Romulus)와 함께 동일시 되어졌다 <크뷔리누스(전쟁의 신 마르스(Mars)와 나란히 하는 군신(軍神)>

Qumran, 사해 근방에 하나의 에쎄네-수도원(→Essener Kloster)의 지역/부근/근처, 그것의 근방에서 사람들이 1947 - 1956 사이에 기원전 2세기부터 기원후 1세기까지의 중요한 본문들을 동굴에서 발견되었다

quodlibet,→quaestio de q., 임의의 것에 대한 질문; 스스로 하나의 중세의 학문적인 논쟁(→Disputation)에 연결될 수 있었던 질문들

R

Rabbi *hbr.*, 나의 주인; 호칭형식; →Schrift-gelehrter<랍비/유대 선생[율법학자]의 칭호[존칭]>; **Rabban,** 우리들의 선생님, 비슷하게 **Rabbuni,** 랍비를 위한 증대/고조 형식; **rabbinisch,** 랍비들에게서 얻어들은 지식으로부터 배워진<랍비의>; **Rabbinismus,** 유대의 랍비들(**Rabbinen**)의 얻어들은 지식(2 세기부터 18 세기까지) <랍비주의>; **Rabbi (ner),** 유대교의 공동체의 지도자/관리자(교사와 설교자)<유대의 율법학자/신학자>

rabies theologorum *lat.*, 신학자들의 논쟁벽(癖)/투쟁벽, 신학적인 열광성/광신성

Räte, evangelische→consilia evangelica

Räubersynode→latrocinium Ephesinum

Ragnarök 북 유럽의/ 스칸디나비아의, 신들의 운명, 북 유럽의 신화(→Mythologie)에서 적대적인 권세들과 신들의 싸움/전쟁, 그것들의 몰락과 땅의 파괴(≪ 신들의 황혼(새 시대의 시작 전 신들과 세계의 멸망)≫)<세계의 멸망[몰락]>

Rahmen, 형식/양식사의(→formengeschichtlich): 편집에 관한/편집 상의(→redaktionell) 초안/계획/구상, 그 안에서 하나이 연관/관련/맥락(에, 복음서(›Evangelien) 에서 예수의 역사/사건[슈미트 (K. L. Schmidt)])이 맞추어진다<범위/윤곽/테두리>

Rama, *ind.*, 피추방자/유배자/망명자, 모험가; 인도의 민족[국민] 대서사시 라마야나(**Ramayana**) 의 영웅/용사, 힌두교의 주요 신인 비쉬누(→Vischnu)의 화신(化身)이되었다

Ramadan *arab.*, 모하메드교/회교의 금식[단식] 월(月)(2월말에서 3월 말까지</이슬람력의 9월>), 그 달 동안에 날마다 해돋이/일출부터 해질 때/일몰까지 금식[단식]할 수 있다

Ramismus, 휴머니스트/인문[인본]주의자 페트루스 라무스(Petrus Ramus)(† 1572)에서 연원하는 자연철학의 경향/유파 <라무스주의>

Raphael→Erzengel

raptus in coelum *lat.*, 하늘로(예수의) 옮기기

Raskolniki *russ.*, 러시아 교회로부터 분리되어진 자들; 특별히 옛 러시아 정교도들 (→ Starowerzen); →Popowcy,→Jedinovjercy,→Bezpopowcy

Rassismus, 이데올로기/이[관]념 형태[체계], 그것에 따라서 특정의 인종들이(≪백인종≫) 자칭하는/명목상의 ≪저열/하등의≫인종들(민족들, 서민층/하층계급)에 대한 억압/압제 혹은 폐지의 유사 종교와 사이비 학문적인 정당함의 증명/정당성과 함께 다른 인종들로서

있 다<인 종 [민 족](차 별)주 의>; **rassis-tisch**<인 종 [민 족](차 별)주 의 적 [의]>; →Antisemitismus,→Apartheid

ratio *lat.*, 이성/이해력/판단력, 원인/이유/근거, 동기(→causa, 원인/이유/동기); 스콜라 철학의: 학설/가르침, 학문적 주장; **rational,** 이성적/합리적/합목적적인(그러나→auctoritas); **Rationale,** *gr. logeion*(출 28: 30)의 번역<흉패>, 흉갑(胸甲), 줄/줄무늬로 구성되어진/짜여진 것, 교황에 의하여 각각의 감독/주교들에게 수여되어진 견포(肩布); **Rationalismus,** 지배하는 계몽주의(→Aufklärung)의 철학적 경향/유파/견해<이성론/유리론(唯理論)/합리주의>; 허위/기만 그리고 혼란스러움을 위한 감각의/지각할 수 있는 인지/감지/알아차림(→Sensualismus,→Empirismus)을 유지하고, 앎/지식의 유일한 수단과 시금석(→Kriterium)을 위한(수학적-) 개념/관념의 생각/사고/사색하기를 유지한다(역시 종교적으로)<합리주의적인 성격/방법>; →Krit. Rationalismus; **rationalistisch,** 추상적/개념적인(→abstrakt) 도리/이성적 동기들에 적합한(그러나 →Realismus)<합리주의적인/이성론의>; **Rationalist,** 개념/관념의 이성적 사고/생각의 대표/대변자<합리주의자/이성론자>

real *lat.*, 객관/사실적인, 실제/진실의 (*Ggs.*→ideell); **Realenzyklopädie**→Enzy-lopädie; **Realinspiration,** 계시의 객관/사실적인 내용의 하나님의 영감(靈感)(비교,→Verbal-I.; →Personal-I.); **Realismus,** 그것이 있는 것 처럼 현실성/실재/실제의 이해(묘사하기) 위한 노력들<현실주의>; 보편[일반] 개념들(→Universalien) 이 실제/진실 이다는 스콜라 철학의 가르침 <실재론/실념(實念)론>(Ggs.→Nominalismus); **Realkonkordanz,** 알파벳순의 사항/용어 색인; **Realpräsenz,**(성만찬에서 그리스도의) 실재/실제의 현재/현존<그리스도의 실재(루터의 이론에 따라 성찬식 때 그리스도의 살과 피의 실재설)>; **Realutopie**→Utopie

reatus, *lat.*, 고소/고발 되어진 자의 상태, 죄과/과오/죄/잘못

recapitulatio→anakephalaiosis

receptaculum *lat.*, 용기/저장 용기/상자; 이전에 성만찬 성배의 수여/베품과 함께 밑에 펴는 천/보자기

Rechabiten, 조직/체계화 되어진 집단/그룹, 그것은 경작/농경 문화와는 달리[대조적으로] 광야 시대의 유목민의 모범/이상상(理想像)들을 실현/실행하기 위하여 찾았다(렘 35: 6-10)

Rechte des geistlichen Standes, 목사의 권리 안에서 목사의 취임식(→Ordination)을 통하여 얻어진 공공연한 전도/설교/고지를 위한 그리고 성례전(→Sakrament)과 임시직무(→Kasualien)의 유효한 실행/성취의 권한/자격

Rechtfertigungslehre→justificatio,→justitia Dei passiva

recto *lat.*,(하나의 수서본/필사본의) 정면/앞쪽<종이의 앞면/표면>, *Ggs.*→verso

rectores ecclesiae *lat.*, ≪목사/사제의 장들≫, 카톨릭 교회의 사제들, 그들은 하나의 성당구 성당(→Pfarrkirche)이나 혹은 성

당의 분당(→Filialkirche)의 책임을 맡는다; 13 - 15 세기로부터 직무를 맡지 아니한 하나의 목사/사제의 성직록(→Pfründe)의 소유자; 인접/병행 교회에서 목사직의 권한/자격이 없이 예배를 베푸는/수행하는 성직자들

recursus ab ab'usu *lat.*, 교회의 직권/권한의 오용/악용 때문에 국가 권력/통치권과 함께 비난/항고/이의

Redaktionsgeschichte, 발행인/편찬자들(→Redaktoren)을 통하여 하나의 앞에 놓여 있는 성서 본문의 편집/개정의 역사<편집사>; **Redaktionsgeschichtl. Methode,** 그것의 편집사의 통찰력/안목에서 하나의 본문의 연구/분석 <편집사적 방법>

Redaktor *lat.*, 성서비평(→Bibelkritik)에서 오늘날 앞에 놓여 있는 성서 본문들의 편성/작성하는 자를 위한 묘사<편집자/편찬자/발행자/출판자>; 그러나 →Rezensent

redditio symboli *lat.*, 고대 그리스도교의: 재현/묘사/재연, 세례 전에 세례 받는 사람을 통하여 세례-상징/신앙고백의 암송하기; →traditio

Redemption *lat.*, 구출/구원/속죄/해방; *kath.*: 참회의 형벌로부터 가벼운 것들(기도 등)로 분리/떨어짐 및 변화/변경; **Re-demptor hominis,** 인간의 구세주/그리스도

Redemptoristen, Liguorianer, Congregatio Sanctissimi Redemptoris *lat.*, 가장 거룩한 구세주의 수도회, 1732 년 리구오리의 알퐁스(Alfons M. de Liguori)에 의하여 창립되었고, 예수회(→Societas Jesu)에 근접한 수도회(→Orden)

redivivus *lat.*, 재차 생기[원기]를 되찾게 된/(논의(論議) 등이) 활기를 띠게 된

reductio in communionem laicam *lat.*, *kath.*: 벌하여/벌로 하나의 성직자(→Kleriker)의 평신도 신분으로 복귀/환원(→Laisierung); **Reduktionen,** 선교사들 중에 인디언 취락지역들(멕시코(Mexiko)에서 프란치스쿠스 수도회원들, 파라과이(Paraguay)에서 예수회원들; 1848 년에 폐지되었다)<축소/감축/제한들>

Refektorium *lat.*, **Remter,** 수도원에서 식당/식사하는 홀

Reformation *lat.*, 개혁/갱신/회복<종교개혁>

Reformatoren, 되어지는/형성되는 개신교(→Protestantismus)(16 세기)의 지도적인 대표/대변자들의 처음 세대의 집합명사 <종교 개혁자들/개혁[혁신]자들>

Reformierte<개혁파 교회의 신도들>→Calvinisten 그리고→Zwinglianer

Reformierter Bund, 독일에서 개혁 교회의 후원/촉진/장려를 위하여(1884 년 마르부르크(Marburg)에서 창립된) 개혁 교회의 통합/협회/연맹<개혁 교회 연맹>; Reformierter Weltbund, 1921 년 이래로 1875 년 모든 개혁 교회의 공동작업/협력의 목표를 가지고 창립되어진 장로제 교회의 연합/동맹을 위한 묘사<개혁 교회 세계 연맹>

Reformkatholizismus→Modernismus,→Initiative Kirche von unten Reformkonzilien

Reformkonzilien, 15 세기의 공의회들(→Konzile), 그 공의회들은(성과 없이/쓸모

없이) 교황 수위설(→Papalismus) (→
Kurialismus)에 대항하여 주교(공의회)
중심주의(→Episkopalismus)(→Konzil-
iarismus)를 관철/통과 시키기를 원하였
다<개혁(공)회의>

Refugiés *frz.*, 피난민/난민/망명자, →
Hugenotten

Regal *lat.*, 왕/왕실의(기구/도구/악기); 음전
(音栓)을 지닌 중세의 가정의 작은 오르
간<리갈(16 - 18세기의 소형 휴대 오르
간/오르간의 리드 파이프의 일종>;
→Positiv

Regalien *lat.*, 중세의 왕/왕실의 권리/법<왕
권/(원래는) 왕[(나중엔) 국가]의(경제적
으로 유익한) 주권>, **Regalienrecht,** 교회
의 사람에게, 특별히 왕의 권한에 속하
는 하나의 자리가 비어 있는(→erledigt)
주교구의 수입/소득을 징수하기 위한
그리고 자리가 비어 있는 낮은 성직록
(→Pfründe)을 차지하기 위한 권리/법

Regens *lat.*, 하나의 신학교 지도자/관리자<
신학교 학장>

Regesten *lat.*, 짧막한 개요/요약/내용 설명
과 함께 연대순으로 배열/정리/정돈 되
어진 문서/원전들의 표/목록<시대순 문
서[문헌] 목록>

regina coeli *lat.*, 하늘의 여왕, 성모 마리아;
저녁 기도(→Vesper), 성무일과의 마침
저녁 기도(→Komplet)에서 그리고 부활
절 무렵에(기도 시간을 알리는) 삼종 기
도의 종소리(→Angelusläuten)와 함께 성
모 마리아의/마리아의 공경를 위한(예
배) 교창(→Antiphon)

regnum *lat.*, 왕위/왕권/군주 정체, 제국/왕
국; **r. gloriae,** 영광/영화/장려함의 왕국/
제국(→ecclesia triumphans); **r. gratiae,** 은
혜/은총의 왕국/제국; **r. potentiae,** 권능
의 왕국/제국, 세상에 대한 그리스도의
주권/지배/통치(권)

regula fidei 혹은 **veritatis** *lat.*, 믿음/신앙의
혹은 진리의 규칙/규범/규정, 2/3 세기:
세례식에서의 신앙고백, 부분적으로 교
육[교훈]적으로 확대[확장]되어진 모습
/형태 안에서

regulares *lat.*, **Regularkleriker** 및 →kanon-
iker, **Regulierte,** 카톨릭 교회의 성직자
들, 그들은 수도회 계율(戒律)/단규(團
規)(→Ordensregel)에 의무지워진다<수
사신부>(Ggs.→Weltgeistliche); →Reli-
giones

Regum, Reges (Reg) *lat.*, 왕들, 사무엘과 열
왕기서들을 위한 불가타(→Vulgata)의
묘사; 비교: 부록

Reichsbischof, Reichskirche, 제 3 제국에서
독일의 그리스도인들(→Deutschen
Christen)을 통하여 복음교회의 주(州)교
회들(→Landeskirchen)의 획일적 통합의
시도, 국가 사회주의의/나치의 《총통
전권주의》에 유사성[점]과 함께; **Re-
ichsbruderrat**→Bruderräte; **Reichslieder,**
하나님의 나라의 노래, 공동체 운동
(→Gemeinschaftsbewegung)의 복음서 절
대주의 자들의 노래

Reich (Gottes) zur Rechten u. zur Linken, →
Gesetz u. Evangelium; →Zwei-Reiche-Lehre

Reinheitsgesetz, 레위기 11 - 15 장, 부분적으
로 고대 근동의 금기/터부(→Tabu)-소개
/표상들에서 기인[의존]하는<청결법>

Re'inkarnation *lat.*, 다시 육체가 되어지기 <(특히 인도의 종교) 환생/화신(化身)/윤회>; →Seelenwanderung

Reiter, die vier→apokalyptischen, 계 6: 2-8< 계시록의 4 기사(페스트, 전쟁, 기아, 죽음을 상징하는)

Rekluse→Inklusen

Rekollekten *lat.*, 수도사들, 그들은 그들의 규칙/규범의 본래적인 엄격성/엄함을 다시 도입/채택하기를 원하였다

Rekonziliation *lat.*, 화해/화해시킴; 고대 그리스도교의: 실행/완성되어진 참회 후에 공동체로 죄인의 재입회/복귀시킴

Relation *lat.*, 관계/사이; relativ, 제한된/조건부로 유효한<상대적/제한적>(*Ggs.*→absolut); Relativismus, 모든 앎/인지가 단지 제한된/조건부로 유효할 수 있다는 견해/주장, 또한 도덕적인 개념들과 그리고 규범/규칙들 역시(윤리적인/윤리상의 상관론/상대주의(ethischer R.)); ens relativum, 하나가 다른(하나를) 확정[지정]/규정하는 하나의 사건/일(예, 주인, 종)<상대적인 것>; (Ggs. ens→absolutum<절대적인 것>)

religio *lat.*, 약속/확약/맹세; 두려워함/경계심; 경신(敬神); (미신)신앙/믿음; Religion, 초현세/내세적인 것을 위하여 더욱 혹은 적게 정확히 규정되어진 경향<종교/종파/신앙/신조>; 마음의 종교 →natürliche Rel.; religiös, 신앙심이 깊은/경건한 <//종교적인/종교성의>; religio→licita; Religiones, *kath.*: 교회적으로 허가[인가]/동의 되어진 협회/연맹들, 그것들의 구성원들(≪수도사/수사들 (Religiosen)≫)은 고유의 규칙/규범에 따라 살고 그리고 맹세/서원 한다 (→Orden); Religionsgeschichte, 인류의 다양한 종교들의 역사적 발전/전개의 탐구/연구와 묘사/표현<종교 발달사/(종교학의 분야로서) 종교사/(저서, 논문으로서) 종교 역사>; religionsgeschichtliche Schule, 1900 년경 개신교 신학의 내부 경향/유파/견해, 이 경향은 성서와 기독교를 기독교 외부의 종교사 범주/테두리에서 제시하였고, 가르침/교훈에 비하여 실제적인 깊은 신앙/경건을 강조하였다<종교사학파>; Religionspädagogik, 그리스도교의 교육/훈육과 종교수업[강의]에 대한 가르침/교훈; 계몽주의(→Aufklärung)에서 발생한 실천신학 (→Prakt. Theologie) 의 학문의 한 분야<종교/기독교 교육학>; 변증(법적인) 신학(→Dialekt. Theologie)에 대한 개념이 의식/의도적으로 기피되어졌고 그리고 ≪복음 교회의 가르침/지도≫등등을 통하여 대체되었고, 약 1965 년 이래로 다시 통례/관례가 되었다; Religionsphänomenologie, 비교[대조]하는 종교사(Re.geschichte), 다양한 종교들 안에서 대조[비교]할 수 있는 종교의 외형/형상들의 체계화/조직화한 묘사/서술<종교현상학>; Religionsphilosophie, 종교에 대한 철학적 내용/가치의 탐구/연구; 철학의 숙고/성찰(→Reflexion)의 영역/분야에서 종교(들)에 대한 가치 인정/평가와 비평/논평<종교 철학>; Religionspsychologie, 신앙심이 깊은/경건한 것들에 영혼의, 인간 내부의 관여/흥미의 연구/

탐구(일반적인 내용들에 대하여)<종교
심리학>; **Religionssoziologie,** 종교의 제
도[관습]들과 연합/조직화들의 사회 의/
사회적인 기초/토대들 그리고 사회학의
구조/구성들의 탐구<종교 사회학>; **Re-**
ligionswissenschaft, 종교와 그것의 표현
되어지는 것들과 함께 몰두하는 모든
학문분야의 총체/전체<종교학>; **Reli-**
giosität, 신앙심이 깊음/경건함/독실함
Religiöser Sozialismus, 19 세기 말(특히 1900
- 1933) 이래로 사회(복지) 정책에 참여
적인 복음 교회 신학자들의 운동, 그것
은 기독교와 사회주의의 하나의 결합/
관계를 위하여 노력하였다<종교적인
사회주의>; →Soziale Frage
Reliquie *lat., gr.* **lipsanum,** 성인들(→Heiligen)
혹은 그들의 소유물/유산의 잔존물/나
머지, 또한 고문 기구/고문 도구<성유물
(성자의 유해, 유골, 유품 따위)>;
Reliquiar, *gr.* **Lipsanothek,** 성유물을 위한
저장 용기/궤/상자<성유물함(聖遺物
函)>; **Reliquiengrab,** 하나의 성인의(잔
유물의) 보관소, 자주 하나의 제단(옆)
아래에 혹은 하나의(교회 따위의) 지하
납골소(納骨所)(→Krypta)
Remanenzlehre, 영국의 앞선 종교 개혁가
위클리프(J. Wyclif)(† 1384)의<지속/잔
류설>, 그것에 따르면 성만찬(→
Abendmahl)과 함께 빵과 포도주의 본질
이 화체설(→Transsubstantiationslehre) 에
반대하여(미사때 빵과 포도주의) 성변
화(聖變化)(→Konsekration) 후에도 변하
지 아니하고 지속/유지한다
Reminiscere *lat.,* 추모/회상하라!; 수난절/사

순절(→Passionszeit) 의 두 번째 일요일/
주일(→Introitus 시 25: 6)
remissio peccatorum *lat.,* 면제/사면, 죄의 용
서/사죄/면죄
Remonstranten, 그들에 의하여 1610 년에
국가의 승인/공인의 획득을 위하여 제
출되어졌던 레몬스트란쯔(**Remon-**
stranz)(*lat.,* 항의/항변/이의 제기) 를 근
거로 아르미니우스 주의자들(→Armi-
nianer)의 자기 묘사/자칭<레몬스트란쯔
파의 사람들/항변 파의 사람들>
Remter→Refektorium
Rendant 통속 라틴어/라틴어의 구어의, 교
회 기금[금고]의 관리인<회계[출납]원/
경리 담당자>
Renegat *mlat.,* 부인/거절하는 자; 그의 종교
(혹은 정파)를 바꾸는 그 한 사람<(종교
의) 배교자/개종자/(정치의) 탈당자/전
향자/변절자>
Renitenz *lat.,* 저항/반대<반항적 태도/완강
한 행동>; →Altlutheraner
renovatio *lat.,*(영적인 삶을 위한) 개혁/회복
/갱신/혁신
renuntiatio diaboli→abrenuntiatio
Reordination *lat., MA:* 이단의(→häret.), 교회
분열의(→schismat.) 혹은 성직 판매의
(→simonist.) 감독들에게 승낙하였던/베
풀어 주었던 사제 서품(→*Weihe*)의 반복
/되풀이
Reperkussionston(*lat.,* 반향하다/메아리치
다), 하나의 멜로디/선율이 페러프레이
즈/여러 화음으로 이행시켜 연주하는
음(音)/음색<특별히 그레고리안 송가
에서 동일 음정의) 반복 낭음(朗吟) 음

색>; →Rezitationston, →Dominante

Repetent *lat.*, 반복하는 자; 대학에서 가르침의 허용과 함께(신학의) 학문의 일[연구]하는 사람(대부분 그곳에 채용되어 지지는 않았다)<수험 준비 강습교사>

repletiv *lat.*, 채우는/충만시키는/이행하는/충족시키는; *dogmat.*: 하나님이 무제한으로/무한히(《circumscriptiv = 윤곽이 그려진/스케치된》이 없이) 공간을 채우신다; →diffinitiv

repraesentatio *lat.*, 볼 수 있는/명백한 내보이기/제시하기/실례를 들어 설명하기; *kath.*: (미사 희생/제물(→Opfer)에서 그리스도의) 재차 생생하게 그려내기/명백하게 의식[기억]하기

Repression *lat.*, 억제/억압하기<억누름/억압/강압/탄압>; **repressive Moral,** 억압하는/억누르는, 법률적인(→gesetzlich), 자기 책임을 제외하는 도덕<억압적/강압적 도덕>

Repristination *lat.*, 이전 상태로 회복하기/원상 복구하기<복원/복구/환원>; **Repristinationstheologie,** 17세기의 정통교회(→orth.)의 가르침/교훈과 형식의 절대적/무조건(→Absolut)의 규정 그리고 광범위하게/포괄적으로 비판력이 없는 인수 및 순수하게 기술적인 취급/조정/관리, 19세기의 몇몇 새-루터교(→neu-luth.) 신학자들을 통하여(예, 헹스텐베르크(Hengstenberg), † 1869)

reprobatio *lat.*,(영원한) 유기/배적/기각<영벌(永罰)(아우구스티누스(Augustinus, † 430))>

Requiem *lat.*, 미사의 도입부 노래(→Inrtoi-tus) 후에 장례미사 혹은 고인을 위한 미사/영결 미사: **requiem aeternam dona eis,** 그들에게 영면(永眠)/영원한 휴식을 주소서!; **requiescat in pace**(R. I. P.), 그는 평화 안에 휴식/영면하소서!/고이 잠드소서!, 장례미사/진혼제/묘비명의 결말 형식

Reservatfälle *lat. kath.*: 죄들, 그것들의 면제/사면(赦免)이 권한이 있는 주교/감독에게, 수도회의 장 혹은 교황에게 정해진다/결정된다; **reservatio mentalis,** 생각/관념 안에서 불확신/유보(留保)/제한 즉, 사람들이 말할 때에 더욱 혹은 다른 것을 생각하기; 카톨릭의 도덕서: **r. late mentalis,** 넓은 의미로 허용되어진 정신적인 유보/제한/불확신, 진술/언명의 의무/책임 있지 않을 때에(예, 방청자/청강자는 온전한 진리에 대한 권리를 갖지 않는다) 혹은 비밀/기밀의 수호/유지의 의무가 진리의 이어 전달함/계속 전달함을 금/금지할 때에, 진술의 참다운 의미는 그러나 사정/상황들로부터 유래/기인한다(비교, →Äquivokation); **r. pure m.,** 허용되어지지 아니한 순수한 정신적인 유보/제한 즉, 상황이 진실의 추구를 얻게 하지 못할 때에; **Reservation,** 축성되어진 성체(→Hostie)의 보존/보관; *kath.*: 교회의 장/고위 성직자를 위한 규정된 법률 사건/소송 사건의 유보/제한<유보된 권리/예외법/특권>; **päpstliche R.,** 교황에게 결정된/정해진 지위/부서의 수여<교황의 유보된 권리/예외법/특권>; **reservatum ecclesiasticum,** ≪성직자의 유보/제한/특권≫, 아우크스부르크

종교분쟁의 평화조약의 명령/지시 (1555),(그 명령에 의하면) 성직자 제후들(카톨릭 교회의 고위 성직자(주교, 대주교, 추기경 따위)들)은 복음 교회로 개종함과 함께 그들의 성직자의 직위와 권리들을 상실한다; **sub reservatione (conditione) Jacobi,** 야곱의 유보/제한 아래서(약 4: 15)→conditio Jacobea

Residenzpflicht *lat.,* 임지의 소재지/청사에 체류/체제를 위한(성직자들의) 의무<임지/근무지 거주 의무>

Resignation *lat.,* 포기/단념, 철회하기/양보하기; **resignatio ad infernum,** 지옥까지 포기/단념 즉,(하나님을 위하여) 자신의 행복/열락/축복을 희생/포기/단념 하기 위한 준비/각오/동의(비, 롬 9: 3)

Reskript *lat.,* 서면의/문서에 의한 대답/응답/답례, 면제/사면<(교황의) 답서>; (제후의/교황의) 단독 결정; →Konstitution

Responsorium *lat.,* 답/대답/회답/답변; 성직자와 공동체 사이에서 대창(對唱)<응창>; **Gradual-R.:** *MA:* 층계송(層階誦)(→Graduale), 각 시행(詩行)/성가의 구절 후에 교창 (→Antiphon) 과 함께; **respondierend,** 대창 안에서; **Responsoriale,** 대창들의 모음; **Responsum,** 대창/응창과 함께 공동체의 반복구/후렴

res sacrae *lat.,*(예배의 활용을 위한) 거룩한 물체/사물/물건들

res sacramenti *lat., kath.:* 성례 전 (→Sakrament)의 내용; →forma

Restauration *lat.,* 복구/부흥/재건/(명예 따위의) 회복/(병의) 치료; 이전의 정신적한 운동의 재흥/회복/복구하기; **Rest-**aurationstheologie, 대부분 교회와 정치적으로 보수적인/전통적인(예, ≪왕좌/왕위(→Thron)와 제단에 의하여 혼인/결혼≫을 대변/추천/변호하는) 신학의 (→konfessionelle) 내용/계획들을 위한(낮게 평가하는/경시하는) 묘사, 일치된 운동이 없다<복고 신학>

restitutio *lat.,* 복구/부흥/재건/(명예 따위의) 회복/(병의) 치료; **Restitutionsedikt,** 황제의 법령/칙령(1629), 파싸우 계약(Passauer Vertrag)(1552) 이래로 개신교도들에 의하여 몰수/징발되어진 성직자들의 재보/재산들은 반환되어져야만 한다

restrictio mentalis *lat.,* 정신적인 축소/제한/유보; →reservation.

resurrectio *lat.,* 부활/소생(→Auferstehung)

Re'tabel *lat.-span.-franz.,* 양질의, 예술[미술]적으로 형상/형성 되어진 성찬대(臺)의 뒷벽/후벽<제단 후면 장식벽>

Retention *lat.,* 만류하는 것/저지하는[제지하는] 것/삼가는 태도; 죄의 용서/면죄의 거부/거절; *Ggs.*→Absolution

retractio *lat.,* 취소/철회하기(예, 그리스도를 통한 전능(全能)의 사용/적용의)

Retraite *frz.,* 후퇴/퇴각(退却); 성직자의 모임과 정신적-영혼의 회복/휴양의 장소/처소 및 시간/시기<퇴수>; →Ashram

re(tro)tabulum *lat.,* 제단 후면 장식벽

revelatio *lat.,* 계시/묵시, **r. naturalis, generalis** 혹은 **universalis,**(자연과 역사 안에서) 자연의 혹은 일반적인 계시/묵시(→praeambula fidei); **r. specialis, supernaturalis** 혹은 **revelata,** (하나님의 말씀 안에서) 특수[별]한/탁월한, 초자연의, 드러

내진/공개되어진 계시/묵시; **r. immediata,** 직접의/직접적인, **mediata,** 전달/전수 되어지는 계시/묵시; **r. sub contrario,** Luther: 정반대/역설 아래서(구원/구세의) 계시/묵시(그리스도의 십자가),→ theologia crucis

Reventismus *lat.*,(영혼의) 돌아오는 것/되풀이에 대한 가르침/교훈,→Seelen- wanderung

Reverend (Rev.), *engl.* 성직자들<(에 대한 경칭)>; **Reverendus** *lat.*, ≪신구교 고위 성직자에 대한(옛) 호칭(Hochwürden)<님, 예하!>≫; 디아콘/부제(→Diakon) 이상의 카톨릭의 성직자(→Kleriker); **Reverendissimus,** 수도원 원장들(→Äbte), 감독/주교들(≪감독의 은혜/호의들≫),→Prälaten

Revision *lat.*, 검사/재고/숙고; 점검되어진/죽 훑어 보아진, 개선/수정/정정 되어진(한 성서 번역의) 개정판/새 판/개역본(改譯本)

revival *engl.*,<일깨움/소생/신앙의 각성/개심/전향>→*Erweckung*

revocare *lat.*, 취소[철회]/무효선언/폐지/파기하다

Rezensent *lat.*, 판단자/비판자/비평가; 성서비평/비판(→Bibelkritik)에서: 알려지지 않은 저자, 그는(교리적인(→dogmat.) 이유/근거들로부터) 본래적인 본문을 변경/변화하였고, 그와 함께 오늘날 단지 무심코 저질러버린 잘못/부주의로 인한 실수에 기인/의존하는 이탈/빗나감/차이(점)들이 필사본들 사이에는 없다(그러나→Redaktor); **Rezension,** 서평(書評)/

북레뷰

Rezeß *lat.*, 귀로(歸路), 제단(→Altar)으로부터 성물납실(納室)/제의실(祭衣室)(→Sakristei)로의 귀로에서 사제의 기도들<//협정/타협/화해>

Rezitationston *lat.*, 강의 어조/음(音), 강연 어조/음, 수업 어조/음,→Reperkus- sionston

Rgveda, Rigveda, 가장 오래된 인도어의 본문, 베다(→Veda)들의 첫 번째 부분, 신화적인(→mytholog.) 찬가/송가(→Hymnen)의 모음<고대 인도의 찬미가집>

Rhason, *gr.-orth.*: 수련사/예비 사제의 검은 외투/코트; **Rhasophorus** *gr.*, 라손을 착용한 자,→Novize

Richter 이스라엘의(→Israel),<(가나안땅의)> 영토 점령(→Landnahme)(여호수아(Josua), 기원전 약 1200년 경)과 왕국(사울(Saul), 기원전 1012 - 1004년) 사이의 옛 이스라엘의 카리스마적인(→charismat.) 지도자<사사/재판관/심판관>

Rigorismus(*lat. rigor*, 단단함/엄격함), 관습/관례 법의 강력한 준수(遵守)<(특히 도덕률에 대한) 엄숙주의>; Ggs.→Laxismus

Rigveda→Rgveda

Rishi *sanskr.*, 어떤 일에 정통한 사람/소식통; **Maharishi,** *gr.,* 어떤 일에 정통한 사람/소식통

risus pas'chalis *lat., MA*: 부활절 웃음/폭소, 사순절(→Fasten) 후에 시행/개최되는 부활절 익살/해학(諧謔) 극들

rita→rta

rite *lat.*, 규정대로의/지시에 따른; 넉넉한/

277

족한

Ritenkongregation, 의식/전례(→Ritus)와 시성(諡聖)(성인들의 반열에 들어가게 함)/시성식 그리고 시복식(諡福式)(교황이 죽은 자들을 복자의 명부에 넣는 식)의 과정/경과들을 위한 교황청(→Kurie)의 관청<(시성, 시복식을 위한) 로마 교황청 의식 집회>

Ritterorden, 중세의 기사들의 공동체들, 그들은 수도사의 기원/서원(→Möchsgelübde) 옆에 ≪불신자들≫에 대항한 싸움의 맹세(→Kreuzzug)를 행하였고, 기사단의 우두머리 혹은 기사의 단장에 의하여 이끌렸고, 그리고 기사들과 사제들 그리고 봉사하는 형제들로 나뉘었다 <(중세의) 기사단[기사 수도회]>(→Tempelherren,→Deutschherren,→Johanniter 등등)

Ritus *lat.,* 관습/관례/풍습; 예배의 질서; 지시/규정되어진 예배의 행위/행동<의식/전례/식전>; **Ritual,** *kath.:* 의식/전례/식전을 위한 지시/규정(서)<전례/의식 총서>; **Rituale Romanum,** *kath.:* →Agende; 비교,→Pontificale,→Missale; **Ritualmord,** 거룩한 희생/제물(→Opfer)로서 한 인간의 살인/살해

Rochett, sarcotium *mlat.,* 고위 카톨릭 성직자들의 교회 의식용 흰 겉옷(→Chorhemd)

Rogate *lat.,* 구하라! 부활절 후 다섯 번째 일요일(요 16: 24 로부터→Introitus)(일요 예배식 기도문의 첫행); **Rogationen,** *kath.:* 교회의 체계화 되어진 기원(祈願) 행렬들

Roma locuta, causa finita *lat.,* 로마는 말했고, 논란이 되고 있는 문제/쟁점은 끝났다

Romanik, romanisch, 약 900 -1200 년 사이에 유행했던 예술 스타일/양식(교회들: 원형[반원형] 아치/로마식 아치들, 평면도/수평 단면도에서 정사각형들, 작은 창문들, 무거운 벽들)<로마네스크(건축) 양식(고딕 이전 초기 중세 유럽의 건축 양식)>

Romantik (고대 프랑스어 *romanz* 로부터, 문학작품/시작/시, 장편 소설), 18/19 세기의 전환기 경에 본래적으로 정신사적 시대, 비합리적인/비이성적인(→irrational) 것 그리고 배경의 것의 강조/역설 (결정적인 ≪유기체/유기적 조직체≫ 안에서 현실의 이해, 그로부터 로마 카톨릭 주의[많은 회심/개종/전향(→Konversionen)]와 서방 제국의 중세의 일치의 예찬/기림, 중세 역사의 원전들과 고대의 민간전설/민화들의 탐구); 현실에 어두운 감정 의존관계/종속관계를 위한 일반적인 묘사<낭만주의/낭만파>

Romanum (Symbolum), 로마의 세례식에서의 신앙고백(2 세기),→trinitarisch, 사도신경(→Apostolikum)의 선구자<로마의 신앙고백>

Rorate *lat.,* 비같이 듣게 하라!, *kath.:* 강림절(의 기간)의 미사(사 45: 8을 도입송(→Introitus)); 네 번째 강림절 <(성모 마리아를 기리기 위한) 강림절의 서원 미사>

rosarium *lat.,* **Rosenkranz,** *kath.:* 마치 15 ≪기쁨에 찬, 고뇌[고통]에 가득찬, 영광스

러운/찬란한≫ 예수의 생애의 사건들처럼 주시된/고찰되어진 기도로서 15 x 10 평안 하소서 마리아!(→Ave Maria) 그리고 15 아버지에게 영광이(→Gloria patri)와 함께 15 주기도문; 6 개의 크고 53 개의 작은 진주/구슬을 지닌 끈/줄<로사리오/묵주/로자리오 기도의 연속>

Rosenkreuzer(-orden), 17 세기 새로운 영지주의적(→gnost.) 종교 운동, 그들의 선도 스타일에 따라서 ≪Christian Rosenkreuz <전설적인 창시자에 따라/명목상으로 1378 - 1484>≫<장미 십자(수도회)회원/연금술사>

rota *lat.*, 바퀴/수레 바퀴, 가지 모양의 등불/샹들리에

Rata Romana *lat.*, 교황청(→Kurie)의 최고의 법정, 모든 교회의 소송의 결정을 위한 항소 법정(→Appellationshof)(지역의 교회의 재치권자(→causae minores)에 의하여 끄집어 내어진다)

Rotulus, Rotel *lat.*,(문서) 두루마리, 서류 뭉치/꾸러미, 목차/색인/내용 목록

Rotunde *lat.*, 원형 건축물, 평범하게/습관적으로 둥근 지붕/돔과 함께<원형의 건물/홀>

rta, rita *ind.*, 권리/권한/법/정당함; 우주에서 선한 질서

ruach *hebr.*,(하 나 님 의) 영 ; *gr.*→pneuma, *lat.*→spiritus

Rubriken(*lat. ruber* 로부터, 붉은), 예배식(→Liturgie)의 실행/시행/개최를 위하여 예배식서(→Agende) 안에서(대부분) 붉게 인쇄되어진 사용법/사용 설명서<전례/법규(전례서에서 주서된 지시)>

rural *lat.*, 농촌/시골과 관련있는/상관있는 <시골풍의/농부같은>; **Ruralbischof**→Chorbischof; **Ruralkapitel,** 지역 주교구 평의회 (→Kapitel); 중세 의 주교의 교구(→Diözesen)의 소구분/세분/분류

S

Sabaoth→Zebaoth

Sabbat *hbr.*, 고요함/침묵/평온/휴식; 유대교의: 일주일 중 일곱 번째 날, 일이 없이 보내야만 한다. 왜냐하면 하나님이 창조 때로부터 쉬게 하셨기 때문이고(출 20: 11) 또한 이집트/애굽으로부터의 이스라엘의 구출/구원/구제를 생각하기 위하여(쉬게 하셨기 때문이다)(신 5: 15)<(유대교의) 안식일(금요일 저녁부터 토요일 저녁까지의 시간)>(→ Sonntag); **Sabbatarier, Sabbatisten,** 그리스도교의 이단/분파(→Sekte)들, 그들은 일요일/주일 대신에 안식일을 지킨다<안식일 유파>; **Sabbatjahr,** *jüd.*: 일곱 번째 해, 그 해에는 전답/경작지가 경작 되지 않아야한다(레 25: 1-7); **S.weg,** *jüd.*: 2000 엘렌(Ellen/<1 엘레는 약 55 - 85 cm 정도>)(약 1 km; 출 16: 29), 안식일에 허용된 거리

Sabellianismus, 사벨리우스(Sabellius)(260년경)의 양태론적(→modalist.) 단일신론(→Monarchianismus), 그는 아버지, 아들 그리고 성령을 하나님의 세 탈/가면/마스크로서 생각하였다

Sabier→Mandäer

Sacco di Roma *ital.*, 1527 년 황제 칼/샤를/찰스 5세(Karl V.)의 용병들을 통하여 로마의 약탈

sacerdotium *lat.*, 성직자의 직[신분, 지위], 세상 나라/왕국에 비하여 거룩한 나라/왕국으로서 교회(→imperium)

sacer morbus *lat.*, 거룩한 병/질병, 간질/지랄병(왜냐하면 그것들이 자주 신비적인/불가사이한(→myst.) 체험/경험과 함께 결합되어지기 때문이다)

Sachhälfte, (비유/우화 안에서) 내용적으로 비교/타협의 세 번째 것(→tertium comparationis); *Ggs.*→Bildhälfte

sacra congregatio ...→Kongregation; **sacra doctrina** *lat.*, 거룩한 가르침/교훈, 신학

sacrarium *lat.*, 사용할 수 없게 되어진 축성되어진 물체/물건들을 위한 용기/상자/궤/저장소(성구실/성직자 준비실(→Sakristei)에서 사용된 세례[영세]용 성수(→piscina)를 위한 개수대/하수구)

sacratorium→Sakristei

sacrificati→lapsi

sacrificium *lat.*, →Opfer; **s. intellectus,** 순종/복종, 믿음 혹은 상상/망상을 위하여 이성의 활용의 포기/단념<신자들의 요구에 의하여 자신의 의견을 교회의 교리에 복종시킴>

sacrum imperium *lat.*, 거룩한 왕국/나라,→sacerdotium

Sadduzäer, 유대교의 사제 집단/그룹, 전통/전승(→Tradition)을 통하여 모세오경

(→Tora)의 교육을 계속하기/계승 발전 시키기에 대항하고 그리고 죽은 자의 부활에 대한 가르침/교훈에 대항하여<사두개 사람(옛 유대교의 보수파, 창시자 사독(Saddok)에서 유래함)>(기원전 2세기 이래로; *Ggs.*→Pharisäer)

saeculares *lat.*, 교구에 속한 사제/재속(在俗) 사제(→Weltgeistliche) 그리고 평신도들; *Ggs.*→conversi,→regulares; **saeculum,** 백년/세기, 오랜 시간, 세상/세계; **s. obscurum,** 어두움의/암흑의 세기(10세기); **säkular,** 이 세상의/세속적인; **Säkularinstitute,** *kath.*: 동업[협동] 조합들, 그것들의 구성원들은 고대 수도사의 서원(→consilia evangelica)의 준수/엄수/이행을 위하여 의무를 지웠고, 그러나 정상/통상의 직업을 지녔다; **Säkularisation,** 세속화하기/환속시키기; 세상의 권세들을 통하여 교회의 소유물/재산의 인수(특별히 1803년 제국 대표단/교섭 위원단의 주요 조약/결정을 통하여)<세속화/(교회 재산의) 국유화>; 일반적으로(역시 세속화/개인, 국가나 사회 집단이 교회로부터 벗어남/수도원을 떠나 서약의 의무 없이 생활해도 좋다는 허가): 세상의 공공기관 및 영향[세력]권을 통하여 이전의 교회의 것의 분리/떨어짐; **Säkularisierung,** 교회의 그리고 종교의 속박/구속/의무로부터 진행되는 해결/처리/폐지<역시 세속화/개인, 국가나 사회 집단이 교회로부터 벗어남/수도원을 떠나 서약의 의무 없이 생활해도 좋다는 허가>; 세계관의 원리/원칙; **Säkularismus; Säkularkanoniker,** 성직자가 아닌 주 교 좌 성 당 의 참 사 회 원 (→Kanoniker)(*Ggs.*→Regular-K.); **S.kleriker**→Weltgeistliche; **Säkular-**→Ökumenismus, 교 회 일 치 의 운 동 (→Ökumen. Bewegung) 안에서 새로운 개념, 그것은 의미한다: 세상의 공동의 봉사보다 교리의 일치가 더욱 적은 상 태 이 다 . 혹 은 : 세 계 교 회 운 동 (→Ökumene)의 임무가 동일한 방법 ≪교회의 일치와 인류의 일치≫(1971년 뢰벤(Löwen)에서) 안에 있다

Säulenheilige<주두은자(柱頭隱者)(5-10세기경 기둥꼭대기에 정좌하여 금욕적 고행 생활을 한 사람)>→Styliten

Sagan, Segan *hebr./aram.*, 성전 기사단의 수사의 장/단장; 대제사장 다음의 사제/제사장, 그는 성전의 외적인 질서에 대하여 경계/감시한다

sakkos *gr.*, 주머니[자루] 모양의(부제의 전례복 상의(→Dalmatik)과 비슷한) 그리스 정교 교회의 감독들의 예식 복장, 본래적으로 비잔틴의 황제들의(예복/의상)

sakral *lat.*, 거룩한, 축성된<성식의/성스러운/종교의>; Ggs.→profan

Sakrament *lat.*, 맹세/서약, 충성/서약, 군기에 대한 맹세; 고대 교회의: (신앙의 신비(→mysterion)에 대한 번역) 신앙의 비밀과 거룩한 행위/행실들; 일곱: 세례(→Taufe), 견진성사(→Firmung), 참회/회개(→Buße), 성찬식(→Eucharistie), 서품식/신품성사/성직수여(→Priesterweihe), 결혼/혼례(→Ehe), 종부성사(→unctio extrema), 실 재 의/객 관 적 인 효 과/행 동

281

(ex→opere operato)과 함께, 그와 함께 근원적 성례로서 그리스도, 온전한/총체의 성례로서 그리고 근본/기초 성례로서 교회가 이해되어질 수 있다(칼 라너(K. Rahner)); *ev.*: 믿음(→Glauben)을 지향하는 말씀(→Evangelium,→Predigt)을 위한 표/표지로서 세례와 성만찬(→Abendmahl), 그리고 더욱이 인간에 대한 자유로운 하나님의 행위로서(특별히 루터의) 및 인간의 신앙고백의 행위들로서(특별히 개혁자들의): **sakramental,** 하나님에 의하여 행하여진, 신적으로 상징적/암시적<성사의/성찬식의/신성한/장엄한>; **Sakramentalien,** *kath.*: 성례와 비슷한 제식의 행위들 그리고 축복의 관습/관례들<준성사(準聖事)(예, 성별식)/준성사물(예, 성수, 성유)>; **Sakramentar,** *kath.*: 미사의 기도와 함께 예배식(→liturg.) 서; **Sakramentenkongregation,** 규정대로의 성례전의 관리/지도를 위한 교황청(→Kurie)의 최고위 관청; **Sakramentierer,** 성만찬에서 그리스도의 현존을 부인[부정]하는 개혁교회의 사람들을 위한 루터 교회의 묘사(16 세기); **sacramentum Christi et ecclesiae,** 그리스도와 교회의 비밀/신비; *kath.*: 비밀/신비, 그것을 통하여 그리스도가 교회에 결합/연대한다

Sakrileg *lat.*, 독신(瀆神)/신성모독, 교회의 절도/성물 절도(죄); **Sakristan**→mansionarius; **Sakristei,** 성직자의 준비를 위한 장소, 거룩한 도구/집기들 등등의 보존/보관<성물납실/성구실/제의실/성직자 준비실>; **sakrosankt,** 축성된, 범할 수

없는/신성 불가침의/성스럽고 거룩한

Salat *arab.*, 이슬람교(→Islam)에서 날마다 다섯 차례 실행/수행하는 의식/식전 기도

Salesianer Don Boscos (SDB, SS), 1841 년에 돈 보스코(Don Boscos)에 의하여 시작되어진 청소년 사역의 승계를 위하여 1857 창립되어진 카톨릭교회의 수도원 연합회/신심회(信心會)(→Kongregation)

Salutatio *lat.*, 인사(예배식에서: 주님이 여러분들과 함께…)

Salutisten, 구세군 공동체(→Heilsarmee)의 일원/구성원 <구세 군인/구세군의 교인>

Salvation Army→Heilsarmee

salvator *lat.*, 구조자/구세주, 구제자/구세주/그리스도; 구세주/구원자로서 예수 그리스도를 위한 묘사; **s. mundi,** 세상의 구세주/구원자

salvator salvandus→Gnosis

salvator salvatus→Gnosis

Salvatorianer,→Societas Divini Salvatoris (SDS), 1881 년에 국내외 선교(→Mission)을 위하여 창립된 카톨릭 교회의 수도원 연합회/신심회(信心會)(→ Kongregation)

Salve-Andachten, 대중적인/평이한 성모흠숭들(카톨릭 교회와 정교 교회에서),→Salve, regina 에 따른 묘사

Salve, regina *lat.*, 안녕하십니까, 여왕님!; *kath.*: 예수의 어머니의 명예/영광을 위한 노래/가창

Samaritaner (그렇게 →Vulgata; 루터(Luther): 그리스어의 묘사에 따라 ≪Samariter≫), 중심 도시 사마리아와

함께한 영역/범주의 거주자/주민들, 유
대인의 묘사: **Kuthäer,** 바빌론의 영토 구
다(Kutha)(왕하 17: 24)의 이주자들과 함
께 혼합/혼화 때문에, 그들은 단지 모세
오경(→Pentateuch) (≪**samaritanischer
P.**≫) 만을 성서로서 인정하였고 예루살
렘에 비하여 그리심(Garizim) 산에 예배/
제식의 중심지를 지었다

Samaveda, 베다(→Veden)의 세 번째 부분,
인도의 제물/희생과 함께 불리워진 멜
로디/가락/곡조들의 모음

Samhitas→Veda

Sampsäer, 기도와 함께 스스로 태양(*hbr.
schemesch*)에 되돌아가는 영지주의 자
들(→Gnostiker)

Samsara→Seelenwanderung

Sanbenito *span., lat.* **saccus benedictus,** 축성
되어진 참회복, 그것을 참회할 뜻이 있
는 자가 종교 재판소(→Inquisition)에 의
하여 자유롭게 언급되어진 것들을 수행
하기 위하여 착용하였다

sanctus *lat., gr. hagios*, 거룩한/신성한/성스
러운(→heilig); **Sancta sanctorum** *lat.*, 거
룩한 것들 중에 거룩한 것, 특별히 값어
치 있는 성유물들(→Reliquien)과 함께
로마의 옛 교황궁(현재는 미술
관)(→Lateran)에서 교황의 예배당;
Sancta sedes, 사도적 권좌/교황의 직
(→Apostolischer Stuhl), 카톨릭 교회의 최
고위 관청; **sanctificatio,** 신성하게 하기/
성화(聖化)/징당화; **santlmonlales,** 수녀
들을 위한 고대 교회의 묘사; **sanctissi-
mum,** 그리스 정교 성당의 지성소(至聖
所)/예루살렘 성전의 지성소; *kath.*: 축성

된 성체(→Hostie); **sanctissimus pater,** 가
장 거룩한 아버지, 교황의 칭호[존칭];
sanctitas, 성스러운 존재/신성함, 교황의
칭호[존칭]; **Sanctorale,** 성인의 축일들
의 예배식의 일부분(→Proprium); **Sanc-
torum**→**Communio; Sanctuarium,** 성유
물(예,→Reliquien)의 저장/보관소; 고대
교회에서 제단과 사제실; 성인 축일들
을 위한 예배식의 찬송가 책(1615);
Sanctum Officium, 거룩한 직무/직위; 종
교재판소(→Inquisition) 관청의 옛 이름,
계승자: **Congregatio de doctrina fidei**
(→Kongregation); **Sanctum sanctorum,** 그
리스 정교 성당의 지성소(至聖所)/예루
살렘 성전의 지성소(성전에서); **Sanctus,**
예배식의: 천사들의 찬미(사 6: 3), 미사
에서 성찬식 서문경/성찬 예배 서언 후
에 찬미가/송가; **Sanctusleuchter,** 이전에:
제단 위에 세우는 촛대(kath.), 쌍투스
(→Sanctus) 후에 성스러운 변화
(→Wandlung)를 위하여 불을 붙인다/점
화한다

Sanhedrin→Synedrium

Sanktion *lat.*, 신성하게 하기/성화(聖化)/정
당화, 신성하게 하기/축성; 하나의 법의
엄숙한 확증/인가(사정에 따라서는 처
벌/제재 및 처벌[형벌]을 내세우는 위협
을 통하여)<승인/인가/제재/벌칙/신성
하게 함>

Sannyasi *sanskr.*, 단념/체념하는 자, 방랑의 수
도사, 동냥/구걸/걸식하는 현사/현인들

Sanskrit *ind.*, 아리아인[어족]의 인도사람
의 고전 문헌의 형성되어진 표준어/공
통어<산스크리트/범어(梵語)(고대 인

도어)

Saoschyant *pers.*, 다가올/장래의 구조자, 조로아스터[배화]교(→Parsismus)의 세 세상의 구조자/구세자들 중 마지막 자, 짜라투스트라(→Zarathustra)의 씨로부터 처녀로부터 낳아지고, 일반적인 부활과 불멸/영생을 가져온다

Sapientia Salomonis *lat.*, 솔로몬의 지혜(Sap, Weish)

sarcotium→Rochett

Sarkiker→Gnosis

Sarkophag *gr.*, 고기를 먹는; 석회석 종류, 그것은 시체를 빠르게 썩게/부패하게 하고, 그런 까닭에 관(棺)/널들의 제작을 위하여 사용되어진다; 석관

sarx *gr.*, 살/육신/몸(→Fleisch); 바울(Paulus): 영(→pneuma)에 대한 반대 개념; **sarkisch,** 살의/육욕적인/육감적인

Satan *hbr.*, 적/원수/악마, 하나님의 적대자/반대자<사탄/악마/마왕>; **satanisch,** 사탄의/악마 같은/극악한/흉악한; **Satanismus,** 악 마 숭 배/악 마 주 의 문 학; **Satanologie,** 악마에 대한 가르침/교훈

satisfactio operis *lat.*, 일/사역을 통하여 내적 만족/보상/배상/속죄, *kath.*: 공로가 있는(공로[공적]이 있는/업적이 많은) 혹은 형벌/형사상의(벌/형벌에 속하는) 일/사역으로서; **s. vicaria,** 대리의/대리권을 지닌 내적 만족/보상/속죄; **Satisfaktionslehre,** 그 리 스 도 를 통 한 (→Christus) (→Cur Deus homo) 대리의/대리권을 지닌 내적 만족/보상/속죄에 대한 가르침/교훈<속죄/보상론>; **satisfaktorisch,** 내적 만족/보상/배상/속죄을 수행/성취하는

Sator Arepo Tenet Opera Rotas *lat.*(가능한 번역: 씨뿌리는 사람은 사역/일들과 수레바퀴 [혹은: 수고와 함께 수레바퀴]를 취한다), 앞 뒤 어디서부터 읽어도 의미가 있는 말 또는 구(→Palindrom), 마법의/요술 같은 정사각형/네모꼴로서

```
S A T O R
A R E P O
T E N E T
O P E R A
R O T A S
```

하나의 암호/암호문(→Kryptogramm) - 다음 것을 위한: A PATERNOSTER O(1 세기)(→Alpha,→Vaterunser)

Scala santa *ital.*, 거룩한 층계/계단, 빌라도(Pilatus)의 궁의 대리석 계단. 비잔틴의 황후 헬레나(Helena)가 로마에 선물하였다

Schabbat→Sabbat

Schaddei→El

Schalom *hbr.*, 건재/무탈/건강, 행운/안녕/행복/무사함, 평화/화평/화목; 이스라엘의 인사의 짤막한 형태; **Schalombewegung,** (본래적으로 네덜란드의) 종파간의/종파를 초월한, 사회적으로 참여적인 운동, 그 운동은 그 동안에 특별히 저개발국 원조 계획의 문제에 주의를 기울였다(1963 년 이래로)

Schamanismus (*sanskrit*: 스스로 애쓰기/수고하기: 광란하기/광포하게 굴기[?], 스스로 넘어뜨리기), 도취한/열광적인/황홀한(→ekstat.) 강령술/귀신 쫓기<샤머니즘/무술(巫術)/무속(巫俗)>; **Scha-**

mane, 샤먼/주술사/무당(여)

Schauen (lat.→visio beatifica), 믿 음 (→Glauben)(그러나→Ekstase,→Mystik) 대신에 시간적 현존/존재 안에서 하나님의 영광의 종말론적(→eschatolog.) 앎/식별/인식들(고후 5: 7); →theologia gloriae

s'chedula confessionis mlat., kath.: 이행되어진 고해/참회에 대한 고해[고백]성사표/고해 증명서

Scheibenkreuz→flabellum

Schekel, Sekel, 유대의 은화(=두 개의 그리스 이중 드라크마), 통상 기본단위

Schekhina hbr., 후기 유대의: 공동체안에서 내세의 하나님의 살기/거하시기

schema→schma

S'chema, Plr. **S'chemata** gr., 자세/마음씨, 외형/자태/형태, 모양/형식/모습; 모범/모델/본보기, 체제/제도/조직; kath.: 공회의 (→Konzil)의 모범/본보기; gr.-orth.: 수도사의 의복을 위한 이름, 그로부터 역시 수도원 제도/생활의 양쪽 계층을 위하여 (→Megaloschemos,→Mikroschemos); **Schematismus,** 카톨릭 교회의 주교의 교구에서 통계적인 편람<교구[수도회]의 연감>; **Personal-Schematismus,** 하나의 주교의 교구(→Diözese)의 인사 목록/명세서; **quadratischer Schematismus,** 로마네스크 양식의(→roman.) 교회 건축에서 좋은 건축학의/구성적인 관계들의 획득을 위한 십자 모양의 교회에서 기로 긴 물과 세로 건물이 교차하는 장방형 공간의 이용/사용

Schem hammephorasch hbr., 나타낸/계시되

어진 이름(→Jahve, 출 6: 3)

Schemone esre→Tefilla

Scheol hbr., 명부(冥府)/황천/저승/지옥, 죽음의 세계<스홀>

Schia→Schiiten

Schibboleth hbr., 식별표/인식표/식별, 표어/구호/슬로건(삿 12: 5-)<십볼렛>

Schiiten (arab. schia, 정당/정파), 이슬람교 (→Islam) 안에서 경향/유파, 그들은 홀로 모하메드(Mohammed)의 종형제와 사위 알리(Ali)와 그의 후손들을 수령들과 신의 의지/뜻의 소유자/보유자들로서 그리고 합법적인/정당한 칼리프들 (→Kalifen)로서 인정한다<시아파 이슬람교도>

Schikkuz hbr., 공포/전율, 우상/거짓 신

Schima→Schema

Schinto(ismus) chin.-jap., 신들의 길, 일본의 오랜 토착의 국가 종교, 그것의 중심점에 마치 선조들 처럼 자연신에 대한 숭배/존경이 놓여 있다

S'chisma gr.,(교회의) 분열/분파; 그러나 →Häresie; **Schismatiker,** 하나의 교회 분열의 야기자/장본인/책임자(추종자/신봉자)<교회를 분열하는 자>

S(c)hiva, ind., 자비로운/관대한 자, 힌두교 (→Hinduismus)의 주요 신; 무서운/처참한, 전율을 이르키는/혐오할 세상 파괴자, 그러나 역시 야생/자연 그대로의, 격심/광포한 춤추는 자 그리고 생산/생식의 주(인)(성징: →linga)<(힌두교 3 주신 중의 하나인) 시바신(神)/시바신의 신상>; 반대 신: →Vischnu

Schlüsselamt→potestas clavium

Schma *hbr.*, 들으라!; 유대인의 신앙고백 기도(신 6: 4-)

Schmalkaldische Artikel, 1536 년 루터에 의하여 작성된, 슈말칼덴 연맹/동맹/연합 (**Schm.n Bund**)(1537)을 위하여 규정된 (이 연맹에 의하여 받아들여지지 않은) 신앙고백 (→Konkordienbuch); **Schm.r Krieg,** 독일 안에서 옛 신앙을 굳게 지키는 자들과 개신교의 신자들 사이에 첫 번째 종파적인/신앙상의 싸움/전쟁 (1546/47), 슈말칼덴 연맹/동맹의 패배/패전(→Interim)

Schmerzensmann→Misericordie

Schöpfungsordnung, 불가피한/어쩔 수 없는, 그로부터 ≪자연의≫ 그리고 하나님의 명령/위임 안에서 보존하는 질서들에 대한 루터의 가르침<창조질서>; →natürliche Theologie

Schola (cantorum) *lat.*, 성악가 학교, 예배에서 합창 그룹/신도들의 선창자 그룹, 그들은 특히 그레고리우스 성가의(→gregorian.) 멜로디를 노래한다; **Scholaren** *lat.*, 중세의 대학의 학생들; **Scholarch,** 그들의 감독자<(중세 수도원이나 주교좌 성당의) 부속 신학교 교장>; **Scholastik** 권위/권위자들(→Autoritäten) (결정적으로/주요하게 선생들과 텍스트들)에 의하여 효력/가치에 묶는 학교의 학문; *MA*(약 800 - 1450): 성서나 교부들 (→Kirchenväter) 및 아리스토텔레스 (Aristoteles)에 연결된 신학 및 철학; →Thomismus,→Scotismus; **Scholastiker,** 스콜라 철학[신학]의 대리인/대표자; 공부/연구하는 동안에 예수회 회원(→Soci-etas Jesu) (=**Scholastikat**)<수학수사(修學修士)/(특히 예수회의 수학수도사)>

Scholion *gr.*, 고대 그리고 중세: 더욱 큰 해석/주해집들로부터 발췌/요약들, 여러 종류로/다양하게 책의 테두리에 기록되어진다<(그리스, 로마 고전의) 주해/주석>

Schott, ≪Der Sch.≫, 손에 알맞는 미사책, 미사(→Messe)의 기도, 낭독들 등등을 포함하고, 우선적으로 1884 년 베네딕투스 수도사 쇼트(A. Schott)에 의하여 라틴어-독일어로 편집되었고, 특히 평신도들(→Laien)의 손을 위하여, 제 2 바티칸 공의회(→Vatikanum II) 후에 단지 아직도 독일어 권에서

Schreinmadonna,(고딕 양식(→Gotik)에서) 접었다 폈다 할 수 있는 마리아의 입상 (立像)/조상

Schriftbesitzer, 신의 계시의 글들의 소유자들로서 유대인들과 그리스도인들을 위한 이슬람교의(→islam.) 묘사, 그런 까닭에 종교적으로 어떤 것을 허용하기 위하여; →Buchreligion

Schriftgelehrte→Sopherim

Schriftprinzip, 종교개혁의, *ev.*: 오직 성서가(→sola scriptura) 믿음과 선포/전도/고지를 위한 원천이고 그리고 규범/표준 (→Norm) 이다<성서의 원리>

Schriftsinn→Hermeneutik

Schulaufsicht, geistliche, 총체적 학교수업에 대한 목사나 교구 감독/노회장/지방회장(→Superintendent)들의 감독/감시, 독일에서 18 세기 이래로, 1872 년 부분적으로 그리고 1919 년 최종적으로 폐

지되었다<성직자의 학교에 대한 감독>

Schulch'an aruch *hbr.*, 식탁보를 덮은, 탁자/상(시 23: 5), 결정적으로/주요하게 유대교의 율법 저작(1500 년 경)

Schutzmantelmadonna, 그의 외투 자락 아래에 믿는 이들을 보호/지키고자 모은 마리아의 묘사/표현

Schwagerehe→Leviratsehe

Schwärmer (≪반 종교개혁 추종자/광신자/공상가/환상가들≫),(하나님 의) 말씀(→Evangelium)과 (성)령의 신학적 분리/격리를 고려하여 재세례파들(→Anabaptisten) 과 심령주의자/성령체험 주의자들(→Spiritualisten) 그리고 교황권/정치(Papsttum)를 위한 경시하는 종교개혁의(루터의) 묘사

Schwarze Kunst→Magie

Schwarze Theologie, 독립/자율의, 해방을 추구하는/목표로한 검은(남) 아프리카인(보에삭(A. Boesak), 투투(D. M. B. Tutu)) 과 미국에 사는 아프리카 흑인들의 신학; 하나의 상황의(→kontextuelle) 해방의 신학과 동시에 보편적으로 화해의 신학<흑인신학>

Schweigepflicht→Beichtgeheimnis

Schwertmission→Mission

Schwur, 하나님의 부르심 아래서 장엄한 약속/확약<맹세/서약/선서>; →Eid

scientia media→Molinismus

scintilla animae *lat.*, 영혼의 번득임/불꽃/섬광 (=apex mentis, 정신의 낱/점단), 숭세의 신비의(→myst.) 신학: 이성과 의지 상호간에 영혼의 원인/근거; **sc. notitiae,** (하나님의) 앎/인식의 번득임/불꽃/섬광

Scotismus, 둔스 스코투스(Duns Scotus)(† 1308)의 신학적 경향/유파(대부분 프란치스쿠스 수도회 일원들), 이성(→Seinsmetaphysik) 앞에서/에 앞서 의지(하나님 =최상의 의지)(→Voluntarismus) 를 강조한다; *Ggs.*→Thomismus; →Occamismus

scriptio continua *lat.*, 단어들의 구획/구분이 없이 계속되는 글자/저서/저술

scriptura sacra *lat.*, 거룩한 글, 성경/성서; **scriptura sui ipsius interpres** 성서는 그것 자체의 해석자/해설자이다.→Formalprinzip,→Hermeneutik

scrutinium *lat.*, 탐구/연구/탐험; 고대 그리스도 교회 의: 세례전에 세례 지망자(→Katechumene) 의 시험; kath.: 감독/주교를 통한 서품식/성직수여(→Weihe) 지원자들의 시험; 비밀/내밀의 선택

secreta (oratio) *lat.*, 은밀한/비밀의 기도, ≪**Stillgebet**≫, 미사에서 빵과 포도주 봉헌시에 드리는 기도(→Offertorium) 후에 바쳐진 것들 위에 기도(Gabengebet)를 위한 더 오래된 묘사

secretarium→Sakristei

secundus→usus legis

securitas *lat.*, 확실성/확신, *ev.*: 약속[확언]되어진 용서를 근거로 마무리된 것을 위하여 신에 대한 질문을 취하는 거짓 확신; 그러나 →certitudo,→Glaubensgewißheit

Seder, *Plr.* **Sedarim** *aram.*, 질서/질서 있는 상태, 차례/순서; 미쉬나(→Mischina)와 탈무드(→Talmud)의 여섯 중심 부분들; 유월절의 처음 이틀 저녁의 가정의 종교 축제

sedes apostolica *lat.*, 본래적으로 사도들 (→Aposteln)에 의하여 창설되어진 감독의 자리/지위; 오늘날 교황의 자리/지위; **Sedisvakanz,** 두 교황들 사이에서 교황의 옥좌의 비어있음, 과도[임시](→ Interregnum)의 기간<(교황이나 대주교의) 직위 공백 기간>

sedile *lat.*, 걸상/벤치; (십자가에서) 나무못

Seelenamt, Seelenmesse→missa de profunctis

Seelenwanderung, 재탄생/환생(*ind.Sams-ara, gr. Met' empsychose, lat. Re' inkarnation*), 영혼이 죽은 후에 매번/각각 다른 존재와 혹은 물체/사물 안에서 반복된다는 견해(특별히 인도 종교들과 그리스의 고대에서)<윤회>

Sefer, Sepher, *Plr.* **Sefarim** *hbr.*, 책들, 히브리어 성경을 위한 옛 묘사/표현; →Tenach

Segan→**Sagan**

Segen, 축제다운/장엄한, 대부분(신적인) 구원/행복/축복에 대한 판에 박힌/공식화되어진 위로의 말/격려/권고; 종교사적으로 자주 마법의(→mag.) 소개/인사시킴과 몸짓/제스처함께 결합되어진다(그리스도교의 안수(按手), 십자성호(十字聖號)); 모든 예배식의(→liturg.) 순서들 안에 포함되어진다<기도/축복/은혜>; →benedictio

Seinsmetaphysik,(특히→thomist.) 형이상학적(→metaphys.) 구조/구성들에 대한 사변적/공리공론적(→spekulativ) 사고의 종류<존재의 형이상학>(예, 최상/최고의 존재(→summum ens) 로서 하나님)

Sekel→**Schekel**

Sekretariat für die Einheit der Christen, S. für die Nichtchristen, S. für die Nichtglauben-den, 비카톨릭 세계와 함께 카톨릭 교회의 대화를 위한 교황의 1960년 및 1964년(→Vatikanum II)의 기구/기관들(교황 바울 6세 이후 비카톨릭 교도들, 비그리스도인들, 불신자들이 세 중심이 같은/동심의 원을 형성한다)<그리스도인의 일치를 위한, 그리스도인이 아닌 이들을 위한, 믿지 아니하는 자들을 위한 비서과/사무국>

Sekte *lat.*, 자신들의 가르침 혹은/그외에 하나의 병렬시켜진 가르침의 중심적인 강조와 함께 교회(→Kirche)로부터 분리되어진 집단/그룹(→Häresie)(협동/공동의 생각/사상, 묵시문학적 예언서(→Apokalyptik), 선택의 생각/사상들 혹은 그밖에 것); 그러나→Freikirchen

sekundär *lat.*, 제2급의/중위(中位)의<2차적/제2의>; 결과/연속으로서; **Sekundärliteratur,** 1차[기초] 문헌(→Primärliteratur)(→Quellen)에 대한 문헌<(원전, 특히 문학작품의) 참고 문헌/2차 문헌>

Sekundizfeier *lat.*, 두 번째 기념축제/잔치; 신임 신부의 첫 미사(→Primiz)의 50년의 기념일

sela *hbr.*(의미?), 시편에서 구별/분리 단어<히브리어의 음악 지시 표시/셀라>

Selbständige Evangelisch-Lutherische Kirche (SELK)(독일에서), 1972년 이래로 세 루터교 자유교회의 통합/결합, 공동의 질서 그리고 공동의 감독과 함께; 1949년 이래로 하나의 교리의 협정/약정에 입각하여 공동 작업/협력

Seleukiden,<후계자 왕조/왕통>→Diadochendynastie,(기원전 312 -64)

Seligpreisungen (Jesu): 마 5: 3-10; 눅 6: 20-22<영광/행복 찬양>

Seligsprechung, *kath.*: 교회법의 의식/식전, 그것은 시성(諡聖)/시성식에 선행한다< 시복식(諡福式)(교황이 죽은 자를 복자 (福者) 명부에 넣기 그 식)>

Semantik, Semasiologie *gr.*,(표/징표 =)(역사) 의미론/어의학

Semi'arianer→Homöusianer

seminar(ium) *lat.*, 재배지/양성소, 교육장/ 훈련장/양성소; **s. maius,** 카톨릭 교회의 신학교; **s. minus,** 카톨릭 교회의 남자 아이 교육장

Semiotik *gr.*, 기호론[학]/부호론

Semipelagianer→Pelagianer

Semi'rationalismus *lat.*, 절반-합리주의/이 성론(→Rationalismus), 19세기 카톨릭 교회의 독일에서 철학-신학의 운동, 지식/ 알고 있는 것과 믿음의 화해를 얻으려고 노력했고, 하지만 이성의 자율성/자주성(→Autonomie)을 부인했다<반(半) 합리주의>

Semitismen, 문법상의: (그리스어 신약성 서 안에서) 셈 인종의 것에 의하여 영향 을 받은 언어 형성/조어

semper virgo *lat.*, 항상 처녀; *kath.*: 마리아

sempiternitas→aeternitas

Sensualismus *lat.*, 모든 앎/인식은 지각에서 연원한다고 가르침<감각론/감각주의>; **sensus,** 감각/관능/의식; **s. accomodatus,** (제멋대로의/임의의) 적용되어진 감각/ 관능/의식; **s. communis,** *engl.* **common sense,** 일반적인 이해/파악, ≪건전한 상식≫; **s. moralis,** 도덕적인 감각/관능/의 식; **s. parabolicus,** 비유적으로 감각/관능 /의식(→Parabel); **s. plenior,** 더욱 충만한 감각/관능/의식 (예, 그리스도로부터 새 롭게 이해되어진 하나의 구약성서 본문 /텍스트의); **s. typicus**→Typologie; 추가적 으로 **s. allegoricus, anagogicus, historicus, literalis, mysticus, scripturae, spiritualis, tropologicus**→Hermeneutik

Sentenzen *lat.*, 생각/의견/견해/여론들, 가르 침/교훈/교리 들; 성서와 교부들 (→Kirchenväter)의 말들의 모음; 스콜라 신학의 전체[전반]적 서술[기술]들(특 별히 페트루스 롬바르두스(Petrus Lombardus), † 1160)<신학의 명제론집(命題 論集)>; **Sentenziarier,** 스콜라 신학의 전 체[전반]적 서술[기술]들의 책들의 저자 들; 롬바르두스의 스콜라 신학의 전체 [전반]적 서술[기술]들의 해설자/해석자 /주석자들

sentire cum ecclesia *lat.*, 교회와 함께 생각 하기, 믿음의 질문 안에서 카톨릭 교회 의 그리스도인들에 의하여 기대되었던 자세/태도

separatio mensae et tori *lat.*, 테이블/탁자와 침대로부터 분리/격리; 교회법의: (일시 적인) 결혼 공동체로부터 분리/격리(부 부의 별거 판정)

Separatismus, christlicher, 공공연한, 특별 한 공동체 안에서 더 나은 그리스도인 손재를 실현/⼗현하기 위하여 본법/징 관을 지닌 교회(→verfaßte Kirche) 로부 터 떨어져나가기 위한 노력/경향/계획< 분리[분립]주의, 그리스도 교회의>

Separierte Lutheraner→Altlutheraner

Sephardim *hbr.*, 스페인-포르투갈의 유대인들(구약성서 오바댜 20 절에 따른 묘사)

Sepher→Sefer

Septuagesimae *lat.*, 70 번째 날 =부활절 전 9 번째 일요일/주일

Septuaginta (LXX) *lat.*, 70; 구약성서의 그리스어 성서 번역, 유대의 성담(→Legende)에 따라 70 명의 번역자들에 의하여 이룩되었다(기원전 3 세기 이래); →Aristeasbrief

sepulcrum *lat.*, 묘혈(墓穴)/무덤, 성유물(→Reliquie)을 위한 제단에서 우묵한 곳/공동

Sequenz *lat.*, 다음 사람/후계자/수반자<연속/계속>, **Prose,** (미사 예배식의 종결/마침에) 음열(音列)/선율의 진행/짧은 가락

Seraph, *Plr.* **Seraphim** *hbr.*, 하나님의 보좌 앞에서 섬기는 천사의 존재(사 6: 2,6); 본래적으로 족히 초자연적인(→dämon.) 뱀의 존재(하나님의 파수꾼/경비원으로서); 아레오파기타의 디오니시오스(Dionysios→Areopagita) 의 교권제도의(→hierarchisch) 천사론에 따라 스랍들은 아홉 천사들의 합창의 가장<(음이)> 높은 자; →Doctor seraphicus

Serapis, Sarapis, 모든 궁지 안에서 이집트와 그리스의 우주의 신 그리고 돕는자<세라피스>; **Serapeum,** 세라피스의 신전

Sermon *lat.*, 연설/발언, 설교(사정에 따라서는 하나의 테마/주제를 다루고,(성서해석 형식의) 설교(→Homilie)와 구별하여)

Serviten(*lat.*, *servus*, 종/하인), OSM, Ordo Sanctae Mariae; 마리아의 영광을 위한 금욕주의 적인(→asket.) 기도의 수도회(→Orden)<성모 하인회(1233 년에 창립한 탁발 수도회)의 수사들>

servitia communia→Annaten; **s. minuta** *lat.*, 교황의 사무국을 위한 작은 보조 수수료/사용료/세금들

servum→**arbitrium** *lat.*, 루터(Luther): (원죄(Erb→sünde)에 의하여) 압제/속박되어진/노예로 만들어진, 자유롭지 않은 예속 된 의지 <노예/종속 의지>; *Ggs.*→**liberum a.**

servus *lat.*, 노예, 종/하인; **s. servorum dei,** 하나님의 종들의 종, 그레고리우스 1 세(Gregor I.)(† 604) 이래로 교황들(→Päpste) 의 자기묘사/자칭

Severianer, 시리아의 단성론자들(→Monophysiten)(안디옥의 제베루스(Severus v. Antiochien)(† 538)에 따라)<제베루스의 추종자들/신봉자들>

Sexagesimae *lat.*, 60 일째 날 =부활절 전 8 번째 일요일/주일

Sexistische Theologie, 한쪽 성의 특징을 지닌 즉, 여기서는 남성-가부장(제도)적으로/부권(父權) 적으로(→patriarchal.) 각인된/특징지어진 신학을 위한(부정적-논쟁적인) 묘사<여성 멸시의 신학>; *Ggs.*→Feministische Theologie

Sext *lat.*, 일출 후 여섯 번째 시간 경에 수도원의 그리고 사제의 성무일과<성무일과(聖務日課)의 6 시과(時課)(정오에 하는 근행(勤行))>

Shinto→Schinto

Shiva→Schiva

Sibylle, 전설/성담의 관람자/감시자(여), 그 녀는, 하나의 신에 의하여 충격을 받은/ 감동된, 황홀/엑스터시(→Ekstase) 안에 서 미래/장래의(대부분 재앙을 가져오 는) 일어날 일/사건을 예언하였다; 고대 에 10의 다양한 시빌라가 언급되어졌 다; **Sibyllinische Bücher,** 로마에 보존/보 관하였고, 명목상의 쿠마이의 시빌라 (Sibylle von Cumae)에서 연원하는 예언 의 책들; **Sibyllien,** 시빌라 신탁으로서 작 성[기초] 되어졌고, 대부분 유대교-그리 스도교의 영역/범주로부터 묵[계]시록 의(→apokalypt.) 문헌들

sic et non *lat.,* 예 그리고 아니요; 아벨라르 (Abälard)(† 1142)에 의하여 도입/채택되 었던 스콜라 철학-변증법적인(→di- alekt.) 방법

sic transit gloria mundi *lat.,* 그렇게 세상의 (명성/명예의) 영화가 지나간다/흐른다

Siebenarmiger Leuchter→Menorah

Siebententagsadventisten(STA), 1844 년에 화 이트(E. White)에 의하여 창설된 이단/분 파, 그것은 눈앞의 그리스도의 재림을 기다린다; 강력히 성서 절대 주의로 (→biblizist.) 구약성서를 입장으로 하여 입장을 취하고, 율법적으로 이해되어지 는 생활규칙<제 7 일 안식일 재림파의 신도>

Siebentugendlehre, 셋의 신적인 덕/덕성/미 덕들(믿음, 사랑, 소망) 그리고 네 가시 의 기본 도덕들(현명/총명, 정의/공평, 용감함/용기, 절제/억제) 위에 세워진 윤 리(→Ethik); →Tugend

sigillum *lat.,* 도장/인장/봉인/봉함; **s. confes- sionis,** 사제의 고해[고백] 비밀 엄수의 의무; 무조건적인 침묵/비밀을 위한 고 해 신부의 의무

signacula sacrificii *lat.,* 희생/제물의 징표/표 /부호; 예수의 성흔(聖痕)/흉터들

signatio crucis *lat.,* 성호를 그어 축복하기/ 십자표를 그리기

signatura Apostolica *lat.,* 교황의 법정, 카톨 릭 교회의 최고위 행정 관청

signum *lat.,* 신호/표/징표/부호; →notae ec- clesiae

Sigrist→mansionarius

Sikarier *lat.,* 비수/단도의 무사들, 유대의 국수/민족주의자(1 세기)

Sikhs *ind.,* 학생/제자들, 1500 년경에 창립 된 힌두교-이슬람교의 분파/이단, 그들 은 신과 인간 사이의 중재자로서 지도 자/통솔자(→Guru)를 숭배한다; 18/19 세 기에 시크교도들은 하나의 신권정치적 인/신정주의의(→theokrat.) 군국주의 국 가를 형성하였다

silentium fidei *lat.,* 신앙의 침묵/비밀(→ Arkandisziplin); **s. obsequiosum,** *kath.*: **ehrerbietiges Schweigen** 교회의 결정을 위한 내적인 찬성/동의가 없이<공손한/ 경의[존경]를 표하는 침묵>

Silvester, 한 교황의 이름<질베스터 1 세(콘 스탄티누스 대제가 세례를 받았던 로마 교황: 335 년 사망)>, 기념[추모]일: 12월 31일; 섣달 그믐날 밤/세야

Simonie, 행 8: 18- 에 따라 영적인 직분/직 위의 구매/매입<돈으로 성령을 살 수 있 다고 생각한 마법가 시몬에서 유래>; 서

임권 논쟁(→Investiturstreit)에서 평신도의 힘/강제력/폭력를 통하여 그것들의 위임/위탁을 위한 묘사<성직(聖職)[성물(聖物)]의 매매>

simplicitas *lat.*, 단순함/소박함/간단함; (하나님의) 일치/통일

simul justus et peccator *lat.*, 동시에 의인이고 그리고 죄인; 하나님의 판결/판단을 통하여(→forensisch) 의롭게 되어진 자(→justitia dei passiva)의 루터의 이해, 그는 자신 스스로가 그럼에도 불구하고 아직도 죄인으로서 깨닫고/승인하고 그리고 고백해야만 한다; kath.: 일반적인 원죄가 있음/원죄성이 그것의 성과/효과들 안에서 역시 은혜를 받은 자에게 머문다

simultan *lat.*, 동시의/동시에 일어나는; **Simultaneum, Simultankirche,** 하나의 교회에 다양한 신앙고백들(→Konfessionen)의 권리 요구<(각 종파의) 교회 시설 공동 사용(요구), 여러 종파가 함께 사용하는 교회/제종파 공동 교회>; **Simultanschule,** 아이들이 다양한 신앙고백들을 수용한다<종파 혼합학교>

Sinaiticus, 신약 성서의 중요한 필사본/수서본(4세기), 1853/9년에 시내산에 성 카타리나-수도원(St. Katharina-Kloster)에서 티쉔도르프(Tischendorf)에 의하여 발견되었다

sindon *mtl.*, 아마포/아마화포/캔버스; *MA*: 복사 혹은 차부제(→patenarius)의 베일/면사포/너울(→velum); 천조각/보자기, 그 안에서 차부제(次副祭)(→Subdiakon)가 대미사와 함께 성배/성찬 용의 잔과 성반(聖盤)을 제단에 운반된다; 서품 기름 그릇/용기의 덮기 위한 천조각; 토리노(이탈리아의 도시)의 염포(殮布)

Sine'kure *lat.*, 직무상의 의무 없이 성직록(→Pfründe)

Sintflut, 대홍수(창 6장 - 8장)

Sippenhaft→Kollektivschuld

sistrum *lat.*, 이시스(Isis)(옛 이집트의 여신)의 제사와 함께 사용되어졌던 딸랑딸랑 소리나는 도구, 여신의 주요한 수식/부가(어)

Situationsethik→Ethik

Sitz im Leben, 하나의 본문의 발생[기원]의 상황: ≪erster Sitz im Leben≫=→ipsissima vox; ≪2. Sitz im Leben≫: 하나의 학술적/문학적인(→literar.) 종류/장르의 출처의 범주들을 위한 양식사적(→formgeschichtl.) 묘사(예, 특별한 노래/가곡의 종류들을 위한 최상의 축제/잔치); ≪3. Sitz im Leben≫ 그리고 그외에 단계들: 수정/개정하게 비평[평론]가들(→Rezensenten)과 발행인/편찬자들을 사주[유혹]했던 원인/동기들

Sixtina→Vulgata

skandalon *gr.*, 감정의 상함/분노

Skapulier *frz.*, 어깨 덧옷; 수도사의 의복/가운에 덧옷/망토<스카풀라리오>

Skarabäus, 이집트인들에게 거룩한 것, 태양신을 상징화한 말똥구리

Skeptizismus (*gr. skepsis* 로부터, 관찰/ 고찰, 고려/고량), 기본원칙으로서 의심/회의<회의적인 태도/회의론>

Sketioten, 스케티오 광야/사막에서 사막의 수도사들(하부-이집트; 6세기)

Skopus *gr.*, 목표점/표적/목적, 의도/의향/계획; 하나의 본문의 중심 사고/생각/의견<강론 텍스트[설교문]의 핵심 사상/강론의 지향점

Skopzen *russ.*, 자기 사지 절단자/자해(自害)자, 러시아의 이단/분파, 그 분파는 스스로의 거세(去勢)/음경(陰莖) 제거를 요구했다<19세기 초 러시아에 있었던 극도의 금욕주의를 표방한 종파의 신도>

Skuld→Nornen

Social Creed *engl.*, 사회적인 신앙고백, 정치-사회적인 참여(본래적으로 감리교도들(→Methodisten)); **Social Gospel** *engl.*, 사회적 복음, 카톨릭 교회 신학의 운동(약 1890 - 1930), 특별히 미국에서, 그리스도인들의 사회적인 책임을 강조하였고 그리고 낙천주의적 그리고 선교적-행동주의적인 경향 안에서 지상에 하나님의 나라를 실현할 수 있다고 생각하였다

Societas Jesu (SJ) *lat.*, 예수회(전교와 사목을 위한 사제와 수사들의 모임[연합회]), **Jesuitenorden**, 1539년 로욜라의 이그나티우스(Ignatius von Loyola)에 의하여 교황 아래 세상을 이치하기 위한 목표/목적을 가지고 창설되었다; 직접 교황 아래 배속

Society for Promoting Christian Knowledge (SPCK), *engl.*, 그리스도교의 지식의 후원/촉진/장려를 위한 단체/협회, 1699년에 창설되었고, 가장 오래된 영국 국교회의 문서와 선교 협회, 런던과 제3세계에서 출판사와 서점들을 경영한다; **Society for the Propagation of the Gospel** in Foreign Parts (SPG), 복음의 유포/확산을 위한 단체, 영국국교회의, 1701년에 창설되었다<복음전도회(외국의 부분에서)>

Sodalität *lat.*, *kath.*: 신도단체/교단, 특별히 성모 마리아에 대한 신심회(→Kongregationen)

SODEPAX, Society-Development-Pax로부터 *engl.*/*lat.*, 사회-발전-평화, 교회 발전의 지원자금의 협조를 위한 세계교회협의회(→World Council of Church)와 교황청(→Vatikan)의 공동의 위원회, 1968 - 1980

Sodomie, 짐승과 함께 음행/간음, 성서의 도시 소돔(Sodom)에 따라

Soferim→Sopherim

Sohar *hbr.*, 광채/빛남(단 12: 3); 모세오경(→Pentateuch)을 위한 유대 율법학자들의 구약성서 해석류의(→midraschartig) 주석, 카발라(→Kabbala)의 주요저서(13세기)

sola→solus

Solarismus *lat.*, 태양숭배

solemnis, solenn→sollemnis

Solida declaratio→Konkordienformel

Solidarismus, *kath.*: 공동체와 단독자들 사이에서 서로/상호간의, 연대[책임]의 연대감으로서 사회 관계에 대한 가르침<(공익을 위한) 사회연대주의>

Solidaritätsgruppen→Basisgruppen

Soli-Deo→Pieolus; **S. D. Gloria** *lat.*,(교회의 각명(刻名)으로서) 오직 하나님께 영광을!

sol invictus *lat.*, 정복되어지지/제거되어지지 않는 태양, 미트라(→Mithra)의 별명/

이명; 218 년 황제 엘라가발(Elagabal)에 의하여 로마로 이송되어진 돌 주물(呪物)/우상(Stein→fetisch); 황제 아우렐리안(Aurelian)에 의하여 274 년 로마로 들여온 제국의 신

Sol'ipsismus *(lat.*, 나 자신 홀로), 알아 볼 수 있는 것은 단지 의식/자각안에 있고, 외부 세계는 단지 상상/생각/표상 이라는 철학적 가르침<유아론(唯我論)/독재론(獨在論)>

sol(l)emnis, sol(l)enn *lat.*, 매년 마다 축제를 개최하는, 장엄한/엄숙한, 일상의/평범한/통례의; **sol(l)emnia,**→Hochamt

sollicitation *lat.*, 불안하게 함/동요/불안/흥분 상태, 선동/사주하기; **s. ad turpia,** 파렴치함/비열함을 위하여 선동/자극하기; 성적인 유혹을 위한 고해/참회의 오용/악용

sollicitudo *lat.*, 심려/우려/걱정; 목회의 의무; **S. omnium ecclesiarum,** 예수회(→Societas Jesu)의 재건에 대하여 교황의 칙서(→Bulle)(1814)

solus Christus, sola gratia, sola scriptura, *lat.*, 루터(Luther): 홀로/오직 그리스도, 홀로/오직 은혜(로부터), 홀로/오직 성서, 마리아와 성인들처럼 구원의 다른 수단들에 대한 카톨릭의 가르침/교훈에 대항하여, 행위 의인(義認)(선행으로 신에게 의를 인정받는 일)/율법 존중주의에 대항하여 그리고 전승(→Tradition)에 대항하여 성서로서 병렬 시켜진 권위; **sola fide,** 홀로 믿음으로부터/을 통하여(사람이 의롭게 되어진다), 루터의 자유로운, 카톨릭 교회 측에 의하여(오늘날 부분

적으로 더 이상 그렇지 않은) 반박되어진 롬 3: 28의 번역

Soma, 바라문교(→Vedismus) 안에서 신격화 되어진(→deifizieren) 희생/제물 음료(Opfertrank), 이란 사람의 희생/제물 음료(→Homa)에 적합한/상응하는

soma *gr.*, 몸/육체/신체; **somatisch,** 몸/신체[육체]상의; Somatiker→Gnosis

Sonnisten, 박공/합각머리 부호로서 태양과 함께 암스테르담에서 재세례파 교도들(→Mennoniten)의 그룹/집단; 비교 →Lamisten

Sonntag, 이교도의: 태양에 바쳐진/헌정된 날; 그리스도교의: **dies dominica** *lat.*, 주의 날(계 1: 10)/주일

Sopherim, *hbr.* 유대의 율법학자, 율법(→Tora)-정통한 사람/전문가

sophia *gr.*, 지혜/총명/현명; **Sophisma,** 숙련되게/재주가 있게 구상되어진 잘못된 결론/궤변(詭辯); **Sophist,** 지혜의 스승; 궤변을 농하는 자<궤변가/(기원전 4-5 세기까지의 고대 그리스의) 궤변학파의 사람/소피스트>

sophrosyne *gr.*, 신중/고려/이성적 성향; 절제의 덕<(고대 그리스의) 절제[신중]의 미덕>

soter *gr.*, 구조자, 구세자/구원자; **Soteriologie,**(그리스도의) 속죄에 대한 가르침/교훈<구원/구세론>

Soutane *frz.*, 길고, 검은 카톨릭 교회의 사제의 프록코트/긴 제복<수단(카톨릭 성직자의 통상복)>

Sozialdarwinismus, 사회 집단의 생존경쟁에서 거칠게 되어진 다윈주의(→Dar-

winismus)의 사용/적용/응용<사회 다원
주의>

Soziale Frage, 시작하는 19세기에 - 교회의
입장/견해 그리고 행동/태도의 조망에
서 산업화 이래로 사회적인 문제들을
위한 묘사

Sozial→enzykliken, 카톨릭 교회의 사회(복
지)론을 위한 교황들(→Päpste)의 교사
직의(→lehramtl.) 교서/해석/설명들: 레
오 13세(Leo XIII.)(*Rerum novarum*<새로
운 사항들의> 1891), 피우스 11세(Pius
XI.)(*Quadragesimo anno*<40번째 해에>
1931), 요한 23세(Johannes XXIII.)(*Mater
et Magistra*<어머니와 여선생> 1961 그리
고 *Pacem in terris*<땅에서 평화를> 1963),
바울 6세(Paul VI.)(*Populorum progressio*<
백성들의 발전/향상>) 1967 그리고 *Oc-
togesima adveniens*<다가오는 80번째의
것> 1971) 그리고 요한 바울 2세(Jo-
hannes Paul II.)(*Laborem exercens*<일을 하
는/노력을 기울이는> 1981); **Sozialethik,
Soziallehre→**Ethik

Sozialisation *lat.*,((국민) 경제학 안에서:) 사
유재산의 국유화; (사회 생활을 다루는
학문 전체안에서:) 개별적인 것으로부
터 생활습관들로 성장하여 순응함의 과
정 그리고 하나의 그룹 및 사회단체의
가치관들, 종교나 혹은 교회의 사회화
(社會化)

Sozialismus→Christen für den S. , →Religiöser
S.

Sozialstation, 자치 단체의 혹은 교회의, 자
주 교회일치의(→ökumen) 통원하는 간
병(看病)/간호와 사회 봉사활동의 기관/
관청

Sozinianismus, 파우스토 소치니(Fausto
Sozzini)(† 1604)에 따라 명명되어진
16/17세기의 반 삼위일체의(→antitrini-
tar.) 경향/유파, 하나의 이성의 강조, 관
대한/관용의 인본[인문]주의적인(→hu-
manist.) 그리스도교/기독교; **Sozinianer,**
계몽주의(→Aufklärung) 시대를 위하여
다양하게 합리주의자/이성론자(→Ra-
tionalist)들을 위한 논쟁적 묘사; →Uni-
tarismus

Spätjudentum, 기원전 200년과 기원후 200
년 사이의 유대주의/유대교/유대민족
의 묘사(마카베오시대 (→Makka-
bäerzeit)부터 랍비주의(→Rabbinismus)
까지), 그것의 종교적 개선/발전을 위한
근본적인 시대, 그로부터 보다 낫게
《초기 전기 유대주의/유대교/유대민
족》(슈베르트(Schubert)); 오늘날 대부
분: 《고대 유대주의/유대교/유대민족
》

species *lat.*, 모습/광경/주시/관찰, 외형/형
태, 특성/방법; **sub una** 및 **sub utraque
(specie)→**communio; **sub specie aeterni-
tatis,** 영원한 관점/시점 아래서

Speculum humanae salvationis→Heilss-
piegel; **Speculum salutis→**Concordantia
caritatis

Spekulation *lat.*, 검증할 수 없는 것, 피안의
것 (→Metaphysik) 혹은 미래의 것
(→Apokalyptik)에 대하여 **숙고함**<공론/
사변>; **spekulativ,** 순수하게 사색적으로
(신비한(→myst.) 몰두/탐닉 안에서)<사
변적인>

Spendeformel (*lat. distributio,* 나누어주기/분배하기)<성만찬 분배시 예배식의 문장/말>; 성만찬(→Abendmahl)과 함께: 본래적으로 단지 ≪이것은 그리스도의 몸/피이다≫(2 세기); 간절한 탄원과 속죄 기도의(→deprekativ)추가와 함께 카톨릭 교회(와 루터): ≪그가 /그것이 영원한 생명을 위하여 당신의 영혼을(=당신을) 보호[보존] 하시기를/지키시기를(원하노라)≫; ev.-luth. 명령적으로 - 긍정적으로(→affirmativ): ≪취하고 먹으라; 그것은(참) 몸이다… .≫혹은 논평/보고하듯이: ≪취하고 먹으라. 우리들의 주와 구세주 이신 그가 말씀하신다; 그것은 나의 몸이니… .≫; *ref.*: 고전 10: 16 혹은 성서 말씀들(특별히 기념 만찬으로서 고전 11: 23-; 마 26: 26- 등 유사한 성구들)에 따른 간접적인 형식들; →verba institutionis

sphragis *gr.*, 도장/인장/봉인(封印); *altchr.*: 세례(→character indelebilis); gr.-orth.: 성찬(聖餐)(→Kommunion)을 위하여 사용되어진 제물/희생의 빵의 가운데 부분; 기도/축복과 함께 십자성호(十字聖號))

Spiritismus, 정(精)/정령 즉, 죽은 자와 함께(심령술의) 매개물/영매(靈媒)/무당(→Medium)들을 통하여 중재/매개되어진 하나의 교통/교제/접촉을 믿음<심령론 /강신술(降神術)/영교술(靈交術)>(→Okkultismus,→Parapsychologie); **Spiritual,** 성직자 기관들의 카톨릭 교회의 목사/사제<(사제단, 수도원에서의) 목자(牧者)/영적 지도 사제>; (**Negro**) **Spiritual,** *amerik.*, 북아메리카 흑인들의 영적인 노래<흑인 영가>; **Spiritualen,** 프란치스쿠스 수도회 (→Franziskanerorden) 안에 있는 집단/그룹, 빈민/생활보호 대상자법(14 세기)의 강력한 해석/설명과 함께, 그들로부터 프란치스쿠스-원시회칙파(原始會則派)의 수사들 (→Franziskaner-Observanten)이 기인/유래한다; **Spiritualisierung,** 정신화/영화(靈化); **Spiritualismus,** 순순하게 영적/정신적인 이유/동기로부터 현실/현존/실제의 설명/해석<유심론(唯心論), 성령과의 교감을 중시하는 종교적 자세, 강심술/영교술>; **Spiritualisten,** 교회- 및 기독교의 역사 안에서 성령에 관한(→pneumat.)-성령 체험주의의 집단/그룹의 추종자/신봉자들을 위한 집합명사 유심론자/성령체험주의자; **Spiritualität,** *kath.*: 성직자의 용모/자세/태도(→Habitus), 성직자들의 수도회 삶/생활; *ev.*: 일반적으로 신앙심이 깊은/경건 <정신적인 것/정신성/영성>; **spirituell** <정신적인/영적인/종교적인/성직자의>; **Spititus Sanctus,** 성령

splendida vitia *lat.*, 빛나는/현란한/눈에 띄는 악습/부도덕/악덕, 이를 아우구스티누스(Augustinus)(✝ 430)가 이교도들의 덕목/장점(→Tugenden)을 위하여 표현함

Spolienrecht (*lat.*, *spolium* 로부터, 노획물/전리품) *MA*: 성직자들(→Klerikern)의 유산/상속 재산에 대하여 이론이 분분한 법<중세에 국왕이나 영주 후에는 교황이 주교가 가지고 있던) 성직자의 유산을 몰수하는 권리>

Sponsalien (*lat. sponsus* 로부터, 신랑), 약혼/약혼식; *kath.* : 혼인/결혼의 성사에 대한 계약/협약

sponsor *lat.* , 굳게 약속한 자/서약[맹세]한 자; 대부

Sprengel, 하나의 주(州)/지역 교회(→Landeskirche)의 감독 범위/영역, 하나의 지역/주 교회의 교구 감독 혹은 하나의 교구 감독에 의하여 이끌어진다<성당구/교구>

Staatskirche, 국가의 지배/관리 아래 하나의 통일적인 전체적 단체/사회를 위한 교회와 국가의 결합<국가교회/국교(國敎)>;→Religionsedikt,→cuius regio eius religio,→Volkskirche

Stabat mater *lat.* , 어머니가 서 계셨다; 성금요일/그리스도 수난의 날의 연속/계속(→Sequenz)(13세기)

Stabilität *lat.* , 끊임 없음/불변<안정성/견고성>; **stabilitas loci,** 지역/장소(관청의 소재지, 수도원)에 머물기 위한 의무

stadion *gr.* (*lat. stadium*), 600 피트(=177 - 192 m) 의 거리 정도; 경기장/트랙

stallum *lat.* ,→Chorstuhl

Stand→status

Standesseelsorge→Gruppenseelsorge

Stanzen, 이탈리아의 연(聯)/시절(詩節)의 형식<보통 여성운과 남성운이 교대하며, ababacc의 각운구조를 지니는 Jambus 5 시각(詩脚) 8 행의 시절(詩節)>; 바티칸(→Vatikan)에서 라파엘(Raffael) († 1520) 에 의하여 내부 공간에 그림을 그려 넣은 교황궁전의 방/거실

Starez, *Plr.* **Starzen** *russ.* , 노인; *russ. -orth.* : 젊은 수도사들의 성직의 지도자/통솔자

Starowerzen *russ.* , 라스콜리키(→Raskolniki) 에 속하는 ≪러시아 정교도들(Altgläubigen)≫분 파 /이 단 (→Sekte); →Bezpopopwzy,→Popowzy

Station *lat.* , 현위치/입장, 보초근무/보초병/경비원; *kath.* : 예배의 모임<정해놓고 다니는 성당/(십자가의 진행, 순례할 때 신자가) 머무는 곳>; **Stationsfasten,** 예배 드리는 날(→Stationstage) 들에 금식; **Stationskirchen,**(로마의) 교회들, 그것들 안에서 사람들이 예배드리는 날(→Stationstage) 들에 예배식(→Liturgie)을 거행하였다; **Stationstage,** 고대 교회의: 예배의 날들; 그리스도의 수난(→Passion) 안에서 최상의 날들; →Kreuzwegstationen

status *lat.* , 상황/상태/계층/신분; **st. confessionis,** 신앙 고백의 입장/상황, 상태/신분(→adiaphora); **st. corruptionis,**(원죄에 따라) 타락의 상태; **st. ecclesiasticus,** 사제 및 목사의 계층/신분, ≪교사[성직](**Lehrstand**)≫; **st. exaltationis,**(그리스도의) 높임/높아짐의 상황/상태/계층/신분; **st. exinanitionis,**(그리스도의) 낮춤/굴욕의 상황/상태/계층/신분; **st. gratiae,** 은혜의 상황/상태; **st. integritatis,** 손상이 없음/흠집이 없음의 상황/상태,(원죄 이전의) ≪원 래 [최초]/원 시 의 상태(**Urstand**)≫; **st. intermedius,**(육체의 죽음과 최후 심판의 날 사이에) 중간 상태/상황; **st. justitiae originalis,** 본래의 의/공의의 상황/상태; **st. majestatis,**(그리스도의) 영광/장엄함(품위/존엄성)의 상황/상태/계층/신분; **st. naturae,** *mtl.* : 구약성서 이전

에 인류의 자연적인 상황/상태/계층/신분; **st. naturae elevatae**, 고상한/장중한 본성의 상황/상태, 구원/구세를 위하여 사명을 받은 인간들의(역사적인(→hist.)) 상황/상태/계층/신분; **st. naturae lapsae**, 타락한 본성의 상황/상태/계층/신분; **st. naturae purae**, 순순하게 자연적인 인간의(역사적이지 않은) 상태; **st. naturae redemptae**, 몸값을 주고 구출 되어진 본성의 상황/상태/계층/신분; **st. oeconomiae**, 하나님의 구원계획/질서 안에서의 상황/상태/계층/신분; **st. oeconomicus**, 관리하는 자, 외적인 욕구/필요들을 위한 배려하는/돌보는 상황/상태/계층/신분, ≪생산계급/농임업 생산자의 총칭(**Nährstand**)≫; **st. perfectionis**, 완전함/완벽함의 상황/상태/계층/신분; *kath.* : **Ordensstand**<수도회의 상황/상태>; **st. politicus** <정치적 상황/상태>, ≪**Wehrstand**<군인 신분/군대>≫(국가); **st. termini**, 마침/종국의 상황/상태; 죽음에 뒤따르는 상태; **st. viae**, 길의 상태, 즉 죽음 이전에

stauro'phoros *gr.* .(카톨릭 정교회에서 축제나 의식 따위의) 행렬/행진들(→Prozessionen)과 함께 십자가 운반자; 수도 서원(식)(→**Profeß**)에 따른 동방교회의 수도사

Stele *gr.* , 기념주(柱); 곧추 선/똑 바른(교회 내의) 묘위에 가로 놓는 대리석판

stella maris *lat.* , 바다의 별, *stilla maris* 의 잘못된 철자법에 따라, 바다의 물방울 <(stilla)> =히브리어 *Mirjam*, 히브리어로 마리아(Maria)의 한 이름의 언어적 형태

의 잘못된 고대 교회의 해석

stemma *gr.* , 계보(系譜)/족보

Sterbesakrament→unctio extrema

Stewardship *engl.* , 가사 관리인/청지기/세대주 관계/상태, 공동체(→Gemeinde)와 사회/세상 안에서 그리스도인의 능동성/적극성을 위한 미국의 묘사, 그와 함께 그는 스스로 한≪좋은/선한 가사 관리인/청지기/세대주≫(벧전 4: 10)로서 재능/재질과 그의 능력/힘 그리고 그의 시간과 함께 교회와 이웃 사람(→Nächste)의 안녕/복지/번영을 위하여 노력한다

sticharion *gr.* , *gr. -orth.* : 예배식의(→liturg.) 예복/복장에 적합한 로마의 투니카 (→Tunika)

Stichien *gr.* , 운율들/시행(詩行)들; 축제 전날 밤에 시간에 따른(→detempore)-찬미가/송가들;

Stichomantie, 제멋대로/무작위의(칼이나 혹은 바늘을 통하여) 펴서 찍은 (성서) 위치로부터 행/줄의 예언하기/점치기 <시구점(詩句占)(우연히 펼친 책면의 문구로 점을 침)>

Stift,(증여에 기인[의존]하는) 설립/창립 <종교재단/신학교>; →Kollegiatkirche; 주교좌 성당의 참사회원(→Kanoniker)들의 동료/평의회, 그들에게 일과 예배(→Chordienst)의 실행이 한 종교 재단에 소속된 교회(**S. skirche**)에서 위탁/위임 되었다; 주교좌 성당의 참사회원을 위한 종교 재단 옆에 역시 교단의 여성회원 및 여성 집회/회의가 있고, 자주 결혼하지 않은 여자들을 위한 부양/공익처소; 더 나아가 하나의(대)주교/감독

(→(Erz)bischof)의 성직자와 세상의 지배 [관할] 구역을 위한(특별히 중세의) 묘사(=≪성직자 토지/지역≫; →Säkularisation); 그러나→Diözese

stigma, *Plr.* **stigmata** *gr.* ,(그리스도의) 흉터/성흔(聖痕)(들); **Stigmatisation, Stigmatisierung**<성흔 인각(印刻)(예수 그리스도의 다섯군데의 성흔이 인간에게 나타나는 현상)>; **Stigmatisierte,** 그들은 그리스도의 거룩한 흔적(성흔)을 지닌다(의학적으로 아직 확실하게 모르는) <성흔을 지닌 자들>

Stillgebet→secreta

Stillmesse→missa non solemnis, missa solitaria

Stipendium *lat.* , 보조[후원, 지원]금<장학금/학술[예술] 보조금>; →MeßStipendium

stipes *lat.* , 통나무/그루터기/각목; 제단의 직사각형의 마름 벽

Stoa *gr.* , 공회당/강당/홀, 고대 철학의 학파(기원전 300 년 이래로 아테네의 한 공회당/강당/홀에서), 세계/온 인류의 법으로서 이성을 그리고 인생의 이상[목표]로서 덕이 있는 이상상(→Ataraxie)을 가르쳤다; **stoisch,** 태연한/침착한/냉정한/<스토아 학파/스토아 주의의>

stoicheion, *Plr.* **stoicheia** *gr.* , 주요 거성 요소/주성분,→Element, 문자/자모/서체; **stoicheia tu kosmu,** 영적인 세계(갈 4: 3, 골 2: 8)

Stola *gr.* /*lat.* , 긴 의복; 직무상의 행위들과 함께 사제의 목을 두른 옷감/천의 좁고 길다란 부분들<영대(領帶)>; 그로부터: **Stolgebühren,** 직무상의 행위들을 위한

사례들<(세례, 혼인, 장례 때에 사제에게 주는) 성식 사례(聖式謝禮)>

Strannik *russ.* , 나그네/방랑자, 동방교회(→Ostkirche)에서 평신도 금욕자(→Asketen)의 한 유형

strukturale(strukturalist.) Exegese→Linguistik

Studiten, 콘스탄티노플(Konstantinopel) 에 스투디온(Studion) 수도원의 수도사들, 그들의 바실레이오스(Basileios)(수도원) 규칙/규범(4 세기)의 텍스트/원고는 많은 동방교회 수도회를 위하여 권위/구속력 있게 되었다; 1900 - : 통합[합병]된 (→uniert) 우크라이나 인들의 수도회 단체/협회

Stufengebet, 미사와 예배의 고유한/실제의 시작 전에 짤막한 예비 기도(말하자면 제단(→Altar)의 계단에서)<계단 기도>

Stundenbuch, 독일어 예배식의 기도들과 함께(평신도(→Laien-)) 성무일도(→Brevier), 오늘날 역시 성직자(→Klerus)에 의하여 사용되어진다<성무일과서/정시과서/기도서>; **Stundengebet**→Hore

Stundismus, 19 세기 초의 러시아 경건주의(→pietist.) 운동, 뷔르템베르크의 복음교회 이주자들을 통하여(**Stundenleute**) 창설되었고, 그들은 개종/귀화/교화의 시간을 위하여 기도하였다; 공동의 훈련, 기도와 성서 해석/해설의 시간들을 위해 함께 모이기 위하여

Stupa *ind.* , 불교(→Buddhismus)의 제식/의식의 중심 기념비/문화 유산으로서 성유물 건축물<(인도의) 사리탑>

Stuttgarter Schulderklärung, 교회 일치 운

동(→Ökumene)의 대변자/대표에 비하여 1945년 10월의 독일에서/의 복음교회(→EKD)의 심의회/자문회의 슈투트가르트의 죄과/책임의 진술/고백, 그것과 함께 국가 사회주의/나치즘의 그릇된 행위에 교회의 공범/연루가(백성들의 한 연대[집단]책임/죄과(→Kollektivschuld)가 아니라!) 고백되어졌다: ≪우리들은 우리들이 더욱 용감/대담하게 고백하지 못했고, 더욱 진실/신실하게 기도하지 못했으며, 더욱 유쾌하게 믿었으며 그리고 더욱 긴급/시급하게 사랑하지 못했던 것을 우리 스스로 고발[탄핵]한다≫

Styliten *gr.* (초기 기독교의) 주두은자(柱頭隱者)/주두행자(行者)/성자<(기둥 꼭대기에 정좌하여 금욕적 고행 생활을 한 사람)>, 기둥/주상(柱像) 위에서 그들의 삶을 보낸다(4/5세기)

Stylobat *gr.*, 하나의 둥근 기둥의 열(列)의 받침판

stylus *gr./lat.*, 성배의 나눔

subbiretum→Pileolus

Subbotniki *russ.*, 안식일을 지키는(→sabbatarisch) 분파/이단[→Sekte], 18세기 말 이래로

subcinctorium, balte'us, *mlat.*, 아래 장식 띠/허리띠; 알바(→cingulum)에 장신구/보석, 본래적으로 영대(→Stola)의 고정[부착]시키기 위하여

Subdiakon *lat./gr., kath.*: 더욱 높은 성직자(→Klerus) 안에서 가장 낮은 등급<차부제(次副祭)>

Subjekt *lat.*, 기초[근간]을 이루는 것 <주

체>; 장본인/창립자; 인식 이론의: 아는/식별하는 그리고 행동/실행하는 사람/개인; **subjektiv,** 개인적인, 객관적이 아닌, 일방적인, <주관의>(*Ggs.* →objektiv); **Subjektivismus,** 판단/기술하기와 행동/실행 하기, 그것은 하나의 객관의(→objektiv) 사정/상태에 적합하지 않다.

subintroductae virgines→Syneisakten

sublevatio *lat.*, 안심/안도; **s. mentis,** 황홀케 하기/열광하게 하기

Submersionstaufe *lat.*, 물속으로 가라앉기/잠수하기를 통한 세례<침수 세례/세례식>

Sub'ordinatianer *lat.*, 종속시키는 이들(2/3세기), 그들은 한 신적인 것을 위하여 로고스를 설명하였고, 그러나 하나님에게 종속/예속 시켜진 존재로 설명하였다<종속론 주창자들> (**Subordinatianische Christologie**<종속론적 기독론>)

subsidiär *lat.*, 대용으로/추가로<지원하는/임시 변통의>; **Subsidiaritätsprinzip,** 우선적으로 교황 피우스(Pius XI.)에 의하여 사회복지에 대한 교황의 교서(→Sozialenzyklika) ≪Quadragesimo anno≫ 안에서 1931년 대표[대변] 되어진 기본 원칙/원리, 그와 함께 있는 것이 각각의 존재하는 사회적 형상체/형성물에 허용되고 그리고 도움/협력이 자립/자구 행위를 위하여 주어져야만 한다. 왜냐하면 하나의 작은 공동체가 권리와 의무를 갖기 때문이고, 자연적인 친밀한 관계로부터 더욱더 그것을 아는 모든 용무/문제들을 스스로 관리하기 위한 것을 갖기 때문이다; 적합하게 국가는 법률

상/합법적으로 그리고 재정[금융]상으로 교회와 자유로운 복지사업 단체들(→Wohlfahrtsverbände)의 사회적인 적극성/활동성을 요구한다<{정치, 사회} 상위 단체(특히 국가)는 하위 단체를 보이지 않게 지원해야 한다는 사회 정치적 원칙/조성설(助成設)>

subsistentia *lat.*, 스콜라 철학의: 독립의/자주적인 삶[존재]의 형식/생활 방식

sub specie aeternitatis *lat.*, 영원의 시점(時点)/견해/관점 아래서

substantia, Substanz *lat.*, 그 밑에/그 가운데 존재(하는 것)(비교, *gr.* →*Hypostase*), 물질/실체/성분/질료(質料), 본질/존재,→usia; 철학적인 의미: 자기 스스로를 통하여 있는/존재하는 것 그것(≪*res, quae per se subsistit*≫)<스스로 존재하는 것/실체>; **substantia completa,** 스콜라 철학의: 하나의 온전함/전체성/통일성; **s. incompleta,** 하나의 다른(몸, 영혼)의 완전하게 하기/보충을 위하여 이용된다<불완전한 존재/물질>; **substantiell, substantialiter,** 본질[근본]적인/실체에 관한

Substitut *lat.*,(성직자와 수사 모두가 참석하는) 일과 예배(→Chordienst)를 위하여 의무지워진 주교좌 성당의 참사회원(→Kanoniker)의 대리인; 교황청 당국의 행정관청 안에서 직위/직무; **substituieren,** 다른 이의 자리/지위로(및 얼마간 다른 이로부터) 대치하다/치환하다

sub una 및 **utraque**→communio

sub'urbikarisch *lat.*, 교외의/변두리의; 로마 주변에 놓여 있는 일곱의 주교구들

successio apostolica→Sukzession, apostolische

sudarium *lat.*, 땀 닦는 수건; →Manipel; 그것을 가지고 집사/부제(→Diakon)가 성배를 잡았던 수건

Sünde (lat. →peccatum), 일반적으로: 하나님 없이 및 하나님의 계명/계율에 대항하여 행동/실행(하기를 원한다); 교리적으로: **Erbsünde,** 인류 타락(**Sündenfall**)(창 3장)(→lapsus,→peccatum originis) 을 통하여 상속받은(→Traduzianismus) 인간의 존재<원죄(原罪)>, 그는(*ev.*: CA II)≪sine metu dei, sine fiducia, cum concupiscentia≫(경신(敬神)/경건/하나님 앞에서 두려움이 없이, [하나님을]믿음이 없이, [하나님에 악의적인] 욕구/열망과 함께)살고 및(*kath.*: 아우구스티누스(Augustinus)(✝430) 그의(원죄적인) 욕정/육욕(→Konkupiszenz)은 세례(→Taufe) 후에 (단지) 아직도 죄의 부싯깃/(현상 유지적 탐욕인) 인간 성향(→fomes) 으로서 존재하고 있다; **läßliche S.**, *kath.*: (의식/의도적인) 하나님에 대한 전향에서 일어나지 아니하고, 그로부터 은혜/은총의 상실/손상(→gratia gratum faciens)에로 이끌지 아니하는 죄<용서할 만한/미미한 죄>; **Todsünde,**<대역죄/죽을 죄/영원히 죽음을 초래케 할 죄> *kath.*: 은혜의 상태로부터 제외하는/내쫓는(영적인 죽음으로 이끄는) 죄, 그 죄는 하지만 성례의 참회(→sakramentale Buße)(→poenitentia)를 통하여 용서되어질 수 있다; *ev.*: (광범위하게/포괄적으로) 무겁고 가벼운 죄들의 하나의 구별 및 전혀 다수의 교리적 활용의 거부; **Sünden (opfer)bock,** 유대교의 속죄의 날에 레

16: 8에 따라 대제사장이 이스라엘의 죄
들과 함께 책임을 지우는 그리고 광야
로 내어 쫓는 희생 염소 <속죄의 산양/
속죄 양/속죄의 염소>

Suffizienz der Hl. Schrift *lat.*, *dogm.*: 구원의
교의/구원론을 위하여 성서의 족함/충
분함/부족함이 없음; →Formalprinzip

Suffragan *mlat.*, 조수/보조자; 대주교
(→Erzbischof)에 비하여 주교; →Titular-
bischof; 한 다른 이의 주교 교구(→
Diözese)를 교구 관할권(→Jurisdiktion)의
대표/대리와 함께 관리하는 주교<부주
교/부감독>

suffragium *lat.*, 소리/음성/의견/입장, 투표
권/선거권; 성자들(→Heiligen)의 간청/
간구/탄원; 죽은 자들을 위한 소청/기도;
per modum suffragii, 소청의 방법으로

suggestio *lat.*, 충고/조언/권고; 정신적인 영
향을 미침/끼침; **suggestio rerum,** 성서의
저자들에 성령을 통한 사건/일들(내용
들)의 생각/계시/영감(靈感); **s. verbo-
rum,** 말씀의 생각/계시/영감(靈感)

Sukkot *hbr.*, 오두막/움막들; 이집트와 광
야 유랑으로부터 벗어남을 추억/기념하
기 위하여 나뭇잎과 종려 가지로 지은
오두막/움막들에서 추수 후에 한 주간
의 추수 감사절/장막[초막]절

Sukkubus *lat.*, 그 아래에 놓는/그들 중에
넣는; 중세 미신에서 요염한/음탕한(여)
악마<사큐바스(수면 중의 사내 아이와
교접한다고 믿었던 여자 몽마(夢魔)>;
→Inkubus

Sukkursalpfarrer *lat.*, *kath.*: 적게 지불하는,
언제든지 전속시킬 수 있는 (보조) 목사

/사제; →Desservant

Sukzession *lat.*, 후임/후계/계승; **apostolische
S.**, *kath.*, 영국 국교회 등등: 사도들 이래
로 단절되어지지 아니하고 계속되는 후
임/후계의 일련/연속, 사도들의 공동체
와 오늘의 교회의 본질적 일치(→Apos-
tolizität)를 위한 시민의 신분, 교회의 연
속/계속성과 동일/정체(正體)성

summa (theologica) *lat.*, 중세의 교리(→
Dogmatik)의 요약/총괄한 묘사/진술</
신학대전>; **Summist**<스콜라 철학의 저
술가>

Summepiskopat (*lat. -gr.*, *summus→epis-
copus*), 복음교회의(중세의) 군주의 최
상의 감독/주교의 권력<(종교개혁 이후
독일에서) 지방/지역 교회의 수장으로
서의 영주>; **summum bonum,** 최고의 선
으로서의 하나님; **summum ens,** 최고의
존재로서 하나님

Sumption *lat.*, (성체(→Hostie)의) 받기/수령
하기

Sunna *arab.*, 모하메드(Mohammed)의 종교
의 습관들, 그것은 후에 사람들이 코란
(→Koran)의 해설을 위하여 기록하였다
<수나(코란에 버금가는 이슬람교도의
생활 규범)>; **Sunniten,** 정통파 이슬람교
(도)<수니파(교도)>; *Ggs.* →Schiiten

Superintendent *lat.*, ≪감독장/총감독≫;
ev.: 하나의 교회 영역/지역(→Kirchen-
kreis) (→Ephorie)을 이끄는 성직자(→
Dekan)를 위한 직무/지위의 묘사 <개신
교의 교구 감독/노회/지방회장>; **Super-
intendentur**<교구 감독직/교구 감독의
관할 지역>

Superior *lat.*, (더욱 작은 수도원들에서) 수도원장; →Guardian

superpelliceum *lat.*, 성직자(→Kleriker)의 예배 식 의 (→liturg.) 흰 아 마 포 -겉 옷; **Chorhemd**<성직자나 성가대원이 입는) 교회 의식용 겉옷[가운]▷

Superstition *lat.*, 미신; **superstitiös,** 미신의/미신적인

Supervision *lat.*, 총감독/총지휘, 감독/감시; 사회 직업의 견습/수습(생)들과 직원들에 대한 후원/장려와 실제 조언/상의; 자주 심리학-정신요법의(→psycho- therapeut.) 방법들과 함께; 임상의(→klinisch) 목회 교육/훈련; **Supervisor,** 감독/감시를 수행하는 자<감독자>

sup'pedaneum(scabellum) *lat.*, 서 있는 계단, 사제의 자리로서 최고의 제단 계단

Supplikationen *lat.*, 기원 행렬, →Proze- ssionen

Supralapsarismus, Antelapsarismus(*lat. supra,* ⋯ 의 위쪽에; *ante,* 이전에; *lapsus,* 타락), 인류 타락 이전의 하나님의 예정 (→Prädestination)을 산출/산정하는 개혁 교회의 경향/유파; *Ggs.* →Infralapsarismus

Supranaturalismus *lat.*, 초자연적인 계시를 믿음<초자연주의(18/19 세기 개신교 신학에서 합리주의에 상반되는 방향의)▷; →Naturalismus

Supremat *lat.*, (주교들에 대한 교황의) 최고 권력/최상권; 영국 국교회의: 지상권(至上權) 의 서약(1534 년 이래 19 세기까지의 영국에서 관리나 성직자에게 국왕을 국교회의 수장으로 인정해야 하는 의무의 서약)(**S. seid**)에서 영국의 왕이 최상의 통치자/지배자로서 역시 교회의 문제들 안에서 결정권이 있는 것을 위하여 천명되어졌다(1534 및 1559 이래로)

Sure *arab.*, 행(行)/줄, 주요 부분; 코란(→Koran)의(114) 각각의 장(章) [절]<수라>

sursum corda *lat.*, 마음을 드높이 [주를 향하여!]<(미사 때 서창의 문구)▷, 예배식 의(→liturg.) 외침

suspensio *lat.*, 치보리움(→ciborium)에 의하여 매달려진 성체(→Hostien)를 위한 용기/그릇

Suspension *lat.*, (일시적인) 관직 해임/해직(解職); *kath.*: **suspensio a beneficio,** 성직록(→Pfründe)에 제한된(일시적인) 관직 해임/해 직(解職); **s. ab officio,** 직무/직위에 제한된(일시적인) 관직 해임/해직(解職); **s. a divinis,** 서품수여-권력에서 기인[의존]하는 그리고 **s. a jurisdictione,** 재판/재판권에서 기인[의존]하는 신적인 직책/직위들에 대한 행사/수행하기의 금지; **s. generalis,** 직무/직위와 성직록과 결합되어진 모든 권리의 행사/수행하기의 금지; **suspendieren**<정직/면직시키다▷

Sutren *ind.*, (학문, 기술분야의) 입문서/교과서들/(행동에 일괄된) 지도원리들, 암기(暗記)를 위한 전례[의식] 총서, 베다 경들(→Veden)과 이에 대한 사제의 주석(→Brahmanas)에 따른 인도의 종교의 문헌의 세 번째 계층

Sutta *ind.*, 가르침/교훈, 트 리 피 타 카(→Tripitaka)의 두 번째 부분, 석가모니(→Buddha)의 가르침을 포함한다

Svastica *sanskr.*, 행운/요행, 갈고리 모양의 십자가(→Hakenkreuz)를 위한 고대 인도 의 묘사

Swami *sanskr.*, 사제/승려/스님, 신에게 받쳐진 자/신성한 자

Sykophant *gr.*, 비방[중상]자

Syllabus errorum *lat.*, 잘못/오류들에 대한 교황의 편찬/편성/분류/정돈, 1864 년 범신론(→Pantheismus), 이성론/합리주의(→Rationalismus) 등등에 대항하여, 1907 년 모더니즘(→Modernismus)에 대항하여(교황의 교령(→Dekret **Lamen- tabili,** 슬퍼할/통탄할/가련한))

Syllogismus *gr.*, 끝/종료, 하나의 개념을 공통으로 소유하고 있는 두 다른(문장들)((논리적 추론의) 전제/가정/가설들 →Prämissen))로부터 한 문장의 유도/파생<삼단논법>; **s. practicus,** 실제/실용적인 종료 방식, 그 안에서 하나의 경험(행위, 고통/슬픔)에 의하여 그것을 실현하는 정신적인 하나의 현실/현존(예, 믿음, 은총)에 미루어 생각되어진다

Syllukianisten *gr.*, *Mit-→lukianisten*<루키아노스 추종자들의 동료/루키아노스의 동일 제자>

Symbol *gr.*, 상징/표적, 기장/휘장, 식별 신호, 식별표, 종교의 상징/표상/비유, 그 안에서 눈에 보이지 않는 것과 마음대로 할 수 없는 것이 명백/생생하게, 느낄 수 있게(그리고 마음대로 할 수 있게) 된다; 세례(→Taufe)와 신앙(→Glauben)의 고백들(→bekenntnisse)(4 세기 이래로); **ökumenische S. e,** 모두 및 더욱 많은 그리스도교의 신앙고백들(→Konfe- ssio-nen) 안에서 인정[시인]되어진 고백들: →Apostolikum(동방 정교 교회에서는 인정 않음),→Nicaenum(본래 적으로: →Nicaeno-Constantinopolitanum), →Athanasianum(마치 사도신경처럼); **Symbolik**→Konfessionskunde; **symbolisch,** 상징으로서[상징을 통해서]의; **symbolische Abendmahlslehre,** 그리스도의 몸과 피의 상징/표상으로서 빵과 포도주를 이해/파악 한다(상징주의(**Symbolismus**)); *Ggs.*→Realismus; **s. e Bücher,** 교회의 신앙고백서들(→Bekenntnisschriften); **Symbolofideismus,** 믿음의 개념/생각/표상들의 회화적인/비유적인 특성을 강조하는 프랑스(종교) 개혁파의 경향/유파 <상징 믿음/신앙주의 >; **Symbolum →Apostolicum,→Romanum; Symbolum Quicunque**→Athanasianum

Synagoge *gr.*, 회합/집회/모임; 유대교의 교육의 집<시나고그(유대교의 회당/유대교도의 집회)>; →Ekklesia u. S. ; **synagogal,** 유대교의 예배에 속하는<시나고그의/유대인 회당의>

Synapte *gr.*, 통괄/통합/편찬하기/분류/정돈: gr.-orth.: 미사의 시작을 위한 소청의 기도들, ≪소원의 연도 (**Anliegen-→ Litanei**)≫; **S. megale**→Eirenika

Synaxarien *gr.*, 그리스 정교 교회 예배식의(→liturg.) 달력상 성인들의 전기(傳記)들

synaxis *gr.*, 합일/통일/통합/연합, 공동체 모임/회합; 그리스 정교 교회의 성만찬 축제; 사제의 성무일과(→Hora)

Synchronie(-ismus) *gr.*, 서로다른 일어난 일

들의 시차(時差)(눅 3: 1)

syn'deresis→Synteresis

Synedrium, Synedrion *gr.* , 심의[평의]/자문
회, 유대의 차용단어로서 **Sanhedrin**
<(고대 그리스 평의회의) 히브리어형>,
Hoherrat, 유대 종교의 최고위(재판의)
심급(審級)

syn'eidesis *gr.* , 양심/선악의 의식

Syn'eis'akten *gr.* , *lat.* subintroductae (vir-
gines), 함께 소개되어진(처녀들); 영적
인 약혼자.(그룹/단체 안에서) 함께 살았
던 금욕의(→asket.) 처녀와 남자들(고전
7: 36[?]; 2/3세기)

Syn'ekdoche *gr.* , 함께/공동 이해; 한 부분
이 전체를 위하여(혹은 역으로) 놓이는
화법 형식(예, 그리스도의 화해의 죽음
을 위한 그리스도의 피)

Syn'ergismus *gr.* , *lat.* →*cooperatio*,(정당함/
정당성/의인으로 선언(Rechtfertigung)에
서 인간과 함께 하나님의) 협력[공동 작
업]함/함께 작용함<신인 협력설/신인
공로설(共勞說)>; synergistischer Streit,
(1556 - 60) 정당함/정당성/의인으로 선
언(Rechtfertigung)과 함께 인간의 협력
[공동 작업]함/함께 작용함에 대한 신인
협력설의 논쟁

syngrapha *gr.* , 필적/필체/필사본; 차용증

Synhedrium→Synedrium

Synkretismus *gr.* , 다양한 종교의 견해/관
(觀)들의 혼합; synkretistisch, 믿음을 혼
합하는<제설[제과] 통합주의의>

Synode *gr.* ,(교회의) 회합/집회/모임; →ev. :
의회제(議會制)의 입법- 그리고 교회의
지도부들의 감독 관청[기관]; kath. : 지

방[지역]의(주교구의 회의) 혹은 초지역
적인(독일의 주교구의 공동의 회의) 혹
은 직위의 위치들에 따라 선출 되어진
(감독들의 회의) 자문 기관/협의 기구들
의 모임/회합; Heiliger Synod, *russ.-orth.* :
교회 당국(1721 - 1917); Ständige Synode,
Heilige S. , 동방교회(→Ostkirche) 안에서
감독/주교들의 합의체/평의회, 그것은
총주교의 칭호(→Patriarch) 혹은(아르메
니아 교회의) 총대주교와 함께 개별 교
회들을 이끈다; Synodaler, 한 회합/집회
/모임의 구성원; Synodalverfassung, 교회
법의: 하나의 회합/모임의 근본적인 결
정들을 분배/배속하는 복음교회의 헌법
<교회회의제>

Syn'opse *gr.* , 개관/개요/요약; 처음 3(공관
적(共觀的) 인(synoptisch)) 복음서들(공
관복음의 저자들(Synoptiker), 요한 복음
서에 비하여 광범위한 본문의 일치 때
문에 그렇게)의 평행/유사 문장들의 편
성/작성하기<공관 복음>

synteresis *gr.* , 수호/보관/유지, 감시/경호;
스콜라 철학의: 선한 것을 향한 충동/본
능/욕구,→syneidesis

Synthese *gr.* , 하나의 일치/일체를 위하여
다양한 것들의 결합/연결 시키기<(헤
겔의 변증법의) 합(合)/통합/종합>;
synthetische Methode, 근본 진리로부
터 유래하고, 그것의 목적을 위하여
진행되는 교리적인 교습 방법<종합
방법 > (*Ggs.* →analytische M.); syn-
thetische Urteil, 계속하는 판단<종합
판단>(→a posteriori; *Ggs.* →analytis-
ches U.)

Syn'usiasten(*gr.* 함께-존재하다 로부터), **Apollinaristen**(라오디체아의 아폴리나리우스(Apollinarios v. Laodizea)에 따라, † 380 년 이후), 그들은 그리스도의 육체의 몸(Fleischesleib)의 영혼으로서 신적인 로고스(→logos)를 가르쳤다

System *gr.*, 배열/정돈 되어진 전체; 학문 체계 ; **gebundenes S.**, 로 마 네 스 크 의 (→roman.) 건축 예술: 기본단위로서 장방형 공간의 정방형<정방형 평면 연결 방식>; **systematisch,** 곰곰히 생각한/사려 깊은 질서 안에서<체 계 적 인/조 직 적 인/계 획 적 인>; *Ggs.* →heuristisch; **Systematische Theologie, Systematik,** 신학 학문의 교 의 (론)/교 리 <조 직 신 학 >; 교 리 (→Dogmatik)와 윤리(→Ethik)

Sy'zygien *gr.*, 한쌍씩 결합/연결 시키기; 영지 주 의 (→Gnosis): 영 원 -혼 인 /결 혼 (→Äonen-Ehen)

Szientismus→Christian Science

T

tabella secretorum *lat.*, *kath.*: (미사 때의 빵과 포도주의) 거룩한 변화(→Konse-krations) 공인 교리(→kanon)의 본문과 함께 제단위에 (있는) 화판

Tabernakel *lat.*, 천막/텐트, 오두막/움막(계 21: 3), 제단위에 천개류의(→balda-chinartig)(건축물의) 상부 돌출부; 성례전의 작은 집;(이전에 제단위에 있었던) 축성되어진 성체(→Hostie)를 위한 용기<성궤(聖櫃)>

Taboriten, 후스파(→Hussiten) 의 급진적/과격한 정파, 그들 주거도시 타보르(→Tabor)에 따라

tabu 폴리네시아어의: 얼마간 권세로 채워진 것, 기피하는 것에로<금기의/금지된>

Tachanun *hbr.*, 유대의: 유대교의 기도서(→Tefilla)에 따라 아침 예배에서 침묵의 기도

Ta'eb *aram.*, 돌아오는/귀향하는 자, 개종시키는 사람/전도자/포교자; 사마리아인 들(→Samaritaner)의 메 시 야(→Messias)

Täufer→Anabaptisten

Talar *lat.*, 복사뼈까지 닫는 긴 길 옷; 성직자들, 학자들, 법률가들의 직무 의복<성의, 학위까운, 법복>

talion→jus talionis

Talisman *gr.* -*arab.*, 축성되어진 것; 그것이 보호해 주는 마력이 있는 물체/물건<부적/호부(護符)>

Tallith *hbr.*, 덮기/은폐하기; 유대교의 기도할 때 걸치는 외투[망토](민 15: 37 -)

Talmud *hbr.*, 가 르 침 /교 훈 , 랍 비 주 의(→Rabbinismus)에서 생겨난/생성된 모세오경(→Tora)의 해설/해석과 계속하여 교육하기<탈무드(유대인 율법학자들의 구전, 해설을 집대성한 책)/탈무드본>; **jerusalemischer T.,** 4 세기에 끝맺음한 탈무드; **babylonischer T. ,** 더욱 범위가 넓은 탈무드, 500 년 경에 끝맺음하였다

Tambour, 교회 건물에서 북모양/원통형의 작은 둥근 지붕의 기초공사<호박 주춧돌/돔 지붕의 원통형 아랫부분

Tamid *hbr.*, 끊임 없는/지속적인 것; 유대 교 의: 날 마 다 의 번 제 (燔 祭)(민 28: 10)

Tandschur *tibetan.*, 번역되어진 가르침/교훈 ; 라 마 교 의 (→lamaistisch) 경 전(→Kanon)의 두 번째 부분,→Kandschur 등등을 위한 주석과 함께

Tannaim *hbr.*, 반목 하는 자; 미쉬나(→Mischna)의 시 간/시 대 로 부 터 율 법 학 자(→Sopherim)

Tantra *ind.*, 한 직물의 날실, 체계/시스템<;

(힌두교 경전의 하나) 탄트라 경전(經典)>; **Tantrismus,** 5세기의 힌두교와 불교 안에서 제식-의식에 따른 체계<탄트라 신앙(1세기 이래 인도에서 형성된 주술적, 신비적 방법으로 해탈을 추구하는 종교적 경향)>

tao *chin.* , 길, 윤리적인 이상상(理想像)(→Ideal) 으로서 생각되어진 모든 존재하는 것의 근원<노자 도덕교(道德敎)의 도(道)>; **Taoismus,** 도와 도의 완전/완벽의 모방으로서 덕/미덕(→Tugend)에 대한 노자(기원전 8혹은 6?세기에)의 가르침; 대중적인 도교로서 불교(→Buddhismus), 민속신앙, 조상숭배, 악마 신앙(→Dämonenglauben)과 함께 혼합되어진 중국의 종교<노자 도덕교(道德敎)>

Targum, *Plr.* **Targumim** *aram.* , 통역으로부터(**Methurgeman,** 중동(아라비아, 터키, 페르시아 따위)의 통역/안내자, 통역(사)) 아람어로 발생한 유대교와 사마리아인들(→samaritan.)의 구약 성서 번역들<타르굼/구약 성서의 아람어 번역본>

tat tvam asi *ind.* , 그것이 너 이다, 바라문의(→brahmanisch) 종교의 관용어/상투어, 모든 영들과 함께 개개의 영혼들의 일치를 표현한다

Tauchkelch→Intinktionskelch

Taufe(중세 표준 독일어로부터 *taufen*, 물 속으로 가라앉다/잠수하다; gr. -lat. →baptismus), 성년식(→Initiationsritus); 유대교에서: 깨끗하게 함/정화/세정 욕(→Proselytentaufe); 그리스도교의: 교회에(→Kirche) 속함을 입증하는(및 실현

[성취]하는) 성례전(→Sakrament)<세례>; **Taufbefehl:** 마 28: 19<세례의 명령>; **Taufgesinnte**(옛 복음교회의) 메노 일파/재 세례파 교도(→Mennoniten); **Taufzeuge,** *kath.* : 한 ≪나누어진 교회 공동체≫로부터 유래하는 세례 받은자, 그는 한 카톨릭 교회의 대부(→Paten) 옆에 허용되어질 수 있다<세례 입회인(대부)>

taurobolium *gr.* , 황소의 희생/제물, 퀴벨레(고대 프리지아의 생산의 여신)(→Kybele-), 아티스(Attis-) 그리고 미트라(→Mithras)의 신비/비의(→mysterien) 안에서 한 신선하게 도살되어진 황소의 피와 함께(비결이) 전수되어진 자(→Mysten)의 세례(→Taufe)

Tausendjähriges Reich→Chiliasmus

Te Deum→Ambrosian. Lobgesang

Teetotalers *engl.* , 각종의 음주(飮酒)의 반대자<절대 금주(주의)자>

Tefilla, Schemone esre *hbr.* , *18*기도; *jüd.* : 예배식의(→liturg.) 18 기원-기도; **Tefillim** *hbr.* , 성구함(구약성서의 문구를 기록한 양피지를 은 작은 가죽상자로 아침 기도시에 몸에 지님); *jüd.* : 작은 양피지 원통 모양의 것/두루마리들과 함께 상박(上膊)에 그리고 이마에 고정[부착]시키는 상자/주머니, 그것 위에 출 13: 1-16 그리고 신 6: 4-9; 11, 13-21이 놓여 있다(루터는 마 23: 5을 ≪기억에 남는 훈계/메모(Denkzettel)≫라고 번역하였다)

Te igitur *lat.* , 당신을 또한… . , 로마의 미사규범(→Meßkanon) 및 첫 번째 미사를 올릴 때의 엄숙한 기도(→Hochgebet)(시작)의 첫 번째 소청 기도(→Interzessionsgebet)

Telefonseelsorge, 익명의, 자주 한 교회일치의(→ökumen.) 협력자들의 팀을 통하여 제공된 목회 그리고 전화를 통한 위기/난국의 조언<전화 목회/사목>

Telekinese *gr.*, 감추어진/신비적인(→okkult) 방법에서 한 물체/사물의 장거리 움직임/운동<{심령} 격동현상(隔動現象)(건드리지 않고 물체를 움직이게하는 심령현상)>; **Telepathie,** 먼 것의 특정한 감정/감각/느낌; 사상의 전달/이심전심/텔레파시

Teleologie *gr.*, 뚜렷한 목표를 향함 <목적론>; →Gottesbeweis

Tellurismus *lat.*, ≪어머니(인) 땅≫의 종교적인 숭배/존경심

telonia *gr.*, 국경의 세관들; *gr. -orth.* : 죽음 후에 영혼의 시험의 정류장/경유지(5-40, 죄에 적합하게)

temenos *gr.*, 분리/구분되어진, 거룩한 범위/구역

Tempel *lat.*, 본래적으로: 하나의 신에게 축성된 범위/구역(→temenos); 이러한 범위/구역에 건립되어진/지어진 신의 집<성전/사원>; **Tempeldirnen**→Kedes- chen;

Temperanzler *lat.*, 절제하는/분수를 지키는 자들; 알코올의 오용/남용의 반대자; 그러나→Abstinenzler<금주가/금욕가>

Tempelherren, 성전 기사단(→Templerorden)(→Ritterorden)의 구성원/회원/일원<기사단의 수도사>

Templer(orden), Tempelritter (*fratres militiae templi,* 성전 기사단 수사의 복무/근무의 형제들), 1119년 예루살렘에서 그리스

도교 순례자들의 보호를 위하여 창설된 기사단[기사 수도회](→Ritterorden)(후에 역시 병원 봉사); 1307년 프랑스에서 어려운 고소/비난 아래서 금지되어졌고, 1312년 교황 클레멘스 5세(Clemens V.)가 폐지하였다; →Deutschherren

Temporale *lat.*, 교회 역년(→Kirchenjahr)의 시간적인 순서에 따라 예배식의(→liturg.) 본문들과 함께 미사 책의 부분; →proprium (de tempore)

Temporalien *lat.*, 카톨릭 교회의 교회법의: 하나의 교회의 속세의(=현세의) 소유물/재산<; 성직록>

tempus clausum *lat.*, 닫혀진/제한된 시간(→geschlossene Zeit), 그안에서 큰소리의 축제들이 개최되는 것이 금하여진 기한/기간

Tenach (der), 히브리어 성서를 위한 묘사, 비교.(본 사전의) 첨가물/부록에 있는 개요를(비교)

tenebrae *lat.*, 암흑; 슬픔/비통의 아침기도/미사; **T. -leuchter,** *kath.* : 성 주간/부활절의 전주간에 사용되어지는 곧게 세워진 하나의 삼각형/세모꼴의 측면에 세워있는 15개의 초를 지닌 촛대(수: 예수, 그의 어머니, 막달라 마리아, 12명의 제자들)

Tentamen *lat.*, 시험/고사(考査); 첫 번째 신학의 시험

Tephilla→Tefilla

teraphim *hbr.*, 인간과 비슷한 제식/숭배의 대상(삼상 19: 13), 그것은 신탁과 함께 적용되어졌다(겔 21: 16)<우상(偶像)>

terminieren (*lat. terminus* 으로부터, 국경/제

한, 지역/영역), (시주로 생활하는) 탁발 수도회(등 유사한 것들)의 자선금 모음 <; 기한을 한정하다/시간을 확정하다>; **Terminismus**→Nominalismus

Terpsichore→Musen

Territorialsystem *lat.*, 헌법(18 세기 이래로), 그 안에서 역시 교회의 지배/관리가 국가 의 주권/통치권의 의무 이다; →Episkopalsystem,→Kollegialismus

terrores incussae conscientiae *lat.*, 깊이 감동시켜진/충격이 주어진 양심/선악의 의식의 놀라기/공포/경악

tersanctus→Trishagion

tersorium→abstersorium

Tertiarier, Terziaren *lat.*, 수도회의 세 번째 수도사/조합원들; 수도회(→Orden)에 맹세/서원이 없이 가입되어진 평신들, 그들은 경건한 연습/훈련들에 몰두/열중하고, 그러나 세상적인 삶은 영위한다<제 3 회원(평신도의)>

tertium comparationis *lat.*, 비교[대조]/비유하기의 세 번째 것; 비교[대조]되어진 것들이 그 안에서 일치하는 그 점 (예,→Bildhälfe→Sachhälfte)

tertium non datur *lat.*, 하나의 세 번째 가능성이 없다

tertius usus legis→usus

Terz *lat.*, 일출 후 세 번째 시간을 위한 수도원의 그리고 사제의 성무일과(→Hore)<제 3 시도(時禱)(오전 9시 기도)>

Terziaren→Tertiarier

Testakte, 1673 년 영국법, 그 법은 공공연한 직무/직분들을 영국 국교회(→anglik.)에 맹세에 의존하고 화체(化體)/실체 변화

(→Transsubstantiation) 의 가르침의 단념/배척에 의존하게 만들었다<Test Act/심사령(審查令)(모든 관리의 국교 신봉을 선서시킨 조령; 1673 - 1828>

Testament *lat.*, *gr.* **diatheke,** 유언; **Bund**<언약 >; **Altes T. (Vetus Testamentum)** 및 **Neues T. (Novum Testametum, kaine diatheke)** 인간과 하나님의 새로운 언약 (히 8 장)

testimonium *lat.*, 증언/증거/증명서; **testimonia patrum,** 교부들(→*Kirchenväter*)의 증언들; **testimonium paupertatis,** 빈민 무료 소송권 증명서/영세민[생활 보호] 대상 증명; **t. spirtus sancti internum,** 성령의 내적인(양심(→Gewissen) 안에서 경험되어진) 증거

Tetragramm *gr.*, 네 문자/자모들 제명/비문; →Jahve; →I. N. R. I.

Tetramorph *gr.*, 네 형태[형상](겔 1: 10; 10: 14; 계 4: 7), 그것의 상징들이 네 복음서 저자들(→Evangelisten) 과 연관 되어진다

Tetrapla *gr.*, 4배; 무엇보다도 네 그리스 번역들 안에서 오리게네스(Origenes)(† 254)의 성서 판(版); →Hexapla

Tetra'politana→Confessio T.

Tetrarch *gr.*, 네 군주/영주, 하나의 나누어진 땅의 네 부분들 중 하나의 군주/영주 (마 14: 1)

tetra'vella *gr. -lat.*, 4변의 제단 카펫 장막

Teufel→Beelzebub,→Belial,→Luzifer,→Satan

Textkritik, 원문/원전(≪본문의 증인/목격자들≫, ≪변형 /변종/변화들≫) 의 모든 존재하는 텍스트들 안에서(이본(異本)

과 수정을 모은 원전의) 고증자료 (→Apparat)를 가지고 하나의 성서 본문의 표현의 연구, 수기원본(手記原本)이나 역사 비판적 판본에서 자구의 차이를 최상으로 발견하기 위하여, 그와함께(편자의 추정에 의한) 개정/교정/판독들(→Konjekturen),(타인에 의한 원전의) 가필/정정들(→Interpolationen),(옛 문헌에 나타나는) 방주(傍註)들(→Glossen) 그리고 끊어진 곳들(→Zäsuren)(≪접합점/관련점≫)에 대한 사정에 따른 확인들, 그것들은 비평[평론]가들(→Rezensenten), 발행인/편찬자들(→Redaktoren)(→Literarkritik) 그리고 형성되어진 재료의 삽입/보충(→Formgeschichtl. Methode)을 통하여 발생되어졌다; 구약성서의 가장 중요하고 그리고 최상의 본문 형태 : →Masoret. Text(약자 M), →samaritan. Pentateuch,→Septuaginta (LXX),→Vulgata,→Targume; des NT: →Sinaiticus,→Alexandrinus,→Vaticanus, Bezae Cantabrigiensis<케임브리지의 베자의 사본 바티카누스>;→Bibelkritik

textus receptus *lat.*, 스테파누스(Stephanus)에 의하여 1546년 그리고 자주 발행되어진 형태 안에서 19세기에 들어설 때까지 일반적으로 채택되어진/받아들여진 그리스 신약성서-본문, 네덜란드의 인쇄업자(Elzevier)의 1633년 판 이래로 묘사

Thal(e)ia→Musen

Thanatologie *gr.*, 인간의 영면하기와 죽음에 대한 가르침/교훈, 대부분 영면하는 이의 의사의 돌봄에 대한 가르침(의학

상의 안락사(安樂死))<사학(死學)>; **Thanatopsychologie,** 영면하기의 심리학

Thaumaturg *gr.*, 기적을 행하는 사람/마법사

the'andrisch gr., 신인(神人)의 <(즉 그리스도)>

Theatiner, Clerici Regulares Theatini (CRTh), 티네(C. di Tiene), 카라파(P. Caraffa), 테아티(Theate)의 감독 등등에 의하여 1524년에 설립되어진 카톨릭 교회의 신앙심 깊음/경건의 활기를 줌/고무와 이교도 논쟁(→Ketzer-Bekämpfung)을 위하여 조정되어진(→regulieren) 주교좌 성당의 참사회원(→Kanoniker) 수도회 (→Orden)<테아티너 수도회>

Themenzentrierte Interaktion (TZI), 집단공동 작업의 방법, 그것은 하나의 테마(그것(Es)) 그리고 단독적인 것의 개인적인 관여/관계(나(Ich)-≪그것 스스로를 가져오기≫) 그리고 집단/그룹(우리들(Wir))을 위한 힘[생각]의 집중을 균형잡히게(역동의/다이나믹한 균형/조화) 상호간의 결합을 추구한다(콘(Ruth C. Cohn))<테마 집중의 상호작용>

Themistianer→Agnoeten

theos *gr.*, 하나님/신; **Theismus,** 개인적인, 초현세적인 하나님을 믿음<유신론(有神論)/인격신론(人格神論)>, 그러나 →Deismus,→Pantheismus(17/18세기); **Theodizee,** 인지[감지]할 수 있는 악에 직면하여 하나님의 정당함/정낭함의 증명[인정](Rechtfertigung Gottes)(욥)<변신론(辯神論)/신정론(神正論)/신의론(神義論)(악의 존재가 신의 전능과 선에는 모

순되지 않다는 것을 변증하는 것)>; **Theogonie,** 신들의 생산/탄생시키기, 신들의 발생에 대한 신화/설화(→Mythos); **Theokrasie,** 신 들 의 혼 합 /절 충 ; **Theokratie,** 하나님의 주권/통치/지배, 그안에서 하나님이 주권자/통치자로서 유효한 헌법/제도/규약<신정(神政)/신정정체(政體)/신권정치/신정국가>; **theologia, Theologie** 아래 를<(항목을)> 보라!; **theomorph,** 신의 모습을 한/신형(神形)의; **Theonomie,** 하나님으로부터 유래한 적법성/정당성(*Ggs.* →Autonomie); **theonom,** 하 나 님 의 정 해 진 /단 호 한 ; **Theopanismus,** 하나이고 모든 것으로서 하나님에 대한 가르침; **Theopas'chiten,** 그들은 하나님 스스로에게 고난을 허용했다<하나님이 고난당하셨다고 가르치는 자들>; 5/6 세 기 의 단 성 론 자 들(→Monophysiten) 의 견해(상투어: ≪하나님이 죽으셨다≫혹은 세 번의 거룩한(이라는 말)(→Trishagion)로 끼워 넣음/결합으로서 ≪그가 우리를 위하여 십자가에 못박히셨다≫<하나님 수난론자들(기독론에서)>; **Theophanie,** 하나님의 현 상 (現 象)/나 타 남 <현 현 (顯 現)>; **Theophilanthropen,** 신앙심이 깊은/경건한 박애자/인도주의자, 이신론(이신론)의(→deist.) 프랑스의 분파/이단(1797); **theophor,** (하나의) 신(의 이름)을 몸에 지닌 <신 의 이 름 을 갖 는 >; **theophore**→Prozession,<신 의 이름을 갖는 행렬/행진;> 그것과 함께 축성된 성체(→sanctissimum)가 함께 운반되어진다; **Theopneustie,** 신의/신에 의한 불어넣기/

부 여 하 기 , 계 시 /영 감 (딤 후 3: 16); **Theosophie** *gr.* , 하나님의 지혜, 하나님의 앎/인지(認知) 그리고 직접적인 내부의 직관/마음의 눈으로 보는 것을 통하여 전세계의 사건의 존재와 목표 안에서 인식/통찰, 대부분 공론(空論)/사변(思辯)(→Spekulation)과 심오한 경건/신앙의 깊음과 함께 결합되어졌다<신지학/접신교(教)>; **Theotokion,**(하나님을 낳은 자로서) 마리아(→Maria) 에게 바치는 찬가/성가(→Hymnus) - **theotokos (=dei'para),** 하나님을 낳은 자, 하나님의 어머니,(→christotokos); **Theoxenien** *lat. lectisternia,* 최고급 향연들, 고대의 제물/희생의 향연들; **theozentrisch,** 핵심/중심에 하나님/신이 서 계시는<신 중심적인>(*Ggs.* →anthropozentrisch)

theologia *gr. -lat.* , 하나님에 대한 학문, 종교/신학; 신학(**Theologie**)은 일반적으로 그것의 방법과 그것의 부분 영역들의 바라봄에서 다분히 다방면에 가장 능통한 학문이다; 네 주요 학문의 분야로 구별되어진다: 성서(신)학, 교회사, 조직/체계적인 신학, 실천 신학(목회 신학)(때때로 역시 단지 셋으로: 역사(상)의 신학[성서(신)학과 교회의 역사와 함께], 조직/체계적인 신학, 실천 신학); **th. crucis,** 십자가의 신학은 예수의 죽음을 하나님의 구세/구원의 길로서 제시하고 그리고 하나님의 잠재/내밀/숨겨진 것(→Deus absconditus)을 모든 삶의 영역들에서 전제한다. 그것에 비하여 **th. gloriae,** 영광/영화의 신학, 하나님의 현실/현존/실제와 권능이 현재에 알아 볼 수 있다는 것을(루터(Luther)<의 비판>: 그리스도의 십자가를 간과하는, 그로부터 현혹시키는) 받아들임을 출발점으로 삼고 있다; **Theologia Deutsch**→Deutsche Theologie; **th. naturalis** 자연 신학(→natürliche Th.); **th. revelata,** 계시되어진 신학; **th. viatorum,**(단지 일시적인 신인식(/신의 존재와 본질에 대한 인식 능력)을 위하여 도달하는) 나그네/방랑자의 신학, 역시 교회의 신앙고백과 관련된 가르침을 위한 묘사 - **th. regenitorum,** 거듭난 자들의 신학 즉, 실제의 회심 후에; **Th. der Befreiung,** 신학의 경향/유파, 특히 라틴 아메리카에서 약 1968 년 이래로(라틴 아메리카의 메덜린(Medellin)의 감독회의)(보프(L. Boff), 구티에레즈(G. Gutierrez), 보니노(J. Miguez Bonino), 소브리노(J. Sobrino) 등등), 그것은 인간의 정신적 그리고 사회적 해방/구제를 상호 간에 결합한다<해방의 신학>; **Th. der Diakonie,** 1956 년 혁명 이후에 헝가리의 루터 교회 안에서 그들의 사회주의의 주변환경 안에서 교회에 제시된 임무/책무의 극복을 위하여 발전된 신학, 역시 돕는/섬기는 신학으로서 묘사되었다 (주요 대변자: 졸단 칼디(Zoldan Káldy))<구제 사업의 신학>; **Th. der Krise**→Dialektische Theologie; **Th. der Ordnungen**→Ordnungstheologie; **Th. der Revolution,** 약 1966 이래로(특별히 라틴 아메리카를 고려하여) 꾀하였던 혁명의 상황들과(부분적으로 불명료한 정치-사회의 계획/의도와 함께) 혁명의 다툼에 대한 신학의 숙고/성찰들, 전통의

교회법 준수와 가르침으로부터 전향/포기 안에서(특별히 두왕국설(→Zwei-Reiche-Lehre)에 대항하여)<혁명 신학>; **Th. im Kontext,** 전후 관계 상의/문맥 사의 신학, →Kontextualität der Theologie; **Théologie**→**nouvelle; Theologiegeschichte,** 신학의 사상/개념 형성의 역사, 특별히 근대/현대에서; →Dogmengeschichte; **Theologumenon,** 신학의/신학적인 진술/증언

Therapeuten *gr.* (영혼/정신의) 치료사/교정자들<; 임상의사/치료 전문가>; 애굽에서 유대교의 금욕의 공동체(기원 전후 1 세기); **Therapie,** 치료/치유/(영적인) 해방/구제; **therapeutisch**→Psychotherapie

thermarion→Zeon

thesaurus ecclesiae *gr. -lat.*, *kath.*: 그리스도인들과 성인들(→Heiligen)의 엄청나게 많은 업적/공로들을 통한 교회의(은혜의) 보물/재물, 그로부터 그들은 사죄/속죄(→Ablaß)를 베풀어 줄 수 있다

The'urgie *gr.*, 마법/요술, 그것은 신에게 영향을 끼친다<신기(神技)/기적>

thiasos *gr.*, 협회/단체, 신의 영광을 위하여 축제적인 행렬/행진

Thneto'psychiten *gr.*, 영혼이 죽고 육체와 함께 부활한다는 가르침/교훈의 추종자/신봉자들; →Hypnopsychiten

tholedot→Toledot

tholos *gr.*, 원형 건축물, 둥근 지붕의 건축물, 둥근 지붕/돔

thomanisch, 아크뷔노의 토마스(Thomas v. Aquin)(† 1274)

Thomas'christen, 도마교회 그리스도인들

의 예배식(→malabar. Liturgie)과 함께 3
세기 이래로 인도의 단성론의(→mono-
physitisch) 그리스도교의 공동체들

Thomasevangelium→Nag-Hammadi-Texte

Thomismus, thomistisch, 아크뷔노의 토마
스(Thomas v. Aquin)(✝ 1274)의 로마 카
톨릭 교회의 교의[신앙] 안에서 각인 되
어진 신학의 경향/유파, 아리스토텔레
스의(→aristotel.) 사고와 그리고 존재의
형 이 상 학 (→Seinsmetaphysik); Ggs. →
Nominalismus,→Occamismus,→Sco-
tismus,→Voluntarismus

Thora→Tora

Threni *gr.*, 예레미야의 애가(哀歌)/비탄의
시

Thron und Altar, <왕좌와 제단;>(군주의)
국가와(개신교의) 교회 사이, 특별히 독
일 황제의 제국 안에서, (매우) 밀접한
동맹/연맹을 의미하고, 그와 함께 무엇
보다도 교회가 국가에 종속/예속되어진
다

thuribulum (*lat. thus* 로부터, 유향(乳香)/향/
향을 태우는 연기), 유향 통 ; **Thu-
riferar,**→Ministrant, 유향통을 운반하는
자; **thurificati,** 스스로 유향의 제물/희생
을 통하여 로마 제국의 박해로부터 벗
어났던 그리스도인들<유향의 제물/희
생을 드렸던 자들>

thysiasterion, trapeza kyriu *gr.*, (제물/희생
의) 제단, 주의 탁자

Tiamat, 바빌론의: 혼란/무질서한(→chaot.)
태고의 바다의 권세/힘, 마르둑(→Mar-
duk)에 의하여 살해되었고, 마르둑은 그
의 쪼개진/깨어진 몸으로부터 세상을

창조하였다

Tiara *pers.*, 높은 차양이 없는 모자, 페르시
아 왕들의 머리 덮게<고대 페르시아 및
앗시리아 왕의 모자>; 교황의 삼중의 보
관(寶冠)

tintinnabulum *lat.*, 종/방울(제단의 방울/작
은 종) 혹은 제단실 벽에 걸려 있는 미사
에서 신호를 주기위한 손종/방울

Tipitaka→Tripitaka

Tisserands *frz.*, *MA*: 교회의 비판적인 종파
의 추종자[우두머리], 특별히 직공들 중
에서

Titelkirche, 4 세기 이래로 로마에(있는) 각
각의 추기경(→Kardinal)의 교회를 위한
묘사<명의 성당(名義聖堂)>

Titularbischof, 정부의 권력 없이 가정(假定)/
가공(架空)적인 한 주교 교구(→Diözese)
(→in Partibus infidelium)의 감독/주교   <
명의 주교>

tobalea *lat.*, 천 조각,(제단) 덮개;→gremiale;
성찬용 천; 복사/차 부제(→patenarius) 의
어깨 덮게(→velum)

Todsünde→Sünde

tohu wabohu *hbr.*, 황량/무질서/혼돈하고
공허한(창 1: 2)

Toledot *hebr.*, ≪족보≫, 계보(系譜)/계보도
(예, 창 5, 10, 11, 25, 36 장; 대상 1 - 9 장);
Toledot Jesu, 예수의 족보, 예수의 역사,
9/11 세기로부터 옛 유대의 민속적 이야
기 책, 많은 다양한 표현 양식들을 통하
여 널리퍼졌다

toleramus *lat.*, 우리들은(그것을) 감수/인
내한다. 관용어/상투어(16/17 세기), 무
죄로서/순수하게 이혼된/갈라 놓은 이

들을 통하여 재혼/재가가 허용되어졌다

Toleranz *lat.* , (믿음의) 관용/관대/인내 (특히 종교나 정치 문제에서); **Toleranzakte** (1689), 영국에서(카톨릭 교도들과 소치니주의자(→Sozinianer) 외에) 종교와 예배/제식의 자유를 허락[승락]하였다; 요셉 2세 (Joseph II.)의 **Toleranzpatent** (1781), 오스트리아 개신교도들에게 공민권/국민으로서의 권리들을 허락[승락]하였고 그리고 예배/제식의 자유를 제한하였다<관용/관대한 권리 인정서/칙서>

Tonsur *lat.* , *kath.* : 봉사/직위 분야, 제물/희생(→Opfer) 그리고 서품(→Weihe)의 표/징표를 위하여 수도사-성직자와 함께 두발/머리카락 깎기, 다양한 형태 안에서 ≪베드로-삭발(방)식≫, ≪바울-삭발식≫혹은 ≪ 요한의 삭발식≫

topos, *Plr.* **topoi** *gr.* , 장소; (철학적) 테마/주제(→Locus)<토포스(고대 수사학에서 논증, 변론등을 위한 정형적 논술형식)/문학적 상투 문구>

Tora(고대의 Thora) *hbr.* , 지시/명령/규정, 법/율법; *jüd.* : →Pentateuch: 히브리어 구약성서의 첫 번째 부분(첨가/부록을 참고하라); 협의의 의미에서 십계명(→Dekalog) 및 모든 구약성서의 율법들; **Torarolle,** 유대교의 예배에서 두 지팡이(손으로 고정시키고 펴고 감기 위하여, 성서를 만짐이 없이) 위에서 펴고 감겨지는 토라<(토라 독송을 위하여) 토라가 적힌(양피지) 두루마리>; 유대교 회당(→Synagoge)에서(토라 두루마리) 보관함(**Toraschrein**) 안에 보관한다

Toronto-Erklärung(1950), ≪상위-교회≫로서 아니라 교회의 하나의 공동체로서 세계 교회 협의회(→Ökumen. Rat der Kirchen)의 존재를 표현[서술]한다<토론토 선언>

Tosaphisten, 유대의(전문)학자들, 그들은 중세와 근세에 탈무드(→Talmud)의 주석을 위하여 초고의 주석으로서 토사포트(Tosaphot)를 집필하였다; **Tosephta** *aram.* , 3세기에 미쉬나의 계속/확장

totem *indian.* ; 한 동물로부터 한 인간의 그룹/집단(종족 등등)의 받아들여진 혈통/가문, 그러므로 그 동물이 경배되어지고, 먹는 것이 금지되어 있고 등등<토템 (미개 사회에서 그 씨족과 특별한 관계가 있다고 신성시하는 동물이나 자연물)>; **Totemismus**<토템신앙/토테미즘>

Totenmesse→missa pro defunctis

Totensonntag→Ewigkeitssonntag

Totentanz, *frz.* **danse macabre,** 죽음의 연기/연출, 모든 상태의 인간들에게 찾아가고 오게 한다<(후기 중세 회화에 표현된) 죽음[해골]의 무도/해골의 윤무/해골의 무도곡>

Tourismusseelsorge, 목회의 새로운 사역 영역/분야: 여행에서, 휴가에서, 자유 시간과 요양에서 사람들에 대한 교회의 돌보기<여행자를 위한 목회>

tractus *lat.* , 대부분 시편을 끄집어낸 것, 추도 기간/애도 기간에 할렐루야(→Halleluja) 대신에 신창자에 의하여 불리워졌던 미사의 부분

Tradition *lat.* , 전승/전래/관습/전통 (믿음의 규범/척도(→norm)으로서, *kath.* : 성

서의 중개자/조정자); **apostolische Tr.**, 사
도들(→Aposteln) 로부터 유래된/기인한
전승/전래/관습/전통, **kirchliche Tr.**, 교
회의 역사에서 발생한/일어난 전승/전
래/관습/전통; 교리 사적으로(→dog-
mengeschicht.): 교회의 교리의 증언/진
술(→Dogmen); **traditionalistisch,** 전승/전
래/관습/전통을 과대 평가하는<전통주
의 의 /전 통 주 의 적 인 >; **traditions-
geschichtliche Forschung,** 개별적인 전승
/전래들로부터 하나의 일치된 본문의
전승/전래의 발생/형성까지 수집가의
사상/구상 및 동기에 따른 문제<전승사
적 연구>(→Formgeschichte,→Überliefer-
ungsgeschichte); **traditio humana,** 인간적
인(하나님의 말씀에 근거하지 아니한)
전승/전래/관습/전통; **tr. symboli,** 사제를
통하여 세례 지망자들(→Katechumenen)
에게 세례의 신앙고백(→-*symbol*)의 구
두의 넘겨줌<세례의 신앙고백의 전승/
전래>(비교,→redditio); **tr. candelae,** 세례
받는 사람에게 세례의 초의 넘겨줌; **tra-
ditores,** 인도인(引渡人)들/넘겨준 자들,
로마의 박해시대에 성서들을 넘겨주었
던 그리스도인들

Traduzianismus (*lat. tradux*, 포도덩굴; 생식
[번식]의 (인체 및 동물체의) 기관들을
위한 고대의 묘사), 부모에게 속하는 영
혼이 낳음과 함께 어린아이의 생명의
싹을 불어 넣는다는 견해/주장; 원죄
(Erb→sünde)의 자연적 전파/전도/번식
에 대한 가르침/교훈 (kath. : 오늘 날
→Kreatianismus)

Traktarianismus→High Church

Traktat *lat*. ,(학술) 논문, 종교의 가제본한
책자/팜프렛; **T. -Gesellschaften,** 종교의
민중/민속 문헌/저작의 유포를 위한 협
회/연맹

Transaktionsanalyse (TA), 인간들 사이의 의
사전달의 해독[판독]/이해하기와 의식
[자각]케함을 위하여 미국인 E. Berne 에
의하여 기초되어진 방법<교류분석>

transenna *lat*., 순교자의 무덤에 밀집한/빽
빽한 격자; 교회건축물: 교회당의 익당
(翼堂)/측랑(側廊); **per transennam,** 그밖
에/틈틈히

Transept *lat*., 교회당의 익당(翼堂)/측랑(側
廊)

trans'euntes *lat*. , 저편으로 건너가는/죽는;
스콜라 철학의: 하나님의 고유성/특성
들, 그것들은 세상과의 그의 관계를 표
현한다/알린다

Transfiguration *lat*.,(예수의) 변용(變容): 마
17: 1-9 pp. , 축일 8월 5/6일

transitus *lat*.,(기독교적 표현) 죽음/사망; 개
종/침입

Transkulturelle Theologie(홀렌베거(W. Hol-
lenweger)), 흑인들(→Schwarze) 과 유럽
의 《백인들》, 여성신학(→Feminist.)과
전통적인(Sexist.) 신학의 요소/기본개념
들을 조화/일치로 가져오기 위하여 시
도/실험<문화 변혁의 신학>

Translation *lat*. , 성유물(Reliquien) 의 이송/
다른 곳으로 옮김/이전; 하나의 축제의
이전, 왜냐하면 그것이 다른 것들과 동
시에 발생하기 때문이다; 한 교회당국
의 소재지의 이전; 하나의 다른 교회의
직무/직위로 바꾸기/전속시키기

Transmigration *alt.* , 이사/ 이전; →Seelenwanderung

Transsignifikation(쉴 레 벡 스 (E. Schillebeeckx)), 성찬식(→Eucharistie) 에서 요소들(→Elemente)의 (낱말의) 의미변화((그리스도의) 실재(설)(→Realpräsenz)의 새로운, 논쟁의 여지가 있는 학설/이론)

Transsubtantiation *lat.* , 변화/변형, 한 다른 본질로 바꾸기; *kath.*: 미사의 제물/미사 성제(聖祭)(Meß→opfer)와 함께 그리스도의 몸과 피로 사제의 말을 통하여(→Konsekration) 그것<(=빵과 포도주)>의 외형/형태(→species)의 보존/유지 아래 빵과 포도주의 본질(→Substanz)의 변화/변형 <화체(化體)/성체 변질>; 1215년 제4차 라테란 공회의 (IV. Laterankonzil) 이래로 카톨릭 교회의 교리(→Dogma); 비교,→Realpräsenz

transzendent *lat.* , 표상/상상과 경험을 넘어서는, 초감성적인 세계의<, 초월적인, 초 자연적인>(*Ggs.* →immanent); **transzendental,** 그곳으로 넘어서는/초월적인/초감성적인; 스콜라철학의: 마치 →transzendent 처럼; 칸트(Kant): 선험적으로(→a priori) 가능한 인식을 위한 묘사, 그로부터 선험철학은 ≪순수 이성≫모든 원칙/신조들(→Prinzipien)의 체계/학설(→System)이다; **Transzendentale Meditation,** 종교의 운동, 인도의 종교적인 스승(→Guru) 마하리쉬 마헤슈 요기(Maharishi Mahesch Yogi)에 의하여 설립되었고, 전세계적으로 확산되어 있다<초월적인/초감성적인 명상>; **Transzendentale Theologie**(칼 라너(K. Rahner)), 신학에서 이해의 조건들을 인간의 주체 안에서 함께 생각하기 위한 그리고 그렇게 신학의 기본 주제들을(역시) 신학의 인류학(→Anthro- pologie)으로서 완성하기 위한 시도<초월적인/초감성적인 신학>; **Transzendentalien, Transzendentien,** 스콜라의: 존재의 가장 일반적인 결정/규정들(일치, 진리, 착함/선함, 아름다움)<초월적인/초감성적인 것들>; **Transzendenz,** 피안(지향)성 <초월(성)>

trapeza kyriú →thysiasterion

Trappisten (OC[ist]R[ef]), Ordo Cisterciensium Reformatorum, 침묵의 계율과 함께 (1664년시토교단의 수도원 라 트랍(La Trappe), 노르망디(Normandie) 에서 창설되어진) 강력한 금욕의(→asket.) 프랑스 수도회(→Orden)<트라피스트 수도회>; 독일의 지부: O. Cist. strictioris observantiae, OCSO

trauma *gr.* (정신적인/심리적인/영혼의) 상처/손상

Travée *frz.* , 교회 건축물: 궁륭을 이루는 두 구획들과 함께 궁륭을 이루는 중심 구획

tremendum *lat.* , 신적인 것으로부터 나오는/유래하는 섬뜩해지는 효과/힘/세력; 그러나→fascinosum

treuga (*roman. trewa*), 휴전; **tr. Dei,** 신의 휴전(중세 시대에 교회가 명한 특정 기간 중의 전투행위 중지)

Triangel *lat.* , 삼각형/세모꼴; 부활절 전주/성 주간의 새벽 미사(→Mette)에서: 곧게 세워진 하나의 삼각형/세모꼴의 측면에

세 워 있 는 15 개 의 초 를 지 닌 촛 대 (→Tenebraeleuchter); 중세의 삼중의 초, 그것은 부활절 전의 토요일/성 토요일 에 및 부활절 밤에 불 붙여진다

Trias, *Plr.* **Triaden** *lat.*, 셋이 한벌이 되는 물 품/<(삼위일체 신앙에서)> 삼위(일체); **triadisch,** 세가닥의/삼항(三項)의/삼위 의

Tribun (*lat. tribus* 로부터, 일정한 구역/지방 /지구), 고위의 고대 로마의 공직자/관리 <호민관(護民官)>; 한 고대 로마의 부대 (→Kohorte)의 최고위자<무관/사령관 >(행 21: 31 그리고 자주)

Tribunal *lat.*, 판사[재판관]석; 고대 교회의: 감독의 재판 자리와 함께 제단실; 설교 단

Trichotomie *gr.*, 셋으로 나눔/3등분(몸, 혼, 영혼)<인간 본성의 삼분법>; Ggs. →Dichotomie

Tridentinum, 트렌트(Trient)의(반종교개혁 (→Gegenreformation)의) 공의회(→Konzil) 그리고 그것의 결정들: 첫 번째 시기 (**1. Periode**) 1545-47 특별히 성서의 영감 (→Inspiration), 신뢰할 수 있는(→authent.) 본문으로서 불가타(→Vulgata) 역 본, 교회의 가르침의 원천으로서 전승/ 전통(→Tradition) 즉, 성서해석의 규범으 로서 교회,(연약한) 신인 협력설(→Synergismus); 두 번째 시기(**2. Periode**) 1551- 2; 세 번째 시기(**3. Periode**) 1561-3(특별 히 그리스도 희생/제물(→Opfer)의(대표 적) 전형(→Repräsentation) 으로서 미사 (→missa), 면죄 헌금(Geld→ablaß)에 대 한 폐지); **tridentinisch**<트렌트의>

triduum mortis Christi *alt.*, 그리스도 죽음 의 세 날들 즉, 부활절 전주간/성 주간 (→Karwoche) 의 마지막 3 일 ; **österl. Triduum,** 부활절(→Ostern)을 3 일(부활 절 화요일까지, 세 번째 부활절 날)을 연 장하기 위하여 후에 받아들여진 관습/ 관례; 유사하게 세 번째 성탄절날 그리 고 세 번째 오순절 날(바로크 시대 (→Barockzeit))

Triforium *mlat.*, 홍예문들(→Arkaden)과 함 께 평평한/낮은 통로; 교회의 중앙부분 에 벽 구축(構築)에서 중간층으로서 삼 중의 아치 구조와 함께 작은 기둥의 회 랑/복도<트리포리움(로마네스크나 고 딕교회의 내부의 중랑, 제단부, 측랑 창 문 아랫 부분)>

Trigemination→Gemination

Trimurti, 인도의 가장큰 신들의 셋으로 이 루어짐. 즉, 세상의 창조자, 세상의 보존 자 , 세 상 의 파 괴 자 로 서 브 라 마 (→Brahma), 비쉬누(→Vischnu) 그리고 쉬바(→Schiva)

Trination *lat.*, 하루에 미사의 세 차례 거행 을 위한 허락; →Bination

Trinität *lat.*,(아버지와 아들과 성령으로서 하나님의) 삼위(일체); →**immanente Tr.,** 신의 내적인 관계로서의 삼위일체; 아 들과 성령은≪아버지와 함께≫동일하 게 영원하고 그리고 ≪본질이 동일하다 ≫(→Homousie; 325 년 니케아(Nicaea)그 리 고 381 년 콘스탄티노플(Konstantinopel) 이 래 로 교 회 의 가 르 침, → Nicaeno-Constantinopolitanum); **ökonomische Tr.,** 고대 그리스도교의 견해, 그 견

해에 따르면 하나의 신적인 존재(→Substanz)가 우선 하나님의 구원의 역사의 (→heilsgeschichtl.) 사건과 함께(창조자 그리고) 구세주로서 즉, 시간적으로, 삼위로서 펼친다(=≪Offenbarungstrinität≫); **trinitarisch** <삼위일체 의 >; **Trinitatis,** 삼위일체의 일요일/주일(오순절 후 주일/일요일)

Trinitatiszeit→Per annum

Trinitarier (OST), Ordo Sanctae Trinitatis, 1198년에 설립된 수도회(→Orden), 그것은 구속된 그리스도인들의 해방/석방을 추구하였다<트리니타티스 수도회 수도사>

Tri'odion gr. , 세-송가/송시(頌詩)들-책; 동방교회의 사순절(그 때에 사람들은 그 밖에 8 송가들(→Oden) 대신에 단지 3 송가들을 부른다) 을 위한 예배식의 (→liturg.) 책

Tripitaka(Tipitaka) ind. , 3 광주리/바구니들, 불교의 (→buddhist.) 성전 (聖典)(→Kanon), 셋으로 분류/정리된다 (→Vinaya,→Sutta,→Abhidharma)<3장(경장(經藏), 율장(律藏), 논장(論藏))의 3 불교 성전(三佛敎聖典)>

Triptychon gr. , 세 폭으로된 제단화(畵)

Trishagion gr. , lat. tersanctus, 세 번<언급된> 거룩한, 예배식의(→liturg.) 찬송가(사 6: 3 에 따라); ≪거룩한 하나님, 거룩한 강력한 자, 거룩한 영원한 자, 우리들을 긍휼히 여기소서!≫형식 , 삼위(일체)(→Trinität)에 적용되어진다

Tritheismus gr. , 삼위(일체)(→Trinität) 의 해체/해결로서 세 신들을 믿음<3신설(三神設)/3신이체론(三神二體論)(삼위일체의 위격의 본질적 일치를 부정하는 6세기의 이단설)>; **Tritheisten**<삼위이체론을 주창하는 자들>

tritojesaja, gr. , 제 3이사야, 사 56 - 66를 위한 학문적(당혹/곤란한 상태의) 묘사; →Deuterojesaja

Triumphbogen, 그것은 교회당의 신도석과 제단실을 나눈다<특히 중세 교회에서) 예수나 교회의 승리를 상징하는 궁륭문>; **Triumphkreuz,** 그<(=궁륭문)> 안에 매다는 십자가<승리의 십자가>

Triumphierende Kirche<승리의 개가를 부르는 교회>→ecclesia triumphans

Trivium lat. , 세 길들의 집결점/교차점/분깃점; MA: (중세 대학의) 자유 7 학예(→artes liberales) 의 하급단계: 문법, 변증법/토론법, 수사학

tropos gr. , 방향전환,(진행) 방향/방위; 음성 멜로디/선율; 교수법/교육법; 비유적 회화적인 담화/연설; **tropisch,** 낡은/헌 것이 된, 회화적인/비유적인(→Hermeneutik); **Tropar(ion), Trope,** 시편 낭송[송독(誦讀)] 혹은 다른 예배식의 (→liturg.) 부분들의 확장을 위하여 삽입되어진 찬송가/제식가

Trullanum, 여섯 번째 교회 공의회(→ökumenisches→Konzil)(680년 콘스탄티노플(Konstantinopel)에서 황제의 궁의 ≪트룰루스(Trullus)≫홀 에서); 두 번째 Trullanum 이 농일한 홀에서 692 년에

Tschinvat→Cinvatbrücke

Tuba lat. , 트롬본/나팔 <튜바(저음 금관악기)/(고대 로마의) 나팔>; →Rezitationston

Tudorbogen, 후기 고딕 양식의(→gotisch), 영국에 만곡한/휜 변(邊)과 함께 밀어붙여진 첨두아치[홍예]<(위가 뾰족한) 튜더식 아치>

Tugend (*gr. arete, lat. virtus*), 플 라 톤 (Platon)(† 기원전 347): 지혜, 용기(함), 사려 깊음/침착함, 정의/공평; 아리스토텔레스(Aristoteles)(† 기원전 322)는 오성에 관한 덕(德)(→dia-→noet.) 과 윤리의 (→eth.) 덕 사이에 구별하였고,(특히 덕에 대한 견해를 통하여,→habitus) 스콜라 철학(→Scholastik)(특별히→Thomismus)에 영향을 미쳤다; 여기에서 ≪자연적인≫것들에 ≪초자연적인≫(본성 (→Natur)) 혹은 신학적인 덕들(**theol. T. en**) 믿음, 소망, 사랑(고전 13: 13) 이 상위에 두어졌고, 그것들은 하나님을 지향하고 그리고 쏟아부어진 은혜(→gratia infusa)에 의존한다; →Siebentugendlehre; 루터(Luther)(† 1546)는 아리스토텔레스-스콜라철학의 덕 개념의 위치에 정당함을 보여주는 믿음(→Glauben)에 대한 성서-종교개혁의 이해를 놓았고, 그 믿음은 사랑 안에서 생생하게 입증되고 (→libertas evangelica) 그리고 모든 ≪선한 일/행위들≫존재/본질과 기초/토대이다; 계몽주의(→Aufklärung)는 예의 범절/덕행(德行)을 덕이 있는(인간다운/인도적인(→human)) 행위의 총체로서 이해하였다; 현재의 덕 개념은 광범위하게/포괄적으로 다른 윤리의 범주/카테고리들(→Kategorien)을 통하여 교체되었다(→Humanität 및→Humanismus, Situ-

ations-→ethik, Sozial-→ethik 등등); 신학적으로 지속적으로 의미 있는: →Dekalog, (ev. :)→Gesetz u. Evangelium, tertius→usus legis,→Christusherrschaft; **Tugend-kataloge**→Lasterkataloge

Tuismus→Altruismus

Tumba→Katafalk

Tunika *lat., MA*: 차부제(次副祭)(→ Subdiakon)의 예배식의(→liturg.) 겉옷(→Dalmatik)<; 투니카(고대 로마의 소매 없는 옷)>; **Tunizella, subtile T. ,** 단순한/간소한 셔츠, 짤막한 투니카, 오늘날 =Dalmatik

tunsio pectoris→percussio p.

Turmerlebnis, 루터(Luther) 의 증언/진술에 따라 비텐베르크의 아우구스티누스은둔자 수도원 (Witterberger Augustinerkloster)의 탑/성루 거실(?)에서 하나님의 수동적 공의(→justitia Dei passiva)에 대한 그의 발견/깨달음(시점/시기와 그리고 《경험》으로서 논쟁의 여지가 있다) <탑/성루의 경험>

turris, turricula *lat.* , 탑/성루, 작은/귀여운 탑/성루; 성체(→Hostie) 를 위한 용기, 예루살렘의 거룩한 무덤에 모조/복제되어졌다; 작은 둥근 지붕 모양의 성유물함 (→Reliquiar)

Tutiorismus *lat.* , *tutior,* 더욱 안전한/더욱 신뢰할 수 있는, 더욱 견고하게 되었던 개연설/결의설(도덕적 규범과 양심이 충돌할 때 규범에 반하여 행동할 수 있다는 원칙)(→Probabiliorismus), 하나의 자유롭게 선택되어진 행위/행실이 우선적으로 확실한 근거/원인들과 함께 허가되었던 윤리적인 견해/의견

Tyche *gr.* , 숙명/운명, 행복한 우연의 여신<튀혜>; **Tychismus,** 우연이 세상을 통치/지배한다는 가르침/교훈<우연주의/타이히즘(특히 미국의 철학자 C. S. Peirce의 학설: 1839 - 1914)>

Tympanon *gr.* , 수(手) 팀파니; 교회의 주현관/정면 입구에 가장 깊게 파여진, 반원형의 문의 곡선/만곡의 벽<팀파눔/팀판(특히 중세 교회의 아치와 박공 벽면 부분)>

Typikon *gr.* , 모범/모델/본보기; 동방교회의 예배식의(→liturg.) 책, 그 책은 변화가 없는 축제의 범위/영역과 함께 변화가 있는 축제의 범위/영역의 동시에 발생하는 것을 조절[조정]한다

Typologese→Hermeneutik

typos *gr.* , 모형/모범/전형, 초안/계획/구상, 본보기, 유형/이상; **Typologie,** 모형론. 하나의 오랫동안 잘 알려진 것을 통하여 하나의 새로운 사물(인간)의 (대조/비교 안에서) 설명/해석/주석, 특히 구약성서와 신약성서 본문, 진술들, 구세의 사건들, 인간들의 대조/비교(예, 아담(Adam) - 그리스도(Christus) 롬 5: 12-); →Präfiguration

U

Ubiquität *lat.* ,(신의) 편재(遍在); **U. slehre,** 역시 그리스도의 몸의 어디에나/곳곳에 있음(Allenthalbenheit)<편재)> 에 대한 루터의 가르침 (→communicatio idiomatum); 성만찬(의 빵과 포도주)에서 그리스도의 몸의 실재(→Realpräsenz)를 위한 신학적 증명/논증; 루터교회와 개혁교회 신학 사이의 논쟁의 중심점/쟁점, 특별히 16 그리고 17 세기에

Übergangstheologie,(정교/정통 (→Orthodoxie) 으로부터 계몽주의로의 넘어감 안에서) 계몽주의 신학(→Aufklärungs-Theologie), 그것은 교리들을(→Dogmen) 도리/이성적 동기들과 함께 참으로서 증명하기를 원한다<과도기 신학>

Überlieferungsgeschichte, 처음[최초]에 단독적으로 유통하는 구전(口傳) 소제/주제들, 율법들, 금언들 등등으로부터 결정적인 관찰/관조로부터 문서에 의한/쓰여진 고착/확정까지 하나의 일치된 텍스트 전승/전래 되기의 과정/경과를 위한 묘사; →Formgeschichte,→traditionsgeschichtl. Forschung

Ulema *arab.* , 경험이 풍부한/숙련된 이들, 모하메드의 종교의 가르침<이슬람교의 법학자 겸 종교학자>

Ultramontanismus (*lat. ultra montes,* [알프스] 산맥의 다른 편에), 특별히 국가에 비하여 교황의 무제한의/절대적인 권세를 유용하게 만들었던 카톨릭 교회의 경향/유파(19 세기)<교황권 지상주의>

umbrella, umbraculum *lat.* , 우산/차광판; 제단-, 휴대용- 돌출부/가리개 [천개](→baldachin)

Unabhängige Kirchen, 선교사들의 영향(력)이 없이 전통의 교회 옆에 약 1870 년 이래로 발생한 아프리카의 교회들, 특히 남 아프리카와 그리고 자이레에서<독립적인 교회들>(→Kimbanguis- tische Kirche)

una sancta *lat.* , 하나의 거룩한(교회); **U. -S. -Bewegung,** 개신교와 카톨릭 교회 사이에서 분리/단절을 극복하기를 원한다<하나의 교회 운동>(→Hochkirchl. Bewegg.); **Unam sanctam,** 교황 보니파쯔 8 세의 교서(→Bulle Bonifaz' VIII.) (1302)의 시작의 단어들, 그 교서는 특히 교황에 대한 복종/순종을 구원에 이르기 위한 필연적인 일로 천명하였다; →Zwei-Schwerter-Theorie

una substantia, tres personae *lat.* , 하나의 본질, 삼위(격),(하나님의 구원계획에 따른) 삼위일체(→Trinität)를 위한 테르툴리아누스(Tertullianus)(† 220 년 이후)의 관용어<*역자주- 테르툴리아누스는 삼위의 각각을 persona로서 묘사하였어도,

후에 삼위일체 논쟁에서 정리된 tresper-
sonae라는 묘사는 하고 있지 않다>

Una Voce *lat.*, 하나의 음성/(목)소리와 함
께, 카톨릭 교회의 보수적인 운동, 특히
제 2 바티칸(→Vatikanum II)의 개혁[개
정]된 것들에 반대하여 라틴어를 유일
한 미사 언어로서 보존하기를 원한다

Unbefleckte Empfängnis→immaculata con-
ceptio

unctio extrema *lat.*, 마지막 기름부음/종부
성사(終傅聖事), 환자 도유식(塗油式),
종부성사(kath.: →Sakrament); **u. pectoris,**
세례와 함께 가슴과 등/잔등의 기름 바
름

Unfehlbarkeit→Infallibilität

Uniaten *lat.*, 카톨릭 교회와 함께 다시 **결합**
된 그리스도인들

Unierte (Kirchen)<통합[합병]된 교회/귀일
교회의 신도들>→Union

Uniformitätsakte, 4 왕의 법들을 위한 묘사,
그것들을 통하여 영국에서 하나의 일치
된 예배의 형태가 강요되어져야만 했
다: 1549(기도서(→Common Prayer Book)
의 입문서/개론), 1552, 1559, 1562

Uni'genitus *lat.*, 하나님의 독생자로서 태
어 난 자/홀로 낳아진 자; 얀센교파
(→Jansenismus) 에 대항하여 클레멘스
11 세(Clemens XI.)의 교서(→Bulle)의 시
작 단어

uninteressierte Liebe, *frz. amour désintéressé*
그것(=무관심한 사랑)은 자기 자신을
위하여 하나님을 사랑하고, 장점/이점
들(하나님의 공동체 등등)을 위하여 사
랑하지 않는다

unio *lat.*, 연합/합일/통합/협회/연맹;
Catholica U., 동양의 그리스도인들의
회복/되찾음을 위하여 1924 년에 창설
된 카톨릭 교회의 협회/단체/조합; **u.**
generalis,<일반적인 합일/통합;> *dogm.*:
모든 피조물들과 함께 하나님의 교제/
사귐; **u. gloriosa,**<영광스러운 협회/연
맹;> *dogm.*: 구원 되어진 자와 함께 하
나님의 종말론적인(→eschatolog.) 공동
체; **u. hypostatica** 혹은 **personalis,** 말씀
(→Logos)을 통하여 그리스도의 인격
(*Person*)(→*Hypostase*) 안에서 인간과 하
나님의 본성의 연합/합일; **u. mystica,**<
신비적인 합일/통합;>→Mystik: 신비적
인 집중/몰두/탐닉의 최고점/절정으로
서 하나님과 인간의 합일/통합(→Medi-
tation), 효능/가치의 모든 애착으로부터
깨끗하게 함/정화(→purificatio)와 하나
님의 영을 통한 조명/깨달음(→illumina-
tio) 다음의 세 번째 단계; →Orthodoxie: 그
리스도의 내재 그리고 그와함께 믿는 이
안에 삼위(일체)(→Trinität)의 내재; **u.**
sacramentalis, *kath.*: 성례전(→Sakrament)
에서 하늘에 있는 것과 세상에 있는 것
들 사이에 합일/통합; **piae uniones,** *kath.*:
신앙심이 깊은/경건한 협회/단체들

Union *lat.*, (다양한 종파들(→Konfessionen)
의) 통합/결합; **absorptive U.**, 융해/융합
의 통합/결합; **Konsensus-U.**, 교리/신조
들 안에서 일치/합치/합일의 근거에서
통합/협회/연맹(신앙고백-통합/협회/연
맹); **Ev. Kirche der Union**(EKU), 1817 년
에 프리드리히 빌헬름 3 세(Friedr. Wilh.
III)를 통하여(우선 광범위한 목표설정/

계획들과 함께,→Agendenstreit) 창설된 연합/동맹의(관리/행정-) **(konföderative (Verwaltungs-)**의 협회/연맹(→Altlutheraner), 본래적으로 ≪프로이센 땅에서 복음교회≫묘사하였고, 1866년(루터교의 유지하는) 하노버(Hannover) ≪옛 프로이센 영토의 복음교회의 지역교회≫, 루터교의 법/제도/규약 1922년 ≪옛 프로이센의 연맹/연합의 복음교회≫(APU), 루터교회의 기본질서(→Grundordnung) 1953년 ≪연맹/연합의 복음교회≫(EKU); 1972년 이래로 EKU는 서독에서(지교회: 라인란트(Rheinland), 베스트팔렌(Westfalen) 그리고 서 베를린) 있는 것 옆에 동독에서 독자적인 영역을 형성하였다(지교회: 베를린-브란덴부르크(Berlin-Brandenburg), 괴리쯔(Görlitz), 그라이프스발트(Greifswald), 교회의 관구 작센(Sachsen), 그것들에 더하여 [이전의 프로이센이 아닌] 1960년 이래로 안할트(Anhalt)); **Unierte,** EKU 및 다른 통합[합병]된 교회들(헤센-나싸우(Hessen-Nassau), 쿠어 헤센-발덱크(Kurhessen-Waldeck) 그리고 의견일치의 통합[합병] 바덴(Baden)과 팔츠(Pfalz))의 구성원<통합[합병]된 자들>; →Vereinigte Ev. -Luth. Kirche; **Unierte Kirchen des Ostens,**<동방의 통합[합병]된 교회;> 법률상으로 카톨릭 교리/신앙/주의/제도를 위하여 셈하는 교회들, 그러나 로마의 총대주교 관할 구역(→Patriarchat)에 속하지 않는다

Unitarismus *lat.*, 삼위(일체)의 교리(→Trinitätslehre)에 대항하여 하나님의 일체

/일치의 강조<유니테리언 주의/유니테리언파의 교리>; **Unitarier**<유니테리언 교도(삼위일체설을 반대하는 프로테스탄트의 일파)>; →Sozinianismus

unitas *lat.*, 일치/통합/일체; **U. fratrum,** 형제들의 일치(→Brüderunität), 보헤미아-뫼렌<모라비아>(→böhmisch-mährische Brüder)의 형제들 1467년, 헤른의 형제단/형제공동체(→Brüdergemeine) 1722년

unitio naturarum *lat.*, 그리스도 안에서 양 본성의 합일/연합

Universal'episkopat, 온전한/전체 교회의 감독/주교로서 교황

Universalien *lat.*, 보편[일반] 개념/보편 타당한 진술/언어적 보편성들; 중세 스콜라 철학의 **U. -streit,** ≪universalia ante-res≫ 즉, 사물들 앞에서 실제의 원형/전형(플라톤에 따른 실재론(→Realismus))으로서 일반 개념들 혹은 유 개념/종속 개념들인지 혹은 단지 ≪ in rebus≫즉, 사물들 안에서 실재적으로(→Aristotelismus) 혹은 우선적으로 ≪post res≫ 즉, 뒤늦게 이성에 의하여 형성되어지든지의(→Nominalismus)(논쟁)

Universalismus des Heils, 하나님의 일반적인 은총의 의지/뜻을 위한 묘사(딤전 2: 4)<만인[보편] 구제/구원설>; **u. hypotheticus,** 오직 받아들여진/용인된 자, 일반적으로 하나님의 구원 의지를 전제로 하고, 프랑스 종교개혁가들의 가르침/교훈(17세기), 그 가르침에 의하면 일반적인 하나님의 은혜/은총은 우선적으로 인간의 태도/거동을 통하여 개별적인 예정(→Prädestination)이 된다; **Universal-**

isten, 미국의 개혁 교회의 경향/유파, 그들은 칼뱅의 이중 예정(→calvinist. gemina→praedestinatio) 에 대항하여 만인[보편] 구제/구원을 가르친다

Universalität der Kirche<교회의 보편성/일반성/전체성>→Katholizität

Universität *lat.* , 총체/전체/총괄, 학문적인 가르침과 연구를 위한 처소와 공동체; 12/13 세기에 단체/법인체를 위하여 교사들과 학생들의 연합/결합(universitas magistrorum et scholarium)(예 , 볼로냐(Bologna) 1119, 파리(Paris) 1200), 포함되어졌던 3 학부들(신학, 의학, 법학) 그리고 그와 마찬가지로 그 학부들의 준비/전 단계로서(철학적인) 중세 대학의 자유 7과 [7 학예] 학부; 후에 국가적으로 학문들의 총체/전체(**universitas litterarum**) 로서

Univokheit, Univozität des Seins *lat.* , 스코투스 학파의(→scotist.) 모든 존재하는 것의 존재의 명백함

Unsterblichkeit der Seele, 고대 철학적 전통/전승(플라톤)으로부터 신학으로 넘겨받은 죽음을 넘어선 인간의 연속성에 대한 진술(육체의 부활(→Auferstehung des Fleisches))<영혼의 불멸/불사>, 그것의 영지주의적 (→gnost.) 이원론의 (→dualist.) 각인(각인) 안에서 그렇지만 성서와 그리스도교의 신앙의 소유물이 아니다

Upanischaden *ind.* , 온밀힌/비밀의 가르침/교훈을 위한 앉기; 베다를 위한 사제의 주석(→Brahmanas) 그리고 아라니아카스(Aranyakas)의 본문들의 모음, 제도(濟度) [해탈(解脫)]의 길에 대한 하나의 비밀의 가르침을 포함한다<우파니사토(優婆尼沙土)(바라문교의 철학 및 신학 사상을 나타내는 일군의 성전으로 후기 베다 문학에 속함; 운문과 산문으로 되어 있음)>

Urania→Musen

urbi et orbi *lat.* , 도시(로마)와 세상의 범위/영역<(온 땅에)>; 교황의 축복의 의례[법식, 형식]

Urchristenteum, 기독교의 사도들의 (→apostol.) 시기(및 1 세기)를 위한 묘사<초기 [원시] 기독교>

Urd→Nornen

Urgemeinde, 예루살렘에서 예수의 제자들과 추종자들의 첫 번째 공동체 (→Gemeinde)<(유대인 그리스도 교도의) 원시 그리스도교 교단/원시 그리스도교>

Urgeschichte, 창 1 - 11 장에서(대부분 원인의(→ätiolog.)) 전승/전통들과 전설/구전들을 위한 묘사<태고사/원시사>

Uriel→Erzengel

Urim und Tummim *hbr.* , 감각/감관/의미 ?, 사제의 추첨으로하는 신탁(신 33: 8)<(우림과 툼밈)>

Urkirche, 되어지는 그리스도의 교회 (→Kirche), 특히 2 세기의<원시[초기](기독교) 교회>

Urkundenhypothese, 더욱 오랜<원전에 대한 가실/가정> : 모세 오경(→Pentateuch)의 기초[근간]을 이루는 고유한 하나님의 이름들(→Elohist,→Jahvist)과 함께 다양한 ≪원전 (原典)/원본≫대한 추측/

추정(일겐(Ilgen) 1798); 더욱 새로운<원전에 대한 가설/가정>: 마치 하나의 자주적인 편찬자(→Redaktor)의 것 처럼 하나의 두 번째 엘로힘 문서와 야훼 문서의, 하나의 엘로힘 문서의 원문/원본의 가설/가정 (후 펠트(Hupfeld) 1853); → Ergänzungshypothese,→Fragmentenhypothese; 유사한 발단/단서들이 공관 복음서(→Synoptiker) 연구에 존재한다

Urmensch→Gnosis

Uroffenbarung, 원칙적으로 그리스도교의 계시의 기초가 되는, 현실(성)과 ≪규범/규정들≫ 안에서 하나님의 간접 증언/확언, 이미 신의 존재와 본질에 대한 인식 능력 혹은 자연 종교 혹은 자연 신학(→natürl. Theologie)(알트하우스(P. Althaus))

Ursakrament→Sakrament

Urstand, 인류의 타락/원죄(→Sündenfall) 이전에 인간의 상태<원래[최초]의 상태, 원상>

Ursünde→peccatum originis

Ursulinen (OSU), Ordo Sanctae Ursulae, 1535년 창설된 수도회(→Orden), 먼저 후에 수도원에서, 청소년 종교 교육을 위하여

Urtext, 성서의 원어의 본문을 위한 묘사<원문/본문/원서>, 구약성서: 히브리어(그리고 개별적인 부분들을 위하여 그리스어), 신약성서: 그리스어

Urvertrauen, 사회 심리학의 개념(에릭슨(E. H. Erikson),*1902: 기초적인/기본적인 신뢰/신용/신임), 유아 시기/시절에 하나의 관점/위치 어머니-자녀의 관계를 근거로 안전과 보호에 대한 기본 느낌/감정; 기술/묘사의 시금석/표준들에 따라 철두철미 그리스도교-신학의 신뢰/확신 개념에 비교할 수 있다<(인간이 태어날 때부터 모자(母子)의 관계로 인해 습득한 주위 세계에 대한) 원초적 신뢰>

usia, Usie *gr.*, 현존/존재, 본성/본체/본질, 현실/실제,→substantia; 이전의 교리사에서 역시 휩포스타시스(→Hypostase)와 동의어(→Synonym), 후에 오직(하나님 및 그리스도의) 본질적 특징[성]

usus *lat.*, 사용/관습/습관, 유익/유용; **u. legis,** 율법의 활용/적용; **primus u. l. (civilis, politicus),** 율법의 첫 번째 활용/유익/유용(외적인 요소들 안에서)(시민 계급/시민의, 정치적인), **secundus u. l. (elenchticus [증명/확인하는], paedagogicus),** 율법의 두 번째 활용/유익/유용,(교육적인/교육상의, 회개/참회에 이끄는) 율법의 활용/유익/유용, **tertius u. l. (didacticus),** 율법의 세 번째 활용/유익/유용, 믿는 이들에게 가르치는/깨우쳐 주는 율법의 활용/유익/유용(멜란히톤(Melanchthon); 그것에 반대하여 루터(Luther): 믿는 이가 행동/실행하고, 의인이며 동시에 죄인(→simul justus et peccator) 일지라도, 본래/실재의 동인/자극으로부터 옳다; 율법의 가장 중요한 기능은 증명/확인하는 활용/유익/유용이다 (u. elenchticus); **u. l. simplex, duplex, triplex, quadruplex,** 하나-, 둘-, 삼-, 사-중의(4.: 완전/완벽을 위하여) 율법의 활용 및 유익/유용; **extra usum,** *ev.*: 활용/사용 외에(성체(→Hostie)가 축성되어지지 않

는다(→konsekriert); 카톨릭 교회의 화체설(→Transsubstantiations-Lehre) 에 대항하여)

Utgard *germ.*, 외부 세계/바깥 세상, 거인들의 신화적인(→mytholog.) 고향; →Asgard, →Mitgard

Utilitarismus *lat.*, 유용성/유익성의 가르침, 그것은 선한 것을 유용한 것과 함께 동일시 한다<공리설/공리주의>; →Pragmatismus

Utnapischtim 바빌론의, 매우 현명한/재치 있는 자, 그는(마치 노아 처럼) 그의 가정을 대 홍수에서 구출하였고 그리고 신들처럼 높이어졌다

ut omnes unum *lat.*, 그들 모두가 하나로(되는 것, 요 17: 11); 기도의 신도 단체(1878년 창설되었다)

Utopie *gr.* ,(아직) 어떤 공간도 갖지 않은 것, 꿈 같은 소망/큰 희망, 열광/도취<몽상/공상/유토피아>; **Realutopie**(≪현실/사실적인 유토피아≫), 하나의 소개/표현되어진(그리고 얻고자 힘쓰는/열망하는) 미래적인 사회의 상태

Utraquisten→communio, →Kalixtiner

V

Vadschrayana *ind.* , 다이아몬드의/다이아 몬드가 박힌 탈 것/차량, 최근/최후의, 마술/주술의 제식에 의거한(→ rituell) 근 동의 불교(→ Buddhismus) 의 경향/성향; →Hinayana, →Mahayana

Vaganten *lat.* , 떠돌아 다니는/유랑하는 이 들; 중세의:직무를 위한 처소가 없는 성 직자들 혹은 목사의 안수식(→ Ordina- tion), 학생들<방랑 가인(歌人) (신학 대 학생이 많았음) 방랑자>; **vagierende Gemeinden,** 카톨릭 교회의 ≪방문객 공 동체≫, 그것은 고유의 교회가 없이 복 음교회 공동체에 연결되어 있었다(16 세기)<방랑/유랑하는 공동체>

Vakanz *lat.* , 메워지지/채워지지 않은 자리 <비어 있음/공석/방학>

Valentinianer, 영지주의자(→ Gnostiker) 발 렌티누스(Valentinus)의 추종자들(2 세 기)

Valet *lat.* , (너에게) 행운이 있기를!, 안녕(작 별인사), 작별인사 (본래적으로:valeat)

Vanen *germ.* , 훌륭한/뛰어난 이들, 아젠들 (→ Asen)에 서로 대립하고 있는 게르만 족의 신족(神族)(Niörd, Freyr, Freya)

Vardapet 랍비를 위한 증대/고조 형식(→ Rabbuni)에 대한 아르메니아어의 번역, 동방 정교 교회 신학의 제목(12 세기 이 후에)

Variante *lat.* , 다른 수기원본(手記原本)이 나 역사 비판적 판본(判本)에서 자구(字 句) 의 차이/이본(異本)<변형/변화>; →Textkritik

Variata→Confessio Augustana

Varuna, 바라문교(→ Vedismus) 에서 중심/ 주요 신 그리고 우주에서 선한 질서(→ rta)의 감시인/수호자

vas *lat.* , 그릇/병/통, 종/(큰) 방울; **v. fusi- lium,** 주조되어진 종/(큰) 방울; **v. pro- ductilium,** 얇은 철판으로부터 구리 못 을 가지고 리벳을 박아쥔 종/(큰) 방울; **v. lustrale,** 성수(聖水) 그릇/통; **vasa sacra** 혹은 **mystica,** 거룩한 혹은 신비한 예배 식의(→ liturg.) 그릇/병/통; **vasculum,** 작 은 그릇/병/통; →Reliquienbehälter

Vaterunser, *lat.* **Paternoster,** 후에 증언된(→ Textkritik) 마지막 찬미가/영송(→ Dox- ologie)과 함께 마 6:9-13 에 따른 예수의 기도; 비교, 그러나 눅 11:2-4<… 우리들 의 아버지 … >

Vaticana→Medicaea editio; **Vaticanus,** 그리 스 구약성서(→ Septuaginta)와 신약성서 의 가장 중요한 대문자로만 된 문자(→ Majuskelhandschrift), 양피지/고사본(古寫 本)에서 가장 오래된 성서 수서본/ 필사 본(4 세기); →Alexandrinus, →Sinaiticus

vaticinium ex eventu *lat.* , 일어난 일/사건에

따른 예언/신탁(神託); 나중에 형성되어
진 예언/신탁

Vatikan, 바티칸의 언덕/작은 산에 놓여 있
는 교황의 궁전 <바티칸 궁전(로마 교황
의 궁전)/교황청(로마 카톨릭 교회의 최
고 주무부서)>; **Vatikanstadt**→Kirchen-
staat; **Vatikanum I,** 바티칸에서의 공의회
1869-1870(단절 되었다가 1923 년 예고/
통지에도 불구하고 끝나지 못하였다),
1870 년 7 월 18 일에 판결/교구 관할권
의 우위권(→ Jurisdiktionsprimat)과 무오
류성(→ Infallibilität)의 교리(→ Dogma);
Vatikanum II 1962-1965, 현대화(→ ag-
giornamento)의 상징 안에 놓였다; 새로
운 교리는 없었으나, 그러나 의미 있는
현재, 그것의 자기 이해, 세계와 관계 그
리고 그것의 다른 신앙의 공동체를 위
한 위치/입장의 카톨릭 교리[신앙, 제도]
를 위한 충격/자극; 중요한 문서/증거 서
류들:예배식에 대한 교황의 칙서/약관/
규칙들(→Konstitutionen)(표준어/자국어
의 허용), 교회(떠도는/방랑하는 하나님
의 백성과 그리스도의 몸으로서), 계시
(성서, 전승(→ Tradition)과 교회의 교직
(→ Lehramt) 의 일치), 오늘의 세상 안에
서의 교회; 동방의(로마) 카톨릭 교회 그
리고 초교파적 교회의 재일치 운동
(Ökumenismus [1964 년 제 2 차 바티칸 공
의회에서 기인한 명칭])에 대한 결정들
(→ Dekrete) 등등; 종교[신앙]의 자유 그
리고 비 기독교석인 종교들에 대한 설
명/해석/선언/언명 들; 처리[해결]되지
않은 주제/테마들:특히 종교가 다른 사
람끼리의 결혼, (카톨릭 성직자의)독신

(제)(→ Zölibat), 산아 조절/제한

Veda, *Plr.* **Veden** *ind.* , 지식/알고 있는 것, 가
장 오래된 인도 종교의 텍스트들, 그것
들은 계시로서 유용하다; 4 자니타스
(Sanitas)(모 음/수 집 들)로 구 별 된 다
→Rigveda,→Yadschurveda,→Samaveda,
→Atharvaveda; **Vedanta** *ind.* , 베다의 마
침/종국/결말, 바라문교(→ Brahma-nis-
mus) 및 힌두교(→ Hinduismus)의 가장
중요한 철학 학파; **Vedismus,** 가장 오래
된 알려진 인도의 종교 형태(Veden)<바
라문교>, 하나의 계급 조직(→ Hierar-
chie)이 없던 다신교(→ Polytheismus)와
마법/마력의(→ magisch) 의식 존중주의
(→ Ritualismus)

Vegetations-→Mysterien, 다산/생식의 신들
에 대한 숭배 및 마력으로 불러냄/주문
(呪文)(→ Magie) 과 함께 제식/의식의
(→ rituell) 자연 순환/회전의 모조/복제
(어머니/모(母) [-땅-]-신들, 나무의 신성
한 곳들 [=수태 능력의 상징(→ phalli-
sche Symbole)], 비(雨)의 시들 등등)

velamen nuptiale *lat.* , 결혼의 베일/면사포;
수녀의 베일/면사포

VELKD, VELKDDR→Vereinigte Ev. -Luth.
Kirche

velum *lat.* , 베일/면사포/너울, 거룩한 기구/
집기들을 위한 식탁보/덮개(→ Korpor-
ale, → palla); **v. quadragesimale** *lat.* , 40 일
동안의 사순절(→ Fastenzeit) 에(교회당
에) 본제단이 있는 곳(→ Chor)과 본당
사이에 로프 등으로 당기어 버티는 커
튼/장막, ≪단식포(布)(특히 15/16 세 기
에 사순절 단식 기간중 제단 앞에 드리

위 졌음)(**Hungertuch**)≫, 본래적으로 성
금요일(→ Karfreitag)에 제단(→ Altar)의
덮기 위하여, 나중에 명상/묵상하는 관
찰/숙고를 위하여 그리스도 수난(→
Passion) 의 장면과 그리고 상징들과 함
께(→ Passionswerkzeuge); 관습/관례으로
서 다시 사순절 행사를 통하여 받아들
여진 구호사업(→ Misereor)

venerabilis *lat.*, 존경/사모/할 만한 자; **ven-
erabile,** 축성되어진 성체(→ Hostie)

veneratio→Dulie

Veni, creator spiritus *lat.*, 오소서! 창조자
(성)령<(=창조의 영)>이시여!, 하나의
옛 교회의 오순절 찬양(→ Hymnus) 의
시작(흐라바누스 마우루스(Hrabanus
Maurus) † 856)

venia *lat.*, 허가/동의; **v. concionandi,** 설교하
기 위한 허가/동의; **v. docendi (legendi),**
강의들을 열기위한 허가/동의

Verantwortungsethik→Ethik

verba institutionis *lat.*, 성만찬/성체 제정(聖
體制定)의 말씀; **v.** →**testamenti,** 성만찬
(→ Abendmahl) 제정/성체제정의(언약
의) 말씀(고전 11:23-25; 마 26:26-28 pp.),
→Spendeformel

Verbal'inspiration *lat.*, 성령을 통하여 문자
/글자의 축어적인 불어넣음/영감(靈感);
→Personal-I., →Real-I.

verbotenus lat., 말대로의/문자대로의/축어
적인

verbum visibile *lat.*, 볼 수 있는/가시적인 말
씀으로서 이해되어지는 성례전(→
Sakrament)(아우구스티누스(Augustinus)
(† 430))

Verdammnis, ewige (최종적인/최후의)→
Zweiter Tod

Verdienst→meritum

Verdikt *lat.*, *vere dictum,* 배심원에 의한 평
결, 판결/선고/평결

**Vereinigte Evangelisch-Lutherische Kirche
Deutschlands** (VELKD)<독일에서 하나
로 합병/결합되어진 복음교회 - 루터교
회의> 1936 년 손상을 입지 않은/건전한
교회들(→ intakten Kirchen)(바이에른
(Bayern), 하노버(Hannover), 뷔르템베르
크(Württemberg))의 ≪감독위원회의 부
분(→ Lutherrat)≫(≪독일의 복음교회-
루터교회의 위원회≫)의 설립/창설;
1948 년 ≪작은 루터교회의≫VELKD
의 설립/창설, 바이에른, 브라운슈바이
크(Braunschweig), 함부르크(Hamburg),
하노버, 멕클렌부르크(Mecklenbg.), 작
센(Sachsen), 샤움부르크 - 리페(Scha-
umbg-Lippe), 슐레스비히-홀스타인
(Schleswig-Holst.), 튀링엔(Thüringen) 그
리고(1949 년) 뤼벡(Lübeck)을 통하여,
<그러나> 올덴부르크(Oldenbg), 폼메
른(Pommern), 뷔르템베르크 (1967 오이
틴 (Eutin))이 없이 ; 1968 년 이래로
VELK/DDR: Vereinigte Ev.-Luth. Kirche in
DDR(멕클렌부르크, 작센, 튀링엔)<동
독에서 하나로 합병/결합되어진 복음교
회 - 루터교회의>; →Bund der Ev. Kirchen
in der DDR; →Evang. Kirche in Dtschld.

Verfalltheorie, 기독교의 교리(→ Dogmen)
발전은 하나의 그리스화하기 이고 그리
고 그와함께 동시에 하나의 붕괴/무효
화됨/실효(失效)와 예수의 그리고 원시

공동체(→ Urgemeinde) 의 비교리적인 믿음의 변조/날조 이다라는 자유주의 신학(→ liberale Theologie)의 견해/해석< 무효화됨/실효(失效)의 이론>

verfaßte Kirche, 공식[정식]의 기관/제도로서 교회(→ Kirche)를 위한 묘사, 그 교회는 공법(公法) 의 법인/단체(→ Körperschaft) 로서 하나의 고유의 법률상의 정관/규칙을 갖는다<법을 갖춘/지닌 교회>

Verklärung (Jesu)→Transfiguration

Verkündigung→Kerygma; →Mariä V. :**soziale Verkündigung,** (우선 19 세기 말에) 선언 [전도]/통지의 공개/사회의 특성을 통하여 주어진 사회적인 관계를 위하여; 종교의 내향성/내면성에서 선언[전도]/통지의 하나의 한정/제한하기의 거부/저항

Verleiblichung (*lat. incorporatio*), 하나의 영혼을 통한 한 육체/몸의 받아들임/수용; →Inkarnation

Vermittlungstheologie, 슐 라 이 어 마 허 (F. Schleiermacher)에 연결에서 19 세기 중엽의 신학 경향/유파, 그 신학은 신학적 사고/생각의 순응성/적응력을 강조하였다<중재/조정 신학>

ver sacrum *lat.*, 거룩한 봄; 궁핍[곤궁]의 시기에 신들에게 봄의 첫-자녀들을 바치기 위한 로마의 습관

Versetten *ital.*, 짧막한 운율/시행(詩行); 변화/교체안에서 연주/낭독되어지는 시편 닝송/송독(→ Psalmodie)

Versiegelung, 정신의 전달, 새 사도 교회(→ Neuapost. Kirche) 에서 세 번째 성례전(→ Sakrament)<; 봉인>

Versikel *lat.*, 짧막한 운율/시행(詩行); 예배에서 짧막한 대창(對唱), 부분적으로 역시 이야기되어 지기도 한다; →Responsorium

verso *lat.*, 하나의 수서본/필사본의 뒷면; *Ggs.* →recto

Versöhnungstag→jom kippur

versus responsorialis *lat.*, 대답/응답 운율/시행(詩行), 시편 찬양에서 후렴/반복구; →Hypopsalma

Vertragstheorie→Legaltheorie

Verwaltungsunion→Union

Vesper *lat.*, 저녁/밤, 수도원의 사제의 성무일과(→ Hora); 저녁의 예배식(→ liturg.) 의 예배; **sizilianische V. ,** 시칠리아에서 프랑스의 지배/통치에 대항하여 기벨린 당원(중세 이탈리아의 호엔슈타우펜 황제 당원)(Ghibelline) 의 유혈의 봉기/반항(팔레르모(Palermo)에서, 부활절 월요일 저녁에 1282)<시칠리아의 저녁>;

Vesperale *lat.*, 저녁 기도/예배(→ Vesper) 를 위한 예배식서(→ Litur-giebuch); **Vespermantel**→Pluviale

vestibulum→atrium

vestigia trinitatis *lat.*, 피조물안에서(삼중의 관계들의 형태[형상]안에서) 삼위(일체)(→ Trinität) 의 흔적/발자취들

vestis sacerdotalis *lat.* , 사제의 옷/의복; **Meßgewand;** →Kasel

Vetus Latina *lat.* , 옛 라틴어의, **Praevulgata,** 불가타 성서(→ Vulgata) 보나 앞선, **V. Syra,** 옛 시리아의, 시리아어의 성서 번역인 페쉬타(→ Peschitta) 보다 앞선 성서번역

Vexilla regis prod'eunt *lat.*, 왕(그리스도)의 기(旗)/깃발들이 전진/진격하고, 고대 그리스도교의 찬미가(→ Hymnus)(<교회저술가, 시인이었던> 베난티우스 포르투나투스(Venantius Fortunatus)< † 600 년 이후 (*원문에는 3세기)>)

via *lat.*, (앎/인식의) 길/방법; **via affirmativa,** 신 인식의 시인/인정하는 길/방법, 그 길은 하나님에 의하여 피조되어진 것들 안에 포함되어 있는 모든 완전/완벽을 표현/진술한다(→ v. causalitatis); **via antiqua,** 옛 길/방법, 토마스 학설(→ Thomismus)의 의미에서 오 컴 주 의 (→ Occamismus)에 대항하여 반작용 운동, 그 방법은 이성을 통하여 믿음의 가르침의 증명/논증을 가능하도록 설명하였다; **via causalitatis,** 최종/종료의 방식/방법안에서 인식의 길/방법; **via crucis, via dolorosa,** 예루살렘에서 예수의 십자가의, 고통의 길; kath.:→Kreuzwegstationen; **via eminentiae,** 높이기/고양의 길/방법, 하나의 알려진 사물에 접하여 평가/추측되어진 고유의 특성의 증대/고조를 통하여 하나의 이상개념(신개념)의 조성; **via moderna,** 오컴주의(→ Occamismus)의 새로운 길/ 방법; **via negationis**→kataphatische Theologie; **via purgativa**<깨끗하게 하는/정화하는 길/방법>, **illuminativa**<조명/깨달음의 길/방법>, **unitiva**<합일/통합의 길>→ unio mystica

viaticum *lat.*, 여행용 식량/길 양식; kath.:종부성사(→ unctio extrema)와 함께 되어진/행하여진 성만찬; 휴대용 제단

vicarius Petri *lat.*, 베드로의 대리자/대행자; **v. adiutor,** 보조사제/부목사로서 대리인/대변자; **v. delegatus,** 사도적(→ apostol.) 성직자 대리인들(→ Vikare), 사도적 지목구들(→ Präfekte) 그리고 한 주교구에 교황에 의하여 임명된 고위 성직자들(→ Administratoren)의 대리인/대변자; **v. forane'us,** 그의 주교/감독의 교구(→ Diözese)의 구역/부분 영역에 대한 주교/감독(→ Bischof)의 감독기관, 지역 교구 감독/노회장/지방회장(→ Dekan); **v. oeconomus,** →Pfarrverweser

vierundzwanzig Älteste: 계 4:4

Vierzigstündiges Gebet, 축성된(→ konsekrieren) 성만찬(의 요소들)(→Eucharistie)의 전시/제공과 함께 중단 없는 상시 성체 예배의 옛 습관(≪영원한 숭배/기도≫), 특별히 성주간의 마지막 3일(→ Triduum), 그리고는 사육제의 날 동안에 역시 속죄의 기도로서

vigil *lat.*, 파수꾼/경비원; **V. fasten,** 축제일의 전날/전일에 단식(**Fasten**); **Vigilie,** (*lat. vigilia, gr. agrypnia* 혹은 *mesonyktion*), 야간보초/야경, 심야의/한밤중의 성무일과(→ Hora); 한밤중의 기도의 예배, 특히 축제일 전날; 죽음의 침상 및 관을 지키는 사람

Vikar *lat.*, 직위/직무의 대행자/대리자; *ev.*: 신학교에서 설교하기 위한 허가/동의(→ venia concionandi)와 함께 첫 번째 신학 시험 후에 신학자(설교직의 지원자/수험생(**Predigtamtskandidat**)) 혹은 목사[주임신부]의 직-수련/훈련(목사 시보(**Pfarrvikar**))에서; *kath.*:역시 보조사제

를 위하여(→ Kaplan); **apostolischer V.**, *kath.*:주교/감독의 권세를 가지고 한 영역/범주의 지도자/관리자; **exponierter V.**, 특별히 특권을 가지고 다른 곳의 직위/직무의 대행자/대리자<드러나 있는 대행/대리자>; →General-V.; →Kardinal-V.; **(Pfarr-)Vikarin**, (축복(→ Einsegnung) 및 성직 수여(→ Ordination)과 함께)(온전히 수련을 쌓은/훈련을 받은) 여자 신학자; →Pastorin

Vinaya *ind.*, 지도/지휘/통솔; 불교의(→ buddhist.) 수도승/승려의 규칙과 함께 성전(聖典)(→ Tripitaka)의 첫 번째 바구니/광주리(부분)

vindikativ *lat.*, 형벌과 같은, 속죄와 같은

Vinzentiner→Lazaristen

Vinzentinerinnen, Barmherzige Schwestern, 카톨릭 교회의 간병교단(看病敎團), 빈첸티우스(Vincentius von Paolo)에 의하여 설립되었다(1633)

virga pastoralis *lat.*, 목자[목동]의 지팡이, 주교의 권장(權杖)

Virginität *lat.*, 처녀성/순결성/동정

virginitas in partu, *kath.*:마리아(Maria) 는 출산[분만] 과정[행위] 안에서 처녀성/순결성/동정의 외적인 표/징표를 보존/유지하였다

virtus *lat.*, 힘/능력, 세력/행동/활동, 덕/미덕; **v. sacramenti,** 성례전(→ *Sakrament*)의 힘/능력

vis *lat.*, 힘/능력; **v. receptiva** *lat.*, (정당함의 증명[인정]/정당성을) 붙잡는/움켜쥐는 (믿음의) 힘/능력; **v. operativa,** (새롭게 하기/개혁/회복을) 일으키는/일어나게

하는(믿음의) 힘/능력; **v. vitalis,** 생명력/원기

Vischnu, 힌두교(→ Hinduismus) 의 우호적이고, 세상을 보존하는 주요한 신; *Ggs.* →Schiva

visio beatifica *lat.*, 구원받은 이의 종말론적인(→ eschatolog.) 존재/현존의 방법으로서 신의 축복을 받게/더 없이 행복하게 만드는 보여줌/전시/직관; **Vision,** ((종교적) 열광자/무아 지경에 이른 사람(→ Ekstatiker) 및 신비주의자/신비가를 위하여 이미 현재적으로 체험 가능한) 얼굴/표정/외적인 형상, 쇼/보여줌/직관

visitatio infirmorum *lat.*, 문병/왕진/회진; **V. Mariae,** 마리아의 강림 축일(엘리사벳 집에서 잉태한 마리아와 엘리사의 만남)(눅 1:39-; 7월 2일); **v. ad→limina Apostolorum,** 사도들의 문지방/문턱에 방문, 로마 순례/성지 참배; 교황청 당국(→ Kurie) 에 감독/주교들의 의무에 따른 방문; **Visitation,** 교구감독 등등을 통하여 공동체들에 대한 감독/감시를 위한 방문; **Visitator**<교회 순시의 수행자>

vita *lat.*, 삶/생명/목숨/생활, 전기/생의 기술; **v. aeterna,** 영원한 삶/생명; **v. beata,** 복된 삶/생활; **v. canonica** *lat.*, 주교좌 대성당 (→ Domkirche)의 성직자 (→ Kleriker) 들의 규정된/규칙 세워진 삶/생활; **v. communis,** 한(그리스도인들의) 집단/그룹의 공동의 삶/생활; **v. religiosa,** 서약/맹세(→ Gelübde) 를 통하여 의무지워진 수도사와 수녀들의 생활 태도/처신; **v. saecularis,** 현세/이 세상의 생활

Vitalismus *lat.*, 하나의 특별한 생명력/원기

가 모든 살아있는 현상/나타남을 산출 한다/가져온다

vitium originis *lat.*, 원죄(→ Sünde)

viva vox (Evangelii) *lat.*, (복음의(→ *Evangelium*)) 살아있는 음성

Viztum, Vizdom(*lat. vicedominus* 로부터, 주인의 대변자/대리인), 감독의 재산관리인<(중세의) 교회나 귀족의 재산 관리인>

vocatio *lat.*, (구원/구세를 위한) 부르심/소명/소집; **v. generalis,** 일반적인 부르심/소명/소집, **v. specialis,** (복음의 선포를 통하여) 특별한 부르심/소명/소집; **v. ordinaria,** 교회의 직무/직위를 통한 부르심/소명/소집; **v. extraordinaria,** 뛰어난/비범한 부르심/소명/소집, 하나님을 통하여 이미 일어난 부르심/소명/소집; **v. efficax,** 활동적인/유효한 부르심/소명/소집; **v. seria,** 진지한 부르심/소명/소집; **v. mediata,** (교회를 통하여) 중재[조정]된 부르심/소명/소집; **v. immediata,** (하나님을 통한) 직접적인 부르심/소명/소집; **v., Vokation,** 종교/신앙교육의 수여/허용을 위하여 교회를 통한(이전의 교육/수련에 따라) 문답 교시자/교리 교사에 대한 위임<초빙/(성직에 의) 소명/부르심>; **rite vocatus,** 규정대로의/순서에 따른 임명/초빙/소명된

Vocem jucunditatis *lat.*, 우정/친교/호의의 소리를(듣도록 허용하라!); 로가테(→ Rogate)를 위한 더욱 오랜 이름(본래적으로→Introitus 사 48:20)

Vokalisation *lat.*, 모음 점법(→ Punktatio)을 통하여 모음 표/징표와 함께 히브리어

성서의 자음 문자의 설치/정돈; →Masoreten

Volkskirche, (독립된) 국민[민족, 국가] 교회; 한 민족의(다수의) 교회 공동체/종파(→Konfession), 사람들이 단지 희망중에 그 교회에 속하지 않는다(→ Freikirche)<(특정 종족의 사람들 만이 교인이 될 수 있는) 종족교회>; 신학의(및 세계관의) 증명/논증들:구원/구세의 보편주의(→ Universalismus)를 믿음(선포/고지(→ Verkündigung) 의 사명/임무의 보편성); 스스로(복음전도(→Evangelisation)의 일을 통하여 다시 그들의) 세례받은 자들의 종교적 의식 위에 기초한 교회(비헤른(Wichern)); 창조에 의거한 위대성으로서 ≪민족/백성≫믿음에 기인[의존]하는 교회 이해(특별히 19 세기); 민족/국민성과 교회의 형태의 일치로서 국민[민족, 국가] 교회; 하나의 민족의 특별한(종교의) 파견/임무/사명의 표현 방법으로서 국민[민족, 국가] 교회, 그 안에서 독일 그리스도인들(→ Deutschen Christen)의 가르침/교훈이 반유대주의의(→ antisemitisch)의 의미 안에서(→ Volksnomos) 남용/악용하였다; →Staatskirchentum(→ cuius regio)

Volksmission→Evangelisation

Volksnomos (*gr. nomos,* 법률/법칙/규정), 특히 독일의 그리스도인들(→ Deutschen Christen)에 의하여 선전[보급]되었던, (이탈리아) 파시즘의 인종[민족] 차별론에 상응하는/걸맞는 사고/생각/견해, 그 견해에 따르면 한 민족이 그의 역사를 낯선 문화/문명의 실행에 기초[근거]하

여 허용되지 않는다. 왜냐하면 그것이 하나의 최상의(창조에 의거하여 주어진) 역사적 사명을 수행하여야하기 때문이다; 그 독일의 민족법칙은 아리아 혈통[비유대인]의 인종과 게르만의 문화/문명에서 찾을 수 있고, 유대의 역사의 법으로서 구약성서는 거부할 수 있다

Vollgottesdienst, 설교와 성만찬의 예배<온전한 예배>; 고교회 운동(→ Hochkirchl. Bewegung)

Voluntarismus *lat.*, 이성에 앞서 의지의 강조<의지주의/인간의 의지를 존재의 근거로 보는 이론>; 13 세기에 프란치스쿠스 수도회의(→ franziskan.) 신학, →Scotismus(*Ggs.*:→Intellektualismus,→Thomismus)

voluntas Dei *lat.*, 하나님의(구원/구제의) 의지; **v. antecedens sive universalis,** (인간에게) 앞서는/선행하는 혹은 일반적인/보편적인 하나님의 구원/구세의 의지; **v. conditionata** 혹은 **consequens,** 제한된/조건부의 혹은(단지 믿는 이들을 행복/축복으로 이끌기 위한 하나님의) 뒤따르는 은혜의 의지; **v. libera,** 자유로운 의지; **v. necessaria (naturalis),** 필요하게/필연적으로(자연적으로) 선하신 하나님의 의지; **Voluntheismus,** 신적인 것으로서 하나의 근원적인 의지를 믿음

Voodoo-Kult, 수다한 아프리카의 제식(祭式)과 함께 서아프리카의 노예들이 아이티 (Haiti)로 가져왔던 혼합 (→ synkretist.) 종교<부두교-제식>, 카톨릭 교회의 경건과 혼합되었고, 그것 아래

서 두발리(Duvali) 독재 정치가 아이티에서 강력하게 정치활동을 한다

Vorbehalt, 성직자의 유보/제한(→ reservatum ecclesiasticum)

Vorfastenzeit, 사순절(→ Fastenzeit)의 시작 (사순절의 첫날(→ Aschermittwoch)) 전 세 주일 및 주간

vorletzte Dinge, <마지막 이전/궁극 이전의 것; > 본회퍼(Bonhoeffer)(† 1945):그리스도인의 총체적 세상관계(→ Mandate, →coram hominibus), 그것들은 ≪마지막의/궁극적인 것≫경험(→ Eschatologie)에 연관되었고, 정당함의 인정[증명](→ Rechtfertigung)(→ coram deo) 안에서 최종적인 것들; →Zwei-Reiche-Lehre

Vormesse, 미사의 말씀-예배/강론 예배를 위한 이전의 묘사

Vorsehung, 하나님의 범위를 한정하기/윤곽을 분명히하기(특별히 히틀러(Adolf Hitler)에 의하여 사용되었다); <섭리/하늘의 뜻>→providentia

Vortragekreuz, 긴 막대기 십자가에 못박힌 작은 그리스도의 상(→ Kruzifix), 그것은 행렬/행진(→ Prozession)들과 카톨릭 교회의 장례식들과 함께 그리고 복사(服事)들(→ Ministranten)에 의하여 사제들에게 운반되어진다<(축제) 행렬의(대형) 십자가>

Vorverständnis, 하나의 해석/설명을 결정/규정하는(무의식의/알지 못하는) 사고/생각의 전제들

Votivgabe, -tafel, 순례지/성지에서 한 성인을 위한(감사 또는 기원을 위한) 봉납물

Votivmesse<서원(誓願) 미사>→missa privata

votum *lat.* , 소원/소망/욕구; →liturg. :짧은 성서의 도입/서두 격언, 공직[관직] 취임식과 함께 성서의 축복의 기원/축원, 설교 앞서 기도; *kath.* :서약/맹세/기원/서원, 판결/판정/평가; **v. fidei,** *kath.* :믿음에 따른 열망/갈망; **v. negativum,** 한 목사에 대한 공동체의 항고권; **v. publicum,** *kath.* :공공연하게 윗사람/상관에 의하여 받아들여진 것, **v. privatum,** 공적이지 않은 서약/맹세/기원; **v. reservatum,** *kath.* :단지 교황이 풀 수 있는 서약/맹세/기원/서원; **v. sacramenti,** *kath.* : 성례전(→ *Sakrament*)에 따른 열망/갈망(위급한 경우에서 받기/수령을 대체하였다), →baptismus flaminis; **v. perpetuum,** *kath.* : 영속적인/지속적인 것, **v. temporarium,** 시간적으로 제한되어진 서약/맹세/기원/서원; **v. simplex,** (단순한) 수도회 연합회/신심회(→ Kongregation)의 서약/맹세/기원/서원; **v. sollemnium,** 축제다운/장엄한 수도회의 서약/맹세/기원/서원(→ Ordensge- lübde)

vox *lat.* , 목소리/음성, 말/표현, 개념/관념/의견, 주문/마법; **v. deprecationis,** 청원; →Kyrie eleison; **v. memorialis,** (다음 연기자의 등장, 발언 따위의 신호가 되는) 대사의 끝말/표지어; **v. populi v. dei,** 백성들의 목소리/음성은 하나님의 목소리/음성이다; **v. principalis**→cantus firmus; **secreta** 혹은 **submissa voce,** 아주 약하게 들리는/낮은 목소리를 통하여; **vozieren,** 부르다/초빙하다/소환하다, 임명하다/지명하다; →vocatio, →unavoce, →viva vox

Vulgata *lat.* , 일반적으로 널리 퍼진 것들; 카톨릭 교회에서 트렌트 공의회(→ Tridentinum) 이래로 믿을 수 있는/진정한(→authent.) 히에로니무스(Hieronymus)의 성서 번역(382년에 이어서), 1590년 공적인(성서의) 판 ≪Sixtina≫(교황 식스투스 5세(Sixtus V.)), 1592년 새로운 판 ≪Clementina≫(교황 클레멘스 8세(Clemens VIII.)), 1926 - 이미 트렌트공의회가 그것에 임무를 승낙한 후에 하나의 교황의 공적인 위원회를 통하여 하나의 언어상의 개정판 작업

W

Wachturm-, Bibel- und Traktatgesellschaft, 여호와의 증인(→ Zeugen Jehovas)의 출판사 협회/단체<파수대-, 성서- 그리고 소책자 협회>

Wahl-Kapitulation→Kapitulation

Wakanda→Orenda

Waldenser, 리옹의 상인 페트루스 발두스 (Petrus Valdus)(† 1205 년 이후)에게서 연원하는, 후에 종교개혁에 동조/찬성한 교회(특히 이탈리아와 남 아메리카에서)<발도파>; →Pauperes Christi

Walhall, 게르만 민족의 신화(→ Mythologie) 에서 전장/싸움터에 전사자(戰死者) 들의 장소/처소<발할(전사한 사람들의 혼령이 사는 곳)>

Walküren, 게르만 민족의 종교에서 게르만인의/(을) 선택하는 여인들, 그 여인들은 죽음을 위하여 용사/전사(戰士)/투사/병사들을 선택[선발]하고 발할(→ Walhall)로 이끌었다

Wallfahrt, 거룩한 처소의 방문/성지순례

Wandlung, *kath.* :미사에서 화체(化體)(→ Transsubstantiation) 의 순간/시점<성스러운 변화>; **Wandlungsglocke**→tintinn- abulum

Wanen =→Vanen

Wappen (Waffen) Christi→arma Christi

Wechselgesang→Psalmodie, →Respon- so-

rium, →Versikel

Weihbischof, 역시 ≪명의 주교(→ Titular-bischof)≫(in→partibus infidelium), 대부분 엄숙한 권세와 함께 교구 주민(→ Diözesan)의 감독의 보좌 신부(→ Koadjutor), 그러나 통치/정권의 전권이 없이

Weihen, Weihegrade, Weihe-→**hierarchie,** *kath.* :**ordines minores** *lat.* , 더욱 낮은 서품 /서 품 식 :→Akoluthen, →Exorzisten, →Lektoren, →Ostiarier; **ordines maiores,** 더욱 높은 서품/서품식:(Sub-)→Diakone, →Presbyter (Priester),→Bischöfe; →Klerus

Weihnachten, 그리스도(의 탄생) 축제를 위한(축성되어진 밤들, 동지) 대중적/민속적-이교도적인 묘사, 12 월 25/26 일<크리스마스/성탄절>

Weihrauch, 불태움과 함께 강력하게 향기가 나는 송진/수지(樹脂), 많은 종교들에서 하나님/신에게로 피어오르는 기도의 통례/보통의 상징/표상<유향/향/향을 태우는 연기>; →Inzensation

Weihwasser, 얼마간의 소금의 첨가 아래 축성되어진 물, 그 물은 악마들(→ Dämonen) 앞에서 보호한다<성수(聖水)>; 카톨릭 교회에서처럼 역시 그렇게 많은 종교들에서 행해지는

Weimarana, 루터(M. Luther) 의 저작의 바이마르 판(Weimarer Ausgabe)(WA), 의미

가 깊은/중요한/결정적인 주해가 없는 본문만의 책

weiße Magie→Magie

Weißer Sonntag→dominica in albis

Weißes Kreuz, ≪성윤리와 목회≫위한 복음교회의 협회/단체, 1890 년 베를린에서 창설되었다

Weltfriedensbewegung, 평화의 공존/공재(共在)(→ Koexistenz)의 원칙들의 관철/성취를 추구[열망]한다; 두 번째 세계평화의 회의 이래로 1950 년 바르샤바(Warschau)에서 세계평화 회의 위원회(**Weltfriedensrat**)에 의하여 주재/관리되었다; →Friedensbewegung; 그러나→Pazifismus

Weltgeistlicher, -priester, Leutpriester, Säkularkleriker, *kath.*:수도회(→ Orden) 에 속하지 아니한 공동체 목사/사제

Weltkirchenrat, Weltrat der Kirchen, →World Council of Churches

Weltkonferenz der Religionen für den Frieden, WCRP=World Conference on Religion and Peace, 1966 년 이래로 점차적으로 발생하는 열 개의 그리스 세계 종교들의 평화운동; 세계 회의들:1970 일본의 동경, 1974 벨기에의 뢰벤(Löwen), 1979 미국의 프린스턴(Princeton), 1984 케냐의 나이로비(Nairobi); →Ökumene der Weltreligionen

Werkgerechtigkeit, 인간의(참회/회개의) 수행/실행의 구원에 이르기 위한 필연적 일/역사(役事)에 대한 카톨릭의 가르침의 루터 묘사<율법 존중주의>; →Ablaß, →Synergismus

Wertethik→Ethik

Westerhemd, (어린 아이에게 입히는) 세례복

Westfälischer Frieden, 독일, 프랑스 그리고 스웨덴 사이의 30 년 전쟁을 종결하는 강화[평화]조약 체결(1648 년 뮌스터(Münster) 그리고 오스나브뤼크(Osnabrück))<베스트팔리아 평화 조약>

Widerchrist→Antichrist

Wiederbringung aller, 세상의 끝/세계의 종말에 하나님께로 모든 인간들의 귀환/복귀 및 개종/귀의/전향; →apokatastasis panton

Wiedergeburt→Seelenwanderung<재 탄생/환생>; ≪중생의 씻음≫으로서의 그리스도교의 세례(→Taufe)(딛 3:5)<중생/거듭 남 >; 중생으로서의 믿음 (→ Glaube)(Luther); 중생/거듭남으로서의 개종/귀의/전향(→ Pietismus)

Wiederkunft Christi→Parusie

Wiedertäufer→Anabaptisten

Wiederverleiblichung→Seelenwanderung

Wiegendrucke→Inkunabeln

Willensfreiheit→Liberum arbitrium

Wittenberger (Chor-)Gesangbuch(1524), 첫 번째 복음교회 성가/찬송가 모음, 마르틴 루터(Martin Luther)와 요한 발터(Johann Walter)에 의하여 편집

Wittenberger→**Konkordie**

Wochenlied→Graduallied

Wohlfahrtsverbände, Freie, 국가가 수행치 않는 여섯 사회 봉사활동/사회사업의 수위 협회/동맹/연합들(≪복지[후생]/사회 사업 ≫):Dt. →Caritasverband, →Diakonisches Werk; 노동자 복지(협회), Dt. →Paritätischer Wohlfahrtsverband, 독일 적십자; 유대인의 중앙 복지사업 장소 - 연방 사업 공동체/공동협력 안에서 연합한다

World Council of Churches (WCC) *engl.*, 세계교회 협의회(독일의 공식적인 교회의 교회 일치 위원회(→ Ökumenischer Rat der Kirchen); 일시/임시적으로 1938년에, 최종적으로 1948년 암스테르담(Amsterdam)에서 신앙과 직제(→ Faith and Order) 그리고 삶/생활과 일/노동(→ Life and Work) 으로부터 설립/창설되어졌고, 1961년 국제 선교협의회(→ Internationalen Missionsrat)와 연합하였다; 교회일치운동(→Ökumen. Bewegung)의 중심 상부조직은 제네바(Genf)에 있다

World Evangelical Fellowship =→Allianz

World's Student Christian Federation (WSCF) *engl.*, **Christl. Studentenweltbund,** 1895년 스웨덴에서 대학 공부와 영적인 생활의 융합/결합의 보호/육성을 위하여 설립되었다

Wormser Konkordat, 교황 칼릭스투스 2세 (Kalixt II.)와 황제 하인리히 5세(Heinrich V.) 사이에서 서임권 논쟁(→ Investiturstreit)을 타협/협정을 통하여(일시적으로) 조정/중재하는 계약/협약(1122)

Wunder, 대부분: ≪자연 법칙의 파괴하기≫를 위한 묘사(이러한 개념은 오늘날 자연과학적으로 애매하다/의심스럽다); 온전히 설명할 수 없는 것(→ Marakel); 고대:한(신적인) 임무/사명의 증명/보증/실증; 신약:그것은 약속된 하나님의 통치/주권/지배를 가리키고/암시하고 그것을 지금/현재 성취하는 것으로서 생생하게 묘사한다(비교, 마 11:2-; 요 2:11 그리고 자주; 행 8:8-)<기적/경이/놀라운 일>

Wurzel Jesse, →Jesse; 다윗의 가계/혈통, 종족/부족; 그리스도의 족보:마 1:1-16, 눅 3:23-38

Wyclifiten, 영국인 위클리프(J. Wyclif)(† 1384)의 추종자/신봉자들, 위클리프는 화체(→Transsubstantiation)와 성인 숭배(→ Heiligenverehrung)를 거부하였고 단지 믿음의 권위로서 성서를 유효하게 허용하였다

X

Xerophagie *gr.* , 마른/건조한 음식; 절반 사순절 금식, 고기, 육즙/스프 그리고 즙이 많은 과일들의 절제/삼가

XP, X와 P 를 위한 그리스 문자들, 발음:흐히로, 그리스어 ≪그리스도의 (**Christi**) 모노그람(성명의 머리 글자를 짜맞춘 문자)≫, lat. :**Christus Rex**, 왕이신 그리스도; →Labarum; 후 에 역 시 *ΙΗΣΟΥΣ ΧΡΙΣΤΟΣ*(이에수스 크리스토스(Jesus Christos))를 위한 IC-XC 혹은 IHC-XPC; 그리스도의 이름자를 조립하여 맞춘 글자는 자주 십자가 형태 안에 (있다)

Y

Yadschurveda, 베다(→ Veden) 의 두 번째 부분, 인도의 희생/제물의 금언/격언들의 모음

Yaschts *pers.* , 찬미가/송가, 조로아스터교의 거룩한 책들(→ Avesta)의 부분, 수 많은 민족 신들에 희생/제물의 노래들

Yasna *pers.* , 제물을 바침/희생/제물, 조로아스터교의 거룩한 책들(→ Avesta)의 부분, 희생/제물 행위/행동의 동반자/동행자를 위한 예배식의(→ liturg.) 대본

Yoga, Joga *sanskr.* , 재갈을 채우기/물리기, 명상/묵상에서 강력한 육체적이고 심리적인 의지의 연습/훈련을 통하여, 만물의 영/정신과 함께 결합/합일/통합을 통하여 자기 스스로의 구출/구원/구제를 얻기 위한 인도 철학의 체계/구조<요가

(학)/요가 수련>, **Yogi(n), Jogi(n),** 요가의 추종자/신봉자들

Young Men's Christian Association (YMCA) *engl.* , *Christl. Verein Junger Männer* (CVJM), 1844 년 조지 윌리엄(George William)에 의하여 남자 청년들 중에 복음(→ Evangelium)의 확산/확장/보급을 위하여 창설되었다(《파리의 기초/기본원칙 (Pariser Basis)》선언 1855) <기독교 청년회>; **Y. Womens Chr. Ass.** (YWCA), *Chr. Verein Junger Frauen* (및 소녀/처녀들 (Mädchen: CVJM), 1894 년 적합한/상응하는 목적/목표를 가지고 런던(London)에서 창설되었다<기독교 여자 청년회>; CVJM 은 오늘날 자주 Christl. Verein Junger Männer 로서 융·해된다

Z

Zahlenmagie (-metaphysik, -mystik), 마법/마력의(→ mag.) 의미 및 최상의 수/숫자들, 수의 계열/수열, 수의 집단/그룹 등등의 상징력(→ Symbolkraft)을·(고대의) 믿음(피타고라스 학파의 철학자(Pythagoreer), 오르페우스 교도(Orphiker)); 성서는 많은 상징적인 수들을 포함한다. 예, 1(하나님), 3(3일:요나(Jona), 그리스도(Christus)), 7(주/일주간, →Sabbat), 10(→ Dekalog), 12(이스라엘의 종족/지파, →Apostel) 등등

Zaiditen, →Schiiten, 그들은 5 이맘(Imam) (이슬람의 저명한 학자의 칭호) 만 받아들이고, (첫) 다섯 이맘에 따른 이름 (다섯번째 이맘 차이드(Zaid); →Imamiten, →Ismailiten

Zakat *arab.*, 동냥/자선; 이슬람교에서 빈민세

Zarathustra *pers.* (옛 낙타들의 소유자/소유주), *gr.* **Zoroaster, Zoroastrismus** →Parsismus

Zauber →Magie

Zebaoth *hbr.*, 라틴어 형태 **Sabaoth,** 군대/무리들; **Jahve Z.,** 군대/무리들의 주

Zeichen →Wunder

Zelebrant *lat.*, 장엄하게/축제답게 하나의 예배의 행위/행동 혹은 예배식(→ Liturgie)을 시행/수행하는 이인 한 사람, 그는 예배식(→ Liturgie) 을 이끄는 감독/주교이거나 혹은 사제<미사 집행 사제>; **Zelebrantenstuhl,** 미사에서 예배식을 위하여 세 자리가 있다<미사 집행 사제의 의자>; **Zelebration,** 예배식(→ Liturgie)의 장엄한/축제다운 실행/성취<미사 집행/미사/의식/제전>; **zeleb- rieren** *lat.*, 장엄하게/축제답게 개최[거행]하다/집행하다; 하나의 의식/예식/전례 (→ Zeremonie)를 수행/실시하다

Zeloten *gr.*, 열광자/광신자, 유대 정파의 자칭/자기 묘사, 그들은 정치적 자유와 하나님 나라의 건설/세우기를 힘/권력/폭력을 가지고 쟁취하기를 원하였다(눅 6:15)<열심당원(기원 1 세기 로마에 반항한 유대의 민족주의자들)>

Zen *japan.*, *dhyana* 를 위하여, *sanskr.*, 명상/묵상/성찰, 마하연/대승불교(→ Mahayana-Buddhismus) 로부터 유래한, 오늘날 특히 일본에서 깨달음/계몽을 위한 방법적인 길로서 실행/실천한다<선(禪)>(앉은 자세, 심호흡, 생각을 비우기 등등, 그리고 마치 차(茶) 의식/예식/전례, 꽃꽂이, 활쏘기 등등과 같이 다양한 기법/기술/요령)

Zend'avesta, 조로아스터교의 거룩한 책들(→ Avesta)의 옛 묘사

Zensor *lat.*, *kath.*: 인쇄 증서/증명서들의 교

회의 직책의 검사[심사]자/시험관<(출판물/흥행물의) 검열관>; **Zensur,**(kath.:) 믿음과 관습의 문제에 대한 문서/문건들의 검사/시험<검열>(가르침/교리 검열 (**Lehrzensur**), →Imprimatur); 강제 벌/(일정한 행동, 태도를 강요하는) 교정벌(敎正罰) 혹은 감화/개성의 형벌과 함께 부과(벌/형벌의 검열 (**Strafzensur**; →poena medicinalis); 마치 틀린/거짓의/진리에 맞지 않는, 그릇된/잘못된, 이단의(→ häretisch) 처럼 단계/정도 안에서 판단/비평/평가(자격/권한들(**Qualifikationen**))

Zentralkomitee der deutschen Katholiken, 카톨릭 교회의 평신도(→ Laie) 협회/단체들의 중심적 성취/실행(전문) 위원회/협의회<독일 카톨릭 교도들의 중앙 위원회>

Zenturien *lat.*, 백년/세기들; **Magdeburger Z.,** 플라키우스 일리리쿠스(Flacius Illyricus) 등등을 통하여 세기 단위별로 교회 역사의 표현/서술, 소위 세기별 서술자들(Zenturiatoren)(1559-74 <8권 기술>)<막데부르크의 세기별(역사) 서술자들>

zeon, thermarion *gr.*, 온수 저장 용기; 동방 교회의:성만찬 포도주와 함께 혼합/배합을 위하여 준비된 따뜻한 물을 위한 그릇/용기

Zeremonie *lat. -frz.*, 장엄한/엄숙한 규정에 의거한 행위/행동<의식/예식/전례>; **Zeremoniale,** 한 축제적인 예배의 경과/진행을 설명/기술하고 그리고 규정하는 책<의식/예식/전례서>; **Zeremoniell,** 준수하는 축제의 지시/규정들<의전/의식/

제의식서(諸儀式書)>; →Ritus

Z(e)rvan *pers.*, 시/시간/시점, **z. akarana,** 창조되어지지 않은 시간; 조로아스터교에서 선하고 최상의 신(→ Ormazd </Ahura Mazda>)와 그의 반대의 신(→ Ahriman)의 신적인 존재로서 생각하였던 통일적인/조화된 근원/(궁극적) 기반(**Zervanismus**<중세 초기(3-7세기)의 페르시아 종교의 일원(론)적인 경향/유파>)

Zeugen Jehovas, 1852 년 러셀(Ch. T. Russel)에 의하여 창립된 이단(→ Sekte), 그들은 하나님에 대항하는 권세들(그렇게 역시 교회와 국가들이 평가되어질 때에)에 대해 멀지 않아 오게 되는 최종적 심판을 기다린다; 강력하게 성서 절대 주의적(→ biblizist.), 임의의/의도적-현실화하는 해석/주해/설명, 특히 요한 계시록의(해석/주해/설명)<여호와의 증인>

Zikkurat, 우주의/우주적인(→ kosmisch) 신성한(침범할 수 없는) 장소의 복사/모사(模寫)로서 거대한 바빌론 신전의 중심을 형성하는 계단 탑/성탑<치쿠라트>

Zimbel→cymbalum

Zimelie *gr. -lat.*, 값진 장식품/귀중품/보석/보물, 가치가 큰/귀중한 책, 값진 필사본/수서본

Zion, 예루살렘(Jerusalem) 과 성전과 함께한 팔레스틴(Palästina) 의 산/언덕<시온산>; (계시에 따라) 하나님의 인접/가까움과 영원의 장소/처소를 위한 표상(히 12:22); **Zionismus**(1893 년에 묘사), 팔레스틴에 유대의 민족국가의 설립을 위한 국수주의적 운동<시오니즘>; **Zionslieder,** 시편에서 찬양/찬송가의(하위)

분과/그룹; 그들은 시온을 그의 현존/그 자리에 계심의 장소/처소로서 선택하신 하나님을 찬양한다 (예, 시 46 편, 48 편, 76 편)

zibbur (*hbr. sabar* 로부터, 결합/합일/연합하다), 공적인 예배를 위하여 모인 유대인 공동체

Zirkumskription *lat.*, 고쳐쓰기/정정하기/(범위의) 한정/윤곽을 정하기; 주교의 교구(→ Diözese)의 설치/기관 그리고 제한[한정]함/경계의 설정; **Z. sbulle,** 교황의 교회법(차이:→Konkordat), 그 법은 하나의 주교의 교구(→ Diözese) 의 외적인 관계들을 규정한다

Zisterzienser (OCist), Ordo Cisterciensis, 시토(Citeaux)(Cistercium<치스테르키움>) 수도원에 의하여 1098 년 유래(由來) 한, 특히 클레르보의 베르나르(Bernhard v. Clairvaux)(† 1153)를 통하여 강력하게 널리퍼진 수도회 그리고 수녀회<시토 교단의 수도사>; 엄격한 금욕 생활, 단순한/소박한 교회 건축/교회 당(Ggs. zu→Cluny), 멀리 떨어져 있는/외진 지역/영역의 양육/교육/교화

Zölibat (das 신학에서 der), (*lat. caelebs* 로부터, 미혼의/독신의), 법적으로 더욱 높은 카톨릭 교회의 성직자(→ Klerus)(→ Diakon 으로부터)의 법적인 미혼/독신(생활), 4 세기부터 요구되어졌고, 11/12 세기 이래로(→ Gregorianer, geg. →Nikolaitismus) 일반적으로 관철[성취] 시켰고, 그럼에도 불구하고 누차/반복적으로 반박/부인되어졌다; 특히 종교개혁 교회에서 성서적으로 이유를 들 수 없는

것으로서 폐지되었다(딤전 3:2-)

Zohar→Sohar

Zoroaster→Zarathustra

Zucchetto→Pileolus

Zürcher Bibel, 취리히(Zürich)에서 츠빙글리(Zwingli)의 개혁에서 연원하고, 본문/원문(→ Urtext) 으로부터 1907-1931 년 사이에 새롭게 이룬 독일어 성서 번역 <취리히의 성서>

Zungenreden, 도취한/열광적인(→ ekstat.) 말 더듬기/중얼거리기, 성령의 은사들 중 하나(비교, 행 2:11, 고전 14:2- 그리고 그 밖에); →Glossolalie

Zwei-Äonen-Lehre, 예수의 부활과 그의 세계 통지자를 위하여 높임/높아짐과 함께 하나의 새로운, 두 번째 무한한 시간(→ Äon)이 시작되었다는 것을 말한다 <두-시대/시간-가르침/론>

Zwei-Gewalten-Theorie <(특히 중세에 있어서 국가와 교회가 양립할 것을 주창한) 양 검 설 (兩 劍 說)>→Zwei-Schwerter-Theorie

Zweinaturenlehre→Dyophysitismus

Zwei-Reiche-Lehre, 그의 말씀 (방법/수단으로서의 복음(→ Evangelium); 효과/활동으로서 죄의 용서, 믿음(→ Glauben) 그리고 사랑) 을 통한 하나님의 ≪우편의 나라/왕국(**Reich zur Rechten**)≫(시 98:2, 행 7:55) 로서 그리스도의 지배/통치에 대한 루터(M. Luther) 의 가르침에 따라, 그와는 달리 일반적으로, ≪좌편의 나라/왕국(**Reich zur Linken**)≫로서(종말적인(→ eschatolog.)) 구원/구출을 보존하는 외부의 질서 방법/수단(법(→

Gesetz), 사회적인 질서들, 국가) 을 통하여 하나님의 통치/지배하기; 그리스도는 동시에 두왕국/나라(및 ≪통치(권)/지배들≫(**Regimenten**)) 에 살고, 이원론(→ dualist.) 이 아니고 오히려 율법과 복음(→ Gesetz u. Evangelium), 의인이며 동시에 죄인(→ simul justus et peccator), 역시 마지막 이전의 것과 마지막의 것(→ vorletzte u. letzte Dinge) 중에서 <두 나라/왕국론>; Ggs. →Königsherrschaft Christi

Zwei-Schwerter-Theorie, 5 세기 이래로(교황 겔라지우스 1세(Gelasius I.)) ≪세상의 ≫(=→imperium) 그리고 (이것에 상위에 두어지는) ≪종교상의/교회의 검≫(=→sacerdotium) 위에서 옹호/주장되었던 눅 22:38 에 대한 상징적인 해석/설명, 중요하게 교황권/교황직(Papsttum) 과 제국/황제의 권위(Kaisertum) 사이에서 (그리스도교의) 세상의 지배/통치권을 (얻기) 위한 중세의 투쟁에서; →civitas dei, civitas terrena; →Gregorianer, →Investiturstreit, →libertas ecclesiae, →Unam sanctam; →Klerikalismus

Zwei-Stockwerk-Denken, (거짓으로/그릇되게 이해되었던) 스콜라 철학의(→ scholast.) 사고 방식/사유 방법, 자연(→ Natur)와 초자연 및 은혜/은총을 구별하였다<두-층-사고(思考)/생각>

Zweiter Tod, 계 2:11, 20:6, 14, 21:8; 최종 심판에서 하나님을 통하여 최종/최후적인 영겁(永劫) 의 벌을 내리기<두번째 죽음>; 비교, 마 10:28, 요 8:51

Zwinglianer, 종교 개혁의 스위스의 경향/유파, 그것은 취리히의 종교개혁가 츠빙글리(Zwingli)(† 1531)에 기원하였고, 후에 개혁 교회(→ ref. Kirche) 안에서 명료하게 되었다(→ Confessio Helvetica posterior)

Zwölfapostellehre →Didache

zwölfjähriger Jesus im Tempel: 눅 2:41-52<성전에서 12 세의 예수>

Zwöfprophetenbuch <12 예언서>→Dodekapropheton, →Propheten, Kleine

성서의 책들의 약어/요약

≪Ökumenische Verzeichnis der biblischen Eigennamen nach den Loccumer Richtlinien≫(독일의 카톨릭 감독들과 독일의 복음교회(EKD)의 협의회에 의하여 편집되어 초판이 슈투트가르트(Stuttgart)에서 1971 년, 두 번째 판이 슈투트가르트에서 1981년에 발행되었다)는 모든 성서의 고유명사의 형태 뿐만 아니라, 성서의 책들의 약어들도 역시(학문 용어를) 제정하였다. 그것들이 다음에 게재되었다:

Altes Testament/구약 성서

Gen	Genesis (1 Mose =Das 1. Buch Mose)/창세기
Ex	Exodus (2 Mose =Das 2. Buch Mose)/출애굽기
Lev	Levitikus (3 Mose =Das 3. Buch Mose)/레위기
Num	Numeri (4 Mose =Das 4. Buch Mose)/민수기
Dtn	Deuteronomium (5 Mose =Das 5. Buch Mose)/신명기
Jos	Das Buch Josua/여호수아
Ri	Das Buch der Richter/사사기
Rut	Das Buch Rut/룻기
1 Sam	Das 1. Buch Samuel/사무엘상
2 Sam	Das 2. Buch Samuel/사무엘하
1 Kön	Das 1. Buch der Könige/열왕기상
2 Kön	Das 2. Buch der Könige/열왕기하
1 Chr	Das 1. Buch der Chronik/역대상
2 Chr	Das 2. Buch der Chronik/역대하
Esra	Das Buch Esra/에스라
Neh	Das Buch Nehemia/느헤미야
Tob	Das Buch Tobit(=Das Buch Tobias) [griechisch]/토비트 [그리스어의]
Jdt	Das Buch Judit [griechisch]/유딧 [그리스어의]

Est	Das Buch Ester [mit griechischen Zusätzen]/에스더 [그리스어의 첨가와 함께]
1 Makk	Das 1. Buch der Makkabäer [griechisch]/마카베오상 [그리스어의]
2 Makk	Das 2. Buch der Makkabäer [griechisch]/마카베오하 [그리스어의]
Ijob	Das Buch Ijob(Hiob =Das Buch Hiob)/욥기
Ps	Die Psalmen/시편
Spr	Das Buch der Sprichörter(=Die Sprüche Salomos)/잠언
Koh	Das Buch Kohelet(Pred =Der Prediger Salomo)/전도서
HId	Das Hohelied(=Das Hohelied Salomos)/아가
Weish	Das Buch der Weisheit(=Die Weisheit Salomos) [griechisch]/지혜서 [그리스어의]
Sir	Das Buch Jesus Sirach [griechisch]/집회서/예수 시락서 [그리스어의]
Jes	Das Buch Jesaja/이사야
Jer	Das Buch Jeremia/예레미야
Klgl	Die Klagelieder des Jeremia/예레미야 애가
Bar	Das Buch Baruch [griechisch]/바룩 [그리스어의]
Ez	Das Buch Ezechiel(Hes =Das Buch Hesekiel)/에스겔
Dan	Das Buch Daniel [mit griechischen Zusätzen]/다니엘 [그리스어의 첨가와 함께]
Hos	Das Buch Hosea/호세아
Joël	Das Buch Joël/요엘
Am	Das Buch Amos/아모스
Obd	Das Buch Obadja/오바댜
Jona	Das Buch Jona/요나
Mi	Das Buch Micha/미가
Nah	Das Buch Nahum/나훔
Hab	Das Buch Habakuk/하박국
Zef	Das Buch Zefanja/스바냐
Hag	Das Buch Haggai/학개
Sach	Das Buch Sacharja/스가랴
Mal	Das Buch Maleachi/말라기

Neues Testament/신약성서

Mt	Das Evangelium nach Matt(h)äus/마태복음
Mk	Das Evangelium nach Markus/마가복음
Lk	Das Evangelium nach Lukas/누가복음

Joh	Das Evangelium nach Johannes/요한복음
Apg	Die Apostelgeschichte/사도행전
Röm	Der Brief an die Römer/로마서
1 Kor	Der 1. Brief an die Korinther/고린도전서
2 Kor	Der 2. Brief an die Korinther/고린도후서
Gal	Der Brief an die Galater/갈라디아서
Eph	Der Brief an die Epheser/에베소서
Phil	Der Brief an die Philipper/빌립보서
Kol	Der Brief an die Kolosser/골로새서
1 Thess	Der 1. Brief an die Thessalonicher/데살로니가전서
2 Thess	Der 2. Brief an die Thessalonicher/데살로니가후서
1 Tim	Der 1. Brief an Timotheus/디모데전서
2 Tim	Der 2. Brief an Timotheus/디모데후서
Tit	Der Brief an Titus/디도서
Phlm	Der Brief an Philemon/빌레몬서
Hebr	Der Brief an die Hebräer/히브리서
Jak	Der Brief des Jakobus/야고보서
1 Petr	Der 1. Brief des Petrus/베드로전서
2 Petr	Der 2. Brief des Petrus/베드로후서
1 Joh	Der 1. Brief des Johannes/요한일서
2 Joh	Der 2. Brief des Johannes/요한이서
3 Joh	Der 3. Brief des Johannes/요한삼서
Jud	Der Brief des Judas/유다서
Offb	Die Offenbarung des Johannes/요한계시록

히브리어 성서에 따른 성서의 책들

유대교의 히브리어 성서의 경전은 70인역(→ Septuaginta)의 순서에 따라 표준 삼은 그리스도인의 구약성서 보다 다르게 정돈되었다. 역시 성서의 책들은 유대 의 성서에서 다른 명칭들을 갖는다: 이것들은 부분적으로 해당하는 책들의 시작 하는 단어들로부터 구성되었다(이 경우에 있어서 괄호 안에 표시된 독일어 번역 은 인용부호 안에 놓여졌다).

아래의 것에서 히브리어 성서의 분류와 명칭들에 대한 하나의 개관/개요가 음 성 표기법 안에서 주어졌다:

Tenach (der) (=Tnk:Tora, Nebiim, Ketubim 로부터 머리글자로된 약어)(문자로 쓰인 가르침/ 교훈 = 옛 언약/약속, Altes Testament/구약성서)

(1) **Tora** (die) (지시/명령/규정, 법률/규칙/규범 =Pentateuch, 모세오경):

Bereschit	(≪Im Anfang/태초에≫=Genesis, 1. Buch Mose/창세기)
Schemot	(≪die Namen/이름들≫=Exodus, 2. Buch Mose/출애굽기)
Wajikra	(≪Und er rief/그리고 그가 부르시고≫ =Leviticus, 3. Buch Mose/레위기)
Bemidbar	(≪in der Wüste/사막/광야에서≫=Numeri, 4. Buch Mose/민수기)
Debarim	(≪die Worte/말씀들≫=Deuteronomium, 5. Buch Mose/신명기)

(2) **Nebiim** (die) (예언서들)

Nebiim rischonim	(Frühere Propheten/초기/전기 예언서들):
Jehoschua	(Josua/여호수아)
Schoftim	(Richter/사사기)
Schemuel	(Samuel/사무엘)
Melachim	(Könige/열왕기)

Nebiim acharonim (Spätere Propheten/후기 예언서들):
Jeschajahu   (Jesaja/이사야)
Jiirmejahu   (Jeremia/예레미야)
Jecheskel   (Ezechiel/에스겔)
Trei Asar   (Zwölf[prophetenbuch] =Dodekapropheton/12 예언서들):
                 Hoschea/호세아, Joel/요엘, Amos/아모스, Obadja/오바댜, Jona/요나,
                 Micha/미가, Nachum/나훔, Chabakuk/하박국, Zefanja/스바냐,
                 Chagai/학개, Secharja/스가랴, Mal'achi/말라기

(3) **Ketubim** (die) (거룩한 글들)

Tehilim   (Lobgesänge/찬양의 노래들 =Psalmen/시편)
Ijob   (Hiob/욥)
Mischlei   (Sprüche =Proverbia/잠언)
Rut   (Rut/룻)
Schir-Haschirim (Lied der Lieder/노래중의 노래 =Canticum canticorum, Hoheslied/아가)
Kohelet   (Prediger =Ekklesiastes/전도서)
Echa   (≪Wie/어떻게/어찌≫=Threni, Klagelieder des Jeremia/예레미야 애가)
Ester   (Ester/에스더)
Daniel   (Daniel/다니엘)
Esra/Nechemja   (Esra/에스라, Nehemia/느헤미야)
Dibrei-Hajamim   (Reden der Tage/날들/세월의 이야기들 =Chroniken/역대기)

라틴어 성서에 따른 성서의 책들(Vulgata)

Biblia sacra iuxta vulgatam versionem

Vetus Testamentum/구약 성서

Genesis/창세기
Exodus/출애굽기
Leviticus/레위기
Numeri/민수기
Deuteronomium/신명기
Josue/여호수아
Liber Iudicum /Iudices/사사기
Ruth/룻
Regum (liber) I (=Samuelis I)/Reges(왕들)/사
　무엘상
Regum II (=Samuelis II)/사무엘하
Regum III (=Regum I)/열왕기상
Regum IV (=Regum II)/열왕기하
Paralipomenon I/역대상
Paralipomenon II/역대하
Esdrae(liber) I /Esdras/에스라
Esdrae II (=Nehemias)/느헤미야
　Tobias/토비트
　Judith/유딧
Esther/에스더
Job/욥
Liber Psalmorum/ Psalmi/시편
Proverbia (Salomonis)/잠언
Ecclesiastes/전도
Canticum canticorum/아가

Liber Sapientiae/Sapientia/솔로몬의 지혜서
　Ecclesiasticus/집회서/예수 시락서
Isaias/이사야
Jeremias/예레미야, Threni/Lamentationes/예
　레미야 애가
　Baruch/바룩
Ezechiel/에스겔
Daniel/다니엘
Oseas/호세아
Joel/요엘
Amos/아모스
Abdias/오바댜
Jonas/요나
Michaeas/미가
Nahum/나훔
Habacuc/하박국
Sophonias/스바냐
Aggaeus/학개
Zacharias/스가랴
Malachias/말라기
　Machabaeorum(liber) I/ Machabaei/마카베오
　I
　Machabaeorum II/마카베오 II
　Machabaeorum III/마카베오 III
(성서 외전의 책들/경외경이 게재되었다)

Novum Testamentum/신약성서

Evangelium secundum Matthaeum/마태복음
Evangelium secundum Marcum/마가복음
Evangelium secundum Lucam/누가복음
Evangelium secundum Johannem/요한복음
Acta/ Actus Apostolorum/사도행전
Pauli Epistola ad Romanos/로마서
   Ad Corinthios I, II/고린도전, 후서
   Ad Galatas/갈라디아서
   Ad Ephesios/에베소서
   Ad Philippenses/빌립보서
   Ad Colossenses/골로새서

Ad Thessalonicenses I, II/ 데살로니가전, 후서
   Ad Timotheum I, II/디모데전, 후서
   Ad Titum/디도서
   Ad Philemonem/빌레몬서
   Ad Hebraeos/히브리서
Jacobi Epistola/야고보서
Petri Epistolae I, II/베드로전, 후서
Johannis Epistolae I, II, III/요한일, 이, 삼서
Judae Epistola/유다서
Apocalypsis (Johannis)/요한계시록
Konsonanten/자음들:

음성/발음 문자/음성 표기법에서 히브리어 알파벳

간소화/단순화 되어진 형식/형태, 변별적 발음 부호가 없이, (괄호 안에서) 문자 이름과 함께 단지 강세의 도움을 가지고 그리고 모음들 중에 발음법 도움 안에서(- =장음). 모음들이 히브리어 문자들에서 전혀 나타나지 않고 오히려 자음 중에서 점들 혹은 선/획들의 형식/형태 안에서. (→ Punktation)

,	(Aleph)
b	(Bet)
g	(Gimel)
d	(Dalet)
h	(He)
w	(Waw)
z	(Zajin)
ch	(Chet)
t	(Tet)
j	(Jod)
k	(Kaph)
l	(Lamed)
m	(Mem)
n	(Nun)
s	(Samek)
'	(Ajin), 자주 고려되지 않는다
p, ph	(Pe)
s	(Sade)
q	(Qoph)
r	(Resch)
s	(Sin)
sch	(Schin)
t	(Taw)

Vakale/모음들:

kurz/짧은	lang/긴	
	a	(Qames)
a		(Patach)
e	e	(Sere)
e		(Segol)
	e	(Schewa)
i	i	(Chireq)
	o	(Cholem)
o		(Qames Chatuph)
u	u	(Qibbus)
	u	(Schureq)

음성/발음 문자/음성 표기법에서 그리스어 알파벳

a	(Alpha)
au	(Alpha Ypsilon)
b	(Beta)
g	(Gamma)
d	(Delta)
e	(Epsilon)
eu	(Epsilon Ypsilon)
z	(Zeta)
e	(Eta)
th	(Theta)
i	(Jota)
k	(Kappa)
l	(Lambda)
m	(My)
n	(Ny)
x	(Xi)
o	(Omikron)

u	(Omikron Ypsilon)
p	(Pi)
r(h)	(Rho)(rh 초두음/초성에서)
s	(Sigma)
t	(Tau)
y	(Ypsilon)
ph	(Phi)
ch	(Chi)
ps	(Psi)
o	(Omega)
h	(Spiritus asper, 모음 앞에서 초두음/초성에서)

신학과 교회로부터 약어/요약

표/목록은 일반적으로 목록상의 간행물들의 약어/요약들은 포함하지 않는다 (가장 중요한 신학적 약어표, TRE-Abkürzungsverzeichnis(신학 전문어 사전-약어표)는 참고서적들과 함께 거명되었다). 그것에 의하여 성서의 책들의 약어/요약들이 단지 더욱 적게 알려졌다. (Art. /항목/조항→)의 표시는 본문에서 하나의 항목을 가리킴을 의미한다.

외국어로 쓰여진 사전들은 만약 기입된다고 가정하지 않는다면 라틴어 이다. (A ＝아메리카 합중국/미국, BRD ＝독일 연방 공화국, C. ＝Congregatio/집합/회중/수도회, Can. ＝Canon(es), Canonici/카논/경전, CI. ＝Clerici/성직자들, DDR ＝독일 민주 공화국(구 동독), F ＝프랑스, GB ＝대영제국, O. ＝Ordo/규정/질서, Reg. ＝Regulares/규범/규칙들, Soc. ＝Societas/사회)

AA	Augustiniani ab assumptione, (Art. →) Assumptionisten
AABevk	Arbeitsgemeinschaft der Archive und Bibliotheken in der ev. Kirche
AACC	All Africa Conference of Churches, Gesamtafrikanische Krichenkonferenz
AAs	(Art. →) Acta Apostolicae Sedis
AB	(Art. →) Augsburgisches Bekenntnis
AB, BA	artium (Art. →) baccalaureus, engl. Bachelor of Arts
ACK	(Art. →) Arbeitsgemeinschaft christlicher Kirchen
A. D.	anno Domini, (Art. →) annus
AEJ, aej	Arbeitsgemeinschaft der Ev. Jugend, Sruttgart
AEM	Arbeitsgemeinschaft Evangelikaler Missionen
AMD	Arbeitsgemeinschaft Missionarische Dienste
AMDG	(Art. →) ad majorem Dei gloriam
APU	Altprußische (Art. →) Union
ASB	Alternative Sevice Book, (Art.)→Common Prayer Book
ASS	(Art. →) Acta Sanctae Sedis
AT	Altes Testament
BA→AB	
BD(→ BTh, STB)	(Art. →) baccalaureus divinitatis, engl. Bachelor of Divinity(A, GB)
BDKJ	Bund der Deutschen Katholischen Jugend

BEK	(Art. →) Bund der Ev. Kirchen in der DDR
BEM	Baptism, Eucharist and Ministry - Taufe, Eucharistie u. Amt, (Art. →)
	Lima - Erklärung
BK(die)	(Art. →) Bekennende Kirche
BK(der)	Bibelkreis; Bund der Schülerbibelkreise
BKD	Bank für Kirche und Diakonie, Duisburg
bm	beatae momoriae, seligen Andenkens
BMV	(Art. →) Beata Maria Virgo
BTE	(Art. →) Barmer Theologische Erklärung
BTh(→ BD, STB)	(Art. →) baccalaureus theologiae, engl. Bachelor of Theology(A, GB)
CA	(Art. →) Confessio Augustana, Augsburgisches Bekenntnis
cand.	(Art. →) Kandidat
cand. (rev.) min.	candidatus reverendi minsterii, Predigtamtskandidat
	(=→p. m.)
CanR→CR	
Cant.	Canticum Canticorum, Hoheslied
CCIA	Commission of the Churches on International Affairs, Kommission der
	Kirchen für Int. Angelegenheiten des→WCC
CCPD	Commission of the Churches' Participation in Development, Kommission
	für Kirchl. Entwicklungsdienst des→WCC
CCR	Communität Casteller Ring, ev. -ökumen. Schwesternschaft, Schloß
	Schwanberg
C(of)E	Church of England, Kirche von England, engl. Staatskirche (≪
	AnglikanischeKirche≫ist Konfessionsbezeichung, nicht Kirchenname)
CELAM	Consejo Episcopal Latinoamericano(portug.), Lateinamerikan. Bischofsrat
CFI	(Art. →) Christliche Fachkrätte International
CFK	Christliche (Art. →) Friedenskonferenz
CGE	(Art. →) Charismatische Gemeinde-Erneuerung
CIBEDO	Christlich-Islamische Begegnungs- und Dokumentationsstelle, Rom
CIC	(Art. →) Codex Iuris Canonici
CICO	(Art. →) Codex Iuris Canonici Orientalis
CIMADE, Cimade	Comité Inter-Mouvements auprès des Evacués (frz.), Zwischenkirchl.
	Hilfsausschuß für Flüchtlinge

CM(iss)	C. Missionis, (Art. →) Lazaristen
CMB	Christus mansionem benedicat, Gott segne das (dieses) Haus, von Sternsingern mit der Jahreszahl an ≪HI. Dreikönig≫ (Art. →Epiphanias) über die Haustür geschrieben, volkstümlich auch auf die Namen der hl. drei Könige Caspar, Melchior und Balthasar gedeutet
CMS	Church Missionary Society for Africa and the East, Missionsgesellschaft(der anglikan. Kirche) für Afrika und den Osten
CO	Conscientious Objector(engl.), Kriegsdienstverweigerer aus Gewissensgründen
coll.	(Art. →) Pastor collaborater
CP	Pfadfinder
CP	C. Passionis, (Art. →) Passionisten
CPT, CPE	Clinical Pastoral Training(Education), (Art. →) Klinische Seelsorgeausbildung
CR, CanR(eg.)	Canonici Regulares, (Art. →) Regulierte (Art. →) Chorherren
CR	(Art. →) Corpus Reformatorum
CRTh	CI. Reg. Theatini, (Art. →) Theatiner
CSR	C . Sanctissimi Redemptoris, (Art. →) Redemptoristen
CVJM→YMCA	
D	Ehrendoktor der Theologie(BRD, DDR, F)
DC	(Art. →) Deutsche Christen
DCSV	Deutsche Christliche Studenten-Vereinigung
DCV	Deutscher Caritas-Verband, (Art. →caritas)
DD	Doctor of Divinity, Doktor der Gottesgelehrtheit(A, GB)
DEA	Deutsche Evangelische (Art. →) Allianz
DEAE	Deutsche Ev. Arbeitsgemeinschaft für Erwachsenenbildung, Karlsruhe
DEK	(Art. →) Deutsche Evangelische Kirche
DEKT	Deutscher Evangelischer (Art. →) Kirchentag
Deut , → Dt.	
DF	Dean of Faculty, Dekan der Fakultät(A, GB)
DG	(Art. →) Dei gratia
DGfP	Deutsche Gesellschaft für (Art. →) Pastoralpsychologie
DOAM	Deutsche (Art. →) Ostasien-Mission

DÖSTA	Deutscher ökumenischer Studienausschuß
DPSG	Deutsche Pfadfinderschaft Sankt Georg (kath.)
Dt. , Deut.	(Art. →) Deuteronomium
dtr. ; Dtr.	deuteronomistisch(es Geschichtswerk); Deuteronomist
DÜ	(Art. →) Dienste in Übersee
DV, D. v.	Deo volente, wenn Gott will
DVEB	Deutscher Verband Evangelischer Büchereien, Göttingen
E	(Art→) Elohist
EAiD	Evangelische Akademikerschaft in Deutschland, Stuttgart
EAK	Ev. Arbeitsgemeinschaft zur Betreuung der Kriegsdienstverweigerer
EAN	Ev. Arbeitsgemeinschaft für Arbeitnehmerfragen, Bad Boll
EAS	Ev. Arbeitsgemeinschaft für Soldatenbetreuung
EATWOT	(Art. →) Ecumenical Association of Third World Theologians
EC	Jugendbund für (Art. →) Entschiedenes Christentum
EC	Established Church, engl. Staatskirche (Church of England)
Eccl	Ecclesiastes, Prediger Salomo(nis)
EDCS	(Art. →) Ecumenical Development Cooperative Society
EEK	Evangelischer Erwachsenenkatechismus
EFD	Evangelische Frauenarbeit in Deutschland
EGB	Einheitsgesangbuch(kath.), (Art. →) Gotteslob
EGK	Evangelischer Gemeindekatechismus
EJAD	Evangelischer Jungendaufbaudienst, Bundesarbeitsgemeinschaft
EKD	(Art. →) Evangelische Kirche in Deutschland
EKG	Evangelisches Kirchengesangbuch
EKH	Evangelische Krankenhaus-Hilfe
EKHN	Evangelische Kirche im Hessen und Nassau
EKiR	Evangelische Kirche im Rheinland
EKiW	Evangelische Kirche in Westfalen
EKU	Evangelische Kirche der (Art. →) Union
ELK	Evangelische Landeskirche
em(er).	emeritus. außer Dienst
EmK	Evangelisch- (Art. →) methodistische Kirche
EMS	Evangelisches Missionswerk in Südwestdeutschland, Suttgart

EMW	Evangelisches Missions-Werk, Hamburg
ENA, ena	Evangelischer Nachrichtendinst (DDR)
EOK	Evangelischer (Art. →) Oberkirchenrat
EPD, epd	Ev. Pressedienst (Bundesrepublik), Zentralredaktion in Frankfurt/M.
ESG	Evangelische Studentengemeinde
EZW	Evangelische Zentralstelle für Weltanschauungsfragen, Stuttgart
FC	Formula Concordiae, (Art. →) Konkordienformel
FEST	Forschungsstätte der Evangelischen Studiengemeinschaft, Heidelberg
FETA	Freie Evangelisch-Theologische Akademie, Basel
FM	Fratres Minores, Minderbrüder, (Art. →) Franziskaner
FMCap, O(FM)C(ap)	Fratres Minores Capucini, O. (Fratrum Minorum) Capucinorum, (Art. →) Kapuziner
Fr.	(Art. →) Frater
FTA	Freie Theologische Akademie, Gießen
GAW	(Art. →) Gustav-Adolf-Werk
GEE	Gemeinschaft Evangelischer Erzieher
GEP	Gemeinschaftswerk der Evangelischen Publizistik, Frankfurt/M.
GGE	(Art. →) Geistliche Gemeinde-Erneuerung
GKKE	Gemeinsame Konferenz für Kirche und Entwicklung-der (ev.) Arbeitsgemeinschaft Kirchl. Entwicklungsdienst und des (kath.) Arbeitskreises Entwicklung und Frieden
GKR	Gemeindekirchenrat
Hb	=Hebr, Hebräerbrief
Hhld	=Hld, Hoheslied
hl.	
Hon.	Honory, ehrenhalber (A, GB)
Hw.	Hochwürden
J	(Art. →) Jahwist
IARF	International Association for Religious Freedom, Weltbund für religiöse Freiheit

IBMV	Institutum Beatae Mariae Virginis, (Art. →) Englische Fräulein
ICC	International Congregational Council, Int. Rat der (Art. →) Kongregationalistischen Kirchen
ICD	Jesu Christo Duce, unter Führung Christi
ICN	In Christi Nomine, in Christi Namen
ICtus	Iuris Consultus, Rechtsgelehrter
idea	Informationsdienst der Evangelischen (Art. →) Allianz, Wetzlar
IDOC	(Art. →) International Documentation Center
JHS(IHS)	1. gr. *I H Σ O Υ Σ*, Jesus; 2. Jesus habemus socium, Wir haben Jesus zum Genossen (Inschrift an Jesuitenklöstern); 3. Jesus hominum salvator, Jesus - der Menschen Heiland; 4. Jesus - Heiland - Seligmacher; 5. In hoc salus, In diesem(ist) Heil; 6. in hoc signo(vinces), In diesem Zeichen(sollst du siegen)
IKvu	(Art. →) Initiative Kirche von unten
IM	Innere (Art. →) Mission
IND	In nomine Domini (Dei), im Namen des Herrn (Gottes)
INRI	Jesus Nazarenus Rex Judaeorum, Jesus von Nazareth - König der Juden (Joh 19, 19)
it.	(Art. →) Itala
KDA	Kirchlicher Dienst in der Arbeitswelt
KDL	Kirchlicher Dienst auf dem Land
KED	Kirchlicher Entwicklungsdienst
KEK	(Art. →) Konferenz Europäischer Kirchen
kep	(Art. →) evangelikaler Publizisten
KGD	Kindergottesdienst
KGR	Kirchengemeinderat
KHG	Katholische Hochschulgemeinde
KiHo	Kirchliche Hochschule
KNA	Katholische Nachrichten-Agentur
KO	(Art. →) Kirchenordnung
KR	(Art. →) Kirchenrat
KSA	(Art. →) Klinische Seelsorgeausbildung
KSG	Katholische Studentengemeinde
KU	Konfirmandenunterricht

LEF	(Art. →) Lex Ecclesiae Fundamentalis
LDiv. , Lic. (theol.)	Licentiate in Divinity, (Art. →) Lizentiat der Theologie (GB, früher auch im dtspr. Raum)
LK	(Art. →) Liturgie-Konstitution
LKA	Landeskirchenamt
LKR	Landeskirchenrat
LS	locus sigelli, Siegelstelle
LWB, LWF	Lutherischer Weltbund, (Art. →) Lutheran World Federation
LXX	(Art. →) Septuaginta
M(ag.)A	(Art. →) Magister artium (liberalium)
MBK	Mädchen-Bibel-Kreis
MDG	Mediendienstleistungsgesellschaft (Einrichtung der kath. Dt. Bischofskonferenz zur Fderung des Einsatzes von Medien in der kirchl. Arbeit)
MRA	Moral Rearmament, (Art. →) Moralische Aufrüstung
MtRev.	Most Reverend, Würdetitel eines Bischofs, Kardinals oder Nuntius (A, GB)
NEK	Nordelbische Kirche
NT	Neues Testament, Novum Testamentum
OC(arm);	OCD O. (Fratrum BMV) de Monte Carmelo, (Art. →) Karmeliten; O. (Fratrum) Carmelitarum Discal-ceatorum, (Art. →) Diskalzeaten
OCart	O. Cartusiensis, (Art. →) Kartäuser
OC(ap)→	FMCap
OCist	O. Cisterciensis, (Art. →) Zisterzienser
OCistRef, OCSO	O. Cistercensium Reformatorum, -- strictioris observantiae, (Art. →) Trappisten
ÖRK	Ökumenischer Rat der Kirchen, (Art. →) World Council of Churches
OESA	O. Eremitarum S. Augustini, (Art. →) Augustiner-Eremiten
OFM, OM	O. (Fratrum) Minorum, (Art. →) Franziskaner-orden
OFMCap	→FMCap
OKR	(Art. . →) Oberkirchenrat

OLKR	Oberlandeskirchenrat, Titel wie (Art. →) Oberkirchenrat
OP(r)	O. Praedicatorum, Predigerorden, (Art. →) Dominikanerorden
OPraem	O. Praemonstratensis, (Art. →) Prämonstratenser
OSA	O. S. Augustini, (Art. →) Augustiner
OSB	O. S. Benedicti, (Art. →) Benediktinerorden
OSD	O. S. Dominici, (Art. →) Dominikanerinnen
OSF	O. S. Francisci, (Art. →) Franziskanerinnen
OSM	O. Servorum Mariae, (Art. →) Serviten
OST	O. Sanctae Trinitatis, (Art. →) Trinitarier
OSU	O. Sanctae Ursulae, (Art. →) Ursulinen
OT(eut)	O. Teutonicus, (Art. →) Deutschherren
P	1. Pater, 2. Pastor; 3. (Art. →) Priesterkodex
PGB	Pfarrer-Gebets-Bruderschaft
PTI, PTZ	Pädagogisch-Theologisches Institut, - - Zentrum
p. m.	(candidatus) pro ministerio, Predigtamtskandidat
Prov.	Proverbia, Sprüche Salomos
Q	(Art. →) Logienquelle
Rev(d).	(Art. →) Reverend
R. I. P.	(Art. →) requiescat in pace
RPI	Religionspädagogisches Institut
RR, RtRev	Right Reverend, Würdetitel eines Bischofs (A, GB)
RU	Religionsunterricht
RWB	(Art. →) Reformierter Weltbund
S(t).	Sanctus (-a, -um, -i, -ae), Sankt, San, Santo(-a) - heilig
SAC	Societas Apostolatus Catholici, Gesellschaft des kath. Apostolats, Orden der Pallottiner
Sap.	Sapientia, Weisheit Salomos
SDS	Societas Divini Salvatoris, (Art. →) Salvatorianer
SELK	(Art. →) Selbständige Evangelisch-Lutherische Kirche
SJ	(Art. →) Societas Jesu

SMD	Studentenmission Deutschland
SODEPAX	Society Development Pax, (Art. →SODEPAX)
SPCK	(Art. →) Society for Promoting Christian Knowledge
SPG	(Art. →) Society for the Propagation of the Gospel
Sr.	Soror, Schwester(Ordensschwester)
STB(→ BD, BTh)	Sacrae Theologiae(Art. →) Baccalaureus, bachelor of sacred theology (A, GB)
STD	Sacrae Theologiae Doctor, Doctor of Sacred Theology (A, GB)
STM	Sacrae Theologiae Magister, Master of Sacred Theology (A, GB)
STP	Sacrae Theologiae Professor, Professor of Sacred Theology (A, GB)
Sup.	(Art. →) Superintendent
SVD	Societas Verbi Divini, Gesellschaft des göttl. Wortes, Orden der Steyler Missionare
TA	(Art. →) Transaktionsanalyse
ThD, DTh	Theologiae Doctor, Doctor of Theology (A, GB)
Thr.	Threni, Klagelieder Jeremias
TM	(Art. →) Transzendentale Meditation
TZI	(Art. →) Themenzentrierte Interaktion
VD	Vere dignum(et iustum est), Wahrhaft würdig (und recht ist es,) ···(Beginn des) Präfationsgebet(es) in der Messe
VDM	Verbi Divini Minister, Diener des göttl. Wortes (Pfarrer-Titel)
V. D. M. I. E.	Verbi Dei manet in(a)eternum, Das Wort Gottes bleibt in Ewigkeit (Jes 40, 8)(Wahlspruch Friedrichs des Weisen [† 1525], dann der Reformation)
VELKD	(Art. →) Vereinigte Evangelisch-Lutherische Kirche Detschlands
VELK/DDR	Vereinigte Evangelisch-Lutherische Kirche in der DDR
VEM	Vereinigte Evangelische Mission, Wuppertal
VRev	Very Reverend, Würdetitel eines (Art. →) Dekans u. ™. (A, GB)
VT	Vetus Testamentum, Altes Testament
Vulg.	(Art. →) Vulgata
WCA	Women's Christian Association, Christlicher Frauenbund
WCC	(Art. →) World Council of Churches

WCRP	World Conference on Religion and Peace, (Art. →) Weltkonferenz der Religionen für den Frieden
WSCF	(Art. →) World's Student Christian Federation
XP	gr. $XP I \Sigma T O \Sigma$, Christus(Art. →XR)
YMCA	(Art. →) Young Men's Christian Association
YWCA	(Art. →) Young Women's Christian Association
ZdK	Zentralkomitee der deutschen Katholiken

참고도서

독일어로 된 새로운 백과 사전들과 언어사전들

Universalenzyklopädien/일반적인 백과사전들

Brockhaus Enzylopädie in 20 Bänden. Wiesbaden 1966 - 76 (Weitere Ergänzungs- u. Nachtragsbände). - BE
Meyers Enzyklopädisches Lexikon in 25 Bänden. Mannheim 1971 - 79 (Weitere Ergänzungs- u. Nachtragsbände). - MEL

Allgemeine Fremdwörterbücher/일반적인 외래어 사전들

Duden. Das Fremdwörterbuch. Bearb. von W. Mäller unter Mitw. von … 3. , völlig neu bearb. u. erw. Aufl. Mannheim o. J. (Der große Duden Bd. 5.).
Wahrig, G. :Fremdwörter-Lexikon. Müchen 1977.
Herders Fremdwörterbuch. 6. Aufl. Freiburg 1977.

Sprachwörterbücher/언어사전들 (Hebräisch/히브리어 - Griechisch/그리스어 - Lateinisch/라틴어)

Gesenius, W. :Hebräisches und Aramäisches Handwörterbuch über das Alte Testament. Bearb. :F. Buhl in Verb. mit … Berlin 1962 (Unveränd. Neudruck der 17. Aufl. 1915).
Hebräisches und aramäisches Wörterbuch zum Alten Testament. Hrsg. von G. Fohrer in Gemeinsch. mit… Berlin 1971. - HAW.
Bauer, W. : Griechisch-Deutsches Wörterbuch zu den Schriften des Neuen Testaments und der übrigen urchristlichen Literatur. Durchges. Nachdruck der 5. , verb. u. verm. Aufl. Berlin 1971.

367

Pape, W. : Griechisch-Deutsches Handwörterbuch. Bearb. von M. v. Sengebusch. 2 Bde. Graz 1954 (Unveränd. Nachdruck der 3. Aufl. Braunschweig 1914).

Menge, H. /O. Güthling: Langenscheidts Großeörterbuch der griechischen und deutschen Sprache unter Berücksichtigung der Etymologie. T. 1: Griechisch-Deutsch. Müchen ²²1973.

Georges, K. E. : Ausführliches lateinisch-deutsches Handwörterbuch. 8. , verb. u. verm. Aufl. von H. Georges, 1913-19. 2 Bde. Reprogr. Nachdruck. Hannover 1972 (Und:Wiss. Buchgesellschaft, Darmstadt 1976).

Menge, H. : Langenscheidts Großeörterbuch der lateinischen und deutschen Sprache unter Berücksichtigung der Etymologie. T. 1: Lateinisch-Deutsch. München ¹⁸1973.

Schmid, J. :Kurzes Handwörterbuch des Kirchenlateins zum Codex iuris canonici, Missale, Breviarium ··· Rituale Romanum und Memoriale Rituum. Limburg ³1949.

Niermeyer, J. F. : Mediae latinitatis lexicon minus. Leiden 1976.

신학

Übergreifende Werke/ 결정적인 저작들

Evangelisches Kirchenlexikon. Kirchl. -theol. Handwörterbuch. Hrsg. von H. Brunotte u. O. Weber. Bd. 1-3 u. Reg. Bd. Göttingen 1956-61. (2. , durchges. Aufl. 1962). - EKL

Evangelisches Kirchenlexikon. Internat. theol. Enzyklopädie. Hrsg. von E. Fahlbusch, J. M. Lochman, J. Mbiti, J. Pelikan, L. Vischer. Bd. 1(bis F). 3. Aufl. (Neufassung). Göttingen 1985/86. (Neue internat. Konzeption, daher ist das bisherige EKL dadurch nicht überholt; geplant sind 4 Bde u. Reg. Bd. , die bis 1991 erscheinen sollen.) - EKL³

Lexikon für Theologie und Kirche. Begr. von M. Buchberger. 2. , völlig neubearb. Aufl. Hrsg. von J. Höfer u. K. Rahner. Bd. 1 -10 u. Reg. Bd. u. Erg. Bd. 1-3. Freiburg 1957-68. - LThK²

Die Religion in Geschichte und Gegenwart. Handwörterbuch f. Theologie u. Religionswissenschaft. 3. , völlig neubearb. Aufl. Hrsg. von K. Galling. Bd. 1-6 u. Reg. Bd. Tübingen 1957-65. - RGG³

Sacramentum mundi. Theol. Lexikon f. d. Praxis. Hrsg. von K. Rahner, A. Darlap u. a. Bd. 1-4. Freiburg 1967-69. - SM

Theologische Realenzyklopädie. Hrsg. von G. Krause u. G. Müller. Bd. 1-(14:bis Heimat). Berlin 1976-(86, März). Und: Abkürzungsverzeichnis. Zsgest. von S Schwertner. 1976 (Unveränd. , aber verm. Nachdruck von: S. Schwertner:Internationales Abkürzungsverzeichnis für Theologie und Grenzgebiete. IATG. Zeitschriften, Serien, Lexika, Quellenwerke m. bibliogr. Angaben. Berlin 1974). - TRE

Taschenlexikon Religion und Theologie. Hreg. von E. Fahlbusch. Red. : St. Wehowsky. 4. , neu bearb.

u. stark erw. Aufl. Bd. 1-5. Göttingen 1983. - TRT

Herders Theologisches Taschenlexikon. Hrsg. von K. Rahner. Schriftl. :R. Scherer. Bd. 1-8. Freiburg 1972-73 (Herderbücherei 451-458). - HTT

Theologisches Lexikon. Hrsg. von H. H. Jenssen u. H. Trebst. Berlin/DDR 1978. - ThL

Isermann, G. : Wörterbuch der Kirchensprache. Hannover o. J. (1980) (enthält die Auflösungen vieler Abkürzungen).

Adressenwerk der evangelischen Kirchen 1984. Frankfurt 1984 (enthält umfassende Angaben zu den ev. Kirchen der Bundesrepublik, der DDR und zur Ökumene)

Bibelwissenschaft/성서학

Bibel-Lexikon. Hrsg. von H. Haag. 2. , neubearb. u. verm. Aufl. Einsiedeln 1968. - BL

Die Bibel und ihre Welt. Eine Enzyklopädie zur Hl. Schrift. Bilder, Daten, Fakten. Hrsg von G. Cornfeld u. G. J. Botterweck. Bd. 1. 2. Berg. Gladbach 1969 u. 1973. (Orig. Ausg. engl.)(auch als Taschenbuchausg. München 1972, 6 Bde, dtv 3092 - 97). - BIW

Reclams Bibellexikon. Hrsg. von K. Koch, E. Otto, J. Roloff u. H. Schmoldt, Stuttgart 1978.

Biblisch-Historisches Handwörterbuch. Landeskunde, Geschichte, Religion, Kultur. Literatur. Hrsg. von B. Reicke u. L. Rost. Bd. 1- 4 (4:Register u. Hist. -Archäolog. Karte Palästinas). Göttingen 1962-79. - BHH

Biblisches Reallexikon. Hrsg. von K. Galling. 2. , neugest. Aufl. Tübingen 1977 (Handb. zum AT. 1. Reihe Bd. 1). - BRL^2

Odelain, O. /R. Séguineau/F. J. Schierse:Lexikon der biblischen Eigennamen. Düsseldorf, Neukirchen-Vluyn 1981.

Müller, P. -C. : Lexikon exegetischer Fachbegriffe. Stuttgart 1985. (Bibel. Basis Bücher. 1)

Altes Testament/구약성서

Theologisches Wörterbuch zum Alten Testament. Hrsg. von G. J. Botterweck u. H. Ringgren. Bd. 1- (5, Lfg 5/6), Stuttgart 1972-(86, März). (gepl. sind etwa 6 Bd). - ThWAT

Theologisches Handwörterbuch zum Alten Testament. Hrsg. von E. Jenni unter Mitarb. von C. Westermann. Bd. 1. 2. München Zürich 1971-76. - THAT

Neues Testament/신약성서

Theologisches Wörterbuch zum Neuen Testament. Begr. von G. Kittel, hrsg. von G. Friedrich. Bd. 1-9 u. 10. 1. 2. Stuttgart 1933-79. - ThWNT

Exegetisches Wörterbuch zum Neuen Testament. Hrsg. von H. R. Balz u. G Schneider. Bd. 1-3.

Stuttgart 1978-83. - EWNT

Theologisches Begriffslexikon zum Neuen Testament. Ein Schlüssel zu den Begriffen des NTs. Hrsg. von L. Coenen, E. Beyreuther u. H. Bietenhard. Bd. 1-3. 3. Aufl. Wuppertal 1973 (auch als 2 bändige Studienausg. 1977). - TBLNT

Kirchengeschichte und Kirchenkunde/교회사와 교회학

Andresen, C. /G. Denzler: Wöterbuch der Kirchengeschichte. München 1982. (auch gleichzeitig 2 bändig als Taschenbuch)

Reallexikon für Antike und Christentum. Sachwörterbuch zur Auseinandersetzung d. Christentums mit d. antiken Welt. Hrsg. von T. Klauser. Bd. 1-(13, Lfg 5 =Lfg 101 bis Haus) u. Suppl. 1-(4 bis Athen). Stuttgart 1959-(86, April). - RAC

Lexikon des Mittelalters. Bd. 1-(3, Lfg 8 bis Elegie). München, Zürich 1977-(86, März).

Stupperich, R. : Reformatorenlexikon. Gütersloh 1984.

Kleines Wörterbuch des Christlichen Orients. Hrsg. von J. Aßfalg in Verb. mit P. Krüger. Wiesbaden 1975.

Gründler, J. : Lexikon der christlichen Kirchen und Sekten. Unter Berücks. d. Missionsgesellschaften u. zwischenkirchl. Organisationen. Bd. 1. 2. Wien 1961.

Onasch, K. : Kunst und Liturgie der Ostkirche in Stichworten, unter Berücks. der Alten kirche. (Leipzig 1981:Lizenzaug. :) Wien, Köln, 1981.

Ökumene-Lexikon. Kirchen, Religionen, Bewegungen. Hrsg. von H. Krüger, W. Löcer u. W. Müller-Römheld. Frankfurt/M. 1983. - ÖL

Evangelisches Gemeindelexikon. Hrsg. von E Geldbach, H. Brurkhardt, K. Heimbucher. Wuppertal 1978.

Systematische Theologie/ 조직신학

Neues Handbuch theologischer Grundbegriffe. Hrsg. von P. Eicher. Bd. 1-4. München 1984-85. (alhp. geordnete enzyklopäd. Artikel) - NHThG

Rahner, K. /H. Vorgrimler: Kleines Theologisches Wörterbuch. 10. , unter Mitarb. von K. Füssel völlir überab. Neuausg. Freiburg 1976 (Herderbücherei 557).

Vries, J. de: Grundbegriffe der Scholastik. Darmstadt 1980.

Ethik und Sozialethik, Diakonie/윤리와 사회윤리, 교회의 구제 사업

Lexikon der christlichen Moral. Hrsg. von K. Hörmann 2. , völlig neu bearb. Aufl. Innsbruck 1976.

Evangelisches Soziallexikon. Begr. von F. Karrenberg. 7. , vollst. neu bearb. u. erw. Aufl. Hrsg. von

T. Schober, M. Honecker, H. Dahlhaus. Stuttgart 1980. - ESL

Katholisches Soziallexikon. , gänzl. überab. u. erw. Aufl. Hrsg. von A. Klose, W. Mantl, V. Zsifkovits. Graz 1981.

Evangelisches Staatslexikon. 2. , vollst. new bearb. u. erw. Aufl. Hrsg von H. Kunst, R. Herzog u. W. Schneemelcher. Stuttgart 1975. - EStL

Staatslexikon. Recht, Wirtschaft, Gesellschaft. In 5 Bden. Hrsg. von d. Görres Gellsellschaft(P. Mikat, H. Krings). 7. , völlig neu bearb. Aufl. Bd. 1(bis Deutsche Partei). Freiburg 1985. - StL

Helbich, P. /H. Seibert/F. Thiele:Die soziale Arbeit der Kirche. Ein Diakonie-Lexikon. Güterloh 1982. (GTB 1048)

Teutsch, G. M. : Lexikon der Umweltethik. Göttingen, Düsseldorf 1985.

Liturgik/ 전례학(典禮學)

Podhradsky, G. : Lexikon der Liturgie. Ein Überbl. f. d. Praxis. Innsbruck 1962.

Adam, A. /R. Berger: Pastoralliturgisches Handlexikon. Freiburg 1980.

Christliche Ikonographie und Hagiographie/그리스도교의 초상[성상] 연구와 성인전 연구

Lexikon der christlichen Ikonographie. Hrsg. von E. Kirschbaum, später von W. Braunfels. Bd. 1-8. Freiburg 1968-76. - LCI

Sachs, H. /E. Badstäbner/H. Neumann:Christliche Ikonographie in Stichworten. Mänchen 1975. (Lizensausg. ; Leipzig [2]1980) - Auch u. d. T. :Erklärendes Wörterbuch zur christl. Kunst. Hanau 1984.

Wimmer, O. /H. Melzer:Lexikon der Namen und Heiligen. 4. , neubearb. u. wes. erw. Aufl. Innsbruck 1982.

Seelsorge und Beratung/ 목회와 상담

Praktisches Wörterbuch der Pastoral-Anthropologie. Sorge um den Menschen. Hrsg von H. Gastager (u. a.) Wien, Göttingen 1975.

Familien- und Lebensberatung. Ein Handbuch. Hrsg. von S. Keil. Stuttgart 1975 (alph. geordnete enzyklopäd. Artikel).

Mission/ 선교

Lexikon zur Weltmission, Hrsg. von S. Neill, N. P. Moritzen u. E. Schrupp. Wuppertal, Erlangen 1975.

종교학

Übergreifende Werke/ 결정적인 저작들

Religionswissenschaftliches Wörterbuch. Die Grundbegriffe. Hrsg. von F. König Freiburg 1956. - RWW

Wörterbuch der Religionen. Begr. von A. Bertholet in Verb. mit H. v. Campenhausen. 3. Aufl. , neubearb. , erg. u. hrsg. von K. Goldammer, Stuttgart 1976 (Kröners Taschenausg. 125).

Handwörterbuch des deutschen Aberglaubens. Hrsg. von H. Bächtold-Stäubi. Bd. 1-10. Berlin 1927-42. - HWDA

Lurker, M. : Lexikon der Götter und Dämonen. Namen, Funktionen, Symbole/Attribute. Stuttgart 1984.

*Spezielle Werke/*특별한 저작들

Götter uhd Mythen im Alten Europa. Hrsg. von H. W. Haussig. Stuttgart 1973 (Wörterbuch der Mythologie, Abt. 1: Die alten Kulturvölker Bd. 2). - WM(1, 2)

Götter und Mythen im Vorderen Orient. Hrsg. von H. W. Haussig. Stuttgart 1965 (Wörterbuch der Mythologie, Abt. 1: Die alten Kulturen Bd. 1.). - WM(1, 1)

Bonnet, H. : Reallexikon der ägyptischen Religionsgeschichte. 2. Aufl. Berlin 1971. - RÄRG

Jüdisches Lexikon. Ein enzyklopäd. Handb. d. jüd. Wissens in 4 Bden mit über 2000 Ill. , Kten u. Tab. Bd. 1-4, 1. 2. Berlin 1927-30. Nachdr. Königstein/Ts. 1982. - JL

Lexikon des Judentums. Hrsg. von J. F. Oppenheimer. 2. Aufl. Gütersloh 1971. - LexJud

Philo-Lexikon. Handb. d. jüd. Wissens. (Mit 250 Abb. , zahlr. Plänen, Tab. , Übers. , Taf. u. Kt. Unveränd. Nachr. d. 3. , verm. u. verb. Aufl. 1935.) Königstein/Ts. 1982. (Populärwiss. Lexikon zum ges. Judentum mit vielen Detailinformationen)

Maier, J. /P. Schäfer: Kleines Lexikon des Judentums. Konstanz 1981. (Bibel-Kirche-Gemeinde. Bd. 16.)

Hunger, H. : Lexikon der griechischen und rämischen Mythologie. Mit Hinweisen auf das Fortwirken antiker Stoffe u. Motive in d. bildenden Kunst, Literatur u. Musik d. Adendlandes bis zur Gegenwart. 7. , erw. u. erg. Aufl. Wien 1975 (auch als Taschenbuchausg. Reinbek/Hamburg 1974, um den Bildteil gek. rororo 6178).

Lexikon der Islamischen Welt. Hrsg. von K. Kreiser, W. Diem, H. G. Majer. Bd. 1-3. Stuttgart 1974 (Urban-Taschenbücher 200, 1-3).

Hauth, R. : Jugendsekten und Psychogruppen von A-Z. Gütersloh 1981. (GTB 1034).

고대학/고고학

Der Kleine Pauly. Lexikon der Antike. In 5 Bden. Auf d. Grundlage von Paulys Realencyclopädie d. klass. Altertumwissenschaft, bearb. u. hrsg. von K. Ziegler, W. Sontheimer u. H. Gärtner. Bd. 1-5. München 1964-75 (auch als Taschenbuchausg. München 1979. 5 Bde. dtv 5963, 1-5). - KP

Lexikon der Alten Welt. Hrsg. von C. Andresen, H. Erbse. O. Gigon(u. a.). Zürich 1965 (Artemis-Lexikon der Antike) (auch als Taschenbuchausg. München 1969-71. 5 Sachteile mit zus. 13 Bden, dtv 3071-83). - LAW

철학

Philosophisches Wörterbuch. Hrsg. von Walter Brugger. 14. , neubearb. Aufl. Freiburg 1976.

Historisches Wörterbuch der Philosophie. Unter Mitw. von mehr als 700 Fachgelehrten. . hrsg. von Joachim Ritter (Völlig neubearb. Ausg. d. ≪Wörterbuchs der philos. Begriffe≫ von R. Eisler.). Bd. 1-(6 bis Buchstabe O). Basel, Darmstadt 1971-(84). - HWP

Enzyklopädie Philosophie und Wissenschaftstheorie. Unter stä nd. Mitw. von S. Blasche (u. a.) hrsg. von J. Mittelstraß. Bd. 1. Mannheim 1980 (gepl. sind 3 Bde).

교육학

Wörterbuch der Pädagogik. In 3 Bden. Hrsg. von Willmann-Institut München - Wien. Ltg d. Herausgabe:H. Rombach. Freiburg 1977.

Neues Pädagogisches Lexikon. Hrsg. von H. -H. Groothoff u. M. Stallmann. 5. , vollst. neubearb. u. erw. Aufl. d. Päd. Lexikons. Stuttgart 1971. - NPL

심리학

Lexikon der Psychologie. Hrsg. von W. Arnold, H. -J. Eysenck, R. Meili. Bd. 1-3. Neuausg. Freiburg 1980. - LPs

Handwürterbuch der Psychologie. Hrsg. von R. Asanger u. G. Wenninger. Weinheim 1980.

Handlexikon zur Pädagogischen Psychologie. Hrsg. von H. Schiefele u. A. Krapp. München 1981.

예술

(역시(다음 항목을) 보라!:Theologie - Christl. Ikonographie)

Lützeler, H. :Bildwörterbuch der Kunst. Mit 1240 Zeichen. von Th. Siering. 3. , verb. u. verm. Aufl. Bonn 1981 (Dümmlerbuch 8501).

Jahn, J. /W. Haubenreisser: Wörterbuch der Kunst. 9. , durchges. u. erw. Aufl. Stuttgart 1979 (Kröners Taschenaug. 165).

Reallexikon der Deutschen Kunstgeschichte. Begr. von O. Schmitt, hrsg. vom Zentralinstitut f. Kunstgeschichte. Red. :K. -A. Wirth. Bd. 1-(8, Lfg 9 =Lfg 93 bis Filigran). Stuttgart, später:München 1937-(86, April). - RDK

음악

Die Musik in Geschichte und Gegenwart. Allg. Enzyklopädie d. Musik. Unter Mitarb. zahlr. Musikforscher d. In- u. Auslandes hrsg. von F. Blume. Bd. 1-14 u. Suppl. Bd. 15. 16. u. Reg. Bd. 17. Kassel 1951-86. - MGG

Das große Lexikon der Musik (Komponisten-Interpreten-Sachbegriffe). In 8 Bden. Hrsg. von M. Honegger u. G. Massenkeil. Bd. 1-8. Freiburg 1978-82.

Hirsch, F. :Das große Wötterbuch der Musik. (Berlin/DDR 1977; Lizenzausg. :) Darmstadt 1984

역자 후기

본 글의 번역자는 신학대학교 강단에서 한국어로 소개된 많은 신학 자료들이 그 신학전문용어들의 일치를 이루지 못하고 있음을 자주 발견하였다. 또한 본인 스스로도 많은 신학 전문용어들을 한국어로 표현하는데 역시 많은 문제점을 느껴 고민하던 중 그러한 문제를 해결하고 그에 대하여 스스로 더욱 연구하기 위하여 본글을 번역하게 되었다.

본글은 작은 핸드북의 형식을 취하고 있지만 그 내용에 있어서 꼭 필요하고 중요한 신학적 전문용어를 심도있게 다루고 있다. 각 용어마다 용어의 기원과 용어의 의미 변천, 그리고 신학적 주요 의미들을 가장 적합하게 설명하고 있다. 원저자는 보편적이고 일반적으로 잘 알려진 신학 용어들은 본 사전에서 제외하였다.

번역 내용은 제시된 단어에 가장 적합한 한국어가 아니라 본문대로 그 용어의 해설에 역점이 주어져 있다. 번역 과정에서 이미 한국어로 보편화 되어 있는 용어의 의미와 분명히 그 의미가 신학화 되지 않았지만 본인의 판단이 서는 것은 용어의 해당 부분에서 < > 안에 첨가하였다.

아울러 이 사전을 활용하게 될 분들은 좋은 조언을 역자에게 해 줄 것을 바란다. 그와 함께 기회가 된다면 다음 출판 때에는 부족한 부분을 더욱 보완하게 될 수 있을 것이다.

본 번역서를 출판하여 준 크리스챤다이제스트사에 감사한다.

1998년 2월 동교동에서

신학 독일어·라틴어 사전

초판 발행 1998년 6월   1일
중쇄 발행 2012년 3월 15일

발행처   **크리스챤 다이제스트**
발행인   박명곤
주소   경기도 고양시 일산동구 장항동 611-19
전화   031-911-9864, 070-7538-9864
팩스   031-911-9824
등록   제 396-1999-000038호
판권   © 크리스챤 다이제스트 1998
총판   (주) 기독교출판유통
          전화 031-906-9191~4
          팩스 0505-365 9191